教出好孩子

爸爸的高度
决定孩子的起点

文贤阁◎主编

江苏凤凰美术出版社

U0660621

图书在版编目（CIP）数据

爸爸的高度决定孩子的起点 / 文贤阁主编 . -- 南京：
江苏凤凰美术出版社 , 2020.11
　（教出好孩子）
ISBN 978-7-5580-7715-9

Ⅰ . ①爸… Ⅱ . ①文… Ⅲ . ①家庭教育 Ⅳ . ① G78

中国版本图书馆 CIP 数据核字（2020）第 137981 号

责任编辑　郝旭辉
封面设计　陈玉军
责任监印　唐　虎

丛 书 名　教出好孩子
本册书名　爸爸的高度决定孩子的起点
主　　编　文贤阁
出版发行　江苏凤凰美术出版社（南京市湖南路 1 号　邮编：210009）
　　　　　　北京凤凰千高原文化传播有限公司
出版社网址　http://www.jsmscbs.com.cn
排版制作　文贤阁
印　　刷　阳信龙跃印务有限公司
开　　本　880mm×1230mm　1/32
总 印 张　36
版　　次　2020 年 11 月第 1 版　2020 年 11 月第 1 次印刷
标准书号　ISBN 978-7-5580-7715-9
总 定 价　192.00 元（全 6 册）

营销部电话　025-68155790　营销部地址　南京市湖南路 1 号
江苏凤凰美术出版社图书凡印装错误可向承印厂调换

前言
preface

孩子的未来命运取决于父母今天的教育方式。没有教不好的孩子，只有不会教的父母。要想教出好孩子，父母就要懂得教子的智慧。无论是对孩子过于严厉、非打即骂，还是对孩子过于溺爱、百依百顺，都不是明智的教子方法。智慧的父母应该懂得，只有自己达到一定的高度，努力成为孩子的好榜样，再辅以科学的方法，孩子才可以变得更优秀。

然而教育出优秀的子女绝非易事。在孩子成长的过程中，父母会遇到各种各样的挑战，诸如，孩子和父母对着干，孩子身上坏毛病不断，孩子不愿意和父母沟通，孩子出现心理上的问题等。父母也会犯各种各样的错误，诸如，过于专制，不讲民主，不尊重孩子的人格，不尊重孩子的喜好，压制孩子的天性，无意中伤害孩子的心灵等。这一切导致亲子关系紧张。父母着急上火，教育方式难免变得极端，孩子反而越发叛逆，与父母的期望背道而驰，如此恶性循环。为了解决父母的难题，让父母学会科学地教育子女，我们精心编著了本套丛书。

《教出好孩子》丛书采用理论与实践相结合的方式，甄选了大量我们身边的真实案例，为家长总结和提炼出了许多实用的教子方法，一步步引导家长成为高段位的父母，培养出人格

健全、品德优秀、素质完善的孩子，并提出了如何在孩子的不同年龄阶段，根据实际情况做出正向引导，帮助家长构建良性的亲子关系。

没有父母不希望自己的子女品德高尚、学有所成，希望通过阅读本书，天下的父母可以得偿所愿，真正成为孩子的引路人，成为孩子的好老师、好朋友。

目录
contents

第一章 当个好爸爸，是男人一生最重要的事业

第二章 "隐形爸爸"，让孩子输在起跑线上

第三章 ## 爸爸教子以德，让孩子的人生不迷茫

第四章 ## 最好的疼爱是把手放开

当个好爸爸，是男人一生最重要的事业

作为一个爸爸，最大的乐趣就在于：有生之年，能根据自己走过的路来启发、教育子女。

好爸爸的模式

俄国大作家列夫·托尔斯泰说:"幸福的家庭是相似的,不幸的家庭各有各的不幸。"那么,在那些幸福的家庭中,必然有"相似"的好爸爸吗?也不尽然。好爸爸也是有不同模式的。国外一家研究机构对上千名爸爸进行了考察,受访者都对如何做一个好爸爸表达了自己的意见。以下是其中具有代表性的几种意见,爸爸们可以参考一下,并做出自己的回答:

(1)我要更爱我的妻子

家庭成员之间的感情必须是真实的,丝毫不掺假的,并且要让彼此都了然于心。在孩子眼中,爸爸和妈妈关系不好,他们会变得无所适从,最终下定决心站在妈妈或爸爸一边,也就只能疏远其中一边,感受不到真正的、完整的爱。所以,我要更爱孩子的妈妈,并将我们之间的爱情展现在孩子面前。我会在很多细微处展现这种爱:用餐前为妻子摆好椅子,在公园中和她手牵手散步,逢年过节赠她充满爱心的礼物,外出时通过各种渠道和她保持紧密联系……

只要父母保持相亲相爱,很多时候不用再向孩子絮叨友善和美德。父母的真实情感会缓缓流入孩子的心田，让他在日后的各种人际关系中都能以真挚的感情对待他人，同时也会收获他人的真挚感情。

（2）我要让孩子觉得他是家庭中的一员

很多爸爸将孩子视为家庭的附庸，这会让孩子产生一种感觉，仿佛自己并不是这个家庭中的一员。这样一来，孩子就会到其他地方寻找归宿，容易走上歧路。因此，我不会再来去匆匆，而是花更多时间和孩子谈论一天的新闻，花费时间和精力来组织一些全家人都能参加的活动，让孩子参与家庭事务。当孩子感到自己是家庭的一员时，责任感会油然而生，同时也会更快地成长起来。

（3）我要更多地和孩子玩耍

孩子一定要生活在愉快和欢笑之中，才能更加健康地成长。我过去太严肃了，孩子们即使想欢笑，一看到我那"苦大仇深"的脸，就会觉得我正处在无穷无尽的烦恼之中，他们的笑容也会收回去。其实，我只是习惯了在孩子们面前板着脸而已。现在我发现，与孩子们一起玩耍，不仅可以让他们得到快乐，我自己也可以从中获得无尽乐趣。从今天开始，我要做孩子们的朋友，把工作之外的大部分时间用来制造我和孩子们的快乐。

（4）我要给孩子慈爱

很多爸爸觉得给孩子慈爱是妈妈的事，自己要始终摆出一副严厉的样子，在孩子面前树立威信。因此，他们与孩子讨论的总是那些枯燥的教育条文和僵死的家规，实际上却连孩子的生日和喜好都搞不清楚。我不会做这样的爸爸，不会在孩子们面前摆着一张冰山般的脸，我会注意孩子想的和关心的事情，和孩子讨论他的朋友、他爱读的书、他喜爱的明星、他爱看的电影……此外，我还会教育和引导他学习。

（5）我要当一个好听众

有一个爸爸，儿子在一旁呼喊他，想与他谈话，他却漫不经心地说："不用搭理，这不过是小家伙在瞎嚷嚷而已。"过了几年，孩子不再黏着爸爸。这个爸爸有事叫儿子时，儿子也用跟他当初同样的态度说："不用搭理，这不过是老家伙在瞎嚷嚷而已。"

一些爸爸觉得孩子的话幼稚、天真、无聊，认真听他们讲话简直是无稽之谈。但是，我觉得现在认真倾听孩子的话，他长大后也会听父母的话，认真听取我的意见。而且，爸爸重视孩子，倾听孩子的话，会让孩子觉得自己是被理解、被关怀的，不会产生孤独的想法，这样一来就能提升孩子的自信，让他敢于和其他人交流，交际能力慢慢得到相应提升。

（6）我要更多地鼓励孩子

孩子年龄小，在他们眼里，成人的认同和鼓励具有无比大的影响力。作为爸爸，我要多鼓励自己的孩子，在他完成一件事时及时给予真诚的表扬。孩子做得不够好时，我也会委婉地提出建议或者做出批评，但是不会求全责备，以免损伤他那脆弱、敏感的自尊心。对孩子的每一个进步，我都会提出表扬，因为我的鼓励不仅关乎他的现在，还影响着他的将来。

以上这几位爸爸的意见，是否给你以启示呢？当然，好爸爸的模式远远不止这些。实践出真知，要想成为一个好爸爸，需要你认真思索、认真探索，找到适合自己和孩子的模式。

好爸爸坚持原则，让孩子少走弯路

中国有"严父慈母"的说法，这是因为女性相对来说性情温和，也会更疼孩子一些。当然，随着社会的不断发展，这种定位也越来越模糊了。但在一般家庭中，爸爸依然是更讲原则的那一个。爸爸坚持原则，可能会让孩子觉得有几分疏离感，但在某些时候却会成为孩子成长中的标杆，让孩子少走弯路。

很多美德，并不是从孩子一出生就伴随他的，而是随着孩子改正缺点和毛病的过程渐渐养成的。可以说，孩子的成长就是一个改正缺点的过程。孩子总有很多缺点需要改正，在改正的过程中难免要吃些苦头。妈妈往往容易心软，觉得不如算了，孩子日后会自己改正的。这种缺乏原则性的想法，很可能让孩子失去一个改正缺点的黄金时机，还会让孩子一错再错。这时候，爸爸就要站出来，坚定地督促孩子改正，绝不可毫无原则地迁就他。很多时候，家长对原则的坚持比孩子自己的坚持还要重要。

骞骞的爸爸很讲原则，他和儿子约定，每天早上必须按时起床，准时吃早餐。否则，儿子就只能一早上饿着肚子。有一天，骞骞的表哥来找他玩，两人都玩得忘了时间，表哥很晚才被他的妈妈接走，骞骞躺在床上还是兴奋得睡不着觉。到了第二天早上，骞骞起来得晚了，觉得肚子很饿，于是到厨房四处找东西吃，但一无所获。于是，骞骞对爸爸说："爸爸，我饿了。"爸爸说："我们是有约定的，而且昨天晚上我也提醒过你要早睡，你却没听。现在早餐时间过了，你只能饿到中午了，这只能怪你自己。"妈妈说他太狠心，爸爸说："对孩子来说，早餐是非常重要的。但是，孩子饿一顿不会对身体产生多大伤害，而不讲规矩却会给他的一生带来不利的影响。"

骞骞有爱吃甜食的习惯，也是爸爸坚持原则才得以扭转的。在骞骞3岁时，他对甜食尤其是糖果非常喜爱，每天都吵着要吃糖，甚至在睡觉前都要吃一颗糖才行。现在肥胖的孩子这么多，吃甜食过多是一个重要的原因。妈妈也知道让孩子在长身体阶段吃太多甜食对他身体不好，但是一看到骞骞眼泪汪汪甚至大哭大闹的样子，就心软妥协了，给他拿来糖果。爸爸觉得这样下去不好，于是决定改正骞骞的不良习惯。所以，他不再买糖果，也要求妻子不要买。亲戚拜访时给骞骞买的糖果，爸爸也会放在骞骞看不到的地方，偶尔给他吃一点。

在"戒糖"的最初一段日子里，骞骞拿到糖果就会紧紧抱在怀里，爸爸想要拿走他就开始哭闹。有一次，妈妈看不下去了，声音里带着哭腔说："这一袋糖果就留给他吃吧，他哭得太可怜了。"但是，爸爸决心已定，不肯妥协。他当然也心疼孩子，但是他知道这个"口子"一开，就别想再纠正孩子的坏习惯了，立下的规矩一定要让孩子遵守。这样的事情发生几次之后，骞骞的哭闹就不那么厉害了，只是偶尔抽噎几声，慢慢地连抽噎都少了。最终，爸爸的坚持取得了胜利，骞骞虽然依然爱吃甜食，但是已经不再像以前那么严重了。

父母为孩子立下的规矩，并不是孩子一个人的事，全家都必须严格遵守，不能因为心疼孩子就随意改变规矩。孩子的自制力往往是很弱的，只有在父母的强制下，规矩才能得到执行。

小皙刚刚进入小学，爸爸和妈妈约定谁有时间就去接他放学。妈妈十分疼爱儿子，每次看见小皙走出校门，就会紧走几步去将他的书包接过来，替他背着。有一次，妈妈和爸爸一起去接小皙，妈妈习惯了，还是直接接过小皙的书包，背在自己的肩膀上。没想到，爸爸迅速从她肩上取下书包，又还给了小皙。

妈妈说："你干什么？孩子的书包这么沉，我们应该帮他拿。"

爸爸笑着拍拍小皙的肩膀说："小皙是个男子汉，我们约好了自己的事情自己做。"接着，爸爸注视着小皙说："我没有接你的时候，你都是让妈妈背书包吗？这可不是男子汉该做的事。"

小皙看着爸爸，惭愧地低下了头。此后妈妈接孩子时，都只是看着小皙自己背着沉重的书包，再也不帮他背书包了。

爸爸要求小皙自己的事情自己做，可不止背书包这一件事，小皙的房间也需要自己整理。早上起床后，他要自己叠好被子，晚上做完作业后的书桌也要他自己整理；到了周末，他还要自己打扫房间的卫生。立下这些规矩之后，小皙的房间多数都是自己整理的。慢慢地，即使父母不在家，小皙也能将自己照顾得很好。

依赖父母是孩子的天性，但是父母无法永远陪在他们身边，所以必须从小培养孩子的独立性，这对于他们的成长是至关重要的。相对于教育孩子常常心软的妈妈来说，爸爸会更"狠心"一些。孩子会摔倒、会疼痛，即便如此，有原则的爸爸依然不能心软，只有这样，才能让孩子学会独立、坚持、克制和忍耐，他们的人格也才会渐渐得到完善，从而茁壮成长。

好爸爸要舍得让孩子吃点儿苦

随着社会的发展，多数家庭的父母担忧的不是孩子能否吃饱穿暖，而是如何让孩子吃好、穿好、玩好，不想让孩子吃一点儿苦。孩子作为整个家庭的希望，父辈乃至祖辈对其无微不至地关怀甚至溺爱，连对孩子说句重话都不舍得，更别说让孩子吃苦了。但是，孩子不能永远躲在家长的羽翼之下，总有离开父母独立生活的一天。如果一点儿苦都不能吃，在激烈的社会竞争中就可能被淘汰，那种苦将是难以言喻的。

有这样一个故事：

一对夫妻是普通的公司职员，他们辛辛苦苦将独生子养大，因为怕孩子吃苦，所以他们省吃俭用，尽量满足孩子的一切要求。儿子大学毕业后，有了自己的收入，父母就不再给他钱了。但是，他从小养成了奢侈的习惯，不但要吃好的、用好的，还要追逐潮流，工资根本入不敷出。于是，他继续向父母要钱，父母一向惯着他，依然拿出攒下的钱供儿子挥霍。但是，他们的钱也是有限的，很快就被儿子用光了。儿子看从家里要不来钱了，就偷偷地挪用了公款。很快，他的犯罪行径暴露了，被送进了监狱。夫妻俩去探监，儿子看到白发苍苍、泪流满面的父母，第一句话就是："如果你们无法让我一辈子生活优裕，为什么要让我从小养成奢侈的习惯呢？"

这个故事想必会触动很多父母，自己是否也这样溺爱孩子，让他养成了奢侈的习惯呢？很多时候，家长对孩子的溺爱，其实是在害他们。他们习惯了养尊处优的生活，走上社会才发现自己的收入根本不够自己挥霍，从此生活在痛苦之中。而且，就算父母只是依照自己的经济能力来供养孩子，不让他们有超出家庭负荷的享受，孩子也可能在长大后吃不了一点儿苦。因为现在多数家庭的生活条件都是越来越好的，普通家庭的父母也足以满足孩子的各种要求，让孩子没有什么苦头可吃。

可能有的家长会说："孩子好好的，为什么非要给他找苦头吃，不是多此一举吗？"还有的家长这样想："我们年轻时已经吃了很多苦，绝不能再让孩子像我们一样吃苦。"这些想法，就是没有弄明白让孩子吃苦的意义。总的来说，没吃过苦的孩子，往往会缺乏独立自主的能力，不懂得感恩和珍惜。如今的社会竞争日益激烈，如果孩子仅有知识和智力，却缺乏吃苦耐劳、拼搏进取的精神，就很难在生死存亡般惨烈的社会竞争中取胜。而让孩子吃点儿苦，就是对他的毅力和生活能力的磨炼，也是父母对孩子负责任的表现，有助于孩子的全面发展。

让孩子吃苦时，爸爸往往要扮演"白脸"的形象，狠下心来执行。那么，爸爸该如何正确地让孩子吃苦呢？

（1）从身边的小事做起

培养孩子的吃苦能力，没有必要把他丢到野外"荒野求生"，完全可以从日常生活中的小事做起。例如，和孩子一起去超市购物时，可以让孩子帮忙提着购物袋。相信没有多久孩子就会觉得很累，但是必须鼓励他把东西提到家才能休息。还可以适当地让孩子干一些较重的活，如扔垃圾、刷洗马桶等。只要爸爸用心，会发现生活中有无数锻炼孩子吃苦耐劳精神的机会。不过，在培养孩子时要注意层次性，根据孩子的年龄特点选择方法。同时，孩子的吃苦教育是一场"持久战"，不可能一劳永逸，必须贯穿孩子成长的全过程。但是，培养的结果也是非常值得爸爸欣慰的，因为你会发现孩子懂事了，知道父母的辛苦后对父母的尊敬增加了，开始珍惜生活中来之不易的一切，懂得幸福生活要靠自己努力的道理，这些都是难能可贵的。

（2）不要总跟孩子强调"苦"

爸爸在培养孩子吃苦耐劳的精神时，不要总将"苦"这个概念挂在嘴上，将"吃得苦中苦，方为人上人"之类的话变成口头禅。否则，孩子在心理上会产生一些抵触情绪，在做事的过程中愁眉苦脸，感受到的只有苦和累，以及被强迫"做苦力"的不满。爸爸要对吃苦一事轻描淡写，要多强调吃苦后的价值和意义，让孩子认为他做事的目的是得到成功的快乐，而苦和累则是品尝成功的喜悦前必经的步骤。这样，孩子就能将吃苦变成习惯，慢慢形成吃苦耐劳的性格。

在孩子参加学校组织的植树或者其他义务劳动归来时，爸爸千万别说孩子受苦了、受累了，也不要将孩子当凯旋的大将军一样对待。可以这样说："看上去强壮了一些!""这样的活动真好，我儿子（女儿）都变成大孩子了!"孩子听到爸爸的夸奖，也能够感受到自己的变化，这种成就感会抵消劳动的苦累，让孩子找到吃苦的价值。

让孩子吃苦，并不是虐待孩子或让孩子"自虐"，也不是说孩子吃的苦越多就越好。对孩子来说，所有的经历都是学习，都是成长。而适当吃一点儿苦，也会丰富孩子的阅历，让他知道世界上的一切并不是围着他在转，能够加速孩子的成长。

好爸爸要呵护孩子的好奇心

好奇心是兴趣的先导，是发明创造的先决条件。对孩子来说，世界上的一切都是新鲜的，等待着他们去发现。如果孩子缺乏好奇心，会少了很多积累知识的机会，也就少了培养兴趣的契机。善用孩子的好奇心，很可能让孩子就此开启智慧之门。

美国耶鲁大学的教授尼尔·米勒说，他之所以走上科学之路，最早的契机就是爸爸在他年幼时用尽各种方法刺激他对大自然和科学的好奇心。田纳西大学的科特布教授则表示，爸爸在他幼年时用小球和积木教他行星的知识，用水壶中沸腾的水向他解释雨的形成原理，这些都给他留下终生难忘的印象。可见，父母的教育对培养孩子的好奇心，并将他的好奇心引向科学探索的道路起着非常重要的作用。

爱因斯坦四五岁时，有一次生病躺在床上，爸爸给了他一个罗盘。爱因斯坦立刻被这个神奇的小东西迷住了，甚至表示"那种神秘的力量使我激动得浑身颤抖"。他不明白罗盘里的小磁针为什么像被什么东西牵引着一样永远指向固定的方向，这次体验让爱因斯坦久久无法忘怀，并让他下定决心去探究隐藏在这种神秘现象背后的东西。

爱因斯坦的妈妈是一个多才多艺的老师，在儿子 6 岁时就开始教他拉小提琴。从此，这个爱好便伴随着爱因斯坦的一生。他说："如果我没有成为科学家，我会去做一个小提琴手。"音乐不仅陶冶爱因斯坦的情操，还激发着他的好奇心，他说过："音乐和物理学领域的研究工作在起源上不同，可是被共同目标联系着，那就是企求表达未知世界。"对广阔无垠的音乐世界的好奇，有助于爱因斯坦保持强烈的好奇心。有人夸他是个天才时，爱因斯坦总是说："我只是比一般人更好奇罢了。"

好奇心让爱因斯坦成为人类历史上最伟大的科学家之一，家长还有什么理由不呵护孩子的好奇心呢？遗憾的是，很多家长却在扼杀孩子的好奇心。

靓靓既聪明又漂亮，人人都喜欢她。这一天，靓靓对奶奶说："奶奶，为什么大家都说我漂亮呢？"奶奶回答："因为你每天都喝一杯牛奶，牛奶很有营养，会让人又健康又漂亮。"过了没多大会儿，奶奶看到靓靓端着一杯牛奶走到了鱼缸边，一声不响地将牛奶倒进了鱼缸里。她非常生气，呵斥靓靓："这孩子，你干什么呢？"靓靓看着奶奶生气的样子，委屈地说："我想试试鱼儿喝了牛奶是不是也会变漂亮。"奶奶听后更生气了："那是人喝的，鱼儿喝了有什么用？下次别干这种傻事了。看看，浪费了一杯牛奶，鱼缸的水还被你弄脏了，我还得换水。"

靓靓确实是一个聪明的孩子，听了奶奶的话后能够举一反三，并积极探索。但是，奶奶却觉得她在捣乱，呵斥了她，可以想象，靓靓的好奇心肯定会受到打击。苏联儿童教育专家苏霍姆林斯基曾说："每个儿童的内心深处都存在着一种根深蒂固的需要，那便是希望自己能成为一个发现者、探究者和成功者。"根据传统观念，靓靓的行为的确是在"捣乱"，给家长增加负担。但是，仅仅因为怕麻烦就阻止孩子进行尝试，是在无形中扼杀了孩子的好奇心，在家长"别捣乱"的呵斥声中，一个"爱因斯坦"可能就从此"泯然众人矣"，多么可惜。

当爸爸的，最好静下心来反思一下，自己是否做过无意中扼杀孩子好奇心的事？如果有，那必须立刻调整你的教育策略。那么，爸爸该如何呵护孩子的好奇心呢？

（1）对待孩子要有耐心

孩子总是充满好奇心，有着强烈的求知欲，总爱向父母问："这是什么？""那是什么？"很多爸爸在一开始还能和颜悦色地回答，但是孩子往往一个问题接一个问题地问个不停，爸爸就会失去耐心。有的时候还敷衍两句，但最终总会气急败坏地呵斥孩子："小孩子问那么多做什么？别问了！""你没看我正忙着吗？你怎么这么烦人？"这种不耐烦的态度既伤害孩子的自尊心，又让他的好奇心遭到打击，所以，必须避免这种做法，对待孩子一定要有耐心。

（2）不懂的地方要承认

在孩子眼里，爸爸就像一本百科全书，所以有了什么五花八门的问题都想问他。但是，爸爸的知识量是有限的，而且"术业有专攻"，孩子的问题天马行空，总有超出爸爸知识范围的。这个时候，爸爸千万不要为了面子而强硬地将孩子赶走，更不能胡乱给孩子一个答案，而是要谦虚地承认自己不懂，并和孩子一起寻找答案。这样能够让孩子知道知识是没有止境的，并激发孩子对学习产生向往之情。

（3）站在孩子的角度看问题

有时候，孩子的问题非常幼稚，爸爸就从内心嗤之以鼻，甚至懒得回答。其实，这是犯了不懂换位思考的毛病。孩子还小，见识和知识自然少，问出一些"笨问题"并不奇怪。爸爸必须站在孩子的角度看问题，并用孩子能够理解的语言作出回答，从而呵护孩子的好奇心。

孩子都是有好奇心的，爸爸们也是从孩子慢慢长大的，所以对好奇心应该更有深刻体会。保持强烈的好奇心，对孩子的创造力和思维力都有极大的促进作用，所以，作为爸爸，在孩子的成长过程中，一定要呵护孩子的好奇心，让孩子带着好奇心去探索和成长。

好爸爸让孩子勇于探索

孩子的好奇心，能帮助他打开科学的大门；孩子的探索精神，能帮助孩子走上科学之路。孩子越好奇，就越勤于动脑，思路就变得越开阔。但是，仅仅动脑是不够的，还要"动手""动身"，积极探索并解决自己的疑问，才算真正掌握了知识。

著名的"猴子理论"告诉我们呵护孩子的探索精神有多重要：

5只猴子被关进一个笼子里，笼子顶上悬着一个梯子，梯子上有一串香蕉。香蕉挂得很低，猴子伸手就能摘到。但是，每当有猴子试图去摘香蕉时，都会触发机关，被泼一身冷水。过了一段时间，5只猴子都老实了，再也不打香蕉的主意。这时，用一只新放进去的猴子替换掉一只老猴子，当新放进去的猴子准备去摘香蕉时，立刻会被4只老猴子打一顿。这样，新放进去的猴子很快也不敢去碰香蕉了。随后，依次替换掉剩下的4只老猴子，5只新放进去的猴子谁也没有被水泼过，但是全都不敢去碰那串香蕉，因为它们都认为只要碰就会被其他猴子打。

很多父母就像那几只被水泼过的猴子，总是根据自己固有的经验教育孩子。当孩子伸手去进行某项探索时，他们会立刻阻止，唯恐孩子也被"泼水"。这样的结果是让孩子做起事来小心翼翼、畏首畏尾，缺乏探索精神和冒险精神。虽然回避了一些风险，但同时也会与许多机会失之交臂。缺乏了探索精神，也就没有多少创造性，孩子很容易变得碌碌无为，无法享受"无限风光在险峰"的乐趣。

　　这样的情形并不少见：孩子第一次见红彤彤的辣椒，以为是什么好吃的，嚷嚷着要吃，家长立刻将辣椒拿走，并告诉孩子："辣椒太辣了，小孩子不能吃的。"孩子第一次看到没有削皮的菠萝，被它奇怪的样子吸引住了，伸出小手想摸一下，家长立刻拉住他的手，告诉他："菠萝皮上有刺，扎一下可疼了。"这样，孩子没有经过探索和实践，便立刻知道了结果。父母表面上保护了孩子，还让他知道了一些道理，但孩子探索未知事物的精神却受到了压制。长此以往，孩子会习惯等别人告诉自己"那是什么""该怎么做"，自己却变得什么都不敢尝试、什么都不想尝试。

　　那么，正确的做法是什么呢？还以上面两件事为例。孩子想尝尝辣椒，就给他一个小的，嘱咐他轻轻咬一小口，孩子八成被辣得哇哇直叫，这时可以告诉他："这就是辣椒的味道，非常辣吧？快去喝口冰水，会好一些的。"孩子想摸菠萝，就告诉他可以轻轻摸一下，孩子稚嫩的小手会被刺得生疼，这时告诉他："真了不起，你发现了菠萝会刺手。"孩子在家长的鼓励下，探索精神和冒险精神都得到了提升。

　　那么，作为爸爸，要怎样培养孩子的探索精神呢？

（1）善于呵护孩子的好奇心

前面已经说过，孩子对某个事物好奇，才会产生思考，进而产生探索的欲望。所以，鼓励孩子勇于探索，首先必须呵护孩子的好奇心。

（2）发现孩子"破坏"行为中的创造天分

很多孩子都有拆掉家里小物件的经历，这是孩子思维活跃、勇于探索的表现。爸爸不能轻率地将这种行为定性为"破坏"，而是要看到孩子行为中的闪光点。建议在肯定和鼓励其探索行为的基础上讲清道理、提供答案。此外，爸爸还要尽可能地提供一些较为安全的机械或电器，例如坏了的钟表之类来供孩子探究。

（3）激发孩子的思考和想象力

爸爸要抽出时间和孩子交谈，努力激发孩子的思考。交谈时要尽量谈及一些可供孩子独立思考的问题，不要代替孩子去思考。孩子多思考一些天马行空的东西有助于提升想象力，爸爸要努力配合。此外，还可以让孩子通过画画等行为提升想象力，让孩子的视野变得更宽更广，这样探索精神就会随之得到提升，探索的过程也会更深入。

爸爸要尽一切努力保证孩子的安全。但是，保证孩子的安全并不是让孩子永远生活在爸爸的翅膀之下，所以，在保证安全的基础上，还要大胆鼓励孩子去探索、去冒险，去体验陌生的事物，不能让孩子变成永远飞不起来的鸟儿。

好爸爸谈性色不变，让孩子健康成长

中国式的父母，容易受到传统思维的影响，有关性的话题避之不谈，唯恐早早接触相关话题会让孩子"变坏"。这样一来，就造成了孩子性教育的缺失，孩子上学了，还相信自己是树上摘下来的、垃圾堆里捡来的、充话费送的……

今天，大多数父母和学校都在回避性教育，但是遮遮掩掩又有什么用呢？有关性的信息充斥网络，只要孩子上网就有可能有意无意接触到。一些文艺作品、影视剧等也对性知识做了大量片面或扭曲的传播。孩子很容易好奇和冲动，而且自制力差，接受性教育知识的渠道太少且不正规，就容易沉迷于一些有关性的不良信息，对性的认识产生偏差，进而影响到生理和心理的健康发育，造成非常严重的后果。

爸爸妈妈"谈性色变"，甚至简单、粗暴地拒绝回答孩子有关性的问题，这是一种错误的性教育方式。这种错误的危害是非常大的：

（1）导致孩子缺乏防范侵犯的意识

男童、女童被猥亵乃至性侵的案例屡见不鲜，在一些案例中，受害的孩子根本就没有相关的自我保护意识。不少孩子遭受性侵之后，还以为大人在跟自己"玩游戏"。如果父母及早对孩子进行性教育，让孩子知道男女之别，知道自己的哪些身体器官不能让他人触碰，也就有了自我保护的意识，避免一些人性泯灭的惨案发生。

（2）造成孩子错误的性观念

孩子对性的好奇，很多时候是一种求知欲，如果父母扼杀了他的这种好奇，就是对孩子求知欲的压抑。孩子会觉得这类问题是不能问的，从小对性产生神秘感、罪恶感、肮脏感，对孩子的健康发展是非常不利的。孩子在青春期对性的好奇会促使他们喜欢谈论两性问题，由于逆反心理的影响，大人越禁止他们就越爱谈，一些错误的性观念正是这样在青少年中流行起来的。

（3）造成孩子性格怯懦

当孩子的言行牵涉到性，父母往往会勃然大怒，甚至会对孩子进行斥责和打骂。久而久之，孩子就会变得怯懦，这对孩子一生的发展是极其不利的。

（4）丑化性行为

父母错误的性教育，可能导致孩子对性产生厌恶心理，在他们成年后也会对正常性行为乃至性反应产生厌恶。

让大部分父母给孩子进行正规性教育极其困难，他们自身多数都没有接受过正规性教育，面对孩子"我是怎么来的?""你怎么生的我?"之类的问题，无法给出一个科学而又有利于孩子理解和接受的回应。很多非常好的性教育机会，因为父母的羞于启齿或者不知如何回答，白白错失了。

上幼儿园大班的宇航聪明又听话，但最近妈妈发现了他的一个坏习惯，她为此头疼不已。原来，不管是在幼儿园还是在家，宇航在睡觉时总喜欢趴着，两腿夹紧挤压"小鸡鸡"。妈妈知道这个举动对孩子的成长会有不利影响，所以要求幼儿园同自己合作纠正孩子的习惯。

她的初衷是好的，但是选择的方法却不是进行性教育，而是请求老师要求他仰睡，发现他双腿夹紧的情况也要阻止。在家里，妈妈编了一个又一个带有恐吓意味的故事，骗宇航说他的动作会造成种种可怕的后果。看恐吓效果不大，又开始诱惑孩子，说他改了之后就给他买很贵的玩具。她这样连哄带吓，让孩子觉得自己的行为既恶劣又羞耻。他的坏习惯没改，性格却变得越来越敏感、越来越内向……

宇航妈妈的做法显然是不可取的，但是他的爸爸在这一过程中的不作为更应该批评。很多爸爸觉得跟孩子比较亲密的是妈妈，所以遇到这类事情就当"甩手掌柜"。实际上，爸爸在孩子性教育过程中有着独特的地位。有的男孩从小被妈妈、奶奶、姥姥包围着，没有得到正规的性教育，也缺乏爸爸的熏陶，可能出现女性化倾向。这样长大的男孩，很可能无法承担自己的社会责任，遭到社会的歧视，感情会比女性更加脆弱。而跟爸爸关系好的女孩，可以尽早地从爸爸那里得知男女有别，而且不会像缺失父爱的女孩那样出现性早熟，成年后择偶也会更慎重。由此可见，爸爸在儿子、女儿的性教育中都要起到应有的作用，才能够让孩子健康成长。

现在的孩子普遍早熟，身体发育大大提前，他们需要更多的渠道了解性知识。爸爸应该行动起来，对孩子进行正规的性教育：

（1）爸爸要树立正确的性观念

想对孩子进行正规的性教育，爸爸自己首先就要有正确的性观念。这就需要爸爸主动学习性和性教育的相关知识，将性知识视为孩子成长过程中必须了解的科学理念和知识。

（2）根据孩子的年龄特点进行教育

面对孩子的提问，有的爸爸担心讲得浅孩子不能理解，讲得深又对孩子的心理产生不良影响。这一点不必过分担忧，孩子的智力发展是有层次性的，提出的问题往往也符合其年龄特点，父母的讲解只要符合他的理解能力就可以了。当然，有的问题也会超出孩子的年龄段，这时父母用简洁的话告诉孩子最基本的道理就可以了，不用深入解释。

（3）不可欺骗孩子

在"谈性色变"的环境下长大的家长，对待孩子问的有关性的问题，容易采用欺骗的方式来回答，就像前面所说的告诉孩子他是捡来的、从树上摘下来的等等。这些欺骗行为被孩子识破后，孩子就会认为在性的问题上是不能说真话的，从而变得虚伪。

（4）性教育要趁早

有关专家建议，小学二三年级就应该对孩子进行系统的生理知识和性知识的教育。孩子越早了解正确的知识，就能越早明白男孩和女孩的区别，以及如何保护自己。知道这些知识后，孩子就不会出于好奇而进行过早的性行为。

性教育是教育的一部分，要给孩子以正规的性教育，首先家长就要对性教育有正确的认识，之后才能在教育中慢慢引导孩子正确认识性。孩子在接受良好的性教育并对此有正确认识后，他们的成长才会更加健康。所以，作为孩子成长过程中不可或缺的角色，爸爸一定要做好孩子的性教育工作。

好爸爸，就是孩子的好朋友

在现实生活中，多数爸爸都想在孩子面前保持一定的威严，因此，他们给孩子的定位也往往是有问题的。

很多孩子被爸爸当作"下级"，爸爸的一切命令他们都要听从，孩子几乎变成了爸爸的私有财产，可以随意处置。而爸爸没有将孩子视为与自己地位平等的家庭成员，就容易将孩子当作"出气筒"，生活中遭遇的一切不顺都靠肆意羞辱甚至虐待孩子来发泄。这样的爸爸，心理是不健康的，也容易让孩子身心备受摧残，性格变得扭曲。

有的孩子被爸爸当作"商业伙伴"，有关孩子的一切教育，都用物质刺激的方式进行。孩子考了 100 分，奖励金钱，当然如果考得不好就可能罚钱或者受到其他惩罚。孩子帮家里做家务，也会进行金钱奖励，例如洗碗 1 元、擦桌子 1 元、洗衣服 2 元等。爸爸不必觉得一提金钱就变得物质，但也不能"一刀切"，觉得仅用金钱就能实现教育孩子的目的。

有的爸爸将孩子当成了"储蓄所"，他们对孩子好就像是在给自己做投资，时常会告诫孩子："我对你这么好，你长大了一定要好好报答我。"这种想法也算不上多过分，但是这样的爸爸往往也期待着孩子长大后光耀门楣，否则就白养了。一旦看出孩子或许不能成才，这样的爸爸就可能对孩子丧失信心，不管不问，给孩子的心灵造成压抑。

以上的爸爸，都是对孩子的定位有问题。最恰当的定位是什么呢？是把孩子当作好朋友。

一位成功与儿子成为朋友的爸爸，感慨万千地说："我有一个千万富翁都无法享受的乐趣：我那快要跟我一样高的18岁儿子在我面前依然像一个孩子一样，总是亲热地拉着我的手，愿意把他的想法分享给我听，我们聊天能聊很久，直到他困了枕在我的胸膛上睡着为止。这种美妙的感觉是任何高官厚禄都换不到的。"

另一位爸爸说："养不教，父之过。我作为一个爸爸，最大的任务就是教育孩子。"但他的女儿却这样说："我觉得爸爸从来就没有喜欢过我，在他看来我就是毛病的化身，我的出现让他失去了全部快乐。"

爸爸总是不自觉地扮演与孩子对立的角色，实际上就是被传统的父子观念束缚住了。教育学专家认为，爸爸首要的任务是与孩子分享情感，其次才是充当孩子的指导者。与孩子分享情感、交流情感，就在一定程度上成了孩子的朋友。但仅仅这样还不够，还必须付出时间成本来维护你们之间的友谊。这就要求爸爸每天无论工作多累，都要抽出一点儿时间来与孩子单独相聚，畅谈彼此的见闻和感受。内容不能只是爸爸的工作或孩子的学习，可以包括对当日新闻的看法、对娱乐或体育事件的见解，当然也包括在学校和公司遇到的新鲜事等。爸爸要努力了解孩子的喜好，培养双方的共同兴趣。

爸爸不要小看和孩子交流的作用，也不要觉得只给孩子提供物质享受就够了。孩子也非常需要心灵上的爱抚，尤其是来自最信任、最亲密的爸爸的心灵爱抚。与爸爸的交流，对他们而言就是心灵爱抚和精神支持。尤其是当孩子遇到一些困难时，就更需要与他人尤其是父母交流。这时，爸爸就要给予孩子勇气和信心，并用理智和宽容的态度帮助孩子认识错误、解决问题。有些孩子遇到挫折会变得胆小、内向，这时爸爸就要用自己的阳刚之气去感染孩子，并带着孩子到大自然中去磨炼意志，逐渐让孩子变得勇敢起来。

普通的爸爸和"朋友型"爸爸有一个很大的区别，就是普通爸爸即便性格很好，但是看到孩子的缺点时也容易心里着急、失去耐心，开始用简单、粗暴的方式教育孩子。结果往往让孩子在高压管制下变得没有自信、性格畏缩，或者变得叛逆、暴躁。但是作为朋友的爸爸，就会平等地看待孩子，认为孩子有缺点是难以避免的，自己有责任帮助孩子逐一改正，而不会急于求成。

除了交谈之外，爸爸还可以与孩子一起利用空闲时间或假日来做游戏、做运动或做家务，这些活动也是增进双方感情的好办法，还可以在各种活动中了解到孩子的兴趣，加深爸爸对孩子的了解。

和孩子一起游戏时，爸爸能够细致地观察到孩子的反应，鼓励孩子发挥他的思维能力、创造力和想象力。爸爸白天很少有时间跟孩子一起玩，可以设计一些适合晚上玩的室内游戏，如准备大床或者垫子跟孩子玩摔跤、柔道、角力、翻跟头等，当然，这类游戏女孩可能不喜欢，可以跟女孩一起玩呼拉圈等。

和孩子一起运动时，要选择相对来说难度适中并有一定对抗性的运动，例如羽毛球、乒乓球、篮球等，孩子能够在运动中尝到成功和失败的滋味。一般来说，爸爸的技术水平要比年纪比较小的孩子好一些，但是不能让孩子始终占下风，那样可能让他失去对这项运动的兴趣。所以，爸爸要巧妙地输给孩子几次，让他尝到胜利的滋味，既能提升孩子对该项运动的兴趣，也有助于孩子建立自信心。

全家一起到郊外旅行，投入大自然的怀抱，共享美好时光，是让一家人关系更融洽、爸爸和孩子的友谊更深入的好机会。不去郊游，也可以根据孩子的性格、兴趣等，带他去一些充满文化气息的地方，如图书馆、博物馆、展览馆、天文馆、科学馆等。

做家务的时间也是爸爸和孩子交流感情的黄金时间。爸爸和孩子一起劳动，让孩子对爸爸的角色产生认同感，体会到家务并不是妈妈的义务，能够培养孩子对家庭的归属感、责任心。

总的来说，只要爸爸有心，成为孩子的朋友并不是什么难事，难的是能够坚持下去。同时，和孩子做朋友也是把"双刃剑"，有些弊端爸爸也要了然于心并设法避免：

（1）不能让孩子变得放肆

和孩子做朋友，很多时候就要放下威严，让孩子不再害怕你。孩子的是非观尚未成形，很可能因此变得不尊重爸爸，也不会觉得自己做的有什么不对。这时候再想树立一定的权威，就会非常困难。而且，孩子的放肆也会延伸到家庭外的其他场合，成为别人眼中的"熊孩子"，遭到嫌弃。所以，做朋友可以，千万不能让孩子变得放肆。

（2）不能放弃对孩子的约束

一些爸爸将孩子视为朋友之后，就觉得在教育孩子时有束手束脚的感觉，有些事情就不敢大胆去做，唯恐超出朋友的范畴，伤害孩子的感情。这样一来，孩子犯了错需要进行教育甚至惩罚时，爸爸就会错失良机。这一点也是必须注意的，爸爸和孩子都要有"公私分明"的意识，平时可以做朋友，爸爸必须履行职责时双方也要立刻"进入角色"。

成为孩子的好朋友，掌握朋友关系和父子关系的融合与转换，这样的爸爸在教育孩子时会更加得心应手，孩子也更乐意拥有这样的爸爸。每一种亲子教育观念的形成与实践，都需要付出时间，所以，爸爸请一定抽出时间，培养和孩子之间的友谊。

【好爸爸的7大标准】

(1) 永远把家庭放在第一位

当爸爸永远把家庭放在第一位时，就为家庭谱写了一个美好的旋律。这要求爸爸在情感上、身体上、思想上乃至灵魂上投入家庭，而不只是给予经济上的支持。

(2) 给孩子最好的爱，是爱他的妈妈

爱妻子是给孩子最好的礼物，因为与恩爱的双亲一起长大的孩子，更容易拥有幸福人生。

(3) 传递给孩子良好的道德

身为爸爸，良好的道德修养和充满正能量的三观，是留给孩子的最宝贵的财产。

(4) "效忠"妻子和孩子，变身服务型家长

把妻子和孩子的需要放在自身需求之前，不仅对家庭有益，也能让自己更坚强、更有担当。

(5) 善于和家人沟通

做个好爸爸，需要一颗愿意倾听的心、心领神会的技巧和能力。

(6) 与其他好爸爸为伍

近朱者赤，近墨者黑。爸爸们要有意识地寻求有品格、讲诚信并深爱家庭的朋友，接受更多好爸爸带来的影响。

(7) 保持乐观、永不退缩的人生态度

每个人都可能遭到各种各样的挫折，而最后成功的总是战斗到底并能从失败中学习的那些人。爸爸也要学习经受住家庭的大小挫折，做孩子的好榜样。

第二章

"隐形爸爸"，让孩子输在起跑线上

"隐形爸爸"不是没时间，而是没心思。

别做孩子"最熟悉的陌生人"

怎样才算一个合格的爸爸？当你认真思考这个问题时，就比为数不少的爸爸更接近合格了。因为那些完全不合格甚至不够格的爸爸，在孩子眼中就像一个陌生人一样。他们总是非常忙，忙工作、忙应酬、忙娱乐，忙到抽不出一点儿时间陪孩子。他们这么忙，自然也就没时间考虑如何才能当个合格的爸爸。有一个顺口溜说："妈妈生，姥姥养，爷爷奶奶来观赏，爸爸回家就上网，姥爷天天菜市场。"这样的家庭，表面上是完整的，但爸爸的角色却近似缺失这样的家庭还不是少数，根据有关报告显示，55%的家庭以妈妈陪伴孩子为主，爸爸陪伴为主的只有12%左右。在很多孩子眼中，爸爸这个角色仿佛"隐形"了一般。

可是，爸爸们真的就那么忙吗？当然有一部分是真的非常忙，但是还有一些年轻的爸爸，下班之后宁肯自己玩手机游戏、看视频，也不想去陪孩子。孩子哭了，就嚷一声："老婆，你快去看看。"孩子开家长会，爸爸会说："老婆，我要应酬，这次家长会还是你去参加吧。"孩子表现不好被老师叫家长，爸爸更不想去了，还会指责妻子说："你怎么教的孩子啊？看把他惯的。"这样的爸爸，认为"养育孩子是女人的事"，觉得自己只要为家庭提供经济支持就够了，根本不会考虑孩子有这样一个"隐形爸爸"会有怎样的感受。

佟昊原本是个聪明活泼的小男孩，深得大家的喜爱。两年前，他的爸爸因为工作需要调到了外地，父子俩很久才能见上一面，久到佟昊几乎快要忘掉爸爸的样子了。佟昊的性情，也就在这两年里发生了巨大的改变：他越来越任性，只要认定的东西谁都拗不过他，妈妈的话被他当成了耳旁风。他的脾气也越来越暴躁，已经成了幼儿园里的"问题儿童"。谁要是不小心碰了他一下，他非把人家打哭不可。妈妈常常要带着他去向人家赔礼道歉，但佟昊从来不会认错。妈妈无奈，带他去咨询了儿童心理问题方面的专家。专家详细询问了他家里的情况之后，认为佟昊之所以性情大变，就是因为缺少太多的父爱。这种感情的缺失让他产生了情感饥渴，他的幼小心灵又找不到排解的途径，于是才通过与成人对抗、攻击其他小朋友来引起他人的注意。

不可否认，多数家庭中爸爸还是主要的经济支柱，工作繁忙是难免的。爸爸努力地去工作。这样一来虽然丰富了孩子的物质生活，却又造成孩子精神生活的缺失。因为，对一个孩子来说，爸爸的陪伴和妈妈的陪伴一样重要。就像一首歌里唱的那样："她要的是陪伴，而不是六百块，比你给的还简单。"

任衡是一家知名公司的程序员，加班是家常便饭了。一天，他下班时天色已经晚了，到小区门口时看到 5 岁的女儿正独自站在那里张望着，一看到他就满脸欢笑地向他跑过来。任衡看不到妻子，知道女儿独自在等他，非常感动。但是，又怕孩子自己跑出来不太安全，于是板着脸牵起女儿的手，对她说："下次不要自己出来等爸爸了，知道了吗？"女儿点点头。

到了家里，任衡看到妻子正在准备晚饭，于是说："你怎么不看着点，女儿自己跑到小区门口了，天这么晚了，出事怎么办？"

妻子说："她非吵着接爸爸，你刚给我发微信说快要到家了，我在厨房又能看到她，所以就让她自己出去了。"

任衡点点头，面无表情地转身去洗手，女儿却叫住了他。

"爸爸，你能答应我一件事情吗？"

"什么事？"

"我能跟你去你的公司吗？"

"你去干什么？我到公司是去工作，又不是去玩。"任衡有些生气。

女儿听到后，默不作声地走到了自己的房间。任衡觉得自己不该对女儿这么凶，于是来到她的房间，轻声问："你为什么想去爸爸的公司啊？"

"我总是看不到爸爸，我想爸爸，到你的公司我就能一直看到你了。"女儿小心翼翼地说。

任衡的心被触动了，他最近总是很忙，回到家依然是守着电脑做事情，陪伴女儿的时间实在太少了。从这天开始，他尽量减少加班时间，一下班就回家陪伴女儿，周末抽时间陪女儿出去玩，女儿也慢慢变得活泼、开朗多了。

教育孩子不只是妈妈自己的事，而是夫妻双方的共同责任。教育孩子的过程中，双方会遇到各种各样的问题和困难，很多时候不是夫妻任何一方能够独自解决的。"夫妻同心，其利断金"，爸爸必须积极参与对孩子的教育，夫妻共同商讨解决问题的办法。还有些时候，孩子的一些言语、行为和想法超出妈妈的解决范畴，会让她手足无措，必须由爸爸出面解决。例如，有些孩子很了解妈妈温和的性格，爸爸又对自己不管不问，就会肆意地玩耍，不肯好好学习，不肯按时睡觉，甚至出现逃学的现象，妈妈却一筹莫展。这时候，爸爸就要及时出现，用严厉的态度威慑孩子，制止孩子的不良行为。

爸爸的陪伴，是孩子必需的情感需要，对孩子的成长有着重要的影响。社会竞争激烈，可以说所有的爸爸都很忙，但是合格的爸爸却能够忙里偷闲陪伴孩子。爸爸的陪伴，对孩子的成长会起到正面引导作用，让孩子沐浴在爱与亲情中，学会做人的基本原则。与孩子相处时其乐融融的状态，也是爸爸缓解工作压力和疲劳的一剂良方，是其他任何东西都无法取代的。而爸爸的缺席，对孩子造成的负面影响也很深。爸爸的冷落，会让孩子产生怨恨心理，对孩子的成长非常不利。

爸爸怎样才能让孩子跟自己更亲近呢？专家建议爸爸要坚持以下几点：

（1）一定不要随意和妻子吵架

爸爸动不动就和妈妈吵架，孩子看在眼里就会觉得这个家庭丝毫没有温暖，于是渐渐产生疏离感，甚至变得性情暴戾，遇事会第一时间想到用暴力解决。

（2）陪孩子的"数量时间"和"质量时间"要兼顾

有的爸爸总这样想："我虽然在孩子身上花的时间不多，但我可以在质量上补回来。"这种说法，不得不说有搪塞之嫌。因工作繁忙或婚姻破裂等原因，爸爸不经常跟孩子待在一起，分离的时间越久，负面影响会越大。就算爸爸尽力提升与孩子相处时的"质量"，也无法弥补"数量时间"太少带来的损失。可以说，二者是不能互相替代的。有的爸爸跟孩子在一起的时间不短，有意义的"质量时间"却很少；还有的爸爸对相处时间的利用率很高，却只能抽出很短的时间陪孩子。这两类爸爸要注意互补，既要多抽出时间陪孩子，也要在与孩子相处时多做孩子感兴趣的事，注重情感的交流。

（3）孩子的重要活动必须参加

当学校有重要活动时，孩子会非常希望爸爸来参加。如果爸爸缺席，孩子对活动的兴趣会急剧降低。所以，孩子参加运动会、各种晚会、表彰大会时，爸爸一定不要忘了去学校欣赏孩子的风采，那样会给孩子和自己都带来一段难忘而美好的记忆。在孩子成长中的每个转折点，爸爸最好都留下自己的身影：孩子第一天上学，第一次参加运动会，第一次家长会，第一次毕业……爸爸的积极参与，会让孩子的童年和青春多一分温情。

（4）要积极培养和孩子的共同兴趣

男孩磊磊是个足球迷，常常守着电视机或电脑津津有味地观看足球赛，还想跟爸爸分享观赛心得。但是爸爸对足球没什么兴趣，有时漫不经心地敷衍他几句，有的时候干脆就让他自己在那说，一声都不回应。渐渐地，磊磊也不再与爸爸讨论球赛了。

一个周末，市里的体育馆有一场足球表演赛，磊磊知道爸爸妈妈都不会陪自己去看，于是不声不响地去了。天很晚了，他还没有回家，手机也没人接，爸爸妈妈非常着急，都想打电话报警了。这时，磊磊却兴高采烈地回来了，爸爸气急败坏地说："你这孩子，干什么去了？为什么不接电话？"看着爸爸怒气冲冲的脸，磊磊委屈地说："我去看球赛了，听不见电话声。"爸爸伸手想打他，磊磊接着说："爸，我都拜托你100次了，你从来不肯带我去看球赛。"爸爸高举的手又放下了，突然明白，原来儿子这么需要爸爸与他有共同的爱好。从此，爸爸也开始关注足球，与磊磊讨论有关足球的话题，还会陪他一起去看球赛。

爸爸让孩子觉得陌生，就是忽略了生活赋予爸爸的神圣职责。爸爸不仅是孩子成长的见证者，也应该是孩子生活的参与者、陪伴者，必须在时间上、物质上、感情上、精神上全力付出。

父爱缺席，儿子女儿感受不同

　　缺少父爱，会给孩子的成长带来很多不利的影响。由于男孩和女孩的不同特点，父爱的缺席会给他们带来不同的感受。

　　幼年时期，男孩和女孩并没有太大的区别。10 岁左右时，男孩开始朝着男性化发展，这时候爸爸需要多和他待在一起，通过言传身教让儿子长成真正的男子汉。爸爸必须充分认识到自己对孩子性格发展的重要性，不能轻易缺席孩子的成长过程。

　　在某知名教子论坛中，一名网友写了一篇长文，讲述了他和他那"缺席"的爸爸的经历，感动了很多网友。那篇文章大意如下：

　　"我的爸爸快满 60 岁了，我们没有住在一起，他执意要和我妈妈一起在老家住。昨天，我去看他，他无意间谈到了他跟我祖父的关系。爸爸说，他从来没有在祖父的腿上坐过，他甚至不记得祖父曾经抚摸过他。说到这里，爸爸竟然老泪纵横，默默找出了一张很老的照片。我小时候家里很穷，这张照片很可能是留存下来的我跟爸爸唯一一张合影。照片上，爸爸抱着我站在山顶上，那时的他非常强壮，7 岁的我看起来也非常自豪。看到这张照片，我的眼睛也湿润了。

"到我9岁时，爸爸对我的严厉程度突然翻了一番，总是有意无意地挑我的刺儿。从那一年开始，我和爸爸的亲密关系彻底不复存在了，直到今天也难以修复。他对我的冷落给我带来的悲伤让我至今记忆犹新。又过了一两年，他外出打工了，我们只能在逢年过节时才能见上一面。我甚至常常忘了自己还有一个爸爸，他回来时我也不会特别兴奋。就这样，我在妈妈的照顾下考上大学，之后就工作、结婚，我知道我的学费以及结婚花费的钱都是爸爸辛辛苦苦挣来的，他为了这个家庭省吃俭用了一辈子。我很尊敬他、感激他，但是直到他老去才渐渐敢接近他。

"现在，我的儿子已经8岁了，我却不想再继承这个家庭'传统'。我不会溺爱孩子，但也不会让儿子生活在愤怒和悲伤之中。"

在这个故事中，我们看到了爸爸和儿子关系疏远会对孩子的内心产生多么巨大的影响。在有着传统思想的爸爸眼中，他们活动的范围就应该是家庭的外围，他们的职责就是工作，只要偶尔过问一下家庭，知道家人过得如何就够了。再加上多数男性不善于表达情感，并觉得对男孩就是要严格一些，所以会带给儿子遭到冷落的感觉。在现代社会，没有了传统思想的束缚，爸爸和儿子始终疏远的话，会让双方长期保持联系的纽带不复存在，父子之间再想互相沟通、彼此理解就太难了。

一个女孩说："我的爸爸是在我两岁时不幸去世的，我对他的印象几乎完全来自照片。尽管如此，我依然清楚地知道他是个怎样的人。二十年过去了，他还会出现在我的梦中，像一个盖世英雄一般把我从困境中解救出来。"

在女儿的心中，爸爸既是家庭的基石，也是安全和幸福的化身。"女儿是爸爸的小棉袄""女儿是爸爸前世的小情人"之类的俗语，得到很多爸爸的赞同，女儿往往乖巧、可爱、懂事，看起来比淘气、爱惹麻烦的儿子顺眼多了。正因如此，失去父爱的女孩，就会受到深入骨髓的伤害。这样的女孩往往会很自卑，并由于缺乏安全感变得胆小怕事、孤僻自闭，她们的学习、交际都会受到不良影响，对成长非常不利。

女孩对爸爸的依赖出于天性。她们生性敏感、细腻，如果在生活中缺乏父爱，就会在内心凭借想象力将幻想中、生活中乃至影视剧中见到的优秀男性融为一体，虚构出一个爸爸的形象。这位虚构出的爸爸往往很完美，高大强壮、风趣幽默、善解人意。女孩长大后会很难找到理想的伴侣，因为现实中的男性很难像她虚构出来的爸爸那样完美。从小缺少父爱的女孩，会在恋爱时遇到障碍，因为她不知道如何与男性相处。即便遇到了很好的男友，她也会担心对方离她而去，从而生活在忧虑之中。

与男孩一样，遭到爸爸冷落的女孩，也会逐渐和爸爸变得疏远，沉浸在她们对理想爸爸的想象之中。所以，身为爸爸，一定不能冷落女儿。爸爸与女儿相处时可以这样做：

（1）让女儿知道你为她骄傲

重男轻女的观念已被时代抛弃，但还是根植在很多爸爸的心中。作为爸爸，绝对不能有重男轻女的观念和行为，而是要为自己的女儿感到骄傲，对女儿进行正面的激励。爸爸要改正不善表达的习惯，多对女儿进行鼓励，让她产生积极的自我评价。

（2）多陪女儿玩游戏

爸爸不要觉得女孩子就应该安安静静地在家里待着，而是应该经常带她走进大自然。在家里时，不要对女儿感兴趣的游戏嗤之以鼻，而是要积极参与其中，与女儿进行互动。

（3）多与女儿进行沟通

女孩都有向父母倾诉的欲望，爸爸不要回避，而是要积极倾听，并给出自己的建议。女孩的性格相对敏感，遇事容易"钻牛角尖"。这时爸爸就要多与女儿沟通，让她走出不良的情绪，女儿的性格会因此变得更开朗。

无论是儿子还是女儿，都是爸爸生命中的"小天使"。爸爸不要受传统思维的束缚，必须参与到对孩子的培养和教育之中，让他们的成长不因父爱的缺席而留下遗憾。

家庭不可缺少"阳刚之气"

随着时代的发展，传统的"严父慈母"的家庭模式已经悄然改变，很多家庭里爸爸不再是严厉的象征。但是，男女的性别差异还是非常大的，爸爸所代表的家庭的"阳刚之气"依然不可或缺。对于"阳刚之气"，有很多的解读，主要指男子刚强的性格、气质和体魄。调查显示，在长期没有爸爸参与的家庭中生活的孩子，很容易出现一些性格上的缺陷：男孩会在妈妈的影响下性格日趋女性化，还会变得柔弱、胆小、爱哭等，这些对男孩的成长都是不利的。而女孩的性格也会变得比较极端，例如缺少安全感，性格会非常敏感等。所以，爸爸必须参与对孩子的教育，用自己的"阳刚之气"影响儿子和女儿。

同时，越来越多妆容精致、性别模糊的男性艺人得到追捧等社会现象也一定程度上影响着整个社会的审美。所以，有人就质疑对于家庭来说"阳刚之气"是否还有必要。事实上，对一个包容的社会来说，男性喜欢打扮自己，是应该得到认同的。但是，凡事必须有度，如果家庭缺乏"阳刚之气"，那么无论是男孩还是女孩，都会一边倒地沉迷"阴柔之美"，就会产生很大的负面影响。

有一位爸爸，是一家公司的业务人员，工作特别繁忙，时常要出差。即使不出差，也会很晚回家，周末还常常不休息。所以，儿子很少见到他，总是和妈妈、姥姥在一起。一次家长会，他终于抽出时间参加，老师却告诉他，他的儿子在学校时说话、行动都像个女孩子，同学们笑话他太"娘"，他常常遭到一些欺凌，性格越来越怯懦。这位爸爸大惊失色，他很快就明白，并不是基因导致孩子出现女性化倾向，而是父爱不足导致孩子心理上出现了偏差。

爸爸可以运用以下方式来教育男孩：

（1）进行性别教育

专家研究表示，人的性别意识是在3岁左右出现的，爸爸最好从此时就开始培养孩子的性别意识，如告诉孩子男孩和女孩的差异等，让男孩知道男子汉应该有怎样的性格特点。爸爸也不必总是特意提及性别问题，可以有意识地赞许男孩与他性别相配的行为。

（2）多陪男孩进行游戏、运动或家务劳动

爸爸可以陪男孩做一些刺激性和运动量比较大的游戏或运动，锻炼男孩的竞争意识、抗压能力、适应环境的能力和克服困难的勇气，这种体验式的学习方式，会强化男孩的刚健之力。爸爸与男孩进行家务劳动，可以让男孩意识到自己在家庭中承担的责任，并培养劳动的习惯，提升自理、自立能力。

（3）进行心理暗示

爸爸要让男孩从小就做自己力所能及的事，暗示他他是很强大的。爸爸出差或者出门前，可以告诉男孩："爸爸不在家，你是家里的男子汉，要保护好妈妈。"还可以陪男孩看一些英雄主义的影视文学作品，并积极与孩子进行探讨。时间长了，男孩就会变得阳刚起来。

爸爸和妈妈对孩子的影响是不同的，但都是不可或缺的。研究发现，妈妈对孩子的成长能起到促进、抚慰和镇定的作用，让孩子得到安慰，能够规范孩子的情感世界，让孩子学会自我调节；而爸爸则可以凭借直接而充满激情的表达让孩子富有活力，能够促进孩子的心理发展，养成积极向上的生活态度，遇到机会会努力、主动地去争取，遇到风险时也会勇于承担。

在一些家庭中，爸爸虽然想用自己的方式教育孩子，却不得不尊重妻子的态度。这样一来，就会出现妈妈让孩子怎么做，爸爸只是随声附和的现象。当然，也有一些家庭情况恰好相反。总之，有很多父母会协调一致地教育孩子，表面上看起来一团和谐，其实对孩子的成长反而会出现不利的影响。爸爸在教育孩子时必须展现出男人的一面，例如和孩子做一些刺激的游戏等，有利于开发孩子的创造力。而且，这些游戏不仅要和男孩子一起玩，对女孩子也要"一视同仁"。爸爸不能总是对女儿怀有柔弱、容易受伤的印象，女儿也希望能和爸爸一起玩耍，像男孩一样和爸爸打打闹闹、追逐嬉戏等。当然，爸爸和女儿相处还是不能跟儿子完全一样，女儿到了一定的年龄，就要让她知道"男女有别"的观念，让女儿学会自我保护。

有一个女孩，已经上大学了，依然还在怀念儿时和爸爸的一个游戏："小时候我的爸爸工作很忙，但是依然每天都会陪我玩耍。记得那时候，爸爸每次周末休息，我都会早早起来，急切地等在他卧室的门口。爸爸工作太累了，周末的懒觉对他来说是个享受，我不想打扰他。等他睁开眼睛，我就会迅速蹿到床上，开始我们的小节目：他平躺在床上，两腿合并举高，我就迅速爬上去，他就将我摇来摇去。突然，趁我不注意他会打开膝盖，我就会开心地笑着落到床上。接着，我们会重复这个游戏，直到两个人都玩累了为止。"

无论男孩还是女孩，爸爸的强壮、开朗都是让他们敬仰和依赖的。所以，爸爸必须关心孩子、陪伴孩子，并用自己的"阳刚之气"感染孩子，让他们茁壮成长。

给孩子安全感，成为孩子的好榜样

一个雷雨交加的晚上，男孩尼尔在自己的房间中感到非常害怕。于是，他在黑暗中喊道："爸爸，你快点儿过来吧，我很害怕。"

爸爸并没有立刻动身，只是安慰孩子说："宝贝，不用怕，要知道上帝正在保护着你呢。"

尼尔说："我知道上帝正在保护我，但是现在我需要的是一个摸得着的上帝。"

一个夏天，3位妈妈带着她们十多岁的女儿一起去爬山。刚走到山腰，天空突然乌云密布，传来隐隐的雷声。其中一个女孩害怕地说："真可怕，我们不会被雷电劈到吧，要是我爸爸在就好了，他会保护我们的。"这个女孩心里当然很清楚，这种情况即使她的爸爸来了也无济于事。但是，在她的内心深处，她的爸爸是安全感的代表，她觉得爸爸是战无不胜的，甚至可以和雷电对抗。

每一位爸爸都是孩子的骄傲，也是孩子学习、模仿的榜样。爸爸也要意识到自己的责任，借助榜样作用对孩子的个性发展产生正面影响。遗憾的是，并不是所有爸爸都配得上孩子的崇拜。爸爸要做好孩子的人生向导，首先必须提高自身的素质。爸爸孝敬父母，孩子才会孝敬父母；爸爸总是充满自信，孩子面对困难时才不会退缩。榜样的力量是无穷的，爸爸的人格素养是教育孩子的根本。

每个爸爸都曾是孩子的榜样，但孩子对爸爸的崇拜并不是一成不变的，很多孩子随着年龄的增长，会慢慢发现爸爸似乎并没有那么伟大了。要如何在孩子心目中树立威信呢？是什么让爸爸的威信出现危机呢？爸爸要知道，真正的威信就来自自身的素质。

肖宇的爸爸常常对他说："儿子，做事情一定要有毅力，否则的话你什么都做不成。"肖宇觉得爸爸的话很有道理，就总是严格要求自己。但是最近一段时间，他却开始松懈下来了。爸爸再给他讲这些道理时，他也只是敷衍地说"是，是"，但却不会付诸行动。究其原因，就是爸爸太言行不一了。

肖宇刚开始学英语时，总是学不好，这让爸爸很担心。为了鼓励儿子学好英语，爸爸一度下定决心陪着他一道从头开始学英语，早上起来跟儿子一起背单词。但是，爸爸陪儿子学完第一册就失去耐心，背单词也只能坚持几天，很快就不再坚持早起了。肖宇渐渐习惯爸爸的"节奏"了，对爸爸不再抱什么希望，自己学英语也开始三心二意起来。

肖宇的爸爸是个烟瘾非常大的人，有时候烟瘾犯了，就不顾妻子和儿子，在房间里抽烟，肖宇的妈妈和他吵了好几次，他一脸严肃地保证说："我这就戒烟，以后肯定一根都不抽了。"肖宇很高兴，他觉得抽烟对全家人都没有好处，爸爸是一个懂很多大道理的人，他肯定能戒烟成功的。但是，结果却让肖宇失望了：爸爸戒了四五天，实在忍不住了，又随便找了个借口开始抽，而且比他"戒烟"之前抽得更凶了。妈妈说他几句，他又表示要戒烟，这次肖宇对他没那么大信心了。果然，不到一周，爸爸又开始抽了。重复几次，肖宇已经完全对他失去了信心。听到爸爸说戒烟就当笑话听，爸爸再要求他坚持做什么事，他都完全不放在心上了。

要做一个好爸爸，必须付出很多努力，这是现代社会对爸爸的考验。而爸爸要想做好孩子的榜样，要注意以下四点：

（1）拥有良好的生活习惯

无论是吃饭、穿衣，还是语言、举止，爸爸的生活细节会对孩子的思维模式产生根深蒂固的影响。所以，爸爸必须形成良好的生活习惯，让孩子"有样学样"，成为一个拥有良好生活习惯的人。

（2）注意个人形象

个人形象的好坏并不是一件小事。很多孩子受到一些名人故事的影响，觉得邋里邋遢、不拘小节会很"酷"，显得非同寻常。实际上，在普通人的生活中，个人形象产生的影响是无处不在的。孩子如果在邋遢爸爸的"熏陶"下养成不注重个人形象的习惯，长大后在爱情、事业等很多方面都会错失很多机会。

（3）要自律、勤奋

自律是一种非常可贵的品质，一个人想要获得成功，就必须有自律能力，知道什么事该做，什么事不该做。有了自律能力，还要勤奋努力地去做，才能一步一步实现目标。

（4）要有积极向上的生活态度

积极向上的生活态度是一种正能量，能够让人对生活充满热情，积极追求各种美好的东西，人的生活质量也会随之提高。

当然，要当孩子的好榜样，爸爸要做的还有很多。爸爸眼中一些不经意的小事，孩子都会看在眼里，并在潜移默化中进行模仿。很多爸爸望子成龙，觉得自己普普通通，不配让孩子当作榜样。但在孩子眼里，他的形象依然是高大的，即使做不出什么惊天动地的壮举感染或教育孩子。爸爸绝不能因为自己普通而忽略对孩子的教育和影响，应该在生活各个方面严格要求自己，给孩子做出好的榜样，培养孩子做人、做事、成长、成才。

爸爸有责任辅导孩子学习

在很多家庭中，辅导孩子学习是一件很麻烦的事情。年龄较小的孩子贪玩、自制力差，不从旁监督的话很难独立完成作业。到了这种时候，爸爸往往把辅导孩子学习的责任推到妈妈的身上，既加重了妈妈的负担，又浪费了一次与孩子相处的机会。

小林的工作比较忙，回家往往很晚，所以妻子只好负责辅导儿子做作业。小林每次听到妻子说辅导儿子很累，他表面上赞同，内心却有点儿不以为然，因为他觉得儿子挺聪明的，写作业哪有那么难？一直这样想，有时候难免表现出来，妻子就打定主意让他"见识见识"。这一天，小林下班比较早，儿子还没有开始做作业。于是，妻子让他去辅导儿子，小林信心满满地去了。过了半小时，妻子听到了儿子的哭声，过去一看，原来儿子因为死活算不出一个简单的问题，被小林打了……

网上有很多因为辅导作业导致家长"崩溃"的视频，爸爸如果看了，就会知道辅导孩子为什么是个"力气活"：家长气到崩溃，孩子却依然不理解。这样的情况久了，就出现了"辅导孩子学习导致妈妈脑溢血"之类的案例。因此，爸爸辅导孩子学习，应该是责无旁贷的，绝对不能将这么重要的事完全推给妈妈。

辅导孩子学习之前，爸爸要先想明白一个问题：为什么孩子总是不愿意学习？

孩子为什么要学习？对父母来说，当然是为了孩子的前途。但是在孩子眼里，却多数是为了爸爸妈妈。这一点，从孩子的作文里就能看到一些迹象。这样的句子，想必爸爸们都见到过甚至写过吧："我要用优异的成绩报答我的爸爸妈妈。""我是妈妈眼中的学习机器人。""爸爸每天都在说学习是我的首要任务。"……在孩子眼中，"为中华之崛起而读书"或者"知识改变命运"等道理，他们尚且无法理解，他们只知道自己之所以要硬着头皮学习，完全是被爸爸妈妈要求甚至逼迫的。

有一位爸爸，总是要求孩子学画画、学弹钢琴，孩子表现得一点儿也不情愿，他更喜欢踢足球。为此，孩子常常与爸爸针锋相对，用妈妈的话说："想让我儿子弹钢琴，不打一顿，也得数落10分钟。"这一天，孩子画了一幅画贴到了钢琴上：一只拟人化的小山羊正坐在凳子上，它的两只脚被捆住了，正在弹钢琴。一只长着血盆大口的大灰狼正在一边死死地盯着小山羊。爸爸看到后才知道，孩子竟然对弹钢琴如此抵触。但是，他花了这么多钱买了钢琴，自己为了辅导孩子还专门去学了两个月的五线谱，于是下定决心不能让孩子半途而废。就这样，孩子的逆反情绪越来越大。最终有一天，孩子再也控制不住自己了——他到厨房里找到了一把菜刀，把昂贵的钢琴砍得伤痕累累。

爸爸必须想方设法让孩子意识到，他学习的目的不是为了分数，也不是为了应付和满足爸爸妈妈，而是为了让自己得到知识和能力，没有知识和能力的人，根本无法在社会上立足。上述故事中的爸爸给孩子传递的就是学习钢琴都是为了爸爸，而且爸爸没有尊重孩子的意愿，以致孩子做出拿刀砍钢琴的事情。

如今孩子能够接触到的信息非常多，爸爸不妨"功利"一点儿，告诉孩子学习的好坏直接影响他长大后的收入状况、社会地位。还可以多带孩子看一些有关科技强国等爱国主义的电影和记录片，让孩子对将来建设祖国充满憧憬，从而提升学习的动力。

孩子学不好，很多时候是没有掌握正确的学习方法。爸爸在辅导孩子时，要告诉他学习靠的不是死记硬背，需要学以致用、灵活运用。同时，学习也像建楼房一样，要先画好图纸，才能有计划地进行修建。所以，爸爸要想让孩子学好，还必须先帮他制订一套行之有效的学习计划。

凡事预则立，不预则废。很多取得成功的人，每天早上就会预定好一天的工作，然后按计划实行。这样一来，他们就能有效利用时间，比毫无计划、临时抱佛脚的人要强得多，工作效率会更高。学习也一样，一个好的学习计划，能让学习变得有条理、有方向，比随意学的效率高出很多。制订学习计划，能让孩子的学习不再盲目，进入良性循环之中。学习要科学、合理地分配各科内容的时间，分清主次、轻重，把时间尽可能多地用在有价值、有意义的事情上，这才是一个好的学习计划，不会让孩子在次要任务中浪费时间和精力。孩子学习时容易分心，学习计划中限定了有限时间内的学习任务，能让孩子无形中感到一种压力，提高学习的意识和效率。长期遵循着学习计划学习，不仅能让孩子养成良好的学习习惯，还能锻炼他们的学习意志。

那么，爸爸该如何帮助孩子制订学习计划呢？

（1）计划要全面考虑，统筹兼顾

学习计划可不能只有学、吃、睡，那样会让孩子觉得疲倦、枯燥，没有执行的欲望，该计划也就没有实际效果了。所以，必须全面统筹，既规定学习任务，也要适当安排一些锻炼身体、休息娱乐的时间。否则，一旦超出孩子大脑活动的限度，他就不可避免地会出现厌倦、疲劳、注意力不集中等情况，这时候再学习效率会非常低。张弛有度、留有余地，才是一个好计划。否则，在遇到一些紧急情况时，过于死板的计划会与现实相违背，失去价值。

（2）分清主次，合理安排

孩子的学习计划也必须分出主次，不同的科目、不同的学习任务，所占的比重必须有分别。孩子不擅长、学起来吃力的学科，要相对多分配一些时间，而他拿手的学科，就可以相应减少一些时间。制订计划时必须充分且深入地看到这些差异，才能制订出科学合理的计划。

（3）从实际出发，目标不能过多

俗话说："一口吃不成个胖子。"孩子学习也是一样的道理。爸爸如果急于求成，给孩子安排太多的学习任务，就可能超出孩子的实际学习能力和学习水平，而且不利于突出重点，让孩子学习起来非常吃力，这样的计划只会起到反作用。

（4）要和老师的教学同步、协调

爸爸和孩子一起制订的学习计划，只能是老师的教学计划的补充，两者协调运作才能起到效用，否则只会让孩子无所适从，影响孩子在学校里的学习。

制订学习计划后，爸爸不能"三天打鱼，两天晒网"，而是要切实担负起教育孩子的重任，最起码要与妈妈互相配合、轮流辅导，这样既能得到与孩子相处的宝贵时间，又能在与孩子的互相配合中提升感情。

爸爸给孩子的影响相当大

一天，一位妈妈问自己4岁的儿子："宝贝儿，你长大了想当什么呀？"

儿子立刻回答说："想当爸爸。"

妈妈非常意外，问儿子："为什么？人家都想当科学家、当航天员，你怎么想跟你爸爸学，当一个卖鱼的啊？"

儿子说："当爸爸太好了，天天就是抽烟、喝酒、打麻将，不开心了还能打孩子玩，多有意思啊！"

由此可见，爸爸的一举一动、一言一行，对孩子的影响真的太大了。具体来说，爸爸对孩子的影响有哪些呢？

（1）爸爸影响孩子的体格发展

孩子多和爸爸接触，体重、身高、反应能力都会好过与爸爸接触少的孩子，他们出现营养不良和传染病的几率也比较低。这是因为多数爸爸更喜欢带孩子去参加户外运动和游戏，或者从事一些需要一定技术和体力的家务劳动，这些对孩子的体格发展都是有利的。

（2）爸爸能培养孩子的进取精神

多与爸爸接触的孩子，人际关系更融洽，性格更加积极乐观，且富有进取精神和冒险精神，男孩则会渐渐提升男子汉气概。

（3）爸爸会影响孩子的智力发展

爸爸的文化素养对子女的自制力、思维灵活性等产生着直接的影响，并影响着孩子的智力发展。和爸爸相处时间越长，孩子的知识、好奇心、想象力和创造意识都会增强。

爸爸对孩子的影响如此之大，以至于很多孩子会将爸爸当作榜样，模仿爸爸的一举一动。要是爸爸像上面事例里那样不堪，孩子也会有样学样，这就是所谓"养不教，父之过"。

爸爸为什么会对孩子产生巨大的影响呢？专家的看法是：在孩子眼中，爸爸和妈妈是迥然不同的，爸爸更爱与自己玩耍，但对自己的约束也更多；与孩子交流时，爸爸所使用的语言相对更复杂，对帮助孩子提升语言能力很有帮助；爸爸所展现的男人在生活中的作用和行为，以及对妈妈的支持，在孩子眼里非常有魅力，容易让孩子憧憬；在刺激孩子发挥潜能方面，爸爸往往比妈妈更"拿手"一点。

正因为爸爸的影响力大，所以才必须善用影响力。根据研究，童年时遭到爸爸严厉惩罚、拒绝、否认的孩子，会变得自卑、胆小怕事；而被爸爸溺爱或过度保护的孩子，则往往缺乏独立解决问题的能力。

一位爸爸过分严格要求儿子，造成了教育的缺失，让他颇为后悔。他后来反省说：

"我对儿子太过严厉了，因为我觉得恪守'严父慈母'的传统是很有必要的，甚至还对自己扮演的这个'严父'角色沾沾自喜。在我的严格要求下，儿子非常怕我。

"儿子上了初中之后，沉迷于玩手机游戏，妻子屡禁不止，只得我出马。我找到儿子，声色俱厉地威胁了他几句，孩子真的不再整天捧着手机了。我觉得自己的威望得到了提升，非常得意。但是，我很快发现，自己的态度阻断了和儿子的沟通。他与妈妈沟通时，都会把'不告诉爸爸'作为先决条件。有一次，妻子把她和儿子关于青春期问题的讨论告诉我。原来，儿子最近迷上了同班的一个女孩，甚至到了无心学习的地步。我觉得很担心，就耐心而委婉地跟他谈了这个话题，孩子在我面前表现得很恭敬，让我认为他全盘接受了我的意见。没想到，儿子转头就去找他妈妈'算账'，因为他觉得妈妈当了'叛徒'。

"这件事让我非常伤心，我觉得自己简直成了'局外人'，孩子无论什么事都不想跟我商量，我曾经引以为傲的对儿子的影响力仿佛成了一个笑话。从那以后，我就不再总是摆着一副'严父'的架子，而是开始主动找儿子接触，总算和儿子恢复了沟通，能够听到他的一些心里话了。"

可以说，爸爸、妈妈对孩子的影响力同等重要但各有侧重，无法相互取代。缺少其中任意一方，对孩子潜移默化的影响都是终生的。音乐大师贝多芬说过："我不知道有什么比把一个孩子教育成人更神圣的职责。"对爸爸来说，利用自己的影响力教育出一个优秀的孩子，是一个神圣的职责，也是一生的荣耀。

【 "隐形爸爸" 自测题 】

答对一半以下，恭喜你收获 "隐形爸爸" 奖状一张：

（1）孩子的准确身高、体重是多少？

（2）孩子衣服、裤子、鞋子的尺码分别是多少？

（3）说出孩子最喜欢吃的三道菜。

（4）孩子最喜欢的动漫人物是哪一个？

（5）孩子最近看的一本书是什么？

（6）最近孩子最爱说的口头禅是哪一句？

（7）请说出孩子班主任的全名。

（8）说出孩子最好的两个朋友的大名和小名。

（9）孩子最常用的洗浴产品是哪个牌子的？

（10）你最近参加的一次家长会是在哪一天？

第三章

爸爸教子以德，让孩子的人生不迷茫

孩子的品德教育越早开始越好，爸爸切不可当"甩手掌柜"。

以身作则，教出诚实守信好孩子

诚实守信是中华民族的传统美德。诚信不仅是一种高尚的品格，还是一笔宝贵的人生财富，它可以让孩子得到他人的信任和尊重，获得真诚的友谊，还能给孩子以力量和耐力。正如孔子所言："人无信不立。"拥有诚信的孩子，将来才会真正取得一番成就。

一位小男孩曾这样描述自己的爸爸：

"我最讨厌他的一点就是言而无信。他曾答应给我买一架遥控飞机当作生日礼物，结果生日那天我收到的却是一个小小的飞机模型。我向他抱怨，他却一本正经地说：'这个不也是飞机吗？差不多得了，你才多大就要那么贵的礼物。'还有一次，他跟我说，只要考到前三名就带我去游乐园玩一整天，结果我考了第二名，找他带我去游乐园，他却翻脸说'我逗你玩儿呢'，还说是为了让我好好学习。经过几次三番的哄骗之后，我对他的话再也不当真了。"

做人应当以"言出必行"为准则。如果答应别人的事，却不去做，就会失去信用。作为爸爸，一定要以身作则，说出的话就要去实现。这样做的原因有以下两点：

（1）父母怎么说怎么做，孩子都会模仿

孩子没有足够的经验和知识，尤其缺乏是非辨别能力，但他们的模仿倾向十分强烈，而且很容易模仿父母的言行。俗话说："有其父必有其子""孩子是父母的一面镜子"，如果父母言而无信，孩子也会言而无信，尽管有时你说话是"哄的""闹着玩的"，但孩子又怎么知道呢？

有一点可以证明孩子信任你，就是当他们遇到困难时会请教你，因为他知道你能给他一个很好的解决办法。还有一点是孩子会对你说出心里话，因为他知道你值得他信任，永远都不会背离他。

（2）父母言而无信，会导致失去威信

如果父母总是对孩子言而无信，久而久之，孩子就会产生父母不可信的想法。这样，父母就无法在孩子的心中树立威信，对教育孩子大为不利。

向孩子许了诺就要去兑现，不能兑现或者不愿兑现的事就不要轻易许诺。如果许诺后，情况有变导致你无法兑现，要向孩子解释清楚，以免让孩子误会。

作为爸爸，除了以身作则之外，还要让孩子养成追求真理、实事求是的良好习惯。一旦孩子到了明白事理的年纪，除非你知道孩子在说谎，否则就要对他们的言论表示百分之百的信任。你总是用善意取代对孩子的怀疑，那么孩子也会如此对待你。

如果父母因某种因素在一件事上失信于孩子，一定要表现出诚恳的态度来讲明道理，以期重新获得孩子的信任。

对待孩子要做到始终如一，不要反复改变你对他们的关爱、欣赏的态度。不能今天心情好就对他们像阳光一样，明天心情差就对他们像雷电一样。一如既往地对待孩子，是取得孩子信任的根本。

在传统教育观念里，青少年说谎就是犯大忌，满口谎言，就会失去与他人交往的基础。在实际生活中，父母和老师也将孩子撒谎视为无法容忍的行为。但事实是，世界上几乎没有一个孩子从未撒过谎。

一位美国知名政治家曾在信中对儿子说："真理、正直、平等和高尚是紧密相关的，卑鄙、虚荣、懦弱和道德的败坏会导致谎言的滋生。谎言早晚都会被拆穿，说谎者会遭到人们的鄙视。正直、公平和高尚消失了，人也就无法获得真正的成功，也无法得到他人的尊敬。说谎者终究会被发现，其本性会为人所知晓，受到公正客观的评价。"

为了避免孩子再次撒谎，首先要做的是了解孩子说谎的原因。原因可能是孩子做错了事，害怕受到责骂和惩罚；也可能是为了逞强，或是虚荣心在作祟。家长和老师应当引导孩子在大脑中形成一个日常活动的表格，其中罗列着孩子平时喜欢在哪里玩耍，在学习方面有什么习惯等等。随着孩子的不断成长，该表格中的内容也要做出相应的调整。此外，家长要与孩子加强沟通，以便更清晰地了解孩子方方面面的情况。

在日常生活中，家长也可以适时地给孩子讲一些关于说谎遭到惩罚的故事。

一个青年上了火车后，将自己的行李放到了一旁的空位上。不久后，车厢里的人渐渐多了起来。这时，有一位女士问他旁边的座位有没有人。那个青年说："有人，这个人刚刚去了用餐车厢，估计马上就回来了。你瞧，座位上的行李就是他的。"

但这位女士对他的话心存怀疑，就对他说："好的，那在他回来之前我先坐在这儿。"说完，女士将座位上的行李移到了行李架和座位下面。那个青年眼中含着愤怒，却哑口无言。因为那个在用餐车厢的人是他临时瞎编的。

几个小时后，青年到站了，他开始整理自己的行李。一旁的女士说道："不好意思，先生，你曾说这些行李是坐在你旁边的乘客的。尽管他一直没有回来，但我有义务帮他保护这些行李不被别人带走。"

这个青年听了女士的话后瞬时满腔怒火，他开始不顾形象地谩骂，却又无可奈何。这时乘务员被阵阵叫骂声招引了过来，由于二人的说辞不一致，乘务员便对青年说："既然如此，那这些行李只好先由我保管起来，我会把它放到最后一站，如果还是没有人来认领，那行李就是你的。"

在其他乘客的哄笑声和鄙夷的目光中，这个青年两手空空、灰溜溜地下了车。直到第二天，他才重新取回自己的行李。他为了霸占一个座位而说谎，最终也为此付出了代价。

类似这样的故事对孩子而言具有很大的教育意义，他们能以此明白撒谎将会带来怎样的危害。家长和老师还要对孩子比较亲近的伙伴有所了解。"蓬生麻中，不扶而直；白沙在涅，与之俱黑"。爱撒谎的孩子有爱撒谎的朋友。你有权利对孩子的交往对象加以辨别，并提醒孩子不要再与某个人进行交往。当然，这样做的前提是你已经核实了这个人确实存在诸多劣迹。

面对孩子说谎，家长还可以制定一定的策略。不要让孩子千方百计地掩饰自己的谎言，而应该让他们将精力放到如何杜绝谎言的发生上。例如某天孩子因为未完成作业而说了谎，爸爸应当让孩子明白完成作业的重要性，并要告诉爸爸发生这种情况的真实原因。

诚实守信是安身立命之根本。青春期的孩子们都应该正视说谎这一问题，知道撒谎对他们人格的形成有什么危害。

几乎所有爸爸在教育孩子时都会说："孩子，你一定要做一个诚实的人，不要说谎，说谎是最令人讨厌的。"

诚实，是每个父母对孩子最基本的要求，同时也是成为父母心目中的好孩子的最基本条件。

如果有一天孩子对你说了谎，作为爸爸，你要怎样处理呢？

若孩子是初次说谎，爸爸一定不要小题大做、惊慌失措，并不停地数落孩子，或者把这件事到处宣扬："这孩子越学越坏了，现在都会撒谎了。"甚至暴揍一顿。这种方法简单粗暴，毫无益处，不仅会让孩子产生对立情绪不肯接受你的教育，还会让其心生畏惧而不敢说出实话。

恰当的处理方式是既不要轻易放过，又要冷静对待。爸爸可以先了解真实情况，在摸清真相后，耐心地进行说服教育，引导孩子意识到说谎的危害，并使他懂得犯了错就要勇于承认错误，并积极地改正错误，这样他依旧是个好孩子。

另外，爸爸也可以根据实际情况通过"冷处理"，让孩子独自思过和反省一段时间后，自己主动认错，不能出于愤怒而轻易施以处罚，以免造成孩子的抵触心理。该办法可以让孩子深刻地认识到撒谎的害处，诚实才是好习惯。

爸爸要引导孩子懂得：诚实能够帮助人建立信誉，而说谎只会使他人对你的信任度大大降低，甚至不会再与你交往。即使你说了真话，别人也很难再相信你，这时只能后悔莫及。有的爸爸在教育孩子时，只是说一些类似"说谎不是好孩子"的空泛之言，而没能在孩子心中真正树立起诚实的观念，这样的教育方式自然事倍功半。

爸爸要视孩子的具体情况，与孩子"约法三章"，比如不拿他人的物品、不说谎话、不说大话等。如何行之有效地纠正孩子说谎的行为呢？

（1）不可硬逼孩子认错

当孩子有说谎的嫌疑时，最好及时换个话题，讨论做人的原则和说谎的危害。如此一来，孩子就能感知到父母可能知道自己说了谎，从而不会再说谎。

（2）适当地施加惩戒

"戒"与"罚"，也是一种爱的教育方式，当孩子屡次出现说谎行为时，可以采取相对柔和的惩罚措施。

（3）父母要以身作则，不要说谎

有人敲门，说要找孩子的爸爸妈妈。爸爸却对孩子说："就说我有事出门了！"这样的做法，可能会让孩子进行模仿。

因为每个家庭的情况不一样，所以爸爸在对孩子进行诚实教育的时候，一定要从实际情况出发，不能完全照本宣科，而是要灵活运用各种方法。找到适合孩子的教育方法，才是最好的方法。

孩子自信，才能走好人生路

　　自信能够促使人们不断前进，是人们成就事业的阶梯。在很多成功者身上，我们都能看到一种超凡的自信。正是这种自信心给予他们力量，让他们在进取的道路上不断披荆斩棘，即使失败也能重整旗鼓，鼓励自己奋斗下去，从而赢得最后的胜利。

　　法国启蒙思想家、文学家卢梭就曾这样说："自信力对于事业相当于一个奇迹。只要有了它，你的才干就会无穷无尽；如果一个人缺失自信，那么无论他的才能有多大，也抓不住一个机会。"

　　自信对孩子而言，也是相当重要的。自信的孩子都非常积极乐观，主观能动性很强，敢于迎接挑战，乐于面对新的事物；没有自信的孩子则会在遇到困难时表现出怯懦、害羞和不知所措的心理，不敢尝试，不敢主动与人交往，从而没有机会得到学习和锻炼，阻碍了自身的发展。长时间缺乏自信还会导致孩子自我否定，产生自卑等不良心理，甚至妄自菲薄、自暴自弃。

　　正如一句教育名言："要让每个孩子都抬起头来走路。""抬起头来"表示对自己、未来以及要面临的事情充满信心。如何使孩子自信地抬起头来呢？

爸爸要抓住时机让孩子发挥自身的才能。不少孩子缺乏自信，是因为爸爸为孩子包办了所有的事情，让孩子没有机会去锻炼自己和表现自己。

假如爸爸能给孩子提供更多的锻炼机会，并鼓励孩子去克服困难，孩子就能从中取得很大的成就感，从而增加自信。

当孩子背下一首古诗，答对一道数学题，拿到一张奖状，洗净一件衣服……这时候，爸爸及时鼓励孩子，孩子便会觉得自己取得了成绩，很有成就感，从而争取下次做得更好。这样孩子就在发挥自己才能的同时获得了自信。

没有自信的孩子因为经常否定自我，其心里已经产生了消极的自我预言，即"我是做不到的""我不敢尝试"等，这种心理让孩子对新的事物越发抵触，更加没有信心。

为了给孩子增加信心，爸爸有必要对孩子进行正面表扬。"我一定能做好！""我不比别人差！""我的目标一定会实现！""我很优秀！""这点困难根本难不倒我！"这些都是爸爸应当传递给孩子的信念。

对于孩子缺乏自信的表现，爸爸不可以忽视；对孩子充满信心的表现，爸爸应当及时加以称赞和鼓励，让孩子在无形中淡化"我不行"的心理，树立起"我能行"的心理。

爸爸也可以用闲聊的方式给孩子讲一讲他人是如何从缺乏自信变得信心满满的，让孩子从事例中吸收经验，这比直白的大道理更易让孩子接受。

让孩子建立起自信并不是一朝一夕的事，所以爸爸在看到孩子因取得一个个胜利而满怀信心时，切不可以为大功告成了，接下来还要继续鼓励孩子以巩固他的自信心。孩子只有在鼓励声中不断努力，才能树立起自信心。

除此之外，爸爸可以通过对孩子进行特殊才能的培养来增强孩子的自信。

晓旭是一个内向、没有自信的孩子，他最爱做的事就是一个人在家里练字，慢慢地，他的字写得工整又好看。

后来，爸爸注意到孩子在书写上的特长，不由得说："孩子，你的字笔力劲挺，太漂亮了！"晓旭喜出望外，说："真的吗？"自此，晓旭对待练字比以前更加认真了。

一次，叔叔来家里串门，爸爸乐呵呵地带叔叔欣赏孩子写的字。叔叔说："写得的确很好，不如给孩子报个书法班吧，让专业的老师教导一下，孩子肯定能成才的！"

晓旭一听要上书法班，心里美极了。久而久之，他越来越自信，性格也变得活泼开朗了。

有的孩子尽管缺乏自信，却有一项特殊的才能，爸爸就可以让孩子在这方面深造。只要孩子对这方面感兴趣，就一定能做好，爸爸则要适时给孩子以鼓励和赞美，这样孩子就能明白自己也有出众的一面，自信心也随之树立起来。此时，爸爸还可以教孩子自我激励，这就需要用到积极的自我暗示法。如："我一定可以做到。""我书法能学好，就一定能学好其他的！""我一定能成为一个写作高手！"这些自我暗示能够帮助孩子将对一件事的自信扩散出去，进而形成自信心。另外，爸爸也可以向其他人展示孩子的特长，孩子受到更多人的认可，信心也能加倍。

还有很重要的一点需要注意，不少爸爸总是拿自己的孩子和别人家的孩子做比较，特别是喜欢拿孩子的短处和别的孩子的长处做比较，这样做除了打击孩子的自信心，还会让孩子产生沮丧、自卑的心理。

有一个故事是这样的：

一天，一个爸爸对他的儿子说："华盛顿像你这么大时，已经能写出很好的文章了。"儿子回答："华盛顿像你这么大岁数的时候，已经成为美国的总统了。"爸爸哑然。

好爸爸要善于对孩子进行夸奖，即使很小的进步，也要去赞赏他，让孩子拥有自信，启发他看到自身的长处，学会全面地看待自己。每个孩子的资质都是不同的，千万不要拿他和其他孩子比，而是要跟他自己比。只要孩子在一点一点进步，就应当给他鼓励。鼓励不同于空泛的夸奖，要时刻注意孩子的日常行为中值得夸奖的方面：可能这张试卷他没能完全答对，但他的书写却是最工整漂亮的；也许他在班上不是名列前茅，但他却是各项文体活动的领头人；可能在老师眼里他不是最优秀的，可是他却是班上同学中人缘最好的等等。所以，当孩子被别人嘲笑说"笨"后向你诉苦时，你要通过具体事例让他明白他其实并不笨，比如他能快速地背下一篇课文或一首古诗，他可以独立完成一道难度很高的数独题目等，让他知道根本不必在意别人的嘲笑，最重要的是努力完善自己；当孩子因不具备其他孩子身上的优点而感到自卑时，试着帮他找出一些隐藏的优点，例如他比别的孩子更懂礼貌，见到长辈总会主动打招呼等。如此，他便能更全面地看待自己。

陈青是某小学六年级的学生，他非常聪明认真，是老师心目中的佼佼者。在报考中学时，陈青最想去的是本市的一所重点中学，出人意料的是他在小学毕业考试中发挥失常，比所报重点中学录取的分数线低了十几分。陈青知道自己没考上后，垂头丧气地回到了家，他爸爸一看他的情绪就猜到了原因。

但是，爸爸并没有指责他，而是鼓励他说："老话说得好：'胜败乃兵家常事。'不能因为没考好就自我放弃。没考上重点中学算不了什么，只要不认输，努力奋斗下去就一定有出息。儿子，挺胸抬头，继续加油！"

一个人在遭到打击、挫折时，往往会表现出垂头丧气。此时这个人失去了动力，也没有了信心。而昂首挺胸代表着动力十足，信心满满。

当孩子自信心受挫时，爸爸要学会变换着方式告诉和启发孩子："'天生我材必有用'，他行我也行。"歌德曾说："人类最大的灾难就是瞧不起自己。"这些都说明了一个道理：一个人没有了信心，就等于失去了一切。

在儿童时期培养孩子的自信心，对于他一生的发展都是至关重要的。

"加油！孩子，你能做到的！"孩子初次学走路时就是在这样的鼓励下，获得信心迈开步子的，当他颤颤巍巍地扑向爸爸的怀抱时，他在爸爸鼓励的微笑中获得了成功的喜悦。爸爸的鼓励产生了正面效应，接下来孩子将第二遍、第三遍不断尝试走路，此后的每一点儿进步都引导他迈向成功。

每个父母都能赋予孩子高度的自信心。孩子用怎样的态度对待自己，大部分取决于家庭。因为父母对孩子的评价，或是孩子自以为父母会这样看待他，很容易让他也这样看待和评价自己。

如果去了解那些十分自信、大有成就的人的童年时代，就会发现，他们小时候在家庭生活中总是被父母的爱紧紧包围着，但其表现形式不只是搂抱和亲昵，更多的是对孩子的尊重和关心。当孩子受到无微不至的照顾并被大人引以为豪的时候，他就会感觉自己是有某种价值的。充满自信的孩子，他所处的家庭环境中往往有着十分显著的民主气氛。他们的父母早已为孩子建立起行动的准则，当然，父母也会以身作则，起到很好的示范作用。

一个人走向成功的重要因素之一就是自信。父母要在日常生活中给予孩子更多的自信，使孩子对自己评价越来越高，坚信自己会把事情做得越来越好。

在一个人的儿童时期培养他的自信心，对他一生的发展有着重要的意义和作用。所以，父母一定不能忽视对孩子自信心的培养。儿童时期是树立自信心的关键时期。

爸爸的鼓励对培养孩子的自信心有着巨大的推进作用。孩子会把从爸爸那里得到的积极的心理暗示转化为自我暗示，爸爸要在孩子面对挑战时说："你很棒，你能做到。"孩子就会潜移默化地形成"我很棒，我能做到"的意念，自信心也随之建立。

自信是对自己能力的自我肯定，它需要建立在现有的知识和成功的经验之上。所以孩子就要多实践、多体验。明智的爸爸一定会抓住孩子的童年时期给他创造更多的实践机会。

让孩子懂得珍惜时间

上三年级的小刚极为缺乏时间观念，每次写作业总是写到很晚。

即使有时作业量不多，他还是会花上很长时间。他经常边玩边做作业，一副心不在焉的样子。

爸爸一看到小刚不认真做作业，就气得火冒三丈，每次叫他先集中精神完成作业，小刚都说这次作业留得少，很快就能写完，结果每天都写到很晚。这样一来，小刚的睡眠时间就缩短很多，于是白天上课时就显得无精打采。

歌德说："善于利用时间的人，永远找得到充实的时间。"莎士比亚也曾说："放弃时间的人，时间也会放弃他。"大多数成功人士都是管理时间的高手。无法掌握时间的人，做事时往往不易获得成功。

对孩子的成长而言，良好的时间观念是至关重要的。如果孩子懂得珍惜时间、合理安排时间，他就能够抓住生活、学习及以后工作中的每一分有效的时间，将事情安排合理，高效率完成工作。

有一点需要注意，就是年幼的孩子通常没有时间观念，他们在安排事情时总是根据自己的兴趣来。

儿子吵闹着要爸爸带他去看电影，爸爸看了一下表说："时间还早，电影五点开始，现在才三点半。"没想到儿子立刻回道："爸爸，您把表拨到五点半不就可以了吗？"

虽然孩子的话会让大人觉得十分好笑，但是幼年时期的孩子基本上都缺乏时间概念，这就需要爸爸来引导孩子。

爸爸要让孩子从小懂得时间是非常宝贵的，浪费时间就等于浪费生命。给孩子传达时间珍贵的概念，诸如"一寸光阴一寸金，寸金难买寸光阴"。

爸爸可以和孩子玩猜谜语：

"世界上哪样东西最长又最短，最快又最慢，最易分割又最广大，最不受重视又最值得惋惜？没有它，什么事情都做不成。它使一切归于消灭，使一切伟大的东西生命不绝。"

这则意味深长的谜语出自法国思想家伏尔泰，它的谜底就是时间。

当孩子知道时间的重要性后，爸爸要传授给孩子一些合理安排时间的技巧。诸如：制订时间表，将精力最充沛的时刻留给最重要的事情。

注意，要告诉孩子，时间表上的事项并不是同等重要的，计划要按事情的轻重缓急来执行，本末倒置会直接影响最终的成效。

还要让孩子明白，学习是头等重要的事，要保证把每天精力最旺盛的时间用来学习，而不要习惯拖延。苏联教育学家苏霍姆林斯基曾说："要学会强迫自己每天读书，不要将今天的工作推到明天。今天丢弃的东西，明天怎么也补不上了。"

爸爸要教孩子在玩玩具、做游戏、看电视等事情之前，先问问自己："我现在可以做这件事吗？""我要花多长时间做这件事呢？""比这件事更重要的事情已经全部完成了吗？"通过思考自己的行为是否合理，孩子会首先将相对重要的事完成，从而使时间的利用率大大提高。

此外，让孩子学会统筹时间也是十分重要的。

在相同的时间里，有的人可以完成很多事，有的人却只能做一件事，不是因为后者动作慢或者头脑笨，而是因为不懂得统筹时间。

比如，早晨起床后，父母通常要洗漱、做早餐、提醒孩子带好学习用品，整理自己上班需要带的物品等。大多数父母的第一步是做早餐，在做早餐的间隙完成洗漱，然后在孩子起床时整理自己的物品，在孩子吃饭时提醒孩子需要带的东西，并嘱咐孩子一些重要的事情等。这些事进行得井井有条的原因就是父母会统筹时间。

同理，爸爸也可以教孩子学会"一心二用"，比如在穿衣或洗漱的时候听听新闻，在等车的时候看看书，在睡觉前听听英语等，通过抓住所有零碎时间，提高时间利用率，让孩子养成珍惜时间的习惯。

告诉孩子：坚持不懈，才能成功

小阳是个非常聪明可爱的小朋友，她妈妈经常在人前夸她聪明。在小阳两岁半时，有一次，妈妈本是无心地教她学认字，但是小阳对汉字很感兴趣，学得很认真，后来妈妈带小阳去公园，看到公园门口的标识牌，小阳竟能自言自语地念出上面简单的汉字。妈妈惊喜之余，开始一本正经地教小阳学汉字。

为了对小阳进行启蒙教育，妈妈专门去书店为孩子买了一本汉字图册，图册上每个汉字后面都配有相应的图案，有美丽的花朵、可爱的小动物等。

小阳看了一眼，就被汉字图册吸引住了，开始认真地观察汉字和鲜艳的图案，让妈妈一个一个地教她，简直对这本汉字图册爱不释手，连吃饭的时候也不愿意放下。

没多久，小阳在妈妈的启发下，汉字没认识几个，后面的图案却差不多都认全了！

在妈妈一遍遍耐心的教导下，小阳也只认识了几个汉字，如"爸""妈"。当然，能记住这两个字也是有原因的，毕竟小阳每天重复最多的话就是"爸爸"和"妈妈"。但对于其他的汉字，不管妈妈用什么办法教她、哄她，小阳都不肯学了。小阳的学习劲头还没持续两天，就对枯燥的文字一点儿兴趣也没了，只要妈妈要她认汉字，她就会漫不经心地岔开话题。如果妈妈强迫她，她就立马找机会溜掉。

其实对孩子而言，特别是婴幼儿，对待事情无法坚持到底、缺乏耐心是很正常的，这也是幼儿成长过程中的显著特点之一。

缺少耐心的孩子通常有以下三种特性：

（1）暴力性

性情暴躁是孩子缺乏耐心的最大特征。暴躁的孩子在他人强迫自己做不想做的事情或不能得偿所愿时就会失控地大哭、摔东西、骂人或打人等。具有暴力性的孩子一旦形成习惯，根本听不进去父母的劝导，会经常乱发脾气、使性子。

（2）依赖性

高度的依赖性是孩子缺乏耐心的另一种表现。缺乏耐心的孩子一旦遇到从未碰到过的问题或者有点儿难度的问题，就失去了独立思考和解决问题的意志，转而向父母、老师求助。其实，孩子的意志力越来越薄弱正是这种依赖性造成的。

（3）散漫性

缺乏耐心的第三种表现就是注意力不集中。这样的孩子做事时三心二意、自由散漫。无论做什么都心不在焉，不能坚持到底。

有研究表明：婴幼儿持续集中注意力在一件事情上的时间基本上只有10分钟。随着年龄不断增长，孩子的注意力也随之加强。因此，爸爸不必为幼儿缺乏耐心而过分担忧。但是这并不代表可以对孩子精力不集中、缺乏耐心这一特点视而不见，倘若到了上学的年龄，注意力依旧难以持久，爸爸就要在掌握孩子身心特点的基础上加强引导孩子。

有以下几点建议可供参考：

（1）培养孩子广泛的兴趣

有了兴趣才有把事情做好的动力。因此培养孩子广泛的兴趣是非常值得家长重点注意的。不过，孩子毕竟缺乏知识和经验，感兴趣的东西自然也不多。这时，爸爸就要尽可能地让孩子多尝试、多接触新事物，丰富多彩的日常活动能够很好地培养孩子的兴趣。但要注意的是，所选择的活动要难度适中，难度过高会削弱孩子对活动的兴趣，太过简单则会让孩子心生厌烦，都不利于培养孩子的兴趣。除此之外，爸爸还可以为孩子挑选一些益智玩具和书籍。但在数量上也要适度，比如，在同一时间不要给孩子提供太多的玩具，否则很容易分散孩子的注意力。

（2）让孩子学会集中注意力

爸爸应当有意识地给孩子创设一些实践活动，使他将注意力持续地集中在一种有趣的活动中，从而让孩子慢慢地能够集中精力做事。当然，爸爸可以抽空陪孩子一同做游戏，如拼图、打羽毛球、跳绳等。爸爸要在和孩子玩耍的过程中，适时地引导孩子集中注意力，还要告诉孩子，生活中除了游戏，还有很多事需要耐心和等待。

在日常活动中，爸爸应当和孩子多交流，并尽可能地参与到孩子的活动当中，并在活动期间，针对孩子的好表现及时地给予鼓励和称赞，如"你太棒了""你可以的""你做得很好，下次会做得更好"等。爸爸的激励，能够在很大程度上增强孩子做事的耐心。

需要爸爸们注意的是，不要以没时间为由，忽略了与孩子的交流。有的爸爸对孩子的努力和进步不加理睬，这种行为十分不利于对孩子耐心的培养。

有这样一条颠扑不破的真理：在充分考虑到自身能力和外部条件的基础上，多做尝试，找到一份最适合自己的工作，然后集中精力、持之以恒地做下去，最终就会取得成功。

一个人是否具有坚持不懈的意志决定其能否获得成功，让孩子从小拥有坚持不懈的意志，将对他未来的发展大有裨益。那么，爸爸该怎样帮助孩子呢？

（1）告诉孩子坚持就是胜利

爸爸应当经常向孩子灌输坚持就是胜利、坚持就能成功的思想。对孩子坚持做事的习惯，爸爸应加以表扬，要求并督促孩子对待每件事都要坚持下去。

（2）从小事做起，磨炼孩子的意志

千里之行，始于足下。从点滴小事上做到持之以恒，是磨炼意志的好方法。著名文学家高尔基说："哪怕只是很小的克制，都会使人变得强而有力。"因此，家长要从孩子"小的克制"入手，磨炼孩子的意志。

从小事做起，仅仅是起点。让孩子拥有坚强的意志，还需要随着孩子的成长和进步，从小到大，从易到难，逐步递增地磨炼孩子。当孩子可以独自面对越来越大的困难和挑战时，孩子坚强的意志就形成了。

（3）教孩子重视每一件事

爸爸要让孩子知道他做的每一件事都是不能轻视的，哪怕是最不起眼的小事，也应该尽心尽力、一心一意地去完成。小目标的达成，有利于孩子在大目标上对成功的把握。一点一点努力前进，就会离成功越来越近。

让孩子永远乐观向上

人们总会对未发生的事抱有美好的愿望，但在生活中，人们难免会遇到一些不如意，这时心中就会产生巨大的落差，感到非常失望。所以人们要学会正确处理消极情绪，在消除这样的负面情绪的同时学会接纳现实。有的人在希望落空时往往会选择逃避，但这样一来，在逃避的同时也浪费了很多宝贵的时间，失去了挽回值得你去挽回的美好景象的机会。

很多事物都是对立存在的，看到有利的一面，就会忽略不利；看到有害的一面，就会忽略美好。时间匆匆流逝，不管你用怎样的方式度过，都无法阻挡时针的转动，所以不要让你的沮丧、悲伤占据太长时间。生活中还有很多美好值得去追寻，只要怀抱着乐观向上的生活态度，坏情绪自然会离你而去。

乐观的人与悲观的人之间最显著的差别就是，遇到困难，乐观者总是会往事情积极的一面想，他不会沉浸在消极的一面中。因此他可以使大脑保持清醒，调动所有的聪明智慧，尽可能快地找到最佳处理方式，并立即付诸行动，克服障碍，摆脱困境，迈向成功。悲观者则相反，他总是看到事情消极的一面，然后喋喋不休地抱怨、没完没了地指责，甚至"挫折蔓延"——对其他正在平稳发展的事情也丧失信心，使自己被困难所禁锢，完全丧失了明智的头脑，悲观地看待所有事物，并影响身边的人。这样，悲观的人接二连三地面对失败，接二连三的失败又加重了他的悲观。

人的自信心从何而来？对孩子而言，通常来自他人的鼓励、赞扬。小孩子刚开始学走路时，常常不肯放开大人这根"拐杖"，因为他从未走过路，怕受伤。大人轻轻地拉着他走，扶着他走，一边教，一边鼓励。孩子经过一遍遍尝试，摔倒了就重新爬起来，终于学会了走路。慢慢地，他们走路时不再需要大人拉着或扶着了，因为他们有了独立行走的自信心。假使起初因逃避困难而放弃学习走路，孩子可能永远也学不会走路。

静静的学习成绩不好，做事经常畏首畏尾，总是觉得自己哪里都比不上别人，静静的爸爸为此十分苦恼。面对静静糟糕的成绩，爸爸经常忍不住数落她，骂她没有上进心、没出息。爸爸自以为这么做能让女儿知耻而后勇。然而结果却是静静的成绩越来越差，性格也变得更加孤僻，这下他不知如何是好了。

其实这对父女的情况在现实生活中十分常见，由于孩子的心智还未发育成熟，其人格发展很容易受到挫折、失败、不良刺激等的消极影响。比如孩子学习成绩下降时，家长们恨铁不成钢，将责任全部推到孩子身上，甚至出口伤人，骂孩子"笨死了""真不是学习的料"。孩子就在这些批评的不断"暗示"下，将这些错误的判断全部接纳作为自我评价的一部分，久而久之就会变得怯懦自卑，认为自己什么都做不好，过分地贬低自己，从而丧失战胜困难的勇气和动力，导致孩子创造性思维的发展受到严重阻碍，最终可能一事无成。

由此可见，让孩子保持积极乐观的心态是相当重要的。所以，当孩子面对挫折时，爸爸应当和孩子一同向挫折发起挑战，同时给孩子加油打气；当孩子面对失败时，爸爸应当和孩子一起找出失败的原因，让孩子重新振作起来。

爸爸想培养孩子乐观的性格、精神，需要注意以下几点：

（1）以身作则

爸爸要以身作则，为孩子树立榜样。首先，爸爸要能正确地看待人生中的困难和挫折，并有一定的抗挫、抗压能力；其次，遇到再大的困难，也不要在孩子面前摆出一副垂头丧气、无能为力的样子。假如事情与孩子有直接关系，需要孩子一起克服困难，爸爸也应给孩子一种勇往直前的信念。

（2）不要苛刻地要求孩子

对孩子的言行举止不要苛求。孩子的字写得不规范，你可以让他看看书上正确的写法，并示范给他看，鼓励、引导他把字写好。给孩子留出一定的休闲时间，当然，爸爸能每天抽空和孩子一同玩耍，会令孩子十分高兴。

（3）教会孩子调整心理状态

当孩子被痛苦或忧虑的情绪填满时，爸爸要及时帮助他找到宣泄口，比如和孩子去公园散步、听音乐、骑自行车或和朋友一起做些有趣的事等，让孩子从失落中解脱出来，重新拥有阳光、快乐的心情。

（4）尽量不要否定孩子，打击孩子的积极性和自尊心

就算孩子确实有错，爸爸也要冷静、客观地进行分析、指正，然后教给他正确的做法，而不应过分地为他所犯的错感到

惋惜、后悔，如"如果你之前没有那样做，一切就不会变成现在这样"等。让糟糕的回忆一直萦绕在孩子的心头，懊悔多一分，乐观的心态就少一分。

（5）让孩子保持一颗平常心

乐观向上的人能够坦然地面对一切，不论是成功还是失败，痛楚还是欢乐，他都能以平常心去对待。爸爸要鼓励、引导孩子积极参加社会活动、学校活动，这样孩子就能接触到各类事物。见多识广，心胸自然就开阔，便不易产生悲观的思想。

自制力，让孩子摆脱平庸

孩子的自我控制能力，是指他们对自己的思想感情、举止行为、毅力等的控制能力。

拥有自制力，就能够坚持不懈地完成他所肩负的使命和任务。因此，提高孩子的自我控制能力，是爸爸绝不可忽略的职责。

孩子缺乏自制力的一个重要表现，是容易受外界引诱而分心。例如孩子一进家门就看到了客厅的电视，不由得打开电视看起了动画片，一看就忘记了时间。晚饭过后，孩子本应该复习和预习功课，家长却打开电视观看起足球比赛或拳击赛，于是孩子也不由自主地跟着看起来。

有两种因素会提升孩子的自我控制能力。一种是内部的心理因素——动机足够强烈，就不会受外界干扰；另一种是外部的环境因素——创设一个良好的学习环境，才能让孩子专心学习。这两种因素相配合，便能够使孩子的毅力和对学习的专注力得到有效的提升。

针对第一种因素，爸爸要鼓舞孩子不断地努力，对要完成的事情保持热心和强烈的动机与决心。不管是学习一项新技能还是改掉某种不良习惯，最忌讳的就是不能坚持。心理学家班杜拉指出：自我控制之所以会失败，是因为自暴自弃。在努力坚持的过程中，如果一个人只为求得短暂的快慰与满足，而牺牲掉了长期努力的目标，很大原因是他受到一种消极的思想所驱使，例如"我肯定做不好""别人的实力高于我，我是比不过他们的"，甚至有些孩子对自己说"再玩最后一天，第二天再开始吧"，如此日复一日，到最后也没能认真执行自己的学习计划。

这种自我控制失败的原因在于自身的思想和情绪，他人的责备和苦劝也是无法补救的。爸爸唯一能做的是，在孩子情绪消沉时，让他稍作放松，并通过让他预想完成某项活动目标或学习任务后的快乐与喜悦，激发他的进取心和动力。

此外，环境也能够影响孩子的自我控制能力。孩子在家里无法专心看书、做作业，大都是因为电视机、噪声、玩具等的干扰。尤其是结交不良的朋友和家庭的纠纷，最易分散孩子的注意力，使其无法专注于学习，以致失去毅力与热心。如果存在这种情况，爸爸务必要检讨并改善环境。

毅力与热心是一种精神意志，但却能够外化为具体的行为。因此，爸爸要能够塑造孩子的毅力。具体讲，爸爸平时要多观察孩子的行为举止，一旦孩子在某种行为上表现出了毅力或热心，就要给他一定的表扬或奖励。通过这种方法，促进孩子形成有毅力的精神与习惯。此外，还可以教导孩子学会自我控制的一些方法：

第一，爸爸可以从改善学习环境、加强其学习动机和减少外界的干扰等方面增强孩子自我控制。

第二，帮助孩子制订学习计划，并视计划执行情况给孩子一定的奖励（可用口头表扬、满足一个小愿望、物质奖励等方法）。

第三，所有学习或活动计划，都要由易到难，循序渐进。

第四，孩子在执行计划的过程中出现懈怠或者消极情绪时，要鼓励他前瞻自己的目标，想象完成计划的喜悦。

孩子能够自我控制，就会在学习上充满主动性，遇到任何事都能自制。自我控制能力更是一种精神力量，它使孩子对待任何事都能有始有终，在成长过程中取得一次又一次的进步。

培养孩子的自主、自律能力，是家长的一项重要责任。为此，爸爸大可采用"无为而治"的教育方法。

王先生的女儿玲玲从小到大一直都很优秀，不仅学习成绩好，还有很多特长，经常在各种艺术比赛中拿到好名次。

身边人都纷纷请教王先生教育孩子的秘诀，他这样回答："我们从不检查女儿的作业，也从不监视她的学习。女儿还没上学时，我们就树立了一种观念——学习仅仅是她自己的事，就算未来没有成就也是她自己的事，我们让女儿从小就懂得这一道理。随着女儿年龄的增长，我们将责任交给了她，同时也还给了她自由。我女儿基本上每天都是在学校里将作业完成的，如果作业太多完不成，她回到家后也会第一时间做完作业。我们给女儿规定的睡觉时间是九点之前，有一次她因为看电视而忘了做作业，想起来的时候已经到了睡觉时间，但我们告诉她：'到了睡觉的时间就要睡觉，作业没写完是你的事，你只有等到明天向老师道歉并接受批评了。'这件事之后，女儿就从未犯过同类的错误了，对于学习也更加认真细心。"

正是因为王先生实行"无为而治"，才让孩子获得了更多的自由，也使她有了很多兴趣与爱好。玲玲除了喜欢演讲、画画，还喜欢写作，她经常把家长、亲人、老师、同学都写到自己的文章中，她说这样可以记录自己的童年。有一次爸爸生病住院，她为爸爸写了一篇文章，其中有很多鼓励和关爱的话语，还有对爸爸深深的祝福。

王先生总是能够有的放矢地教育女儿，玲玲犯了事，他从来没有打骂过她，只是对她晓之以理，直到她明白自己做错了为止。

当然，他也不会因为女儿取得好成绩而去奖励她，因为他要让女儿明白，学习的好坏其实是她自己的事情，既然如此，那家长又为何要奖励她呢？

王先生针对当前家庭教育的现状指出：现在的很多家长都是望子成龙，他们一心想要孩子走上成才的道路，于是代替孩子做出所有的选择，孩子的一切事情也都陪着做，导致孩子认为学习似乎是家长的事，他们只是在替家长完成学习任务。最终，他们的孩子势必难以"成龙"，因为一个没有积极进取之心的孩子，将来是无法腾飞的。

家长应当将自己的心态从"望子成龙"转为"让子成龙"，给孩子创造一个良好的成长环境，同时给孩子树立好榜样，让孩子获得更多选择的权利，也赋予孩子更多责任感，想办法点燃孩子的"成龙"热情，并激发其潜在的创造力和学习欲望，让孩子主动想要"成龙"，如此这般，孩子才能真正"成龙"。

有的家长既承担了孩子应该负担的责任，同时又剥夺了孩子学习、生活等各方面的自由，如此你的孩子又怎能成长为"龙"呢？

让孩子知道反省

　　林肖每天都需要奶奶提醒他写作业、带好学习用品等。有一次，奶奶因为有点儿事回了老家，林肖要么忘了带学习用品，要么忘了做作业，早上上学也因为睡过头而迟到。

　　每当类似情况发生的时候，林肖就十分不悦地对父母说："我今天忘带作业本了，你们也不提醒我一下，今天老师都批评我了！""妈妈，你今天叫我起床又晚了。奶奶每天都会按时叫我的，你怎么不能啊？""昨天晚上忘记复习生字了，如果奶奶在，一定会记得提醒我复习生字的。"对于粗心马虎的毛病，林肖从未自我反省过。

　　尺有所短，寸有所长。人有缺点并不可怕，尤其是对孩子而言，有不足之处是很正常的。但是如果一个人看不到自身的缺点，不懂得从自身找原因的话，他就只能离成功越来越远。

　　人只有正视自己与他人的差距，懂得自我反省，找出自己的不足之处并加以改正，对每一件事情都要求自己尽力做到最好，他才能在不断反省中取得进步，走向成功。

　　这种自我反省的精神，对于孩子的成长是极为重要的。因为孩子在成长的道路上，肯定会遇到很多困难和挫折，有的是因客观因素而形成的，这就需要孩子将自己的心态调整好；有的则是因孩子的主观行为而形成的，这就需要孩子学会自我反省，及时纠正错误，形成正确的思想观念和行为习惯。

在生活中，爸爸要教导孩子全方位看待自己，既要了解自己的长处，也要认识到自己的短处，做到扬长避短，让自己不断进步。

林枫被选为班长了，全家都为此感到高兴，可是，一个月后，林枫却难过地对爸爸说："我不想当班长了！"

爸爸问其缘由，原来，林枫在当上班长后，他要对全班同学进行管理，但有很多同学对他表示不服，总是故意找他麻烦。有时候，老师在不知前因后果的情况下，还会将全部责任推到林枫身上，这让林枫感到十分委屈。

林枫抱怨说："我为了履行好班长的职责，一直尽心尽力，以身作则，事事以同学为先，可他们却总是不服从我的安排！"

爸爸对林枫说："儿子，如果你真的做得十分好了，那么其他同学怎么会不服呢？你好好想一想，当上班长后你是不是离同学们的距离越来越远了？你是不是对同学们太过苛刻了？你是不是有一些骄傲的表现？或者你在处理同学们之间的问题时有失公允？"

林枫在爸爸的开导下开始深刻地反思。经过深刻的自我反省，林枫才意识到，由于自己当上班长后不再像从前那样和同学们一起玩了，而是以班长的身份去管理他们，因此同学们对他态度的转变感到不满，所以才处处为难他。想通了之后，他很快纠正了自己的做法，和大家的关系又开始融洽起来了。

这个事例证明自我反省能够解决很多问题，尤为重要的是，能帮助孩子获得良好的人际关系。

因此，爸爸要经常引导孩子自我反思："我在学习方面还有哪些不足？我在哪些方面取得了进步？""我的学习成绩还能再提高吗？""我对待朋友是否真诚？""我的学习计划是否合理？"通过做自我反省，让孩子不断给自己设定目标，不断取得进步。

当孩子遇到挫折时，爸爸要引导孩子自我反思："出现这种情况的根本原因是什么？""我的处理方式是否照顾到了其他人的感受？""如果我换一种态度和方法，结果是不是比现在好得多呢？""我应该怎样做才能避免下次再犯同样的错误，让事情向好的方向发展呢？"

不过，任何事都应适度，防止过犹不及。有的孩子在反省时给予自己太大的心理压力，过度地责怪自己。这将导致他们能力的发展受到严重的阻碍，创造性受到束缚，天真的天性无法释放，自尊受到伤害，自信也大大减弱，从而造成心理上的不平衡。在心理学上，这种长期心理上的不平衡状态被视为伤害孩子身心健康的重要因素之一。

孩子出现过度自责的倾向，大部分原因在于爸爸对孩子有偏激的、有悖情理的"高标准、严要求"，这时就需要爸爸及时做出调整。有的爸爸会把自己想要实现的目标或未完成的梦想寄托在孩子身上，期望孩子来继承父母的使命。这种心态是极为错误的，要及时改正。

为了防止孩子过度自责，以下方法可供选择：

（1）多表扬或奖励孩子努力的过程

爸爸要学会通过评价孩子努力的过程来肯定孩子，对孩子在学习或活动过程中所付出的艰辛和取得的进步给予表扬或奖励。对成长过程中的孩子而言，过程远远重于结果。

爸爸要明白，结果会受到多重因素的制约和影响，而努力的过程却能把孩子身上的毅力、合作精神、动手创造能力等多方面的优点充分地体现出来。

（2）肯定和赞赏孩子表现出来的优点

通常来讲，爸爸充分肯定和赞赏孩子表现出来的优点，会让孩子的自信心和自尊心大大增强。

（3）父母的教育方式要求同存异

父母双方对教育子女的意见要求同存异，让孩子成长在一个和谐、安适的氛围中，让孩子对生活保持愉悦的心情，并减轻心理压力。如此，就能有效地防止和避免孩子过度自责了。

【好爸爸测试题（适用0至6岁儿童的爸爸）】

（1）妈妈一整天不在家，自己也能照顾宝宝，能够耐心地哄宝宝入睡。

（2）宝宝夜里醒了，会主动起来去查看情况，基本能判断出是饿了还是尿了，并能熟练地换尿布。

（3）知道宝宝的基本生活规律，例如平均一次奶量多少。

（4）每周至少一次为宝宝读绘本、讲故事、唱儿歌。

（5）能准确说出宝宝最近喜欢的玩具和游戏，并能熟练操作。

（6）当宝宝哭闹时（非饿和尿布问题）能够在短时间内哄好宝宝。

（7）周末常常带宝宝出去玩。

（8）会纠正宝宝的错误行为（不用打骂的手段）。

（9）经常用手机记录下孩子每一个成长瞬间，手机里妻子和孩子的照片最多。

（10）认为养育宝宝时，丈夫与妻子应各负一半责任。

如果答案是"是"，加1分，准备好看结果了吗？

8—10分金牌奶爸：拥有这种爸爸的家庭会非常幸福。

4—7分银牌奶爸：比较负责任的好爸爸，但还需要继续加油。

1—3分铜牌奶爸：留给宝宝和家庭的时间太少了，生活方式需要改变。

第四章

最好的疼爱是把手放开

让孩子去做翱翔蓝天的雄鹰，不做贪图安逸的麻雀；去做山巅松柏，不做温室花朵。

放手让孩子往前冲

勇敢自信的孩子，往往做任何事都会冲在前面。当然，冲在前面就意味着多一分风险，但这并不能成为父母加以制止和干涉的原因，孩子本应多受一些磨炼。然而，中国父母总是选择圈养式教育，时时将孩子放在自己的视线之内。孩子还是幼儿时，经常会将他抱在怀里；到了会走路的年纪时，还要抱着出去玩；到了上学的年纪时，父母还是会包办孩子已经可以独立完成的一切事务……如此过度地保护孩子，会让孩子形成自私、娇惯、怕吃苦、没有担当、经不起挫折、不懂得感恩等性格缺陷。所以父母大可试着放手，让孩子自己往前冲。

有一个故事是这样的：

一个小朋友误将一颗鹰蛋当作鸭蛋带回了爸爸的养鸭场，并混在鸭蛋里让母鸭孵化。母鸭顺利地孵出一只小鹰，小鹰和小鸭们一起平静安适地生活着，小鹰从未察觉到自己和小鸭有什么不同之处。

后来，小鹰渐渐羽翼丰满，它发现小鸭们经常用异样的眼光看向自己。它暗自思忖："我一定是一只不同寻常的小鸭，我与其他小鸭一定有什么不同之处。"但是，它却久久未能证实自己的想法。直到有一天，一只老鹰从养鸭场上飞过，小鹰望见那只老鹰舒展着翅膀自由地飞翔，顿时感觉有一股力量在自己的两翼之间涌动着，它的心也跟着澎湃起来。它无比羡慕地想："如果我也可以在高空中自由地翱翔该多好啊，那样，我就能离开这个偏僻、狭小的地方，到广阔的天空中俯瞰大地和人间，到万仞高山之上栖息和游乐。"

可是，怎样才能像老鹰那样飞翔呢？它从未展开过翅膀，更从未尝试过飞行。如果不慎坠下岂不是有生命危险？彷徨、踌躇、冲动，一番激烈的心理斗争过后，小鹰终于下定了决心，即使粉身碎骨，也要尝试一把。

小鹰终于飞起来了，它慢慢地离开了大地，带着极度的兴奋，展翅高飞……

小鹰的梦想终于实现了，它发现世界比它想象的还要广阔，还要美妙！

小鹰的故事向我们展示了一个成功者从幼稚走向成熟的过程。每位父母都有将孩子培养成雄鹰的愿望，希望孩子拥有傲然的人生姿态。然而温室里的花朵永远也经不起风吹雨打，室内的盆景永远也无法成为与日月争辉的参天大树。因此要想让孩子像雄鹰那样舒展翅膀，翱翔于苍穹，就必须让孩子经受风雨的洗礼和挫折的磨炼。

放手让孩子往前冲，解开捆绑住孩子的绳索，让他们的心灵和思想得以解放，给他们更多的自由，让他们有更多的机会去体验、探索、发展和创造，以便收获更多的知识和快乐。

有一个4岁的小男孩，由于他总是被家人抱着，或用车推着，没有下地走路的机会。所以，与他同龄的孩子已经会跑、会跳了，这个小男孩却连走路都走不稳。他上楼梯的时候，都是手脚并用地往上爬。

正是因为家长的溺爱，让孩子失去了学习的机会。虽然孩子"小"，但也是独立的个体。他需要自由，需要有自己的空间，需要实践自己的方式和思维，去迎接生活。

所以，为了孩子的成长，父母不要管太多，而是要学会放手，让孩子自己往前冲，在学习中成长。

要让孩子多做一些劳动，从而体会到父母的艰辛，学会感恩。陶行知说："滴自己的汗，吃自己的饭，自己的事自己干；靠天，靠地，靠父母，不算是好汉。"就是说人要从小学会自立，学会对自己的生活负责。小孩子的好奇心很强，对大人做的事也想要尝试，家长要让孩子自己吃饭、穿衣，同时让孩子学着帮家长做一些力所能及的家务活儿。不管孩子做得好还是不好，都不要对他们的行动加以干涉和阻止，授之以鱼不如授之以渔，向孩子传授一些技巧和方法，并适时地进行表扬和鼓励，让孩子在感受劳动乐趣的同时认识到自己对家庭的重要性，这会大大增强孩子的自信心。

适当放手，能让孩子感受到成功的喜悦，让孩子充满自信去探索未知的世界。虽然孩子在学习的道路上难免会遇到很多困难和坎坷，但孩子每次战胜困难后都会收获欣喜和快乐。孩子做事认真用心，家长要表示肯定并予以表扬，但要把握好度，不要太夸张，否则会导致孩子骄傲自大，自鸣得意。孩子的做法有不当之处，家长也要让孩子认识到错误并鼓励其及时改正，而不是只会逃避。

适当放手，能解放孩子的思想情感，让孩子自己去探索、想象和表达。在这当中，父母是有意识的，放手的目标和方向都很明确；孩子是无意识的，他只要玩得高兴就好。因此，父母最好能够将目标方向与孩子的日常活动相融合。仔细去观察、分析在何处放手会收到意想不到的效果，如何放手才是恰到好处，做到"放手不放眼，放眼不放心"。

放手教育不等于对孩子听之任之或置之不理，也不是揠苗助长。放手教育不仅需要父母放开束缚孩子的双手，还需要父母对孩子的日常生活教育加以重视，对孩子的言行举止加以约束，让孩子在社会生活中，学会与人和谐相处所需的宽容、理解和体谅，对学习建立自主性和自我约束的意识，从而养成健全的人格。

让孩子学会自立

让孩子学会自立，第一步就是帮助孩子克服依赖心理，有依赖心理的孩子会在人生道路上丢失很多机会。孩子过分依赖别人有很多隐患。有这样一个真实事例：

有个学生被学校派去国外做交换生，但该学生一想到离开父母后没人料理他的生活起居，就感到十分孤独、无助，没有安全感。最后，他竟然放弃了这次难得的机会。

某市少工委曾对 1500 名中小学生进行过调查。数据显示，其中 74.4% 的学生在生活和学习上离不开父母的帮助和陪伴；51.9% 的学生的生活用品和学习用具都是由家长长期代为整理；仅有 13.4% 的学生偶尔会帮助父母做些家务。这些情况着实令人担忧。

由此可见，在学习和生活上依赖父母的孩子占很大比例。不难想象，有的孩子已经形成了依赖型人格。这样不仅会影响个人的前途，还可能波及一代人的发展乃至整个国家的命运。

德国诗人歌德曾说："谁若不能主宰自己，谁就永远是一个奴隶。"试想一个处处依赖他人，将命运寄托在他人身上的人，又怎么能干成大事呢？

依赖是一种消极的心理状态，会让孩子难以养成独立的人格，削弱孩子的自主精神和独立意识，从而制约孩子自立能力的发展。

所以，千万不要让孩子对父母产生过度依赖。要让孩子知道，父母不能永远陪伴着他，他必须学会自立，能够独自面对生活。为了让孩子摆脱依赖心理，在日常生活中，我们可以让孩子做一些简单的家务活儿，比如整理、打扫房间等。在独立照料生活的过程中，孩子能够逐渐变得自立，会发现很多问题自己也能独立解决。此外，孩子在写作业时家长不要插手，当孩子独立完成后给予一定的表扬，让其为自己能够独立解决难题而感到自豪，他的依赖心理自然会逐渐减弱。但在这个过程中，我们也要掌握好"火候"，否则，如果孩子的难题始终无法解决，那么孩子就会心生挫败感，这样可能会削弱他们的独立性。

爱子之心，人皆有之。但这种爱有理智的爱和盲目的爱之分，盲目的爱主要表现在无条件地满足孩子的一切要求，这会导致孩子变得越来越软弱。

天真单纯的孩子十分招人喜欢，惹人怜爱，但是，爸爸要时刻记得，孩子并非玩物、宠物，应该让孩子知道：自己也是这个家庭的建设者，要从小学会自立。

培养孩子的自立能力，爸爸具有得天独厚的条件。在平时，只要爸爸将每件平凡的小事都充分利用起来，就能潜移默化地影响孩子。让孩子在成长过程中，接纳爸爸的鼓励而逐渐树立自立的信念，这是日常生活教育的主要内容。

在孩子没有尝试之前，不要急着否定他，否则很容易让孩子失去自信。即使孩子确实没有做好，也不要严厉指责他。相反，要有耐心地鼓励他，让他有信心能够越做越好，从而变得越来越自立。

一个合格的爸爸，给予孩子最美好的东西，一定不是满足、娇惯或溺爱、放纵，而是教会他们生存和生活以及创造的能力。如此，才能让孩子拥有一个健全的人格和自信的人生，这才是真正的爱孩子。对孩子，要爱得更深沉、更科学、更艺术。

爸爸要锻炼孩子的自立能力，让孩子养成良好的习惯，这样也有助于培养孩子的责任感。

兰兰是父母捧在手心里长大的，爷爷奶奶对她的宠爱更不在话下。她从来没有做过什么家务活儿，每当她想做点儿什么的时候，奶奶都会阻止她，说："兰兰，让奶奶来，你去别处玩吧。"

上了小学以后，兰兰渐渐发现同学们都很能干，会帮着爸爸妈妈做很多事，只有自己什么都不会做，心里很失落。上四年级的时候，在一次班级组织的烹饪比赛中，同学们纷纷献艺，做出了各式各样美味的菜品，兰兰却连菜都切不好。

从那以后，兰兰一直很消沉，总觉得自己什么都不如别人，做任何事都没有了信心。

从上述事例中，我们可以看出娇惯、溺爱对孩子造成的危害。有人说，一个被家长包办一切的孩子，是不会拥有健全的责任感的。所以，为了培养孩子的责任感，父母就要让孩子养成独立料理生活的好习惯，要让孩子承担起自己应该承担的责任。

起初，我们应该让孩子明确自己的责任范围，比如在家里，需要孩子独立完成的是哪些事情，需要在父母的指导和帮助下完成的又是哪些事等等。只要孩子明确了自己的责任，就放手交给他来做。需要注意的是，责任范围的难易程度要根据孩子的不同年龄来加以调整。

下面这个事例中的爸爸的教育方法就很值得做家长的借鉴与学习。

依依今年7岁了，最近她在学校里学到了有关犬类动物方面的知识。依依渐渐对小狗变得非常着迷，因为她觉得那些小狗真的太可爱了，于是央求爸爸给她买一只宠物狗。

爸爸满足了依依的愿望，趁周末带着依依到宠物店买了一只小小的白色宠物狗。爸爸希望依依能够悉心照料小狗的饮食起居。于是，他和依依约定，由依依负责照顾小狗，并负责给它喂食、洗澡。

起初，依依十分勤快，一日三餐不落地给小狗喂食，还经常带着它去公园遛弯儿，并每天给它洗澡，小狗也因此变得既强壮又白净。

爸爸看到依依这么有责任心，心里十分开心。可是，不久后，爸爸发现依依经常忘记给小狗喂食，甚至两三天才喂一次。当然，她也不再带着小狗出去遛弯儿了，似乎已经忘记照顾小狗的约定了。结果可想而知，小狗由于经常不运动、忍饥挨饿，身体和精神变得越来越差。

一个周末的下午，爸爸把依依叫到放置狗窝的地方，看着无精打采的小狗说："依依，这几天你给小狗喂食了吗?"依依默默地摇了摇头。爸爸问她原因，依依羞愧地低下了头，说不出话来。爸爸平心静气地问："当初，我们在买这只小狗的时候，是不是约定好了？由谁负责照顾小狗的饮食起居，给它喂食、洗澡呢？"依依沉默不语了。

随后，爸爸告诉依依这只小狗该有多么伤心和悲哀，因为它本来活力十足、精神旺盛，如今却变得既无力又邋遢，而这都是因为依依没有对它负责任。依依听完爸爸的话后，用力地点了点头，然后向爸爸承认了错误，并保证一定会对小狗负责，会好好照顾它。以后的日子里，依依每天坚持给小狗喂食、洗澡，带它去公园遛弯儿。不久，小狗又恢复了往日活蹦乱跳的样子。

从依依的故事中可以得出这样一个结论：就算孩子明确了自己的责任范围，就算我们放开手交给孩子去做，但如果我们不去"监管"孩子的行为，采取"不闻不问"或"放任自流"的态度，孩子就会慢慢失去刚刚建立起来的一点儿责任心，变得不再负责任。

一位教育专家就曾向家长建议给孩子的写字桌上面摆放一盆植物，让孩子在给植物浇水、施肥与自然接触中，逐渐培养他们的责任心、耐心与爱心，并将这种情感转移到对待其他人或其他事物上。不过前提是我们要去"监管"孩子的行为。

另外，在孩子独立完成自己的事情的前提下，还要让他懂得，一个人除了要做好自己的事情外，还需要帮他人做一些力所能及的事。在家，孩子是家庭的一分子，他就有责任为家人分担一些家务；在学校，孩子又是班集体的一分子，他就有责任为班集体做出贡献。这样一来，孩子长大后才可能更好地为社会尽责，因为孩子终究也会成为社会的一分子。

培养孩子独立思考的能力，不盲目从众

　　生活中有一种很常见的现象：一个小群体发表的意见，往往会迫使一个人放弃自己的感知和判断而做出与其相似的回答，即使该意见是错误的。

　　一位心理学家进行了一个这样的实验：他让被试者坐在一起，并向他们展示两张卡片，一张卡片上是三条长度各不相等的直线 a、b、c，另一张卡片上是一条直线 x，询问被试者 x 线与 a、b、c 三条线中的哪一条等长，被试者从左到右依次回答。其实，前几位被试者是心理学家安排好的，故意说错。最后一个回答的被试者明知他们的答案不对，x 线的长度明显不与任何一条线等长，但也不敢肯定自己的正确答案，只好顺从地说出与前几人一样的错误答案，这个从众心理测验被多次重复进行后得出的结果都是类似的。

　　从众心理也叫顺从心理，是指一个人的行动、信仰和判断会受到外界人群行为的影响。"从众"是一种较为常见的心理现象和行为现象。简单来讲，就是"人云亦云""随大溜"，其体现在大家都认为是这样的，我也就认为是这样的；大家都这么做，我也就跟着这么做。社会上从众心理的行为和危害层出不穷，如跟着大多数人走而步入歧途，跟着广告购物而上当受骗。从众心理可使人们在科学研究中放弃自己正确的研究结果，更严重的是，会使部分人成群结队，发生多人一同违纪现象，甚至多人聚众斗殴的违法现象。

人们往往会因生活中的从众行为而渐渐失去主见和对真理的坚持。从众心理的产生，是由多种原因造成的。在群体中，个体会因独树一帜、与众不同而受到孤立，而当他的行为、方向和意见与别人相同时，就觉得自己进入了"不会错"的安全区域。个体在群体的无形压力下产生了从众心理，从而被迫违心地做出与自己意愿相反的行为。

在家庭教育中，孩子也不例外地存在从众心理。比如，有的孩子边写作业边看电视时，如果爸爸说："专心写作业，把电视关上！"孩子就会说："其他小朋友都是一边写作业一边看电视的。"又如有的孩子想要爸爸给他买新书包时，就会说："我的同桌买了新书包，我也要买。"还有的孩子在上课前看到黑板没有擦，又看到别的同学都没去擦，那么他就会想："别的同学都不擦，那我也不擦，免得被人说爱表现。"于是"谁都是这么做的""大家都不去做"等，这些想法使孩子变得遇事无主见，盲目地随大溜。需要爸爸注意的是，有时孩子会在同伴们的压力下，被迫和他们一起去做坏事或染上不良习惯。

因此，爸爸一定要从小教育孩子，遇到任何事不要轻易被别人的做法或想法所左右，自己心中一定要有判断是非的标准和价值观，而不是盲目从众。爸爸更要鼓励孩子独立思考问题，不要人云亦云，只有自己去弄清楚事情的真相，才会与真理同行。

为了让孩子拥有自己的立场和观点，爸爸可以这样培养孩子遇事有主见的性格：

（1）让孩子有参与的机会

爸爸缺乏与孩子的沟通、做事独断专行、不注重孩子的需求等，都会让孩子对事情没有自己的判断力，变得无所适从，对他人的依赖性加强，进而做事优柔寡断、遇事无主见。因此，爸爸应该给孩子更多的机会让他独立思考，以表达内心的愿望。

（2）教孩子学会说"不"

一旦孩子有了自己的想法，爸爸就要向孩子说明，他已经是大孩子了，凡事都要自己拿主意，如果哪里让他感到不满意，就要及时提出自己的意见。比如，"我已经吃饱了，不想再吃了""我不喜欢玩具车，我喜欢故事书""爸爸，我有与你不同的看法"等。爸爸要给孩子充分表达自己想法的机会。当然，如果他的说法有误，也要耐心地给他指正。爸爸不必担心这么做会让孩子变得任性以及不服管教，事实能够向你证明，孩子会因此变得遇事有主见，不再盲从。

（3）培养孩子独立思考的能力与习惯

赞同人数的多少不是评判某件事正确与否的标准。对于孩子正确的观点、见解和意见，爸爸要有意识地表示赞同和支持。因为消除从众心理的一个重要条件就是遇事有主见。很多孩子因拿不定主意而从众，所以为了从根本上克服孩子的从众心理，就要培养孩子独立思考的能力。这就说明培养孩子调查研究、独立思考、分析问题的能力是十分必要的。爸爸可以通过鼓励孩子勇于探索、敢于质疑，让孩子渐渐加强自主意识，做到有主见、善鉴别。如此不仅能消除孩子的从众心理，还能促进其个性发展与全面成长。

（4）克服孩子的自卑心理

在现实生活中，有不少孩子因怕被孤立而从众，因怕被报复而从众。所以为了提高孩子在各种思想压力下的心理承受力，就必须克服孩子的自卑心理，提高孩子的意志力和毅力。

挫折教育，让孩子从小草长成大树

值得家长重视的一个问题是，孩子在遇到困难时能否保持一个乐观、积极的心态。不让孩子吃苦并不是给他幸福。因为只有当孩子克服了困难和挫折，尝到了苦头，他们才能真正理解幸福的含义，并感受到幸福。

孩子在成长过程中难免会遇到挫折，所以父母应该有让孩子接受挫折教育的意识。挫折教育的目的是希望孩子在应对挫折的过程中，激发出战胜挫折的潜能并增强其抗挫折能力。遭受挫折的经历有利于培养孩子解决问题的能力，有利于发展孩子的非智力因素，也有利于扩大孩子的知识面等。

心理学上认为：挫折对一个人的发展是大有裨益的，尤其是在孩童时期，挫折可以使其快速成长起来。因此，挫折对孩子的成长具有深远的意义。贝多芬是全世界公认的伟大音乐家，他之所以拥有如此崇高的成就，与他童年的挫折经历息息相关；居里夫人能成为获得两项诺贝尔奖的世界著名科学家，也与她从小历经艰难困苦打下的知识基础和磨炼出的顽强意志是分不开的；华罗庚能成为世界伟大的数学家，也是在挫折中不断自我磨炼、艰苦奋斗才成功的。

刘先生是一名老师，目前在一所中学任教。他有一个女儿叫姗姗，今年14岁。对姗姗来说，刘先生既是一个最好的爸爸，也是最好的导师。刘先生曾说："幸福和坎坷是并存的。"他必须让孩子学会从容地面对挫折，拥有自我克制的能力。

姗姗10岁那年因病需要做手术。面对充满紧张、恐惧心理的姗姗，医生想要对她说一些"善意的谎言"，比如"手术带来的痛苦很小，你不用害怕"，可是，刘先生却认为孩子已经到了懂事的年纪，这样的做法不太妥当。于是，他及时阻止了医生此般善意的行为。随后，刘先生来到女儿身边坐下，并用平和的语气对她说："手术结束后的一段时间里，你会感到痛苦无比，所以，你需要做好精神上的准备。你的痛苦不会因哭泣或叫苦而减轻，反而可能会因此加重。孩子，面对痛苦，你要更加勇敢！"做完手术后，姗姗果然没有流泪也没有叫苦，而是勇敢地承受了一切。

家长若希望孩子今后的人生更加辉煌、更加卓越，那就让孩子早一点儿明白挫折是成长的必经之路，如此，当孩子遇到挫折时，就不会一味逃避，而是勇敢面对。挫折带给孩子的坚强和成熟，正是他们成就未来所必需的。

前事不忘，后事之师。挫折促进人思想和智力的发展的同事，也能增强人的意志，使人更加成熟、坚韧，奋发向上，从逆境中成长。

家长在对孩子进行挫折教育时，首先要清楚自己站在怎样的位置上。家长除了在生活上对孩子进行必要的照顾外，对孩子不要迁就和溺爱，这样才能培养孩子抵抗挫折的能力。

有的父母会为孩子排除一切困难和干扰，让孩子无忧无虑地成长，虽然家长是一片好心，但是孩子会因此缺少甚至没有受挫的经历，对培养孩子适应挫折的能力大为不利。如果孩子缺乏这方面的能力，一旦遭受挫折又怎么能经受得起呢？

因此，为了让孩子能够经受得起生活中的各种挑战，在遇到挫折时不退缩，家长就需要培养孩子这方面的能力。

首先，爸爸要转变自己对挫折的消极认识。一直以来，不少家长都觉得，孩子还小，心理承受能力太弱，因而让孩子一直处于无忧无虑的环境中，误以为"挫折"带给孩子的只有痛苦、恐惧。殊不知，这样只会阻碍他们知识的增长和能力的发展，所以，爸爸应该摆正心态，正确看待挫折的教育价值，把挫折视为磨炼意志、提高适应力和竞争力的有力武器。

其次，爸爸在进行挫折教育时，需要注意以下几点：

（1）要言传身教

让孩子接受教育的最好场合除了学校还有生活，爸爸可以有意识地将自己在家庭生活中或事业上遇到的困难和挫折讲给孩子听。当然，还要说一说自己是如何一步步克服的，为孩子树立榜样，让孩子知道如何正确对待困难和挫折。爸爸的坚强意志以及迎难而上的精神，是孩子与挫折做斗争的强有力支撑。

（2）可以创设挫折情境

孩子一直处于过于优越的环境中，就会容易形成依赖、怯懦、畏缩而自尊心又很强的畸形心理。孩子因此缺乏坚韧、顽强的意志，不具备抗挫折的能力。因此，爸爸有必要为孩子创设挫折情境，培养孩子的适应能力。比如，对孩子不可听之任之，但也不要大包大揽；让孩子多参与各种劳动；让孩子在生活和学习上保持独立，锻炼吃苦耐劳的精神；与孩子一起玩游戏时，不要有意让步，要让他体会到失败和不如意等。

爸爸要让孩子明白"强中更有强中手"的道理，让孩子时常处于高手如林的大环境中（如参加各种竞赛、社会活动等）去锻炼，这样既可挫其锐气，催其奋进，又可让其在受挫中增强心理免疫力。创设挫折情境要对挫折的质与量进行严格把关，在孩子的心理承受范围内提高孩子的适应能力，增强其韧性。

（3）切实提高孩子的各种能力

爸爸可以通过分享挫折中成长的事例和经验，给予孩子充足的勇气、教给孩子合理有效的办法去战胜困难。这样在提升孩子抵抗挫折的能力的同时，也能提高孩子其他方面的能力，如自理能力、交往能力、学习能力和应变能力等。

（4）培养孩子良好的性格

让孩子用正确的态度面对现实、面对困难，遇到困难要冷静分析，找到问题的突破口，从而顺利解决。

当孩子遭受挫折时，爸爸应该引导孩子辩证地看待问题，做到"拿得起，放得下"，学会用开朗豁达的心态看待成败得失。爸爸还要帮助孩子用行之有效的方法去排解消极情绪，让孩子养成越挫越勇、不屈不挠、坚韧不拔、自信豁达的性格。这样，孩子将来即使遇到再大的挫折也经受得住。

（5）培养孩子的竞争意识

如今社会上的竞争十分激烈，缺乏竞争力的人是难以在社会上立足的，所以从小锻炼孩子的竞争意识是很有必要的。每个人心中都有一种走向成功的欲望，这种欲望成了人们努力完善自己的动力，从而使人们更加发愤图强，最终实现自己的目标。这种心理所发挥的作用会伴随着人的一生。

如果爸爸能够很好地利用此心理，就可以轻松达到激起孩子的竞争行为以及培养孩子的竞争能力的目的。

爸爸可以通过对比的方式培养孩子的竞争意识。第一步，先让孩子看到自己与其他孩子之间的差距，看到差距，就有了弥补差距的心思，否则，孩子就无法明确努力的方向；第二步，引导孩子积极地去补偿，比如用激将法等，这样可以更快地收到效果。

敢担责任，孩子才能成长

不少父母为了给孩子安逸幸福的生活，用尽全力支撑着一个家。他们不希望孩子过早地尝到艰难苦涩，不愿意让他们过早地为生活而操心……但他们同时又对孩子心存不满，他们时常会埋怨孩子不懂得体谅父母，埋怨孩子受点儿累就叫苦连天，埋怨孩子没有一点儿责任感。

一个人到亲戚家做客，晚上熄灯睡觉后，听到隔壁的洗手间一直有动静，时而传出一阵轻微而奇怪的声响，于是他起身打算一探究竟。

他走到洗手间门前，透过打开的门缝向里面看去，结果让他吃惊不已。原来，亲戚家年仅8岁的儿子正在疏通下水道。一问才知道，这个小男孩上完厕所后，无意中发现下水道积满了水，于是小男孩就一个人蹲在那里，把堵塞下水道的异物全部清理出来。而此时此刻，他的爸爸妈妈正在熟睡中，他不想叫醒他们。这件事令这个客人不禁感慨：小小年纪就有这么强的责任心，可见其受到的是怎样的家庭教育。

责任心是一个人应该具备的基本素养，也是成功者必备的一种品质。然而许多家庭中的孩子，他们娇生惯养、蛮横霸道，过着衣来伸手、饭来张口的生活，根本就不明白责任是什么，更不用企盼他们会对自己的行为负责。随着年龄的增长，他们越来越承担不起自己对家庭、对社会的责任。为此，很多家长纷纷抱怨孩子。其实孩子的责任心需要从小培养，爸爸有必要让孩子学会承担责任。

　　一位爸爸问孩子："如果未来的某一天，世界上出现一群可怕的生物，这群野心勃勃的生物想要占领人类世界，侵犯我们的家园。但有一个人能拯救全人类，因为他拥有一支像马良那样的神笔，可以画出一座收服那群可怕生物的宝塔，但是画宝塔的人要冒着很大的风险，那么你觉得由谁去画这座宝塔更好呢？"

　　孩子依次回答："爸爸、妈妈、爷爷、奶奶……"唯独把自己排除在外。

　　孩子说完后，爸爸说："如果让我来回答，我会选择自己。因为在危险来临之时，我有责任竭尽全力保护我的家人，让他们不受到任何伤害，因为他们都是我最爱且最重要的人。"孩子听了爸爸的话后说："那我要和爸爸一起画。"

　　毋庸置疑，这位爸爸对孩子的教育是成功的，他恰到好处而又十分巧妙的引导，让孩子明白做人应该有责任心。

　　一个人发展自身、与他人进行友好交往和贡献社会，全部源于认真履行的、明确的责任。一个人是否遵守道德规范、是否遵纪守法与其是否具备责任感紧密相连。如果一个人缺乏责任心，那么他必然与社会的要求相背离，也终将被社会淘汰。

如今有不少爸爸对培养孩子的责任心不加重视，凡事都替孩子做，希望孩子将时间和精力放到学习上。但是不要忘了，责任心对于孩子而言，具有不可替代的意义。有责任心的孩子，做事才会一丝不苟，才会对他的学业负责任。所以，爸爸需要培养孩子的责任心，让他们为自己的行为负责。

具体来说，培养孩子的责任心有以下三点：

（1）言传身教

爸爸要告诉孩子哪些事该做以及该怎样做，哪些事不该做以及做了会受到怎样的处罚。孩子通常喜欢选自己感兴趣的事来做，要让孩子对喜欢做的事负责到底，就必须明确告诉他做事的要求，并且与处罚相联系，让他明白一个人必须为自己的行为负责。同时爸爸作为孩子的第一任老师，要做到热爱生活、热爱家庭，有事业心，让自己身上的责任感影响到孩子。

（2）自己的事情自己做

爸爸的全权代理会使孩子忘记自己要承担的责任，要想让孩子有责任心，爸爸就要让孩子学会对自己的生活负责，让他们独立完成学习任务以及铺床叠被、整理房间等家庭事务，久而久之，孩子就能独立思考和解决问题，敢于担当责任。

（3）让孩子知道自己行为的后果

一位父亲说："有时，在爱与公平面前做爸爸的也很难做出决断，但是不能因孩子的借口而一味地迁就他的意愿，让他逃避责任。如果孩子没有按规定将他的书柜整理好，那么面对他喜爱的电视节目，我们也只能让他'忍痛割爱'。"没错，当孩子清楚自己的行为将产生怎样的后果时，他才能真正懂得为自己的行为负责。当孩子遇到难题时，告诉他："这件事是你自己造成的，需要你自己想办法来解决。"而不是说："孩子，不怪你，怪爸爸没有早点儿提醒你。"仅仅一句话，却能导致两种截然不同的结果。前者是让孩子明白自己需要承担责任，而后者则是帮孩子推卸责任，是不利于培养孩子的责任心的。

给孩子锻炼的机会

　　缺乏独立意识和自理能力的孩子，即使他的身体素质再好，也很容易被困难打败。家长千万不要让孩子成为温室里的花朵，更不能事事包揽，剥夺孩子锻炼的机会，而应该鼓励孩子大胆尝试做一些简单的事。在帮助孩子成长的过程中，父母不要做孩子前行的"拐棍"，而要做指引方向的那个人。

　　现如今，有的地方会举办一些大龄单身白领的"相亲会"，结果真正来相亲的并非那些大龄青年，而是他们的父母——他们是代子女来"相亲"的。面对此种现象，很多人表示不解。无独有偶，在一些学校也有类似的情况：经常有学生的父母或者爷爷奶奶到班级里代自己家里的"小皇帝""小公主"值日。把这两件事联系起来，结论显而易见，有的孩子缺乏独立意识和自理能力。

　　现在很多孩子都是家里的独生子或独生女，再加上如今的生活条件普遍越来越好，孩子受到了更多的宠爱，过上了衣食无忧、幸福快乐的生活。甚至部分家长过分地为孩子担忧，让孩子一直处于自己的保护圈内，他们自认为，只有在细心周全的照顾和优越的物质条件下，孩子才能健康快乐地成长。可是，这样做孩子永远也无法拥有自理能力和独立意识。

一天早晨，小媛吃完早饭和同伴一起去上学，出门的时候，爸爸发现小媛忘了带水杯。但是他并没有提醒小媛，放学回到家时，小媛已经渴得不行了。

这时候，爸爸才问小媛是怎么回事。小媛沮丧地说："我忘了带水杯。"

爸爸帮助小媛分析了忘记带东西的原因后，对小媛说："现在你可以告诉我，今后你应该怎样做吗？"

小媛思考片刻后，说："我打算列一张单子，记好上学所需要带的物品，然后在上学前，再检查一遍是否全部带齐了。"

试想，如果家长习惯性地替孩子把一切都准备周全，唯恐孩子因遗忘什么而吃苦，这样，孩子永远也不会知道自己该怎么做。

在家长中有不少这样的抱怨声："我家孩子实在太娇气了，特别依赖大人，一点儿苦也受不了。"但是，又有多少家长真正做到让孩子吃苦了呢？很多家长要么不舍得，要么担心孩子累坏了，从而一次次为孩子包办一切。

关爱孩子是应该的，家长可以帮助孩子，但也要给孩子锻炼的机会，要让孩子从小学会独立地迎接学习和生活中的挑战，在实践中提升自理能力与生活能力。

在日常生活中，一些简单的事就可以使孩子得到锻炼。在这个过程中，父母为主导，孩子为主体，父母只需要适时地对孩子进行辅助和指导，这就是家庭教育成功的关键所在。

在一个社区里流传着这样一个故事：多年前，一个残疾男孩每个周六日都会为社区里的家家户户送报纸，无论风吹日晒，还是大雨倾盆，都从未间断过。

起初，人们还以为这个男孩送报纸是为了挣钱，后来一经询问才得知他这样做完全是义务劳动。

这个年仅 10 岁的小男孩，膝盖受过重伤，因此平时上下楼有很大不便，但是他还是抱着厚厚的一摞报纸挨家挨户地送，每次送完都累得气喘吁吁。即使这样，他也不会接受热心人送水、送食物的好意。他的这一行动是在爸爸的鼓励下开始的。

对于这位爸爸的做法，不少人感到匪夷所思，说："这个孩子毕竟身有残疾，他应该得到更多的关心与爱护，作为爸爸，怎么会鼓励自己的孩子这样做呢？"

面对质疑，这位爸爸坚定地说道："正因为我是他的爸爸，才最了解他内心的真实想法，也最理解孩子行动上的困难以及劳动的艰苦。但我决不能对他心软，因为我不希望让孩子觉得自己可怜。相比照顾、怜悯和同情，他真正需要的是对自己负责。"

一个明智的爸爸要给孩子的一定不仅仅是照顾或金钱，还有锻炼机会与成长契机，让孩子能够坚强地面对生活，得到充分发展，做到对自己负责。

事实上，很大一部分孩子在童年时期都愿意帮助家长，只是有些家长因为各种原因剥夺了让孩子得到锻炼的机会。有的家长是怕影响到孩子的学业；有的家长是担心孩子会受到伤害；还有的家长则觉得，即使孩子愿意做事，也无法将事情做到尽善尽美，与其让他们"浪费时间"做无用功，还不如亲自为其代劳。但这样做的家长往往没有意识到，自己的一片"好心"

只会导致孩子的依赖性越来越强。

因此，对于孩子自主、自理的愿望，爸爸需要适当满足，让孩子学会做一些自己能力范围之内的事情，使其从中得到锻炼。不过需要注意的是，爸爸在锻炼孩子的独立意识与自理能力时还需要给予其足够的时间和耐心，毕竟孩子年龄尚小，不可急于求成。

【适合孩子做的家务活儿】

（1）收拾脏衣服

衣服的重量较轻，也容易收拾。家长可以像玩游戏一样让孩子按颜色给衣服分类，并放入洗衣筐或直接放入洗衣机内。

（2）搬运或摆放日用品

让孩子帮忙搬运不容易损坏的东西，比如饼干或者纸巾等。购物之后，可以教孩子分辨不同包装，并让其帮忙摆放到合适的位置。

（3）帮忙摆餐具

吃饭时让孩子帮忙把餐具摆在家中每个人的位置上，也可以让孩子帮忙取一些凉的、干的食物。

（4）帮忙照料宠物

让孩子给宠物的食盆中添上食物和水，食物或水撒出来后让孩子帮忙清理干净。

（5）把脏东西擦干净

教孩子用抹布或者纸巾擦干净小面积的地面或桌子，尤其是孩子自己弄脏的，尽量让他自己处理。

第五章

爸爸不教育孩子，世界会狠狠教育他

孩子是折翼的天使，总有这样或那样的缺点，好爸爸要不厌其烦地帮他纠正过来。

让孩子做事有条理

涛涛做事不仅没头没尾，而且经常丢三落四。他每天放学回家写作业，桌子上都要堆满文具和书本，有时候还弄得满地都是书。而且他常常找不到书和笔，麻烦妈妈帮他寻找。

涛涛的房间简直一团糟，到处都是书和玩具。每天早上起床后，他都要浪费大量的时间寻找文具、书本和袜子。在去学校之前，涛涛常常因为找不到某些东西而大喊大叫："妈妈，你有没有看到我的红领巾？""爸爸，你昨天把我的文具盒放哪儿了？""我的作业本怎么不见了！"

无论从事什么工作，做事没有条理的人都很难成功。

早上起床找不到生活用品或学习用品，这是很多孩子的坏毛病，也是做事缺乏条理的一种表现。做事没有计划和条理的孩子，生活和学习都杂乱无章，并且会将很多时间浪费在毫无意义的事情上。而做事有计划、有条理的孩子，能够合理规划自己的时间和生活，距离成功也就更近一步。

任何人都不可能一生下来就会有条不紊地做事，所以孩子做事没有条理是一种正常现象。要想让孩子养成做事有条理的好习惯，爸爸需要进行合理引导。

在引导孩子有条理地做事之前，爸爸一定要以身作则。不论是生活中的大事还是小事，都应该条理清楚、计划合理，例如，用完的工具要放回原处，书架上的书要摆放整齐，吃完东西要及时处理垃圾等。这些行为看起来微不足道，却能帮助孩子树立有条理地做事的意识。在孩子上床睡觉之前，爸爸可以引导孩子将衣服叠起来放好，然后将第二天需要的东西准备好，这些也能培养孩子养成做事有条理的好习惯。让孩子做事有条理不能一蹴而就，家长一定要有恒心和耐心，寻找合适的教育契机加以引导。

爸爸喜欢集邮，在他的影响下，儿子军军从小就对收藏产生了浓厚的兴趣。一天下午，爸爸又拿出他的邮票仔细观赏，军军兴奋地凑了过来。爸爸便对军军说："收藏多么有趣啊！将五彩斑斓的邮票摆在一起，给人以美的享受！"

军军认为爸爸的邮票十分漂亮，因此萌生了收藏的想法，便对爸爸说："爸爸，我想收藏好看的贴纸，您觉得怎么样？"

军军的爸爸点头表示赞同，然后对儿子说："不管收藏什么，都不能毫无秩序地乱放，你要学着给它们分类，这也是收藏的一种乐趣。"

听了爸爸的话之后，军军找来了家里所有的贴纸，然后按照自己的理解，把它们分为动物、植物、机器人等类别，玩得津津有味。久而久之，军军做任何事都有条理了。

一个详细、合理的计划可以让所做之事变得有条有理，因此，爸爸在培养孩子有条理做事之前，应该让孩子先学会制订计划。

在日常生活中，爸爸可以向孩子分享自己的计划。例如，在周末到来之前，你可以跟孩子说："明天爸爸就放假了，我已经安排好了明天的计划。早上我们六点起床，吃完早饭后到公园锻炼身体。八点送你到美术班学习，十一点半我们吃午饭，吃完午饭后你在床上睡一个小时。下午一点，我们一起去海洋馆。五点回家，回家后我去做饭，你要用日记写下当天遇到的趣事。你觉得这个计划怎么样？"

听了你的计划，孩子可以从中学习到怎样安排自己的时间，他自己做事有计划。假如你的计划使孩子不满意，可以问问孩子有什么建议，只要不影响做事，让孩子参与计划的制订也是可取的。

上面这种计划实践性很强，爸爸可以经常这样引导，有利于孩子从小养成有计划地做事的好习惯。制订计划其实就是教会孩子合理规划时间，对未来所做之事有一个明确的安排，而不是想起什么就做什么，没有任何条理。爸爸可以引导孩子合理安排自己的每一天，养成良好的作息习惯，例如什么时候学习，什么时候起床，什么时候看电视等。

如果孩子有能力制订合理的计划，爸爸可以让孩子自己安排，只需要监督孩子认真执行就可以了。

有一位爸爸发现女儿做作业没有耐心，刚写了一会儿就跑到院子里玩去了。

女儿玩累了回到屋子里，爸爸告诉她："按照老师的规定，你应该认真地完成当天的作业。爸爸看了你今天的作业，以你的速度，用不了半小时就能做完。你可以自由选择，是晚饭前做作业，还是晚饭后做作业。不管什么时间做作业，一定要坚持到底，别刚写了两个字就想着出去玩。"女儿想了想，决定晚饭前把作业写完，因为吃完晚饭后她打算看电视。后来，女儿学会了自己制订计划，学习越来越好。

在给孩子安排作息时间时，务必要确定好学习时间。而且一旦确定了学习时间，就要让孩子认真地执行，不可因为其他事情分心。要想让孩子有计划地做事，必须培养他定时学习的好习惯。假如孩子在固定时间内高效地完成了作业，爸爸应该给予表扬，不可再增加学习任务，以免让孩子产生反感的情绪。

如果孩子主动提出做某件事，爸爸可以先问问孩子有没有自己的计划。如果孩子的计划切实可行，只需要让他认真完成就行。如果孩子没有自己的计划，爸爸不要按照成人的标准要求孩子，应该和孩子耐心地交流，协助他制订出合理可行的计划。

当孩子把计划制订好之后，一定要让他坚持到底，千万不要"三天打鱼，两天晒网"，这样什么事都做不好。即便是一些在大人眼里无关紧要的小事，也不能允许孩子马虎大意。人们常说："细节决定成败。"如果孩子在小事上经常马虎大意，就会对其他事产生不好的影响。他可能会质疑按计划做事的意义，甚至觉得这样做太麻烦，从而变得随心所欲起来。

做事没有条理是一种坏习惯，如果爸爸发现了孩子有这种习惯，一定要尽早告诉孩子这样做的坏处，帮助他纠正这种坏习惯，千万不要认为孩子还小，长大了就会自我改正。坏习惯一旦养成，日后想要纠正就要浪费大量的时间。

萌萌从小就喜欢乱放东西，萌萌的爸爸决定帮她改掉这个坏习惯。

一个周末，萌萌的爸爸邀请同事来家里下棋，同事的女儿小芳也跟着过来了。在离开萌萌家前，小芳将玩过的玩具以及用过的家具全部放回原位，还整理了本该萌萌整理的那一份，萌萌因此感到很羞愧。

萌萌的爸爸看到了这一幕，在小芳离开之后对萌萌说："小芳确实是个好孩子，做事有条理而且还爱干净。萌萌也是个乖孩子，就是玩完玩具总忘记收拾。"

为了让萌萌懂得收拾自己的房间，萌萌的爸爸经常让同事带小芳过来玩，同事也常常邀请萌萌到他家和小芳一起玩。第一次去小芳家，萌萌发现小芳的房间既干净又漂亮，再和自己的房间一对比，她就产生了自己收拾房间的想法。后来，萌萌改掉了坏习惯，再也不乱放东西了。

当你发现孩子做事没有条理时，不要一味地责怪孩子，这样做很可能会适得其反，容易让孩子产生逆反心理。身为孩子的爸爸，应该引导他向优秀的人学习，帮孩子认识到有条理做事的好处。

让孩子远离虚荣和攀比

在心理学上，虚荣心是一种被扭曲的自尊心，也是一种追求虚假外表的性格缺陷。例如，有的孩子在学校不努力学习，考试时却喜欢作弊，用虚假的成绩糊弄家长，掩饰自己的懒惰和不思进取；有的孩子稍微取得一点儿进步就到处宣扬，别人不夸他，他还不高兴；还有的孩子喜欢强词夺理，明明自己犯了错误却不肯承认，唯恐别人指出他的缺点……这些事例都是虚荣心作怪的表现。

虚荣对孩子来说没有多少好处，反而会给孩子戴上一副沉重的枷锁，让他的人生之路变得更加艰辛。有些孩子爱慕虚荣，将大量的时间浪费在穿衣打扮上，甚至将本该拿来买书的钱买了化妆品；有些孩子为了体现自己的大方，宁愿平时节衣缩食，也要请同学吃豪华大餐，甚至做起了"梁上君子"的错事。追逐虚荣的人自以为荣光满面，实际上总有一天会露出马脚。就像巴甫洛夫在《给青年们的一封信》中说："不管肥皂泡让你们觉得多么绚丽多彩，它早晚会在空中破裂。当它破裂之后，你们除了惭愧不会有任何收获。"曹操曾经说过："切勿慕虚名而处实祸。"换句话说，虚荣始终是假的，会对人的现实生活产生不利的影响。

薛鹏是一个中学老师，上下班比较准时，所以常常由他到幼儿园接女儿回家。这一天，由于帮助学生们准备运动会，他晚了半小时离校，所以经过家门也没进去，直接到幼儿园接女儿去了。

当时，女儿正由老师陪着待在幼儿园的公园里。薛鹏赶紧向老师道歉，并感谢老师陪着女儿，然后就想去拉女儿的手。没想到，女儿却躲开了，回家的路上，女儿也刻意跟他保持一定的距离。快到家了，女儿终于说："爸爸，你的衣服太破了，你再这样来接我我就不跟你一起回家了。"

原来，薛鹏在学校帮助同学们抬东西，把衣服弄破了。由于急着接女儿，他也没来得及回家换衣服，没想到却遭到了女儿的嫌弃。女儿小小的年纪就这么爱慕虚荣，让薛鹏心里五味杂陈。

有些孩子攀比心理比较强，总想穿名牌衣服、戴名牌手表，否则就认为自己低人一等。事实上，外在奢华富贵的人未必能给人以美的感受。如果一个人绫罗绸缎加身，言谈举止粗俗无礼，恐怕也不会有多少人喜欢他。但如果他不是为了和别人攀比，而是真心喜欢某件衣服的款式、布料，穿在自己身上非常得体，即便贵一些也不会让人反感。学生在校期间，应该选择适合学习和运动的服装，衣着打扮必须符合学校的规定，这样才能和文明校园相匹配。

孩子追求名牌、喜欢和人攀比是人之常情，爸爸首先要理解孩子，而不是一味地训斥。

孩子的攀比心从何而来？坦率地说，家长、老师乃至整个社会都脱不了干系。

（1）父母的纵容

有的父母为了不让别人看轻自己的家庭，就凭借着"别人家孩子要有的东西，我们家孩子也要有"的心理，给孩子买一些超出家里收入条件的东西。这样一来，孩子自然有样学样，也变得虚荣起来，并且会跟别的孩子进行攀比，如果比不上，就会怨恨自己的父母"没本事"。

（2）"别人家孩子"的影响

还有的父母"恨铁不成钢"，孩子有什么做得不好的地方，就会搬出"别人家孩子"来教育自己的孩子，这也是一种攀比。这样，爱攀比、爱忌妒的毒瘤就在孩子心中种下了。

（3）整个社会的风气

此外，学校乃至整个社会都弥漫着一股攀比的风气。学校里成绩好的孩子受表扬，不好的就被批评，并根据成绩好坏划分等级。社会上，有钱人或者长得漂亮的人容易受到推崇。这些都会对孩子产生较大的影响，使他们虚荣和攀比的心理达到顶点。当然，学校和社会的问题都不是爸爸凭一己之力可以解决的，但是爸爸可以尽自己的努力减轻其影响。

适当的比较可以激发一个人努力奋斗、改变现状的斗志，而过度的攀比则会增加人的身心压力。总的来说，攀比的坏处远远大于好处。爸爸一定要引导孩子朝良性的方向发展，切勿打肿脸充胖子，不顾一切地满足孩子的攀比心理。在孩子年幼时，爸爸应该教导他正确认识内在美和外在美的关系，不要盲目地和他人攀比，这样可以有效地减少虚荣心的产生。

乱花钱的孩子，人生容易"跑偏"

　　为了让子女过上好生活，很多爸爸没日没夜地辛勤工作，将自己节衣缩食省下来的钱当作孩子的零花钱。爸爸的出发点是好的，但是一味地给孩子大量的零花钱，却不告诉孩子如何支配，很容易让孩子养成乱花钱的坏习惯。一位知名的理财专家说过："爸爸应该适时给孩子的财商'补课'，这比直接给孩子大把的零花钱更重要。"

　　有人曾经提出一个问题："宠坏一个孩子需要多少钱？"或许根本没人能够作答。金钱是一把双刃剑，让孩子过上富足的生活是很多爸爸努力奋斗的动力，但是如果缺乏正确的价值观引导，就会影响孩子的健康成长，让孩子养成乱花钱、盲目攀比等坏习惯。帮助孩子树立正确的理财观和消费观，不能只依靠老师，家长应该背负更多的责任。因为在日常生活中，父母的消费观将会直接影响孩子。

　　理财专家认为，爸爸对孩子财商教育的缺失，是孩子理财能力弱的主要原因。有些爸爸担心孩子养成乱花钱的不良习惯，尽可能地缩减孩子的零花钱，甚至不让孩子和钱沾边。这样做确实可以减少孩子乱花钱的行为，但是不能有效地提高孩子的理财能力。

一位7岁男孩的爸爸说："孩子之前从来没自己买过东西，但是昨天他将一辆价值300元的自行车推回了家。"爸爸再三追问才明白，原来孩子把自己攒的压岁钱花了。爸爸非常担心孩子养成乱花钱的坏习惯，他苦恼地说："真不知道以后还会买什么回来。"

由此可见，即使从来不让孩子和钱沾边，也不能帮助孩子树立正确的消费观。为了不让孩子乱花钱，爸爸一定要适时地进行财商教育。

有位家长讲了一件这样的事：

几年前，我在美国留学，接触过一些在美国生活的澳门富商的孩子。这些孩子家里并不缺钱，但是绝大多数都在美国打过工，甚至要为自己的零花钱而努力劳动。我把这件事告诉了我的社会学家朋友，并且提出一个问题："究竟这是有意为之，还是心血来潮？"我的社会学家朋友说："这可不是心血来潮，而是家族培养接班人的方法。"

这些富商的孩子吃饭不去星级酒店而是选择小餐馆，购买礼品不到精品店而是选择路边摊，假期没有花费大量的时间去旅游而是选择去打工……他们父母的教育方法和远见令人敬佩。对孩子来说，让他从小就意识到努力工作的价值，有利于他的健康成长。此外，孩子能够通过工作获得满足感，而不是一直待在爸爸的庇护下缓慢成长，这样才能延续家族的辉煌。

孩子的成长问题受到全世界的关注，如何培养孩子的理财能力是其中的一个重点。国外非常重视培养孩子的金钱意识，在孩子未上学之前，就提出了一些具体要求：

3 岁可以分辨纸币和硬币；4 岁明白不同的硬币等于多少钱，购买商品要做出选择；5 岁清楚钱是如何产生的；6 岁学会找零，能够计算大量硬币的总额；7 岁学会看价格标签……

这些方法不一定都适合教育我们的孩子，但却是金钱教育的有效做法，能为培养孩子的理财能力提供借鉴。

你既然爱自己的孩子，想让孩子养成良好的消费观，就应该学习例子中的澳门富商，学习国外的家长，早日停止无原则的宠溺，接受科学的教育模式和方法，引导孩子树立正确的理财观和消费观。

理财是一个人必备的素质。如果你的孩子从小就知道如何正确消费，那就比别的孩子多了一大优点。很多爸爸对孩子的理财教育认识不足，也不知道如何培养孩子的理财能力，这里提供了一些具体可行的方法：

（1）教孩子用钱的方法

随着孩子年龄的不断变化，爸爸应该教给孩子不同的用钱方法。例如，对于小一点儿的孩子，可以教他购买油盐酱醋；对于稍大一点儿的孩子，可以教他购买书本；对于已经成年的孩子，可以让他利用假期时间兼职，体验赚钱的辛苦，从而做到不乱花钱。

（2）要以身作则

赵匡胤是北宋的开国皇帝，他极力反对奢侈的作风。有一回，他看到女儿身上穿了一件奢华的短袄，立刻让她脱掉，并且禁止以后再穿。受他的影响，节俭之风在国内盛行起来。

封建社会尚且懂得节俭，现在更应当如此。为了让孩子懂得节俭、远离奢侈浪费的坏习惯，爸爸应该以身作则，就算家里经济条件良好，也不能铺张浪费。

（3）试着让孩子自己管理钱

教孩子理财的最终目的是让孩子学会合理地支配钱。爸爸不能只教孩子道理，却不给孩子自己管理钱财的机会。很多爸爸将孩子的零花钱牢牢地握在自己手中，甚至没收了孩子的压岁钱，这样怎么能锻炼孩子管理钱的能力呢？因此，爸爸应该给孩子适当的支配金额，提供必要的理财方法和建议，争取让孩子把每一分钱都用到位。

（4）给孩子开个账户

在孩子拥有理财意识之后，爸爸可以为孩子办理一个储蓄账户，教他理解存款和取款的流程。如果有必要的话，还可以适当地给孩子补充一些有关对账单、投资报表等知识，有利于其体验"复利"的效果，树立多储蓄的意识。

（5）教孩子学会精打细算

爸爸千万不要认为怎么花钱是孩子的事，所以把钱交到孩子手里就够了，任务也就完成了。给孩子钱却不告诉他怎么支配，如何能让孩子养成良好的理财习惯呢？其实，爸爸应该教孩子学会精打细算。例如，当孩子得到零花钱之后，告诉他不要一次性花完，以备不时之需。另外，爸爸还要帮助孩子树立良好的消费意识，不要超前消费。例如，如果孩子想要购买某些东西却没有消费能力而向别人借了钱时，爸爸要告诉孩子超前消费的坏处，并且提醒孩子及时还钱，不要养成坏习惯。

培养孩子的生存技能是教育的重要内容之一，理财就是现代人必须掌握的生存技能。如果把社会比作一部正在运转的大型机器，金钱就是维持机器高速运转的润滑剂。社会的发展离不开金钱，人类生活也不能没有金钱。有儿童专家认为，理财能力和金钱观念将成为 21 世纪孩子们必备的基本素质之一。对孩子来说，越早接触钱、掌握理财知识，长大后就越会赚钱。因此，在孩子还小的时候，爸爸可以适当地给孩子传授理财知识，引导其掌握基本的理财能力，让孩子早日适应高速发展的现代化社会的需要。

不要让孩子变懒虫

戴尔·卡耐基说过："懒惰是万恶之源。"懒惰会让孩子丧失积极性，使本来能有所作为的人一事无成。

当今社会普遍存在一种现象——溺爱孩子。在开放二胎政策前的二三十年，独生子女数量剧增，我国的家庭模式也发生了改变。过去占据主要地位的是以老人为中心的家庭模式，而现在却变成了"四二一"家庭，也就是四个老人、两个大人围着一个孩子转。对长辈们来说，独生子女就像家里的小皇帝、未来希望的寄托者。所以他们视孩子为掌上明珠，对孩子宠溺过度、缺乏管教，甚至一味地放任迁就。我们不妨看看下面这个例子：

某小学午餐时间，几十位爷爷、奶奶竟然来"陪吃"。他们替自己的孙子或孙女排队、打水，还拿着水果、牛奶满校园地追着孩子喂。一位小学老师看到了这一幕，她摇着头说："我们煞费苦心地教了学生一些道理，这下可好，被他们一宠全没了。"

我们应该听过这样一些观点：劳动是人类的第一需要；劳

动创造了世界；不劳动者不得食……这些观点告诉我们，要想成为一个有用的人，必须热爱劳动。

可是很多爸爸缺乏教育孩子热爱劳动的意识，让孩子无法及时地形成优秀品质。在给孩子传授知识、满足孩子的物质需求之前，应该先想一想这样做是否有利于孩子的成长，能不能培养孩子形成美好的品质。爸爸们非常重视孩子的教育，他们把大量的时间和精力用在教孩子读书识字上，却轻视了培养孩子热爱劳动、礼让别人等优秀品质。在孩子产生劳动欲望时，很多爸爸觉得孩子碍手碍脚，或者担心孩子在劳动中受累、受伤，因而拒绝了孩子劳动的意愿。这样的做法很容易扼杀孩子的劳动意识，打击孩子的劳动热情。长此以往，还会让孩子养成懒惰的坏习惯。

有调查显示，现在有三分之二的中小学生不爱劳动或者不太爱劳动，只有三分之一的中小学生有较好的劳动习惯。

有些孩子就像过去的公子哥、娇小姐，懒得洗脸、洗脚、懒得铺床、叠被，甚至连喝水、吃饭都要父母喂。爸爸缺乏培养孩子热爱劳动的意识，有以下几个原因：

（1）怕孩子劳动受累

有的爸爸看到孩子学习负担比较重，不忍心让孩子受累。但是孩子学习真的有那么忙吗？当然不是的。有些孩子看起来比较忙，回家一写作业就是好几个小时，让爸爸很心疼。其实他们很多时候作业并不多，而是坐在那里"磨"作业，明明十分钟就能写完的作业，非要磨蹭半个多小时。假如他们改掉磨蹭的坏习惯，就有时间劳动了。因此，爸爸可以适当地给孩子安排一些劳动任务，这样有利于改掉孩子磨蹭的毛病。

（2）怕孩子做不好又浪费时间

一些爸爸认为，孩子从来没做过家务活儿，既做不好又浪费时间，还不如自己做省事。但是他们有没有想过，越不让孩子劳动，他们就越不想劳动，也就越不会劳动。罗马不是一日建成的，孩子的劳动习惯也不是一两天就能养成的。因此，爸爸应该多让孩子劳动，从一些力所能及的事情做起。

（3）对孩子宠爱过度

随着社会的进步和国家的发展，我们的生活水平日益提高，有些爸爸觉得，现在的孩子就是享福的一代。这种观念显然是错误的，但正因为如此，不少爸爸过分为子女代劳，使孩子养成了懒惰的习惯。不知道这些爸爸有没有想过，如果孩子无法摆脱对爸爸的依赖，将来应该怎样谋生呢？

张衡是东汉时期伟大的数学家和天文学家，他曾经说过："人生在勤，不索何获？"这句话的意思是：人生就是一个勤奋努力的过程，如果不积极地探索，怎么可能会有收获呢？

现代社会发展迅速，爸爸只有教会孩子勤奋，他们才能更好地适应快节奏的生活，不至于被社会淘汰。

勤奋就是努力学习、不断超越自我的过程。爸爸应该培养孩子勤学好问、善于思考的习惯，让孩子在学习时能够静下心来，少一些浮躁和贪玩，多一些刻苦和认真，充分调动孩子的积极性，营造一种勤奋向上的氛围。

"一日之计在于晨，一年之计在于春，一生之计在于勤。"没有人可以做到不劳而获，要想取得丰硕的成果，必须经过辛勤的耕耘。

如果两个人的成长环境相同，勤奋的那一个往往能取得更多的成就。正如爱因斯坦所说："在天才与勤奋之间，我毫不迟疑地选择勤奋，它几乎是世界上一切成就的催产婆。"因此，爸爸要努力培养孩子勤奋的好习惯。

懒惰是勤奋的天敌，要想让孩子成为一个勤奋的人，必须先帮助其战胜懒惰。孩子的自我约束能力不足，在懒惰面前败下阵来也情有可原，但是不能任由其懒惰下去。有些人终日浑浑噩噩，丝毫感觉不到这是懒惰的表现；有些人现在不努力，总是把希望寄托在遥不可及的未来；还有些人整天只顾享受，没有一丝忧患意识……这些都是懒惰行为，会阻碍人的成功。如果你的孩子存在类似的行为，一定要马上行动，早日帮他战胜懒惰。

真正的勤奋是自愿的、自觉的，不需要任何外力的驱使。当孩子心中有了奋斗的目标，他就会为实现目标而不知疲倦地努力。勤奋的孩子往往都拥有坚强的意志，这是一种宝贵的品质，能够帮助孩子克服重重困难。但是一味地坚持很容易让孩子变得固执，此时，爸爸应该教导孩子，做任何事都不能一蹴而就，否则会适得其反。

勤奋是成功的推动力，也是成才的钥匙。拥有勤奋品质的孩子就会自强不息，也懂得顽强拼搏的意义，这就相当于成功了一半。为了让孩子实现自己的人生理想，爸爸必须早日改掉孩子懒惰的坏习惯，引导他形成勤奋的好品质。

驱散孩子心中自卑的阴影

　　自卑是一种失去平衡的行为状态，也是一种人格上的缺陷。它常常以消极的形式表现出来，例如孤僻、焦虑、羞怯、猜疑、妒忌等。自卑的人往往非常敏感，受不了任何刺激。他们常常看不起自己，对自己的评价过低。

　　阿德勒是著名的心理学家和精神分析家，他曾经说过："不管是市井贫民还是富家子弟，所有人都或多或少地有自卑的表现。"他还认为是自卑推动了人类社会的发展，使人们产生了超越他人的追求。准确地说，适度的自卑可以激发一个人的上进心，为缩短与他人的差距努力奋斗。但是过度的自卑却会让人没有前进的勇气，什么都不敢尝试，也就离成功越来越远。那么，过度的自卑有哪些具体表现呢？

　　不能接受和喜欢自己。一个自卑的孩子往往带有悲观情绪，他们不敢接受挑战，对自己百般挑剔，认为自己处处不如人。

　　做事缺乏信心。自卑的孩子做事没有信心，对自己的能力深感怀疑，认为自己必然会失败。如果他一直自卑下去，非但不能发现自己的才能，还会陷入恶性循环中。

喜欢独处。自卑的孩子比较敏感而且喜欢猜疑，担心别人在背后说坏话，因此经常用消极的形式保护自己，没有勇气跟别人正常交往，以致人际关系很不好。

消极的心态和行为。生活中有些孩子比较自卑，他们常常低着头走路，不敢和别人主动打招呼；说话低声细语，不敢当众发言，害怕引起别人的注意；经常愁眉苦脸，不敢正视别人等。

由于自我评价较低，自卑的孩子经常带着轻视和排斥的态度。他们喜欢拿自己的短处和别人的长处相比较，而且过分放大自己的缺点，对别人的评价非常敏感。在人际交往过程中，自卑的孩子往往比较被动，缺乏与人交往的勇气和信心。越来越多的青少年带有自卑心理，孩子的爸爸应该高度重视起来。

下面介绍几种方法消除孩子的自卑心理：

（1）让孩子学会客观地评价自己

自我评价指的是对自己的能力、思想等进行全方面的评价，是一种复杂的自我认知，包含主观经验和社会行为准则知识。对于孩子来说，可以从以下几个方面进行评价：

①学习态度，如爱好、独立性和竞争意识等。

②学习能力，如想象力、模仿力、记忆力和观察力等。

③特殊能力，如书法、音乐、绘画和体育运动等。

④品德和性格特征，如忍耐力、自我调节能力等。

如果孩子不具备自我评价的能力，爸爸可以进行引导。例如，让孩子在纸上写出自己的优缺点，再请孩子的同学写出他们的优缺点，通过多方比较得出恰当的结论，而且要引导孩子多关注自己的优点，克服自卑心理。

（2）使用小目标积累法

很多孩子会感到自卑，是因为自己的能力距离自己的目标太遥远。当孩子把自己的小成就拿去和大目标相比时，很自然会因为二者间的差距变得焦虑和悲观，因此质疑自己的能力，陷入自卑的牢笼中。在孩子还小的时候，爸爸可以帮孩子制定一些在短期内得以实现的目标，让孩子感受到成功的喜悦，增强孩子的自信心。随着小目标的不断实现，再适度制定有挑战的目标，这样一来，孩子就不会因为失败而自卑。

（3）采用自卑补偿法

当孩子遇到挫折时，爸爸要教育孩子客观地看待问题。例如，孩子考试成绩不理想，爸爸可以帮孩子分析没考好的原因，究竟是因为考试时压力太大还是考前复习不到位，帮助孩子缓解压力。与此同时，爸爸可以教孩子采用转移法和自卑补偿法调节心态，正确认识自己的不足。对孩子进行心理补偿有两种方法：第一种是扬长避短，如果孩子相貌平平，可以拿好的学习成绩来弥补；如果孩子学习一般，可以拿特长来弥补，比如培养孩子唱歌、跳舞、绘画等。第二种是以勤补拙，如果孩子某方面发挥不充分是因为不够努力，就教他用决心和毅力做事，通过勤奋努力来弥补不足。"失之东隅，收之桑榆"，教会孩子理性看待缺陷，用自己的长处弥补短处，把自己的不足当作奋发向上的动力，逐渐驱散笼罩在心头的自卑阴影。

（4）鼓励孩子进行积极的自我暗示

莫顿是著名的心理学家，他曾提出过"预言自动实现"原则，即每个人都有倾向自动实现预言。爱默生也说过："在你的心灵之眼面前如果长期稳定地摆放着一张自我肖像，你就会逐渐接近它。"因此，如果一个人将自己看作胜利者，他就会离成功更近一步。当孩子感到信心不足时，引导他采用积极的心理暗示，大胆地说出"我能行，我最棒""别害怕，我可以"一类的话。

帮孩子离开自私的泥沼

人类有一种本性叫作自私，高尚的人能够克制这种本性并且用无私取而代之，卑劣的人却在它的面前败下阵来，任由其肆意横行。

"孩子优先"原则几乎是每个现代家庭的共性，长辈们优先让孩子挑选所有好吃的、好玩的东西，如果是某些稀缺的东西，干脆让孩子独自享用。然而随着时间的推移，孩子一天天长大，长辈们忽然发现一个大问题：孩子不愿意将东西分享给同伴，甚至都不想分享给父母。因此，很多父母感到既心酸又尴尬，他们非常困惑，为什么孩子忽然变成了"白眼狼"？

如果一个孩子很自私，那么他的心里想的永远都是自己，根本不会顾及他人。他还可能傲慢无礼、懒惰、不孝顺，只要他想要的东西不会分享给任何人。

婷婷是一个6岁的小女孩，爸爸妈妈对她无比疼爱。从她很小的时候开始，家人都顺从她的意愿做事，婷婷因此变得有些自私。有一次，爸爸在公园里散步回来，实在太渴了，到家之后拿起桌上的可乐就喝。这瓶可乐已经在桌上放了好几天，婷婷平时也不爱喝。但是她一看到爸爸喝就不高兴，哭喊着让爸爸还给她，还踩着凳子要从爸爸的手里抢回来。爸爸承诺再给她买一瓶，可是婷婷依然哭闹不断。最后还是妈妈答应她第二天到游乐园玩，才让她停止哭闹。

在日常生活中，同类的事情恐怕还有很多。爸爸要休息，孩子非要看电视，爸爸只好晚一点儿再睡；孩子要吃冰激凌，无论路有多远，爸爸都会去买；孩子哭着说不想上补习班，爸爸就主动给老师打电话，谎称孩子今天身体不舒服……

爸爸给孩子让步是爱孩子的表现，可是一定要在让步前考虑好是否有价值。如果爸爸的让步有利于孩子形成美好的品德或者帮助孩子做好事，这样做便是值得的。否则，毫无原则的让步可能会让孩子只顾自己快乐，丝毫不顾及别人的感受和利益，变成一个自私自利的人。久而久之，孩子将会朝着极端利己主义者发展，既不懂得关心亲人、朋友，又不会有丝毫的爱国、爱集体之心。父母都盼望自己的孩子大有作为，成为国家的栋梁。即使不能为国家做出巨大贡献，也不要变成一个极端利己主义者。

一天中午，儿子吵着要吃哈密瓜，爸爸在街上绕了好久才找到卖哈密瓜的店铺。回到家后，爸爸切开了瓜，忍不住尝了一口，却听到了儿子的斥责："我还没吃呢，你怎么能先吃？全部吐出来！"爸爸瞬间愣在原地，心酸无比。儿子接着又说："这次就算了，下回让我先尝一尝。"也许是良心未泯，儿子谅解了爸爸的"过失"。

一位爸爸经过菜市场时看到有人在卖虾，就买了一些打算给女儿补充营养。一盘大虾出锅后，女儿吃得津津有味，他在旁边高兴地看着。女儿吃完后，盘里还剩最后一只，他忍不住想尝一尝。这时，已经洗完手的女儿突然喊道："别动！我还等着明天吃呢！"

很多孩子之所以会变得自私，完全是父母过度宠溺造成的。二胎政策开放以前，整个社会以独生子女居多，孩子自是家长手心里的宝；二胎政策开放以后，家长依然对孩子非常珍视，照顾得无微不至。有些父母甚至对孩子唯命是从，一味地纵容孩子。父母关心孩子是正确的，可是不要过度溺爱，否则会助长他们的独占欲，使孩子只知道索取而不懂得分享和奉献。长此以往，孩子会形成极端自私的性格，以致在社会上难以立足。

身为孩子的爸爸，关爱孩子是必须的，同时也要让孩子学会爱别人，一味地给予孩子爱对孩子的成长没有任何好处。有一位教育家说过："溺爱是爸爸和孩子关系上最可悲的事情，在溺爱中长大的孩子不会将爱心奉献给他人。"因此，如果爱孩子，就必须让孩子学会分享。

那么，爸爸应该怎样让孩子学会分享呢？

（1）取消孩子的"特殊"地位

尽量减少孩子的特殊待遇，满足孩子的合理需求，告诉孩子人与人之间是平等的，不要树立"以自我为中心"的意识，认为所有人都要围着他转。

（2）引导孩子尊重和关心长辈

在孩子还小的时候，就要教孩子尊敬师长。如果就餐时有长辈或客人，要让孩子懂得礼让；如果别人为自己服务，要让孩子懂得感谢；如果别人遇到了困难，教导孩子尽可能地关心、帮助别人，感受助人的快乐。

（3）让孩子做家务

教孩子做一些力所能及的事情，比如洗手帕、叠被子、整理书本等。这样做可以培养孩子爱劳动的好习惯，也能体验父母的辛勤劳动，懂得为家庭做贡献。

（4）鼓励孩子和同伴分享

当孩子拥有好吃的或好玩的时，告诉孩子分享是一种美德，鼓励孩子分享给身边的亲朋好友，这样便可以和大家团结友爱地相处。

（5）拒绝孩子的无理要求

如果孩子提出的要求不合情理或不切实际，爸爸应该坚决地拒绝，同时给出合理的解释。

懦弱，让孩子难成大器

懦弱就是软弱无能的表现。如果一个孩子性格懦弱，就会经常被人欺负，无法坚强、勇敢地面对艰难困苦，也不具备创新精神，经不起大风大浪的考验。懦弱胆小的人，没有勇气面对生活中的微小坎坷，甚至一点儿小小的误会都会使他一蹶不振，做什么事都不容易成功。

相信很多爸爸都看过短篇小说《小公务员之死》，契诃夫用夸张和讽刺的笔法描写了一个胆小懦弱的小公务员。在看戏时，小公务员不小心把唾沫星子溅到了一旁的部长大人身上，他立刻变得惶恐不安。他觉得不管自己怎么解释，都得不到部长大人的原谅，可是部长大人早就忘了这件小事。最后，小公务员因无法承受巨大的心理压力，居然一命呜呼了。这虽然只是一部文学作品，但却生动地揭示了懦弱对人的危害。而且现实生活中确实存在同样懦弱的人，他们经常自己吓唬自己，以致生活充满了烦恼。

6岁的锋锋待人礼貌，而且聪明乖巧，但遗憾的是，他具有非常懦弱的性格。不管是大人说了一声"不行"，还是邻居家的小妹妹抢了他的玩具，或者是他自己做不好某件事时，他都会号啕大哭。锋锋的爸爸非常担心，有时忍不住责备他："你现在这么懦弱，长大后该怎样面对人生的风风雨雨，如何在激烈的社会竞争中生存呢？"

要想让孩子不懦弱，爸爸一味地责骂是没有用的。美国儿童心理学家认为，像锋锋一样爱哭的孩子具有敏感的心理，这是一种先天的性格特征。孩子的爸爸应该在后天的教育中解决这个问题，尽可能地降低孩子性格中的懦弱成分。爸爸不应该在口头上强迫孩子"不许哭""不能软弱"，也不要过多地强调懦弱的弊端，因为这样做很可能会放大孩子的性格弱点。其实，当孩子因无法做成某件事而伤心痛哭时，爸爸最应该做的是帮助孩子克服沮丧的情绪。

导致孩子懦弱的原因有很多，既可能是先天的，又有可能是后天教育不当造成的。如果孩子是先天懦弱，家长应该多多鼓励，让孩子自信、乐观地做事。可是，如果孩子的懦弱是爸爸错误的教育方式造成的，简单的鼓励就没有意义了。事实上，很多爸爸都意识不到是自己的教育方式导致了孩子懦弱。例如，不许孩子独自外出，不让孩子多接触同龄的朋友，过多地限制孩子的自由等。另外，爸爸过度宠爱孩子，什么事都代劳，也会让孩子缺乏独立做事的能力，因为做不好事而觉得自己懦弱。

总的来说，造成孩子性格懦弱的原因有以下几点：

（1）过分保护

很多爸爸对孩子过度宠爱，担心孩子受苦受累，即使是穿衣服、叠被子这样力所能及的小事也不让孩子去做，全部由爸爸代劳。如果孩子一直待在绝对安全的状态下，永远无法学会真正的自我保护，稍微经历一些外界的刺激就会让他变得沮丧、不安，很容易养成懦弱的性格。

（2）过分严格

爸爸的过分严格会给孩子带来强大的压力，他没有逃避的可能，只好被动、消极地应对。随着时间的推移，孩子在爸爸面前表现得"乖巧""服从"，很可能会变成在外人面前的懦弱。

（3）表扬不当

表扬具有强化心理的作用，是对一个人的肯定和鼓励。如果爸爸对孩子的表扬不恰当，就会误导孩子，让他产生不良的想法和行为。

一个女孩上小学时经常被同宿舍的人欺负，却不敢向家人或老师反映。同桌问她为什么不反抗，女孩说："爸爸从小就夸我是个听话的好孩子，而且经常在街坊邻居和亲戚面前这样说。就这样，我逐渐失去了反抗别人的勇气，不会在别人面前哭喊，习惯了逆来顺受。"

这个事例表明，不恰当的表扬会让孩子养成不好的性格，甚至变得懦弱。

爸爸应该怎样帮孩子矫正懦弱的性格呢？可以参考以下几点：

（1）鼓励孩子接触社会

对过分保护和过分严格的教育方式说"不"。爸爸不要将孩子整天关在屋子里，应该让孩子从家庭的小圈子走出来，经常带孩子到公共场所转一转，让他们对社会有初步的接触和认识。例如，带孩子到公园散散步；在放假期间，带孩子走亲访友或旅游，使他们的视野变得更加开阔，掌握更多的知识；鼓励孩子跟同龄的小伙伴玩耍，积极参加学校举办的各种文体活动等。

（2）鼓励孩子在陌生人面前大胆说话

一个懦弱的孩子往往不爱说话，在家里不善于跟父母争辩，在外面面对陌生人更是如此。面对这样的孩子，爸爸应该主动为其创造大胆说话的机会。如果孩子不敢在陌生人面前讲话，爸爸可以经常请客人到家里，让孩子主动跟客人接触。当然，一定要事先跟客人商量好，有目的地向孩子发问。俗话说："一回生，二回熟。"当孩子和客人交流多了，就会逐渐克服懦弱的心理。

另外，爸爸应该给予孩子独立思考和发言的机会。遇到问题时，可以先问问孩子："你有什么想法吗?"假如孩子的观点正确，应该及时地赞扬和鼓励，让孩子感受到爸爸的支持，再遇到同类问题时，孩子就有信心和勇气发表看法了。假如孩子的观点不正确，爸爸也不要责怪孩子，使他感到沮丧和难过。此时，爸爸可以引导孩子思考自己说过的话，让他明白为什么这样说不对。这样可以逐渐提高孩子的表达能力，有利于改变其懦弱的性格。

（3）鼓励孩子大胆、独立地做事

有些孩子性格内向，只愿意跟自己熟悉的人相处，不愿意跟陌生人打交道。比如，一些孩子已经十几岁了，让他们到超市买些生活用品，他们都不愿意。由此可见，应该从小注意培养孩子大胆做事的能力。一位好的爸爸应该懂得鼓励和赞赏孩子，让孩子获得足够多的勇气和自信。当孩子遇到困难时，如果无法自己解决，爸爸应该给出必要的提醒或指导。当孩子自己努力解决了问题时，爸爸应该予以赞赏和表扬，帮助孩子树立自信心。

【孩子可能出现的五大人格障碍】

偏执型人格障碍：这类孩子固执、敏感、多疑、心胸狭隘、好忌妒、自我评价过高，由于自尊心很强，所以拒绝接受批评。他们的智力并不低，但在人际交往中容易遭到排斥。童年时代遭受父母冷遇的人最容易出现这种人格障碍。

分裂型人格障碍：这类孩子退缩、孤独、沉默、不爱交往、活动能力差、缺乏进取心，他们的爱好很少，常常陷入敏感、害羞、胆怯之中。这一类孩子可能出现学习成绩不好、逃学、说谎、偷窃等问题，总是强硬地拒绝孩子的要求可能导致他们出现此异常人格。

冲动型人格障碍：又称为攻击性人格障碍，这类孩子常因微小的刺激而突然爆发出强烈的愤怒和冲动，情绪不稳定，反复无常，自己完全不能克制。溺爱型家庭和专制型家庭容易出现这样的孩子。

强迫型人格障碍：该型人格障碍以过分要求完美无缺为主要特征。这类孩子常以十全十美的高标准要求自己，苛求细节，但往往影响学习和工作的效率。童年时被父母过分苛求的孩子容易出现这种人格障碍。

依赖型人格障碍：这类孩子缺乏自信，不自立，衣食住行和空闲时间的安排都要由父母做主，独处时会极为不适，感到失助或焦虑不安。避免这种人格障碍，要求父母不能过分溺爱孩子。

第六章

推开孩子与世界交流的大门

交际能力影响孩子一生的发展，爸爸必须培养孩子活泼开朗、善于交际的性格。

孩子善于交际，成功快人一步

在农村长大的莎丽，被父母带到省城来读书。她在农村时始终都是第一名，但是到了这所市里的重点中学才发现，自己的"对手"们都太强了。第一学期期中考试，莎丽在班里的五十多名同学中考了第四十名。从每回第一，到一下子变成倒数，这种巨大的落差让莎丽一时间很难接受。更让她无法接受的是同学们异样的眼光。莎丽的打扮不算入时，同学们觉得她有点儿"土包子"，不愿意与她交流。

这样的状况，很容易让一个女孩变得沮丧甚至自卑，但是，莎丽不是一般的女孩。在农村时，莎丽总是一大群女孩的中心，因为她的交际能力非常强，大家都很喜欢她。到了陌生的环境中，莎丽只是需要一个融入的过程而已。很快，她的交际能力就显示出了"威力"。她不厌其烦地向老师、同学请教问题，她嘴很甜，人又聪明，总是一点就通，让教她的人很有"成就感"。这样的孩子，老师自然喜欢，几个经常被她请教的同学也对这个既好学又聪明的女孩产生了好感。当女孩子们组成一个个小群体讨论感兴趣的话题时，莎丽也能巧妙地找到方式加入她们。原来，此前她就认真"偷听"过大家在谈论什么，回到家就认真恶补相关的知识。过了一阵子，再也没有同学当她是"异类"了。就这样，莎丽迅速融入班级之中，成绩也稳步提高了。

卡耐基说过："对成功者来说，交际能力所起的作用是85%，而专业知识只占了15%。"由此可见，良好的人际交往能力更容易使人成功。

孩子有没有好人缘，是否善于跟他人打交道，直接影响他今后的学习和未来的发展。

美国加州大学著名心理学家劳伦斯·哈特曾经做过一项长达10年的追踪调查，来观察孩子的交际情况，例如，哪些孩子善于和他人打交道，哪些孩子喜欢独处等。另外，他还跟踪调查了这些孩子的学习情况。

哈特教授发现，那些善于交际的孩子往往拥有较高的智商，在班里的学习成绩比较好。经过认真分析，哈特教授认为，从小善于和他人相处的孩子，既拥有较好的人缘，又可以在跟他人的交往中学到丰富的知识。如果孩子不喜欢和他人交往，过度封闭自己且没有较好的人缘，将很难适应复杂多变的社会，甚至可能形成偏执、孤僻、抑郁等心理障碍。

既然人际交往能力如此重要，爸爸就应该从小培养孩子和他人相处的能力。在日常生活中多接触他人，是培养孩子人际交往能力的最好方法。

假如孩子不喜欢说话，爸爸就多训练孩子跟他人说话的能力。爸爸应该在家里有意识地多和孩子沟通，鼓励孩子勇于表达自己的观点。爸爸还可以在家里举办一些有利于孩子表达的活动，比如，请一些小朋友来家里跟孩子一起进行辩论赛等。

如果孩子害怕见陌生人，爸爸要经常请陌生人到家里做客，教会孩子如何招待客人。为了让孩子独立和他人打交道，爸爸要多带孩子外出，给孩子创造机会。如果孩子的年龄较小，可以让他去购买油盐酱醋；如果孩子年龄较大，可以让他去购买蔬菜、水果，选购自己的衣服、鞋子等；家里有什么废纸、酒瓶，可以让孩子拿去废品回收点卖；当孩子不知道怎么到达某个地点时，让孩子主动找路人问路……只要有机会让孩子和他人交流，爸爸都可以安排。当然，爸爸不可以强迫孩子做这些事，一定要学会引导和鼓励，否则会引起孩子的反感。

爸爸可以经常带孩子拜访亲朋好友或者到公共场合游玩，给孩子更多的机会和他人接触，不断提高孩子的交际能力。在孩子小的时候，爸爸应该带着孩子去；在孩子年龄较大之后，应该鼓励孩子自己去。因为爸爸不在身边，孩子就必须独自和他人交流，这样更能锻炼孩子的交际能力。

在孩子放假时，爸爸不要让孩子一直待在家里，要鼓励他出去和朋友玩，多参加一些集体活动。集体活动可以锻炼孩子的胆量，让孩子在人际交往中获得自信。如果假期比较长，爸爸可以带着孩子到陌生的地方旅游，既能让孩子接触到一些新鲜事，增长孩子的见识，又能在旅途中遇到一些问题，引导孩子去解决，例如买车票、门票等。

另外，爸爸可以传授一些与同学相处的技巧，让孩子获得友谊：在路上遇到同学要主动问好，这样可以给对方留下好印象，利于打开友谊之门；不要打听别人的隐私和秘密，不要在背后议论他人；为了引起他人的注意，不能采用嘲笑、捉弄的方式；宽容同学犯下的错误，别为了小事斤斤计较；在和同学交往时，多关注别人的优点和长处，少炫耀自己的某些特长；在和同学交往的过程中，尽量不要有过多的物质往来。真诚待人，讲信用、不说谎，这些也是收获友谊的"法宝"。

不同的孩子拥有不同的经历、性格、兴趣和能力。因此，爸爸应该让孩子明白人与人之间必定存在某种差异，要求自己的孩子跟别人的孩子一样是不切实际的。爸爸还要教孩子正确对待这种差异，不要因为自己不如别人就忌妒、攀比，也不要因为自己比别人做得好就骄傲自大。要想和同学搞好关系，首先要把自己约束好，尽量多关心和帮助别人，少麻烦和打扰别人。如果爸爸在家里一直宠着孩子，他到了学校就会经常麻烦别人，强求别人听他的话，这样做只会让同学关系变得更糟糕。因此，爸爸平时就应该注意让孩子养成良好的性格和习惯。

在孩子步入青春期后，通常会对异性产生浓厚的兴趣，爸爸要意识到这是正常反应。孩子和异性交往其实有很多好处，例如，在和异性的接触中认识到自己的价值，有利于形成正确的自我评价意识；通过了解异性的各种特征增加自己的认识等。这些对孩子以后的婚姻有一定的帮助。

所以，爸爸应该理解孩子和异性交往的行为，给孩子提供一个相对宽松的交往环境，科学地引导孩子跟异性交往，让孩子把握好自己的人生。在孩子和异性交往前，爸爸应该让孩子学会客观地认识自己，对自己充满信心；在孩子和异性交往的过程中，爸爸要引导孩子不要限定交往对象，让孩子树立正确的和异性交往的观念。引导孩子处理好与异性交往的关系，也能提高孩子的人际交往能力，这也使孩子离成功更近一步。

鼓励孩子与朋友交往

有朋友的孩子才会更快乐，让孩子善于交朋友也是一种重要的能力。

不管家里有几个孩子，父母对他们都宠爱有加，担心他们在外面被人欺负，严格限制了孩子的活动范围。这样就导致孩子的接触面狭窄，很容易养成蛮横、撒泼、耍赖等脾气。要是没有同伴的交往和磨合，孩子很可能会变成"山大王"。孩子和同伴交往既能锻炼自己的自我反省能力，又能在对比之中改掉自身的一些缺点，还有利于个性、情感的良性发展，为成年后的人际交往积累一定的经验。因此，爸爸不应该认为孩子和同伴交往是在浪费时间，更不应该阻止孩子这样做，而要为孩子交友提供方便，尊重孩子的交友权利。

孩子们往往拥有相近的年龄、知识、阅历和心智。因此，他们会有很多共同爱好和兴奋点，很容易找到共同话题。孩子们交往用不着自我介绍和名片，只要他们能在对方身上找到相同点，就能轻松地走在一起，实现心灵的共鸣。而这些恰恰是爸爸无法给予的。

一位爸爸愁眉苦脸地说:"儿子上小学时,我就给他分配了自己的房间。可是随着年龄的增长,儿子常常一回家就把自己锁在屋子里。我起初认为孩子在自己的房间会静心学习,但是他的学习成绩持续下滑。为了监督孩子努力学习,我干脆撬掉了他门上的锁。可是孩子更有办法,他将门关上,然后用桌椅堵在门后。家里虽然有电脑,但是我觉得孩子年龄小,怕他沉迷于网络游戏,所以不让他上网。没想到儿子和别人借了一堆碟片,关紧房门独自观看,不管我怎么喊他都不肯开门。我为儿子提供了独处的空间,可是他好像和我越来越疏远了,这究竟是为什么呢?"

孩子是家里的宝,家长怕把孩子累着、伤着,几乎包揽了所有事情。可是这样做会限制孩子和别人接触,久而久之,可能对孩子的社交形成障碍,使孩子无法融入群体中,不懂得怎样和他人交往,表达能力逐渐降低,甚至被其他孩子孤立起来,难以适应社会生活。

很多爸爸认为,只要孩子学习好就行了,其他都是次要的。一位教育专家表示:"这些爸爸的认识非常可怕。孩子学习好固然重要,但是根据我三十多年的教育经验,如果一个孩子没有朋友,要比考试成绩不及格的问题更严重。孩子不会交往是一个大问题,比他的学业失败更令人担忧。"是的,如果孩子身边缺乏朋友,或者跟朋友的关系很不好,他很可能会遇到很多问题;如果孩子善于和同龄人相处,他们之间的关系会变得很和谐,这样,孩子就能健康快乐地成长。

社会很复杂,交友需谨慎。在孩子和他人交往的过程中,爸爸不能任由孩子自由择友,以免陷入不好的交际环境中,而应该深入了解孩子的交友心理，让孩子明白"近朱者赤，近墨者黑"的道理，选择品行优良的人做朋友，建立纯真的友谊。

在引导孩子正确交友时，爸爸应该注意以下几点：

（1）尊重孩子的交往兴趣

交往是孩子的权利，爸爸不要强迫孩子和哪些人交往或者不和哪些人交往，应该引导孩子多交益友，同时尽量让孩子自己处理交往中发生的问题。这样做是培养孩子独立的第一步，也是尊重孩子独立人格的表现。当孩子选择了交往同伴时，爸爸不要果断地给出意见，先听听孩子选择的理由，要尊重孩子的选择，多给孩子权利让他们做自己喜欢做的事。

（2）接纳孩子的伙伴

爸爸要提高孩子的人际交往能力，应该学会接纳孩子的伙伴。这样做可以让孩子感受到爸爸的认同，从而更加尊敬爸爸。如果孩子们在家里玩耍弄脏了房间时，不要太在意，可以让他们自己去整理房间，培养孩子的自理习惯。

（3）教会孩子宽容待人

宽容是理解而不是迁就，是不计较而不是懦弱。宽容可以让孩子拥有好的心情和人缘，能够体现孩子的情操和修养，有利于孩子的身心健康。爸爸应该让孩子明白宽容别人就是善待自己，学会不因别人的小错误发脾气，鼓励孩子善待每一天。

（4）教会孩子自己解决冲突

当孩子在交往中和他人发生了冲突时，爸爸应该教孩子善于用互惠的原则解决问题，也就是寻找合适的方法，尽可能地降低对彼此的伤害，保障双方的利益。沟通是解决冲突的关键，让孩子积极和对方沟通，找出彼此的错误，通过协商达成相互谅解。很多冲突都是因为误解产生的，友好的沟通能够澄清事实，要想解决冲突，还需要双方相互理解和宽容。

(5) 教会孩子对自己负责

孩子与人交往犯了错时，爸爸不要偏袒自己的孩子，把所有责任归咎于孩子的同伴，这样做会让孩子形成逃避责任的坏习惯。人际交往需要在实践中进行，过程中难免会遇到失败或挫折，当孩子遇到交友失败的情况时，爸爸首先要告诉孩子这是正常现象，然后引导孩子自我反思，找出自己在交往中存在的问题，并及时改正自己犯下的错误。

培养孩子的表达能力

很多孩子聪明、博学、兴趣广泛，本该拥有很多朋友。但是，这些孩子却偏偏总是独来独往，没有多少朋友。问其原因，才知道他们就像"茶壶里煮饺子——有嘴倒（道）不出"。由于缺乏表达能力，他们想要与其他孩子交流时频频受阻，渐渐地失去了寻找朋友的信心和动力。而其他孩子看到他非常沉默寡言，也会觉得他难以相处，不敢或不愿意接近他。缺乏表达能力，也会让孩子在公开场合不敢表达，失去很多提升自己的机会。所以，爸爸切莫觉得孩子缺乏表达能力是个小事情，而是要积极培养其表达能力，让孩子在与人交流时或者公开演讲时畅所欲言。当成为受欢迎的人时，孩子的自信心会得到提升，性格也会变得积极乐观。

影响口头表达能力的因素有哪些呢？简单来说有以下三大因素：

（1）掌握知识的丰富程度

一个人掌握的知识越多，口头表达时思维也就越活跃，能够举一反三、触类旁通，不会由于知识匮乏而导致无话可说的境地。

（2）掌握词汇量的多寡

长长短短的话，都是由一个个词汇组成的。掌握的词汇量越多，讲起话来也会越准确、越鲜明，不会因为想不到适当的词语而语塞。

（3）讲话时的心态

缺乏在公众场合、大场面或者有多人在场的情况下发言经验的人，非常容易怯场。怯场的原因也有很多，最重要的就是无法端正心态，害怕自己讲不好，害怕自己遭到嘲笑，害怕冷场……心态不好是公开场合怯场、不善表达的主要原因，只要多经历几次这样的场合，就会逐渐变得适应，表达得也会越来越好。

口头表达与写文章是迥然不同的，不能中途停下来思考内容、斟酌措辞，必须一句接一句，还要做到前后连贯、有条理性。有的孩子明明有着独到的见解，写出的文章也非常流畅、优美，但一旦让他上台进行脱稿演讲，就会变得结结巴巴、词不达意。这就是典型的口头表达能力匮乏的表现。

爸爸要想训练孩子的口头表达能力，首先要让孩子博览群书、扩大知识面、增加知识量。在孩子进行公开讲话时，让他提前做好准备，把要讲的内容烂熟于心。爸爸要有意识地增加孩子在人前表达的机会，例如让孩子多请同龄人到家里做客，让他们自由自在地交流，爸爸和妈妈不要进行干涉。还要鼓励孩子在课堂上踊跃回答问题，在班级的大小会议上积极发言等。孩子表达得多了，就会变得口齿伶俐，与同龄人的沟通也会越来越顺畅，朋友也会多起来。

丁凯学习成绩很好，尤其擅长数学。他总是埋头苦学，跟他的同桌都很少说话，让大家觉得他是一个难以接近的人。渐渐地，丁凯在班级里"边缘化"起来，没人找他交流。其实，丁凯何尝不想跟同学们开心地交流，但是他却不知道该如何表达。他的爸爸知道了这种情况，觉得必须鼓励儿子勇于表达。他想到了一个办法，就是让儿子多举手发言，这样至少也能让儿子在班级刷刷"存在感"，让同学们多了解了解他。丁凯听了爸爸的话后，觉得自己虽然不敢和同学们讲话，但是回答一下问题的勇气还是有的。所以，此后每当老师提出问题，他就很快做出反应，迅速举手，他回答问题不仅全面，而且擅长延伸。时间长了，大家都熟悉了丁凯的存在，知道他知识丰富、思维敏捷，于是有了难题开始向他请教。渐渐地，丁凯与几个兴趣相投的同学成了好朋友，与其他同学的交流也频繁起来。

出色的表达能力不仅让孩子的人际交往更顺畅，也是 21 世纪杰出人才的必备素质。现代社会中，人与人的交往日益频繁，有着好口才的人能在各个场合如鱼得水，取得的成就往往胜过不善言辞的人。爸爸必须注意从小培养孩子的表达能力，这样对他的一生都是有积极影响的。

善待他人：孩子受欢迎的小秘密

每一位爸爸都应该告诉自己的孩子："帮助别人就是帮助自己。"也许你的孩子会问："我帮助了别人，可是别人并没有帮助我，我从哪里得到了好处呢？"

爸爸应该从小就让孩子理解：如果一个人帮助了别人，别人会对他的帮助牢记于心，一旦他遇到了困难，别人就会尽全力帮助他。因此，帮助别人其实是对自身价值的无形投资，它的回报未必实际可见，有时可能得不到别人的帮助，却能让自己变得更加高尚。

为了让孩子和别人友好相处，爸爸应该把更多的"交往技能"教给孩子。在集体生活和游戏中，孩子能养成多种性格和能力，包括善待他人的一些品质，例如：礼貌、大方、团结、遵纪守法、奉献意识、集体观念等。这些优秀品质只能在集体之内培养，是一个高素质人才必不可少的东西。

善待他人要从热爱集体做起。热爱集体可以让孩子逐渐养成大局观，抛弃自私自利之心，形成高尚的人格。一方面，爸爸可以鼓励孩子为集体多做好事，比如主动帮老师擦黑板、给同学擦桌子、帮同桌解决难题等；另一方面，要让孩子懂得遵守集体规则，维护集体的荣誉和利益，例如轮到孩子值日那一天，提醒孩子须早起。

有这样一个故事：

一位士兵从战场归来，在旧金山和爸爸通了一个电话，他对爸爸说："爸爸，我马上就能回家了。在此之前，我有一个小小的请求，希望您同意我带一位好朋友回家。"

"当然可以了！"爸爸接着说，"我和你的妈妈非常好客，一定会好好招待你的朋友。"

儿子又继续说："有件事我必须先告诉您，我的这位朋友在战场上负了伤，失去了一条腿和一只胳膊。他的父母已经病逝，妻子因为他的伤残离他而去，他现在无家可归，我想让他和我们一起生活。"

"儿子，我很抱歉，或许我们能够帮他租个房子。"爸爸接着说，"你应该明白，我们有正常的生活，像他这样的残障人士我们很难照顾，并且也会给我们的生活带来很多不便。因此，我建议你赶快回家，把他忘了吧，他应该拥有属于自己的生活。"

爸爸说完后，儿子果断挂了电话。过了几天，旧金山警察局找到了这位爸爸，告诉他一个不幸的消息——他的儿子坠楼身亡了。爸爸对警方的话深感怀疑，当天就飞往旧金山一探究竟。在警方的带领下，他在停尸间看到了儿子的遗体。警方认为他的儿子死于自杀，这位爸爸万分不解，他告诉身边的警察，几天前，儿子还打电话说要回家。爸爸悲恸欲绝地抱着儿子的遗体痛哭，意外地发现儿子只有一条腿和一只胳膊。

假如这位爸爸能够支持和帮助儿子，拥有一颗善待他人的心，儿子也不会选择轻生。

教会孩子善待他人，把帮助别人当作快乐的事情，有利于处理好和他人的关系，积累好的人脉，使孩子更容易获得成功。

明智的爸爸都知道应该培养孩子帮助别人的好习惯，因为帮助别人往往能获得丰厚的回报。关心别人的不幸和痛苦，既能帮他人减轻伤痛，又能使自己变得高尚；当别人遇到困难时，及时伸出援助之手，可以使自己变得更慷慨；经常为他人着想，可以增加自己的涵养，使自己的生活变得丰富多彩；乐于付出的人，往往更能体会到生活的快乐。

没有人能在这个世界上独自生活，因为个人的力量是薄弱的，不足以解决所有问题，所以我们要寻求他人的帮助。在社会生活中，爸爸应该让孩子摒弃孤立的生活方式，积极融入集体生活中，懂得用自己的人格魅力结交朋友。教会孩子宽容待人，力所能及地帮助别人，这样才能让孩子的人生变得更有价值，不至于成为一个利己主义者。

有一个小男孩家里很穷，他为了攒学费在街头发传单。一天傍晚，天空下起了瓢泼大雨，小男孩来到某个人家门前避雨。这场雨迟迟未停，小男孩饥寒交迫、口干舌燥。后来，他实在忍不住了，敲开了身旁的大门。虽然他全身上下只有一枚一元硬币，但还是想换些东西吃。

忽然，大门打开了，一位美丽的小女孩出现在他面前。小男孩忽然不知所措了，他将硬币紧握在手中，没好意思提出换食物的请求，只是羞涩地说："我想讨口水喝。"小女孩看着他面黄肌瘦的样子，从家里舀了一瓢水，还从厨房里拿了一只鸡腿给他。小男孩狼吞虎咽地吃完了鸡腿，问道："我该给你多少钱呢？"

小女孩微笑着说："不要钱，妈妈常常教导我，能够帮助别人是世界上最快乐的事，奉献爱心，不求回报！"小男孩说："请接受我最真诚的感谢！"说完，小男孩深深地鞠了一躬，小女孩关上了大门。雨停之后，小男孩离开了，他牢牢记住了小女孩的住址。他本来打算退学回家种地，为家人减轻负担。但是现在的他浑身是劲儿，觉得人生充满了希望。

十年后，小男孩通过努力学习从医学院毕业，后来还成了一所医院的主治医师。一天下午，医院来了一位年轻女士，她得了一种罕见的重病，很多当地的医生感到束手无策。最后，她被转到这家医院，由多位专家会诊治疗，小男孩就是其中一位专家。他在查看病人信息时忽然看到了一个地址，然后立刻起身来到病房，一眼就认出年轻女士是当年的那个小女孩。回到会诊室后，他告诉自己要竭尽所能地治好小女孩的病，而且还让医院的护士特别照顾她。

经过努力，手术成功了。他知道这场手术的费用很高，便要求医院把医药费通知单拿到他的办公室。他简单看了一眼，在通知单旁边签了字。后来，护士把医药费通知单送到女孩的面前，女孩刚开始根本不敢看，因为她听家乡的医生说过，做这样的手术所需要的费用足以令她倾家荡产。最后，她怀着忐忑的心情翻开了医药费通知单，震惊地发现有人为自己支付了医药费，但是签字的人她根本不认识。在签名的旁边，她看到了一排小字，忍不住轻声读了起来："医药费已付，一瓢水加一只鸡腿。"

人生在世，任何人都需要他人的帮助。为他人搬走拦路石的人，可能也会为自己的人生清除障碍。多给别人一些关心、宽容和帮助，其实就是在善待自己。

很多时候，只要孩子主动关心或帮助一下他人，就会改变他人对自己的态度。帮助别人不仅能让对方心存感激，也会让自己有一种成为强者的感觉。因此，一位好爸爸应该告诉孩子，不要总是奢望得到别人的关心，应该主动去帮助他人。

我们生活的社会就像一个大家庭，每个人都是这个家庭的一分子，承担着自己的责任。通常情况下，大家都在为自己的人生努力奋斗，每个人都是独立的个体。但是人生不是一帆风顺的，每个人都会遇到一些艰难险阻，这时就需要别人为自己排忧解难。懂得关心和帮助他人的人，将来自己陷入困境时才会得到他人的帮助。所以说，善待他人就是善待自己。

人生的价值不在于索取而在于奉献，人生的快乐不在于争夺而在于给予。那些幸福快乐的孩子，往往都能够关心、帮助别人。爸爸应该让孩子学会帮助别人，更要让孩子明白帮助别人的重要意义。当孩子真正理解善待他人可以使自己变快乐后，他会更加积极地去做。此外，爸爸要给孩子树立好榜样，在日常生活中和孩子一起帮助别人，有利于养成孩子助人为乐的习惯。

教会孩子待人宽容

宽容是一种人生智慧，是对别人的释怀，也是对自己的善待。一个人的心胸越宽广，越能得到他人的尊敬和爱戴。

一个美国富翁有着美丽的洋房和宽阔的花园，他的财富令很多人羡慕。为了保护好自己的财富，富翁在自己的房子周围修建了高高的围墙。

春天到了，富翁的花园百花齐放，浓郁的花香穿过围墙在小镇飘散开来。

花香吸引了小镇上的孩子们，他们觉得富翁的花园里藏着美丽的花仙子。于是，有着好奇心的孩子们计划到花园里一探究竟。

一个月光皎洁的夜晚，孩子们搭着人梯闯入富翁的院子里，踩坏了不少美丽的花草。他们虽然小心地沿着墙走，但还是被巡夜的保安发现了，然后被赶出了院子。

富翁因此非常生气，把这件事告诉了自己的好朋友。

朋友听后问："为什么不拆了围墙呢？"

富翁忧愁地说："花园倒是没什么，我的洋房里有很多宝贝，拆掉围墙就会给窃贼可乘之机!"

朋友说："围墙? 你那围墙都拦不住一群孩子，更何况是诡计多端的盗贼呢? 你不妨试一试拆掉围墙，可能会更加安全。"

富翁觉得朋友的话说得有些道理，便将信将疑地拆掉了围墙。

小镇上的孩子们听说富翁拆掉了围墙，便自由自在地进入富翁的院子里，寻找他们向往已久的花仙子。遗憾的是，花园里根本没有花仙子，只有种类繁多的花草。

富翁的朋友邀请孩子们来到客厅，请他们吃了一顿美餐，然后对他们说："你们就是花园里的'花仙子'，欢迎常来这里玩!"孩子们听后无比开心，经常带着家里的小动物们来花园玩耍。

富翁拆掉围墙的消息还传到了一伙盗贼的耳中，他们早就听说富翁家里拥有很多金币和珍宝，因为担心围墙上有危险的防护设施，就一直不敢贸然潜入。

一天晚上，富翁已经安然入睡，几名蒙面的盗贼闯入院子。他们刚进入花园不久，就被在花园玩耍的孩子们发现了。有的孩子跑进洋房通知富翁，有的孩子趁盗贼们不注意喊来了小镇上的人。结果，盗贼们连金币都没见到就被赶来的小镇居民捉住了。

为了表示感谢，富翁举办了一场巨大的宴会，邀请了所有的小镇居民。在感谢宴上，富翁站在台上说："我要诚挚地感谢大家，你们使我明白一个道理——世界上只有敞开的花园才最安全、最美丽!"富翁的话获得了热烈的掌声。

雨果曾经说过："海洋已经很宽阔了，可是天空比它更加宽阔，而人的胸怀比天空还要宽阔。"让你的孩子从小就学会宽容吧，一个胸怀宽阔的人更容易取得巨大的成功。

宽容是做人的至高境界，是一种博大的胸怀。做到宽容不仅要懂得礼让他人，还应该主动关心、帮助他人。当孩子因为别人犯错和自己发生冲突时，应该让孩子宽容别人，用冷静、友好的态度解决矛盾。

孩子拥有丰富多彩的生活，每天都可以跟同学学习、劳动、玩游戏。但是他们也会产生矛盾，例如：有些孩子控制不住自己的情绪，因为冲动对同学大打出手，险些酿成大错；有些孩子因为误解和同学闹别扭，好朋友最后变成了陌生人；有些孩子将同学的无心之举牢记在心，变得易怒和孤独等。爸爸可以让孩子养成宽容的习惯，这些问题就能轻易解决。

爸爸培养孩子宽容的习惯，可以从以下几点做起：

（1）告诉孩子人与人之间要"互谅"

宽容是一种智慧和力量，是包含爱心的体谅；宽容是原谅别人的错误，甚至宽恕别人对自己造成的伤害。爸爸应当教孩子学会宽容他人，不要太计较个人恩怨，这样孩子将来才可能成就非凡的事业。互谅就是要相互谅解，善于站在对方的角度考虑问题。爸爸应该让孩子明白，每个人的成长环境是不同的，不能强求别人和自己一样，因此要努力谅解他人，这样往往也能得到他人的谅解。

（2）告诉孩子人与人之间要"互让"

互让就是看淡个人得失，将私心杂念都扔掉，学会互相谦让，尽量做到"得饶人处且饶人"。让孩子懂得礼让他人，把困难留给自己，勇于承担责任，这样可以让孩子赢得别人的尊重和关心，有利于形成良好的人际关系。

（3）告诉孩子人与人之间要"互爱"

互爱就是不计较性格差异，学会互相关心。爱可以包容万物，让不同性格的人和谐相处。爱是相互的，只有学会关爱别人，才能得到别人的关爱。

总之，宽容可以让孩子形成良好的人际关系，有利于孩子成就非凡的事业，爸爸要从小就培养孩子这种美德。

孩子孤僻，容易被世界抛弃

活泼好动本来是孩子的一种天性，可是随着城镇化的发展，越来越多的孩子住进了高楼大厦，生活在相对闭塞的环境中。为了让孩子快乐地成长，紧跟现代化潮流，家长给孩子买了很多玩具、乐器和电子产品。家长的想法是好的，但是孩子每天局限在狭小的空间里，没有足够多的外出机会，和其他孩子不经常来往，甚至连接触花草树木、阳光雨露的时间都没有了，很容易养成孤僻的性格。

小宇刚进入幼儿园时，上课或者玩耍都是一个人，表现得很不合群。后来，幼儿园换了新老师，还来了很多陌生的小朋友，让本来就不合群的小宇感到更加不适应。他的情绪变得急躁，经常到处乱丢书本和玩具，还在教室里乱跑乱跳，老师批评他也没有用。

下课之后，小宇总是第一个冲出教室，兴奋地在草坪上乱跑或者在人群中乱窜，老师很难追上他，而且他还越跑越快，除非撞到别人或者跑累了才肯停止。

幼儿园老师认为小宇有些孤僻，就向小宇的爸爸了解情况。经过一番详谈，老师找到了小宇性格孤僻的原因：小宇的爸爸是某公司的总经理，每天工作都很忙，所以小宇从小跟着奶奶生活。奶奶腿脚不灵便，怕小宇在街上乱跑发生危险，总是把他关在家里。久而久之，小宇就变得孤僻起来。

如果不能及时改变孩子孤僻的性格，他长大之后就难以和他人相处，也不会有好的人际关系。孩子早晚都要步入社会，接触更多的人和事，如果他连最基本的交往能力都不具备，很难在社会上立足，也不容易在生活和事业上取得成功。

一位心理学家认为，孤僻不利于人的身心健康。他做过这样一个实验：将一张床和各种吃的、玩的放到一个房间，这个房间完全和外界隔绝。他先后请三位大学生在这个房间居住，可是没有一个人能在里面安心睡觉。其中一个人只待了一天就疯狂地敲击墙壁，要求心理学家放他离开。刚从这个房间出来时，这三个人都表现得十分呆滞和迟钝。他们在外面生活了好几天，仍然没有完全恢复到原来的状态。这个实验告诉我们，如果一个人经常待在封闭的环境里，不与他人接触和交往，将会严重摧残自己的身心健康。

有教育专家指出，独生子女最容易变得性格孤僻。尤其是那些年幼时经常被关在家里，不怎么和外界接触，很少和同龄人交流、玩游戏的孩子。他们在家里受到过分的宠爱，父母几乎代劳了所有事情，一旦独自步入社会，他们就会感到恐慌和不知所措。他们拒绝适应新环境，常常把自己封闭起来，逐渐养成了孤僻的性格。

性格孤僻的孩子缺乏自信，由于不经常和同龄人交往，很多知识和技能都没有掌握，与别人相比就会感到自卑。自卑的孩子往往有畸形的自尊心，害怕别人指出自己的缺点，对别人的话感到非常敏感。这样的孩子心情压抑、内心痛苦，不善于表达自己的真情实感，长此以往，不利于养成健康的心理和性格，更有可能诱发各种心理疾病。

造成孩子孤僻的原因是多方面的，例如：有的孩子天生性格内向、文静；有的孩子的家庭环境不太好，受过严重的刺激、伤害；有的孩子本来活泼开朗，后来因为经常和一些内向、沉默的人待在一起，反而变得孤僻起来等。

要想帮孩子消除孤僻性格，融入集体是最有效的方法。孩子可以在和他人聊天、玩游戏等过程中消除内心的孤独，与他人接触和交流的次数越多，就越能在集体环境中收获快乐，自发地开始喜欢和别人交往。

爸爸可以参考以下几种方法，消除孩子的孤僻性格：

（1）为孩子创造良好的家庭氛围

家庭不和睦，父母经常争吵，孩子很难得到足够的关爱，容易被怒火中烧的父母伤害，因而形成了孤僻的性格。爸爸应该和妈妈互相尊重和理解，不在孩子面前争吵，共同营造良好的家庭氛围，让孩子潜移默化地学会和他人融洽相处的方法。

（2）为孩子创造交往的条件

交往是人类生存和发展的需要，孩子的健康成长离不开交往，也离不开朋友。在和他人的交往过程中，孩子可以逐渐克服自卑、自负、害羞、孤独等不健康心理，还可以不断认识和发展自我。英国哲学家培根说过："除了一个真心的朋友以外，没有任何药剂是可以通心的；缺乏真正的朋友才是最纯粹、最可怜的孤独。"因此，爸爸应该鼓励孩子主动和他人交往，有意识地让孩子摆脱封闭的状态，走出孤独的圈子，在接触别人的过程中克服胆怯和自卑的心理，消除孤僻的性格。如果身边没有适合孩子交往的对象，爸爸可以邀请孩子的同学来家里玩，或者带孩子到同学家里玩，积极地为孩子的交往创造条件。

小华住在20楼，爸爸怕他一个人下楼玩不安全，所以不让他离开屋子。久而久之，小华习惯了一个人在家里玩耍，甚至不停地自言自语。随着年龄的增长，爸爸越发觉得小华变得和其他孩子不一样了。爸爸主动提出带他参观动物园，小华竟然不乐意去，还说不如看电视上的动物。爸爸带小华到公园玩，很多像小华一样大的孩子聚在一起玩耍，可是他却一个人坐在椅子上发呆。后来，隔壁搬来了新邻居，邻居家有一个和小华年龄相仿的小朋友。小华的爸爸觉得这是锻炼孩子的好机会，就让小华到邻居家里玩。可是小朋友的妈妈担心孩子们弄脏了刚刚装修的新家，便不让小华在她家玩。于是，小华的爸爸便邀请小朋友到自己家里玩，还经常给他买好吃的、好玩的，邻居家的孩子非常开心，经常来找小华玩。渐渐地，小华变得活泼开朗起来，也敢主动找公园里的陌生小朋友玩耍了。

（3）多和孩子交流

有些爸爸一天到晚都在忙，很少主动和孩子交流，这让孩子觉得非常孤独。还有些父母在外地工作，带着孩子很不方便，就将孩子托付给爷爷奶奶或姥姥姥爷照顾。老人和孩子存在巨大的年龄差，缺乏交流的话题，而且很多老人本身就有孤僻的性格，孩子和他们待在一起只会越来越不爱说话。爸爸应该多和孩子交流，哪怕每天抽出半小时让孩子讲讲当天的趣事，或者给孩子讲讲自己的所见所闻，这样做既能锻炼孩子的思考和表达能力，又能让孩子远离孤僻。

让孩子懂得感恩

有一次，美国前总统罗斯福的家里进了小偷，丢了很多财物。罗斯福的一位朋友听说了这件事，给他写了一封安慰信，劝他不要太难过。罗斯福在回信中写道："我的好朋友，非常感谢你写信安慰我，我并没有因此而难过。我必须感谢上帝，因为：首先，小偷只偷走了我的财物，并没有危及我的生命；其次，我只丢失了部分财物，而不是全部；再次，我最为庆幸的是，他是小偷，而我不是。"

对一个人来说，失窃是一件很不幸的事，但是罗斯福却能从中找到三个感恩的理由，足以看出他胸襟博大。

萨克雷是和狄更斯齐名的英国作家，他曾经说过："生活是一面镜子，你笑，它也笑；你哭，它也哭。你感恩生活，它会用灿烂的阳光回报你；你抱怨生活，只知道怨天尤人，最后会一无所有！"

那么，什么是感恩呢？感恩是中华民族的传统美德，是一种生活态度，也是一门人生哲学。古人对"感恩"有着高度认同和崇尚：有个成语叫"感恩戴德"；有句古诗叫"谁言寸草心，报得三春晖"；有句古话叫"恩欲报，怨欲忘；报怨短，报恩长"。"忘恩负义，以怨报德"是令人不齿的小人作风，"受人滴水之恩，当以涌泉相报"才是为人称道的君子行为。

一个懂得感恩的人，往往具备敬畏的心态和谦虚的美德，他会习惯于感谢他人，这样更能获得他人的尊敬，因此会有良好的人际关系。

一个懂得感恩的人，不仅要懂得尊师敬长，更要将那些帮助过自己的人牢记在心，对他们表示由衷的谢意。一个不懂得感恩的人，往往不受大家的欢迎，也缺乏对生活的温情。因此，爸爸要让孩子学会感恩，让他成为一个受人尊敬和受欢迎的人。

孩子只有学会感恩，才懂得关心和帮助他人，才会不以自我为中心，不在家庭和学校中称王称霸。让孩子学会微笑和赞美他人，经常讲一些需要自己感谢的人或事，这样就能让孩子和他人更亲近。

感恩是每个人应有的道德准则，包括对周围人的感谢。我们生活的环境如此美好，离不开周围人的共同努力，因此，我们应该对周围人心怀感激，适当地回报他们。感恩不应该只挂在嘴边，而要体现在实际行动中。

很多孩子是独生子女，父母把他们当作家里的"小太阳"，一切都以他们为中心。有些家长在吃饭时总是让孩子独自享用美食，有些家长把电视遥控器交给孩子掌管，有些家长一味地纵容孩子犯错误……在这样备受宠爱的家庭里，在这个物质丰富的环境下，孩子往往要什么就能得到什么，他会觉得一切都是理所当然的。父母的过分宠爱，很可能让孩子缺乏分享意识和感恩意识。

一位单亲爸爸给了女儿无微不至的关怀。为了方便女儿上学，他在女儿学校附近租了房子，换了一份较差的工作。女儿的衣食住行，他都照顾得妥妥帖帖，甚至连午餐要摄入多少热量，他都算得一清二楚。

有一天，这位爸爸在烈日下工作中暑了，他请假回家休息。眼看就要到女儿放学的时间了，他却没能像往常一样准备好晚餐，因为他浑身无力。他躺在床上想："今天让女儿到饭店买些吃的吧，我平时那么疼爱她，她回来看到我生病的样子，一定会很心疼我。"

女儿放学后，径直朝厨房走去，发现餐桌上没有饭菜后失望地摇了摇头，然后来到爸爸的床边愤怒地说："我饿了！今天怎么还没做饭？"爸爸本来以为女儿会用小手摸着自己的脸颊嘘寒问暖，没想到却如此令人心寒！他当时简直不敢相信自己的耳朵，没想到自己平时关怀备至的女儿，在自己生病时竟然表现得这样冷淡。

爸爸为女儿付出了那么多，然而当女儿发现爸爸卧病在床时，为什么还能冷漠地问爸爸"今天怎么还没做饭"呢？事实上，这完全是这位爸爸自己造成的。关心和照顾孩子是正确的，但是这位爸爸太注重物质上的培养，忽略了对女儿个性、情感、品德等方面的培养。女儿明明可以承担一些责任，可是爸爸担心女儿受苦受累，自己全部代劳。爸爸的过分宠爱，使女儿不懂得关心和感恩，所以在爸爸生病时表现得非常冷漠。

由此可见，教会孩子感恩至关重要。爸爸首先应该教孩子懂得感恩父母，明白父母的恩情需要用一生来报答。在孩子小的时候，可以讲一讲乌鸦长大后还懂得归巢给父母喂食的故事，让孩子理解父母抚养子女的艰辛。在孩子学会感恩父母之后，爸爸可以教孩子如何感恩他人和社会。

爸爸培养孩子的感恩意识，可以从以下几方面着手：

（1）教育孩子感恩生活

生活中既有快乐又有痛苦，一个心怀感恩的人，时刻保持乐观、积极的态度，一心关注生活中的美好，不被生活中的苦难击倒。

（2）启发孩子感恩他人

很多孩子从来不知道理解父母、关心父母，更不懂得回报父母，很容易形成自私自利的性格。这样的孩子也不懂得感恩他人、感恩社会，很难和他人友好相处，也得不到他人的关心和帮助。因此，让孩子学会感恩，应该先从感恩父母教起。

老师教给我们知识和做人的道理，要让孩子学会感恩老师，少给老师添麻烦，对老师的辛勤付出表示感谢等。

每个人一生都会交一些朋友，学会感恩朋友也是孩子的必修课。真正的朋友是值得信赖的，他们不仅能和孩子分享快乐，还能帮助孩子解决人生中的很多问题。

（3）教育孩子感恩，要从小事做起

让孩子明白，感恩要从生活中的小事做起。例如给父母倒杯水、揉揉肩；主动帮老师擦黑板；当朋友不开心时，积极表示安慰等。这些看起来不起眼的小事，却能让孩子在日积月累中形成感恩意识，懂得"吃水不忘挖井人"，牢记父母的养育之恩、老师的授业之恩和朋友间的互助之情。感恩绝对不只是说说而已，或者简单地做做样子，应该落到实处，用实际行动回报帮助过自己的人。

（4）培养孩子的责任感

一个人只有拥有责任感，才会做好手中的事，理解他人的辛勤付出，感受到美好生活的来之不易。学会承担责任的孩子，能够懂得尊重他人的劳动成果，逐渐规范自己的行为。为了培养孩子的责任感，爸爸可以根据孩子的年龄让他承担一定的家务活儿，也可以让孩子积极参加一些社会活动，比如到敬老院陪老人聊天解闷、给贫困的同学捐钱等，让孩子体会到帮助他人的快乐。

（5）爸爸要以身作则

要想让孩子懂得感恩，爸爸要做好榜样。在日常生活中，爸爸应该关心和尊重他人，包括自己的父母和妻儿，经常说一些富有感恩意义的话，例如："谢谢""麻烦了""辛苦了"等。

感恩包含着一个人对生活的爱和希望，可以消除内心的积怨，帮助我们渡过难关。爸爸应该让孩子明白，人和人是相互联系、相互依存的，任何事物都要依赖其他事物而存在。不管是父母的养育之恩、老师的授业之恩，还是他人的帮助、自然的恩赐，都可以成为孩子感恩的对象。

一个人只有懂得感恩，才能学会严于律己、宽以待人，才能更好地孝敬父母、关心他人，才能成就伟大的事业。从现在开始教孩子感恩吧，让他从小事做起，用自己的言行感谢周围的人。让孩子养成感恩的美德，他会在帮助他人、感谢他人的过程中找到自己的价值，也能更加自信、乐观地面对未来。

【爸爸如何帮助孩子"破冰"】

　　有些孩子性格比较腼腆，爸爸可以帮助孩子融入其他孩子之中，有利于提升孩子的交际能力。

　　举例来说：孩子在一旁看其他小朋友玩而自己不敢加入时，爸爸可以先让孩子在旁边玩其他玩具。玩的时候，引导孩子去找其他小朋友问一些问题。比如："滑梯旁边有个水瓶倒了，你要不要去提醒一下旁边的小姐姐呢？""那个小哥哥的鞋带开了，你要不要过去提醒一下呢？"或者鼓励孩子去跟其他小朋友交换玩具："要不要跟哥哥交换玩具玩？哥哥玩你这个，你玩哥哥那个？"通常一旦孩子们开口说话，他们就能自发地一起玩游戏了。如果孩子还是不敢开口，爸爸替孩子开口交流来建立同伴关系也是可以的。其他场景下也可以用类似的方式帮助孩子"破冰"。

教出好孩子

陪孩子
走过小学六年

文贤阁◎主编

江苏凤凰美术出版社

图书在版编目（CIP）数据

陪孩子走过小学六年 / 文贤阁主编 . -- 南京：江

苏凤凰美术出版社 , 2020.11

（教出好孩子）

ISBN 978-7-5580-7715-9

Ⅰ . ①陪… Ⅱ . ①文… Ⅲ . ①小学生－家庭教育

Ⅳ . ① G782

中国版本图书馆 CIP 数据核字（2020）第 137982 号

责任编辑	郝旭辉
封面设计	陈玉军
责任监印	唐　虎

丛 书 名	教出好孩子
本册书名	陪孩子走过小学六年
主　　编	文贤阁
出版发行	江苏凤凰美术出版社（南京市湖南路 1 号　邮编：210009）
	北京凤凰千高原文化传播有限公司
出版社网址	http://www.jsmscbs.com.cn
排版制作	文贤阁
印　　刷	阳信龙跃印务有限公司
开　　本	880mm×1230mm　1/32
总 印 张	36
版　　次	2020 年 11 月第 1 版　2020 年 11 月第 1 次印刷
标准书号	ISBN 978-7-5580-7715-9
总 定 价	192.00 元（全 6 册）

营销部电话　025-68155790　**营销部地址**　南京市湖南路 1 号
江苏凤凰美术出版社图书凡印装错误可向承印厂调换

前言
preface

　　孩子的未来命运取决于父母今天的教育方式。没有教不好的孩子，只有不会教的父母。要想教出好孩子，父母就要懂得教子的智慧。无论是对孩子过于严厉、非打即骂，还是对孩子过于溺爱、百依百顺，都不是明智的教子方法。智慧的父母应该懂得，只有自己达到一定的高度，努力成为孩子的好榜样，再辅以科学的方法，孩子才可以变得更优秀。

　　然而教育出优秀的子女绝非易事。在孩子成长的过程中，父母会遇到各种各样的挑战，诸如，孩子和父母对着干，孩子身上坏毛病不断，孩子不愿意和父母沟通，孩子出现心理上的问题等。父母也会犯各种各样的错误，诸如，过于专制，不讲民主，不尊重孩子的人格，不尊重孩子的喜好，压制孩子的天性，无意中伤害孩子的心灵等。这一切导致亲子关系紧张。父母着急上火，教育方式难免变得极端，孩子反而越发叛逆，与父母的期望背道而驰，如此恶性循环。为了解决父母的难题，让父母学会科学地教育子女，我们精心编著了本套丛书。

　　《教出好孩子》丛书采用理论与实践相结合的方式，甄选了大量我们身边的真实案例，为家长总结和提炼出了许多实用的教子方法，一步步引导家长成为高段位的父母，培养出人格

健全、品德优秀、素质完善的孩子，并提出了如何在孩子的不同年龄阶段，根据实际情况做出正向引导，帮助家长构建良性的亲子关系。

没有父母不希望自己的子女品德高尚、学有所成，希望通过阅读本书，天下的父母可以得偿所愿，真正成为孩子的引路人，成为孩子的好老师、好朋友。

目录
contents

启蒙教育要抓好

处在低年级时期的孩子，活泼好动、好奇心强、自理和自制能力差，此时家长对孩子的教育不可急迫，要符合孩子的接受能力，要让孩子感受到父母浓浓的爱，要寓教于乐，既尊重孩子的天性，又让他们有所成长，同时，要尽早让孩子养成良好的习惯。

第一章 陪伴孩子每一天，点点滴滴都是爱

留出一些时间陪孩子

尽管升入了小学的孩子不再像婴儿一样需要父母每时每刻的照顾，需要父母非常多的抚摩、拥抱等肢体接触，但这不代表他们不需要父母的关心和陪伴，此年龄段的孩子对父母情感上的需求更多。很多父母都会发现，孩子虽然已经上小学了，但依旧喜欢和父母待在一起，喜欢和父母一起做游戏，喜欢让父母讲故事，喜欢听到父母的赞赏和鼓励。

其实，陪伴是七八岁的孩子最需要的，他们想让父母参与他们的游戏，想让父母关注他们，这是他们情感的需要。作为父母，应该多花一些时间陪伴孩子，享受和孩子在一起的娱乐和交流的时光，这样也更容易建立亲密的亲子关系。

然而，现在社会的大多数父母都太忙，陪伴孩子的时间少

之又少，那么，父母应该怎样在有限的时间里更好地陪伴孩子呢？请看英国教育学家斯宾塞提的一些建议：

（1）与孩子一起吃晚餐

晚餐时间是全家人可以聚在一起好好交流的重要时刻，无论父母多忙，都应该尽量回家与孩子一起用晚餐。如果不能做到每天如此，至少一周要有一两个晚上陪孩子吃晚餐。

晚餐时间不是简单的吃饭而已，而是一家人坐在一起进行沟通、讨论、分享的时刻。此时，父母可以了解孩子这一天在学校的趣事，分享孩子的喜怒哀乐。如果孩子因为某事而闷闷不乐，父母要给予安慰；如果孩子做了值得称赞的事，父母要给予表扬。总之，晚餐时间可以让父母了解孩子，还可以有效增进父母与孩子之间的感情。

另外，父母可以鼓励孩子请小伙伴来家中用晚餐，这样不仅能认识孩子的朋友，还能让孩子感到自己在家里被尊重，对增进家庭融洽大有帮助。

（2）跟孩子"约会"

章女士是一位8岁男孩的母亲，在教育儿子方面，她一直注重和儿子平等交流。每个月总有两次，她会单独带儿子出去，进行一场母亲和儿子的"特别约会"。

她告诉儿子："这是属于我们两个人的约会，我们一起吃饭，一起闲聊，你可以把妈妈当作朋友，说你想说的所有事。"

事实证明，章女士和儿子的每次"约会"都很愉快，儿子会畅所欲言，开心地和妈妈分享自己的心事。而母子两人的这种"约会"，也成了他们之间最佳的交流方法。

像朋友一样和孩子"约会"，能减少家长的威严感，让孩子容易向父母敞开心扉，说出内心的想法。在孩子七八岁的时候，父母就可以安排这种单独的约会，而不要等到孩子成年了才想着和孩子平等交流。唯有如此，当孩子以后遇到恋爱等敏感问题的时候，才会愿意与父母沟通，并愿意听取父母的意见。

（3）陪孩子去度假

在紧张的学习和生活之余，父母可以定期安排全家一起出游，去风景秀丽的地方度假。度假不仅能让孩子放松精神，也能让父母和孩子有更多交流的机会。同时，和孩子一起休憩、玩耍，有利于建立其乐融融的家庭氛围，让孩子感受到父母的爱，而在爱中成长的孩子，身心也会更健康。

（4）专门安排时间陪伴孩子

现实生活中，很多父母不是不想陪伴孩子，只是真的没有充足的时间。工作的压力、生活的艰辛夺去了父母和孩子相处的时间，让父母难以时时刻刻顾及孩子。

专门安排时间陪伴孩子，这对于拉近父母和孩子的关系是非常有效的。在工作之余，安排固定的时间和孩子在一起，和孩子做游戏，倾听孩子说话，将所有注意力都放在孩子身上。

哪怕是微小的表情，不经意的小动作，父母也能从中捕捉到孩子内心的信息，只有这样去观察孩子，才能真正了解孩子，这也是专门安排时间陪伴孩子的真正意义。

（5）制造和孩子交流的机会和话题

父母要学会制造和孩子交流的机会，比如，与孩子一起搭积木、画画、下棋、踢球、进行手工活动等，在玩耍中和孩子聊聊他的朋友、学习等情况。

同时，父母也要努力寻找和孩子的共同话题，聊孩子感兴趣的事。比如，与孩子聊他喜欢的动画片，聊他学校的朋友，让孩子乐于与父母交流。

总之，对于低年级的孩子来说，陪伴是非常重要的。斯宾塞建议，对于年龄比较小的孩子，父母应该固定和孩子玩耍的时间，而且必须严格做到每周几天陪孩子玩耍。事实上，除了陪孩子玩耍，父母也可以和孩子一起做其他活动，总而言之，只要留出陪伴孩子的时间，就能有效促进亲子沟通，增进感情，建立和谐的亲子关系。

实行快乐教育，有些事家长不能做

（1）对孩子恶言相向

可可是由爷爷奶奶照顾长大的，爷爷奶奶非常宠爱她，照顾得也非常细心。只是，爷爷奶奶总舍不得让可可自己做事，什么事情都帮可可做好，导致可可自立性很差，许多事都做不好。

上小学后，可可被爸爸妈妈接到了身边，两个人都非常严厉，只要可可出现了一些不好的行为习惯，父母就会大声训斥她。

一天，可可拿着一盒彩笔，坐在桌子旁涂画册。可可越涂越起劲，没有发现画笔蹭到了桌子上。妈妈看见了，指着可可的鼻子大骂道："你这个笨孩子，把桌子都弄脏了，赶紧给我擦干净。"

可可看着眼前狠狠地瞪着自己的妈妈，吓得赶紧低下了头，眼泪瞬间就流了出来。平时，可可的父母经常这样骂她，还说她"笨"，说她"傻"，可可觉得父母根本不爱她。她怕他们，不敢和他们说话，只要爸爸妈妈一开口，她就不自觉地发抖。

可可的父母无疑是希望可可成长得更好的，但他们的责骂令可可心生恐惧，让孩子小小的心灵受到了巨大的伤害。

在教育孩子的时候，如何说话也是一门学问。父母的话不能过重，更不能说伤害孩子的话，如"你怎么这么笨""你长没长脑子""你滚一边去"等。伤害性的语言会刺伤孩子脆弱的心灵，影响孩子的心理健康。所以，父母应学会更好地控制情绪，在激动、愤怒的情绪下，可以选择暂时不开口，等冷静下来再和孩子沟通，以免对孩子口出恶言。

另外，父母也不要说伤害孩子自尊心的话，如："你看看××

×，每次都名列前茅，你再看看你，干什么都不行！"

每个孩子都有自尊心，需要父母予以尊重。父母展露出不尊重孩子的行为，有很多时候是不自知的，如经常用命令的口吻和孩子说话，这就是不尊重孩子的表现。孩子和父母是平等的关系，父母要学会用商量的口吻和孩子说话，这样才能让孩子感受到被尊重。

总之，对孩子恶语相向，说伤害孩子自尊心的话，这都是父母不应该做的。孩子的成长需要父母的呵护，而呵护心灵是最重要的。

（2）过分地批评孩子

每个孩子都会犯错，犯错后能否很好地改正，关键看父母的态度。总的来说，父母一般有三种态度：一是觉得孩子犯的错没什么，所以不重视；二是会选择合适的语言让孩子意识到错误；三是会发火动怒，朝孩子大吼大叫，将孩子骂得战战兢兢。

以上三种态度，最正确的无疑是第二种，对待孩子的错误，既不能忽视，又不能过分批评。孩子犯了错误后，自己也会内疚、自责，父母此时应该适当安慰孩子，然后因势利导地指出孩子的错处，让孩子自觉改正。

过分批评孩子只能使孩子产生恐惧心理，对纠正孩子的错误作用是很小的。只有让孩子真心意识到错误的本质，孩子才会用心改正。吓唬、恐吓、怒斥，基本上只能一时镇住孩子，而不能保证孩子不会再犯。而且，过多地指责会影响孩子的心理健康，如果父母总在他人面前斥责孩子，那么孩子的内心就会变得消极，会形成"我不行""我做不好"等自卑心理。

所以，批评孩子要适当，要考虑孩子的心理承受力，要讲究方式方法，以防批评过度。

（3）冷漠地对待孩子

低年级的孩子，更需要父母的关注。有些父母因为工作繁忙就忽视孩子，这样其实是最可怕的。教育家斯宾塞就认为，冷漠地对待孩子比打骂孩子更恐怖。

不关心孩子，忽视孩子的话语和行为，会在孩子的心里留下难以磨灭的阴影，而这种阴影很可能会伴随孩子一生。如果孩子长期生活在冷漠的家庭氛围中，就可能形成孤僻的性格，心理也会发生异常。

（4）将父母的遗憾寄托在孩子身上

很多父母都将孩子看作自己的"梦想延续者"，从孩子小时候开始，就有目的地培养孩子，希望通过孩子来实现自己未完成的梦想。比如，一位妈妈年轻的时候很想成为一名舞者，但因为种种原因没有实现，所以女儿出生后，她就千方百计地让女儿学舞蹈，希望将女儿培养成舞者，以实现自己的梦想。

父母这种期许究竟是对是错呢？父母如果按照自己的意愿

去安排孩子的人生，对孩子来说是不是另一种"专制"?

这两个问题的关键点在于孩子：孩子的兴趣是什么？孩子是否愿意接受父母安排的这种人生？有的孩子可能会按照父母的意愿去学习、生活，但有的孩子却不是。在为孩子规划人生时，父母一定要考虑到孩子的兴趣爱好，要尊重孩子的选择，让他们去学他们想学的，去做他们想做的。即使他们的梦想和父母的不一样，父母也不应干涉孩子的选择，因为孩子也有选择的权利。

也许七八岁的孩子还不知道自己想要什么、擅长什么，这就需要父母认真地观察，发现孩子的优点和特长，引导孩子朝那个方向努力，去成就他们的人生。

教育孩子，要以孩子快乐、健康成长为前提。作为父母，要懂得约束自己的言行，要知道哪些能做，哪些不能做，只有懂得教育之法，才能培养出优秀的孩子。

父母应多多参与孩子的活动

一个孩子能否在家庭教育中感受到快乐，父母的做法很关键。想要家庭氛围和乐，想要孩子融入家庭，父母和孩子就需要彼此配合、协作。

从孩子的角度来看，孩子要积极参与到家庭事务中，父母可以让孩子做一些他们力所能及的事，不要担心孩子做不好。这样不仅能培养孩子的独立性，还能让孩子感受到自己是家庭的一分子，从而获得内心的满足。

从父母的角度来看，父母要积极参与到孩子的游戏和活动中。随着孩子升入小学，孩子与学校、同学的联系就愈加紧密，但这并不意味着对于孩子参加的活动父母就要置身事外。除了正常的家庭活动，父母还可以主动融入孩子的一些社会活动中。比如，看孩子踢球，陪孩子参加比赛等。虽然有时候孩子不会主动要求父母到场，但他们内心是渴望父母去的，因为他们想让父母看到他们精彩的表现。

想要了解孩子的兴趣和爱好，父母也需要多参与孩子的活动。同时，为了引导孩子坚持去做自己喜欢的事情，父母也要掌握该方面的知识，以帮助孩子将兴趣发展为特长。比如，孩子对摄影感兴趣，父母就可以先学习一些摄影知识，然后给孩子讲解。或者，直接带孩子去户外，一起拍一些好看的照片，鼓励孩子动手拍照，指导孩子处理照片。

对于孩子的兴趣爱好，父母态度要端正。如果孩子的爱好是积极的，是对孩子有益的，父母就应该全力支持，如果是对孩子无益的，父母应想办法劝解。

对于幼小的孩子来说，兴趣可能只能维持一段时间，要想让孩子坚持不懈地去开发兴趣，就需要父母的合理引导。注意孩子的兴趣要与孩子的水平相适应，如果太难，孩子就容易退缩，无法坚持去学。如果太简单，孩子就会失去斗志，不再用心去学。

当发现孩子对某件事失去兴趣时，父母要积极暗示孩子，让孩子懂得坚持的精神。父母积极参与到孩子的活动中，最大的便利就是可以及时安慰、赞扬和激励孩子。当孩子在某一项活动中表现不理想时，就会情绪低落，此时就需要父母的安慰，帮孩子摆脱失望的情绪，积极面对失败。如果孩子在进行某项活动时遇到了挫折，父母就要及时鼓励孩子，让孩子直面困难，坚持下去。孩子天性顽强，父母不能因为孩子遇到了一点儿挫折就任由孩子放弃，这样不利于孩子耐心和耐力的培养。

父母也可以亲自组织一场属于自己和孩子的活动。活动的内容由父母和孩子商讨决定，即这场活动既是孩子感兴趣的，也是父母感兴趣的。

父母和孩子一起去制订某项计划，并合力去完成，这个事情本身就会使孩子兴奋，会促使孩子积极行动，而且，对于孩子来说也是一段难忘的回忆。

7岁的小卓很喜欢爷爷奶奶家的那片绿油油的小菜地，经常跑到里面去玩耍。小卓的父母看到儿子如此，就想让儿子体验一下种植的乐趣。于是，他们找到小卓，说："我们想要在自家阳台上种植一些蔬菜，你觉得怎么样？"

小卓高兴地说："好啊！我同意。"

小卓的父母接着说："那你就和爸爸妈妈一起种植吧！我们

一起看护它们，给它们定期浇水、施肥。小卓高兴得跳了起来，说："没问题，我很乐意效劳。"小卓父母又嘱咐道："你可不能偷懒，否则它们就长不大喽。"

小卓答应了父母，然后他们一起选了3样种子，种到了土里，每天细心浇灌。

一个月的时间里，小卓和父母看着种子发芽、长出嫩叶，心里都很高兴。

通过这项家庭计划，小卓的父母惊喜地看到，原来小卓是一个很有耐心的孩子，这种耐心对于学习和做其他事情来说都是非常宝贵的。

与孩子一起制订家庭计划，可以从很多方面来开展，如一起完成某件大型手工制作，进行一场家庭读书活动，一起参与到垃圾分类的活动中，一起去学习一项小技能，等等。

在家庭计划的具体实施中，家长要善于给孩子布置任务，要考虑到孩子的能力，并充分结合孩子的想象力和创造力，让孩子能够有所发挥。此外，还要注重家庭成员的配合，让孩子与父母互帮互助，体验合作的意义。

总的来说，多参与孩子的活动，有利于父母和孩子亲密关系的建立，有利于孩子兴趣的发展，更有利于家庭氛围的融洽。

分享孩子的喜怒哀乐

在家庭教育中，父母要时刻关注孩子的情绪，要学会与孩子一起分享喜怒哀乐，只有如此，才能贴近孩子的心，才能让父母与孩子的关系更加亲密无间。

每个人都有喜怒哀乐，孩子自然也有，而且非常想要与父母分享。有的家庭中，父母因为工作等原因，会忽略孩子的情感，当孩子想要与父母说一说最近的苦恼时，父母就忙得见不到身影。其实，不管工作多忙，父母都应抽空与孩子聊一聊，听一听孩子说话，了解一下他们的欢喜和忧愁。可能在父母看来，这些烦恼和快乐都有些幼稚，但对于孩子来说却是大事。父母要陪孩子一起欢笑、一起悲愁，要真心为孩子的小喜悦感到快乐，要耐心理解孩子的小烦恼，变成孩子的知己，让孩子信任你，愿意与你分享所有的心事和秘密。

父母教育孩子的最高境界就是和孩子变成朋友，而不是以"居高临下"的长辈姿态对待孩子。只有父母真正愿意蹲下来与孩子说话，孩子才会愿意和父母诉说，如果父母总是用命令的口气和孩子说话，总是喜欢打断孩子的话，那么孩子就会慢慢变得沉默寡言，不愿意和父母交流，不愿意和父母分享内心的情感，更为严重的是，可能会造成孩子与父母的陌生和疏离。

对于这点，王先生深有体会。

王先生经营了一家外贸公司，因为工作原因经常出差，和孩子相处的时间很少。即使偶尔在家，他也没有心情听女儿絮絮叨叨，因为女儿不是讲动画片人物，就是讲学校的同学矛盾，比如，谁拿了她的小星星，谁和她抢彩笔。每次，女儿一跑到他身边，他就让女儿去找妈妈。久而久之，王先生发现女儿不再找他了，还不喜欢让他抱。

重视孩子的情感，是和孩子增进感情的重要方式，如果父母不注意自己的态度，那么孩子就会受到影响。

那么，父母怎样的态度才是正确的态度呢？怎样与孩子交流才能让孩子感受到父母对他的重视呢？请看下面的三个场景：

场景一：

孩子在学校和同学发生了不愉快的事情，他看着父母欲言又止。

家长A："有什么事？快说！我正忙着呢！"

家长B："是不是发生了不开心的事情，你愿意说给我听吗？我也许能帮你分析一下。"

场景二：

孩子在学校受到了老师的表扬，他高兴地说给父母听。

家长A："不要骄傲，这点儿小成绩没什么。"

家长B："真不错，我也要表扬你！"

场景三：

孩子最近不愿意写作业，经常看着书本发呆。

家长A："你磨磨蹭蹭干什么呢？快点儿写！"

家长B："你怎么了，是作业太难了吗？"

在家庭中，父母应该成为孩子忠实的倾听者，应该让孩子畅所欲言，不要对孩子的话表现出厌烦，更不要打击孩子、训斥孩子，要试着去理解孩子、赞扬孩子，这样孩子才能信任父母，才能对父母说出想说的话。

在上述场景中，家长 A 的态度过于专横，不懂得体谅孩子的心情，也没有尝试去倾听孩子内心的声音，用这种态度来教育孩子是非常糟糕的，家长们要引以为戒。反之，家长 B 的态度就值得各位父母学习，重视孩子的情感，愿意听孩子诉说，懂得表扬孩子，由此，孩子也会愿意去说。

让孩子说出内心的喜怒哀乐，并与孩子一起分享，这是每个父母都应该尽力去做的。快乐如果与人分享，就会变成两份快乐，孩子快乐，父母也快乐，这有助于促进家庭温馨氛围的形成。愿意与父母分享快乐的孩子，也会变得和父母更亲密。一份忧愁与人分享，愁苦就会变少。孩子与父母分享忧愁，孩子的心就能得到慰藉；父母了解孩子的忧愁，就能针对孩子的心理对症下药，帮孩子克服愁绪。

与孩子一起分享喜怒哀乐，是父母了解孩子的重要手段，孩子的性格弱点、行为习惯，父母都能及时掌握，这有助于引导孩子健康成长。而孩子也会在分享的过程中，与父母建立更加亲密的、信任的关系，会更加敬重父母，也更容易接受父母的教育。

所以，做一个开明的父母吧！多听孩子的话，陪孩子哭笑，陪孩子烦恼，做孩子最亲密的好朋友！

父母陪伴孩子的重要性

研究发现，孩子长期缺少父母的陪伴，就容易形成敏感、不信任和自卑的性格，性格一旦养成，对孩子的一生都会产生影响。所以，不管多忙，父母都要抽出时间陪伴孩子。

陪伴并不是指要时时刻刻陪在孩子身边，而是指父母要真正关爱孩子，并让孩子感受到这种关心。关注孩子的情绪，顾虑孩子的感受，与孩子常沟通交流，听孩子诉说心事，这就是真正关爱孩子。

第二章　坏毛病都赶走，好习惯早养成

纠正孩子粗心的毛病

粗心是孩子常见的毛病，这个毛病，也是困扰家长和老师的一大难题。

磊磊今年 7 岁，上小学一年级，他是个十分粗心的男孩，每天早晨上学都问题不断，让妈妈费心不已。

早晨，妈妈叫醒了磊磊，磊磊起了床，先洗漱，然后就坐在餐桌上吃早餐。吃过早餐，妈妈让磊磊去换校服并收拾书包，准备出门。很快，磊磊就穿好校服，拿着书包出来了，妈妈一看，哭笑不得。原来磊磊的衣服穿得七扭八歪，妈妈不禁念叨了一句："哎！你的衣服穿得也太别扭了，过来，我看看！"

磊磊走到妈妈身边，妈妈细心地帮磊磊整理衣服，发现磊磊不仅系错了纽扣，鞋子也穿反了。磊磊都 7 岁了，当然会穿衣服，但现在穿成这样，明显就是粗心。整理好衣服、鞋子，妈妈又问磊磊："书包都整理好了吗？书本都带齐了吗？"磊磊自信满满地说："放心吧，都带啦！"

眼看时间已经快 8 点了，校车已经在楼下等了，妈妈赶紧拉着磊磊下了楼。和老师打过招呼后，磊磊坐上校车走了，妈妈安心地回了家。

回家后，妈妈开始整理房间，进入磊磊房间后，妈妈在书桌下竟然捡到了磊磊的作业本。"让他仔细整理书包，结果作业本掉了都没发现，真让人头疼。"妈妈一边唠叨着一边赶紧拿着作业本出了门，校车早已经走远了。老师让交作业，磊磊交不上去，肯定要受批评，一想到这里，妈妈也顾不得上班了，开车赶到了学校，给磊磊送去了作业本。最后，磊磊是按时交上了作业，但磊磊妈妈上班却迟到了，领导很不高兴。

可以看到，案例中磊磊的粗心真的是一个大问题。究竟是什么原因造成孩子粗心的毛病呢？

事实上，造成孩子粗心的原因有很多。

（1）气质因素

有的孩子天生对感觉刺激的敏感性较差，注意力容易分散，所以不能集中精力在一件事情上。

（2）知觉习惯因素

有的孩子对知觉对象反应不完整，分辨不精细。

（3）兴趣因素

有的孩子认不认真与兴趣有很大关系，如果是感兴趣的事情，他们就会认真对待，而对不感兴趣的事情，就会大意，无法认真去做。

（4）疾病因素

美国泰弗兹大学儿童心理治疗专家金斯伯格教授研究发现，有的孩子粗心是疾病造成的，这种病名为"注意力缺损症"，顾名思义，就是一种无法集中注意力的病症。患有注意力缺损症的孩子，最明显的特点是经常会难以控制自己的行为。

金斯伯格教授的研究还指出一个问题——"小儿多动症"与"注意力缺损症"是由大脑出现的完全相同的问题引起的。在此之前，专家们普遍认为这是两种完全不同的病症。

金斯伯格教授认为，是孩子性格的不同造成了不同的行为特征，例如，外向的患儿就表现出属冲动型的多动症，而内向的孩子就表现出属分散型的精神不集中。

美国加州大学欧文儿童医疗中心的史沃森指出，学龄前儿童中有大约3%的孩子患有"注意力缺损症"。不过，现在很多国家因为种种原因，并未完全将"注意力缺损症"视作疾病，因此也未进行有效治疗。

现在，我国的很多父母仍然将粗心看作一种"性格缺点"，对待孩子的粗心，不是置之不理，就是打骂教育。史沃森为此发出警告说，如果不能对粗心的孩子进行科学的治疗，后果堪忧。

由此来看，粗心虽然算不上什么恶习，但如果一味放任，也会对孩子造成不好的影响。当粗心变成一种行为方式，孩子的性格就会偏于冒失，在做事方面就会缺乏必要的严谨性。

粗心的孩子明显的特点就是动作快。做事之前，粗心的孩子一般不会认真去想该怎样去做，更不会考虑细节，而是急于去做，结果漏洞百出。

有些年龄不大的粗心的孩子，可能会随着年龄的增长和认知的提高而有所改善，但如果粗心已经形成一种习惯，父母就不能仅仅依靠孩子自己去改正。对于这种孩子，父母要合理地劝说，耐心地指导，帮助孩子一点点改掉粗心的习惯，并形成认真、细致的新习惯。

那么，父母该怎样帮孩子改正粗心的毛病呢？以下方法可以参考：

（1）培养孩子的知觉能力和辨别能力

知觉是指反映客观事物整体形象和表面联系的心理过程。辨别是指根据不同事物的特点，在认识上加以区别。要想孩子不粗心，就要有意识地培养孩子的知觉能力和辨别能力。比如，给孩子买一些训练观察力和辨别力的图书，让孩子注意图画中的各种细节变化。同时，在生活中，父母也可以有目的地去引导孩子细致观察事物，如一片树叶、一朵花、一只蝴蝶、一条毛毛虫等。

（2）训练孩子观察和转换思维的能力

在引导孩子观察和思考某类问题时，家长要让孩子学会观察整体和转换思维，从不同的角度去思考问题，而不要局限于一种想法。比如，一幅图片上有几条错开的同等长度的线段，问一问孩子哪根长，不同的孩子可能会说出不同的答案，因为他们看的角度不一样。最后，告诉孩子线段都是一样长的，他们之所以看着不一样长，是因为有的孩子注意力放到了线段左边，而有的孩子将注意力放到了线段右边。通过这个例子，让孩子知道学会观察整体。又比如让孩子观察某幅多角度图画，让孩子从不同的角度去看，孩子就会看到不一样的图案，有可能是骆驼，有可能是花朵。通过这个方法，让孩子知道思考问题可以从不同角度进行。

（3）及时纠正孩子的粗心行为

很多习惯都是从小养成的，所以父母对孩子的粗心行为要及早纠正，比如，孩子穿袜子总是穿反，父母就要指出孩子的错误，让孩子及时调换过来，不要任由孩子反穿袜子和鞋。孩子总是将铅笔、橡皮等弄丢，父母就要严厉告诫孩子，让他们细心管理自己的东西，把它们好好地放在书包里。

此外，父母可以用一些具体措施来约束孩子，让细心的良好习惯替代孩子粗心的习惯，比如，孩子收拾书包总是丢三落四，父母就可以给孩子定一个规矩——出门前必须检查一下书包，将书本一一检查，看是否有遗漏。必要时，父母可在旁边监督，让孩子主动去做。这个习惯一旦养成，孩子丢三落四的习惯就能有所改善。

纠正孩子的粗心，并非一朝一夕就能完成，它是一件需要反复去做，需要父母拥有超强耐心的工作。在这个过程中，父母要调整好自己的情绪，不要焦急，也不要表现出不耐烦，更不要动怒，要心平气和地去和孩子沟通、交流，让孩子慢慢改掉粗心的毛病。

教孩子养成懂礼貌的好习惯

父母应该注重培养孩子讲文明、懂礼貌的好习惯。因为礼貌是体现一个人品行的重要一面，同时，也是人际交往的通行证，在一定程度上影响着孩子的社交。懂礼貌的孩子，不仅会受到大人们的喜爱，也会受到小朋友们的喜爱。

每个孩子天生都是一张白纸，需要父母去教导、去培养，礼貌教育也是如此。孩子没有礼貌，都是父母没有教好，使孩子在日积月累中形成了坏习惯。

各个年龄段的孩子，有与其年龄相符的礼貌要求，比如，两三岁的孩子要知道和长辈们打招呼，而六七岁的孩子就要知道敬重长辈。所以，父母应针对孩子的年龄特点，相应地培养其懂礼貌的好习惯。比如，对于一两岁的孩子，父母不能要求太高，这个年龄段的孩子刚会走路，还不会说太多话，甚至记忆时间都不会很长。对于这么小的孩子，父母可以简单教一些基本的礼貌行为，比如见人要微笑，并且学着叫人。在教导幼小的孩子时，父母的耐心是很重要的。

对于3岁左右的孩子，父母就可以花多点儿时间和精力去规范孩子的礼貌行为。因为这个年龄段的孩子已经能够良好地进行语言表达，且有了很强的记忆力，父母如果这时候开始注意孩子的礼貌问题，就能有效避免孩子成长为一个野蛮、粗俗、不知礼数的人。

对于七八岁的孩子，父母要更加严格一些。因为这个年龄段的孩子已经开始校园生活，所以礼貌问题十分关键。如果这个年龄段的孩子性格蛮横，不懂礼貌，那么对于其学校生活必然会产生不利影响。

总之，父母要让孩子懂得礼貌待人是尊敬他人的表现，应自觉去做一个有礼貌的孩子。在实际教育中，父母应注意以下一些问题：

（1）不要过早给孩子贴上标签

有的时候孩子不跟别人打招呼不一定就是不懂礼貌，可能孩子并没有什么特别的意思。有些父母习惯给孩子早早贴上标签，比如，家里来了客人，妈妈让孩子和客人打招呼，但孩子却躲在妈妈身后，一言不发。于是，妈妈就认为孩子天生害羞，也对客人强调孩子是因为害羞才这样。在妈妈这样说的时候，可能孩子心里就会记住妈妈说的，并认为自己就是一个天生害羞的人。当孩子有了这个想法后，可能原本并不害羞的孩子也变得害羞了。所以，如果父母发现孩子对第一次出现在家里的陌生人冷漠，不愿意打招呼时，不必急于下结论，要仔细分析原因，并循循善诱，对症下药。

父母带着小雪去邻居家做客，邻居夫妻四十多岁，性格和善，有一个和小雪年龄差不多大的儿子。小雪进门后，妈妈让她和叔叔阿姨问好时，她一下子躲到了妈妈身后。爸爸一见，马上对小雪说："跟叔叔阿姨打招呼啊，你这样很没有礼貌。"躲在妈妈身后的小雪探了一下头，但马上又缩回去了。妈妈觉得其中肯定有原因，于是蹲下身悄悄地问小雪："怎么了？叔叔阿姨很和善啊！你为什么要躲起来？"小雪也悄悄地对妈妈说："叔叔的胡子好多啊！像动画片里的怪兽，我看着害怕！"原来如此，妈妈懂了，于是对女儿小声说："像怪兽吗？你看叔叔笑着的样子，明明像圣诞老人，说不定你和他说句话，他就会给你礼物呢！"小雪一听，又探了探头，然后有些结巴地说了一句："叔叔阿姨好！"叔叔一听，很高兴，马上从口袋里掏出几块糖，递给小雪说："小雪真乖，叔叔请你吃糖果，好不好？"小雪开心地接过了糖，然后就和叔叔的儿子去一边玩耍了。

通过这个案例可以看到，孩子不愿意跟别人打招呼，不一定就是不懂礼貌或羞怯，还有可能是有一些我们想不到的特殊原因，就像案例中的小雪一样。所以遇到孩子不肯开口和生人打招呼的时候，父母要向孩子问清楚原因，然后耐心地引导，不要一味地将孩子的行为归结为没有礼貌，更不要因为孩子的一时别扭就训斥孩子，这会给孩子的心里留下创伤。

总而言之，过早地给孩子贴上没有礼貌的标签，就容易错过教育孩子的最佳时机，使孩子变得越来越不懂礼貌。所以，父母要先观察，了解孩子的心理，再下结论。

（2）培养孩子懂礼貌的好习惯要循序渐进

在培养孩子懂礼貌的好习惯这件事上，父母要有耐心，要循序渐进地去引导孩子，而不能指望仅用几句话就让孩子发生质变。

事实上，培养孩子懂礼貌的好习惯，是要从日常小事上入手的。比如，父母带孩子去其他小朋友家做客，孩子没有经过小朋友的同意，就自顾自地玩对方的玩具。这时候父母就要耐心地和孩子讲道理——不能乱翻、乱动别人的东西，要先经过主人的同意。又比如，孩子喜欢抢别人的东西，霸道又无礼，父母只要看到，就要告诫孩子这样做是不对的，他必须将东西还给他人，并且给对方道歉。

同时，想要培养孩子的礼貌习惯，父母就要不厌其烦地去提醒孩子，必须让孩子将某个规矩牢牢记在心里。

另外，父母也可以采取鼓励的方法来引导孩子知礼懂礼，如当孩子主动和长辈问好，对照顾他的保姆主动说"谢谢"的时候，父母就可以夸奖孩子说："做得真棒，你真是一个懂礼貌的好孩子。"及时对孩子的礼貌行为给予夸奖，孩子就会乐于去做这件事，也会自觉去做一个有礼貌的孩子。

（3）教孩子和人打招呼的技巧

有些时候，孩子之所以不打招呼也存在这样一种情况，即要打招呼的长辈较多，孩子内心很混乱，不知道该先和谁打招呼，于是只能不说话。

孙女士带着女儿然然到外婆家参加老人的六十大寿，当天，餐厅里聚集了很多人，有然然认识的，也有很多然然并不认识。孙女士将女儿带到了一些阿姨面前，并示意然然打招呼。然然看着这些陌生的阿姨一个个都直勾勾地看着自己，她不知如何是好，只能低着头，看着自己的鞋。孙女士感到很尴尬，用胳膊不断地碰然然，想让然然抬起头，礼貌地和各位阿姨问好。但然然虽然抬起了头，却依旧一言不发。

孙女士很不解，因为然然平时见到长辈，都会乖乖地问好。寿宴结束后，孙女士和女儿回到家里，孙女士问女儿："今天你怎么了，怎么不和阿姨们打招呼？"

然然说："有太多阿姨啦！妈妈也没有给我介绍都是谁，所以我真不知道该怎么问好。"

孙女士这才意识到是自己的失误，对于这种人多的场合，她应该教孩子如何打招呼的。后来又有一次相似的场合，孙女士吸取了教训，她为女儿介绍说："这是你表舅。"然然甜甜地说了一句："表舅好。"就这样，孙女士将孩子眼前的每一个人都介绍了一遍，孩子也一一打了招呼。

通过上面这个案例我们可以看到，当孩子不知如何应对的时候，父母要能够及时发现，并给予指导。面对人多的情况，孙女士的做法未尝不可。不过，如果孩子觉得一个个打招呼太麻烦，那么父母可以教孩子一个统一打招呼的说辞，帮孩子减轻心理负担。

如果孩子无法适应人多的场合，那么父母就应该慢慢引导孩子。比如，在人多的场合，父母可以先引导孩子向喜欢的人打招呼，等到第二次，引导孩子一次向两个人打招呼。这样一点点让孩子接受人多的场合，并能够从容地和每个人打招呼。

（4）不要放任孩子不礼貌的行为

哲哲已经上小学二年级了，却十分任性，说话做事从不考虑别人的感受，对小朋友们颐指气使，还常常与老师顶嘴。其实，哲哲这种性格与父母对他的放纵有关。

哲哲从小就有很多不良行为，如推搡其他孩子；抢别的孩子的玩具；到别人家做客跑来跑去；遇见长辈就像没看见；不管是在外面还是在家里，吃饭时永远将最喜欢的菜放到自己眼前……但哲哲的父母对孩子从来不加约束。

有不少亲戚朋友劝过哲哲的父母说：

"你们该管管哲哲了，他的某些行为并不好。"

"这孩子这么任性，又不懂礼貌，长大是要吃亏的。"

……

不过，哲哲的父母并没有将这些话放在心上，总是解释说："孩子还小，长大了就能懂规矩了。"等到哲哲上了小学，行为越来越无法无天，不仅对同学不礼貌，还不尊重老师，在学校里没有人喜欢他。此时，哲哲的父母才意识到，他们把哲哲惯坏了。

觉得孩子还小，不舍得管教，当孩子性格定型，再想管就难了，到时候只能后悔莫及。哲哲父母的做法，就是最好的警示。所以，父母从小就要对孩子的行为进行管教，孩子有任何不礼貌的行为，父母都应该重视起来。

（5）给孩子树立榜样

想要培养出懂礼貌的孩子，父母首先要做有礼貌的人。孩子在小的时候，其行为往往是模仿父母而来，如果父母能够做到处处有礼貌，那么孩子耳濡目染，也会有礼貌。比如，父母习惯热情地与人打招呼，常常对他人表示感谢，时刻敬老爱老，那么孩子就会学习父母的这些做法。

28

（6）不要在来客人时将孩子赶走

有些父母在家里来客人时，因为怕孩子吵闹，于是喜欢将孩子关在房间。其实这种做法是非常不利于孩子的社交的，有些孩子性格敏感，可能心里就会对父母的这种做法产生负面猜疑，如"父母不喜欢我出现在客人面前，他们不喜欢我"。有了这种想法后，孩子以后就会自觉回避客人，即使父母让他留在客厅，他也心生恐惧，不敢说话做事。

父母最明智的做法是，大方地向孩子介绍客人，向客人介绍孩子。询问孩子的意见，他是想留在客厅，还是自己去玩儿，这种做法能让孩子感受到尊重，也不容易让孩子胡思乱想。

（7）不要教孩子"假礼貌"

在培养孩子礼貌行为的时候，父母要认真严谨，不能放松态度，更不能出现可能会让孩子觉得虚假的行为。

生活中常见这样一种现象：饭桌上还剩最后一个鸡腿了，父母想让孩子懂得敬重长辈的道理，于是对孩子说："将鸡腿拿给奶奶吃！"孩子也听话地拿给了奶奶，但奶奶疼爱孙子，于是又将鸡腿还给了孩子，说："还是宝贝吃吧！"虽然此时父母会告诉孩子说："快谢谢奶奶！"但同样的事情如果经常发生，孩子就会产生"假谦让"的心理，虽然遇到类似的事情也会让让长辈，但心里可能并不是真的想让，他之所以会痛快地让，是因为知道最终这些东西还是自己的。

所以，父母要避免类似的教育，在涉及道德观、价值观等观念问题的时候，要态度明确，让孩子接收到正确的信息。

（8）不要强迫孩子向客人问好

在面对孩子不愿意向陌生人问好的时候，父母不要采取蛮横的态度，不要生拉硬拽，不要逼着孩子去打招呼，这样不仅不利于孩子学会礼貌待人，如果处理不当，还会激起孩子的逆反心理。通常面对这种情况，聪明的父母首先会问清楚原因，如果孩子不愿意说，也不强迫。过后再找机会和孩子平心静气地聊，如果孩子没有兴趣，就通过有趣的故事来给孩子上礼貌课。总之，培养孩子的礼貌行为一定是合理地劝说和引导，而非逼迫和吓唬，由此才能起到事半功倍的效果。

将孩子培养成知礼懂礼的孩子，可以帮助他成为更受欢迎的人，可以帮助他更好地去社交，去融入社会。没有天生不懂礼貌的孩子，只有不会教的父母，可见父母的教导作用之大。

教孩子养成良好的运动习惯

随着科技的发展，越来越多的孩子被电脑、电视、手机等产品吸引，以致长久地坐卧而不活动，其实，这对于孩子的健康是非常不利的。

法国启蒙思想家伏尔泰有这样一句至理名言："生命在于运动。"运动可以强健人的体魄，可以修养人的精神，所以，无论是成人还是孩子，都应该养成良好的运动习惯，并坚持一生。

萧伯纳是英国杰出的现实主义剧作家，他幼年时父亲就告诫他说："孩子，看看我的教训吧！我的生活习惯，你千万不要学！"萧伯纳的父亲晚年身体并不是很好，这与他早年的生活习惯有很大关系。他从不控制食欲，无节制地吃肉、喝酒、抽烟，最重要的是，他还不爱运动。

萧伯纳吸取了父亲的教训，在生活上严格约束自己，他不吸烟、不喝酒、不吃肉，甚至连茶和咖啡也不喝。他坚持吃粗面包和蔬菜，还注重体育锻炼。他不睡懒觉，每日早起，长跑、散步，还坚持洗冷水浴、游泳，有时，他也骑自行车，练习打拳。

萧伯纳七十多岁的时候，身体还非常健壮。有一次，他和当时世界著名的运动家丹尼住在同一家旅馆里，结果两人的作息表几乎一模一样：起床后洗冷水澡，然后游一会儿泳，接着躺在沙滩上晒日光浴，最后是散步。

萧伯纳晚年非常喜欢晒太阳，他在法国的里维拉和意大利度过了好几个冬天，在那里晒日光浴。他还在故乡的花园里建造了一间茅屋，茅屋能旋转，可以让他一年四季都得到阳光的沐浴。

萧伯纳常说："大夫不能完全将病治愈，只能帮助有理性的人不得病。人们如果都能规律地生活，合理饮食，那么就不会生病。"

萧伯纳一直活到了 **94** 岁，这都得益于他良好的饮食习惯和运动习惯。

孩子的身体健康一直是父母最关心的事，也常常听见父母抱怨："孩子太瘦了""孩子总是生病，体质太差""孩子的个子也太矮了，都不长个儿"……

因为孩子的身体问题，父母忧心忡忡。为了让孩子多吃一些、健康一些，父母变着花样给孩子准备餐食，想方设法给孩子补充营养。其实，父母应该意识到，除了在吃喝上给孩子补营养外，还应该加强孩子的身体锻炼。适当的运动不仅能增加孩子的食欲、强健孩子的体魄，还能打造孩子的"精气神"，让孩子变得有活力。

孩子的体质变好了，就会自动远离疾病，所以，运动对于孩子来说是非常有益处的，是孩子的活力之源、健康之本。

那么，父母应该如何在日常生活中培养孩子的运动习惯呢？以下是一些具体建议：

（1）激发孩子锻炼的兴趣

培养孩子锻炼习惯的第一步，就是激发孩子对锻炼的兴趣。只有孩子对锻炼有了浓厚的兴趣，孩子才能积极自主地去锻炼。

激发孩子锻炼的兴趣，一是要让孩子了解锻炼对自身的意义，如增强体魄，有益于身体健康等。二是要让孩子知道运动对社会的意义，如可以告诉孩子运动健儿可以为祖国争光等。

父母可以在日常生活中潜移默化地去培养孩子对体育的热情，如与孩子一起看体育频道的节目，观看奥运会、亚运会等比赛，也可以带孩子一起去打球、游泳，现场观看比赛等。激烈而火热的竞赛场面能冲击孩子的运动神经，让他们产生运动的欲望。三是要让孩子体验运动带来的舒畅感。没有运动过，就不能充分了解身体完全放松的那种愉悦和畅快，所以要让孩子体验运动的快乐，让孩子爱上运动。

（2）锻炼可以随时随地进行

让孩子运动和锻炼，并不一定要规定具体的时间和场所。在日常生活中，孩子其实可以随时随地进行运动。

清晨睁开双眼后，父母可以教孩子进行面部运动，用手轻揉眼、轻搓脸，全方位地按摩面部。接着手臂向两侧伸开，膝盖弯曲，向上踢踢腿。最后起身，两手扶床，拱腰，用力伸展胳膊、腰、腿的关节。早晨的伸展运动能帮助孩子活动筋骨，使身体轻快。

上学的方式有这样几种：走路、骑车、乘公交车、坐私家车。倘若学校离家不远，最好让孩子选择步行，距离稍远的，选择骑车，距离很远的，再选择公交车或私家车。换言之，就是能步行或骑车的情况下，不要选择坐车。因为孩子吃过早餐后，马上坐下会影响肠胃的蠕动，需要运动来促进消化，所以如果乘公交车，也不要急于坐下，可以站一站。

遇到需要乘坐电梯的情况，可以让孩子选择爬楼梯，爬楼梯可以训练孩子的肌肉、关节，对心肺也有好处。

叮嘱孩子课间不要继续坐在教室里，要到室外走一走，或做一些简单的课间操。适当进行运动，可以恢复孩子因长时间学习而损耗的精力。

放学后，不要让孩子一回家就瘫在沙发上或床上，而是做些力所能及的家务活。运动可以让孩子胃口大开，也可以放松孩子学习一天的紧张情绪，让孩子更好地入睡。

（3）让孩子经常伸伸懒腰

科学研究发现，伸懒腰的动作——手臂上举，肋骨上拉，深呼吸——可以减少内脏对心肺的挤压，利于心脏活动；可以促进全身血液循环，改善睡眠。也就是说，伸懒腰对缓解疲劳、改善体力都有帮助。

（4）了解运动锻炼的最佳时间和时长

父母要让孩子养成每日运动的习惯，但每日运动时间又不宜过长，1~2个小时为宜。

运动锻炼的最佳时间为早晨和放学后。如上所述，早晨起床后可以让孩子做一些简单的拉伸运动，除此之外，也可以让孩子养成晨跑的习惯，这样对孩子一天的精神状态都有好处。需要注意的是，时间长短与运动量的大小应视情况而定，不宜和上课时间离得过近，也不宜运动过量，以免影响孩子上课。

放学后可以让孩子做一些运动，但不宜做剧烈运动，尤其是饭前和饭后一小时。剧烈运动会使大脑皮层的运动中枢高度兴奋，从而抑制消化道的活动和消化腺的分泌。此外，剧烈运动会减弱胃肠的蠕动，减少消化腺分泌，降低胃肠的消化和吸收机能。所以，饭前和饭后立即剧烈运动是不合时宜的。

（5）制订适度的锻炼计划

要想让孩子养成运动的习惯，就需要制订明确的锻炼计划，锻炼计划要从耐力、韧力和体力这三个方面来进行。

①耐力锻炼

耐力锻炼主要是指有氧锻炼，通过此项锻炼，可以增强心脏功能。

虽然心脏里面都是肌肉，但是它不能直接进行锻炼，所以我们只能通过锻炼大的肌肉群来锻炼心脏。

锻炼大的肌肉群的运动有很多，如快步走、跑步、骑车、游泳等。

②韧力锻炼

韧力锻炼主要是指伸展肢体，伸展运动一般在吸氧锻炼前做，如跑步前拉伸身体，这种准备动作有助于肌肉放松。锻炼后可做整理动作，这种动作有助于消散乳酸，缓解身体的酸痛感。

③体力锻炼

体力锻炼主要是指对肌肉耐力的锻炼，如引体向上、俯卧撑、仰卧起坐和健美操等。在进行体力锻炼时要注意运动量，以防发生肌肉拉伤等情况。

总之，父母为孩子制订锻炼计划时，要针对孩子的实际情况，坚持适度的原则，不要过激，要让孩子一点点养成习惯。

（6）要做好充分的准备活动

准备活动一般是指在体育锻炼（包括比赛）前进行的一些运动，准备活动主要有以下三个作用：

①动员运动器官

一般准备活动前，人的身体比较僵硬，适当进行活动，可以促进新陈代谢，让手、脚等运动器官产热增加，温度升高。局部肌肉温度的升高，也可以进一步促进肌肉的代谢。通俗来说，就是正式锻炼前的准备活动，目的是就是将人的肢体活动开。

②动员内脏器官

人体内脏器官一般需要 3~4 分钟才能全部动员起来，因为运动少不了内脏器官的配合，所以需要通过准备活动来动员内脏器官。只有内脏和肌肉运动协调起来，才能更好地进行身体运动。

③预防运动创伤

体育运动前的准备活动可以预防运动创伤，因为当肌肉、关节和韧带得到充分舒展后，就能减少运动过程中的各种意外身体损伤，如手指和脚趾的挫伤、腰部扭伤等。

总之，父母培养孩子养成良好的运动习惯要有耐心，需要持之以恒地去督促，虽然过程艰难，但对于孩子的身体健康大有裨益，运动习惯一旦养成，可以影响孩子一生。

让孩子从小学会分享

一只乌鸦站在一棵大树上，嘴里叼着很大一块肉，因为肉的香味，许多乌鸦都围了过来。乌鸦们站在附近的树枝上，眼睛紧紧盯着叼着肉的乌鸦，争抢一触即发。

叼着肉的乌鸦早已飞得筋疲力尽，它很清楚，这么大一块肉，它是不可能一口吞下去的。想要细嚼慢咽更无可能，因为旁边聚集了一大群抢夺者。

叼着肉的乌鸦不知如何是好，只能和抢夺者们僵持着。然而，因为嘴里长时间叼着东西，这只乌鸦已经出现呼吸困难的症状。乌鸦有些坚持不住了，它身体不觉摇晃了一下，这一晃动，嘴里的肉瞬间就掉了下去。

一时间，所有的乌鸦都朝肉扑了过去，一场混战过后，肉到了另一只乌鸦的嘴里，抢到肉后，这只乌鸦快速地飞走了。其他乌鸦不甘示弱，也展翅急飞，紧紧追赶着抢到肉的乌鸦，这其中就有那只原本叼着肉的乌鸦。然而，它明显体力不支，被其他乌鸦远远地甩在了后面。

没过多久，抢到肉的乌鸦也飞得筋疲力尽了，在挣扎了一段时间后，那块肉也从它口中掉了下来。乌鸦们又陷入了抢肉的争夺战，一只乌鸦抢到了肉，急飞，后面紧紧跟着追赶的乌鸦……

乌鸦抢肉的故事值得我们反思，我们有时是否也和这些乌鸦一样自私、贪婪？当乌鸦们只顾着抢夺，一次又一次失掉肉时，它们为什么想不到一起分享那一大块肉呢？分享就都能吃到了，而费尽心力地抢夺，却不一定能吃到。所以，懂得分享，也是人生重要的一课。

何为分享？分享就是指将自己的东西慷慨地拿出来，和别人共同享受，包括物品、欢乐、幸福等。

分享就是告诉孩子，不能自私，不能独占，要学会和他人分享自己的东西。此外，遇到心仪的东西，也不要想着争抢，要和他人商量着解决。

蛮蛮7岁，在家里，爷爷奶奶和爸爸妈妈都十分娇宠她，只要是她喜欢的，他们就都满足她。蛮蛮喜欢吃葡萄，妈妈就经常给她买，每次看到洗好的一盘葡萄，蛮蛮就抓住盘子说："都是我的，你们不许吃。"

每当这个时候，爷爷奶奶，包括妈妈也会笑着说："嗯，我们不抢，都给你留着。"

因为他们的这种态度，蛮蛮的性格变得越来越霸道。有一天，邻居夫妻带着他们的小女儿来蛮蛮家做客。

两个小女孩在一起玩得非常开心，没多久就熟悉了。邻居家的小女孩带来了自己的几个芭比娃娃，都非常漂亮，蛮蛮看了非常喜欢。邻居家的小女孩看见蛮蛮喜欢，就说："这两个芭比娃娃给你，我们一起玩儿。"蛮蛮很开心，两个小女孩愉快地玩起了"过家家"的游戏。

过了半个小时，卧室里突然传来哭声，两位妈妈赶快跑了过去。原来，是邻居家的小女孩哭了，因为蛮蛮不让她碰自己的独角兽玩偶，还从她手上蛮横地抢了过去。小女孩委屈地说："我们不是说好一起玩儿的吗？我都给你玩我的芭比娃娃了，你为什么不让我碰你的独角兽？"

蛮蛮气呼呼地说："我就不许你玩儿，这是我的。"

邻居家的小女孩一听，也生气地说："我也不和你玩儿了。"

这个场面让蛮蛮爸妈觉得很尴尬，他们为女儿的行为感到羞愧，他们试图劝说女儿和小伙伴一起分享玩具，但发现难以奏效。最后，邻居夫妻带着女儿回去了，而邻居家的小女孩此后再也没有来找蛮蛮玩儿过。

案例中的蛮蛮不懂得分享的道理，这显然会影响她的交友和成长，为此，蛮蛮的父母应该引起重视。让孩子学会分享，这需要父母从生活中的点滴小事上启迪孩子，只有孩子学会了分享，才能得到更多朋友的喜爱。诚然，没有人会喜欢自私的孩子，也没有孩子天生就自私，这都在于父母的教育。

孩子最可贵的就是心灵，只有心灵美好了，孩子才能更好地成长。现在，许多父母都有溺爱孩子的习惯，对孩子大包大揽、百依百顺。然而，这种做法非常容易造成孩子以自我为中心的心理，使其变得自私，不懂得关心他人。所以，父母要适当改变自己的教育方式，注重对孩子的心灵教育，要让孩子懂得分享的意义。

具体来看，父母可以从以下几方面来进行分享教育：

（1）通过谈话和活动对孩子进行教育

父母可以选择一些合适的时间，与孩子好好聊一聊，让孩子对分享行为有一个明确的认知。如果父母觉得讲道理枯燥，孩子不愿意听，那么也可以找一些关于分享的童话故事，通过讲故事的方式来教育孩子。此外，父母可以带孩子参加一些有意义的活动，在活动中对孩子进行分享教育。

（2）让孩子明白分享不是失去

孩子不愿意将自己的东西分享给其他孩子，是因为他可能认为给了其他孩子，东西就不是自己的了。对于这种情况，父母要和孩子讲清楚，东西只是暂时给其他孩子玩儿，还是属于他的。

当然，有些东西给了别人就拿不回来了，例如零食。针对这种情况，父母要让孩子明白，一起分享零食是小伙伴之间的一种友好行为，如果他愿意将好吃的东西分享给小伙伴，那么小伙伴也会愿意将自己的零食分享给他。

（3）父母要以自己的言行感染孩子

想让孩子学会分享，父母自身就不能吝啬。在生活中，父母要和左邻右舍友好相处，经常互动，分享美食和用具，让孩子看到父母的分享行为。父母的榜样作用对孩子的影响是非常大的，只有父母以身作则，孩子才能从内心深处接受分享的行为。

总之，让孩子学会分享，能帮助孩子更好地交友、处世，能让孩子的心灵变得更加美好。让孩子学会分享，是每一个父母的必修课。

【父母学堂】

约翰·洛克是英国著名的教育家，在孩子的教育问题上，他倡导自由教育、健康教育和道德教育。关于孩子的身心健康问题，他有以下建议：

①孩子穿衣服不宜过厚或过紧。许多家长都怕孩子冻着，但很多教育专家指出，小孩子其实并没有那么怕冷，所以给孩子穿衣，不宜过厚或过紧。

②多让孩子进行户外活动。成长中的孩子多呼吸新鲜空气对身体有益，所以父母要多带孩子进行户外活动。

③让孩子自然地成长。父母不应对孩子的成长过分干涉，尤其是不应用性别来约束孩子的兴趣爱好，固定孩子的思维，而要让孩子自然地成长。

④孩子的饮食宜清淡。孩子的食物要以清淡为主，尽量不要添加过多调味品，尤其是糖。总之，要尽量避免刺激性的食物。

⑤睡眠习惯和床铺选择。父母要培养孩子规律的睡眠习惯，让孩子早睡早起，保证充足的睡眠。此外，孩子的床铺不应过软，要选择硬一些的床垫，硬床有助于孩子身板长得挺拔。

⑥不要轻易吃药。有些家长通过吃药来帮助孩子预防疾病，这种做法其实并不好，父母可以用锻炼来增强孩子的身体素质。此外，不要在孩子有一点儿不舒服时就让其吃药。

第三章 越玩越出色，让孩子在玩中成长

爱玩是孩子的天性，不要扼杀孩子的游戏能力

许多父母经常因为孩子贪玩而训斥孩子，生活中也常常能听到这样的话："就知道玩儿，不知道学习。""别玩儿了，复习功课去。"……

爱玩是孩子的天性，父母应该尊重孩子这种天性，而不是一味反对孩子玩儿的行为，尤其在学习上，不能只强调学习，而忽视孩子玩儿的自由。

中国著名的儿童教育家陈鹤琴先生说："各种高尚的道德，几乎都可从游戏中学得。什么自治，什么克己，什么忠信，什么独立，什么共同作业，什么理性的服从，什么纪律等，这种种美德的养成，再没有比游戏这个利器来得快、来得切实。"

俄国教育家马卡连柯说："游戏在儿童生活中具有极其重要

的意义，它也具有与成人活动、工作和服务同样重要的意义。"

捷克教育家夸美纽斯说："游戏是发展各种才能的智力活动，是扩大和丰富儿童观念范围的有效手段。"

聪聪的妈妈是一个懂得劳逸结合的妈妈，也是一个喜欢跟儿子做游戏的妈妈。周末的时候，妈妈从来不要求聪聪没完没了地学习，如果聪聪做题做得疲劳了，妈妈就会让他休息一会儿，他们会一起玩游戏。

妈妈和聪聪经常玩一个关于扑克牌的游戏，妈妈从54张扑克牌中抽出三张不同的牌，依次摆放到桌子上，然后妈妈让聪聪从三张牌中选择一张，记住花色、位置等信息。聪聪记好后，妈妈将三张牌翻了过去，之后妈妈开始调换三张牌的位置，并叮嘱聪聪仔细观察。

调换几次位置后，妈妈会让聪聪找出他选择的那张牌。如果聪聪答对了，妈妈会真心夸赞聪聪，如果答错了，妈妈会鼓励聪聪，然后继续练习。有时候，妈妈也会和聪聪互换角色，让聪聪调换牌的位置，妈妈来记。

妈妈为了训练聪聪的记忆能力，还会一点点增加游戏的难度，如增加牌的数量、增加调换次数及加快变换位置的速度等。

和孩子一起做游戏，不仅能使父母和孩子的关系变得亲密，还能间接训练孩子的观察力、注意力、反应力和记忆力。所以，只要父母选择好游戏，就能达到寓教于乐的目的。

由此看来，有益的游戏不仅不会对孩子产生坏的影响，还能对孩子身心素质的全面提升起到帮助作用。下面我们就来看一看游戏对于孩子的诸多益处。

其一，游戏有利于孩子身体的发育。

孩子在进行游戏时，能充分调动起身体各方面的机能，如奔跑、跳绳等，就能调动手、脚等各关节一起运动。

通过运动，孩子的身体会变得结实，身体协调能力也能变得更好，这对促进孩子身体的发育具有明显的作用。

其二，游戏有助于孩子智力的提升。

孩子的游戏多种多样，丰富的色彩、图画和各种形状，都能提升孩子的观察力和感知能力。一些益智玩具的组合、拼凑，更能提升孩子的想象力和创造力。一些具有挑战性的游戏，能激发孩子思考，训练孩子解决难题的思维。总之，通过不同的游戏，孩子的智力也能得到一定的开发和提升。

其三，游戏有利于孩子情绪的调节。

当孩子置身于游戏之中的时候，他的世界里就只有他自己，没有任何外在的压力和强迫，所以孩子身心会放松，会感到愉悦。

此外，游戏可以安抚孩子的情绪，当孩子愤怒、暴躁、抑郁、恐惧时，通过游戏，他能适度排解这些消极情绪，让情感趋于稳定、平和。

其四，游戏有利于孩子社交能力的提高。

孩子和成人一样都有交际需求，只是孩子因为年龄、知识、经验等的限制，不可能真正参与到社会活动中。通过观察可以发现，很多孩子都喜欢通过游戏来体验社会活动，如孩子经常玩的"过家家""角色扮演"游戏。通过这种模拟游戏，孩子扮演着自己喜欢的人物、角色，表演着他们看到的成人社交的场景。在游戏中，孩子就能了解各类人物的行为准则和相互之间的关系，提升人际交往的能力。此外，孩子也将通过这种模拟游戏，获得合作、义务、责任、集体等意识，对孩子社交大有助益。

其五，游戏有利于孩子自信心的增强。

孩子通过游戏，挑战某项任务或目标，这个过程就是孩子验证自己能力的过程。通过不断地尝试，赢得胜利，孩子对自己的能力会更加确信，从而增强自信心。

孩子们一起进行游戏时，每个孩子都会竭尽全力，充分发挥自己的能力。在与其他孩子的比较中，孩子能发现自我优势，并建立自信。

总之，通过游戏，孩子能够慢慢地检验自己的能力，发现自我优势，增强自信心。

鉴于游戏对孩子的身心发展有诸多益处，父母应该适当地让孩子游戏、玩耍。具体来说，父母可以从以下细节入手，来发挥游戏对于孩子的益处。

（1）让孩子玩他想玩的游戏

在玩游戏这件事情上，父母要完全尊重孩子的选择。只有让孩子玩他想玩的游戏，他才能乐于玩，乐于开动脑筋，从而玩出快乐，玩出智慧。

如果父母不尊重孩子的选择，强迫孩子玩他不想玩的游戏，那么孩子很可能产生抵触心理，就算玩也玩得不开心，感受不到思考的乐趣，更无法获得达成目标的成就感。

所以，父母要让孩子自由地选择游戏，玩什么、怎么玩，都由孩子做主，不要给孩子设定"哪些不许玩，哪些可以玩"的规定，让孩子真正去享受游戏的乐趣。

（2）合理安排游戏的时间段和时间长短

父母要合理安排孩子游戏的时间段、时间长短和游戏项目。一般来看，早晨和上午是人精力充沛且精力较集中的时段，所以这个时间应该安排孩子学习。学习之后，父母可以让孩子通过游戏放松。专家认为，孩子学习和游戏的时间的比例应该为1:1，所以，父母要注意让孩子劳逸结合，不能一直让孩子学习，也不能一直让孩子玩儿。

下午可以安排孩子进行一些比较激烈的身体游戏，如踢球、游泳、跳绳、攀岩等，让孩子尽可能地伸展四肢，活动身体。

晚上不宜再进行激烈的游戏，因为过度激烈的游戏会使孩子的身体和心理一直处于亢奋的状态，从而影响睡眠。晚上适合做一些安静的游戏，比如给孩子讲故事，让孩子的身体和心理都渐渐平静下来，从而更好地休息。

（3）陪孩子一起做游戏

许多父母在教育孩子上都很用心，会为孩子精心选择用品和玩具，希望对孩子的成长有所帮助。

商场里的孩童玩具五花八门，应有尽有，这也成了父母选择的难题。父母反复比较、分析，最终给孩子买回了很多他们觉得适合孩子年龄段的玩具，然后让孩子尽情玩耍。

其实，给孩子选好玩具后，并不意味着父母可以置身事外了，父母应该意识到，玩具只是孩子的一种游戏工具，玩具没有生命和感情，无论其功能多么完善，它也满足不了孩子情感交流和互动的渴望。所以，父母应该抽时间陪孩子一起做游戏，而不应让孩子一直自己玩儿。

有些父母或许会觉得陪孩子一起做游戏很幼稚，觉得没有必要。但事实上，陪孩子一起做游戏不仅可以拉近父母和孩子的关系，让孩子感受到父母的爱，还能帮助孩子认知事物、学习知识、提高能力、健全心理，其益处是很多的。

父母要认真地陪孩子做游戏，不能敷衍应付，那样会使孩子觉得扫兴、伤心，会降低孩子玩游戏的热情。父母要真正地进入孩子的游戏中，积极配合孩子，引导孩子，让孩子感受到游戏的乐趣，体验到思考的快乐和挑战的意义。最后，父母需要注意的是，不要单方面强行终止游戏，要与孩子商量，尊重孩子的意愿。

（4）鼓励孩子参加集体游戏

父母要鼓励孩子参加集体游戏，通过与其他小伙伴一起玩耍，孩子能够建立合作意识。在集体游戏中，孩子不再是游戏的唯一主角，也不再拥有游戏的完全主导权。想要完成整个游戏，就需要孩子们相互交流、配合，只有每个孩子都完成好自己的那部分，整个游戏才能最终完成。所以，与单独游戏相比，集体游戏更能考验孩子的协调能力和配合能力。

不过，集体游戏经常存在一个问题，即孩子们会发生争吵，甚至有时候游戏没有结束，就会闹得不欢而散。究竟是什么原因造成这种现象呢？总结来看，是因为孩子不懂得人际交往的基本素养。

人际交往的基本素养就是礼貌，礼貌具体体现在说话和做事上。即使是小孩子之间，说话也应该礼貌一些，请人帮忙多用"请"和"谢谢"，伤害了朋友多说"对不起"和"请原谅"等等。在做事时，要学会礼貌谦让。具体来看，一起游戏时，孩子只有懂得"分享""轮流"和"等候"的道理，才不会抢着去玩儿，以致发生争吵。

所以，培养孩子懂礼貌的思想品质和行为习惯，是孩子能够好好参加集体游戏的基础条件之一。父母一定要注重培养孩子的礼貌意识，让孩子积极主动进入到其他孩子的群体中去，与其他孩子一起游戏，一起提升协调配合的意识和能力。

（5）帮助孩子远离不良游戏

父母应该注意到，现在市场上的游戏良莠不齐，有对孩子身心发展有益的游戏，也有对孩子身心发展不益的游戏。所以，在孩子接触某一类游戏时，父母要给予关注，如果发现孩子在玩不良游戏（有关性、暴力等游戏），一定要及时疏导、劝诫，让孩子意识到这类游戏的坏处，自觉远离这类游戏。在劝诫孩子时，不要一味地强硬制止，这样容易让孩子产生逆反心理，即越不让玩越想玩。劝诫应该建立在合理的疏导上，一方面父母要讲清楚这些游戏是不好的，另一方面父母要引导孩子去接触更有意思的、更健康的游戏，转移孩子的注意力。

只要家长肯动脑筋，学习就可以变成游戏

生活中经常能听到家长们长吁短叹，抱怨孩子沉迷游戏而无心学习。

为什么孩子会喜欢玩游戏，而不喜欢学习呢？究其原因，就是趣味性。

游戏有趣，所以孩子喜欢，而学习往往枯燥乏味，所以孩子不喜欢。

在古代，人们发明了一种十分折磨人的刑罚——把很多石头搬到一个地方，然后再搬回。比起一些针对身体的残酷刑罚，这种刑罚看似简单，但却比身体惩罚更残酷。因为让一个人几十年如一日地重复这种单调的、没有丝毫乐趣的劳动，人们的心理会难以承受，会痛苦到发疯、自残，甚至自杀。

由此可见，无论做任何事情，趣味性都是重要的因素。感受不到乐趣，或被逼迫去做某件事情，人们就会感到痛苦。比如学习这件事情，很多父母看到孩子不愿意学习，所以逼迫着孩子学，孩子痛苦，父母也痛苦，而逼迫着学的效果往往并不理想。其实，父母更应该看到孩子不愿意学的内在原因，想一想为什么孩子会把学习当作一件苦差事而自己又该怎样去调动孩子学习的积极性。

孩子厌学的原因多种多样，不同年龄段、不同性格的孩子厌学的原因也各有不同，但相同的一点就是学习是一件相对来说较为枯燥的事。所以，父母只要想办法将学习变成一件有趣的事情，孩子的学习积极性就能被充分调动起来。

如何将学习变成一件有趣的事情呢？最有效的方法就是将学习与游戏结合起来，让学习变成孩子感兴趣的游戏。在这一点上，有的老师就做得很好，他们能将知识融进游戏，让孩子在玩中学习、记忆。比如有的数学老师想教孩子算术题，于是他准备了很多水果卡片，还准备了小篮子，通过向篮子中放水果的游戏，让孩子学习了简单的算数知识。

将学习游戏化，就是改变孩子认为学习枯燥的认知，在学习内容不变的前提下，让学习形式变得活泼、有趣，以此来吸引孩子的注意力。

怎样具体地去将学习游戏化呢？以下方法父母们可以参考：

（1）巧用猜谜游戏，增强孩子的认知

贝贝是个6岁的小男孩，他的父母非常注意对他的日常教育，无论在家还是出门，他的父母总会想一些小游戏来加强孩子的认知。

贝贝的爸爸最喜欢和贝贝玩的一个游戏就是猜谜，贝贝有很多关于车的卡片，爸爸经常让贝贝猜上面都是什么车，对于常见的公交车、小汽车，贝贝都能猜对，但也有很多车贝贝猜不对，如吉普车，于是爸爸就为贝贝讲解，贝贝也听得很认真。

不仅如此，无论什么时候，只要看到有贝贝不熟悉的车辆经过，爸爸就会问贝贝："你猜一猜这是什么车？"

贝贝每次都兴趣盎然地猜，恨不得将自己熟悉的车都说一遍，这样一来，贝贝知道的车的种类越来越多，而且都是主动去记忆的。

猜谜这个游戏操作起来并不难，只要利用好，孩子就能在趣味中有所收获。在学习中，如果孩子不喜欢预习功课，父母就可以和孩子玩猜谜游戏，让孩子猜一猜第二天老师上课会讲什么，如果孩子猜对了，父母可以稍微给予奖励，鼓励孩子养成预习的好习惯。同样，猜谜游戏也可以运用到复习、考试中去，让孩子既得到游戏的乐趣，又能养成主动学习的习惯。

（2）利用卡片帮助孩子记忆和背诵

小孩子对于汉字的学习往往很抵触，不愿意长时间坐下来认真地写，更不会认真地记忆和背诵。针对这个问题，父母可以通过有趣的卡片游戏来引导孩子学习。将一个个生字变换成一张张色彩各异的卡片，让孩子通过游戏去找字，这样就很容易完成孩子对汉字的学习。

此外，孩子学习拼音、英语单词，也可以采用卡片的形式。其实，卡片游戏可以千变万化，只要父母愿意去想，孩子就能通过卡片游戏学到知识。在进行卡片游戏时，父母一定要注意变化游戏形式，不能总是一种游戏反复用，这样容易使孩子厌倦。

（3）通过找错游戏，激发孩子对习题集的兴趣

一些报纸、杂志上经常会设置一些找错游戏，这些找错游戏，不仅家长喜欢，孩子同样也喜欢。更令人吃惊的是，一些很难发现的错误或是成人不易找到的错误，有些孩子几乎用不了多久就能找到。这种找错游戏能充分调动孩子的好奇心，让孩子乐于主动去思考。

父母可以利用找错游戏来激发孩子对习题集的兴趣。孩子不愿意做习题集，父母可以将习题集中的某几道题变一变，如

将某个位置的加号变乘号，减号变除号，在答案不变的情况下，让孩子找出题中的错处。习题变得有趣了，孩子也自然更愿意去做。

另外，家长在辅导孩子做题时，也可以故意说错公式或某个答案，让孩子去发现，去告诉你正确答案。当孩子发现大人说错时，而且自己知道正确答案时，会变得兴奋起来，会愿意带着"老师"的态度教大人学习，由此一来，学习就会变得主动，因为孩子想要在父母面前好好表现。

（4）利用拼图游戏，让孩子记住本国地图和世界地图

长久以来，拼图游戏都深受孩子的欢迎。拼图游戏的魅力就在于拼的过程，琢磨、思考、尝试，通过这个过程锻炼观察力、记忆力和思考力。

有些孩子对地理学习兴趣全无，也根本不关心本国的地形地貌和世界各国的分布情况等，针对这种情况，父母可以购买一些相关的地图拼图。让孩子在拼凑的过程中，认识祖国的各个省份、各个地区，认识世界各国的地理位置、世界各大洋的分布，在游戏中，孩子会很乐意去记忆这些地理知识，而且通过拼图，记忆也会更加深刻。

（5）选择有趣的文具，增加学习的乐趣

想把学习游戏化，就要考虑游戏的特征，比如玩具的色彩性、奇特性。学习文具就好比游戏中的玩具，文具太古板、太

无趣，自然也引不起学习的兴趣。尤其在给低年级孩子选择文具时，父母要注意文具的卡通性，比如，可以挑选绘有孩子喜欢的动画片形象的文具盒，可以挑选动物或水果形状的橡皮，可以买一些可以折叠、发声的图画书，等等。让多姿多彩的文具为学习增加趣味，让孩子喜欢写、喜欢画、喜欢读。

（6）做自己的对手，挑战自己的记录

马拉松比赛全长42.195公里，想要取得比赛的胜利，除了需要拥有超强的意志之外，还需要有良好的心态。一般来看，从起跑开始，选手几乎都已经确定了自己的频率，即用何种速度跑多少里程，什么时间慢跑，什么时间冲刺。如果在这个过程中，选手被前面的选手影响，一心想要超过对方，那对方就会不自觉地破坏自己的频率，最终很难获胜。也就是说，当我们过多地把精力放在对手身上时，我们就很容易走向失败。

生活中的很多事情都是这个道理，学习亦是。如果孩子一味地盯着学习好的同学，只看得到别人的高分，而不注重自己的努力，那么孩子就会越来越消沉，成绩也会越来越差。父母要引导孩子做自己的对手，去挑战自己，超越自己。具体来看，如果孩子昨天做一本试卷的时间是1小时，那么父母就可以让他尝试今天缩短时间，让他试着挑战自己的时间记录。如果孩子上一次考试考了80分，父母就可以让孩子将80分的自己看作竞争对手。诚然，这也是促进学习的一种有效的方法。

（7）用抽签的方式，对付学习磨蹭的孩子

生活中经常会遇到这样的状况，兄弟姐妹们正在一起欢乐地玩耍，突然父母过来想让一个孩子去办某件事。孩子们谁都不想去，所以互相推诿，而且各有各的理由。父母很为难，不想伤害任何一个孩子，但事情又必须得办，于是常常让年龄较大的孩子去办。不过，较年长的孩子心里也会有抵触情绪，对父母的命令虽然听从但内心却不高兴。

其实，面对这种状况，父母完全可以采用抽签的方式。抽到签的孩子不会抱怨，也不会再推诿，会立即去做某事。抽签的方式之所以能让孩子接受，而父母的命令孩子却不愿意接受，这是因为抽签不仅公平，而且是一种有意思的游戏，作为游戏，孩子们会自觉尊重游戏规则。

父母也可以用抽签的方式来对付不愿意学习的孩子。有些孩子眼前放着书本，手里拿着笔，就是不愿意马上写作业。父母催促，孩子会说："数学也要写，生字也要写，这么多，我不知道写哪个？"父母知道孩子就是不愿意写，于是更加催促，让孩子先写某一科，但某些孩子还是扭扭捏捏，不情不愿。父母可以这样对孩子说："写哪个呢，你是现在写还是一会儿写，我们抽签决定好不好？"听到抽签，孩子一定会感兴趣。父母可以将签做得稍微多一点儿，内容也丰富一点儿，比如，可以放一些"休息5分钟""吃水果""写一篇生字奖励一块糖"等内容的签，让孩子领略到抽签游戏的乐趣，提高写作业的积极性。

（8）通过猜拳等游戏，增加学习的乐趣

猜拳游戏由来已久，这种游戏不需要任何道具，简单易行，适合父母和孩子进行。如何将猜拳游戏应用到学习中呢？其实，从很早以前就有"猜拳小九九"的游戏。

玩这个游戏时，父母可以用手比画出两个手势数字，并告诉孩子相应代表的数字，让孩子尝试学习自己比画，并快速说出两数相乘的结果。猜拳游戏对帮助孩子学习"九九乘法表"十分有用，父母可以在闲暇时间陪孩子反复进行，这样孩子就能在游戏的愉快氛围中学会"小九九"。

把学习和日常生活联系起来

许多厌学的孩子并不是天生讨厌学习，而是不知道学习的意义。生活中也经常能听见孩子这样问父母："学习有什么用？"面对这个问题，许多父母也不知如何回答。所以就出现了一些常见的回答模板，如"只有好好学习，将来才能有出息""如果不好好学习，将来就要吃苦"，等等。

或许，这些千篇一律的回答能对某些孩子起作用，但还是会有一些孩子迷茫，他们依旧搞不懂学习某一科知识究竟有什么用处，不学又有什么关系。所以，父母想要让孩子自觉主动地投入到学习中，就要让他们知道所学与生活是密切相关的，学习的内容对他们来说都是切实有用的。

（1）让孩子参与制订家庭旅游计划，培养孩子学习的兴趣

思思上小学二年级，是个比较乖的小女孩。在学习上，她的数学和语文成绩都不错，但唯独不爱学英语。思思的父母学历都较高，英语水平也都还不错。对于思思不爱学习英语的情况，思思的父母很重视，但说教了几次，效果并不理想。通过与女儿谈心，思思妈妈终于明白了女儿不重视英语学习的原因，即女儿觉得学习英语没有什么用，因为她日常接触的都是中国人，根本见不到外国人。针对女儿的这一心理，思思父母觉得有必要带女儿出国走走，于是他们去了美国。在美国游玩期间，思思爸妈总是大方地与外国人交谈，也主动接近有孩子的夫妻，思思很想和外国的小孩子一起玩耍，但她根本听不懂对方在说什么，也无法表达自己的想法，因为她只会说几个简单的单词。旅行归来后，思思学习英语的热情一下子就提高了，还发誓要将英语学得和爸妈一样好，下次去国外好找外国小朋友玩儿。

通过案例可以看到，一场国外之旅，便激发了思思学习英语的热情。由此可见，在生活中，父母通过这样一些实际做法来激发孩子学习的兴趣是可行的。比如，孩子对地理学习不感兴趣，父母就可以在制订旅行计划的时候让孩子参与其中，让孩子来选择旅行的目的地和观光点，这样就能促使孩子去翻地图，研究区域地理。这样几次下来，孩子就有可能对地理课产生兴趣。

（2）言传身教，用自己的求知态度来引导孩子

某位作家回忆说，他的爸爸非常喜欢做剪报，在他小的时候，他的爸爸也常常让他帮忙一起做。做剪报的时候，小小年纪的作家会去读内容，虽然很多东西他都看不明白，但作家说，他不知不觉地也学习了很多知识。而且，作家的爸爸孜孜不倦的求学精神，也感染了作家，使他对很多东西都产生了兴趣，这为他日后成为作家奠定了基础。

由此看来，父母的影响对孩子是非常大的，如果父母在日常生活和工作中始终保持积极求知的态度，那么孩子也会充满求知欲。所以，父母可以通过自己的言行，来引导孩子多思多问。

（3）带着浓厚的兴趣，与孩子一起参观、学习

许多父母会在周末或假期的时候带孩子去博物馆或天文馆参观，孩子对这种活动往往兴趣浓厚。不过，父母在这个过程中往往自己兴趣不大。可能有些父母觉得参观主要是为了让孩子开阔视野、增长知识，而自己有没有兴趣并不重要。这种想法大错特错，父母的态度会直接影响到孩子，父母没精打采，孩子也容易失去兴趣，父母兴趣浓厚，孩子也会表现出极大的兴趣和学习热情。而且，父母和孩子一起参观、学习，必要时为孩子讲解，也是教育孩子的一个绝佳时机。

（4）每天争取几分钟时间，与孩子一起坐下学习

工作需要氛围，学习更需要氛围，有些孩子一回到家就不想学习，其中一个原因就是家里没有学习的氛围。在学校，有老师和同学的带动，孩子会容易投入到学习中，但家庭中就明显缺少这种带动。所以，不管父母多忙，都应该尽量抽一些时间坐下来与孩子一起学习，给孩子制造最佳的学习氛围。这个时间不用太长，哪怕只有十几分钟，孩子也能受到感染，进入学习的状态。

（5）和孩子一起读有益的课外书

有些孩子就是不喜欢学习，对课本知识丝毫提不起兴趣，对于这种孩子，父母不能心急，也不要强逼，这样会造成孩子的心理负担，要循序渐进地培养孩子的学习兴趣。

如果孩子内心非常抵触学习课本知识，父母可以引导孩子读一些有益的课外书。有些孩子虽然对课本反感，但对课外书却非常感兴趣。既然有兴趣，父母就要充分利用起来，通过课外书来培养孩子的学习兴趣。

在课外书的选择上，父母要格外用心，一些国学经典和成语、寓言故事等，都比较适合低年级的孩子，比如，《弟子规》《论语》《经典成语和寓言故事》等。

（6）多带孩子逛逛书店，看看不同种类的书

童童8岁，上小学二年级。从他五六岁的时候开始，他的

妈妈便经常利用闲暇时间带童童去书店。儿童书籍色彩艳丽，多种多样，童童每次都能驻留好久，安静地选书、阅读。童童的妈妈认为，让孩子多看看书是好的，通过接触不同种类的书，孩子的见识也会愈加开阔。所以，偶尔逛超市的时候，童童也喜欢去书籍区看书，而且只要童童喜欢，童童妈妈一般都会给他买。现在，童童已经形成了每个月去两三次图书馆或书店的习惯。

多带孩子去图书馆或书店，可以让孩子接触到不同种类的优秀书籍，也许一开始孩子只喜欢看图画书或故事书，但渐渐地孩子也会尝试去翻阅其他书籍。当然，父母也可以适当地引导孩子去读一些其他类别的书，比如科普书籍等。总之，让孩子爱上读书，孩子就能走进一个奥妙无穷的知识世界。

（7）孩子难以理解的书籍，父母要为孩子认真讲解

孩子五六岁的时候，因为识字不多，所以无法阅读一些故事书，这时候多是由父母讲给孩子听。当孩子长到七八岁的时候，上了小学，很多父母就不再给孩子讲故事了，甚至不会帮孩子进行阅读。然而，低年级的孩子认知依旧有限，很多书籍他们不可能完全看得懂，此时仍然需要父母给予必要的讲解、说明。

父母多陪孩子做游戏，有助于亲子关系的和谐。下面介绍一款简单易行的亲子游戏——"开火车"游戏。

此游戏最少需要三人参加，父母和孩子可以一起进行，也可以邀请爷爷奶奶或姥爷姥姥等人一起参与其中。下面我们以三人为例，具体讲解一下游戏的规则：

三人围着坐成一圈，每人选择一个站名，通过对话让"火车"开动起来。

例如，爸爸选择当长春站站长，妈妈选择当天津站站长，孩子选择当厦门站站长。

选择完毕，游戏正式开始。

爸爸一边拍手一边说："长春的火车要开了。"

全家一齐拍手，妈妈和孩子一起问："往哪开？"

爸爸一边拍手一边说："往天津开。"

天津站的妈妈需要接口说："天津的火车要开了。"

爸爸和孩子一起问："往哪开？"

妈妈拍手说："往厦门开。"

厦门站的孩子则要说："厦门的火车要开了。"

爸爸和妈妈一起问："往哪开？"

……

如此反复，速度可以越来越快。游戏时要特别注意节奏，如果有人错了，也可以制定一种简单的惩罚，让游戏变得更有趣。

"开火车"游戏可以训练孩子的注意力和反应力，也可以充分活跃家庭气氛，非常适合父母和孩子一起进行。

转变时期最关键

　　这个时期是孩子从低年级向高年级过渡的阶段，有着承上启下的重要作用。此时期的孩子玩的天性开始消退，注意力和做事的目的性增强，思维能力也正在发生变化。此时期，孩子可以胜任更加复杂的学习任务，同时对孩子道德和能力的培养也要加紧进行。

第四章 做事先做人，做人先立德

抓住教育契机，让孩子懂得孝道

中国十大元帅之一、无产阶级革命家陈毅是一位大孝子。早年他投身革命的时候，不得已要经常远离家乡，为了不让父母担忧，他总是想方设法给家里捎信，把自己的近况告知父母，问候父母的情况，并向他们灌输革命思想。新中国成立后，陈毅每月都会寄给父母足够的生活费，而且无论工作多么繁忙，都会抽空给父母写信，与父母聊聊近况。

1962年，身任中华人民共和国国务院副总理、外交部长等要职的陈毅在工作时途经家乡。此时的陈毅已62岁，他的母亲已年过八旬，住在陈毅成都弟弟家中养病。当天下午，陈毅与妻子前去看望老母。老人由于患病，经常大小便失禁。陈毅到母亲房中，正赶上母亲刚换下一条尿湿了的裤子。母亲不想被儿子看到这一场景，就连忙使眼色，示意照顾她的那位护工赶紧把尿湿了的裤子藏起来。慌忙之中，护工将裤子扔到了床下。

陈毅拉住母亲的手问道："娘，您把啥子东西扔到床下了？"

母亲连连摇头说："没啥子，你不要管。快坐下，咱们谈点儿别的吧！"护工也连连摇头说："真的没什么！"

陈毅笑了笑，对母亲说："娘，您怎么还瞒着儿子呀？"说着，他弯下身去，要看个究竟。母亲见儿子执意探究，只好把实情说了出来。

陈毅听后，心里很不是滋味，他说："娘！您身体一直不好，我不能在您身边侍候，心里已经非常愧疚了。这种事情有什么好藏的呢？！"

说着，他一边拿过裤子一边对护工说："我母亲重病在床，你们照顾起来不知有多辛苦！今天，就让我来洗吧！"

护工坚决不让，母亲也赶紧阻拦。陈毅诚恳地说："娘，我不是做做样子的，我小时候，您什么事情没为我做过，不怕脏、不怕累，我无论如何也报答不了您的养育之恩。您就答应了吧。"接着，他对妻子笑道："我们家乡流传着这么一句话：'婆媳亲，全家和。'你这个媳妇长年没有照顾婆婆的机会，也该尽点儿孝道。今天就让我们俩一起来洗这条裤子吧！"

百善孝为先，一个连孝道都不懂的人就不配为人了。在对孩子的品德教育中，让孩子从小懂得孝敬父母是重中之重。

"孝道"是道德教育的重要组成部分，是做人的基本要求，是一个人为人处世的根本。一个人只有懂得了孝敬父母，才有可能拥有关心他人、热爱祖国等其他美好品德，所以孝顺是一个人处理人际关系的第一步。中国是一个历史文化源远流长的国家，中国人历来重视孝道。孝敬父母已经不只是一种伦理道德，它也关系到一个人是否具有感恩之情，是否具有仁爱之心，更关系到几代人以至一个民族、一个国家的素质。

教育孩子孝敬父母，既可以让父母获得尊重，更可以让孩子成长为受人喜爱、受人尊重的堂堂正正的人。一个不孝敬父母、不给父母好脸色的人，就算他再有才能，身边的人也不愿与之交往、与之共事，只能遭人唾弃。

尊重长辈、孝敬父母本是中华民族的传统美德，但是，现如今在一些被父母奉为掌上明珠的孩子身上却鲜少看见这种美德。饭桌上，父母忙着给孩子夹菜，孩子觉得哪个菜好吃就端到自己面前独享，丝毫不顾及家中的其他人；父母在厨房忙碌，孩子在一边玩耍，完全没有要帮忙的意识，等到饭菜做好孩子连拿碗筷这种小事都不做，只等着吃；孩子一旦生病，全家齐上阵，对孩子嘘寒问暖、端茶倒水，而父母身体不适的时候，孩子却很少问候；孩子过生日的时候，要求父母买礼物、办生日会，可是很多孩子却不知道父母哪一天生日。这样的场景屡见不鲜。长此以往，对孩子没有丝毫好处。

父母应该在日常生活中教育孩子为父母分忧解愁，为父母做一些力所能及的事，关心父母。比如，吃完饭后，让孩子帮忙收拾桌子、清洗碗筷；当自己身体不舒服的时候，让孩子帮忙端水送药；要告诉孩子自己的生日，给孩子向父母表现孝心的机会；绝对不能惯孩子顶撞父母的坏毛病，要让孩子做到即使心中有委屈和愤怒也要心平气和地和父母说清楚。

孝敬父母这件事不仅仅关系到父母与子女，还关系到一个人与其他人的相处，其实质是一个人是否懂得关心、体谅他人。在家里养尊处优、不体谅父母，到社会中，也不可能体谅别人，和别人和谐相处，也不可能具备良好的社会责任感，对祖国忠诚。因此，培养孩子尊敬长者、孝敬父母的好习惯是个大问题，父母千万不能忽视。

好的家庭关系应是长幼有别、父母慈爱、子女孝顺的。当然，这里所说的长幼有别与封建时期家长的"一言堂"是不同的。好的家庭关系里的家庭成员之间是民主平等的，父母要尊重孩子的独立人格，尊重孩子的意愿，当孩子在做一些事情的时候，父母应该充分听取他们的想法，如果他们的想法合理，就应该顺从他们的心愿。同时，孩子也应该尊重、爱戴父母，不应该跟父母没大没小。家庭是一个整体，如果各自为政就乱套了，总要有人当家长，来管理和指导全体家庭成员的生活。父母肩负着养家的职责，同时具有丰富的生活经验，所以成为家庭的核心是合理的。孩子应当在父母的指导和帮助下生活、学习。可是现在，在不少的家庭中，孩子才是家庭的核心，家长全都围着孩子转，全方位地伺候孩子，满足着孩子的各种要求，让孩子过着犹如小皇帝、小公主一样的生活，孩子自然形成唯我独尊的性格，如何能懂得孝敬父母呢？因此，我们必须让孩子明确他们与父母的关系，知道父母是长者、是家庭生活的主事人，而不能颠倒主次，任由孩子在家里为所欲为。

我们还应让孩子了解父母为他和家庭所付出的辛苦。现在不少孩子对父母的工作情况一无所知，以为家里的钱取之不尽，用之不竭，觉得只要是自己想要的，父母都应该买给自己。这样如何能培养孩子的孝心呢？所以说，父母应当有意识地把自己在外工作和收入的情况详细地告诉孩子，让孩子明白父母赚钱养家是很辛苦的。这样，孩子才会体谅父母、感恩父母。

培养孩子孝敬父母的行为习惯，一般要求子女：听从父母教导，关心父母，懂得替父母分忧，承担相应的劳动，不给父母添乱。要让孩子在实际行动中做到这些要求，就应当从日常生活中的小事抓起。比如，在孩子关心父母方面，可以要求孩子每天放学回家要和父母问好；如果父母工作一天很劳累，孩子要知道关心父母；当父母做家务劳累时，孩子应主动帮忙；当父母身体不舒服时，孩子应主动照顾父母，多说宽慰话，替他们分担一些家务事。孩子应承担必须完成的家务劳动，不能在家里像甩手掌柜一样，什么也不做。年纪小的时候做一些简单的家务，随着年龄的增长，任务量和难度要有所增加。这一点要根据孩子的年龄、能力、学习情况合理分配，耐心指导。这样孩子会慢慢养成做家务的习惯，也有利于孩子不断增强孝敬、感恩父母的观念。

另外，父母如果不孝敬自己的父母，孩子也很难懂得孝道。所以，父母必须以身作则，做孝敬长辈的楷模。现如今，一些中年夫妻不善待自己父母的情况时有发生，有些人不仅不赡养、照顾自己的父母，反而千方百计地"啃"老，这种行为会直接对自己的孩子产生恶劣的影响。因此，我们在努力经营自己的小家庭的同时，也别忘了照顾年迈的父母。如果说平时居住的地方离父母那里较远，在节假日的时候就要尽量抽时间带上孩子去看望父母，帮父母做些家务，陪父母聊聊天。长此以往，孩子看在眼里，记在心里，自然会逐渐成长为一个尊敬长辈、孝敬父母的人。

让孩子明白，诚信是最可贵的品质

诚实是永不熄灭的火种，照亮世界的每一个角落；诚实是每个人都应该具备的品质，它会让世界变得更加美好。诚实的品格必须从小培养，我们一定要注意在平时的小事中让孩子学会诚实。

司马光是北宋著名政治家、史学家、文学家，然而他小时候非常淘气。

有一次，他和姐姐一起在父亲的书房里砸核桃吃，好不容易砸出了核桃仁，可是吃起来却很涩，姐姐对他说："涩味来自核桃仁外面的这层薄皮，把它剥掉就好了。"可这层薄皮很难剥，司马光和姐姐试了半天都束手无策。过了一会儿，姐姐有事离开了。

这时，正好有个女仆过来倒开水，看见司马光正在犯愁，问明原委之后，就教给了他一个好方法。女仆把核桃仁放到茶杯里，倒上开水泡一会儿，之后果然很容易就剥下来了。

过了一会儿，司马光的姐姐回来了，她看到桌子上剥好的核桃仁，问司马光："这是谁剥的?"司马光神采飞扬地说："当然是我剥的啊!"司马光的话骗过了姐姐，可是一直在书房看书的父亲却知晓事情的原委。他见司马光如此不诚实，很生气，就把司马光叫了过来。父亲严厉地问他："这明明不是你剥的，为什么要说谎呢?你小小年纪就不学好，长大了还会有人愿意相信你吗?"

司马光因为说谎这件小事遭到了父亲的严厉批评，这让他牢牢记住了教训。从那以后，他决心改过，再也不说一句谎话。脍炙人口的"司马光卖马"的故事，离不开司马光的父亲在他小时候对他严格的教导。

所以，要想使孩子成长为一个讲诚信的人，必须从小就教会他诚实。因为说谎会形成习惯，慢慢地，他就会变得谎话张口就来。而谎言总有被拆穿的那一天，到那时，谎言就如同炸弹一样，会炸碎一个人的信誉，炸毁别人对自己的信任，甚至炸出误解和怨恨。所以，要想让孩子走正途，就一定要培养孩子正直诚实的品格，这样他才能堂堂正正、受人尊重。

孩子撒谎的时候我们要及时批评教育，孩子信守承诺之时，我们也要及时予以肯定和赞扬，让孩子感到我们因为他的诚信而欣慰。还应告诉孩子，别人失信是他丢失了做人的准则，不应该因此而丧失了自己的诚信原则，更不能以说谎的方式来报复别人的不诚信，这样只能有损自己的形象，是得不偿失的。让孩子记住，诚信是他个人的事，与别人无关，他可能无法强求别人做到，但自己一定要做到。

孩子是否讲诚信在很大程度上取决于父母的教育。如果孩子经常谎话连篇、不守信用，父母要从自己身上找原因。要想让孩子成为一个讲诚信的人，必须从小就培养孩子讲诚信的品德。那么，父母该怎样做呢？

（1）要注意细心观察

孩子不诚实的行为往往具有隐蔽性，家长若不注意细心观察其实是不易发现的。如有的孩子偷偷拿别人的东西，或是在某件事上说了假话，这些现象未经严密观察就很可能错过，从而错失了教育机会。

（2）要创造一个宽松、和谐的家庭氛围

孩子年纪小，做事往往不会考虑后果，所以很容易做错事，而孩子很多时候说谎都是因为不敢承认自己做错的事。所以，家长应创造一个宽松、和谐的家庭氛围，因为只有家庭氛围和谐，孩子在爱的包围中长大，他才有安全感，才能信任别人，有了错误才敢承认。

（3）制定一些关于诚信的家规

要制定一些规则约束孩子的言行，对于一些原则性的问题，绝对不能模棱两可。比如，教育孩子借了东西一定要还，未经允许不能随便拿别人的东西，答应别人的事一定要做到等等。一旦发现孩子在这些事情上犯了错，家长不能迁就姑息。

（4）父母要给孩子树立诚信的榜样

在日常生活中，父母一定要以身作则，父母如果说话不算话，孩子就会有样学样。有时候，一些父母为了劝孩子去做一些他们不情愿的事，就会同意孩子某些条件，可是事前说得好好的，事后却没有兑现。父母这样欺骗孩子，不但会对孩子的心灵造成一定的伤害，还会让他们觉得不守信用是可以的。除了要对孩子说话算话外，父母和别人的相处也要讲诚信，只有这样才能给孩子好的影响。

（5）对孩子进行诚信品质的教育

父母可以讲一些小故事和生活中的事例给孩子听，让孩子明白诚信是极其可贵的品质，对一个人一生的发展至关重要。小故事和事例要具有趣味性，这样孩子容易接受，也愿意听。诚信品质的教育必须从小培养，而且父母的要求要始终如一。这样，孩子长大以后才能成为一个光明磊落的人。

让孩子在与同伴交往中体会宽容

我们每一个人都不可能脱离社会，既然如此，就必然要与人交往，必然要处理各种人际关系。交往对每一个人都有着特殊的意义，对孩子来说也同样重要。在孩子成长的过程中，与同伴的交往是不可避免的。现如今，人们生活水平提高，孩子往往也养得比较娇气，父母拿孩子当掌上明珠，这样很容易造成孩子霸道、跋扈的性格。这种性格带到与同伴的交往中时，他就会要求同伴都要像爸爸妈妈那样对待自己，这样的要求显然不能被满足，那么孩子的交往必然不能顺利进行。如果孩子在与同伴的交往过程中有这样的表现，家长就应该注意了。

要想让孩子与同伴愉快相处，真诚和宽容是必不可少的。家长应注意培养孩子宽容的性格。

宽容的性格不是父母用嘴巴教出来的，而应该让孩子在每一次交往中体悟。每一个同伴都会有优点和缺点，孩子在与同伴交往的过程中，当发现同伴的优点并进行赞扬时，会感受到同伴的喜悦，自己也会很开心；在包容同伴的缺点时，会感受到宽容的快乐。孩子在与人交往中会慢慢明白要想收获友谊，就必须学会容忍别人的缺点和错误。那么，为了让孩子在与同伴的交往中学会宽容，家长应注意哪些问题呢？

（1）要认识到孩子需要与人交往

每个人都有与他人进行交流的愿望，否则就会感觉孤寂和落寞；每个人都希望参与到集体中去，并为集体所接纳，否则就会没有归属感。当我们有了朋友，在拥有成就时可以与对方分享，有了困扰可以和对方倾诉，有了迷茫可以寻求对方指点，有了麻烦可以寻求对方帮助，伤心了有人来安慰你，沮丧了有人来给你打气。通过与人交往，人们获得了心灵的愉悦，找到了感情的寄托。

孩子也一样，没有孩子是不需要同伴的。由于孩子们年龄、智力、身心发展水平相近，所以往往有相同或相近的兴趣，共同语言会更多，这种共鸣是不容易从家长那里得到的。

如果父母整日把孩子关在家里，没有正常的同伴交往，孩子不知如何与同伴相处，那么孩子长大后就很可能在人际交往中无法适应。而一个没有同伴的人也会变得孤僻，久而久之，对孩子身心健康的发展极为不利。另外，没有体会过迁就别人、宽容别人的孩子，也不利于其良好性格的培养。

与同伴交往是孩子学习成长的重要方式。每个孩子都有自己的优点和长处，孩子们在交往的时候可以相互学习、取长补短。当小伙伴们意见不合的时候，孩子还要学会求同存异，包容不同的意见。事实证明，建立良好的同伴关系是改善孩子不良心理状态和不良行为习惯的最佳矫正方案与策略之一。孩子积极地与同伴交往，可以预防孩子出现各种不良的心理和行为问题。

（2）创造环境多让孩子与同伴交往

有些家长，怕别人欺负自己的孩子，又怕孩子和别人学一些不良习惯，所以不让孩子和同伴交往，阻挠他们参与同伴们的活动。这种做法不利于孩子的成长，虽然孩子年龄小，不懂得与人交往的规则，容易受伤害，但家长不能因噎废食，剥夺孩子交朋友的权利。家长应该创造环境多让孩子与同伴交往，比如，可以时常邀请邻居家的孩子到自己家玩或带孩子去邻居家做客。孩子有了玩伴会更快乐，可以满足他们被他人接纳与认同的意愿。

孩子在与同伴交往的时候，为了被他人接纳，就有可能表现出迁就他人、包容他人的行为，有的家长觉得很心疼，觉得孩子受委屈了，所以就会出面干涉或阻止他们继续交往。性格不同的人相互交往，总是要互相迁就的，家长不必大惊小怪。另外，孩子的迁就行为可能与他长时间处于孤独状态，渴望与朋友相处的心理有关。当然，也不排除孩子可能就是性格软弱、缺乏主见。不管是出于哪种原因，家长都不能因此而剥夺了孩子交朋友的权利。如果发现确实是因为孩子本身的性格特点所致，家长更应引导教育，只是阻止他交往是解决不了问题的。比如，在孩子每次与小朋友交往时，家长仔细观察，等到小朋友离开后，再帮助孩子进行分析，指出他哪儿做得不对，哪儿做得对，并教会孩子正确的做法。

（3）引导孩子与同伴交往，教给孩子交往的技巧

当给孩子创造了与同伴交往的机会后，孩子未必就能交到好伙伴。因为孩子毕竟年幼，对一些人际交往中的基本规则可能还不知晓，所以在与同伴交往的过程中难免会出现一些问题。此时，家长要特别注意引导孩子，对于一些比自己强的同伴要怀有欣赏的态度，不能嫉妒；对于一些比自己差的同伴，要能包容，不嘲笑，不挖苦；面对自己的竞争对手时，不故意为难对方，不对对方怀有敌意。孩子具备了宽容的心，才能真正做到向比自己强的同伴学习，帮助比自己差的同伴，学会与竞争对手合作。而只有通过交往，他们才能学会宽容，体验到宽容的快乐。

（4）让孩子主动与人化敌为友

孩子有时候说话没轻没重，在与同伴交往时，很容易产生矛盾，发生不愉快。这时，不管谁对谁错，要教育孩子多一点儿宽容，学会主动化敌为友。

小孙和小汪比邻而居，但是向来不睦。虽然已经记不清到底是因为什么造成了现在的局面，但这并不影响他们继续敌对，所以他们经常因为一点儿小事就发生口角。尽管秋天的时候，他们经常一起出现在田地里，但他们从来不肯向对方打招呼。

有一次，小孙一家出门旅行了。当天晚上狂风大作、暴雨不止，第二天，小汪出门一看，小孙家门前的一棵树被雷劈到了，很多枝杈都被劈断了，横七竖八地倒向了小孙家的大门，把他家门口弄得一片狼藉。

小汪看着眼前的景象很想收拾一下，可又一想两家一直不和睦，何必要去帮自己不喜欢的人呢？可是小汪白天出来进去的，老是路过小孙家，帮他家收拾一下的想法总是从脑子里冒出来。第二天，小汪还是决定把那些大树杈都移走，然后又用扫把把小孙家门前扫了扫。

小孙一家回来后，发现门口的大树发生了变化，一问才知道那晚的情况以及后来小汪做的事，小孙感到十分疑惑。但小孙还是敲开了小汪家的门，问："小汪，是你帮我家清理了门口的树枝吗?"这么久以来,这是他第一次这么心平气和地和小汪讲话。小汪回答说:"是的。"小孙惊喜地说:"真的是你做的吗?"他犹豫了片刻,像是在考虑什么。最后他用比较低的声音说:"非常感谢!"然后就赶紧转身走了。

就因为这件事,小孙和小汪之间的关系改变了。此后,他们见面都会打个招呼,再后来,他们两家还慢慢发展出了友谊。

这个故事告诉我们:假如你想化敌为友,就得迈出第一步。否则,事情永远不会发生变化。我们在生活中难免与别人发生摩擦,如果不是什么原则性的问题,就不要放在心上,主动示好,争取早日与对方和解,这样才能赢得和谐的人际关系,让你的人生路走得更顺利。在教育孩子与同伴交往时,也要让孩子心胸开阔一点儿。小朋友之间没有什么深仇大恨,一个不斤斤计较的人,更容易获得他人的喜爱。

良好的人际关系和处事能力对孩子的成长有极其重要的影响,家长要注意培养孩子这方面的能力。而宽容这一品行对建立良好的人际关系作用极大,发挥宽容在交往中的作用,会让孩子的路越走越宽。

在培养孩子良好道德的同时，父母应该认识到以下几点：

①父母是孩子最好的老师，孩子总会不自觉地学习和模仿父母的行为，所以父母一定要起到模范和表率的作用。

②父母应注意培养自己良好的品德，如孝敬老人、诚实守信、宽容待人等。

③家长要有勤于钻研、勇于探索的精神，这样你的一举一动，也会潜移默化地影响你的孩子，促使孩子热爱思考、勇于探索，使孩子在耳濡目染中养成刻苦钻研、执着追求的优良品质。

第五章　父母应成为孩子科学学习路上的推动者

孩子缺乏注意力，可能是大人有问题

我们都是从学生时代走过来的，应该懂得一堂课学生很难从头到尾都专注，一般年龄越小的孩子注意力维持的时间越短。尽管老师会想尽办法缓解孩子的疲劳感和枯燥感，但还是会有许多孩子在课堂上开小差或搞小动作。产生这些现象的原因要从影响注意力的各种因素谈起。

其实即便是定力更强的大人也往往对新鲜的事物、有趣的事物、变化的事物、特点突出的事物更感兴趣，更何况孩子。可是在现实生活中，常见的事情、普通的事情、枯燥的事情却更多些，特别是学习，本身就是一件较为枯燥的事情。因此，在学习时就需要家长帮助孩子努力地集中注意力。

除了学习本身的枯燥特点以外，影响孩子注意力的因素还有很多：有的孩子受情绪影响较大，心情舒畅时就能集中注意力，心情郁结时就难以集中；身体健康时注意力就集中，身体不舒服时注意力就难以集中；身体得到了充分休息时，注意力就能够集中，没有好好休息时，就不能集中。其实，很多时候，孩子注意力不集中，家长也是有原因的。

健健是一名三年级的小学生，这孩子注意力非常不集中，让他做一会儿作业，他屁股下面就像长了钉子一样，他的家人为此烦恼不已。

健健的表姑是一名小学老师，一次暑假期间，她到健健的家里做客，健健的妈妈跟健健的表姑倾诉了自己的烦恼，希望她能看看孩子的问题出在哪儿，顺便帮帮他。

表姑问健健："快要开学了，作业做完了吗？"

健健说："还没有，还有五篇日记没写。"

表姑说："今天的日记内容构思好了吗？"

健健说："构思好了。"

表姑说："既然构思好了，那就着手写吧！你大约需要多长时间？"

健健想了想，说："十五分钟吧。"

表姑说："好，我给你二十分钟。现在你上好厕所，喝足水，准备妥当，咱们就开始。我用手机给你定好时。"

就这样，一切准备就绪之后，健健坐了下来，开始写日记。

才写了三行字，健健就有点儿坐不住了，他喊起来："妈妈！我的橡皮找不到了！"妈妈刚要起身，表姑阻止了，说不要理，让他自己找。健健见没人理会，只好自己翻找，很快就找到了，他又开始写起来。过了一会儿，他又开始喊奶奶，表姑还是表示不要管他。见大家都不理他，他只好默默地写下去。

过了一会儿，健健跟表姑说写完了。表姑一看手机，还没到时间，他只用了十二分钟就写好了一篇日记。妈妈表示很惊讶，说这是从没有过的事，平日里他都非常磨蹭。

表姑说："健健，你破纪录了！记住，你只需要十二分钟左右就可以自己独立完成一篇日记。你太棒了，希望你可以保持下去。今天你应该得到一枚小奖章。你可以给自己做一个光荣榜，如果你明天还是十五分钟之内就写完一篇日记，你就又可以得到一枚小奖章了。"

健健说："好，表姑，我现在就想画一个光荣榜，你给我指导一下好不好？我的彩笔呢？"

这时，妈妈和奶奶都开始帮健健找彩笔。

表姑说："既然彩笔是他自己的物品，让他自己找不好吗？"

找到彩笔后，健健画了一个很漂亮的光荣榜，表姑帮他贴上了一枚奖章。

表姑问："健健，你今天这么厉害，能连续十几分钟保持注意力，写好了一篇日记，那为什么妈妈说你平时一分钟都坐不住呢?"

健健说:"那你要问问我家的'左右护法'。"

表姑说:"'左右护法'是谁?"

健健说:"妈妈和奶奶啊!每次我一写作业,她们一会儿说我的字太不整齐了,一会儿又说我写得太慢了,一会儿又问我吃不吃水果,没完没了。"

听完健健的话,一家人都笑了起来。

从这个故事中,我们不难看出,导致这位小学生不能集中注意力的原因就是家长的干扰。有的家长觉得孩子太没有定力了,就带孩子到医院做"多动症"测试,结果一切正常。这种情况下,家长也应该反思一下自身,看自己有没有事例中家长的这些问题。

考察孩子是否注意力集中,先要排除外界的干扰。首先要让孩子养成专心学习的好习惯,学习前要做好各种准备;其次,在孩子没养成专注的习惯之前,家长尽可能避免人为的干扰。

那么,在纠正孩子学习时注意力分散的坏毛病时,家长应该怎样做呢?

(1)家长不要陪孩子读书

一些教育专家的意见是,有的孩子学习缺乏注意力,没有养成良好的学习习惯,与父母过分关注他们做作业的情况,甚至是包办、代替有关。大多数儿童教育专家都不赞成家长陪孩子一起读书或是写作业，因为家长总会控制不住去管孩子，要他这样、那样。这些时断时续的话，总会分散孩子的注意力。同时，也会让孩子变得越发依赖家长。

（2）及时发现孩子注意力不集中的症候

有的孩子注意力不集中可能是因为患有"多动症"，这是需要去看医生的，所以父母应对孩子严密观察。当孩子有如下症状的时候，父母应提高警惕：经常无缘无故就烦躁不安；对什么事情都提不起兴趣；对任何一种东西都无法保持较长时间的专注力；读书的时候眼神飘忽不定，自己都不知道自己在想些什么。

（3）给孩子一个明确的完成作业的期限

如果孩子做作业总是磨磨蹭蹭，可以给孩子规定完成某项作业的时间。比如，要求孩子在十一点钟之前完成英语作业，否则，下午去看电影的计划就取消等。先培养孩子的紧迫感，慢慢孩子就会形成抓紧做作业的习惯。而且，这样孩子有了明确的时间、明确的任务，才能更有目标、更有动力，才能保持紧张状态。当然，要求孩子学习的时间要合理，不能过长，也不能要求孩子长时间做同一件事，这样他必然会坐不住的。

（4）给孩子适当的奖励

当孩子按时完成了作业，家长除了口头表扬以外，还可以给孩子一些别的奖励，以鼓励孩子的积极性。

（5）给孩子设定一个竞争对手

家长为孩子设定一个假想的竞争对手是督促孩子学习的好方法，比如，家长可以这样说："某某每天都会花两个小时来做作业，现在暑假作业都快写完了，余下的时间就可以痛痛快快地玩儿了。"

（6）为孩子营造良好的学习环境

许多孩子注意力不集中，与家庭环境息息相关。比如，有的家长白天上了一天班，晚上到了家就想放松放松，玩游戏、看电视的声音很大，也不管孩子是否在学习；还有的家长喜欢打麻将，没事就把邻居、同事约到家里来玩。这些行为必然会分散孩子的注意力。当孩子学习时，需要一个安静的环境，家长应为孩子营造这样的学习环境。而且，如果家长一天到晚只顾享乐，孩子耳濡目染，肯定就更不愿意和书本较劲了。如果家长一直保持着良好的读书、学习习惯，孩子也会受到感染。

（7）不要给孩子太大的压力

当孩子心理压力比较大的时候，就很难集中注意力了。有不少孩子都畏惧考试，特别是家长总是一再强调的那些重要的考试。孩子们害怕考砸而遭到父母和老师的责备，所以背负着沉重的心理负担，自然就无法把心思都放在学习上。因此，真正称职的家长，都是懂得孩子心理的。

（8）主要培养孩子的责任感

家长应该让孩子懂得，他努力学习，是为了自己的将来，是对自己负责。只有此刻沉下心来，掌握文化知识，掌握各种技能，将来才能够在社会上立足。一个都不懂得对自己负责的孩子，如何能关爱、帮助他人？如何能开创一番事业？如何能为社会、为国家做出贡献？

（9）培养孩子的学习兴趣

如果一个孩子对某门功课毫无兴趣，那么强行要他集中注意力是很难的。而如果孩子对所学的内容非常感兴趣，不用家长督促他也能投入注意力。所以说，培养孩子的学习兴趣，是获取成功的重要条件。

找一个"好的比赛对手"，激发孩子的好胜心

小艺的爸爸年轻的时候是一名羽毛球运动员，小艺活泼好动，身体协调能力强，爸爸便有意培养儿子打羽毛球。

小艺起初对此非常感兴趣，再加上他反应灵敏，所以学得很快，用了半年时间就成了同龄人中的佼佼者。任何一项运动都需要在背后付出日复一日的努力，可是在有了一点儿优越感之后，小艺便不愿意再像之前那样努力练习了。有时候，爸爸让他出去完成每日的跑步任务，他总是百般推诿。小艺爸爸为此很苦恼。

过了一段时间，羽毛球馆来了一位新成员，他与小艺年龄相仿，打羽毛球却很老练，小艺数次被他打败，心中非常不服气。

从那以后，小艺不用爸爸督促，每天都会按时按量地完成训练任务，无论训练多么枯燥、辛苦，他也不再抱怨。

经过一段时间的刻苦训练，小艺终于战胜了对手。之后两个人都加紧训练，时而小艺获胜，时而对方获胜。在这种相互较劲中，两人不但成了好的竞争对手、好朋友，他们的羽毛球水平也取得了很大进步。后来，两人还一起组队双打，在市青少年羽毛球比赛中取得了优异的成绩。

竞争能够刺激人们去努力拼搏。那些起初并不起眼的选手，在瞄准了竞争对手之后就突飞猛进，不断在比赛当中向新的目标冲击，最后取得非常亮眼的成绩的例子屡见不鲜。

无论是多么懒惰的人，竞争对手的出现都会带动他拼搏的意志。特别是在自己有获得胜利的可能性，而此时又是决定胜败的关键时刻的时候。

人们一旦有了竞争心理，担心自己做不好或是懒得去做等情绪就会被抛到脑后，只想着要战胜对手，赢得比赛。这种愿望非常强烈，会导致人们忽略自己是否喜欢做这件事情。这种愿望会转化为动力，进而唤醒人们的潜能。

人人都渴望超越别人，获得成功。当有对手出现在自己面前的时候，这种欲望就会变得强烈起来，人们的好胜心就会被激发。当然，这种竞争心理不是只会在体育方面出现，在方方面面都有可能出现。在学习中，让孩子找一个好的竞争对手，对于敦促孩子努力上进，也是一个很好的方法。

其实，学校里有很多时候都是在利用孩子的竞争心理来调动他们的积极性，其中最具代表性的就是公布考试成绩的排名。比如，成绩一直处在中游的甲，这次排到了好朋友乙的前面，乙很有可能会被激发出好胜心，决定好好学习，下次要追回来。竞争还能够帮助孩子正确认识自己所处的位置。以前孩子对自己的能力并不了解，通过竞争可能才发现自己拥有某方面的特长。而且，竞争还会让孩子收获胜利的果实，品尝成功的喜悦，从而产生进一步学习的动力。

虽然竞争能激发孩子的好胜心，但凡事有利就有弊。如果在竞争中打败对手取得胜利，固然会提高孩子学习的积极性。但是，孩子未必就能次次都超越对手，如果总是失败，不但不能激发孩子的好胜心，反而会打击孩子的自信心，导致孩子对学习越来越不感兴趣。而且，如果凡事都要竞争的话，孩子就会感到疲惫和厌倦。孩子投入的越多，最后失败的结果对孩子的伤害也就越大。有些孩子心思比较重，会因为考得没有同伴好而心情抑郁，甚至吃不下、睡不好。因此，家长们在使用竞争的方法来促进孩子学习的时候，应该掌握适度的原则。

下面就具体介绍几种方法，家长可以进行参考：

（1）父母可以利用自己的事来和孩子的学习进行比赛

激发孩子的好胜心和学习的积极性，不见得一定要一直都用学习做比较对象。在日常生活当中，也可以随时随地进行比赛。比如，妈妈在厨房里包饺子，孩子在背英语单词。妈妈就可以和孩子进行比赛，看谁先完成各自的任务。这样，孩子往往能比较自觉地去学习，比妈妈不时地停下手中的家务活儿去督促孩子学习的效果要好很多。而且这种做法增加了游戏的成分，孩子也更容易接受。

父母如果能对某事制订长期计划，而不是三天打鱼两天晒网，效果会更好。比方说可以用戒烟这件事和孩子背古诗词进行比赛，看谁坚持的时间更长。这样互相监督、互相竞争，就不会觉得坚持的过程太难熬，也往往能收到满意的效果。其实这样和孩子竞争的机会，每天都有很多，只要父母学着去发现。

（2）排名的时候，多设一些项目

画家山下清一直保持着一颗童心，对于自己身边的事物，他总喜欢按照军队里的军衔进行排名，像大将、中将等。很多孩子似乎都非常喜欢这种排名游戏。

因此，我们可以把这种排名游戏引入到学习中，以此调动孩子学习的积极性，在不知不觉间，让孩子对学习产生兴趣。比如，几个孩子凑在一起学习的时候，最后检查他们的习题集时，可以按照习题的完成度排出冠军、亚军、季军等。

另外，排名的时候不能只看习题的对错，可以根据速度、字迹工整度等多设几个项目，这样就会出现不同方面的几个冠军，孩子获胜的概率就会更大一些，积极性也会更高。让每个孩子都有夺冠的机会，这样的游戏才能吸引人。

（3）可以选择那些看不到的对手

现在社会上有很多远程教育课程，学生完成试卷以后将其邮寄到教学本部，老师们批改完之后会再寄给学生，同时会把排名刊登在相关刊物上。孩子们往往会迫切地盼望收到寄回的试卷，并非常关心和在意他们的名次。这种教学课程之所以受人们欢迎，正是利用了孩子们的好胜心理。由此可见，激起孩子们的好胜心对提高孩子们的学习兴趣是多么有效。

如果你的孩子也想参加这种远程教育课程，要注意选择那种名次表很详细的课程。注意一下那些经常排名靠前的名字，让孩子瞄准那些人。这些对手虽然实际存在，孩子却看不到，所以，即使输了也不会让孩子觉得难为情，所以孩子就不会有过重的心理负担，可以轻松应战。当孩子瞄准了那些实力较强的对手，就会在考试中更加全力以赴。

（4）让学习的成果看得见

相扑比赛中有一个很值得借鉴的用星星来标示比赛成绩的方法，这样比赛结果非常明了，选手们可以很清楚地看到自己还需要赢得几颗星，名次才能进步。通过这种方法，选手很清楚自己目前的水平和需要达到的目标，这可以很好地激发选手的积极性。这样好的方法，我们完全可以应用到孩子的学习当中。

在比赛的结果一目了然的情况下，孩子们可以清楚地知道如果想要达到某个目标，自己还需要提高多少分，自己应该用多少功等。如此一来，孩子每天都会有奋斗的目标。

让孩子复习时集中注意力的好方法

文爽和桃子是一对好同桌，文爽聪明机灵，桃子踏实勤奋。桃子不太擅长学数学，老师讲完一堂课，桃子通常对那些难点部分还是不理解，而文爽一点就透，数学老师经常夸文爽是个学数学的好苗子。

文爽平日里虽然风光，可是到了真正考试的时候，往往是桃子的名次排在文爽前面。这是为什么呢？

原来，文爽仗着自己聪明，做作业经常马马虎虎，应付差事，她觉得自己课堂上听懂了，没有必要放学了还在那儿浪费时间。至于自己复习，她更是觉得没有这个必要。可她忽略了一点，即便她比别的同学聪明一点儿，她也不能学一遍就永远记住，是人就会有忘记的时候。

而桃子虽然当时反应不如文爽快，可她正是知道这一点，才更加努力复习，除了每学期期末老师带着复习时，她认真跟着老师的脚步走，回到家她也有合理的复习计划。于是，桃子自然就在不断巩固中超越文爽了。

由此可见，复习对于一个学生来说是多么重要。可是，有些孩子复习的时候总是如坐针毡，注意力不能集中。为了防止孩子在复习时走神，家长可以尝试使用以下几种方法：

（1）为孩子制订学习目标

孩子复习有明确的目标，才不会像无头苍蝇一样，不知道从哪里入手。这种目标不是远大的理想，要具体、明确，能够经过努力实现。

（2）找到一些可以激励孩子的事物

在孩子成长的过程中，家长可以为孩子找一些对他们有激励作用的事物。比如当孩子颓废的时候，让他看看自己曾经得过的奖状或贴在墙上的成绩单，他可能就能振作起精神，重拾信心，继续努力复习了。

（3）扬长避短

在复习当中，总有一些内容是孩子不感兴趣的，比如复杂的计算啊，枯燥的背诵啊。一旦遇到这种情况，孩子就很容易走神。但孩子总有擅长的学科。这时家长要用这些学科帮孩子找回注意力。当孩子对某些内容看不下去的时候，可以让他暂时放弃正在复习的内容，看看自己比较感兴趣的内容，这样孩子的注意力就会再次集中起来。

（4）培养兴趣

注意力是一种心理现象，是人的大脑皮层活动形成的。人在遇到刺激时，大脑皮层就会变得兴奋起来。人对一件事情越感兴趣，就会被刺激得越兴奋，注意力越集中。这也是为什么我们对某事物有了兴趣之后，自然就能注意力集中地去研究学习。家长想让孩子热爱学习，就要培养孩子的学习兴趣。

（5）让孩子控制自己

有些孩子也明白复习的重要性，但就是自控能力差，很容易被其他事物干扰。只要身边有一点响动，他们马上要看一看，这样注意力自然就不能集中了。

所以，要想让孩子好好复习，必须让孩子提高自我控制能力。而要自我控制，首先，要让孩子有复习的责任感。不断让孩子明确，自己上学是为了什么。让孩子制订自己的人生目标，让他明白目标的实现与学习之间的关系。其次，要让孩子有紧迫感。紧迫感可以造成紧张和兴奋，有助于孩子更加专注地学习。比如，可以采取倒计时的方法，在孩子的房间贴上一张纸，上面写着"距离考试还有多少天"，这样可以不断地提醒孩子。第三，要让孩子养成好的学习习惯，用自己的意志克服走神。

（6）保持愉快的心情

孩子要能集中注意力去复习，首先内心要平静、愉快。在孩子考试复习阶段，家里有什么事情可以暂时放一放，让孩子有个愉快的心情。如果孩子因为什么事情心情抑郁，家长要帮忙疏导。

（7）劳逸结合

有些家长认为题海战术是有效的，认为要想学得多，学习时间越长越好。事实上，不是这样的。相关研究表明，当人没有目的地注意单调的刺激时，其注意力的保持时间极短。如果孩子一个劲儿地重复学习，脑子会很疲劳，注意力也不可能集中。如果让孩子在学习中有短暂的休息，那么孩子的注意力能维持好几个小时。因此，家长应注意孩子复习时的劳逸结合。

（8）相互合作复习

在复习的过程中，让孩子们合作复习也是一个不错的方法。在学校里，学生们可以你追我赶地学习，遇到不懂的问题还可以一起讨论，在家里，聪明的家长也可以为孩子创造这种氛围。

小贺的妈妈便很好地做到了这一点。小贺的妈妈对儿子说："你和咱们的邻居小硕，一个数学稍微弱一点，一个英语稍微弱一点，你们可以一起复习，互帮互助、查漏补缺。"

在妈妈的建议下，小贺找到邻居小硕，提出两人一同复习，小硕和他的家人欣然同意。此后，老师每讲完一课，两人便聚在一起，复习并探讨有关学科的重点、难点和一些容易混淆的问题。当两人的想法有分歧时，或是遇到两人都不懂的问题时，他们就先查询课本，如果还是不能很好地解决，就记下来，询问老师。

老师讲完一单元之后，两人便模仿着老师的样子，根据课堂笔记和有关资料，每人出一张练习卷，然后两人相互交换试卷，在规定的时间内答题。做完之后，两人再次交换试卷，互相批改打分。然后再回过头来看错题，找出错因，找出错题涉及的没弄清楚的知识点，巩固一遍。如果有些题目，两人互相说服不了对方，那么第二天就会去问老师。

小贺和小硕的相互复习法很有成效，他俩的成绩都有明显进步，其他同学知道了之后，又有两个也住同一小区的孩子加入了他们。

四个人一起，为保证纪律和复习效果，他们共同制定了一些规则：

第一，复习时注意力要集中，不能嬉笑打闹，不能闲聊，别人发言的时候要认真倾听，以免浪费时间，一无所获。

第二，合作复习前，每个同学都需要做好相应的准备，以免复习的时候手忙脚乱。复习时应积极发言，多说自己的想法，不能只是被动地听。

通过这种相互复习的方法，四个学生的成绩都有相应的进步。

让孩子做到有始有终地完成作业

飞飞已经升入四年级了，个子也长高不少，不再是小孩子了。但是，他做作业依然非常不认真，丝毫不能约束自己。

飞飞每次放学回来都是火急火燎的，进了自己的房间后用飞快的速度完成作业，也不管写得对与错，只将笔往桌子上一扔，就像终于脱离苦海的人一样，迅速地离开书桌，或冲向电视机前看动画片，或跑出去疯玩一通。

然后飞飞妈妈会帮飞飞把他摊了一桌子的课本、作业本、练习册和文具收拾好。接着，飞飞妈妈会帮儿子将作业从头到尾检查一遍。由于飞飞玩心重，作业自然做得马马虎虎，所以每次妈妈都能检查出很多错误。妈妈用铅笔将错误的地方勾画出来，饭后再让孩子改正。

对于妈妈指出的错误，飞飞只想以最快的速度改完，也不问为什么错了，也不仔细思索，拿过来就改，改过的作业经常还有很多错。当再次要他修改的时候，他就会很不耐烦，有时候还会和妈妈大声嚷嚷。

故事中的飞飞，已经是四年级的学生了，却不能独立完成作业。真正的完成作业并不是仅仅写完就算完成了，还要保证写得有质量，所以，检查作业是作业中的一项重要工作。而飞飞的这项工作却由妈妈来做了。飞飞的任务似乎只有写作业，并不需要对作业的质量负责，就连整理书包这项工作都成了父母的了。

那么，孩子在学校时，这些工作能都推给老师来做吗？显然不能。那为什么在家里就理所应当地交给家长来做了呢？之所以会造成这种局面，家长也难辞其咎。

要想让孩子对自己负责任，家长就需要对孩子进行锻炼，要让孩子自己去承担一些事情，并明白活动的目的、步骤以及要求等。

这种锻炼机会最初是由家长给的，家长应提出恰当的要求，加以正确的引导。

其实，孩子对于自己能够胜任的工作，或者是有一定挑战性的活动，还是很愿意尝试的。

通过这些活动，孩子才会拥有坚忍的意志，各方面的能力才会不断地提高和发展。

当孩子成为一名小学生后，随之而来的便有与学生角色相对应的角色要求。父母不可以剥夺孩子的这些义务和权利。以下两种行为，就会使孩子得不到应有的锻炼，父母应引以为戒：

第一，指责孩子检查不出作业中的错误，不会好好整理书本和文具。于是，父母代劳。

第二，想让孩子有更多的休闲娱乐时间，主动替孩子做这些工作。

前一种做法会使孩子对自己丧失信心。既然这些事情只有家长才能做好，干脆由他们去做吧。孩子慢慢就会觉得这些工作不是自己需要负责的。

后一种做法的家长没有把孩子当作学习的主人,孩子也就不会意识到这些工作其实是他们分内的事。

这两种做法最终都会导致孩子责任意识、责任能力的缺失。

为什么很多家长会这样做呢?究其根源,不外乎以下几种原因:

第一,只在意孩子的学习成绩,所以只对和孩子学习成绩有关的事情有所要求。为了保证孩子能够把更多的时间用在学习上,家长为孩子提供一切便利条件,将其他相关的事情都代劳了。这种类型的家长,没有意识到孩子的学习是各方面相互促进、共同提高的,学习知识只是孩子成长中的一部分,通过学习知识,让孩子学会从事其他活动才是重中之重。

第二,溺爱孩子,总是怕孩子太辛苦,尽量想帮孩子减轻负担。

无论出于哪种原因而替孩子代劳,最终都只能事与愿违:孩子对学习越来越敷衍了事,作业完成得越来越不认真,家长感到越来越力不从心,孩子却越来越不耐烦,甚至双方矛盾不断。要想让孩子好好地完成作业,可以按以下步骤去做:

首先,开始的时候,让孩子与家长一起检查作业。

其次,如果家长发现了孩子的某些问题,先别急着说对错,问问孩子的看法,并让他说出自己的理由。

再次,如果孩子认识到某题自己做得不对,家长别急着说出应该怎样改，而是建议孩子自己重新思考。

最后，逐渐放手让孩子自己去检查作业。

至于整理书桌、书包等，家长更没有必要代劳。家长不必担心孩子会丢三落四，他偶尔忘记了带什么东西，当给他带来不便的时候，下次才会长记性。从此他会细心、认真地检查自己的每一样东西，学会对自己的事负责。

【父母学堂】

想要开启和培养孩子的智力，可以重复利用孩子的兴趣，英国教育家斯宾塞给家长们提出了以下建议。

①当孩子对某件事物感兴趣的时候，家长不能想当然地觉得学这个"没用"而阻止孩子，甚至指责孩子。

②利用孩子的这种兴趣，让他感受到专注于一件事带来的快乐与成就感。

③引导孩子通过自己查阅和请教别人的方式来获得知识。

④让孩子明白"好记性不如烂笔头"，记录可以使知识存留下来。

⑤想让孩子做某件事的时候，尽量不使用"任务""作业"这类词，而是换成更有趣一些的说法。

第六章　对孩子能力的培养，是父母留给
　　　　孩子最好的财富

让孩子成为小小交际达人

交际能力在人自身发展的过程中是一种不可或缺的重要能力。看一下我们身边的那些成功人士，他们的成功都和他们擅长交际息息相关。然而，在我们的身边有很多孩子不善交际、不会交际，他们害怕和人打交道，甚至都成年了，还视交际如洪水猛兽。

孩子小的时候几乎所有活动都发生在家庭中，孩子每天接触最多、沟通最多的人就是父母。随着年龄的增长，孩子的认知能力不断提高，活动范围也会渐渐扩大。这个时候，孩子就会分出更多的精力去与同伴交往，这个时候父母千万别阻拦孩子，要鼓励他与同龄人多交往。因为这一时期孩子身心成长快，

可塑性强，接受能力强，是其成长的关键时期。而在孩子身心发展的过程中，人际交往是促进其社会交往能力的重要条件之一。

淼儿的妈妈，整天把孩子关在家中，不让她出去与小伙伴玩，既怕孩子吃亏受气，又怕孩子出去玩影响学习。所以整个暑假的大部分时间，淼儿都是在家里写作业、看书、画画等。有时候，淼儿会觉得有点孤独和无聊，她也渴望交朋友。

一天，一位新邻居带着她7岁的孩子前来拜访，淼儿觉得很高兴，跟那个小朋友一起写写画画、说说笑笑。可是，玩着玩着不愉快就发生了。原来是那个小朋友看到淼儿有一本特别精致的恐龙画册，想要看一看里面的内容，可是淼儿说什么都不让。那是淼儿前阵子刚收到的生日礼物，她珍惜得很，谁都不让碰。

淼儿的妈妈看女儿不高兴，即便那个小女孩说她只是想看一看，也没有出来打圆场，她可不愿意女儿受一点儿委屈。于是，新邻居只好带着女儿尴尬地离开了。

淼儿妈妈的做法着实不可取，当然，淼儿自己的东西有自己处理的权利，但家长还是应该教孩子乐于同他人分享。如果淼儿担心对方会把画册碰坏，淼儿妈妈可以让淼儿代为翻阅，小朋友只是看一看，也不会有什么影响。

淼儿妈妈的做法不利于淼儿交到新朋友，不利于培养淼儿的集体主义思想，还会束缚孩子的身心发展。若想让孩子的身心健康发展，肯定要让孩子参加一些实践活动，而一切实践活动都少不了交际。孩子之间的交往对孩子的成长来说很重要，这是孩子与成人的交往所无法替代的。孩子们在一起，为了玩得开心，需要互相商量、互相迁就、互相帮助，在这个过程中他们会逐渐学会尊重别人的意见、关爱他人。在游戏中，他们的积极性、创造性又会得到发挥。

所以，父母有意识地让孩子走出家门，和邻居家、小区里的小朋友一起玩一玩，结交一些好伙伴，这对孩子的成长是极为有利的。具体说来，有以下这些益处：

（1）促进语言发育

与人交往就要说话，小朋友在一起会提高孩子说话的积极性。不同的交往对象会为孩子提供丰富的语言材料，孩子在交往中逐渐积累了词汇，并掌握了表达自己情感的方式。

（2）激发智能活动

孩子在进行交际活动的时候，必须专注，这样才能做出正确的反应，准确表达自己的想法。当他们发生不愉快，或者意见有分歧的时候，还需要有分析问题、解决问题的应变能力。如此一来，孩子的注意力、记忆力、想象力和思维能力等智能活动都在交往中得到了刺激和发展。

（3）增加情绪反应

孩子刚降生到这个世界的时候，只有少数几种原始情绪反应，在和人不断接触后，才会逐渐增加了新的情绪反应。在正常环境下长大的孩子，在两三岁时就应该具备开心、得意、喜爱、厌恶、嫉妒、激动等多种情绪。在交往活动和教育的影响下，孩子还会逐渐学会控制情绪，并约束自己的行为，这是情绪发展的重要方面。

（4）发展社会行为

孩子小时候每天主要接触的是父母或照料自己的人，随着活动能力增长和活动范围扩大，孩子会有机会接触到更多的人，和不同的人交往会使孩子感到愉悦，令孩子对交往充满期待，促使孩子愿意主动接近别人，更加频繁地与人进行交际。社会交往会使孩子逐渐领悟到什么行为会受到表扬，什么行为是不被允许的，慢慢地，孩子就会掌握社会既定的行为准则，并自觉遵守这些准则。

（5）形成个性特征

孩子在交往活动中，会慢慢分清他人和自己，形成自我意识，认清自己的需求、愿望等，且进一步发展出独立性、自尊心等。同时，孩子在与人交往的过程中，会呈现出一定的偏好、态度、行为倾向等，通过频繁交往，一些时常表现出来的受人认可或表扬的特性，便成为专属于孩子的、巩固的个性心理的特征。

随着城市的发展，即使是住对门的邻居都可能不相识，因此孩子与周围人进行交往的机会变少了，也不容易接触到同龄的小伙伴。正因如此，导致很多孩子不懂得如何与除了家人以外的人相处，没有掌握与人交往的技巧，不擅长社会交往。即便如此也没关系，交际是一种能力，是可以后天培养的，越早开始越好。

那么父母要如何培养孩子与人交往的能力呢？

（1）利用教育资源，鼓励孩子与家人以外的人交往

如果孩子没有其他兄弟姐妹，那么让孩子同家庭成员以外的人交往是很有必要的。家长不要对孩子过度保护，应放手让孩子与同龄人一起玩耍。一方面是因为，孩子与孩子思维方式相近，他们很容易相互理解，沟通起来的障碍更少，他们在一起说说笑笑、蹦蹦跳跳，既能获得精神上的愉快和满足，又有利于发展思维和想象力；另一方面是因为，孩子们在一起玩耍，难免会因为争抢零食、争抢玩具、分配角色等产生矛盾，孩子们在学着解决纠纷的过程中，会学会合作、轮流、分享、礼让等好的行为。

另外，与家庭以外的成人进行交往，是对孩子进行教育的一个重要组成部分。父母应让孩子尽早学会分辨和判断社会角色，正确选用称呼，养成讲文明、懂礼貌的好习惯，学会尊重

长者。总之，使孩子学会判断和分辨各种社会角色，学会为他人着想。这不仅有利于提高孩子的交际能力和道德素质，也对其记忆、想象、思维、表达以及意志行为的发展有利。

（2）为孩子创设开放的交往环境

父母不要总是把孩子关在家里，要鼓励孩子多出去和同龄人玩。父母千万不要觉得与伙伴的交往会耽误了孩子学习，学习知识是很重要，但学会交往同样重要。

父母应为孩子创设开放的交往环境，可以让孩子和同伴一起出游，也可让孩子把同伴带到家里来，对孩子的交往活动不要过多地限制。父母还可以多带孩子去邻居或亲戚家里做客，让孩子多锻炼，在别人家里也能够大方得体。

（3）教孩子掌握交往的技能

在与人交往的过程中可以用到很多技能，父母教会孩子这些技能对孩子的交际会很有帮助。

最基本的交往技能就是寒暄。寒暄说白了就是见面打招呼，比如认识新同学、与老朋友重逢都需要寒暄，可以问候致意、关心近况等。该怎样和刚认识的人打招呼，应使用什么恭敬的言语，怎样向别人介绍自己等，这些父母都应该教会孩子。

在人际交往中，自然少不了对话，对话考验的是一个人在人际交往中的综合能力和素养。人与人见面后总要进行对话，只有通过对话彼此才能更了解，留下深刻的印象，拉近彼此的距离，并建立深厚的感情。父母应当让孩子学会如何找话题与人聊天，面对别人不合理的要求该怎样拒绝等。

在与人交往的过程中学会倾听很重要，这个技能可以帮助一个人更好地理解别人，收获好人缘。只有耐心倾听才能了解别人、体会对方的心理感受。父母应该教会孩子做一个合格的倾听者，包括倾听别人说话的时候要专注，该点头的时候点头，该附和的时候附和，该提出自己的看法的时候就提出等。

（4）改进教养方式

如果父母存在一些不利于孩子社会交往的教养方式，就要及时修正，以免孩子形成社交障碍。

有的父母教养孩子比较疏忽冷淡，与孩子沟通少，孩子多数时间是一人独坐，鲜少和同伴往来。持有这种教养方式的父母没有意识到孩子参加社会交往活动的重要性，这很容易导致孩子神情淡漠，性格孤僻，对和人交往没有积极性。

有的父母教养孩子比较专断，对孩子管理非常严格。他们有可能对孩子的言行举止都有严格的要求，孩子做什么事都得听从指挥，不许擅自做决定。这种教养方式会导致孩子胆小畏缩，缺乏自信，不敢主动和人交往。

还有的父母对待孩子比较宽纵放任，他们会满足孩子提出的任何要求，孩子想做什么就做什么，碰到难题了家长都会代为解决。这种教养方式会造成孩子骄横任性，以自我为中心，自私自利，而且不够独立。这样的孩子很难受到同龄人的欢迎。

（5）父母要有意识地训练孩子说话的能力

想要提高交际能力必须具备高超的说话能力，因为与人交往总离不开说话，不会说话，怎么能很好地与人交往呢？说话中听，说得巧，说得妙，自然能获得他人的青睐和认可。因此，父母要有意识地训练孩子的语言表达能力。比如，妈妈平日里可以想一些辩题来和孩子辩论；也可故意提出一些不正确或片面的观点，让孩子进行反驳；对孩子平时话语中的错误，妈妈要及时指出，帮助孩子修正。平时，还可以鼓励孩子上课或开会时积极发言，多参加演讲比赛、朗读比赛等。

（6）制止不良行为

有些孩子在与人交往的时候，会出现一些不好的行为，如独占食物、争夺玩具、故意捣乱、嘲笑别人、不理睬别人、过分玩笑、参加群体活动自由散漫等，这些不良行为会令他人不舒服，影响群体生活，也不利于孩子自身心理的发展。父母一旦发现孩子的不良行为，应立即了解事情的前因后果，公正判定是非，而且耐心同孩子说明道理，正确引导孩子的行为方式，使其能做个受欢迎的孩子。

请赋予孩子自主自立的能力

梁凤仪是香港著名作家、企业家。1989 年，因为推出第一部小说《尽在不言中》被人熟知，之后笔耕不辍，著有《梁凤仪谈情》和《情霸天下》等80多部作品，部分小说曾被改编拍摄成电视剧及电影。同时她于1991年成立了香港勤+缘出版社，并出任董事长和总经理，两年以后，这家出版社一跃成为香港3家营业额最高的出版社之一。2005年勤+缘媒体服务公司在香港上市。

这样一个深受广大读者欢迎的著名女作家，在出版界、影视界、公关界、广告界都有所发展的女强人，其实小时候只是一个不敢说话的小女孩。她能获得成长、展翅高飞，与她的父亲梁卓的教育和影响是分不开的。

小时候，梁凤仪哪怕只是遇到一点儿小麻烦，也总是习惯性地跑去找父亲帮忙，而父亲说的最多的一句话便是："你想做的事情，你自己决定。"梁卓之所以这样做，并不是不负责任，而是认为父母无法代替孩子过一生，孩子总要学着独当一面。在他自己的人生道路上，不管大小事情，无论遇到怎样的艰难，他都是自己拿主意。他希望女儿也能学着自立。

渐渐地，梁凤仪便不再那么依赖父亲。既然父亲不把自己当成温室里的花朵，那么一切就只能靠自己。为了防止女儿怀疑自己对她的爱，梁卓经常对凤仪说："爸爸不是不爱你，只是不想因为溺爱而毁了你。"在父母的着力培养下，梁凤仪开始意识到，一个人要想活得好，必须自尊、自立、自强，不要因为自己是女人就束手束脚，也不要在"女人天生是弱者"的话语面前悲天悯人，只要你愿意，男人能做的事情，女人一样可以做到。

从此，梁凤仪成长为一个独立自主、泼辣大胆、敢想敢做的女生。她在学校里表现非常突出，一旦决定做什么事，她就会充满信心地去实践。进入香港中文大学后，她开始尝试写剧本、演戏剧、当电视主持人，无论做什么她都全力以赴。后来她又只身一人到美国读书，为了养活自己曾身兼数职。后来，她决定踏足商界，在身边许多人都不看好的情况之下，创办了专门为香港人介绍女佣的碧利菲佣公司，为香港家庭引进菲律宾女佣，成为香港社会史上很重要的一大创举。后来，她又坐上了全香港赫赫有名的新鸿基集团的高位，成为管理层中唯一的女性。

这个自立自强、野心勃勃的女孩，用她人生中无数个雷厉风行的举动，践行着"有志者，事竟成"的人生信条。她果敢坚决、屡战屡败、勇攀高峰的性格是她父亲培养出来的，是父亲给了她勇闯天涯的勇气。

"自立者，天助之。"这是一条被无数人实践过并得到验证的格言。自立的精神是一个人努力奋斗、不断前行的动力和根源，也是孩子走向成功的真正源泉。

从效果上看，无论有多少外在的帮助都无法让受助者有本质上的改变，甚至会使受助者变得更软弱，只有来自内在的帮助才能让一个人真正改变。如果父母什么都想替孩子做好，到头来会让孩子变得没有主见、缺乏能力。

可惜有很多父母不明白这一点，在教育孩子时只顾让孩子听话、服从，乖乖地按自己的想法去做事。这种教育方式，必定会让孩子失去个性，不愿意思考，没有自己的想法，最后沦为老实无能的平庸之辈。

培养孩子，是要培养他们的个性、创造力，按照他们的喜好和意愿去发展他们的能力。父母只能作为引路人存在，而不能包办一切，或强制孩子按照自己的意愿生活。

无数的事实证明，对孩子的生活和行为产生了最强有力影响的是充满生机和活力的自主性。自立教育是一种对孩子非常有利的实效教育，与之相比，学校所给予人们的教育更多的是文化启蒙的作用。来自日常生活的自主性教育更加具有影响力。在我们的日常生活中，自主性教育每天都在发生着。它是我们所接受的最重要的指导，被席勒称为"人生历程的教育"，而所有这一切都源于父母的正确引导。

（1）父母应尊重孩子的天性

在中国的传统教育中，父母习惯教育孩子规矩、听话，那些顺从、安静的孩子总是得到夸奖，而那些淘气、闹腾的孩子则常遭到斥责。在长辈面前，孩子不许乱插嘴，不许忤逆。在组织幼儿活动的时候，组织性、纪律性、一致性总是被特别强调。在上课的时候，老师在上面讲，孩子坐在下面听，不许随意说话，不许随便活动。这种教育方法值得我们反思。

中国现代幼儿教育的奠基人陈鹤琴早就总结过孩子的心理特点：孩子是好动的、好模仿的、好奇的、好游戏的、好成功的、好合群的、好野外生活的、好称赞的。

对孩子的教育应顺应孩子的心理特点，充分发挥他们的天性。解放孩子的头脑，让他们可以在想象的世界里自由翱翔；解放孩子的双手，使他们能尽情去干自己想干的事情；解放孩子的眼睛，使他们能看自己想看的东西；解放孩子的空间，让他们可以尽情地走出去；解放孩子的时间，让他们不必总是埋在题海之中。

虽然我们的教育在不断完善，一代代的父母也在不断成长，但我们的教育距离自主教育标准还有很远的距离。例如，当妈妈在做家务的时候，孩子也会主动跑来帮忙，大多数的妈妈并不会开心地表扬孩子，而是制止孩子，觉得孩子干不了，根本是在捣乱，甚至训斥孩子做这种他不该做的事情。这种情形出现的次数多了，孩子的积极性会受到打击，他们就会觉得自己真的什么都做不了，天长日久，形成习惯，他们就再也不愿意主动做什么了。

（2）父母不要因为孩子太"听话"而沾沾自喜

中国经历几千年的小农经济时代，已经习惯了求安稳、守规矩，人们认为桀骜不驯、我行我素容易招惹是非，锋芒毕露、随意出头容易惹麻烦。所以，老老实实过一生就可以了。在这种条件下，人们总是认为只有听话的孩子才是好孩子。

总是用"听话"两个字去教育孩子，就会让孩子心里形成这样一种观念：父母的话、老师的话都是对的。这可不是一件值得庆幸的事，这在相当的程度上限制了孩子独立思维、独立行为的发展，孩子便会不再思考、不再质疑，变得唯唯诺诺，没有自我。

试想，一个孩子如果每件事都要按照妈妈和老师的话去做，没有自己的想法，没有自己的意见，不就成了一个提线木偶吗？如果一个人的言行是受别人支配的，怎么可能会有创新能力呢？我们倾尽全力就是为了培养出一个只会看着别人的眼色办事的孩子吗？

"听话"的教育是缺乏民主的教育，是我们应该摒弃的。如今，新时代需要的是拥有高心理素质、创新意识与科学精神的人才。中国家庭传统的"听话"教育已经跟不上时代的发展，如果父母不改变教育方式，将来孩子长大成人就会无法适应社会，无法跟上时代的步伐。

当然，摒弃"听话"教育，并不是要让孩子完全反对父母和老师，这里针对的是培养孩子独立思考的能力，对别人说的话，自己过滤一遍，批判性地接受，而不是百分之百地听话，完全没有自己的思想。

（3）父母不要过分干涉孩子

过分干涉孩子的教育指的是父母为孩子的成长画框架、定基调，限制孩子的言行，让孩子完全按照父母预设的方向发展。这种做法严重限制了孩子的自由发展，对孩子的成长极其不利。

例如，有时孩子趴在地上观察蚂蚁，妈妈便大惊小怪地说："不许趴在地上，衣服都弄脏了，到屋里来。"有时孩子想和小伙伴一起走着去学校，妈妈会说："天这么冷，受那份罪干吗？一会儿还是让你爸开车送你去学校吧。"有时孩子做完作业想看一会儿自己最喜欢的那本漫画书，妈妈一把夺过书说："一天到晚玩物丧志，这种东西看了有什么用？作业做完了就去看我给你买的文学名著啊。"甚至有的父母还会严格限制孩子的交际，只允许孩子跟学习好的孩子交往，成绩不好的孩子，哪怕品质优良也不允许来往。有的父母连孩子每天要穿的衣服、要留的发型、要吃的食物都有明确的规定，孩子只能活在父母设的条条框框里。

在这种过分干涉式的教育下长大的孩子，怎么能够感到快乐呢？每天这也不能做，那也不能做，孩子需要谨小慎微地活着，必然无所适从，缺乏独立思考的能力，对父母的依赖性也极大。渐渐地，孩子的思维就会变得僵化，缺乏批判意识和创新精神。这样的孩子，在学习和生活中，遇到一点儿困难就会被打倒，不知如何应对，需要求助父母。

总之，父母过分干涉式的教育会使孩子没有好的适应能力，做事缺乏主见、犹豫不决，缺乏个性，遇到挫折会格外脆弱，难以成长为一个身心健康、内心坚定、思想成熟的大人。

给孩子一双想象的翅膀，他就可以飞翔

想象是一个人非常重要的思维方式，每个人都充满了丰富的想象力。可以说，想象力是一个人智慧的标志，是心灵能力的外延。人能掌握的知识是有限的，但想象力却是无穷的。在想象中，时空的界限可以被打破，我们可以穿梭千年，跨越万里，上天入地，任意驰骋。因此，想象力的培养对于孩子学习能力的提高非常有帮助。

君君是一个想象力丰富的孩子，小脑袋里装着各种奇思妙想。每当孩子发挥想象要做什么的时候，不管是不是无厘头，不管是不是有用，妈妈都抱着支持的态度。

君君喜欢画画，妈妈就给他买各色的画笔和大小不一的画本，让他尽情地画。妈妈从来不规定内容，孩子想画什么都可以。有一次，君君画了一个有点儿怪的太阳，妈妈问："你怎么不把太阳公公的眼睛画大一点儿？妈妈都看不清了。"君君说："太阳公公累了，他正睡午觉呢！"妈妈被孩子的话逗笑了，说："这样啊，真有趣！"除此之外，君君还画过各式各样他想象中的龙，还有各种水果做成的交通工具。

君君的动手能力也很强，喜欢做手工。于是妈妈就把一些纸盒、鸡蛋壳、塑料瓶等都给君君攒下来。一有时间，君君就会裁裁剪剪、粘粘贴贴，制造出很多充满了奇思妙想的小作品。妈妈最大的乐趣就是听儿子讲述他做的是什么。

妈妈还会有意识地培养君君的想象力，比如读故事书的时候，只讲一半，让孩子自己编出后半部分。于是，爸爸妈妈借此还听了很多新版的童话和神话故事。

在妈妈有意识的培养下，君君变得特别爱思考，而且很有创造力，君君写的富有想象力的作文还曾获得了市里作文大赛的一等奖。

如果没有想象力，书本中读到的人物形象、美丽风光就没法感受到；如果没有想象力，孩子的思路就会很狭窄，写出的文字就会千篇一律，乏味至极；如果没有想象力，孩子就画不出充满奇思妙想和个人特色的图画。美国天文学家黑尔说："我们切莫忘记，最伟大的工程师不是那种被培养成仅仅了解机器和运用公式的人，而应该是这样的人：在掌握机器的同时，开阔视野及发挥最出色的想象力。一个缺乏想象力的人，无论从事工程技术还是美术、文艺或自然科学，都不会做出创造性的成绩来。"

那么，如何培养孩子的想象力呢？

（1）让孩子广泛地去观察

想象要以自己头脑中的形象为基础。如果见识少，头脑中的形象就会非常单调，其想象面自然就狭窄，有时甚至是失真的；反之，头脑里的形象如果很丰富，那么想象就会开阔起来，变得生动形象。一个没有见过七彩颜色，脑子里没有颜色概念的人，在想象中是不会产生颜色的形象的。那么如何让头脑里的形象丰富起来呢？自然要通过广泛地接触事物进行积累。因此，在日常生活中，父母应该多让孩子感知客观事物，全面、仔细而且深刻地去观察，这样有助于孩子对真实事物形象的积累。同时，还要注意让孩子多积累知识。缺失了知识和经验的想象，只是空想，是没有根据的主观臆测。

（2）让孩子大量阅读文艺作品

古人说："书中自有黄金屋，书中自有颜如玉。"文学和艺术作品中充满了文学家、艺术家瑰丽的想象，是他们想象的结晶。在欣赏艺术作品和阅读文学作品时，读者只有展开想象的翅膀，才能更好地感悟作品的魅力，这样，经常运用想象力，想象力自然就会得到培养。所以说，文学和艺术作品可以算作培养想象力的"学校"。当然，要培养想象力不能仅仅局限于阅读文学作品，各类书籍都应广泛阅读，以获取渊博的知识。

（3）让孩子多实践，获得丰富的生活经验

常言道："纸上得来终觉浅，绝知此事要躬行。"对于想象力的培养，这句话也同样适用。一个人想象力的广度和深度直接受生活经验的影响。要培养想象力，少不得要广泛地观察和体验生活，并有意识地从中积累经验，为想象力的培养打下坚实的基础。在日常生活中，父母可以适当地让孩子参加一些社会实践活动，做一些他感兴趣的事情，多看一些对身心有益的报刊、电视节目等，这些都有助于孩子积累经验，提高想象力。

（4）丰富孩子的语言

任何思维都是在以语言为媒介的基础上进行的，想象活动也需要借助于语言的描述。有些人脑海中有丰富的形象，但是语言极其匮乏，这样一来想象就会停留在直观形象的水平上，难以形成丰富深刻的想象。因此，提高孩子的语言表达能力对提高想象力非常有利。

（5）经常让孩子练习对比、类似、接近、继起、因果等联想活动

体育运动员在腿上绑沙袋，练习蹦跳，可以提高弹跳力。同样，经常让孩子练习对比、类似、接近、继起、因果等联想活动，也可以提高孩子的想象力。比如，在看小说的时候，看完本章，可以让孩子推测故事接下来的走向，合理想象接下来会出现的故事情节，想象故事的结局。同样，在看电视剧、电影、漫画的时候，都可以有意识地在关键地方停下来，让孩子想象一下故事将如何发展，主人公的命运将会如何，然后再接

着看，让孩子对比一下自己和编剧、作者的思路有什么不同。

（6）锻炼孩子运用各种想象

想象可分为再造想象和创造想象两种。创造想象以再造想象为基础，再造想象的发展则为创造想象，两者息息相关、密不可分。在想象活动中，要把再造想象和创造想象结合起来，这样有助于培养一个人的想象能力。因此，在日常生活中，家长应有意识地多培养孩子结合这两种想象的能力，这不仅有助于提高孩子的学习效果，还能让孩子的想象能力得到突飞猛进的发展。

（7）不要束缚孩子的想象力

很多家长觉得，既然提高孩子的想象力有好处，怎么会去束缚孩子的想象力呢？然而，这话说起来容易，做起来却难。在实际生活中，有时候孩子难得冒出来一个奇妙的想法，可我们那些根深蒂固的观念会不自觉地对孩子的想象进行检查，如果觉得太荒唐，难免会进行遏制。实际上，许许多多的创造发明都是与传统观念不相符的，甚至被认为是荒诞可笑的，正是因为科学家们的一再坚持才得以被孕育出来。所以，当孩子有了一些哪怕看起来很无厘头的想象，家长也别急着遏制。

（8）让孩子进行科学的幻想

幻想不等于空想，它是人的一种可贵的品质。为了防止幻想变成永远不能实现的空想，需要孩子把幻想和现实结合起来，并且要积极投入到实际行动中。同时，还应注意让孩子把幻想和美好愿望、崇高理想结合起来，让孩子进行科学的幻想。那么，何为科学的幻想呢？幻想所依据的基础是科学的，那么幻想就具有科学性。幻想就像放风筝，固然要飞得高，但也不能放开手中的线。这手中的线就是我们说的科学。因此，提高孩子想象力的同时，还不能让他偏离科学。

（9）培养孩子的好奇心

著名的科学家居里夫人曾说："好奇心是学习者的第一美德。"由此可见，好奇心对一个人的发展多么重要。好奇心是想象力的动力和起点，许多科学家正是在强烈的好奇心的驱使下才取得了伟大的成就。好奇心能让人们对一件事物产生浓厚的兴趣以及强烈的求知欲。在这种求知欲的驱使下，人们就会主动思考，积极探索，同时展开丰富的想象。而如果缺乏好奇心，人们的思想便会僵化，很难有所建树。因此，家长要重视对孩子好奇心的培养。

成功的孩子需要专注

美国作家马克·吐温曾说："人的思想是了不起的，只要专注于某一项事业，就一定会做出使自己感到吃惊的成绩。"做任何一件事情，都需要专注于既定目标，并付出实际的努力。古罗马作家西塞罗说："任凭怎么脆弱的人，只要把全部的精力倾注在唯一的目标上，必能使之有所成就。"所以说，那些三天打鱼两天晒网的人，注定一事无成。

专注是所有在某领域取得了一定成就的成功人士的共同特征，也是一个人高效做事的一种能力。注意力是否集中对一个人在某项工作或事业中能否取得成功有重要影响。

美国物理学家肯尼迪·约瑟夫·阿罗小时候对数学特别感兴趣，每次做起数学题目来都全神贯注，周遭的一切仿佛都与他无关。所以，他的数学成绩特别好，他这种专注的态度也让数学老师非常满意。

有一天数学课结束后，学生们都跑到外面去玩了，只有阿罗留在教室内做老师布置的题目。数学老师见状轻手轻脚地走到阿罗的身后，仔细观察阿罗的解题过程。

阿罗做题做得太专注了，对于老师的举动一点儿也没有察觉。直到他把一道数学题解答出来，老师才开口问他："阿罗，下课了，怎么不休息一会儿呢？"

听到老师的声音，阿罗赶紧站了起来，回答说："老师，我正在做数学题呢！"

"出去玩一会儿吧，放松一下紧绷的神经，才能更好地上下一节课。"老师温和地对阿罗说。

"老师，您不知道，我把做数学题看作一种游戏，解题的过程中我也能得到放松。"

"游戏？"老师有些不可思议地看着阿罗。

"是的，老师。在推导和演算的过程中，我可以感受到无穷的快乐，仿佛我是在做一项有趣的游戏。"阿罗微笑着回答。

"哦，这样吗？你真了不起，我想将来你一定会有所成就的。"老师高兴地说。

阿罗就是这样数十年如一日地专注于他的学习，果然像他的老师所说的那样，在他感兴趣的领域取得了突出的成就。1972年，阿罗还获得了诺贝尔物理学奖。

由此可见，专注，是每一个成功人士都具备的特点。

牛顿也是一个做事非常专注的人，他一生中的绝大部分时间是在实验室度过的。每次做实验时，牛顿总是废寝忘食，注意力高度集中，有时可以在实验室一连待几个星期，不分白天和黑夜，直至实验做完为止。

有一天，他邀请一个朋友吃饭。把饭菜准备好之后，他就继续工作。等到朋友来的时候，牛顿正忙在兴头上。朋友等了很长时间，直到肚子开始咕咕作响，还不见牛顿从实验室里出来。于是，朋友就自己先到餐厅里把鸡肉吃了。

过了好一阵子，牛顿终于出来了，他看到碗里有很多鸡骨头，惊讶地说："原来我已经吃过饭了。"

于是，牛顿又回到实验室里继续奋战了。

牛顿竟然会专注到忘记了自己有没有吃过饭，这真是令人惊奇。正是因为有这样的专注力，牛顿才能在科学领域取得这样举世瞩目的成就。

专注不仅指注意力集中，也指做事时目标明确。一个人的精力是有限的，如果什么都想涉猎一点儿，往往什么事都做不好。

这一点在法国著名作家巴尔扎克身上得到了淋漓尽致的体现。

巴尔扎克年轻的时候，曾涉足过出版、印刷业。但由于管理不当，他的企业倒闭了，他不仅没有赚到钱，还欠下了许多债务，债主经常对他围追堵截。警察局发出通缉令，要拘捕他。后来，巴尔扎克实在走投无路了，就在一个夜里偷偷地搬进了巴黎贫民区卜西尼亚街的一间不为外人所知的小屋里。

在这里，巴尔扎克过着隐姓埋名的生活，周围的贫民根本没有注意到这位狼狈不堪却依然心怀梦想的年轻人。他开始认真反思自己的过去，他的心终于不再像之前那样浮躁不安。他意识到，多年以来，自己之所以一事无成，是因为想法太多。今天想做这个，明天又想改行做那个，始终没有集中精力走自己最喜欢的文学创作之路。他突然间醒悟了过来，他从储物柜里找出了一个拿破仑的小雕像，放在书架上，并贴上一张纸条，上面写着："你以剑锋创其始者，我将以笔锋竟其业。"意思是说，拿破仑用剑未完成的事业，他现在要用笔来完成！

后来，巴尔扎克果然在文学上取得了巨大的成就，获得了

"现代法国小说之父"的殊荣。由此可见，想要取得成功，就不能三心二意，而要将全部精力专注于一件事情。

《成功杂志》在庆祝创刊 60 周年时，著名的记者西奥多·瑞瑟为了访问到伟大的发明家爱迪生，在他的实验室外蹲守 3 个星期，才终于得以一见。我们摘录了部分访谈的内容，如下：

瑞瑟："什么品质可以促成成功？"

爱迪生："能够将你的所有精力与能量锲而不舍地运用在同一件事上而不会厌倦的能力……你每天都在做事，对吧？每个人都是如此，假如你早上 7 点起床，晚上 11 点睡觉，你就能够有 16 个小时的时间来做事。大部分人，他们肯定每天都在做一些事情。唯一不同的是，他们做很多件事，而我只做一件事。假如他们将这些时间运用在一个方向、一个目标上，他们就会成功。"

当然，让自己专注于一件事是不容易的，我们必须对自己有一定的约束能力。比如，雨果在创作《巴黎圣母院》的时候，为了让自己专注于写作而不去做别的事，他把自己的外套全部锁在了柜子里，直到作品完成后，他才把外套取了出来。

专注力对一个人的发展如此重要，家长必须重视。但是如果你的孩子注意力不够集中，也不用怕，因为注意力是可以训练的。注意力的训练方法有许多，下面给大家介绍几种简单且有效的方法：

（1）溯想法

让孩子观察一件物品几分钟。比如观察一幅画、一件工艺品、一张照片、一件饰品等，都是可以的。然后让他闭上眼睛，把刚才观察到的物品详细地描述出来，注意要尽可能描述得完整，包括一些小细节。回忆且描述完毕后，父母和孩子可以对照原物看看有哪里忘记了，或是没观察到。如果有，就重新仔细观察，再描绘一次，直到能完全描绘出原物为止。等到孩子熟练了，可自行在心里进行描述。

（2）书写法

给孩子设定一定的时间，让他在纸上工整地写出一定顺序的数字。例如，最初进行的时候，可以要求孩子在五分钟时间里写出 1~300 的数字。之后再增加时长，增加数字序列的难度。这项训练对于注意力难以长时间集中的孩子是非常有效的。

（3）盯视法

找一个有指针的表，让孩子在椅子上端坐，然后集中注意力用眼睛盯住表盘上的秒针，并使眼睛随之转动。盯视的时间开始可以短一些，随后可以慢慢加长。此项训练要注意的是，告知孩子盯视秒针的时候不要分心想别的事情，也不可随意中断训练。

让孩子学会集中自己的注意力，把精力集中在一个目标上，专注力会促使孩子把每一件事情做好，这对孩子的学习和生活是非常有益的。

疼爱孩子是父母的天性，但孩子总会长大，需要独立地参与社会活动。因此，我们应尽量满足孩子要求独立的愿望，做到"六不要"：

①不要限制孩子。每个孩子都会有自己的喜好，不要过多地干涉孩子，要让孩子有一方自己的天地，可以去做自己喜欢做的事。如果你担心孩子会玩物丧志，或是养成某种坏习惯，可用"共同决定"的方法引导他。例如，孩子喜欢玩电脑，不要强硬地不允许孩子碰电脑，可以这样说："如果你的功课做完了就可以玩，但是一周只能玩两个小时。"

②不要惩罚失败。孩子如果有懒惰、依赖、逃避、不负责任等不良行为，父母可以适度惩罚，但是不要惩罚失败。每个人都会遭遇失败，失败可以让人总结教训，更好地前进。惩罚失败会挫伤孩子的动力，正确的做法是鼓励孩子在失败中成长。

③不要说教。没有人会喜欢被别人说教，一味说教会让孩子反感、叛逆。而如果孩子习惯了你的说教，又会变得没有自己的想法和判断。

④不要包办或代替孩子做某些事。要相信孩子的能力，放手让孩子自己去做。这样做的好处有很多，除了可以培养孩子

独立生活的能力外，还可以增强他们的责任感和自信心。

⑤不要插手孩子的事务。不要总觉得自己什么都是对的，不要觉得自己为孩子指引的道路就是一帆风顺的，不要总对孩子说"不"，不要总是让孩子服从，应多给孩子一些机会。

⑥不要剥夺孩子的选择权。孩子在成长的过程中总会遇到一些让他们难以抉择的事情，不免会犹豫，父母此时应该尊重孩子的选择，不能将自己的意志强加到孩子的头上。

黄金时期多沟通

高年级处于小学到中学的过渡时期，此时期的孩子心理发育正趋于成熟。此时期对孩子的教育，一定要充满尊重，要平等对待，同时必须要了解孩子心里在想什么，要真正走到孩子心里去。

第七章　了解孩子内心，是父母必须做的功课

家长要懂孩子的心

六年级的张宽12岁了，在低年级和中年级时，他的功课都很不错，还一直担任班长。可是到了六年级，因为想成为班干部的同学多了，于是班里办了一个班干部竞选活动，活动的结果对张宽打击特别大，他不仅没能成为班长，其他职位也没竞选上。他不能接受这个现实，家长也不能接受，所以总在他耳边说邻居家某某是多么优秀。在这种情况下，张宽逐渐出现消极情绪，甚至慢慢发展到不愿意上学，他开始与那些调皮捣蛋的孩子接触，并学了一身陋习，逃学、偷东西，被老师和家长痛批也不管用，之后就是恶性循环。他的爸妈也实在没有办法了，于是通过朋友找到了一位著名的儿童心理辅导专家。在做了一段时间的心理辅导后，他终于说出了心里话："刚开始的

130

时候，我不断提醒自己要一直做一个好孩子，可是到了后面，就总也控制不住自己了。而且，不管我做什么，都得不到表扬，老师批评我，爸妈批评我，所有人都说我不好，那既然这样，我还不如放肆地去玩去闹，然后慢慢就变成现在这样了。"听了张宽的话，家长和老师都愧疚不已，他们积极配合心理辅导专家，帮助张宽恢复心理健康。一段时间后，张宽的情况已经有所改观。给张宽做辅导的心理专家说，根据他和同事们多年的临床经验，像张宽这种情况的孩子有很多，这些孩子并非人们常常说的"坏孩子"，他们只是因为心理压力太大，最后导致了失控，这也是一种品行障碍。

现实中，有些孩子的情况会比张宽更严重，有的甚至出现了打骂父母、自残等行为。这些孩子之所以出现这类情况，是因为他们内心过于焦虑，是情绪转移的结果，这也说明他们同社会某方面产生了矛盾，不能适应，仅凭孩子自己是无法调适的，他们非常需要帮助。

我们都知道，当儿童营养摄入不足时，就会出现身体发育不良的情况。和身体的健康发育一样，当孩子的心理需要得不到满足时，也会出现人格发育的异常。孩子在成长的过程中，都有交友的需要、游戏的需要、社会鼓励及荣誉的需要……若这些基本心理需要都被剥夺了，那么儿童和青少年在心理发育和人格发育上便可能出现异常，严重者可能出现认知障碍甚至反社会倾向。所以，了解孩子各个阶段的心理需求，并满足他们的合理需要，这是所有父母的责任。

家长应如何培养孩子的健康心理呢？总体来说，可以从平时的个性修养、陶冶性情着手，具体方法如下：

（1）帮助孩子接受现实的自我

要让孩子充分了解自己，在坦然承认不足的同时，应欣然接受全部的自己。我们自身的条件有很多是先天决定的，无法改变，如原生家庭、容貌、生理缺陷等。若已经做到了全面、充分地了解自己，结果却不能接受这样的自己，就必然会陷入不安与痛苦之中。一个人，唯有对现实的、全部的自己欣然接受，才可能承受来自现实的挫折，避免心理冲突，也才能根据社会和时代的需要，创造出最为理想的自我。所以，从小就要引导孩子全方位地认识自己，接受自己，这样才能避免因缺乏自我认知而变得愤世嫉俗或者缺乏自信等。

（2）让孩子树立理想

人要有理想，这个理想超越却不脱离现实。有了理想就要去实现理想，这时切忌沉浸在幻想中，也要注意千万不能脱离现实蛮干，否则只会碰得头破血流。一个人想要立于不败之地，就要双眼紧盯理想，双脚不离现实。要立志，就要首先了解社会对个人有什么样的要求，环境所允许和不允许的都有哪些，未来的发展趋势是怎样的等等。学会把个人的优缺点和环境的利弊结合起来综合分析，做到扬长避短，发挥个人优势，制订合适的、能够通过努力达成的目标。父母们要从小引导孩子拥有理想，并做好为理想奋斗的准备。

（3）让孩子多参加集体活动，主动与人交往

情绪上存在困扰是我们常见的心理不健康的具体表现，而情绪的困扰又与人际关系有很大关系，如心怀焦虑、孤独、恐惧之感，严重的则表现为对人有怀疑、敌对、攻击之举。这些问题的出现，正是由于人际交往的需要没有得到满足，事实上，与亲人、朋友、同学等交往，能让人产生安全感，同时不容易心存郁悒。所以，父母要鼓励孩子从小就多参加集体活动，学会主动与人交往，这不仅能增进与他人的关系，还能获得学习与发展的机会，遇到挫折也有人能够倾诉。

（4）让孩子学会拥有安宁的自我

怎么才能让孩子在早期就拥有安宁的自我呢？下面给出日常实用的方法以供参考，当孩子在学习独处时，你可以带着孩子做下面这些事情：教孩子独自在家度过一个安静的下午；抽时间带上孩子去郊外或者露营，在远离喧嚣的地方，和孩子一起认真观赏绚烂的夕阳；引导孩子养成安静看书或者静坐思考的好习惯，以此培养他们审视自我、聆听内心的声音的能力。当孩子真正学会独处，并能从独处中享受心灵的宁静时，他们也就得到了能陪伴自己一生的好礼物。你可以想象一下，若是

你的孩子已经学会了独处，并对此很享受，同时也认可你的独处需求，这样的家庭氛围该是怎样轻松自在啊！

要培养一个身心健康、聪明、快乐、有所作为的孩子，单靠父母是不行的，还需要学校乃至整个社会的共同努力！

正确面对犯错误的孩子

在生活中，父母很容易发现孩子犯的错误，却很难在这些错误中发现孩子的优点，更别说用赞赏的态度和积极的语言去教育孩子，引导他们认识到所犯的错误并彻底改正。

孩子的成长，总是伴随着这样那样的错误，以及不断地犯错误和纠正错误。生活中，有一部分父母在看到或者听到孩子犯错误后，也不问前因后果，就立即骂起孩子来，这种方式怎么能帮助孩子很好地改正错误呢？正确的做法应该是什么？孩子在犯错之后，如果能勇敢承认错误并担起责任，这时父母就该对孩子给予肯定和赞赏，肯定孩子能勇敢承认错误，赞赏孩子学会了承担责任。既然肯定和赞扬了孩子，就不要再责备甚至体罚孩子，事实上，我们在对孩子进行不恰当的责骂和体罚时，会在不经意间伤害孩子。故而，问题的重点不在于孩子是不是犯了错误，而是父母会用怎样的态度引导孩子认识并纠正错误。作为父母，若能善于在孩子所犯错误中找到其隐藏的优点，然后指出优点，先对孩子进行赞扬和肯定，然后教孩子认识错误，这样，在让孩子对错误有充分认识的同时，还能使孩子愿意真心悔改，然后慢慢养成正确对待错误的习惯。有很多例子都说明了一个道理，若父母善于在犯错误的孩子身上找到其优点，然后用赏识的态度去教育和引导孩子纠正错误，相对于严肃的批评和打骂来说，这样做的效果更好。

廖强在学校里总喜欢给班级制造一些麻烦，渐渐地，他就以淘气闻名全班了。一天午餐之后，老师刚走到食堂外，就被一群孩子围住了，他们纷纷向老师"投诉"廖强的各种不是，有说他打人的，有说他抢自己图书的，有说他搞恶作剧的，应有尽有。老师抬头一看，恰好看到廖强正满不在乎地看着大家。

老师提示孩子们安静，之后他说："我和你们一样，都不喜欢廖强的缺点，不过我们不能只看到他的缺点而忽视了他的优点，你们说说廖强有没有优点？""有优点。"孩子们异口同声地回答。"那他有哪些优点呢？"老师又问。"他爱劳动，每天都抢着干活儿。""他生性乐观，什么事在他眼里都不算难事。""他独立自主，从来都不用父母接送上下学。"……孩子们不一会儿就列举了廖强的很多优点，几乎囊括了所有细节。进了教室后，老师叫来廖强，对他说了同学们讲到的他的优点，然后说："老师希望你可以正视自己身上的问题，从此以后加倍努力，让自己的优点越来越多，缺点越来越少。你说好吗？"廖强听着听着就低下了头，然后轻声说："我知道错了！以后我会努力的。""老师又发现了你的一个优点，就是敢于承认错误。"老师说。

老师一说完，同学们都热烈地鼓起了掌……

如今的廖强，已经改掉了大部分缺点，变得活泼可爱，并和同学们关系非常好，也爱与老师说自己的心里话……总之，不管是老师还是同学，都越来越喜欢他了。

父母往往在孩子犯错后责备他们，责备的方式有很多，有些父母的方法不当，可能对孩子造成终生的不利影响。不过，父母若是能从犯错误的孩子身上找出被忽视的、隐藏的优点，然后做正面引导，肯定并表扬孩子的优点，这会使得孩子充分认识错误，同时对优点继续保持，从而养成良好的对待错误的习惯。

在放学后到晚饭前的这个时间段，本来应该是孩子学习的时间，结果妈妈从房间里出来，却看到孩子坐在客厅沙发上玩手机游戏。妈妈立即气急败坏起来。

"到学习时间了你还打游戏，你是不想学了吗?"妈妈对孩子开启了语言的"狂轰滥炸"，"你看看你成什么样子了，这么喜欢打游戏，饭别吃了，钻到游戏里去得了!"

孩子停下手中的游戏，看着妈妈委屈地说:"我已经写了一半多了，我过会儿再写。"

妈妈不依不饶:"你还学会找借口了，还顶嘴，这都是什么毛病……"

上面案例中的这位妈妈，对孩子在学习时间玩游戏的错误行为太敏感了，且一抓住就不放手，还夸大错误，这导致孩子只是听到了妈妈的话，却没有认识到自己的错误，反而强化了这种错误行为。惩戒、责骂等方式不当，会给孩子带来很大的不良后果，甚至会激起孩子的逆反心理。

家庭教育里存在一个普遍现象，即随着孩子年龄渐长，父母的表扬会越来越少，批评却越来越多，有的孩子甚至经常面临"狂轰滥炸"式的批评。作为父母，一定要有这样的认知：孩子对自己的认识，是通过周围人对自己的评价来完成的，并在此基础上寻找方向，不断前进。所有评价中，来自父母的评价最为重要。否定性评价会让孩子产生不愉快的心理体验，一般会导致两个结果，一种是反思问题，努力改正，另一种则是孩子越来越不自信，甚至产生自卑心理。相比而言，肯定性评价会让孩子有愉快的心理体验，具有好的激励作用。

每个人都渴望被他人肯定而非否定。很多父母都懂这个道理，他们也很想多表扬孩子，可是常常找不到孩子身上值得肯定和表扬的地方，这该怎么办呢？其实很简单，只要父母做好生活中的有心人，留心观察孩子的行为，就一定会发现孩子值得表扬的地方，无论是哪方面，只要有微小的进步，都可以及时做出肯定。不要拿自家孩子和别人家的孩子比，而是要看到孩子今天比昨天进步的地方，也不要制定过高的标准，因为每一次长足进步，都是一点一滴的进步累积起来的，父母千万不要吝啬对孩子的表扬。

优秀的父母，总能在孩子的错误中发现优点。

不要让孩子感到孤独

孩子脆弱而敏感，有时候他们犯错了或者遇到挫折后就会精神不振。此时如果家长不分青红皂白地指责孩子，就会给他们增加心理压力，从而让他们感觉很孤独。现在的孩子一般都是独生子女，缺少兄弟姐妹的陪伴，父母每天工作又忙，孩子独处的时间比较长，孤独感越来越强。因此，现在有许多孩子跟家长沟通得特别少，特别是当家长不分青红皂白地指责孩子时，他们会更不愿意与家长沟通。当从家人这里无法排解孤独时，他们就会去寻找其他方式，此时，网络对他们来说就有着无穷的吸引力。

网络世界里有很多同龄人，和同龄人沟通让他们找到了归属感，且网络游戏中的暴力场景可以使他们心中的压抑和对现实世界的不满得到宣泄，因此，孩子沉迷网络也就不难理解了。如果家长不想让孩子沉迷网络，最好的办法就是让孩子不再感到孤独，家长要平心静气地对待孩子犯的错误，多与他们沟通，多了解他们的真实想法。

孤独的孩子也容易对陌生的事物产生恐惧心理和胆怯心理。在孩子不敢进行某种活动时，如果家长不断催促和吓唬孩子，只会增加他们的孤独感。因此，当孩子恐惧、胆怯时，家长要心平气和地安抚他们，对于孩子害怕的事，要给他们耐心讲解，打消他们的顾虑，并陪伴在他们身边，让他们感觉到父母是支持他们的。

虹丽是在单亲家庭中长大的，她不但学习好，还很懂事。可是她的妈妈因为工作太忙，几乎没有时间陪她。虹丽每天都是一个人在家，她总是感觉家里冷冰冰的。妈妈下班回来的时候她基本上已经睡着了，第二天她起床之后妈妈又出门上班了。有几次，她特意等妈妈回来，可是不但没有得到妈妈的夸奖，反而被妈妈训了一顿，说她不该这么晚睡。她渐渐迷上了网络，在网络世界，她似乎找到了归属感，不再孤独，于是她开始频繁出入网吧，学习成绩一落千丈。

很久以后，妈妈才意识到虹丽成绩下降是因为迷上了网络。她一次次去网吧找虹丽，每次都是教训一顿，甚至打骂一顿，但收效甚微，虹丽依旧沉迷其中。为了不让妈妈找到自己，虹丽经常换地方上网，回家的时间也一天比一天晚。妈妈百思不得其解，懂事的女儿怎么变得这么不听话了呢？妈妈难过极了，在难过之余，她开始对自己的行为进行反思。她每天在外忙碌，女儿是不是也像现在的她一样天天盼着自己早点回来呢？有几次女儿在等自己回来，自己不但不理解，反而教训了她一顿。妈妈想通了这个问题之后，决心改变自己，并把女儿从网络的泥潭中拽出来，从此以后多陪伴女儿，让她不再感觉孤独。

妈妈为了让虹丽回家，将全市的网吧分布图全画了下来，然后一家家寻找，但是虹丽依旧不愿意回家。妈妈为了让女儿明白自己的良苦用心，只会语音聊天不会打字的她开始学习打字，然后在QQ和微信上给女儿留言："女儿，你现在在哪里呢？妈妈很担心你，一夜都没有睡好。妈妈想跟你说说心里话，花了好几个小时给你写了一封信，结果还没发出去，不小心又弄丢了。女儿，你早点回家吧，妈妈等着你回来，家里的灯会一直为你亮着，妈妈再也不会让你一个人在家了。"

虹丽看到了妈妈的留言，走出了网吧。她看见亮着灯的家，悄悄地推开门进去。妈妈看见女儿回来了，哭着抱住女儿："你终于肯回家了。"从那以后，虹丽再也没去过网吧，妈妈也没有忘记当初的承诺，尽量抽时间陪伴女儿。虹丽不再感到孤独，家不再是冷冰冰的样子，又变成了最温暖的地方。

亲情有一种无形的力量，它的建立也是彼此影响、彼此作用的过程。一个家庭如果忽略了亲情，就会对孩子造成巨大的伤害，让孩子犹如孤儿一般。如果家长想让孩子不再沉迷网络，远离孤独，最好的办法就是要关心孩子、陪伴孩子。孩子的心灵是敏感的，对于家长的关心，他们是能够感知的，并且也会对家长表现出尊重和理解。孩子在父母陪伴的环境中长大，自然不会感到孤独，他们会健康成长，网络的吸引力也会随之下降。

心理健康与身体健康一样重要

健康包括生理健康和心理健康。儿童的生理健康和心理健康是相互作用的。如果情绪波动过大或者长期处于紧张状态，就会扰乱身体机能，从而影响身心健康，甚至导致疾病。

孩子的心理健康主要包括自我适应和适应环境的能力。主要表现在以下几方面：

（1）良好的心态

长期保持愉快的心情，善于调整情绪，对人生有积极乐观的心态，对周围的人和事有兴趣并有探索的意识。

（2）对自我有正确的评价

能正确认识自己的优缺点，对别人的长处没有嫉妒心理，对自己的不足能慢慢改正，也不妄自菲薄，甚至放大自己的缺点，导致没有自信。

（3）人际关系良好并能适应社会

能与别人友好、愉快地相处，能正确表达自我，具有正常的自我认知能力，能够高效地完成工作。

孩子的心理健康会严重影响其身体健康。近年来的研究表明，很多孩子存在心理健康问题，而且这些问题有上升态势。近年来，不少学生因为心理疾病而影响到了学习。目前的教育模式给部分学生带来了极大的压力，从而导致他们的心理承受能力极其脆弱，他们只要受到一点儿挫折就无法忍受。一个家庭如果出现了一名精神疾病患者，会给这个家庭和社会带来巨大的损失，家长和老师一定要注意这个问题。

小枫是一名六年级的女生，平日里学习成绩较为优异，但期末考试的时候发挥失常，名次退步了很多。因为平时父母对她管得很严，在学习上要求很高，她越想心理压力越大，觉得没办法面对父母，竟然一时想不开，打开了液化气要自杀。幸好被家里人及时发现，没有造成严重的后果。孩子醒过来后，小枫的妈妈哭着问她为何要做这样的事，小枫说："因为你们要求我必须考前五名，我这次没考好，我怕你们打我、骂我。"

在这种心理状态下，即使这次孩子没有出事，但以后这样的孩子该如何面对更加复杂的生活呢？这些问题让老师困惑不解，也让家长迷茫，这是家庭原因造成的，却在学校生活中表现出来了。它是不当的家庭教育、竞争压力过大以及学习生活的索然无味造成的，更重要的是，这些孩子没有得到正确的心理疏导。联合国世界卫生组织认为：一个人只有生理、心理以及社会适应能力都达到良好的状态才是健康的，即社会的进步、科学的发展，使得医学上的健康已经变成了"生物——心理——社会医学模式"。只有具备健康的体魄和心理的人才能适应社会的变化。所以，健康不单单是身体健康，还包括心理的健康。

社会的日益复杂和竞争的日益激烈，对人们的心理承受能力要求越来越高。为了避免发生心理疾病，也为了更好地适应社会，我们一定要做到心理承受能力高于社会要求。在孩子小时候就要培养他们的抗挫折能力以及健全的人格，只有这样他们才能适应日益发展的社会的需要。

引导孩子说出烦恼，乐观对待生活

庭兰性格内向，成绩不好不坏，在班里也不怎么跟同学交往。前几年，庭兰的爸爸因病去世，她变得更加内向。

今年，由于母亲失业了，家里的生活变得更加窘迫。庭兰觉得自己仿佛身在炼狱，她总是认为老天不公，让她事事不顺，所以整天闷闷不乐的。

心理学大师史力民博士认为：乐观是成功的一大要诀。乐观和悲观的界限在于对待事物的看法不同。

乐观的人认为，令人高兴的事是永恒存在的，而不开心的事情只是暂时的。

悲观的人则认为，不开心的事情才是永恒不变的，而开心的事情都是短暂的。在坏事发生时，他们不在自己身上找原因，而是将责任都推给别人。

史力民博士还说，失败者通常都会悲观地解释事情发生的原因。悲观者在遇到不顺心的事时，他们总是对自己说："算了吧，生命就是这样无常，即使努力也没用。"由于经常用这种思维考虑问题，悲观者慢慢地失去了对生活的信心，越来越没有斗志。

不管是成年人还是儿童，都应该保持乐观的心态。

乐观的生活态度会不断激发儿童探索未来的信心，并促使他们不断前进。孩子对能够满足自己的事物会产生积极的情绪，对那些无法满足自己的事物，则会产生消极抵触的情绪。

儿童心理学家马丁·塞利格曼认为，乐观的心态不但是吸引人的个性特征，还有神奇的功效。它可以提高人面对困难时的免疫力。乐观会给孩子带来很多好处，比如，不易患抑郁症，更容易成功，比悲观的孩子更健康，等等。所以，让孩子保持乐观的心态很重要。

乐观不仅是一种情绪，也是一种品格。父母在生活中也要保持乐观的心态，只有这样，才能潜移默化地影响孩子。

比如，单位要求周末加班，要对孩子说："妈妈今天要加班，因为妈妈的公司效益很好，妈妈只有赚更多的钱才能带宝宝去游乐园玩。"而不是说："妈妈又要去加班了，真烦。"无论怎么说都得去加班，但是如果你选择第二种说法，只会把悲观的情绪带给孩子。如果父母在遇到困难时，总是能以积极乐观的态度面对，孩子也会在无形中受到影响，从而乐观地面对生活中的挫折和困难。

无论是乐观的孩子还是悲观的孩子，在生活中都会遇到不如意的事情。如果家长发现孩子情绪不对，无论自己工作多忙，都要抽时间陪伴孩子，多跟孩子沟通，告诉孩子要学会乐观地看待事物，凡事都要往好的方面想，不要总想不好的一面。

如果孩子在遇到困难后表现出沮丧、郁闷的情绪，父母要让孩子尽情宣泄。他们将心中的郁闷发泄完了，自然会恢复。当然，如果孩子无法解决问题而需要父母伸出援助之手，父母要及时给予孩子帮助，并用心体会孩子的情绪，努力与孩子产生共鸣，让孩子消除不良情绪带来的影响。

在遇到困难后，如果父母不允许孩子发泄心中的郁闷，只是让孩子忍耐和坚强，孩子很可能会把这种不良情绪隐藏在心底，时间长了，会给孩子带来消极的影响。

正如法国作家阿兰所说："烦恼犹如一种精神近视，只要我们往远处看并保持乐观的生活态度，我们的脚步就会更加坚定，内心也会更加安定。"父母在帮助孩子克服困难的时候，要教育孩子保持乐观心态和教会孩子正确处理困难的方法，这些都能让孩子保持良好的心态，从而积极面对困难。

此外，父母要给予孩子足够的自由，不要过多地干涉孩子。

很多孩子不开心的原因在于他们被父母管得太严。有些父母溺爱孩子，总是限制孩子的一些行为，甚至对孩子的事情一手包办。这样会导致孩子无事可干，也体会不到做事的快乐。

美国儿童教育学家认为，如果家长想培养孩子乐观的生活态度，就不要管得太多，应当根据孩子的年龄给予他们一定的选择权。

比如，对两三岁的孩子，父母要让他自己选择早餐吃什么、今天穿什么、几点钟喝牛奶；对于四五岁的孩子，父母应该让他合理地选择购买什么玩具、周末去哪里玩、几点上床睡觉；对于六七岁的孩子，父母应该让他在允许的范围内自己选择看什么电视剧、几点学习；对已经上学的孩子，父母应该让他自己选择交什么朋友，是否带朋友回家玩等等。

一般而言，孩子如果从小就有自由选择权，他们就能体会到生活的快乐。所以，父母不妨偷偷懒，让孩子自己去选择，自己去处理问题。

【父母学堂】

父母要怎样培养孩子的积极心态？英国教育家斯宾塞提供了下面几种方法：

①用信心和目标以及美好的感觉去影响孩子。孩子具有很强的模仿能力，也非常容易受父母的影响，若父母是积极的、自信的，孩子自然也会感受到，耳濡目染中自然就会向积极靠近。

②为孩子营造一个轻松、愉悦的家庭环境。

③寻找孩子身上的优点。每个人都是既有优点也有缺点，

这与身份、年龄等无关。所以，找到孩子身上的优点并引导其发展，这会让孩子感觉良好，同时努力做到更好，孩子在成长中必然就会卓有成效。

④教会孩子懂得万事万物的矛盾性，即所有事情都有积极的一面和消极的一面。

⑤积极看待孩子的缺点，帮助孩子改进，要相信自己的孩子一定会越来越好。

第八章　让孩子经历一些挫折不是坏事

让孩子在克服困难中获得动力

苏联著名教育家苏霍姆林斯基说过，让孩子在克服障碍中学习，这种方法特别有效。下面来看这样一个故事：

林翰这孩子从小就招人喜欢，从稍微懂事起，就是个彬彬有礼的孩子，上学后，学习成绩也拔尖，还酷爱绘画，而且绘画水平很高，其作品曾多次作为对外交流的儿童画出国展览。他是如此优秀，因此自然经常受到父母、老师、邻居等人的夸奖。也正因为如此，林翰的父母感到有些担心，孩子长期处在这种氛围下，很容易形成自傲的态度和心理，也容易出现不思进取或者不能与人合作的倾向。

为了促使孩子不断进取，父母就常常特意为林翰设置一些障碍，借此增加孩子日常生活中受挫的机会。比如，林翰的绘画能力很好，可是在音乐上却没有天赋，而舅舅家的表妹则有很好的音乐天赋，表妹从小就开始学习钢琴和古筝，如今技艺娴熟，也经常被老师、家长表扬。为了减少表扬林翰的次数，他的父母就会经常带林翰去听表妹弹琴，借此教导林翰每个人都有擅长的和不擅长的事情，不能因为在某一领域取得了一些成绩就沾沾自喜、扬扬自得。

除了减少表扬次数，有时父母还会故意"找碴儿"批评林翰。一次，林翰妈妈做饭时发现常用的豆瓣酱没有了，于是叫林翰下楼去买。林翰兴冲冲地买了回来，妈妈一看是黄豆酱，不是她要的郫县豆瓣酱，就对林翰说："你买的是黄豆酱，不是我要的郫县豆瓣酱，我不是带你认过很多次吗？你真是一点儿也不仔细、不用心！"林翰辩了两句，最后还是委屈地去换了需要的豆瓣酱。其实妈妈责备完林翰就后悔了，因为确实是自己没说清楚，不应该怪林翰。可是一想到要让林翰不时体验挫折，她就忍住了对林翰的解释。

林翰妈妈的做法其实也就是我们所说的"巧妙设置障碍"。为了让孩子更加健康地成长，养成良好的行为习惯，有时父母的行为看起来好像不合情理，甚至需要狠狠心。

但是，给孩子"设置障碍"可能产生两种不同的效果，若运用不当，不仅达不到家长的预期，反而会伤到孩子，对孩子积极行为的产生和巩固起到反作用。所以，在真正"设置障碍"

时，下面几点需要各位父母重视：

（1）对象为一帆风顺的孩子

"设置障碍"主要是针对那些从小便一帆风顺、经常受到表扬的孩子。因为这些孩子时常受表扬，所以要适当设置一些挫折。而对那些本来就经常受挫并挨批评的孩子，或者内心脆弱、敏感的孩子，就不适合采用这种方法。

（2）障碍要适度

采用"设置障碍"的方法，首先，一定要以孩子的年龄阶段、受挫经验为依据，做出严格的区分。相对来说，年龄越小的孩子，对于设置障碍的需要就会越小，且频率低。其次，本就受挫过多的孩子，就不用再设置障碍了。

（3）循序渐进

设置的障碍应该具有一定的渐进性，障碍难度要逐渐加大，频率也是由低到高。切忌开始时便给孩子下马威，这可能导致孩子自信心的崩塌。

（4）与鼓励相结合

"设置障碍"要同鼓励相结合。在孩子排除障碍、战胜挫折之后，父母一定要及时对孩子进行表扬，正面强化这种积极行为。

（5）不必对孩子的情绪太在意

孩子在成长的过程中，难免会遇到障碍，受到挫折，这时就可能产生不良情绪，这都是正常的。父母对此要有思想准备，若孩子只是普通的不良反应，则不用理会，但如果孩子出现过度的情绪反应，父母就要及时对其进行必要的心理上的引导。

（6）注意保密

"设置障碍"要注意保密。一般来说，不用事前就让孩子知晓设置的障碍，不过若是障碍难度太大，或者担心孩子在没能排除障碍后受不住刺激等，则可提前告知孩子可能出现的难度以及会遇到哪些困难等。这样孩子就会心中有数。这样，一来可以增加成功排除障碍的可能性，二来可以减少失败后出现的不良情绪。当孩子经历各种困难，最终克服了困难，取得成功之后，他们会更加珍惜积极行动之后的良好结果，也会更重视积极行为的应用。

以上为几点注意事项，那设置障碍法所囊括的内容有哪些呢？事实上，设置障碍法的内容是多方面的，既可以是生活方面的问题，也可以是学习方面的问题，以及斗智斗勇类问题等等。

孩子若一直一帆风顺，那他后期的发展可能会受到阻碍，而只有冲破重重阻碍，在克服困难中前进，这样才能取得多方面的发展和进步，同时孩子对奋斗、努力的理解也会更加深刻，在遇到问题时，也能积极面对。所以，父母要视情况而定，让孩子学会在克服困难中取得前进的动力。

父母要学会适当放手，让孩子去经历风雨

西方国家从很早以前就提倡对孩子进行素质教育，强调要让孩子学会吃苦，对其心理承受能力也要加以磨炼。就孩子的一般成长规律来看，逆境和挫折更容易磨砺意志，虽说顺境也会出人才，但相对而言，逆境更容易出人才。

在各种各样的困难中成长起来的人，会更有生存能力和竞争力。这是因为经历过各种挫折的千锤百炼，他们既吸取了失败的经验教训，又掌握了成功的经验，会更加成熟。他们将挫折视为财富，并深知成功是建立在失败的基础上的，因而在面对挫折时，更能迎难而上、积极乐观。

父母若想孩子在未来拥有能够勇敢面对挫折的能力，就一定要从小打磨其心理承受力。

挫折，简单来说便是遇到困难或者失败。这种感受自然不会好，因为想做的事没能做成，中途遇到了障碍，内心必然无法获得满足。不过，因为每个人的意志不一样，因此，挫折的意义也就截然不同。

父母要常常告诫孩子，人这一生会遇到各种困难和挫折，但无论如何，都要做一个坚强的人。坚强的人能快速从挫折中找到通往成功的路，而心理承受能力弱的人则可能被眼前遇到的小困难击垮。在做一件事时，要想持之以恒，就要教育孩子一定要学会接受失败。教导孩子从一开始便学会接受失败带来

的负面影响，并勇敢去面对，这就避免养成一旦遇到失败便逃避的性格。现实中，往往有孩子因为害怕考试失败便用拒绝学习来逃避考试，可越是如此，他的自卑心理便越严重。而且，有些孩子慢慢养成了这样的坏习惯，即为自己的自欺欺人找各种正当的理由，为自己美言，对自己不愿做的事大肆贬低，或者攻击他人"虚伪""愚蠢无知"等。事实上，根本不用为自己找借口，要知道，要取得成功，途中必然会遇到挫折、经历失败，关键还是看自己是否尽了最大的努力。

嘟嘟爸爸很会教育孩子，在嘟嘟很小的时候就重视对嘟嘟的性格培养，他的观念是男孩子就该在摔摔打打的过程中成长，这样未来才会变得强大。

嘟嘟自小便特别喜欢踢足球，每天放学后，他都会兴奋地换上球鞋和同学们用书包摆成两个小球门，随后撒欢似的踢起来。这样做的结果就是嘟嘟每次都穿着脏兮兮的衣服回家，有时还带着各种擦伤。

嘟嘟妈妈每次看到嘟嘟的样子，都是又生气又心疼，她总是先骂嘟嘟一顿，然后赶他去洗澡，最后还要强调以后不准再踢球。不过骂归骂，之后嘟嘟妈妈还是会忙前忙后地给嘟嘟清洗衣服。嘟嘟爸爸看着这样的情景觉得好笑，就对妻子说："儿子已经大了，不要再什么事都帮他做了，像洗衣服这种事，就让他自己洗好了，别什么事都代劳，养成好逸恶劳的坏毛病！

至于踢球，这就是男孩子们正常的体育爱好，嘟嘟喜欢踢就让他踢吧，也是锻炼身体嘛，只要别影响了学习就行。男孩子，磕磕碰碰或受些小伤都正常，不用过于担心。"

妈妈听了爸爸的话，后来就不再管嘟嘟踢球的事了。

随着年龄的增长，嘟嘟对足球越来越喜欢，后来他还加入了校足球队，还代表学校去参加了比赛。

结果，在比赛中，嘟嘟发生了意外，摔断了腿。相关工作人员赶紧把嘟嘟送进了医院，在这个过程中，嘟嘟疼得大汗淋漓，但他没有哭，而是一直关心着队友的赛况，他担心因为自己而影响了整个球队。

手术之后，嘟嘟妈妈看到病床上脸色苍白的儿子，心疼得眼泪直流，嘟嘟爸爸也不好受，可是他还是俯身笑着对儿子说："小伙子，听说你就算受伤了也一直关心赛况，而且没流一滴泪，爸爸很佩服！"

"爸爸不是一直教导我要做个坚强的人吗？"嘟嘟笑着说。

"真是爸爸的好儿子！我以你为荣！"爸爸欣慰地说。

"爸爸妈妈，我们队的比赛怎么样了？他们赢了吗？"儿子关切地问。

爸爸说："儿子，很遗憾地告诉你，你们这次比赛输了。"

嘟嘟的眼神一下黯淡了，他自责地说："都是因为我！"

"不，你受伤是意外，大家都不想的。别灰心，孩子，这次失败了，还有下一次，坚强的孩子无惧挫折，既要赢得起，也要输得起。"

妈妈担心地说："这次腿都摔断了，你还要再踢球吗？犯得着那么玩儿命吗？"

"踢！怎么不踢？我不会被一次受伤和失败吓倒。"嘟嘟坐直了身子，"不过，你们放心，我以后会十分小心，再也不会发生这种意外了！"

可是妈妈还是很担心，不同意儿子继续踢球。在嘟嘟和爸爸的合力劝说下，妈妈同意了，但前提是，必须约法三章：第一，功课是第一位的，无论如何不能影响学习成绩，踢球或者其他爱好都只能利用业余时间；第二，一定要避免类似的事故再次发生，要学会在运动中保护自己，记住自己并非职业运动员，而且踢球要靠大脑；第三，踢球后的所有脏衣物全部由自己洗。

爸爸问："上面列的这三点，你能够保证全做到吗？"

嘟嘟咧开嘴笑着说："绝对没问题，只要你们答应让我继续踢球，我保证满足上面所有要求！"

"儿子，不能只说大话，结果是用行动证明的。男子汉一言既出，驷马难追，一旦违反上面提到的任何一条，你就不能再碰足球了！"

"好，你们就看我的行动吧。"

从嘟嘟的故事中我们可以明白一个道理，不要对孩子抱有过高的期许，不过必须鼓励孩子去挑战自己、改变自己。当孩子有所进步，要表扬他；当孩子受到挫折，则要对他进行鼓励和安慰。若孩子跌倒了，你会很心疼，但请不要急忙跑去扶起他，而是要鼓励他："孩子，你已经长大了，跌倒后要勇敢地自己站起来。"

社会的发展日新月异，所以孩子们要学会适应未来的发展，就需要拥有极佳的精神状态和良好的心理素质，唯有如此，在面对外界环境的巨大变化之时，方能平静面对，并一直坚持自己的信念及追求。

父母从小就要传递给孩子这样的认知：无论是谁，从来就不会一帆风顺，更不会一蹴而就，成长的道路都是曲折的，它常常与挫折、逆境、艰苦等相伴。在孩子的成长之路上，若没有逆境，父母也要为他创造逆境，因为不能在逆境中生存的孩子，未来也就无法适应社会。

要想在逆境之中生存，就必须要有坚定的意志和积极的心态。

从古至今，任何一个取得了大成就的人，无不经历过一段暗淡的岁月。在残酷的现实面前，唯有百折不挠、坚定不屈，才能走出黑暗，迎来光明。因而，坚定的意志是走过黑暗，于挫折中奋起的第一要求。

除了坚定的意志，积极的心态和乐观的精神则是考验孩子在挫折中奋起的另一个重要的部分。积极、乐观的心态又同家庭氛围密切相关，家里若时常欢歌笑语，孩子也必然能更加健康地成长。

有一句很有哲理的话："你对待社会的态度就是社会对待你的态度。"若孩子面对挫折的时候，只知道怨天尤人，或者总是期盼他人的帮助，无法自主解决，那他的未来将时时处在灰暗之中。

孩子的依赖心理过重在很大程度上是因为父母替孩子做得太多，要想根治，父母就要放开手，让孩子去经历风雨，学会自己的事情自己做。只有当孩子摆脱了依赖，真正自立后，才能在挫折中奋起。

培养孩子的意志力不容忽视

总有家长诉苦说："我家孩子学习上从不主动，每天的学习任务都要三催四请的才肯去做，没有一点儿自觉。""我家孩子做事情总是有始无终，没有丝毫耐性""我家孩子做事情总是犹犹豫豫，没半点儿决断。""我家孩子没有自控能力，特别容易被外界事物诱惑。"……家长们所抱怨的各种情形，究其根源，都是孩子缺乏意志力导致的。

意志力是克服各种困难的优良品质，一个意志坚强的人，不管处在怎样的逆境中或者压力下，都敢于面对并勇敢承担，无论遭遇怎样的挫折，受到多少人的反对，他都会坚持下去，永远不会放弃，就像他无法停止呼吸一样。

从下面的故事中，我们就能看到意志力对于成功而言有多么重要。

很久以前，有个人千辛万苦找到一位智者，只为向智者询问怎样才能成功。

智者看着这个人笑了笑，然后拿起一颗花生给他，说："你试着用力捏它。"

于是那个人用力一捏花生，然后花生壳碎掉，留下了花生仁。

智者看着他，继续说："你搓搓花生仁。"

那人听话地搓了搓，搓掉了红色外皮，剩下白白的果实。

智者又说："再用手捏它。"

那人用力去捏，但这次白色果实没有一点儿损坏。

看到这个结果，智者笑着说："你看，虽然屡屡受挫，但因为内心意志坚定，就什么都不怕。这样就能成功了。"

从社会现状来看，如今孩子意志力的总体情况实在让人担忧，具体表现为自理能力差，意志薄弱，丝毫不能吃苦，在逆境、挫折、困难中表现得不知所措，依赖性强等。现在的孩子在遇到困难时，往往过多地向家长求助，因为他们已经习惯了事事依赖家长。

之所以会出现这种状况，最主要的还是在于家庭教育的失误，而孩子本身性格娇弱只是很小的原因。现如今，人们生活水平不断提高，孩子往往也是养得越来越娇，再加上有不少家庭都是只有一个孩子，所以父母、祖父母难免对孩子过分溺爱、迁就，对于孩子提出的各种要求，不管是否合理，通通答应，生活中对孩子百依百顺，唯恐孩子受一点点苦，这样一来，孩子慢慢就养成了刁蛮任性、吃不得苦的性格，而且对家长的依赖心理也非常强。

相信父母们都听过一句话，叫作"性格决定命运"。一个人所具有的性格，同他一生的生活、学习、事业甚至身体健康等都息息相关。而人的性格的形成，又由意志、理智、态度、情绪这四方面决定，它们互相配合、补充，缺一不可。这四方面中，意志的作用最为关键和特殊，因为它能对态度和情绪进行有效调控，并促使理智充分发挥。因此，培养孩子的意志力不容忽视，它是一项特别重要的任务。

一位朋友去美国旅行时遇到了这样一件事：

那天，朋友在郊游的路上遇到了一家三口，爸爸妈妈都很年轻，孩子看着也只有五六岁，这一家人都骑着自行车。这时，一段泥泞的道路出现在他们的必经之路上，因为爸爸妈妈骑的车是大轮径的，只需要用力蹬几下就顺利过去了，可是孩子骑的是儿童车，轮径小，因此车轮陷进了泥地里。这对年轻的父母并没有走过去帮孩子，而是站在前面，鼓励孩子说："孩子，爸爸妈妈相信你一定可以过来的，加油！我们在前面等你。"说完后他们就骑到前面一处隐蔽的地方，躲在那里悄悄观察孩子的做法。孩子怎么骑车子都不动，于是不得不下车，推着自行车往前走。可走几步，车轮就裹上了厚厚的泥，不能动了，孩子就蹲下来，用小手把车轮上的泥巴抠掉，然后再推几步，再抠掉泥巴。不一会儿，孩子就满头大汗了，身上也沾满了泥，可是他在历经艰苦后，终于走过了这段泥泞的路。这时，父母重新出现在他面前，表扬他道："不错！我就说你一定可以的。"之后一家三口又说说笑笑地往前骑走了。

上面故事中的孩子还那么小，这对美国夫妇的做法在中国的很多父母看来，简直是不可思议的。可事实上，这样有意识地锻炼孩子意志力的家庭教育方法，正是我们应该学习的。

林肯总统的故事想必很多人都听过，他能改变自己贫穷的农家孩子的命运，逆袭成为美国总统，这个结果和他顽强的意志力密切相关。林肯从学生时代起，就立志成为全美国最具影响力的公众人物，为实现该理想，他每天坚持进行演讲的练习，而且，为了参加辩论活动，他经常不顾日晒雨淋步行七八里路前往辩论俱乐部。在他看来，这样的训练能让自己获得宝贵的实践经验。

他还向蒙特·格雷欧姆校长请教，格雷欧姆校长告诉他，若想站在公众面前讲出他们认可的话，就一定要从学习语法开始，不过，离他最近的学习语法的地方，步行的话需要大约两小时。林肯一听格雷欧姆校长这样说，心急的他还不等校长说完就匆匆往那个地方跑去，然后把为数不多的科克汉姆语法书都借了回来。回到家，林肯就沉浸在语法书中了。从那时起，林肯连续几星期都将精力放在了语法书上。他常常请朋友格瑞尼督促他背诵书中的内容，遇到难以理解的部分，便同格雷欧姆校长请教。他后来能成为一位受人尊敬的美国总统，与他这样坚持不懈的努力是分不开的，与他的坚忍的意志力也是分不开的。

每个孩子都具备很多优点，如智商很高、勤奋努力、好学不倦、能说会道等等，可若只是拥有这些还完全不够，他们还需要拥有所有成功者都拥有的共同特征——坚强的意志力，只有这样，孩子未来才可能成为一个成功者。

今天，不管是应试教育还是素质教育，孩子在发展兴趣的同时，更要紧的是意志力的锻炼，特别是面对各种考试时，意志力显得尤为重要。学习中，并非所有学科都是孩子感兴趣的，对不感兴趣的学科，很大一部分孩子唯有靠意志力去坚持。走进各大高校，凭借意志力坚持学完自己毫无兴趣的学科的学生比比皆是，他们能很好地控制自己，无论如何，都向着目标前进。

普遍情况下，孩子并不能天生就拥有意志力，主要还是靠后天的培养。当孩子还在年幼时，父母就要通过一些小事对孩子的意志力进行训练了，然后让孩子学会坚持。纵观古今中外，那些有所成就的人，几乎都曾用小事磨炼自身意志。曾经的中国女排名将周晓兰，小学时特别喜欢看电影，并常常因此耽误功课，父亲根据她的具体情况，帮助她克服电影的诱惑，一段时间后，她和父亲的努力没有白费，她不仅战胜了自己，同时还养成了很强的意志力，这才有了后来带领队伍夺得 5 连冠的周晓兰。

意志力的培养，需要根据孩子的具体成长速度来定，以从小到大、从易到难、从低到高为原则，慢慢让孩子接受磨炼，接受困难，最终变得坚强。

下面具体介绍一下培养孩子意志力的方法：

（1）培养孩子独立生活的能力

一般来说，从孩子两岁起，就应该训练孩子自己穿衣、自己吃饭、自己收拾玩具等能力，进了幼儿园，就要让孩子学会自己完成作业。要这样一点点培养孩子独立生活的能力。孩子在完成这些事情时，往往会伴随着克服来自内部的心理障碍和外部种种困难的过程，也正是因为这个过程，孩子的意志力得到了锻炼。著名教育家陶行知曾说："让孩子出自己的力，流自己的汗，吃自己的饭，才是英雄汉。"

（2）有意识地让孩子吃些苦

虽然现在生活条件好了，可还是不能忘了给孩子传递幸福生活来之不易的信息，不然，孩子会认为一切都是理所当然，也就不会珍惜和理解如今的幸福生活，从而身在福中不知福。那些"饭来张口，衣来伸手"的孩子，就是因为家长没有让他们进行必要的劳动锻炼，没有让他们吃过一点儿苦。所以，家长要有意识地让孩子吃些苦，如做力所能及的家务等。

（3）坚持拒绝孩子的不合理要求

父母应该学会坚持拒绝孩子的不合理要求，拒绝孩子不代表不爱孩子，正好相反，对孩子百依百顺，会让孩子养成任性的毛病，这会导致孩子未来在生活、学习、工作中困难重重。所以，在孩子提出不合理的要求时，要坚定地拒绝。而对于孩子提出的合理要求，父母也要视情况而定，不能孩子一提出要求便马上答应，要引导孩子学会忍耐，让他明白，这个世界不是围绕着他转的，而他也不能想要什么就一定能拥有什么。

（4）鼓励孩子做事情有始有终

家长要鼓励孩子做事情务必有始有终，这对指导孩子经受意志锻炼来说非常重要。孩子因为年龄小，性子不稳定，做事情的时候往往易受外界的影响和诱惑，导致做事常常有始无终、半途而废。所以，当孩子有始有终地做完一件事的时候，家长一定要给予肯定。

综上而言，锻炼孩子的意志力格外重要，父母一定不可忽视。

让孩子学会勇敢地面对挫折

纵观古今，从来没有百战百胜的将军。不管是谁，在漫长的一生中，总会遇到各种困难、失败、挫折，这些都无法避免。

《飘》的作者玛格丽特·米切尔为了能将《飘》出版，同出版商洽谈了81次，前80次都被拒绝了，直到第81个出版商出现她才得以出书；美国著名小说家李察·巴哈的一万字故事《天地一沙鸥》的出版经历了18次拒绝，直到第19次，才由麦克米兰公司发行出版，然后在之后的五年里，这本故事仅在美国便销售了700万本；世界著名的银幕硬汉史泰龙，为了应聘，将纽约的500家电影公司走了至少三遍，在第1850次应聘时，他终于得到了录用。

唐代杰出诗人杜牧曾写过一首诗："胜败兵家事不期，包羞忍辱是男儿。江东子弟多才俊，卷土重来未可知。"这首气势磅礴的诗告诉人们，胜负难料，对于得失成败不必在意，以平常心待之即可。得胜固然喜不自胜，可千万不能骄傲，骄兵必败；失败固然令人沮丧，却不要气馁，努力想办法，转败为胜也不是不可能。

1948年时的丘吉尔早已誉满天下，他的伟大成就得到了所有人的认可。这一年，牛津大学举办的"成功秘诀"讲座邀请到了这位伟人。演讲那天，会场比肩接踵，人山人海，大家都对这位大政治家的成功秘诀非常好奇。丘吉尔一上台，会场便掌声如雷，丘吉尔用手势平息大家的掌声，然后说："我能成功，秘诀有三个，一是决不放弃，二是决不、决不放弃，三是决不、决不、决不放弃！我的演讲到这里结束了。"他说完之后便走下了讲台。会场先是沉寂了一会儿，随即掌声雷动，经久不息。

人们总希望自己的人生旅途能一帆风顺，万事如意，可是这样的希望，有多少人能实现呢？遭遇艰难困苦、挫折失败才是走向成功途中的常态。常言道："失败是成功之母。"这句话并非对失败者的安慰和同情，它所表达的更深层次的意思，是从失败中获取经验教训，每次失败都是对错误选择的否定，当所有错误选择都被否定之后，自然就迎来了成功。

未来，社会的竞争将更加激烈，优胜劣汰将成为常态，由此可知孩子以后的路必定不会平坦，那失败和挫折也就在所难免。

若父母一直为孩子的成长保驾护航，过分地呵护，让孩子一直处在"一帆风顺"的状态，会导致孩子的心理承受能力越来越弱，以致未来将无法承受来自社会给予的各种压力。承受挫折的能力和应对消极情绪的能力是呈正相关的，若一个人不能承受挫折，那他在应对随之而来的消极情绪时，便会束手无策，如此一来，消极情绪又会阻碍他的行动和努力，造成新一轮的受挫，这就形成了恶性循环。由此可知，对挫折抱着回避的态度，只会再次受挫，并逐渐远离成功。

曾有一位教育家说过这样一句话："若说孩子的生命是一把披荆斩棘的刀，那挫折便是一块不可或缺的磨刀石。"要想让孩子生命的"刀"更加锋利，父母要做的就是教育孩子勇敢地面对挫折。

孩子的抗挫折能力的提高，离不开家长做的各种努力。

我们经常能看到这样一幕情景，当孩子不小心摔倒后，父母一脸焦急地快速扶起孩子，有的还使劲踩地面两脚，说都是地面的错，害孩子摔了跤。父母面对孩子的偶然受挫太小题大做了，疼惜孩子是父母的天性，但是这样过于紧张，会传递给孩子跌倒、受伤不可以发生，它是不能接受和特别糟糕的事情的信息。而用力踩地面的行为又会给孩子传递不当的观念：一旦遇到困难，都是环境或者他人的错，这时可以采取攻击、报复的行为。

所以，父母在孩子受挫时是否采取了正确的教育方法，是孩子将来遇到困难或者失败时能否勇敢面对的关键因素。因而，在孩子遇到困难、挫折时，父母不要急着去帮孩子，而要鼓励孩子自己爬起来，勇敢面对，这时父母只需要陪伴在孩子身边即可。若孩子确实不能解决问题，父母再从一旁辅助孩子找到解决的方法。

孩子因处在成长过程之中，心智还不成熟，所以很容易受外界干扰和情绪影响，当遭受挫折或者失败时，消极情绪往往会迅速成为主导，那么孩子必然不能采取正确的态度去面对挫折或失败。此时，父母应当及时告知孩子："从失败中吸取经验教训，思考下一次要怎么做才会更好。""失败并不可怕，只要你勇敢面对，结果一定会好的。""困难像弹簧，你弱它就强，你强它就弱。"

还可以给孩子讲一讲古今中外的历史名人，通过他们的事迹，引导孩子认识到：失败不可怕，可怕的是一受到打击便一蹶不振，永久地放弃自我。

另外，从这些名人的事迹中，教会孩子理解失败背后的深刻意义：失败是为了让我们不断总结经验和教训，从而变得更强。就像世界伟大的发明家爱迪生，他就是在一次次失败中总结经验教训，而且永不言弃，这才有了如今照亮我们生活的电灯。在孩子面对挫折时，父母要怎样做才能更好地引导孩子呢？下面给出了九条建议：

（1）挫折教育要因人而异

对每个孩子来说，就算面对同一种挫折，其心理反应都是不同的，所以，父母对孩子进行挫折教育时，一定要根据孩子的具体年龄和性格来进行。若父母面对的是自尊心强且爱面子的孩子，他们在遭到挫折的打击时很容易产生沮丧心理，对这类孩子，父母的批评应点到为止，不应没完没了地指责；若是面对本身就比较自卑、缺乏自信的孩子，父母一定不能对其过于严厉，而是要多安慰他们，平时也要多去发现他们的优点，并努力给孩子创造成功的机会，增强其信心。

（2）根据孩子的能力进行教育

每个孩子的能力都是不一样的，有强弱之分。当能力较强的孩子遭遇挫折的时候，父母要做的就是启发孩子找到受挫的原因，然后放手让孩子自己去解决问题；当能力较弱的孩子遭遇挫折的时候，父母所要做的就是帮他们确立适合自己的目标，制订计划，从小到大、从低到高、从易到难地去实现计划，让孩子在实现计划的过程中，看到自己的进步，无形中渐渐掌握克服困难、抵抗挫折的能力。

（3）给孩子创造挫折的机会

虽说我们不会让孩子去体会过去的艰苦生活，可是我们要给他们创造受挫的机会，为孩子未来能勇敢面对挫折打下基础，提高孩子的抗挫折能力。

如，父母可以将某件事交给孩子，并说明他将承担的责任，在他做事的过程中，开启对他处事能力和人际交往能力等的考验。这也让孩子感知到我们更加注重过程而非结果。

（4）对孩子的挫折教育必须注意适度和适量

在刻意设置的挫折中，一定要注意难易程度的把握，所设置的情境，既要引起孩子的挫折感，同时也不要特别难，应该是孩子通过努力，最后能够克服的。另外，在注意难度的同时，还要注意数量，即不要同时给孩子设置太多的难题。注意挫折教育的适度和适量，会促使孩子在解决问题的过程中，慢慢调整心态，不断做出正确的选择，以便追求下一个目标。若所设置的挫折过量或是过度，会使孩子的自信心和积极性受到挫伤，随即产生强烈的挫折感和恐惧感，以致最后完全丧失兴趣和信心。

（5）在孩子遇到困难而退缩时要鼓励孩子

教会孩子正确认识和对待困难与挫折，因为无论是谁，一生中都会或多或少遇到它们，在与困难、挫折狭路相逢时，鼓励孩子不要退缩，勇敢面对，这样才可能最终将困难与挫折战胜。当然，当孩子付出努力并取得一定成绩的时候，一定要及时做出肯定，让孩子看到自己的能力，从而更有信心去面对再次出现的困难。

（6）对陷入挫折情境中无法自拔的孩子，父母要及时提供帮助

当孩子陷入挫折情境中，无论如何都不能解决困难时，父母要帮助他们对遭遇挫折的主、客观原因进行正确分析，找到

失败的症结。在必要的时候，父母要辅助孩子去实现一个个目标，当孩子明白了只有战胜困难才能往前走，他们就会明白不断进步的全部过程，即不断克服困难的过程。父母平时需要对孩子的活动多做观察，以掌握其发展趋势。若是孩子陷入挫折情境中，几经尝试后都以失败告终，便要及时予以帮助。

（7）要多为孩子创设与同伴交往的机会

在和同伴交往的过程中，孩子往往能发现与自己观点不同的伙伴，这会引导孩子更好地认识自己和他人，从而走出以自我为中心的心理。在与同伴相处时，孩子可能会遭遇挫折，如处于被领导地位、观点不被接受等，这些挫折的存在能很好地教会孩子怎样与同伴走过磨合期，然后友好相处，也学会合作，以保持自身的地位。这样的磨炼对孩子的耐挫性会有很大帮助。另外，同伴之间的相互交流，可以促使孩子更好地解决问题、克服困难。

（8）让孩子适当受一点儿批评

有些父母总是害怕孩子受委屈，就算孩子做了错事，也从不批评指正，长此以往，孩子就只听得进表扬的话而听不进批评的话了，这会导致孩子一旦在学校受到老师的批评，就可能出现厌学、逃课、逃学等行为。父母应该让孩子适当地接受批评，也要让孩子领悟到世上没有完美的人，每个人都有缺点，都会做错事，做错了事，就要接受批评和指正。孩子在接受批评后，认识到了自己的错误并及时改正，这就是好孩子。

（9）让孩子知道自己有所依靠

父母在孩子幼年时就给他传递自己有所依靠的概念，而爸爸妈妈就是孩子最坚实的依靠。同时，父母还要为孩子建立起一个可供协助的资源网，平时引导孩子学会在遇到困难时找谁求助，可以去哪里求助等。

每个人漫长的一生，总会面临各种各样不如意的事，正是"人生不如意事十之八九"。怎样从失败中获得经验教训，从失败中获得成长，同时克服挫折引发的不良情绪，这些都是父母要帮助孩子去了解的。

当孩子遭遇挫折时，在恰当的时候帮助他，并给予鼓励和支持，这样才能帮孩子学会忍受暂时的不良情绪，加强对困境与压力的容忍程度，并有信心、有方法去克服困难，战胜挫折。

【父母学堂】 ··

当孩子遇到挫折了，心情抑郁，父母可以怎么做？

①让孩子真正理解，每个人都会出现负面情绪，特别是在遇到挫折的时候，沮丧、伤心、生气等都是正常的情绪反应，父母也会理解并尊重孩子的情绪。

②容许孩子愁眉苦脸，引导或者旁观孩子自己去寻找慰藉

和解决的方法。

③坚定地告诉孩子，你会在孩子需要帮助时，及时提供帮助，不过前提是你已经激发孩子先自己寻求解决办法了。

④认真听取孩子的真实想法，然后以提问的方式帮助孩子理出头绪。

⑤不要给孩子过大的压力。在孩子想方设法后依然没能战胜挫折时，父母就应该适当伸出援手。

第九章 孩子的情商决定了孩子的未来

让孩子学会克服妒忌心理

欣赏他人是一门学问，在欣赏他人优点的同时，也会发现自身的优点和缺点，这有利于一个人客观公正地评价自己。可惜许多孩子都没能掌握这门学问，以至于陷入妒忌的陷阱里无法自拔。

妒忌是人类几乎与生俱来的一种负面心理活动，它也是一种普遍存在的情绪表现。美国儿童发展心理学家科尔伯格在长期研究后发现，孩子3~4个月时已经具备快乐和苦恼的情绪了，在1岁半以后，妒忌心理便已经形成了。这时，若妈妈去抱别家的孩子，自己的孩子便会因为妒忌而哭闹。由此可知，妒忌是儿童心理发展过程中的必然现象。

程度较低的妒忌，能引发孩子争强好胜的心理，还可能成为孩子积极进取的动力。可是，一旦孩子妒忌心太过强烈，就会形成负面情绪，然后就像肿瘤一样附着在孩子的心灵上，存在极大的危害。一旦强烈的妒忌心控制了孩子的心灵，这个孩子就会跌入"嫉贤妒能"的深渊，他的想法和行为也会随之改变，不仅失去了吸引他人的力量，甚而因熊熊妒火做出傻事来。

豆豆喜欢打扮也善于打扮，每天一到学校，他都会暗自和同学们对比一番。有一次，班里一位同学穿着一件特别帅气的衬衫来上学，同学们见了，都称赞那个同学的衣服很漂亮。这可气坏了豆豆，他心中燃起熊熊妒火，之后就总是在背地里讲那位同学的坏话。每次考试，只要有同学考得比豆豆好，他就会妒忌，总说别人是运气好或者是通过抄袭取得了好成绩。

新的学期开始了，豆豆在竞选班长的时候失利，输给了总和他竞争的阿哲，这让豆豆痛苦不堪。一次，豆豆趁没人注意的时候，一把将阿哲推下了楼道，虽然楼道不高，但阿哲还是摔破了头，血流了满地。豆豆看到阿哲的情况时，完全吓傻了。阿哲被送去了医院，豆豆则被老师留了下来。豆豆因为这件事被记了过。

英国大文豪莎士比亚将妒忌称为"绿眼怪兽"，说它就像一只飞过人体的苍蝇，不停留在健康部位，反而专挑受伤又疼痛的部位碰撞。

强烈的妒忌心是一种病态的心理，它就像长在心灵上的毒瘤，不仅仅给孩子造成痛苦，还占据了孩子太多的时间，对孩子智力的发育、学习积极性和学习成绩都有很大的不利影响。

因为孩子还不懂隐藏和控制情绪，所以，他们一旦产生妒忌心，和大人产生妒忌后的行为有很大区别，他们会更加外露，表现在行为上，就是不计后果，不管做什么都带着攻击性和破坏性。

卡卡和罗瑞都是五年级（2）班的学生，他俩在班上都以写字好看出名，但因为所学习的字体不同，所以两人的字一直不分高下。一次，老师为了鼓励同学们练字，就安排了一次写字比赛，并决定把写得最好的展示在教室里的展示墙上。这一次，卡卡没有发挥好，因为他的作品中出现了一个错别字，所以最后胜出的是罗瑞，罗瑞的作品理所当然地被展示在了墙上。卡卡每次看到罗瑞的作品，心中都有一团火，他觉得自己的字一点儿也不比罗瑞的差，凭什么罗瑞的能做展示，自己的只因为一个错别字就不能展示，写字只要好看就行了，管什么错别字嘛！他越想越不平衡，于是放学后，卡卡趁同学们都走光了，气冲冲地跑到展示墙前，一把将罗瑞的作品撕下来，扔在地上，还狠狠踩了几脚，边踩边念念有词："你凭什么比我好！你不准比我好！"他的行为被赶来锁门的老师看到了，老师惊得目瞪口呆，也压根儿没想到卡卡会有这样强烈的妒忌心。

尽管孩子的妒忌更多的时候是一种自然反应，可家长一定要对其重视起来。妒忌会把孩子拘束在一个狭小的天地里，那里没有朋友，只有因妒忌而产生的无尽的争吵、破坏等。若对孩子的妒忌心理听之任之，孩子长大后妒忌心理会愈加强烈，并因妒忌心而做出许多不理智的行为，伤人伤己。

在充满竞争的今天和未来，没有谁能真正做到完全独立生存，独自获得成功，来自他人的支持，就像绿洲之于行走在沙漠的旅人一样重要。若孩子具有强烈的妒忌心，因此排斥和他人接触、交流、互相帮助，就无异于丢掉了开启成功之门的钥匙。

所以，父母在发现孩子具有很强的妒忌心时，一定要帮助他从妒忌心中走出来。那么，父母具体要怎么做才能帮到孩子呢？建议从以下几个方面入手：

（1）培养孩子豁达的性格

豁达是一种心胸开阔、性格开朗、超然洒脱的性格。一般而言，豁达开朗的人更能容人容事，对于他人强于自己的地方淡然视之，或理解，或尊重，而非蔑视和指责。

父母在培养孩子豁达性格的时候，一定要注意对孩子进行正确的引导。孩子有很强的好胜心，希望超越他人，这能促使孩子不断进取，但父母要给孩子传递这样的认知，即在漫长的人生道路上，最重要的是超越自己，而非他人。

（2）帮助孩子克服不足

孩子之所以会形成很强的妒忌心，其原因是多样的，可能是智力不如他人、家境不如他人、存在生理缺陷等。父母要找出孩子产生妒忌的原因，然后帮孩子克服妒忌心。如孩子因为数学成绩不好，总是妒忌那些数学好的同学，父母知道原因后，要帮助孩子提升数学成绩，成绩上去了，孩子自然就会有自信，也就不会再妒忌他人了。

（3）让孩子正确认识自己

金无足赤，人无完人，想要在方方面面都超越他人是不可能的。一定要让孩子清醒地认识到这一点。孩子一生的路很长，父母要多陪孩子，与孩子一起分析他的优点和缺点，并根据优点设置长远目标。如此，孩子才会明白到底什么是要留下的，什么是要舍弃的，比如妒忌就是需要舍弃的东西。

妒忌心理的危害非常大，所以，一定要让孩子学会克服它。但父母也不要过于心急，毕竟改变孩子的不良心理需要一个循序渐进的过程。

懂得倾听的孩子更具人格魅力

不管大人还是孩子，在日常人际交往中，因为自我表达的欲望，所以都更喜欢他人听自己讲话。但是，没人会喜欢一个只顾自己口若悬河却不给别人一丝说话机会的人。所以，这时就显示出了倾听的重要性。心理学家们认为，倾听对了解他人内心世界很有帮助，它能促进人与人之间的良好互动。

人们要进行有效沟通，倾听是必不可少的。倾听也是一种接纳的"语言"，其表现出来的是心灵的互通、理解和尊重。倾听的过程即积极接受并理解对方的过程。那些倾听能力较好的孩子，因为从倾听中接收到很多信息，所以，相对而言，他们会拥有更好的人际关系，具有更好的语言表达能力。正如植物的生长离不开时时刻刻从地底汲取的养料一般，倾听会让孩子更加富有。

如今的父母越来越重视孩子表达能力的训练，却忽视了倾听能力的训练，很多孩子缺乏朋友、不合群，不会倾听就是一个重要原因。倾听作为一种素质，一种能力，是一个想要成功进行交际的人必须具备的，就像汤姆·比德斯在《追求优秀的热情》这部作品中所说的："倾听是礼貌的最高形式。"会倾听的人是很受欢迎的谈话对象，他们乐于听对方的谈话，也善于问出对方感兴趣的问题，默默地鼓励着对方敞开心扉，倾吐心中的话，所以他们总是备受人们欢迎和喜欢。

许多年前，一个荷兰孩子跟着父母移居到了美国，他就是巴克。巴克的家境十分贫寒，为了生活，他每天都要去街上捡煤渣。为了每星期多赚到5美元，每天放学后，他都要去给一家面包店擦橱窗。

巴克只在学校学习了五年，就为了生计辍学做了童工。童工的生活非常艰苦，薪资却少得可怜。尽管如此，巴克学习的心一直没有改变，他想尽一切方法学习着。后来，他省吃俭用，买回一本《美国名人传全书》。当他读完这本书后，脑子里产生了一个大胆的想法。他想写信给这些名人，请求他们将自己的童年资料寄来。并且他真的这么做了。

巴克善于倾听，所以他希望听那些名人讲述自己的故事。他给爱默生写信，希望能听他的童年故事；他给格雷将军写信，向他询问某次战役的细节问题；他给正参与总统竞选的加菲尔德写信，询问他在运河上做童工的经历是真是假……他给美国的很多名人写过信，包括戴维斯、修曼将军、林肯夫人、朗费罗、夏莫斯等。他真的得到了名人们的回应，格雷将军还寄给他一张地图，并邀请他共进晚餐，那晚他们聊了一整晚。

巴克不仅给名人们写信，还利用休息时间去拜访他们，在这个过程中，他逐渐成为各位名人家里最受欢迎的客人之一。巴克之所以能受到名人们的欢迎，与他认真倾听对方的谈话紧密相关。在与众多名人交往的过程中，巴克也渐渐拥有了自信，并树立了远大理想，从而改变了原本清贫、艰难的人生。

教育专家指出：一个孩子学习的好坏，与倾听密切相关。通常来说，会倾听的孩子学习比较优秀，因为他们上课能聚精会神地听讲，且善于思考，能准确抓住老师所讲的重点。而那些不善于倾听的孩子，上课总是走神，这就导致他们错过老师所讲的基础和重点知识，不能理解老师所讲的内容，结果便是成绩差，就算参加各种课后补习班，也无济于事。

在讲关于倾听和学习之间的关系时，一位教育专家讲了这样一个故事：一次，一所幼儿园邀请家长和孩子一起听一节认识颜色的课。老师带着孩子们认识了七种最常见的颜色后，就要求孩子们在纸上随意画出自己想要画的东西，画完后，用手指蘸上颜料，把自己画的内容圈起来。孩子们兴高采烈地画完了，老师将这些画挂在了墙上，然后请家长们从画中找出会倾听的孩子，标准是：会倾听的孩子用手指在纸上勾画了一个圆圈。家长看完后，发现只有一个孩子是按照要求做的，剩下的孩子都是用笔画的。

倾听真的像上面故事中展示的那么难吗？其实不是。那要怎样引导孩子学会倾听呢？

（1）认真倾听孩子的讲话

在孩子有事情要告诉父母时，父母不管多忙，不管在做什么，都要停下来，认真听孩子说完。父母切忌将注意力总是放在手机、电脑、电视上。当父母以身作则，做到了认真倾听孩子的话，孩子也会在潜移默化中成为一个好听众。

（2）让孩子把父母说的话重复一遍

从孩子五六岁开始，就锻炼他的复述能力，即让他把爸爸妈妈说的话重复一遍，因为这个阶段的孩子注意力不能集中，可能对父母的话充耳不闻。最初，孩子可能无法复述，这时父母就要严肃要求孩子再说一次，时间一长，孩子也就能学会倾听了。

（3）注意赏识孩子的倾听能力

孩子总盼望着不受父母约束，得到自由，但又总想令父母高兴。鉴于此，当孩子在注意倾听父母的话时，父母要据情况做出奖励，这会让孩子产生倾听的兴趣，也就更容易学会倾听。

告诉孩子"我相信你"和"可以失败"

几乎所有失败都与不自信息息相关。

自信并非成功之后才相信自己能成功，而是一直坚信自己能成功。自信是人意志与力量的体现，同时它也是一个人最值得为之骄傲的心态之一。

一个姑娘第一次相亲以失败告终，失败原因只是男方觉得她不是双眼皮、大眼睛，不是他喜欢的类型，他建议姑娘去开个眼角、做个双眼皮，这样他就很愿意和姑娘处对象了。

姑娘听了这话，严词拒绝了男方的要求："我很喜欢自己的五官，这就是天然的、完整的我，我不会因为谁的话就去改变自己的容貌。我现在这样就很美！"

姑娘坚持做自己，不久后，她遇到了对她倾心不已的一位男士，在恋爱两年后，他们走进了婚姻的幸福殿堂。

想要获得成功，除了智力因素外，还要有健康积极的心态。

所以，在孩子追求自己的目标时，父母要让孩子相信自己追求的目标是正确的，同时也要相信他一定能完成目标。

自信心有很多种，如亚圣孟子曾说"尧舜与人同耳，人皆可以为尧舜"，这里所讲的是道德自信心；李白高唱"仰天大笑出门去，我辈岂是蓬蒿人"，这是能力自信心；相信自己可以学好，并努力提升学习效率，这是学习自信心；相信自己能做好工作，实现自己的事业目标，这是事业上的自信心等等。

自信对人的成长和发展有着极大的促进作用。若一个孩子是自信的，那他必然是积极乐观、主动接受挑战并不断进取的；若一个孩子缺乏自信，他就会总是表现出柔弱、恐惧的心理，并会因此失去许多能够锻炼自己的机会，从而影响自身的发展。

对各位父母来说，并不是空喊几句口号就能培养起孩子的自信心，父母要做的，是让信心在孩子灵魂深处扎根，然后随血液流遍全身，这样才能真正促使孩子在生活、学习、工作中获得成功。

（1）告诉孩子"你不是普通人"

20 年前，清华大学国际 MBA 招生考试时，有 4000 名少年参加了考试，最后被录取的仅 62 人，才华出众的王海翔就是其中之一。

王海翔非常自信，并且特别善于抓住机会。王海翔的母亲认为，他之所以能考上，全靠极大的自信，她认为，对孩子的成长有巨大积极作用的心态就是自信。

王海翔能如此自信，和母亲的赏识分不开。当他遭遇困难的打击时，母亲从不给他压力，反而表扬儿子走过的路，并帮他做回顾。她常对王海翔说："儿子，你要永远记住自己不是普通人，尽管目前表现寻常，但只要你付出努力，你将优秀于所有你认识的人。"

清华大学 MBA 国际班对英语水平要求很高，听、说、读、写必须样样精通，王海翔从没在外语语境下生活过，口语能力较弱，所以进国际班之初他感到压力特别大。

母亲看到这样的情形，只鼓励他："我相信你能行!"就再没有说什么了。

王海翔看到母亲相信又期盼的目光，坚定地说："我相信自己，努力下功夫，肯定没问题。"

自此以后，他比同学努力数倍，仅仅半学期，他就在期中考试中取得了好成绩，获得了国际班的一等奖学金。

（2）用鼓励代替嘲笑

孩子自信心的培养并不是一朝一夕的，而是一个不间断的过程，所以，无论什么时候，当孩子勇敢向超出自身能力的目标发起挑战时，父母一定不要带着嘲笑的心思去"指导"孩子。要知道，当孩子敢于"做梦"的时候，就是他走向不平凡的开始。故而，明智的父母会用鼓励代替嘲笑，不断给孩子的自信心添砖加瓦。在鼓励中，孩子才更能找到自信。若父母常常对孩子加以指责和嘲笑，孩子就容易失去自信。

有个 11 岁的孩子，他特别喜欢写字，尤其是毛笔字，不用任何人督促，他每天都会练习 2 小时。一次一位客人知道了这个孩子的习惯，就问孩子妈妈："你家孩子怎么能这么自觉地去练字呢？而且他看上去是发自内心的热爱练字。"孩子妈妈很骄傲地笑着说："我虽然写字不行，但是我会欣赏我的孩子，每当他写字的时候，不论是好是坏，我都会鼓励他说：'儿子，你看，你今天又有了进步哦！'我就是他最忠实的粉丝，他也喜欢写给我看，还说每个月一定要专门给我写一幅字。"

由此可见，要想让孩子越来越自信，离不开父母的不断鼓励。在鼓励孩子时，父母要坚持"不过分表扬孩子，以免孩子产生骄傲情绪"的原则。请随时地、恰当地鼓励孩子，这样他才会不断提升自信心。

（3）有自信就没有失败

事实上，每个孩子都需要包容。可是，父母很多时候却不能包容孩子的缺点，这是因为父母并没有想到，孩子每天都在成长，此时的缺点在未来可能会转化为最大的优点。

据说，伟大的发明家爱迪生为了找出最适合做灯丝的材料，足足做了 1000 多次试验。他失败了这么多次，究竟是怎样坚持下来的呢？爱迪生说："我并不认为这些是失败，每次做完试验，就算没有找到合适的灯丝，我都很高兴，因为我知道了这个材料并不合适。"

这便是自信。真正拥有自信的人，他们的头脑中并没有失败这个概念。失败属于瞬间词汇，它所代表的，仅仅是追逐目标和理想过程中的一个阶段。自信的人坚信自己迟早会完成目标，因此对于走弯路是接受的，他们也对暂时失败带来的打击毫不畏惧。

事实证明，告诉孩子"可以失败"会降低孩子的失误风险。在孩子主动请求去做一件事的时候，尽管父母明知道结果是失败，也要让孩子去尝试，这一点非常重要。父母若是对孩子所做的每件事都不放心，并常因此过多地帮助孩子完成，这样就会打击孩子的积极性，阻碍其成长。

所以，告诉孩子"我相信你"和"可以失败"，对孩子的成长来说，是多么重要啊！

【父母学堂】

培养一个高情商的孩子的要点

①教会孩子对负面情绪进行有效调控和管理。孩子乐观性格的培养，离不开良好的家庭教育。父母要起到表率作用，在孩子表现好的时候要及时表扬，并教会孩子看到每件事的积极

方面，遇到挫折不气馁，不半途而废。另外，父母也要多鼓励孩子培养健康的兴趣和爱好，以便帮助孩子排解压力等。

②让孩子变得自信。拥有自信的孩子会发光。父母对孩子的评价会直接影响到孩子的自信程度，所以，要善于发现孩子的优点，多鼓励，多表扬。

③教会孩子管理情绪。情绪有很多种，有正面情绪，也有负面情绪，情绪会影响一个人的成长与发展，所以要学会管理情绪。当孩子出现负面情绪时，父母不要不分青红皂白就加以指责，而是要做深入的亲子沟通，其中倾听是最好的沟通方式之一，它能让彼此的沟通没有阻碍。

教出好孩子

给孩子的50堂情商课

文贤阁◎主编

江苏凤凰美术出版社

图书在版编目（CIP）数据

给孩子的 50 堂情商课 / 文贤阁主编 . —— 南京 : 江苏凤凰美术出版社 , 2020.11

（教出好孩子）

ISBN 978-7-5580-7715-9

Ⅰ . ①给… Ⅱ . ①文… Ⅲ . ①情商—儿童教育—家庭教育 Ⅳ . ① G782

中国版本图书馆 CIP 数据核字（2020）第 137980 号

责任编辑　　郝旭辉
封面设计　　陈玉军
责任监印　　唐　虎

丛 书 名　教出好孩子
本册书名　给孩子的 50 堂情商课
主　　编　文贤阁
出版发行　江苏凤凰美术出版社（南京市湖南路 1 号　邮编：210009）
　　　　　　北京凤凰千高原文化传播有限公司
出版社网址　http://www.jsmscbs.com.cn
排版制作　文贤阁
印　　刷　阳信龙跃印务有限公司
开　　本　880mm×1230mm　1/32
总 印 张　36
版　　次　2020 年 11 月第 1 版　2020 年 11 月第 1 次印刷
标准书号　ISBN 978-7-5580-7715-9
总 定 价　192.00 元（全 6 册）

营销部电话　025-68155790　营销部地址　南京市湖南路 1 号
江苏凤凰美术出版社图书凡印装错误可向承印厂调换

前言

孩子的未来命运取决于父母今天的教育方式。没有教不好的孩子，只有不会教的父母。要想教出好孩子，父母就要懂得教子的智慧。无论是对孩子过于严厉、非打即骂，还是对孩子过于溺爱、百依百顺，都不是明智的教子方法。智慧的父母应该懂得，只有自己达到一定的高度，努力成为孩子的好榜样，再辅以科学的方法，孩子才可以变得更优秀。

然而教育出优秀的子女绝非易事。在孩子成长的过程中，父母会遇到各种各样的挑战，诸如，孩子和父母对着干，孩子身上坏毛病不断，孩子不愿意和父母沟通，孩子出现心理上的问题等。父母也会犯各种各样的错误，诸如，过于专制，不讲民主，不尊重孩子的人格，不尊重孩子的喜好，压制孩子的天性，无意中伤害孩子的心灵等。这一切导致亲子关系紧张。父母着急上火，教育方式难免变得极端，孩子反而越发叛逆，与父母的期望背道而驰，如此恶性循环。为了解决父母的难题，让父母学会科学地教育子女，我们精心编著了本套丛书。

《教出好孩子》丛书采用理论与实践相结合的方式，甄选了大量我们身边的真实案例，为家长总结和提炼出了许多实用的教子方法，一步步引导家长成为高段位的父母，培养出人格

健全、品德优秀、素质完善的孩子，并提出了如何在孩子的不同年龄阶段，根据实际情况做出正向引导，帮助家长构建良性的亲子关系。

没有父母不希望自己的子女品德高尚、学有所成，希望通过阅读本书，天下的父母可以得偿所愿，真正成为孩子的引路人，成为孩子的好老师、好朋友。

目录
contents

第三章

自我激励能力：
提高孩子生活的免疫力

第四章

认知他人的能力：
孩子高情商的重要标志

第五章

人际交往的基本素养：
孩子成长路上的必修课

第六章

高效沟通能力：
每个孩子都不是 ·座孤岛

第一章

情绪控制能力：帮助孩子走出情绪化的樊篱

高情商孩子的养成，从情绪管理开始。

第 1 课　帮助孩子打好性格基础

　　长期以来，人们衡量一个人是否出色，往往只看他的智商（简称 IQ）是不是足够高。不过，近些年来，越来越多的心理学家发现了情商（简称 EQ）的重要性，认为不管是在生活还是工作中，情商都能拥有与智商并驾齐驱的地位，甚至比智商更重要。与智商主要受先天因素影响不同，情商并没有明显的先天区别，更多的是后天培养出来的。情商高的人，在人际交往方面能够如鱼得水，给智商的应用创造机会。相反，高智商、低情商的人，很可能因为不善与人交流而让智商没有施展的机会。

　　所谓情商，即"情绪智商"，人对情绪的控制是情商的重要组成部分。对孩子来说，如果从小不培养控制情绪的能力，可能长大后会情商堪忧。控制情绪，要先了解情绪。情绪在心理学上与我们生活中体验到的喜、怒、哀、乐是有些不同的，很难给出精确的定义。一般来说，情绪是指对刺激的反应，但是有的时候不存在任何外界刺激，人们也会产生如愤怒或悲伤之类的情绪。可见，情绪是一种非常复杂的东西，往往和人的心情、性格等因素相互作用。性格好的孩子，相对来说控制情绪的能力更强，受到不良情绪的影响就会更低。此消彼长，好性格对孩子的情商的影响也就显而易见了。

　　对家长来说，怎样才能让自己的孩子拥有良好的性格呢？以下几条建议，值得借鉴：

（1）不要让孩子始终生活在压抑之中

父母都希望房间内保持整洁和安静，尤其是住在高层的家庭，否则有可能会遭到邻居的抱怨。因此，孩子一旦喊叫、跳跃，父母便会制止，孩子只好越来越乖，以至于不敢高声说话。这样一来，家里的确安静了，但孩子的活力和热情也可能在这年复一年的沉寂之中逐渐消失。他们的心灵日益压抑，想象力、创造力都无法得到施展，性格也可能走向孤僻乃至扭曲。所以，父母一定要给孩子制造尽情玩耍的机会。例如，把他们带到大自然之中，让他们大声喊、尽情跳，去抓萤火虫、去打雪仗、去看蚂蚁搬家、去草地上打滚……只要在安全、不超出规矩的范围内，让他们尽情玩耍，享受真正的快乐。

（2）鼓励孩子多交朋友

父母忙于工作，常常没有足够的时间陪伴孩子，再加上学校里紧张的学习，孩子很容易孤独甚至压抑。孩子渴望获得情感，却又不知道如何获得情感，久而久之，性格就会出现偏差。所以，父母必须鼓励孩子多交朋友，让孩子得到友谊的滋养，性格才会越来越阳光。友情是人类最基础的情感需求之一，在与一些性格开朗、乐观的同龄朋友的融洽相处之中，孩子会变得更加快乐。父母要做的就是鼓励孩子多参加集体活动，外出时尽量带上孩子，让他多与人交流。如果听到孩子说与哪个同龄人关系较好，要不失时机地鼓励孩子邀请对方来家里做客。父母要热情、真诚地接待孩子的朋友，给孩子树立好榜样。

（3）让孩子懂得知足、乐于分享

现在的有些孩子，生活条件越来越好，却越来越不懂得分享，甚至开始对物质享受产生了贪得无厌的心理。这样的孩子，总是能在获得一些物质满足之后得到暂时的快乐，但是很快他们就会陷入不满足之中，开始渴求更多的物质享受。可见，这种因物质得到满足所获得的愉悦，并不是真正的快乐，反而容易让孩子变得贪婪、自私。因此，父母不要无原则地满足孩子的一切物质要求，而是要教他适可而止，懂得知足常乐的道理。

此外，让孩子懂得分享也是很重要的，这样才能让孩子交到好朋友，性格也会更开朗。但是，父母要让孩子懂得分享不是无原则的，如果是孩子不舍得分享的东西，父母也不能强迫，否则会让孩子心生怨恨，更不愿意分享。

（4）培养孩子广泛的兴趣

要让孩子开朗、乐观，就必须让他有广泛的兴趣。孩子全神贯注于一种兴趣是好事，但如果孩子将除此种兴趣之外的一切都抛之脑后，却未必是好事。如果孩子仅有一种爱好，他的快乐就无法长久保持。例如，孩子唯一的爱好是看电视，如果某天没有孩子喜欢的节目，他就会变得郁郁寡欢。而如果孩子还有一个爱好，哪怕是打打游戏，也不会陷入枯燥、无聊之中。而如果培养出读书、饲养小动物、弹奏乐器等兴趣，孩子的生活则会更加丰富多彩，也会感到更加快乐。所以，父母要积极培养孩子广泛的兴趣。要注意，父母要正确引导孩子的兴趣，不能强迫孩子，否则就称不上真正的兴趣。

（5）让孩子拥有足够的自信

自卑感是孩子成长之路上的"拦路虎"，虽然一定意义上能够促进孩子弥补自身缺点，但更多时候却可能导致孩子心灰意冷，妨碍孩子的学习、生活和人际交往。自卑的孩子，很难形成开朗乐观的性格，会越来越不受欢迎。所以，家长必须努力发掘孩子的长处，审时度势地对孩子进行鼓励。每个孩子都有自己的独特之处，父母要有一双善于发现的眼睛，并给孩子展现自己特长的机会。例如，孩子喜欢读书，父母可以鼓励孩子念书给自己听；孩子喜欢跑步，父母就可以常常到公园里和他赛跑；孩子喜欢数学，父母就可以在购物时委托孩子计算价格，挑选价格最合适的商品。总之，父母要调动孩子的积极性，并对他的表现表示很满意，时间长了就能帮助孩子树立自信，形成开朗的性格。

孩子的性格决定着他一生的命运，父母必须密切关注孩子的情绪，想方设法给孩子打好性格基础，让他积极、开朗、自信，这样人生之路就会顺畅很多。

第 2 课　引导孩子做情绪的主人

美国第 34 任总统、五星上将艾森豪威尔，出生在一个较为贫寒的家庭，而且是一个远近闻名的"坏孩子"。年幼时，他性格非常暴躁，顽皮好斗，这让他的父母头疼不已。10 岁时的一天，艾森豪威尔又跟人打架了，他的母亲决定惩罚他，于是让他的两个哥哥在圣诞节前远足，却不许他去。艾森豪威尔愤怒极了，跑到院子里，握紧拳头捶打一棵苹果树，直到两手血肉模糊都没有停止。很快，父亲出来将他拖进了屋里，母亲给他涂了止痛药，用绷带包上，但自始至终都没有安慰他一句。怒气冲冲的艾森豪威尔趴在床上痛哭了很久，终于镇静了一些。这时，母亲才进来对他说："能控制自己情绪的人，要比攻打下一座城市的人还伟大。"此后，艾森豪威尔的性格果然有所收敛，母亲的话也从此深深地印刻在他的脑海里。

在晚年的回忆录中，艾森豪威尔将母亲劝导自己控制情绪的这一刻视为自己一生中最有价值的时刻之一。

孩子的人生经历较少，自制力也比较差，所以遇到不顺心的事或者一些突发事件时，情绪往往很不稳定，例如大哭大闹，或者做出一些不顾后果的冲动之事等。这就是不擅长控制情绪所致。如果孩子善于管理自己的情绪，就不会任由情绪出现较大的波动，也知道如何正确地释放自己的情绪。

例如，有些孩子明明知道骂人是不好的事，而且每次骂了人都会后悔，却始终无法控制自己。这是因为骂人是他们与他人产生摩擦或受到伤害时的情感宣泄，如果不骂人，他们就会觉得心中有股难言的怒火，觉得躁动不安。针对这样的孩子，父母要教会他们如何正确对待自己与他人的摩擦，让孩子学会宽容和谅解。

让孩子学会压制自己的不良情绪，是非常重要的，因为如果让孩子任由情绪毫无拘束地发展，他就会变得我行我素，也得不到他人的认同。

在一家商场的旱冰场内，一位年轻的母亲正在教自己5岁的儿子学溜冰。儿子没走几步就会摔倒，一开始，在妈妈的鼓励下他还能自己站起来继续学，但是摔得多了，孩子终于失去了信心，坐在地上号啕大哭起来。

母亲非常生气，一度想带着儿子回去。但是，她又不想让孩子半途而废，于是，她指着旱冰场中心一位滑得非常好的八九岁的小姑娘，对依然在啜泣的儿子说："看到那个小姐姐了吗，你想不想跟她一样？"孩子转头看了看，用力点点头。母亲说："那个小姐姐刚学溜冰时，也像你一样总是摔跤，但是她没有放弃，继续练习，所以现在才滑得这么好。你是一个男子汉，为什么不能向小姐姐学习呢？"儿子思考了一下，点点头，终于站了起来。之后儿子又摔了几次，虽然仍旧很疼，却没有再哭出来。而且，在他们即将回家时，儿子已经能站立，并缓慢移动了。

孩子有急于求成的心理是很正常的，所以他们遇到小小的挫折就可能想放弃。这时，父母必须起到引导作用，告诉孩子做什么事都不可能一蹴而就，必须有一个循序渐进的过程。在父母的安抚和鼓励之下，孩子能够鼓起勇气再次尝试，下次遇到类似的挫折就不会那么容易被情绪左右而想要放弃了。只有学会在情绪失去控制之前冷静下来，找出失败的原因，并适时改进行动策略，孩子才能学会理性思考，渐渐获得控制自己情绪的能力，从而获得进步，走向成熟和成功。

父母必须注意，仅仅让孩子学会控制情绪是不够的，因为孩子如果总是压抑着情绪而得不到宣泄，不良情绪就会越积越多，一旦有一个契机，就可能在一瞬间一起爆发，"威力"会更大。所以，父母务必引导孩子找到适合自己的宣泄情绪的方式。例如，鼓励孩子向父母倾诉自己的不快，让孩子在发脾气之前先数 30 个数，培养孩子通过运动等有益方式来宣泄自己的怒火等等。

第3课　帮助孩子收一收他的急性子

一些妈妈有着这样的共同烦恼：孩子并不笨，学得快、记得快，就是没耐心。做一件事情开始时劲头十足，但很快就失去了耐心，落得虎头蛇尾的下场。这样急性子的孩子，无论是学习还是做其他事，都很难取得像样的成就。想必很多家长都很清楚，只有那些做事有头有尾、有始有终的人，才能够克服种种困难，取得一定的成就。而从小就性子急、做事没有耐心的孩子，长大后无论学习、工作还是生活，都将受到负面的影响。作为父母，有责任帮助孩子规避这种极有可能出现的负面影响。那么，父母该如何帮助孩子改一改他的急性子呢？

（1）父母必须以身作则

孩子做事没耐心，很大一部分责任应该归咎于父母。有的是因为爸爸、妈妈中的一方或双方都是急性子，孩子受到潜移默化的影响，也成了急性子；有的则是由于家长对待孩子的事不够认真或者不够耐心，处理孩子的事情时也会虎头蛇尾，这样就给孩子制造了滋生急性子的土壤。当然，导致孩子急性子的主要还是先天因素，不能全推到父母头上。事实上，如果父母在日常生活中能表现出对事物的耐心，就能影响孩子，对他们改变急性子有积极影响。

（2）给孩子设置一些障碍

急性子的孩子遇到挫折容易放弃，在关键时刻容易摔跟头。所以，父母可以有意识地在生活中给孩子制造一些小障碍，让孩子在屡屡"碰壁"之后增长一些耐心。克服这些小障碍后，父母一定要给予孩子一些表扬或奖励，让孩子通过这些小小的成就感来逐渐提升克服困难的能力。例如，做一道孩子爱吃的菜，但是告诉他作业没有做完就不能吃。就算做完了，如果发现他写得潦草、错误多，也不算合格，得重新写。如果有些急躁的孩子宁肯放弃这顿美食也不肯好好写作业，父母一定不能妥协，坚决履行事先的规定，禁止他吃这道最爱吃的菜。

（3）培养孩子的兴趣

很多孩子做事没有耐心，很有可能是对生活中一再重复的事情失去了兴趣和动力。所以，父母要注意增加孩子生活中的趣味，让孩子不会因耐心的逐渐丧失而变得急躁，从而彻底放弃。

小馨是个急性子女孩，从前学画画、学跳舞，都是她自己要求的，但是都因为短时间内看不到什么成果就彻底放弃了。这一次，小馨又想学钢琴，这个投入可不得了，钢琴的价格动辄上万，是一笔不小的支出。爸爸妈妈都对钢琴一窍不通，小馨这次如果再轻易放弃，钢琴就只能在家里当个摆设了。不过，妈妈这次下定决心要让小馨学好，并借机让她改正做事没耐心的毛病。于是，她不顾一直犹豫不决的丈夫，买下了一架国产名牌钢琴。钢琴送来的当天，妈妈对一脸欣喜的小馨说："为了买这架琴，我和你爸爸都要辛苦几个月了，目的就是让你成才，希望你不要让我们失望。"小馨点点头。

此后，小馨每周要到培训班跟老师学一次乐理，回家后再自己练习。有时候作业多了，她就会将学乐理抛到一边，下次再上课就忘得差不多了。在家练琴的时候，她不是要喝水，就是要上厕所，同学来找她玩更是飞速离开琴凳。虽然练琴的时间达到了老师的要求，效果却不怎么样。这下，妈妈有点儿着急了，因为女儿再次出现了"三分钟热度"的迹象。

这时候，妈妈使出了自己早就准备好的绝招：跟女儿一起学。小馨从培训班回来后，妈妈让她将学到的东西教给自己，还"挑战"女儿，看谁学得更快，弹得更好。这下小馨的好胜心被妈妈彻底激起来了，她开始认真学习乐理，回来后也负责任地讲给妈妈听，练琴时也更有耐心了。很快，小馨就考过了钢琴五级，并且满怀信心地冲击起了更高的级别。

小馨的妈妈用陪女儿一起学的方法，成功培养起了女儿对钢琴的长久兴趣，其中颇有值得借鉴的地方。孩子没有耐心，父母不要总是居高临下地管教、指责，也可以像小馨的妈妈一样，加入到孩子对抗急性子的"战斗"之中，让孩子不再觉得做某件事是为了应付父母，他们就会调整心态，学会控制自己的急性子。

第4课 改善孩子爱尖叫的习惯

4岁的璐璐最近突然"迷"上了尖叫，她明明完全可以用语言表达自己的情绪，却更喜欢用这种"高八度"的方式来表达。看到感兴趣的东西、感到高兴、觉得害怕……只要她激动了，就会拉长嗓子发出刺耳的尖叫。一听到她叫，妈妈就赶紧压低嗓子劝她小点儿声，却无济于事。当与人争执时，璐璐从来不会跟别人好好讲道理，而是扯开嗓子大喊大叫，想用大嗓门压倒对方。这样一来，再也没有小朋友愿意跟她玩，因为虽然小孩子都喜欢喊叫，但璐璐实在太吵了。

更令妈妈尴尬的还是在公共场合的时候。一个安静的场合里，大家都在静静地做自己的事，璐璐突然就开始大喊大叫，大家就会皱着眉头看向她们，这让妈妈无地自容。

孩子的嗓音本来就比较尖利，如果他们将声音提到最高分贝并连续尖叫，对其他人来说是一种非常可怕的噪音。多数时候，尖叫是孩子表达不满的方式，当然还有其他因素，例如：

（1）觉得尖叫很有趣

孩子总想探索世界上的一切，在一段时间内，孩子会对自己的声音产生兴趣。这时候，高声尖叫就会成为他们探索自己极限的方式：看看自己的音量究竟有多高，或者试试自己的尖叫会引发什么有趣的反馈。喜欢在开阔空间尖叫的孩子，也可能期待着有趣的回声。所以，在不影响他人且自己的耳朵还可以承受的情况下，父母不妨让孩子多探索一下自己的声音，说不定能培养出未来的歌唱家呢。

（2）为了引起大人的注意

一些孩子喜欢喊叫，是为了让父母迅速注意到自己，因为他们发现这比喊"爸爸""妈妈"快捷有效多了。如果父母忙于工作而常常忽视孩子，尖叫更是一种可以获得父母关注的方式。一两次尖叫让父母关注到自己之后，即使知道会遭到斥责，孩子还是会利用这种方式来将父母吸引到自己的身边。可见，对于有这种心理的孩子，父母多陪陪他们是让他们减少尖叫的唯一手段。

（3）压力过大

现在的孩子有很多生活在各种各样的压力中，而这些压力，也主要是父母赋予他们的。如果父母本身压力太大，会在无形中增加孩子的压力，父母对孩子要求过高也会让孩子有不堪重负的感觉。在种种压力之下，孩子一旦发现尖叫具有减压功能，就会迅速沉迷其中。对于这类孩子，父母要设法了解他们压力的来源，并制订针对性的解决方案。

（4）可以得到自己想要的东西

一些"聪明"的孩子会发现尖叫这种方式能让父母妥协，从而满足他们的某些要求。例如，有些孩子知道父母最怕孩子在公共场合尖叫，于是他们偏要选择这种时候大喊大叫，引起父母尴尬，并借机提出自己的要求。父母为了不惹众怒，只能屈服于孩子的"要挟"。所以，对于孩子在尖叫时提出的无理要求，父母绝对不能满足他，否则会让孩子形成习惯，这样会更难教育。

那么，遇到常常尖叫的孩子，父母应该怎么做呢？以下几种方法可供参考：

（1）与孩子多交流

孩子是非常希望与父母交流的，尤其是在小的时候，孩子的交际圈子很小，父母是他们为数不多的交流对象。但是父母由于事情太多，并不是总能满足孩子的交流需求。孩子要求得多了，有些父母还会对孩子大喊大叫，不仅影响双方心情，还让孩子学到了尖叫这种表达不满的方式。所以，父母要经常静下心来与孩子交流，并以身作则，管理好自己的情绪，孩子爱尖叫的坏习惯也能随之改善。

（2）尖叫时不予理睬，事后安抚

孩子在尖叫、发脾气时，只要不出现伤害自己或损坏物品的情况，就可以暂时不予理睬。如果能保证他不出危险或不会损坏物品，还可以让他独自待在另一个房间里。等到他停止尖叫、不再发脾气之后，再对他进行安抚，表扬他终于控制住了自己的脾气，还可以给予他一定的奖励。不过，此方法必须持之以恒，才能有效。对父母来说，要忍受孩子的尖叫，必须有"钢铁一般的神经，聋哑人一样的耳朵"，还得避免因心疼孩子而妥协。

（3）让孩子知道尖叫会影响别人

孩子还小，不懂得照顾别人的感受，他们可能根本意识不到尖叫会给周围的人带来不舒服的感觉。妈妈要想方设法让孩子知道尖叫给他人带来的不良影响。例如，妈妈不妨与邻居妈妈合作，让爱尖叫的孩子凑在一起，举办一场"尖叫大赛"，让孩子感受到其他人放声尖叫会给自己带来怎样的不适和反感。同时，孩子沉迷比赛，也会出现喉咙不适的感觉。此时，妈妈要不失时机地教育孩子，尖叫会让他人难受，招致他人的反感，还会让自己的喉咙很不舒服。如果孩子有一定的同理心，就能够有所感悟，改掉爱尖叫的习惯。

（4）对孩子进行语言方面的训练

有些孩子虽然会说话了，但是由于语言能力有限，无法找到正确表达自身感受的词句，就可能用大喊大叫来代替。因此，父母可以对孩子进行语言方面的训练，让孩子逐渐掌握用多样化的语言来表达自身愿望和要求的技巧，这样也能让孩子更容易融入群体之中，避免孩子因孤僻而沉迷于用尖叫来表达。对于孩子的语言，父母要注意倾听和理解，避免孩子因表达不畅而尖叫和发脾气。

（5）带孩子到大自然中去

如果发现孩子爱用尖叫来宣泄情绪，短时间内又无法扭转他的习惯，可以将孩子带到大自然之中，让其对着茂密的森林、无垠的大海尽情尖叫、呐喊，做一次彻底的宣泄。孩子的不良情绪会因此消失无踪，也很可能在大自然的熏陶下就此改正恶习。

第5课　理智抚平孩子的浮躁情绪

　　林朗是个聪明的小学生，但是妈妈却很为这个孩子的未来担忧。原因就是林朗不像其他孩子那样，有一个明确的人生目标。虽然妈妈也知道，儿时的理想多数是无法实现的，但也总比林朗这样强。林朗的人生目标是浮动的：英语考了高分，就想当个外交家，立即请求妈妈送他去英语补习班，但没学几天就改变了目标，将英语教材扔到了一边；体育课上老师夸他篮球打得不错，就开始想当个篮球运动员，开始疯狂搜集 NBA 球星的资料，但很快就因音乐老师的一句夸奖转而开始搜著名的音乐家了……

　　这就是浮躁情绪在作怪的表现。浮躁情绪和急性子不可以画等号，这种情绪通常使人行动盲目，做事不爱思考或不提前计划，做事的过程中也心神不定、缺乏主见、见异思迁、急于求成，这些都是成功的大忌。本来能够成功的事，也会由于过于浮躁而失败。可见浮躁情绪对孩子的成长有百害而无一利，会让孩子在掌握知识的过程中缺乏长久的奋斗目标，从而缺乏足够的耐心和抗挫能力。

　　孩子为什么会出现浮躁情绪？原因很多，专家认为主要有以下三个方面的原因：

　　（1）先天因素

　　浮躁情绪受遗传基因的影响，有一定的先天因素。有的人天生具有不灵活、不平衡的神经系统，导致浮躁情绪的产生，而且能够遗传给后代。至于先天因素所占的比例，目前并没有准确的数据，所以心理学家更重视后天因素的影响。

（2）社会因素

当今社会，经济迅速发展，竞争日益激烈，贫富分化严重，整个社会弥漫着急功近利的气氛，很多"快餐文化"成为主流，导致身处其中的人产生或多或少的浮躁情绪，孩子也不例外。一些父母唯恐孩子在社会大潮中被抛弃，一心给孩子灌输知识，从不关心孩子的意志品质，使得部分孩子意志薄弱、怕苦怕累，做起事情来也是急躁冒进，缺乏恒心。

（3）父母的不良示范

父母如果性情浮躁，孩子和他们朝夕相处，很难不受到影响。父母面对着社会的种种竞争和压力，很难保持心平气和，难免出现急功近利的情况，孩子也会进行模仿，也容易变得浮躁。

前面说过，浮躁情绪对孩子有百害而无一利，是不利于孩子成长的，所以父母必须帮助孩子改变这种心理。

父母想要帮助孩子改变浮躁心理，心理学的研究表明，以下这几种方法是颇有成效的：

（1）让孩子立长志，不要随意改变自己的志向

俄国著名作家列夫·托尔斯泰有一句名言："理想是指路的明灯。没有理想，就没有坚定的方向；没有方向，就没有生活。"远大的理想在孩子的成长中有着巨大的导向作用，能让孩子产生学习和进步的强大动力。而浮躁的孩子虽然也有自己远大的理想，但却只是"常立志"，做不到"立长志"，随意改变自己的志向，志向的导向作用就会被削弱甚至消失。所以，在孩子立下一个远大的志向后，绝对不能随意拐弯或者掉头，这样才能明确目标，产生对学习和生活的责任感，防止浮躁情绪的滋生或蔓延。

孩子在树立志向时，父母不要觉得孩子在闹着玩，必须谨慎对待。由于孩子心智尚不成熟，父母要起到引导作用，告诉孩子立志时要注意扬长避短，不能"跟风"，看到其他孩子要当科学家，自己就跟着立下相同的志向，却没有考虑自身的条件，从而被现实无情打击。父母要告诉孩子立志必须专一，关键不在于"多"，而在于"恒"。

（2）注重在日常生活中的引导

浮躁情绪不是一朝一夕就能扭转的，父母必须时刻关注孩子的情况，一旦发现孩子有浮躁的迹象，就立刻采取措施纠正。只要父母能够持之以恒地针对孩子的一些日常行为进行引导，就可以慢慢扭转孩子的浮躁习性。如：孩子在做决定时，鼓励他先思考、后行动；孩子遇到挫折时，鼓励他做到有始有终、脚踏实地；孩子由于看不到成功而急躁时，告诉他积少成多、聚沙成塔，巨大的成功都是靠点滴的积累聚成的。

（3）对孩子不要太纵容

很多父母舍不得让孩子吃一丁点儿苦，孩子想要什么都会第一时间帮助他实现。这样会让孩子误以为无论自己想要什么，父母都会立刻送到眼前，根本犯不着付出什么努力。这样一来，他们遇到一点儿挫折就会改变目标，无法为了一个目标而付出长期的努力。可见，父母的纵容会助长孩子的浮躁心理。

（4）利用心理暗示的方法来调控

可以让孩子做事时在心中默念"不要急，急躁会把事情办砸的"之类的话，对自己进行心理暗示。这也是一种心理控制的方式，对改变浮躁情绪有所助益。

（5）用榜样的力量影响孩子

作为父母，必须学会调适自己的心理，远离浮躁情绪。如果自己确实有些浮躁，就要考虑到对孩子的影响，想方设法克服，让孩子看到自己勤奋努力、脚踏实地的良好形象，有助于孩子改善自己的浮躁情绪。此外，父母还可以用革命前辈、科学家、发明家、文艺作品中的优秀人物的事迹来鼓励孩子培养不浮躁、有恒心的品质。

第6课　帮孩子摘掉任性的标签

越来越多的孩子变得任性，怎么教育都不听，有的父母甚至说自己的孩子是天生的"拧种"。但是，对绝大多数孩子来说，任性并不是天生的，而是后天养成的。那么，哪些原因会导致孩子任性呢？

（1）模仿别人的结果

孩子的模仿能力非常强，看到父母或者其他人有任性的表现，而且换来了不错的结果，也会进行模仿，久而久之，就变得任性起来。例如，许多亲友一起参加家族聚会，某个孩子提出了任性的要求，家长不仅没批评他，还迁就他，满足了他的要求。其他孩子看在眼里，就会觉得这是一个实现自己要求的"好方法"。下次遇到合适的机会，他们也会给自己的父母"重演"一遍，往往也能得到理想的效果，久而久之，就变成了任性的孩子。

（2）家长迁就的结果

孩子小时候没有明确的是非观，可能会提出很多不合理的要求。家长往往因为孩子还小，于是就迁就他。迁就得多了，孩子就形成了心理和行为上的定式，只要不顺自己的心意就会任性而为，认为反正父母一定会迁就自己的。例如，有的孩子挑食，无论父母怎么威逼利诱也不吃蔬菜，原因就是在他更小的时候被惯坏了，父母从不强迫他吃蔬菜，他习惯了父母的迁就，就很难改正了。

（3）家长对孩子过度严厉或不尊重孩子的劳动成果

不仅顺从可能让孩子任性，过于严厉也可能会导致这样的结果。有的父母不想听到孩子的反对声音，对其要求十分苛刻，甚至到了孩子无论如何都无法达到的境地。孩子会想，反正自己也无法做到，那么努力干什么？这样自暴自弃的心理会催生出逆反乃至抵抗的行为，久而久之，孩子就开始任性起来。有的家长不尊重孩子，动不动就指责孩子，甚至认为打击孩子的自尊心是让孩子接受教育的"捷径"，在外人面前也"乐此不疲"。孩子为了保护自己的自尊心，也会用任性来对抗。

孩子在家里任性一点儿，不过是让父母头疼罢了。但是，孩子在学校乃至走上社会后依然任性，就会变成不受欢迎的人，身心都无法健康发展。要想让孩子改掉任性的毛病，就要分析出原因并对症下药。

如果孩子是受了父母之外的人的影响，最重要的就是培养孩子的是非观，让他知道任性是不好的行为，从而对任性行为产生厌恶，不再模仿。如果是受父母中任意一方的影响，父母必须认真反省，并坦诚地与孩子进行交流，承认自己的错误，让孩子别再向自己学习，并请孩子监督自己，一起克服任性的毛病。

如果是父母的不良教育方式导致的，父母就需要端正教育思想，不再迁就孩子。当然，前提依然是让孩子认识到任性的害处，但同时也要承认自己的错误，告诉孩子只有他和父母一起努力，才能改正双方的错误，避免孩子在日后的生活中碰壁，成为不受欢迎的人。为了避免孩子不服气，父母在对孩子提出要求时，必须先讲清道理，孩子有自己的主张，也要认真听取孩子的想法。双方达不成共识时，还可以请长辈或老师等孩子比较敬重的人来发表看法。

如果是父母过于严厉或不尊重孩子导致的，父母必须改正自己的行为，真诚地向孩子道歉和请求谅解，并用实际行动向孩子表示自己的诚意。如果家庭的氛围从此焕然一新，孩子也会原谅父母，改正坏习惯，享受新的生活。

人是群居动物，很多时候少数服从多数才能让集体正常运转，一个人任性，就会让集体的运作受到影响，这个任性的人终归会被集体抛弃。这样说，当然不是让孩子变得毫无主见，只会随波逐流。事实上，正常运转的集体中，也有很多特立独行的人，但是他们不会任性地逆潮流而动，而是会在紧随潮流的同时保持自我，从而受到大家的接纳和喜爱，做出一番成就。为了让孩子改掉任性的毛病，父母可以多让他参加集体活动，让孩子知道并不是整个社会都会迁就他，孩子就可能慢慢意识到任性的人会不为集体所容，开始不再固执和胡乱闹情绪。

孩子参加学校的活动时，父母可以主动与老师联系，让孩子多承担一点儿负责任的工作，并安排几个通情达理的同学来与孩子合作。在青少年之中，同龄人的影响力是很大的，孩子经常与通情达理的人合作并成为朋友，一起玩耍、学习、讨论问题，也会对克服任性的毛病有所帮助。家长还可以劝孩子多去朋友家里玩，让他看到朋友在家中的表现，感受一下其他家庭的和睦氛围，也有助于孩子改正。

孩子是不是真的任性，父母不能妄下定论。如果觉得孩子对自己百依百顺才算不任性，那就是父母的观念出了问题。

真真最喜欢捏橡皮泥，如果他的一件"作品"没有完成，其他什么事情都会不管不顾。除此之外，他算得上一个听话的好孩子。有的时候，妈妈让正在捏橡皮泥的真真吃饭，真真会说："等我捏完，要不橡皮泥一会儿就干了。"往往饭都凉了，真真还没有捏完，妈妈就会很生气，亲自去真真房间催他。但是，只要没捏完，妈妈拽他他都不肯动。妈妈只能叹口气说："这孩子，太任性了。"

真真沉迷于自己的爱好是件好事，而且这种爱好是有助于他提升动手能力和想象力的，妈妈更应该支持，不能打击他的积极性。真真这种不把"作品"捏完不罢休的性格，一定意义上也是注意力集中的表现。妈妈不能因为这个就认定孩子任性，而是要教会孩子合理安排时间，不要总是因为爱好而耽误正常的作息时间。

由真真的事可以看出，如果家长要求无论什么情况下孩子都要服从自己的支配，那任性的就不是孩子，而是家长自己。长期这样要求孩子，孩子的"任性"没了，创造性和独立思考的能力也会跟着减弱，成为没有主见、唯唯诺诺的人。所以，家长务必分清"任性"与"韧性"的界限。"韧性"能够让孩子在面临困难时决不认输、坚持到底，这种品质是家长必须支持的。

第 7 课　打破影响孩子进步的自负枷锁

　　贝拉今年 6 岁，她是在亲戚、朋友、老师、邻居的夸奖下长大的。她漂亮又聪明，跳舞也很好看，谁能不喜欢呢？但是最近妈妈却开始为女儿担心，因为贝拉变得越来越骄傲，仿佛谁都不如自己。她做任何事都不接受别人的指责，否则就会开始哭闹。例如，当看到电视里的小朋友跳舞时，她会说没有自己跳得好，如果爸爸妈妈不附和她，贝拉就会发脾气，甚至关掉电视不让家人看。她总是这样，自然没有小朋友愿意跟她玩，她也毫不在乎，甚至对长辈都很傲慢。妈妈想让贝拉改一改自己的脾气，但稍微说一句重话她就会大吵大闹，甚至用不吃饭来抗议，让妈妈无计可施。

　　孩子变得骄傲自负，多数是家庭原因导致的，尤其是父母对孩子过分宠爱、不去客观评价孩子，最容易让孩子变得自负。自负的孩子往往不能和同伴友好相处，瞧不起他人，也不爱与其他人交流，甚至会以挖苦人、讽刺人为乐。如果孩子在这样的错误中长大成人，就可能患上一些精神障碍类疾病，到那时就更难以扭转了。

　　家长们可以发现，自负这种不健康心理是普遍存在的，但是不能因为害怕孩子自负就对他们的成绩视而不见，那样有可能会让孩子产生自卑等不健康心理。如何处理其中的平衡问题，需要父母费一番心思。如果发现自己的孩子出现了自负的倾向，父母要及时采取一些措施来应对：

（1）教孩子客观地评价自己

人无完人，再优秀的孩子也有缺点和不足。所以，父母为自己孩子的优秀得意之余，不要忘了关注孩子的不足之处。孩子做出成绩必须表扬，但是当孩子做错事时，也必须进行适当的批评。批评时必须恰如其分，既不要以偏概全，也不要掩耳盗铃，而是从实际出发，让孩子正确认识到自己的不足。孩子之所以骄傲自负，往往是由于高估自己，看不到自己的不足，而父母恰如其分的批评能够让他们正确评价自己，避免出现以自己为中心的问题，纠正骄傲自负的心态。

（2）表扬孩子要掌握分寸

有些父母对孩子的期望很高，为了使孩子进步，就抓住他们的一切优点大肆表扬。这样一来，孩子很容易对自己产生错误认识，产生骄傲自负的心理。所以，表扬孩子必须适度，把握好尺度和分寸。另外，一些家长表扬孩子时总是伴随着物质奖励，如果物质奖励太多，会让孩子变得贪婪，或者觉得父母在"贿赂"自己，越发骄傲自负、沾沾自喜。

（3）让孩子适当地经历一些挫折

越来越多的家长认识到了挫折教育的重要性。自负的孩子适当地经历挫折能够看到自己的不足。例如，父母可以将一些比较难完成的任务交给自负的孩子，让孩子在解决问题的过程中接受磨炼，失败时更能打击他一贯的过度自信。父母要不失时机地让孩子总结经验，让他看到自己的不足之处。父母还可以让孩子与一些优秀的人接触，让孩子了解"强中自有强中手"的道理，这样他们就不会再为自己的一点点成绩而自负。

（4）让孩子拓宽眼界

孩子自负，有可能是眼界太窄了，总是将自己局限在一个小范围内，自然会容易满足于较小的成绩。父母要教他把眼光放长远一些，让他看到自己现在的成就不过是小范围内的、一时的，这样孩子就会为自己过去的目光短浅而羞愧，从而再接再厉，取得更好的成绩。

第8课　给孩子绷紧的神经松松绑

　　辛蓝今年就要参加小升初考试了，她自己不太紧张，最紧张的反而是她的妈妈。因为妈妈一心想让女儿考入市里的重点中学。辛蓝一进六年级，妈妈就开始进入紧锣密鼓的备考状态。妈妈知道，孩子一紧张，本来已经掌握的知识都有可能忘掉，所以经常对辛蓝说："女儿啊，小升初考试没什么难的，以你的成绩肯定能考上，你到时候千万不要紧张啊！"她每天都观察着女儿的一举一动，辛蓝还没看半小时电视，妈妈就会说："离考试就剩几天了，你怎么还有心情看这么久的电视啊！"辛蓝想要出门，妈妈又会说："多穿件衣服，感冒会耽误复习的！"辛蓝学习时，妈妈还会在一边紧张地帮她查资料、检查练习册，没事可干时也会在辛蓝身边转来转去。辛蓝实在忍不住了，于是对妈妈说："妈妈，我本来一点儿都不紧张，你这一天到晚地为了考试的事唠叨、忙活，我反而开始紧张了。"

　　在一些比较正式的考试或比赛之前，每个人都会紧张，更别说孩子了。很多孩子平常学得很好，一到正式考试却由于过度紧张而发挥失常，陷入"学得好考不好"的怪圈。为了避免孩子陷入怪圈，父母有心为孩子分忧解难是可以理解的，但是时刻将"弦"绷得太紧，会让家里充满紧张的气氛，给孩子制造一些无形的压力。

明智的父母，在孩子参加重大考试或比赛之前，会制造出轻松愉悦的氛围，积极鼓励和安慰孩子，让孩子树立"只要努力，我一定能做好"的信念，带着自信、轻松的心情去迎接挑战。切勿嘴上说着不紧张，却一举一动都透露出紧张，影响了孩子的心情。

小庚这几天非常紧张，因为他报名参加了学校的运动会，选的是爸爸教过他的跳远。运动会明天就开始了，小庚却越来越没有自信了。这天晚上，他梦到自己跳了个倒数第一，同学和老师都在哄笑。这个梦并没有什么可怕的地方，小庚却被吓醒了，还出了一身冷汗。

吃早饭时，爸爸看到小庚的表情有些不自然，于是问他："今天是你第一次参加运动会，准备好了吗？"

小庚犹豫着说："爸爸，我非常紧张，都有点不想参加了。"

"为什么？"

"我觉得我肯定跳不好，同学们会看不起我的！"小庚说。

"你这孩子，你忘了你爸是体育老师了？我从小教的你，还能有错？你肯定能拿到好成绩的。"

"可是……"

"可是什么？我问你，你们体育课上学习跳远的时候多吗？"

"不多，我们的体育老师总是生病，体育课都用来学数学和英语了。"

"这就对了。爸爸最近几乎每天都带你去公园跳远，你的同学怎么跟你比？相信我，不用紧张，你肯定能取得好成绩的。"

小庚这才开朗了很多，爸爸趁机继续说："再说了，爸爸也没有要求你必须拿第一名啊，这次拿不到好成绩，爸爸接着陪你练，下次你肯定会得第一名。"

"嗯，我明白了！"小庚信心满满地去学校了。爸爸的课都被其他科的老师占了，于是他就去小庚的学校为儿子加油。

跳远比赛前，爸爸又把平时教儿子的要点说了一遍，小庚一点儿都不紧张了。他跳出了自己的新纪录，成功拿到了第一名。

可见，当孩子陷入紧张情绪时，父母必须对孩子报以十分的信心，帮助孩子分析情况，并鼓励孩子。同时也要告诉孩子，"胜败乃兵家常事"，不要有太大的心理压力。这样，孩子的紧张心态就会有所减弱，以积极的心态迎接挑战。

第9课　当好暴躁型孩子的"灭火器"

　　遇到不公平等情况时，人人都会表现出愤怒，孩子在成长过程中肯定也有对父母发脾气的时候，这是很正常的。但是，如果有的孩子发脾气太过频繁，怒火也比其他孩子更大，到了暴躁的程度，而且无法做到最起码的自制、自控，那就不正常了。

　　孩子发怒的原因有很多，主要是因为心中积聚了太多的不满，因此找一个契机发泄出来。如果孩子的心理压力过大，也可能爆发出他的怒火。例如，父母对孩子抱着过高的期望，让孩子觉得达不到这个期望就是一种"罪恶"。当孩子经过努力始终无法达到这个期望值时，他的愧疚、不满、委屈等心理就会汇聚成一种狂躁不安的情绪，对周围的一切都心生厌烦。

　　孩子性情暴躁，父母往往脱不了干系。作为孩子最早、最重要的启蒙老师，父母的性格对孩子产生着潜移默化的影响。有的父母常常因为一些小事就大发雷霆，孩子经常会成为他们发泄怒火的对象。孩子没有多少辨别能力，会觉得这种行为是处理问题的正常方式，于是积极模仿，并形成习惯，一旦遇到问题或困难就会大发雷霆、暴躁不已。

　　对于暴躁型的孩子，父母必须尽早矫正，让孩子知道发脾气对于解决问题毫无裨益，既不能让他战胜挫折，也无法让他人改变主意。

妈妈正在洗衣服，4岁的璞璞突然跑到她身边，说："妈妈，我要吃糖。"

妈妈说："今天已经给过你一块了，不能再吃了。"

璞璞跺着脚说："我不嘛，我就要吃。"

妈妈转过头去洗衣服，不再理睬他。没想到，璞璞突然抓起洗衣篮里的衣服，往地上胡乱扔，一边扔一边哭喊："我要吃糖！我要吃糖！"

"好了，好了，给你吃。"妈妈无奈地给他拿来了一块奶糖，璞璞立刻不再闹了，拿起糖走了。

璞璞的妈妈就是在纵容孩子，下次孩子有什么无理要求时，依然会用发脾气来"要挟"妈妈。因此，家长在孩子出现暴躁情绪时，要积极与他沟通，了解和满足孩子的合理需求，明确拒绝他的不合理需求。如果孩子是为了合理需求没得到满足而发火，家长要告诉他这次虽然满足了他的要求，但是发脾气的方式是不可取的。

那么，怎样才能让孩子不暴躁呢？

（1）在暴躁的孩子面前，父母必须保持冷静

如果父母用暴躁的手段来制止孩子的怒火，无异于火上浇油，让场面更加不可收拾。和孩子交流，要以让他安静下来为目的，温柔地与孩子交涉，注意简化自己的语言，让愤怒中的孩子容易理解，从而使他慢慢平静下来。为了安抚孩子，父母可以缓缓靠近他、抱抱他，通过身体的亲密接触来平复孩子的情绪，这有缓和气氛的作用。如果孩子因为生病等特殊原因发脾气，父母更不能着急，必须理解孩子的心情，用自己的关爱来安慰孩子。

暴躁的孩子总是缺乏自控力。所以当父母看到自己的孩子有了一定的自控能力时，必须及时并有针对性地对他进行表扬。例如，上次孩子发脾气时摔了自己的玩具，这次他虽然还是发了脾

气，却没有摔东西，妈妈在批评他之余还要补上一句："虽然你发脾气不好，但是你这次没有摔自己的玩具，说明你长大了。"这样的表扬，很可能让孩子下次表现得更好，直至改正坏毛病。

（2）培养孩子的宽容心

宽容心是人类拥有的最宝贵的心理品质之一，孩子的排他性是出于天性，而有了宽容心，就是他走向成熟的标志。人与人的关系是相互的，孩子宽容待人，也会得到他人的宽容与信任，避免很多不必要的冲突。冲突少了，孩子的脾气也就慢慢不那么暴躁了。所以，父母必须教育孩子礼让为先，遇到问题学会站在别人的角度考虑一下，不要事事都斤斤计较。

（3）进行冷处理

有的孩子之所以发脾气，可能是为了试探父母的底线，如果孩子一发火父母就立刻妥协，他就会以此作为实现目的的手段，从而经常发火。还有的孩子会为了引起父母的注意而故意发火，这时候如果父母轻易"上钩"，他也会将发火当作"武器"。因此，父母必须搞清楚孩子的心思，坚定自己的立场，不能因为孩子发火就对他百依百顺。多数时候，对父母试探或者引起父母注意而发脾气的孩子都是在"演"，如果父母没有反应，他们就会慢慢安静下来。

如果上述情况下，父母的劝阻毫无效果，孩子还是不停地哭闹，父母可以到其他地方做一些声音更大的事情，例如用吸尘器吸地板、用锤子钉东西等，甚至可以戴上耳机听歌。要让孩子明白哭闹是没有用的，只有好好说话父母才会听，他就会渐渐安静下来。

（4）转移孩子的注意力

转移注意力是缓解暴躁情绪的常用方法，对孩子来说尤为有效。例如，孩子正在发脾气，妈妈放一点儿轻音乐，能够让孩子镇定一点儿，并分散注意力，逐渐停止哭闹。如果有时间的话，还可以将发脾气的孩子带到户外，玩一些有趣的游戏，或者只是呼吸一下新鲜的空气，都可能让孩子的情绪平静下来。这个时候，就可以和孩子讲道理，彻底平息他的怒火。

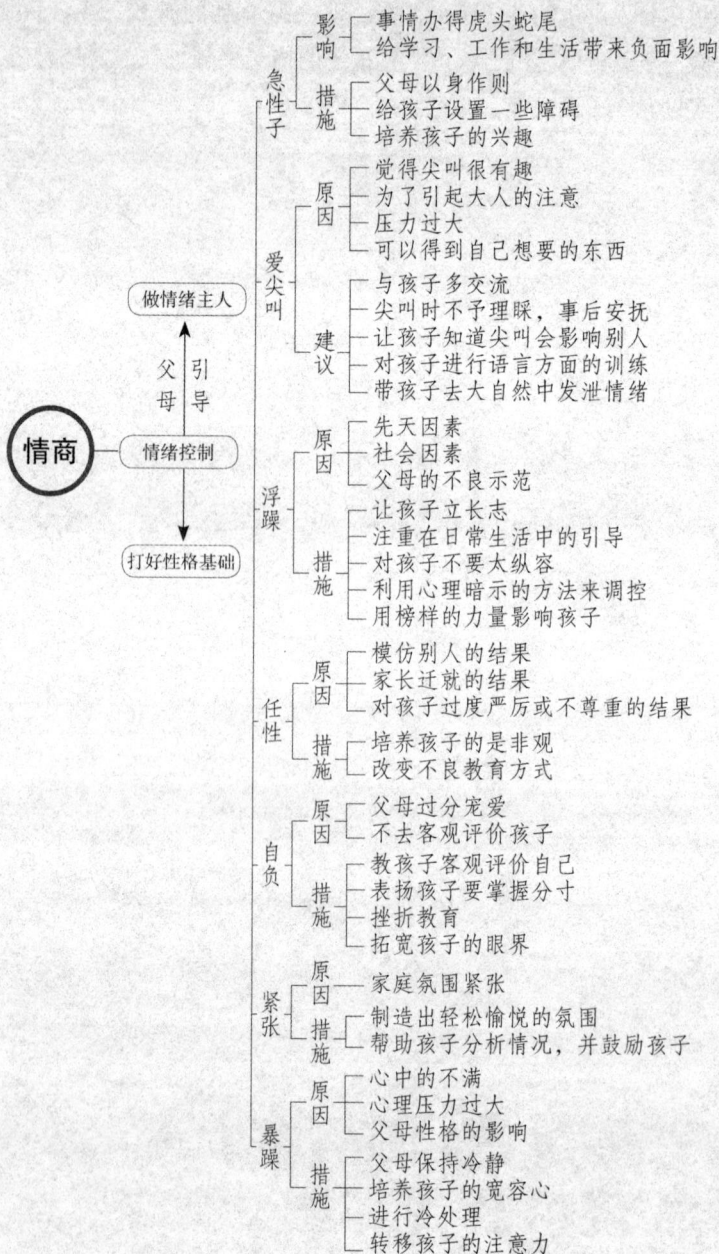

情商

- 做情绪主人
- 情绪控制
- 打好性格基础

父母 引导

- 急性子
  - 影响
    - 事情办得虎头蛇尾
    - 给学习、工作和生活带来负面影响
  - 措施
    - 父母以身作则
    - 给孩子设置一些障碍
    - 培养孩子的兴趣
- 爱尖叫
  - 原因
    - 觉得尖叫很有趣
    - 为了引起大人的注意
    - 压力过大
    - 可以得到自己想要的东西
  - 建议
    - 与孩子多交流
    - 尖叫时不予理睬，事后安抚
    - 让孩子知道尖叫会影响别人
    - 对孩子进行语言方面的训练
    - 带孩子去大自然中发泄情绪
- 浮躁
  - 原因
    - 先天因素
    - 社会因素
    - 父母的不良示范
  - 措施
    - 让孩子立长志
    - 注重在日常生活中的引导
    - 对孩子不要太纵容
    - 利用心理暗示的方法来调控
    - 用榜样的力量影响孩子
- 任性
  - 原因
    - 模仿别人的结果
    - 家长迁就的结果
    - 对孩子过度严厉或不尊重的结果
  - 措施
    - 培养孩子的是非观
    - 改变不良教育方式
- 自负
  - 原因
    - 父母过分宠爱
    - 不去客观评价孩子
  - 措施
    - 教孩子客观评价自己
    - 表扬孩子要掌握分寸
    - 挫折教育
    - 拓宽孩子的眼界
- 紧张
  - 原因
    - 家庭氛围紧张
  - 措施
    - 制造出轻松愉悦的氛围
    - 帮助孩子分析情况，并鼓励孩子
- 暴躁
  - 原因
    - 心中的不满
    - 心理压力过大
    - 父母性格的影响
  - 措施
    - 父母保持冷静
    - 培养孩子的宽容心
    - 进行冷处理
    - 转移孩子的注意力

第二章

自我认知能力：帮孩子认清自我，找准定位

自我认知是情商的第一要素。让孩子清楚地认识自己，对自己有一个准确的定位，是培养高情商孩子的基础。

第10课　聪明的家长这样提高孩子的自我认知水平

　　美国著名人际关系学大师卡耐基出生在弗吉尼亚州乡下的一户贫苦人家，他小的时候非常调皮，是一个不折不扣的淘气包。在他9岁的那年，父亲领回了一个女人，那个女人就是卡耐基的继母。父亲在向继母介绍卡耐基的时候，特意叮嘱道："亲爱的，你以后一定要注意这个全社区最坏的小男孩，这个孩子是真不让人省心，今天有可能拿石头砸你，明天指不定又会干出什么坏事，总之让人防不胜防。"

　　听到父亲用这样恶劣的话语评价自己，卡耐基原本以为继母会很不喜欢自己，但让人意外的是，继母竟然微笑着走向他，用手轻轻地抚摸着他的头发，继而对丈夫说："你错了，他不是全社区最坏的男孩，而是最聪明，但还没有找到发泄热忱的地方的男孩。"

　　继母这句温暖的话，把卡耐基感动得差点哭出来。当然，也正是因为这句话，他和继母开启了友好的相处模式。此外，这句话还给卡耐基以后的人生提供了源源不断的动力，最终帮助他创造了成功的"28项黄金法则"，而卡耐基本人也成了引领万千普通人走向成功的精神领袖。不得不说，继母的一句话改变了卡耐基一生的命运。

父亲的一句话让卡耐基觉得自己是全社区最坏的孩子，而继母的一句话则重新开启了卡耐基对自我的认知，从此，卡耐基开始了另外一种截然不同的人生历程。由此可见，培养孩子正确的自我认知，帮孩子树立自信心是多么的重要。

自我认知能力是孩子一生中最重要的基础能力，孩子有了这个能力才能对自己有一个清晰的定位，才能对自己以后的职业和事业有好的规划。通常来说，孩子的自我认知既包括对自己价值观、人生方向和目标的认知，也包括对自己性格特征、情绪变化，以及优势劣势等的认知。

通常来说，两三岁是孩子自我认知的萌芽阶段，这个时候的孩子自我意识觉醒，不允许其他小朋友触碰属于自己的玩具。另外，在自我意识的支配下，他们也会开始选择自己喜欢的衣服。进入童年时期，孩子的自我认知集中体现为对自己外貌、性格、兴趣爱好等的认知、评价和态度。

为了帮助孩子更好地在各个阶段发展和提高自我认知的能力，家长在家庭教育当中需要注意以下几个方面的内容：

（1）创造开放、宽松的环境

通常来说，开放、宽松的环境对孩子自我认知能力的发展有一定的帮助，所以家长一定要重视这一点，尽可能地为孩子创造更多与人交流的机会，比如，拜访别人或者邀请别人来家里做客，等等。这样孩子才能与他人保持丰富的联系，当然也能获得更多了解成人评价标准的机会。

（2）在游戏中提升孩子的自我认知能力

游戏是贯穿孩子童年的重要活动，因此，作为家长，不妨让孩子在游戏中扮演不同的社会角色。在扮演的过程中，孩子可以设身处地地了解到不同情景下不同角色有什么样的情感，这样有利于孩子理解别人，也有利于培养孩子的同理心。

（3）表扬孩子要做到客观、具体

父母如何正确地夸孩子对其成长至关重要！如果家长的赞美之言比较宽泛，且言过其实，就不能起到很好的教育效果。比如"你是最棒的"这句话就夸得很不恰当，一个"最"字让本来就容易以自我为中心的孩子更加严重偏离正确自我认知的轨道。所以，这种不能帮助孩子对自己做出正确认知的话尽量少说。另外，总是对孩子说"你最棒"，会给孩子一种欺骗感，久而久之，在这种谎言的笼罩下，孩子对家长的信赖度会越降越低。

家长表扬孩子的时候除了要做到客观，还有做到具体。比如，可以这样说"今天阳阳表现得真好，因为你主动帮妈妈收拾了碗筷，擦了饭桌"，这些具体的表扬可以向孩子传递"今天我表现很好"和"我表现很好的原因是什么"这样两个信息，而这远远比说一句笼统的"你是最棒的"更有意义。

（4）配合学校的老师

学校是一个小社会，更是孩子与他人学习交流、提升自我认知的大舞台。如果学校的老师组织学生开展"我和我的好朋友"一类的主题教育活动，可以帮助孩子正确地认识自己和评价自己，家长一定要积极配合。另外，如果学校组织一些有利于提升孩子社交技能的实践活动，家长也需要鼓励孩子积极参与。在参与这些活动的过程中，孩子可以通过他人的反应了解自己，进而进一步发展自己的自我认知能力。

第11课　独立思考是孩子进行自我认知的关键

科学巨匠爱因斯坦说过："发展独立思考和独立判断的能力，应当始终放在首位，而不应当把获得专业知识放在首位。如果一个人掌握了所学学科的基础理论，并且学会了独立思考和工作，他必定会找到他自己的道路，而且比起那种主要以获得细节知识为其培训内容的人来，他一定能更好地适应进步和变化。"

由此可见，独立思考对一个人而言是多么的重要。其实独立思考不仅是研究科学的必要前提，也是实现自我认知的关键所在。作为家长，要想让孩子对自己有一个准确的定位，必须让他学会独立思考。

在一本介绍苏联卫国战争时期青年英雄的书籍《卓娅和舒拉的故事》中有这样一段：

卓娅是一个和学习死磕到底的孩子，尽管有的时候她的作业写得非常吃力，但是她的学习成绩一直名列前茅。有很多次，舒拉都在为第二天的功课做准备了，卓娅却还在为一道难啃的数学题或者物理题而伤脑筋，尽管她已经伏案思考到深夜，但依旧不肯让舒拉帮忙。

"你做什么呢？"舒拉关切地问。

"代数，这道题不好算。"

"算了，我来帮你算吧。"舒拉说。

"不行，我还是自己思考吧。"

时间一分一秒地过去了，舒拉等得有些不耐烦了，于是把答案放在了桌子上，自己睡觉去了。面对唾手可得的答案，卓娅连头也不抬。

又过了很长一段时间，浓浓的倦意渐渐袭来，卓娅为了保持清醒的头脑，就用冷水洗脸，洗完后接着坐在桌边思考。

第二天，她的数学作业得了"优"。尽管这样的成绩在班上的其他人看来再正常不过了，但是只有卓娅知道这个"优"需要付出什么样的代价。

是的，卓娅付出的这个代价就是"独立思考"。独立思考是一切创造活动的前提，更是孩子开启自我认知的先决条件。但是目前很多家庭教育中存在着这样的弊端：孩子无论在什么时候，遇到什么样的难事，家长总是竭尽所能地帮助孩子解决问题，久而久之，孩子形成了依赖心理，很少自己独立思考解决问题的办法，而这样做对发展孩子的自我认知能力没有一点儿好处。

所以，作为家长，在教育的早期就应该有意识地培养孩子独立思考的能力。当孩子在说"妈妈说……""阿姨说……"的时候，家长要多问问孩子自己对某件事的感受，把孩子口中的"别人说"转化为"我认为""我觉得"。这样孩子就能从被动接收信息转化为积极主动地认识和判断事物，从而进一步提升自我认知能力。

在培养孩子独立思考能力的时候，家长可以从很多方面入手，其中最简单、最直接的方法就是学会倾听孩子叙述自己的想法。在此过程中，尽管孩子的有些想法不合常理，甚至会让你啼笑皆非，但请你一定不要干预他，而是要及时捕捉孩子话题当中有趣的、有道理的论点，进而鼓励他接着讲下去，这样他才能尝到思考的乐趣，在对自我的探索中获得成就感。

另外，要想培养孩子独立思考的能力，家长除了倾听，还要主动给孩子创造思考的机会。比如，刚刚买回家的拼图游戏，家长不要过早地把图纸给孩子，而是引导孩子自己动手。

此外，家长在训练孩子独立思考的过程中，也可以充分利用孩子的好奇心。众所周知，孩子在碰到新鲜事物时，总是忍不住去探究、去了解。针对孩子的这一特性，家长不妨给孩子一个不完整的答案，让他自己去动手、去思考，在动手、动脑的过程中自然而然地养成独立思考的习惯。

不过，需要强调的是，孩子在充分发挥好奇心的同时也会给家里造成诸多的麻烦，此时家长不宜过多批评，更不应该挫伤孩子的积极性。聪明的家长懂得因势利导，鼓励孩子积极思考，就算孩子"异想天开"也不要横加阻挠。

最后，家长要想培养出独立思考的孩子，还需要积极培养其创造性思维。通常来说，鼓励孩子编故事是增强孩子创造力和想象力的一个有效手段。美国著名儿童智力发展研究专家简·海丽在她的有关孩子智力发展的著作《如何更聪明》中就很注重推广这一方法。她觉得，这样做不仅对孩子的语言训练有很大的帮助，还可以提升孩子的想象力和推理能力，从而得到出人意料的结论。

因此，基于这样的考虑，家长不妨让孩子自己命题，然后扮演任何一个他想扮演的角色。在角色扮演的过程中，孩子会涌现出很多属于自己的想法，而这种充满创造性的思考可以让孩子大受裨益。

第12课　让孩子学会正确评价自己

从前，有一只异常美丽的孔雀，它头上的羽毛像镶嵌着蓝宝石的皇冠，展开的彩屏像一把巨大的羽毛扇，五彩缤纷，熠熠生辉。按理说，凭借这样漂亮的外表，孔雀理应自信满满，但是有一天，孔雀跑到主神朱庇特面前抱怨道："哦，神啊，您曾经答应赐给我一个美妙的声音，可是至今都没有兑现。我因为这沙哑的嗓音遭到了很多鸟的嘲笑。我觉得您偏心夜莺，给了她一副好嗓子，让她每晚用悦耳动听的声音取悦别人，这样夜莺怎么能不受到人们的赞美和称颂呢？而我根本不能和她相比，对此我非常伤心。"

故事中的孔雀由于不能正确认识和评价自己，拿着自己的短处和别人的长处比，从而产生了深深的自卑感，而对自己所拥有的美丽视而不见，平白为自己增加了很多的烦恼。

其实，在家庭教育的过程中，很多孩子也有类似的"孔雀的烦恼"，比如，有的孩子觉得自己学习成绩很差，有的孩子觉得自己不够漂亮，还有的孩子认为自己太胖，但他们却忽视了自己身上其他方面的闪光点。

其实，在这个世界上，每个孩子都是独一无二的，他们都有自己的优势，也有不可避免的短板，家长不能在"望子成龙""望女成凤"的心理的支配下，要求孩子具备各种各样的能力，这样会严重影响孩子对自己的认知。通常来说，聪明的父母懂得从以下几个方面正确引导孩子客观地评价自己：

（1）制定全面的评价标准

有些孩子样貌出众，但是学习成绩一塌糊涂；有些孩子身材偏胖，但是性格活泼，招人喜欢；有些孩子成绩不突出，但是对画画却非常有天赋……总之，不同的孩子有不同的特点，他们身上既有闪闪发光的地方，也有一些令其自卑的短板。

对此，家长要教会孩子全面、综合地认识自己，不能仅仅根据学习成绩、思想品格或者身材样貌做出自我评价。一般来说，在自我评价中，家长要教导孩子以德为先，从而使其树立正确的价值观。

（2）保证评价主体的多样性

通常来说，参与评价的主体越多，对孩子的评价越客观。因此，家长可以鼓励孩子做自我评价，也可以请孩子的同伴、老师对孩子做出多向评价。因为同龄之间的孩子有着相似的经验和阅历，而老师对孩子的熟悉程度又比较高，因此他们的评价较为真实和客观。孩子在综合各方面评价的基础上，再结合自己的日常行为，更有利于做出正确的自我评价。

（3）多给孩子一些正面的评价

要想让孩子学会正确评价自己，接纳自己，父母就不能给孩子过多的负面评价。如果负面评论过多，或者拿自己孩子的短处和别人家孩子的长处相比，孩子的自尊心会受到伤害，时间久了，他就会变成一个情绪消极、极度自卑的孩子。这个时候，你再要他正确认识和评价自己，那几乎是不可能的事情。

（4）多给孩子一些热情洋溢的评价语

如果家长经常态度冷淡、语气强硬地给孩子做差评师，那么孩子不仅无法建立自信，更加无法对自己有一个客观公正的认识。反之，如果家长能以"你很棒""你这么懂事，我很高兴""你的努力让我骄傲"等热情洋溢的评价语罗列出孩子身上的优点，孩子一定会有一种被重视和爱护的感觉，而这种感觉可以帮助孩子积极、正确地认知自我。

第13课　让孩子学会自律

从广义上来讲，自我认知不仅包括对自己长处和缺点的认识，对自己情绪和感受的认识与调节，还包括对自己的行为进行自律和反省。一个自我认知能力强的孩子一定有很强的自律精神，能够对自己的未来做很好的规划。

然而放眼现在的家庭教育，我们会发现，很多家长总是舍不得让孩子受半点委屈，孩子想要什么，立马双手奉上，孩子在这种有求必应的环境下长大，必然学不会克制忍让，其自律能力也无从谈起。

通常，自律对一个长久自觉遵循社会规范的成年人来说，也许并不是什么难事，但是对一个中枢神经系统尚未发育完善的孩子而言，其神经冲动传导缓慢，易于泛化，自律能力自然就比较弱。另外，再加上家长有求必应的行为，这就必然会助长孩子的欲求心理。

在现实生活中，孩子的不自律主要体现在两个方面：一是欲求的对象过分。嘴里刚刚吃完一个棒棒糖，立马要求再吃一个；刚刚买了新玩具，看见别人家的玩具好，又想买一个。二是欲求的时间过分。不管什么时候，不管什么场合，只要有需求，就必须立即满足。看见超市里卖的篮球、商店橱窗里摆放的布娃娃，立即要买，即便家长觉得没有必要购买，孩子也会哭闹着要求家长立刻满足。

其实孩子出现这种欲求过分、不懂自律的行为，完全是因为家长不懂得延迟满足。在婴儿时期，家长立即满足孩子大声啼哭的吃奶需求完全正常，但是等孩子长大懂事，家长应懂得延迟满足，给孩子这样的解释：面条还在锅里煮着呢，再等一两分钟就好。即便让孩子多哭几分钟也没有关系，慢慢地他就会在等待的过程中学会忍耐，学会克制自己的欲望，增强抵制诱惑的能力。下面菲菲的妈妈就是通过这种方式培养孩子的自律意识的。

菲菲小的时候，有一次，妈妈在厨房蒸包子，菲菲放学后饿着肚子跑回了家，她看见锅里的热气腾腾的包子，叫嚷道："妈妈，我要吃包子。"

"包子还没有熟呢，再等 10 分钟吧。"

"我肚子咕咕叫，已经等不及了，现在就要吃。"菲菲不依不饶地说。

"菲菲，包子蒸不熟吃了会肚子疼的，如果你实在饿得不行了，可以先拿饼干垫一下肚子。"

"不，不，我就要吃包子。"

妈妈了解菲菲的心理，也知道她的自制能力不好，难以抵制外在的诱惑和内在的欲望。为了让菲菲学会等待和忍耐，她干脆走出了厨房，不再和菲菲搭话。

过了 10 分钟，菲菲又跑到妈妈身边，焦急地说道："10 分钟已经过去了，我要吃包子。"

这时包子的确已经蒸好了，但为了锻炼菲菲的耐心，妈妈并没有立刻把包子端在菲菲的面前，而是柔声安慰道："菲菲乖啊！现在还不能吃，包子虽然蒸好了，但是吃的时候很烫嘴，你还需要再等一会儿。"

"不，就算烫嘴我也不怕，我现在就要吃！"菲菲哭闹起来。

"菲菲，你已经长大了，有些时候要学会忍耐，不是你想干什么，就能干什么的，如果你继续纠缠下去，包子就不给你吃了。"

菲菲生气了，她哭着跑进了自己的房间。

过了一会儿，妈妈把晾好的包子放在了餐桌上，然后对菲菲喊道："呀！韭菜鸡蛋馅儿的包子真香啊！现在可以吃了。"

菲菲听到妈妈的叫声，仍然不理不睬，妈妈知道她还在生自己的气，于是并没有理会她，接着干别的事情去了。又过了一会儿，菲菲从房间里探出了头，她看见桌子上放着香喷喷的包子，于是三步并作两步，跑到餐桌前吃了起来。

菲菲的妈妈用"等一等"的方法有意识地提高了孩子的自控能力，从而使其自律能力得到了进一步的提升。然而在现实生活中，很少有父母能理智地对待孩子的过分欲求。在日常生活中，我们可以看到很多父母为了满足孩子立刻喝到水的请求，一次次地把热水从大碗倒进小碗，小碗又倒进水瓢，一边手忙脚乱地利用众多容器散热，一边还不断地用嘴吹，恨不得立刻就把常温的水送到孩子的嘴边。然而，这种被动的满足并没有真正帮到孩子，虽然孩子暂时的愿望得到了满足，但是他的耐心变得越来越差，自律能力也变得非常弱。尽管父母已经在尽力满足孩子的需求，尽力安抚孩子的情绪，可是他们依旧急得直跺脚，甚至任性地哭闹。

为了避免这种情况的发生，家长们应该以菲菲妈妈为榜样，以延迟满足为手段，让孩子明白这个世界并不是以他为中心的。让孩子明白，学会自律，学会抵制身边的诱惑，学会控制自己的情感和欲望才是明智的选择。

另外，家长应该注意，培养孩子自律意识和能力的合适时机应该从孩子能理解大人的话开始，这个时候，孩子能在大人的指引下知道什么事可为，什么事不可为，只有知道了这些，孩子才能正确评价和判别自己行为是否适宜。一般来说，如果孩子的年龄不大，家长们可以通过培养其生活习惯来提升其自律能力。比如，让孩子按照一定的作息时间睡觉，按照科学的生活方式，准时吃饭、学习、阅读等。这些条条框框，在刚开始执行的时候确实有一定的难度，但是随着时间的推移，孩子们会在家长的监督下形成一定的习惯，而这种习惯其实就是一种自我控制和自我约束。

另外，值得注意的是，父母在为孩子制定各种卫生习惯、劳动习惯等行为准则时不宜过于详细。过于烦琐、详细的准则会破坏孩子的独立性，挫伤他们的创造力和开拓性，进而影响其积极健康的成长。因此，为了避免这种情况发生，家长只需抓住主要问题即可，至于社会道德规范和社会责任等方面的教育，等到孩子长大以后再进行也不迟。

最后，家长还应该知道，孩子自律能力的发展与其自觉性和坚持性不无关系。所以，为了能让孩子的自律能力有所提升，家长还应该通过培养孩子的良好行为习惯，来启发孩子的自觉性。另外，家长还可以通过体育锻炼等磨炼孩子的意志力。

如果家长采取以上的相关措施之后，孩子的自律能力还是得不到改善，那么一定要冷静下来，思考自己的教育方法是否得当。一般来说，如果父母以生动活泼、寓意深刻的故事形式来教导孩子，孩子是很乐意接受的。这种教育方式可以帮助孩子改变一些不良习惯，并逐步成为一个具有较强自制力的人。

第14课 重视孩子"自我反省"的环节

父母要想让孩子对自己有一个正面、客观的认知，势必要让其学会自我反省。在反省的过程中，孩子可以对自己的想法、行为、期望以及人格特征有一个大致的评估和了解。

一个善于自我反省的孩子，往往有很强的自我认知能力，他清楚自己身上的优势和劣势，能够做到扬长避短，从而最大程度地发挥自己的潜能；而一个不懂得自我反省的孩子，对自身的优缺点认识不到位，以至于被同一块石头绊倒很多次。

大斌和小伟是两个从小玩到大的好朋友，他们二人不仅有共同的爱好，还有一样的愿望，那就是做一班之长。然而，在刚开始分班的时候，这两个好强的小男孩并没有如愿，老师只是给了他们每人一个"闲差"：大斌当了班上的劳动委员，小伟做了班上的体育委员。

领到"闲差"的大斌二话不说，勤勤恳恳地干了起来，他每天认真地督促、检查值日生，让教室保持干净整洁。除此之外，他还喜欢帮助别的同学，如有的同学作业不会做，他会主动热心地帮助他们答疑解惑；有的同学上学忘带钢笔，他就把自己多出来的钢笔借给那个同学……时间久了，乐于助人的大斌给大家留下了很好的印象，不久后他就被大家一致推举为班长。而小伟则不同，他先是抱怨自己任职体育委员是大材小用，后来对于自己

49

的本职工作又消极怠慢，最后不称职的小伟被老师贬为"平民"。

现在有很多像小伟一样的孩子，他们动辄抱怨老师不公、学习太难、同学不好相处，却很少在自己身上找原因，缺乏自我反思意识的他们根本不知道自己的缺陷在哪里，更不知道自己需要完善哪些地方。换句话说，缺乏自我反省意识的孩子，自我认知能力也不会太高。

其实，每个孩子都不是完美无瑕的，由于一时的疏忽而犯点小错再正常不过了，但是犯错之后需要有自省精神，在自省中寻求弥补自身缺点的方法，才是明智之举。

为了培养孩子的高情商，聪明的家长通常会教孩子学会自我反思。在自我反思中，孩子能够客观公正地认知自己的不足，从而为不断调整自身心态和做事方法创造了可能。而孩子调整自我心态和做事方法，不仅是完善自我的过程，更是其高情商的一种外在体现。

作为父母，要想让自己的孩子正确认知自我，从而实现提高情商的目的，不妨向那些聪明的家长看齐，用下面三个方法引导孩子完成自我反省：

（1）引导孩子坦然接受批评

表扬的话人人爱听，但批评之言不见得每个人都能接受。但是坦然接受批评对于孩子的成长至关重要。有心理学家指出，孩子失去了"批评"这面镜子，没有了提醒和警示，犯错的可能性会越来越大，而其自我反省能力也会越来越弱。因此，为了孩子健全人格的塑造，也为了孩子能够树立一定的反省意识，家长必须引导孩子学会用正确的心态面对批评。

（2）让孩子承担做错事的后果

现在有很多家长对孩子十分溺爱，孩子一做错事，家里人立刻为他承担后果，如孩子上学没有带作业本，爸爸向老师道歉"不好意思，是我忘记提醒他了"。这样做不仅会弱化孩子的责任心，而且会让孩子失去反思自己错误的机会，而孩子缺少了反省意识，相同的错误以后还会接二连三地犯下去。所以，聪明的家长为了避免这样的情况发生，他们通常会选择让孩子自己承担做错事的后果。孩子在承担后果的同时会付出一定的代价，而这个代价会促使他完成自我反省。当然，孩子在反省中认识到了犯错的成本，自然会注意自己的言行，进而减少继续犯错的可能。

晓峰是一个爱睡懒觉的小男孩，周末的时候，为了能在被窝里多睡几个小时，特意把平时设置的闹钟关了。但是，之后他忘了把闹钟重新开启。

到了周一上学的时间，由于闹钟没有响，晓峰足足晚起了一个小时。他的妈妈知道怎么回事，但是她克制住了叫醒儿子的冲动，而是静静地看着儿子晚起，早餐也没吃，匆匆忙忙跑到学校去。

不出意外，迟到的晓峰不仅饿得肚子叽里咕噜叫了一上午，还因为迟到一个小时被老师严重地批评了一通。

回到家后，满脸乌云的晓峰开始抱怨妈妈没有准时叫他起床，这时，妈妈抓住机会把晓峰教育了一番："儿子，这次迟到要怪就怪你事先没有把闹钟调好。你平时习惯了妈妈提醒你做事，但妈妈不可能一辈子都形影不离地跟着你、提醒你。你现在已经长大了，要学会自己的事情自己做，就算做错事，也要自己反省，自己承担相应的后果！"

从此以后，晓峰再也没有犯类似的错误。

很多孩子总是喜欢依赖大人，但是事实正如晓峰妈妈所言，家长不可能成为孩子一辈子的依靠。因此，家长只有让孩子学会约束自己，自我反省，才能使其真正成长起来。

（3）让孩子学会总结经验教训

有些孩子性格比较冲动，做起事情来不计得失，不考虑后果，最后把事情做得一塌糊涂。此时，父母应引导孩子总结失败的教训。其实，帮助孩子总结经验教训也是间接引导其对自我行为进行反省。

一次，一位妈妈带着自己的女儿去逛街，女儿在商店的橱窗里看见一个非常漂亮的洋娃娃，喜欢得不得了，就吵着要妈妈把它买下来。妈妈看了看那个洋娃娃，对女儿说："这个洋娃娃虽然好看，但是不实用，一不小心就有可能被摔坏，我们再找个别的玩具好不好？"

女儿对妈妈的提醒和建议置若罔闻，仍然哭闹着要妈妈给她买。妈妈见女儿如此固执，于是想了想，对她说："我可以答应给你买，但你也要向我保证，得到这个洋娃娃之后，3个月之内不能买其他的玩具。如果你能答应妈妈的这个条件，妈妈立刻就给你买。"

女孩看着那个做工精致的洋娃娃，满心欢喜地答应了下来。但买了之后，玩了一段时间，女孩才发现这个洋娃娃并没有那么好玩，而且一次不小心，洋娃娃被女孩摔在了地上，半截身子被分离开来。女孩看着别的小朋友都玩着结实耐用的布娃娃，心里又不高兴了。

妈妈看出了女儿的想法，对她说："孩子，你的选择已经错了，现在后悔也没什么意义了。与其后悔，你不如学着自我反省，总结这次失败的经验教训，争取下次不犯同样的错误。"

女孩听了妈妈的话，把洋娃娃挂到了自己房间的墙上，她想要让洋娃娃提醒自己，以后绝对不能不顾他人的建议，一味地由着自己的性子做决定。

最后，家长还需要注意，当孩子在总结经验教训时，陷入深深的痛苦与自责，切勿再批评指责他们了，因为这个时候他们已经意识到了自己的错误。面对一个勇于认错的孩子，家长应该耐心开导，并告诉他们后悔和自责是解决不了问题的，唯有从失败和错误中吸取教训，反省自我，才能避免被同一块石头绊倒两次。

第15课　帮助孩子找到自己的闪光点

很多孩子在自我认知的环节容易产生自卑的心理，他们觉得自己这也不行，那也不行，挑挑拣拣，好像没有什么优点值得被大家认可。可是事实果真如此吗？答案当然是否定的。每个孩子都是落入人间的精灵，没有谁是一无是处的，他们每个人身上都有自己独一无二的闪光点，只是还没有被人发现而已。

法国雕塑家罗丹曾经说过："这个世界上并不缺少美，而是缺少发现美的眼睛。"是的，每一个来到这世上的孩子，都是一个待开发的宝藏，家长如果缺少一双发现优点的眼睛，那么势必会忽略孩子身上的闪光点，当然，也更加无法帮助孩子完成正确的自我认知。

通常来说，一个有心的家长会通过以下几个方面的努力，帮助孩子找到自己的优势：

（1）细心观察，找到孩子的闪光点

在孩子身上寻找闪光点，家长不仅要用眼，还要用心。只有这样，才能注意到孩子优于同龄人的突出表现。在日常生活中，父母们如果仔细观察对比，就会发现有的孩子实践操作能力很强，有的孩子能言善辩、口才了得，还有的孩子创造力惊人……

总而言之，每个人都有自己的闪光点。如果你发现你的孩子也有优于常人的特点，一定要告诉他，引导他在正确认知自我的基础上，不断朝着自己擅长的方向发展。

另外，家长还应该注意，有些孩子并不善于展示自己，因此他们的兴趣和特长并不能轻易被察觉。另外，有的时候即便孩子对某个东西产生了兴趣，或者在某个领域轻松完成了一项任务，也并不意味着他在该方面一定有优势。

暖暖上小学的时候，就喜欢写日记。自从升到初中之后，她的作文经常被老师拿到班上当作范文朗读。这时，暖暖的妈妈认为自己的孩子一定有写作的天赋，于是专门找了有名望的老师给她辅导作文，并且给暖暖安排了一系列作文比赛的任务。可能是压力太大了，暖暖渐渐地对写东西失去了兴趣，而且对语文课也提不起兴趣了。直到去年10月，暖暖妈妈所在的单位开展了儿童智力测量的活动，她就给自己的女儿测了一下，结果发现女儿的计算能力比语言理解和表达能力要高出很多。对于这一测试结果，暖暖妈妈惊讶不已。

从上面的事例中我们可以看出，孩子的优势与其所处的环境息息相关，如果环境压抑，孩子的优势自然会受到影响。这就给了父母一定的启发：发现孩子的优势，应当多多给予鼓励，并且尽可能地为孩子创造条件和环境，这样孩子的潜能才能在自由的氛围中得到最大限度的发挥。

（2）留给孩子足够的思考时间和空间

家长想要帮助孩子找到自己的优势，还可以通过提问的形式进行。不过，孩子在思考答案的过程中，家长一定要耐心等待，一定不能急躁。只有给予孩子足够的思考时间和空间，孩子才能给出一个相对正确且客观的答案。

（3）鼓励孩子积极勇敢

有些孩子心理负担比较重，自己有什么才艺和爱好也不敢在公共场合展示。这个时候家长需要积极鼓励他们解放天性、敞开心扉，并且勇敢地迈出展现自我的第一步，这样才能为发掘孩子的潜能。

　　此外，家长还可以鼓励孩子多多参加户外活动，在一个身心放松的大环境里，孩子可以畅所欲言，一展己能。对家长而言，这无疑又是一个发现孩子特长的有利时机。

　　最后，需要强调的是，家长在发掘孩子的优势之后，一定要合理引导，以促进其进一步发展，这样孩子以后的人生才有可能丰富多彩，乐趣无穷。

第16课　请大胆给孩子吹"彩虹屁"

英国哲学家洛克说："父母不宣扬孩子的过错，则孩子对自己的名誉就愈看重。他们觉得自己是有名誉的人，因而会更小心地维护别人对自己的好评。若是当众宣布他们的过失，使其无地自容，他们愈是觉得自己的名誉已经受到了打击，设法维护别人好评的心理也就愈淡薄。"这句话告诉我们，在他人在场的情况下，家长们一定不能用批评和训斥的口吻伤害孩子的自尊心。反之，家长如果经常能对孩子赞扬、鼓励，尤其是在别人面前给孩子吹"彩虹屁"，那么孩子一定会有一种得到尊重的满足感，这样很有利于其自我感知能力的提升。

有位儿童心理学家也说过，赞扬、肯定和亲切的态度能提高孩子的自我感知，而批评、指责和冷漠的态度只会降低孩子的自我感知。

有一天，杨玉慧带着自己的儿子在商场购物，正好遇到赵鑫和他的女儿。熟识的朋友相遇，免不了一番寒暄问候，而一阵客套之后，他们则把注意力转移到对方孩子的身上来。

杨玉慧问赵鑫的女儿："小朋友，你长得这么可爱，今年多大了？"赵鑫的女儿一向活泼好动，她听到杨玉慧的提问，立刻不假思索地答道："阿姨，我今年5周岁了。"杨玉慧接着又问："哦，那你现在上大班了吗？"赵鑫的女儿回答说："嗯，我读大班了。"

杨玉慧继续问："那你们每天到学校学什么呀？"赵鑫的女儿回答说："今天老师教我们学数字。""那你能把学到的数字给阿姨读一遍吗？""当然可以！"说着小女孩就一脸自豪地给大家读起了"1、2、3……"。尽管读到"2"的时候，小女孩把它读成了"饿"，但杨玉慧还是夸赞说："嗯，不错！你读得真棒！阿姨为你点赞！"

后来，赵鑫也亲切地问起了杨玉慧儿子问题，这个小男孩和小女孩一样都是大班，两人学一样的内容。于是赵鑫就让这个小男孩也读一遍刚刚学完的数字。小男人很认真地把10以内的数字读了一遍。尽管男孩把每个数字都读得很到位，但杨玉慧出于客套，还是很谦虚地说道："我儿子读得不太好。"

接下来，赵鑫又问了杨玉慧儿子几个问题，谁知这个小男孩一改刚刚乖巧温顺的姿态，倔强地将脸扭到一边，冷冷地丢下一句："不知道！"赵鑫碰了一颗小小的钉子，脸上自然有些不自在，杨玉慧连忙打了一个圆场："还是你女儿好，乖巧懂事，聪明伶俐，我真是羡慕你啊！我儿子要是能赶上你女儿一半就好了。"说着杨玉慧长长地叹了一口气。赵鑫安慰说："孩子还小，不用着急，等他长大就懂事了。"

接着杨玉慧和赵鑫又聊了一会儿，直到天色渐渐暗了下去，才准备起身辞别。临走时，赵鑫的女儿很有礼貌地对杨玉慧母子俩说："阿姨再见，哥哥再见。"杨玉慧轻轻地拍了儿子一下，示意他跟别人说再见，可儿子丝毫不给她一点儿情面，一个人转身就走。杨玉慧尴尬地对赵鑫父女笑了笑，并代替儿子跟他们说再见。

后来，失了面子的杨玉慧追上儿子，一顿臭骂："你看你像什么话，人家女孩比你小，都比你有礼貌，而你呢？连再见都不说一声，自己就跑开了，你的表现真是太差劲儿了！今后得向人家小妹妹多学习啊！"儿子瞪着眼睛，不服气地说："那些数字我读得比她好，你却只夸她，不夸我。"说完，儿子低着头抽泣起来。

杨玉慧这才知道，原来自己的客套使孩子在别人面前失了自尊，而且由于自己的批评打击，孩子都开始自我否定了。从那以后，吸取经验教训的杨玉慧再也不拿儿子跟别的孩子做比较了，当然，她也不会随意在别人面前否定自己的孩子了。因为她知道孩子的自尊心是敏感柔软的，随意否定是不尊重孩子的一种行为，而严厉的批评更会挫伤孩子的自尊，伤害他们建立起来的自我认知。

上面的事例告诉我们，孩子也很爱面子，有时候比大人更甚，所以你当众抛出去的一句赞美之言或者训斥之声能在他们的心里掀起滔天巨浪。如果你不想让自己的孩子因为你的训斥而自卑，甚至产生逆反心理，那么请停止此类行为。

通常来说，聪明的父母为了帮助孩子更好地建立自我认知，他们在跟别人说起自己的孩子时，不管是否当着众人的面，都会怀着赏识和尊重的心态。当然了，他们在当众夸奖孩子的时候也有一定的技巧：

（1）态度要认真和真诚

聪明的家长夸奖孩子完全是出于真心，他们的赞美之言完全没有敷衍的成分，更不会因为要炫耀自己而故意吹嘘、夸大孩子的优点。

（2）夸得有根有据

夸奖孩子要以孩子平时的表现为依据，如果你为夸而夸，凭空捏造事实，不仅无法让孩子信服，而且你作为家长的威信也会大打折扣。

（3）要大大方方地夸奖

中国人的个性通常是含蓄内敛的，因此，家长在夸自己孩子的时候往往会很不好意思，有的父母只说一半就停了下来，表现出谦逊的样子。其实，大可不必这样，因为你在夸奖孩子的时候陈述的就是客观的事实。另外，孩子也需要通过你的夸奖来获得更多正能量。

（4）夸奖要适可而止

给孩子"吹彩虹屁"也要遵循适度原则，如果你夸得失了分寸，孩子反而会不舒服。任何时候，家长们都要谨记"物极必反"的道理。

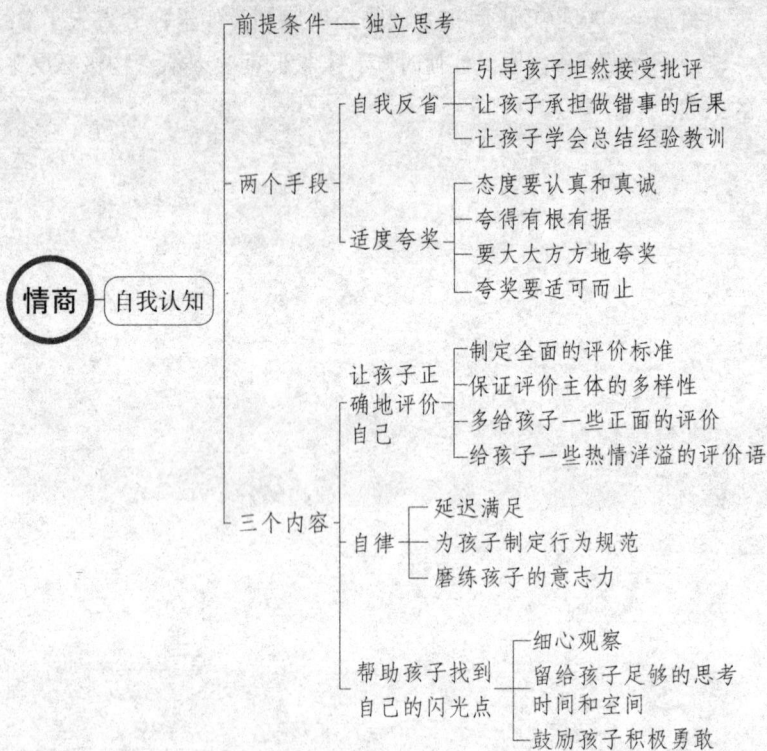

前提条件——独立思考

两个手段
- 自我反省
  - 引导孩子坦然接受批评
  - 让孩子承担做错事的后果
  - 让孩子学会总结经验教训
- 适度夸奖
  - 态度要认真和真诚
  - 夸得有根有据
  - 要大大方方地夸奖
  - 夸奖要适可而止

情商 — 自我认知

三个内容
- 让孩子正确地评价自己
  - 制定全面的评价标准
  - 保证评价主体的多样性
  - 多给孩子一些正面的评价
  - 给孩子一些热情洋溢的评价语
- 自律
  - 延迟满足
  - 为孩子制定行为规范
  - 磨练孩子的意志力
- 帮助孩子找到自己的闪光点
  - 细心观察
  - 留给孩子足够的思考时间和空间
  - 鼓励孩子积极勇敢

第三章

自我激励能力：
提高孩子生活的免疫力

　　自我激励是情商的重要组成部分。情商高的孩子能通过自我激励走出情绪的低谷，用饱满的激情迎接生活和学习中的挑战。

第 17 课　聪明的父母不去激励孩子，
　　　　而是启发孩子自我激励

　　美国心理学家威廉·詹姆斯指出："一个没有受激励的人仅能发挥其能力的 20%~30%，而当他受到激励后所发挥的能力可达到80%~90%。"由此来看，激励的作用是巨大的，尤其是善于自我激励的人，其取得成功的概率会更大。

　　每一个孩子都应该拥有自我激励的能力，只有善于激励自己，才能拥有坚韧的心理素质，才能不畏难关，不断前行，才能不惧挫折，健康成长。

　　多多上初中的时候，各科成绩都不错，唯独数学每次都是勉强及格。对于多多的成绩，多多的父母和老师并没有说什么，因为他们知道多多向来很努力，不想再给多多更多的压力。

　　不过，多多是个要强的孩子，她自知数学不好，于是每天抽出大量的时间做数学题。多多一直相信，只要自己再努力一点儿，数学成绩就一定能提高。课余时间，她主动向数学好的同学请教，总结易错点，十分认真。后来，她又报了数学补习班，每天放学后都去上课。

　　多多的成绩并没有很快就提高，但她并没有灰心，她相信自己每天都在进步。多多努力了一个学期，期末考试中，她的数学第一次考到了 80 分。

中考时，多多的语数外三科都是高分，她顺利地考上了重点高中，让老师和父母都为之骄傲，也让其他同学刮目相看，也使他们意识到：相信自己，不断激励自我，努力去学，最终就能有收获。

案例中的多多学习自主性很强，而且善于自我激励，在数学成绩落后的情况下，不懈努力，最终取得了好成绩，这种学习态度值得每一个学生学习。

其实，很多学生都知道成绩很重要，也知道自己某一科不尽人意，需要格外用功，但就是没有斗志，换言之，就是缺乏自我激励的品质。他们想要好成绩，但面对低分却只会自怨自艾，努力了几天，看不到结果，就灰心了，就告诉自己"努力也没用，这科我就是学不会"，然后就放弃了，连再试一次都不敢。

事实上，无论是学习还是生活，道理都是一样的：面对挫折，面对难题，只有不断激励自我，一再坚持，才能攻克难关，达成所愿。

人生最怕的就是只有三分钟的热情，半途而废。而人生最值得颂扬的就是持之以恒，百折不挠。

在学习上，自古就有"头悬梁，锥刺股"的励志故事，所以说，要想在学业上有所进步，关键就在于是否有坚定的决心，并能在努力过程中不断自我激励，用坚强的意志坚持到底。

俗话说："只要功夫深，铁杵磨成针。"学习靠的就是勤奋和坚持，只要相信自己可以，就有学习的动力，就有持之以恒的毅力。

很多时候，不是孩子们做不到，而是孩子们缺乏激励，不相信自己，所以犹犹豫豫、踌躇不前。一旦受到了激励，找到了自信，孩子们就能发现：他们真的可以做到，一个人的价值最终是要靠自己去实现的。

梓童是一名高二的学生，学习成绩位于班级中上游。比较来看，梓童的各科成绩都差不多，不过数学一直不错，在一次考试中，梓童意外地考了全年级数学第一名。

数学老师在全班同学面前夸奖了梓童，并提议以后自习课都由梓童来帮大家补习数学。梓童一听，心中瞬间压力剧增。课后，梓童找到数学老师，说："老师，让我帮大家补习数学，这我真不行。"

数学老师拍了拍梓童的肩膀，说："你数学成绩一直不错，这次还考了全年级第一，你完全可以帮大家补习。"

梓童依旧愁眉苦脸，说："可是，我还是觉得不行，我要怎么做呢？"

数学老师笑着说："相信我，也相信你自己，你绝对行。其实，你就每天找几道难度适中的算术题，写在黑板上，给大家一些时间演算，最后你再详细讲解一遍就可以。不要把它想得太难。"

在数学老师的激励下，梓童接受了这个任务。每天自习课，她都认真地给同学们出题，然后讲解。开始时，梓童站在讲台上很紧张，说话声音也非常小，面对同学们也有些不好意思。但几节课下来，梓童越来越自然了，声音洪亮，步骤也讲得格外清晰。

梓童说，她之所以越来越自信，除了老师的激励外，同学们也给予了她很多鼓励。那时，有同学下课会找到她说："梓童，你讲得真好，我不会的题你几句话就讲明白了。"

梓童感到很开心，觉得自己真正帮到了同学们，而自己也在为同学们讲题的过程中有了新的进步。后来，梓童更加认真地出题，她还总结了同类型题的解题思路，有针对性地训练大家对同类型题的敏感度。

两个月下来，全班大部分同学的数学成绩都有了提高，数学老师很感谢梓童，说这是她的功劳。虽然梓童只担任了两个月的"数学小老师"，但她却获得了前所未有的成长。她说她特别感谢老师和同学们，因为正是他们的激励，她才有了自信，才做了自己不敢去做的事情。

案例中的梓童，她有一定的数学能力，老师看到了这一点，并激励她去做大家的"数学小老师"。梓童最初很犹豫，她不相信自己可以做好，是老师的激励和同学们的鼓励，让梓童看到了自己的能力。

事实上，只有我们认同自己，并相信自己一定可以的时候，我们才能真正进步。人是需要激励的，不仅需要别人的激励，还需要自我激励，别人的激励能产生动力，而自我激励能产生意志。

那么，作为父母，应该怎样培养孩子自我激励的习惯呢？下面是几点具体建议：

（1）以身作则

在日常生活中，父母要时刻表现出自我激励的习惯，让孩子耳濡目染，也自觉养成自我激励的习惯。

（2）让孩子直面困难

无论是学习还是日常事务，如果孩子遇到了困难，父母不要总是帮他解决，要尝试让孩子自己去面对困难，鼓励他独立思考，去解决问题。如此一来，当孩子再遇到困难时，想到的就不是逃避和依赖父母的力量，而是自我鼓励，尝试去解决。

（3）引导孩子发现自己的闪光点

每个孩子都有自己的闪光点，父母要引导孩子发现自己的闪光点，让孩子对自己充满自信。只有有了自信和努力的方向，孩子才能不断激励自我，让自己发光发亮。

（4）培养孩子乐观的心态

人生难免遭遇挫折，孩子考试不理想、比赛失利等，都会让孩子体验到挫败。面对挫折，父母要培养孩子乐观的心态，让他们接受失败、勇敢面对失败，由此孩子才能进一步激励自己，重新奋发。

第 18 课　不知道到哪儿去的孩子，
##　　　　哪儿也去不了

每一个孩子在小的时候都有自己的梦想。

"我长大了想做一个科学家。"

"我长大了想做一个宇航员。"

……

这些梦想天马行空，或许稚嫩，但都是孩子最初的人生目标。作为父母，要鼓励孩子去确定自己的人生目标，因为只有有了明确的目标，才能有明确的奋斗方向，才能促使孩子矢志不移地朝着目标努力。

制订人生目标是孩子实现自我激励的一个重要方面，父母一定要重视。具体来看，父母要关注孩子的兴趣爱好，要引导孩子确定适合自己的奋斗目标。

在为孩子选择奋斗目标时，父母要注意这样一点，即不要将自己的期望放在孩子身上。有些父母为了满足自己的愿望，就抹杀了孩子的兴趣，让孩子朝着自己期望的方向发展，殊不知，这样是在扼杀孩子的天赋。

还有些父母，对孩子的未来横加干涉，从文理分科开始，到大学选专业，都要插手。有些孩子比较听话，于是选择了父母认为的比较好的专业，但在实际学习过程中，却全无兴趣，结果成绩平平，根本做不出什么成绩。反之，能够让其发光发亮的天赋却因此被埋没了，再提起只有遗憾。

莫禹小时候特别喜欢画画，但他的父亲是一名小提琴演奏家，所以就逼着莫禹学小提琴。在小提琴的学习上，莫禹三心二意，经常遭到父亲的训斥，因为他对小提琴并没有产生多大兴趣。

但在画画上，莫禹的画多次受到老师表扬，他也多次和父母说要学习绘画，但都被拒绝了。就这样，莫禹学了十几年的小提琴，也参加了许多比赛，不过没有一次得到好成绩。至于画画，莫禹也没有了兴致，偶尔画一幅，但也看不出什么水平。就这样，莫禹最终并没有成为父亲期望中的小提琴家，也没有成为画家。

通过以上案例可知，扼杀孩子的兴趣，而将父母的期望放在孩子身上，这对于孩子来说是不可取的。父母能做的，只是尊重孩子的意愿，根据孩子的喜好来引导其树立人生目标，而不是替孩子做决定。从一定意义上来看，只有孩子自己选择的人生目标，孩子才有动力和毅力去为之奋斗，才能不断自我激励，实现目标。

父母引导孩子树立人生目标，不能盲目，目标太高或太空都不利于实现。总的来说，父母要注意以下几点：

（1）目标要以孩子的兴趣为前提

孩子的人生目标最好选择孩子感兴趣的东西，因为只有兴趣浓厚，孩子才乐意去做，而且精力充沛，不知疲倦。比如，有的孩子天生喜欢唱歌，那父母就要有针对性地培养孩子，并引导其树立成为歌唱家的目标；有的孩子天生喜欢写作，那么父母就可以引导其成为一名作家。

（2）目标要选择孩子擅长的

每个孩子都有擅长的和不擅长的，父母要引导孩子将目标放在擅长的事情上，这样才更容易实现。如果将目标放在不擅长的事情上，孩子就会产生挫败感，这样很容易让孩子半途而废。

（3）目标不要太高、太空

在制订具体目标时，父母要告诉孩子不要将目标定得太高、太空，比如孩子可能想要成为一名科学家，但科学家的理想真的离孩子太远了，孩子可能并不知道要如何去实现这个目标。此时，就需要父母为孩子分化目标，告诉孩子想要成为伟大的科学家首先要成为学习优秀的学生，这样孩子就能明确自己努力的方向了。

父母要学会将孩子的远大目标分割成一个个可以近期实现的小目标，如果孩子执拗于远大目标，而现实中却一再原地踏步，那么就等于没有目标。

（4）目标要真正适合孩子

父母引导孩子确定目标，在尊重孩子喜好的基础上，父母也要有一定的判断，即分析该目标是否真正适合孩子。

适合孩子的目标，首先要看对于孩子的年龄来说是否合适，切忌拔苗助长；其次要注意目标是否过难，孩子在执行过程中是否会吃力。

（5）目标要慎重选择

对孩子来说，对于自己真正想做什么可能并不明确，而且一段时间内，孩子的兴趣爱好又比较分散，这种情况下，父母就要慎重，不要急于去确定孩子的目标。

父母可以通过一段时间的观察，与孩子多交流，引导孩子找到他喜欢的和擅长的，然后再确立适合他的目标。

总之，没有目标的孩子就没有奋斗的方向，就不知道人生该往哪里去，确定人生目标是孩子人生中的重要环节。父母必须引导孩子确定适合他的目标，并帮助孩子一步步朝着目标努力，不懈怠，不放弃，让孩子在自我激励中实现人生的目标。

第 19 课　让孩子知道成长路上勇敢不能缺席

有一个美国小男孩，他父亲很早就去世了，留下他和母亲相依为命。为了维持生计，他沿街卖报。

有一家餐馆，他多次想要进去卖报，但都被赶了出去。一次，他站在餐馆门前，心里突然想起了母亲的话："如果你想尝试着去做某件事，而这件事对你只有好处、没有坏处，那么就不要犹豫，说做就做！"

母亲的话让小男孩瞬间有了勇气，他再一次溜进了餐馆，而且手里的报纸比之前还多。客人们都被男孩的勇气打动了，他们劝说餐馆老板不要将他赶走，并且纷纷出钱买了他的报纸。

小男孩虽然被餐馆老板赶出去很多次，而且屁股都被踢痛了，但因为他一直没放弃，所以最后他挣了很多钱。

小男孩初中毕业了，那时候高中还没有开课，他闲在家里，母亲鼓励他去试试卖保险。男孩听从了母亲的建议，来到一座办公大楼前，但他心里却打起了退堂鼓，不敢走进大楼。那一刻，男孩仿佛看到了母亲鼓励的眼神，他又一次有了勇气，心里想着："若被赶出来，就试着再进去。"

男孩先后走进了很多间办公室，向看到的每个人介绍、推销，建议人们到底特律一家保险公司投保健康—意外伤亡保险。男孩从一楼一直推销到顶楼，但最终只说动了两位客户。虽然业绩并不理想，但男孩却很开心，因为这是他第一次当推销员。

两位客户的佣金实在不多，男孩也知道这一点，不过通过这次推销，男孩有了自信，他更加勇敢了，不再害怕被拒绝，也不再不敢去尝试。

次日，男孩再次出发了，自信满满地开始去推销保险。这一天，他卖出了4份保险。第三天，他卖出了6份。就这样，男孩的经验越来越丰富，卖出的保险也越来越多。

上了高中后，男孩也积极利用空闲时间卖保险，尤其是节假日，学校放假，男孩就出去跑生意。男孩越做越好，有时一天能卖出十几份保险，最多的时候能卖二十几份。

在男孩20岁的时候，他成立了保险经纪社，但社员只有他自己。开业当天，他就卖出了54份保险，后来他还创造了122份的惊人纪录。

后来，他扩大经营，广招推销员，建立了更大的经纪社，自己也被称为"推销大王"，而那时他还不到30岁。这个被誉为"推销大王"的男孩就是如今美国保险公司的董事长克莱门提·史东。

通过克莱门提·史东的故事，我们可以看到勇气的巨大作用。勇气是一个人自我激励，不断超越自我的关键动力，也是一个成功者不可或缺的心理品质，正如歌德所言："你若失去了财产——你只失去了一点儿；你若失去了荣誉——你丢掉了许多；你若失去了勇敢——你就把一切都丢掉了。"

父母要给孩子的成长注入勇气，让孩子知道勇气的可贵，只有拥有了勇敢的品质，孩子才能无惧生活中的种种挫折，才能正视挑战，勇敢向前。

不得不说，现实中有很多孩子都偏于懦弱，害怕的事情很多，比如，六七岁的孩子不敢独自睡觉，七八岁的孩子不敢独自上学，十几岁的孩子不敢走夜路。更有甚者，内心懦弱到不敢与人交往，不敢在陌生人面前说话。还有的孩子稍微遭遇一点点打击就承受不住，心理脆弱得经不起一点儿风浪。

必须知道，心理承受能力太弱也是一种心理疾病，无法面对挫折，害怕受到批评，遭遇一点儿小事就哭哭啼啼，要死要活，这样的心理承受力是非常危险的，父母必须重视起来。培养孩子的勇敢品质，就是要训练孩子的心理素质，打造孩子坚韧的受挫力和不屈不挠的战斗力。

现代社会竞争激烈，没有较强的应变能力、适应能力就注定会被淘汰，社会需要的不是脆弱的、不堪一击的孩子，而是能够勇敢面对一切难关，迎难而上的孩子。那么，到底什么样的孩子才算是勇敢的孩子呢？总结来看，勇敢的孩子一般都具有以下几点特征：

（1）果敢直爽，雷厉风行

做事果敢，不优柔寡断；乐观自信，乐于与人交往；敢想敢做，积极表达自己的观点；富有正义，能见义勇为，助人为乐。机智而不鲁莽，直爽而不粗暴，目的明确，雷厉风行，具有较强的执行力。

（2）意志顽强，不惧挑战

个性顽强，敢于正视困难，不会轻易被挫折吓退，也不会轻易认输。敢于接受挑战，具有强烈的竞争意识，能够自我约束、自我激励，战胜难关。

（3）富于激情，敢于创新

勇敢的孩子大多热情开朗，富有激情，爱动脑、爱思索，对学习的知识能举一反三。他们不安于现状，不墨守成规，勇于尝试，思维跳跃，能适时地提出一些新的观点和见解，具有难得的创新意识。

那么，父母应该怎样有意识地培养孩子的勇敢品质呢？以下几点可供参考：

（1）用名人的故事来激励孩子

如果孩子懦弱胆小，害怕失败，不敢尝试去做某件事，父母可以通过讲故事的方式来激励孩子。具体来看，一些表达人在困难中愈挫愈勇的名人故事最具有激励作用。如发明电灯的爱迪生，他经历了几千次失败才最终找到了适合的灯丝，这个故事就能告诉孩子：失败并不可怕，失败了就再次尝试，那么总能收获成功。

（2）带孩子参加有挑战性的活动

孩子的勇气并不是一天就能培养起来的，父母要日积月累、潜移默化地帮孩子变得勇敢。闲暇时，父母可以带孩子去参加一些户外运动，如登山、划船、游泳，锻炼孩子的意志，教会孩子永不放弃的道理；鼓励孩子参加一些考验勇气的游戏，如走独木桥、高空滑梯等。

（3）以身作则，为孩子做榜样

父母是孩子的第一任老师，也是孩子模仿的主要对象，所以，父母对孩子的影响是非常大的。父母如果能在日常生活中表现出勇敢、沉着的品质，那么孩子也会耳濡目染。

具体来看，在发生事情时，父母尽量不要表现出慌乱，要冷静处理，沉着面对。在生活遭遇打击时，父母不要表现出灰心的样子，要让孩子看到父母的乐观、勇敢和积极应对的态度，让孩子引以为傲。

（4）帮孩子克服害怕的事

针对孩子害怕的某件事，父母可以帮孩子去克服。比如，孩子害怕蜘蛛，父母可以带孩子去近距离观察蜘蛛，给孩子讲解蜘蛛的知识，帮助孩子发现蜘蛛的可爱之处，让孩子克服内心的恐惧。

（5）让孩子去做力所能及的事

许多孩子不够勇敢，依赖父母，不敢独自面对挫折和挑战，与父母的溺爱有很大关系。在孩子小的时候，父母对孩子的事情大包大揽，不敢放手让孩子自己去动手做事，其直接后果就是导致孩子缺乏独立性。

只有放手让孩子自己去做事，孩子才能拥有思考和解决问题的能力，才能在一次次失败中总结经验，自觉养成百折不挠、勇敢顽强的精神。

（6）鼓励孩子与人交往

有些孩子的不勇敢在于性格腼腆、扭捏，在人际交往方面表现得过于胆怯。针对这种孩子，父母要多带孩子参加社交活动，鼓励孩子与同龄的伙伴交往。如果孩子羞于开口，那么父母可以挑选一些性格活泼的小朋友，让自己的孩子与其多接触，久而久之，在欢快的氛围中，孩子也会变得开朗，变得敢于表达自我。

总之，父母要量体裁衣，竭尽全力去培养孩子的勇敢品质，让勇气伴随孩子成长，让勇气成为孩子人生路上的最佳伙伴，为孩子披荆斩棘，开辟成功之路。

第20课　为孩子安装高性能引擎：进取心

有一位妈妈，她从小教育女儿凡事要积极，尤其是在回答老师的问题时，更要多举手。

女孩受到妈妈的引导，在学习上格外积极主动，每当老师提问，她都是第一个举手，与同学们争着回答问题。当然，有些问题她也不是很了解，而且偶尔会答错，但妈妈告诉她，答错不要紧，因为这样就能加深对正确答案的印象。

这个勤于发问、学习主动的女孩受到了各科老师的喜欢，因为她总是那么积极、奋进。

在学习上的这种争先和主动性也让小女孩的成绩格外优异，后来，女孩凭借这种不服输、勇于进取的精神一路过关斩将，考进了全国著名的高校。

进取心，是一个孩子需要具备的良好品质。拥有进取心的孩子，能够积极主动地去接受知识，能够自我激励，发挥潜能，获得好的成绩。而没有进取心的孩子，在学习上只会处于被动接受的状态，而没有积极性，学习就会变得枯燥，成绩就会亮红灯。

因此，在孩子的成长过程中，父母的激励是具有重要意义的，父母要运用恰当的激励方法去培养孩子的进取心。具体来看，激励孩子的进取心可以从以下几方面来进行：

（1）少给物质享受，多给精神鼓励

许多父母在养育孩子的过程中都有一个错误认识，即给孩子太多物质财富。父母努力工作，竭尽所能地为孩子提供优渥的生活条件，父母以为这是对孩子最大的爱。但事实上，无尽地满足孩子的要求，给孩子提供远远超过他们实际需求的物质财富，这样很可能会助长孩子的不劳而获思想，会让孩子变得懒惰、不思进取，会让他们失去本该拥有的自我追求和创造的动力。

所以，在满足孩子物质生活条件的前提下，父母更要注重孩子精神方面的培养。充实的精神世界比物质要重要得多。

在孩子小的时候，父母就应该有意识地多鼓励孩子，鼓励孩子的想法，鼓励孩子大胆去尝试。当孩子完成了某项挑战后，不管结果好与坏，都要给予称赞，让孩子知道挑战的意义。父母的鼓励可以给孩子信心，可以让孩子有勇气去尝试未知事物，这种精神对于孩子的一生都是有益的。

（2）支持孩子去做他想做的事

很多父母在对待孩子的兴趣方面都表现得过于苛刻，总认为孩子的想法不切实际，所以一再禁止孩子做他喜欢的事。不过，很多事情都不是绝对的，孩子想做的事究竟有没有意义、值不值得做，父母应该让孩子自己去判断，而不能武断地否定孩子的想法，这样就会扼杀孩子的进取心。

一位父亲在谈到女儿喜欢唱歌跳舞时说："我不觉得女儿是在浪费时间，也不觉得她花费精力在这上面会对学习造成多大影响。我只知道女儿喜欢，我就支持。在看女儿跳舞时，我能感觉到她身上的一股韧劲，这种韧劲对女儿来说是好的，它能让女儿在面对任何事情时都持有斗志，就因为这一点，我就没有理由干涉孩子的喜好。"

（3）让孩子体验生活的辛苦

十六七岁的孩子，父母完全可以让其去体验生活，让其了解生活的艰辛，从而催生学习的动力。具体来看，父母可以安排孩子在假期兼职，通过劳动获得报酬，让孩子懂得劳动与报酬是对等的。此外，在孩子日常索要零花钱时，父母也不要太大方，要帮助孩子树立正确的金钱观。

（4）父母要以身作则

父母的榜样力量对孩子影响很深，如果父母在生活或工作中态度积极，勇于进取，那么孩子就会受到感染，形成积极主动的性格。

第21课　自信是孩子最坚强的铠甲

　　南南是一个7岁的小姑娘，性格文静，不爱说话。

　　上二年级后，南南妈妈发现女儿经常闷闷不乐，尤其一看见书本，就唉声叹气。有一天，班主任找到南南妈妈，说南南的心理好像有些脆弱，偶尔提问她，明明问题很简单，她却吞吞吐吐，要很久才能答出来。班主任分析，南南可能有些自卑，希望南南妈妈给予鼓励和开导。

　　在一次考试后，妈妈想看南南的试卷，南南遮遮掩掩，不愿意拿给妈妈看。妈妈心想，可能是因为考得不好，于是，她心平气和地对南南说："南南，考得不好也没关系，妈妈不会骂你的。"

　　南南这才将卷子拿给妈妈看，妈妈一看，考了92分。妈妈很高兴，问南南："你怎么考了92分还不高兴啊？"

　　南南小声地说："因为有很多同学都考了100分，我很笨，都没有考到100分。"

　　妈妈摸着女儿的头，微笑着说："谁说你笨啦！我觉得南南十分聪明，你才4岁时，就能用积木搭出很高的大房子，5岁时就能背出一大段《弟子规》，阿姨们都夸南南聪明。"

　　南南脸上有了一丝笑容，说："真的吗？我真的不笨吗？"

　　妈妈点点头："嗯，一点儿都不笨。只要南南想考100分，早晚会得100分，妈妈相信你，你也要相信自己。"

之后，南南妈妈经常这样鼓励南南，渐渐地，南南上课能主动回答问题了，学习上也很努力，没多久就真的考了一个 100 分。

自信心对孩子来说着实重要，拥有自信的孩子也能自我激励，为达成某件事情而不懈努力。自信心可以激励孩子去做一些他们想做却不敢做的事情，会促使孩子将想法转化为实际行动。而没有自信心的孩子，往往偏向于只想不做，即使艰难地开始做了，也往往会因为一时的困难而放弃，有始无终。

事实上，每个孩子天生都具有潜力，父母若能够良好地教育和引导，孩子就能学有所成。换言之，自信又是孩子成长过程中不可或缺的心理素质，自信才能开朗，自信才能果敢，才能拥有克服困难的决心和毅力。反之，自卑不仅会影响孩子的人际交往，还会成为阻碍孩子成才的一大心理症结。

总而言之，建立自信心对孩子来说是非常重要的，孩子有没有自信心，与父母的教育息息相关。具体来看，父母如果想要孩子拥有自信心，就要从多方面来引导。下面是一些方法和建议，可供父母们参考：

（1）倾听孩子内心的想法

父母在家庭中不能做独裁者，不能一味命令孩子，而无视孩子的话。当孩子长久生活在压抑中，无法表达心声时，就容易胆怯而敏感。

父母要认真去倾听孩子的想法，让孩子感受到父母的关爱。在倾听时，大胆鼓励孩子说出想说的话，无论孩子的想法多么不可思议，都不要斥责孩子，更不要打断孩子，要心平气和地与孩子说话。

让孩子大胆表达想法，这是孩子自信心的第一步，也是完善孩子性格基础的一步。

（2）多表扬孩子

表扬孩子，是树立孩子自信心最直接和简单的途径。一句

"你有很大进步""做得真好",能让孩子受到极大的鼓舞,它会成为孩子前进的动力。表扬孩子的点滴进步,无论是多小的成就,父母都要给予肯定和赞赏,这样才能让孩子一点点建立起自信心。

(3)多与孩子互动交流

想要培养出自信开朗的孩子,父母就不能疏忽孩子,尤其是其内心感受。在生活中,父母要抽出时间和孩子玩耍,多带孩子参加户外活动,积极参加学校组织的各种亲子活动,了解孩子的兴趣爱好,多与孩子交流,让孩子感受到父母浓浓的爱,这样孩子的性格就会变得开朗。

(4)与孩子协作

在家庭生活中,有些父母对孩子过于宠爱,不让孩子插手家务,但有时候这样做会让孩子产生"我不行"或"父母不信任我"的错觉。让孩子参与简单的家务劳动,比如,让孩子打扫自己的房间,让孩子清洗自己的小袜子等等。

与父母协作完成某件事,不仅能加强孩子与父母之间的互动性,还能让孩子产生成就感,促使孩子自信心的萌发。

(5)做自信的父母

父母的性格会间接影响孩子的性格,想要孩子不自卑,父母就不能总是自怨自艾,要让孩子看到父母信心满满的一面,给孩子满满的正能量。

(6)对孩子有信心

父母要对孩子表现出信任,相信孩子能够独立完成某件事,只有父母对孩子有信心,孩子才会受到鼓励,而对自己产生信心。

第22课　父母给孩子最好的礼物，
　　　就是让他学会坚持

　　坚持是一项非常宝贵的精神品质，也是一个人自我激励的关键点。面对前进道路上的种种难关，只有信心坚定，坚持再坚持，才能越过荆棘，到达成功的彼岸。

　　几十年前，一个叫卡纳利的美国人经营着一家杂货店，但生意十分惨淡，朋友们都劝卡纳利关掉店铺。但卡纳利没有这样做，他说："我肯定能想到好办法，使店铺红火起来。"

　　卡纳利的杂货店附近有几所大学，几乎每天都会有学生出来用餐。于是卡纳利就有了开比萨饼店的想法，因为这附近一家卖比萨饼的店铺都没有。很快，卡纳利的比萨饼店就开业了，而且就开在原来杂货店的对面，他把比萨饼店装修得十分温馨，深受学生们喜爱。

　　不到一年，卡纳利的比萨饼店就名声远扬，每天都生意红火。之后，他又开了两家分店，生意也都不错。

　　卡纳利渐渐有了野心，想将生意做得更大。很快，他就在其他城市开了两家比萨饼分店。然而，迎来的不是好消息——他的两个分店亏损严重。开店之初，他以为生意会很好，于是准备了几百份比萨饼，结果只卖掉了一半。他渐渐减少比萨饼的数量，但依旧没有办法全部卖出去。

面对入不敷出的情况，卡纳利并没有放弃。他又将每日的比萨饼数减少到80份，一天只卖80份，其实都不够他交房租，但就连80份他也没卖出去。最惨的时候，他的店里只有一两个顾客。

卡纳利不解：明明店铺附近也有大学，为什么他的比萨饼在这个城市生意会如此不好？经过反复思考，他终于找到了答案：是学生的饮食口味不一样。这个城市的学生并不喜欢他原来的比萨口味。

找到问题的关键后，卡纳利马上着手进行了调整。他根据当地人的饮食习惯，换掉了比萨饼的包装和配方，没过多久，他的生意就好了起来。之后，卡纳利的比萨饼店遍布美国各大城市。

卡纳利说："我刚开始在一个城市开分店时，最初大部分都会失败，但最后无一例外都成功了。之所以会成功，是因为我在失败后，从来没有想过放弃，我坚持想办法，直至成功。"

卡纳利的成功就在于他的坚持。面对失败，他没有气馁，也没有轻易认输，他积极地寻找解决的办法，坚持去做一件事，最终获得了成功。

想要获得成功，就需要有卡纳利这样的坚持精神。人生从来就没有坦途，总会遇到各种各样的阻碍，也必然会遭受重大的失败和打击，要想获得成功，就必须学会接受失败，越挫越勇，用坚持不懈去成就伟业。

培养孩子的坚持精神是父母能给予孩子的一份珍贵礼物，对孩子未来的每一步都意义非凡。学习贵在持之以恒，只有懂得坚持，不因一时的落后而沮丧，不因一时的挫败而灰心，学习再学习，才能获得骄人的成绩。

坚持精神能铸造孩子坚毅的性格，能让孩子敢于直面困难和挑战，坚持不懈地去攻克难关。拥有坚持精神的孩子，未来的发展也会更广阔，因为无论做什么事，他们都能抱着坚定的决心，坚持到底。

父母要从小培养孩子的坚持精神，教导孩子不放弃、不抛弃，认准目标，一往无前。具体来看，父母可以从以下三个方面来着手：

（1）鼓励孩子大胆尝试

在生活中，父母要鼓励孩子大胆去尝试，无论尝试的结果如何，父母都要赞赏孩子的努力过程，而不要随意批评孩子，否则只会打消孩子的积极性。在尝试做某件事的过程中，如果孩子遇到了困难，试图放弃，那么父母就要鼓励孩子坚持下去，因为只有坚持才有结果。

（2）正确看待孩子的失败

孩子如果遭遇了失败，父母不应指责，而要帮助孩子分析失败的原因，总结经验教训，让孩子有重新再来的勇气。

（3）培养孩子的积极心态

很多孩子之所以在遇到困难时坚持不下去，主要还是心态问题。自卑的孩子总觉得自己不行，所以很容易就会放弃某件事。胆小的孩子害怕困难，所以在困难面前止步不前。所以，父母要注意培养孩子积极的心态，让孩子能够乐观地看待事情，这样，在遇到困难时，孩子就不会畏缩，不会胆怯，而更容易坚持到底。

第23课　正确引导孩子的感性力量：好胜心

好胜心有两面性，如果执着于与人比较而心生嫉妒，那就不利于孩子的身心发展；如果好胜心表现为勇于竞争、努力求胜，那么它就能成为最佳前进动力。正如拿破仑所说："不想当元帅的士兵不是好士兵。"充分激发孩子的好胜心，能够挖掘孩子的内在潜力，激励孩子自立自强，勇争第一。

洋洋是一个初中生，他最喜欢的运动就是踢足球，而且踢得也不错。初二那年，他就进入了校足球队。

在校足球队，洋洋有一个"死对头"——小杰。

小杰比洋洋长得高一些，体格也更健硕。小杰的大长腿一跨步能迈出好远，洋洋看了心里很不是滋味。最令洋洋难过的是，队里的教练明显更喜欢小杰一些，而且其他队员也喜欢围着小杰转悠。

一天，他们学校要和另一个学校打友谊赛，洋洋很兴奋，跃跃欲试，但其他队员的几句话却打击了洋洋。洋洋听见队员们议论说："这次比赛要指望小杰了，我们要全力配合他。"其他队员纷纷附和说："是啊！论实力，小杰当然是最强的。"

洋洋不服气，找队员们理论，说自己比小杰强。队员们并不赞同洋洋的观点，他们觉得洋洋有些自大。洋洋越想越气，最终找到小杰"单挑"。两人在队员的见证下，进行了简单的比试，结果洋洋真的输了。

输给了小杰，洋洋闷闷不乐，内心很不甘。洋洋父亲了解了这件事后，对他说："输一次没什么大不了，你努力超过他不就行了。"

有了爸爸的鼓励，洋洋更有斗志了，他说："嗯，我就不信我超不过他，我一定要让队员们看到我才是校足球队里最强的！"

之后，洋洋每天坚持跑步，努力锻炼身体，练习球技。几个月后，他的水平得到了队友们的一致称赞。他又和小杰比试了一下，虽然最终是平局，但洋洋的进步已经十分明显。不过，洋洋依旧不甘心，他的目标是超过小杰，因为目标明确，所以一直很努力。

好胜心使洋洋有了竞争的动力，所以能自觉努力去提升自己。这个案例就充分说明了好胜心的积极作用。

孩子的好胜心倘若能够得到积极引导，孩子就能获得自我激励的能力，即使困难重重，也能调整状态，保持竞争的热忱，获得进步。所以，父母不应压制孩子的好胜心，但也不能过度放任孩子的好胜心，要合理引导，让好胜心成为孩子的一种健康的、有利于成长的动力。其中，需要父母注意以下几个方面：

（1）切忌一味满足孩子的好胜心

许多父母对待孩子的态度是一味地迁就、溺爱，看到孩子求胜心切，就不管不顾，投其所好，帮助孩子满足好胜心理。孩子得到了满足，自然开心，但这种轻而易举就获得的胜利，不会引起孩子的重视，更不利于培养孩子的独立能力，反之，也许还会助长孩子唯我独强、过分自负的不良心理。所以，父母最好不要干涉孩子的事情，让孩子自己去竞争，去挑战困难，不要怕孩子会失败、会受挫，只有经历了挫折，孩子才能变得顽强。

（2）帮助孩子克服盲目好胜的情绪

好胜心能否在孩子的成长过程中发挥积极的作用，这需要父母的合理引导。很多孩子都有争强好胜的本能，但有些争强好胜完全是没有必要的，所以作为父母，要帮孩子克服盲目好胜的情绪。

（3）避免孩子产生妒忌心理

父母在引导孩子的好胜心时，特别要注意不要催生孩子的妒忌心理。好胜心太过，就会产生妒忌，妒忌情绪长期得不到疏解，就会留下隐患。现实中有很多因为妒忌同学而伤人的案例，这必须要引起各位家长的重视。

父母要告诫孩子：与他人竞争要光明正大，绝对不能有伤害他人的想法。要关注孩子的心理健康，让孩子正确看待竞争对手，尊重对手。要教育孩子多看到别人的优点，然后正视自己的不足，努力去弥补不足。

要让孩子清楚地知道，争的是"能力"而不是"人"，求胜之心在于将事情做到最好，比别人更胜一筹。如某某数学好，你就要学得比他更好；某某小提琴拉得比你好，你就要争取比他拉得还好。只有这样的"好胜"才是健康的，才能激发出积极的能量。

想要避免孩子产生妒忌心理，父母也是关键点，日常生活中，父母要避免拿自己孩子与别人的孩子比较，更不要以称赞其他孩子来贬低自己的孩子，这样容易让孩子产生妒忌心或自卑心，很难达到激励的目的。

总之，孩子的求胜心能否得到积极的引导，主要在于父母，父母要针对孩子的心理特点，不断调整教育方式，帮孩子建立积极健康的心理。

第 24 课　教会孩子笑迎生活的"小风雨"

　　多年前的一个夏天，新闻报道了一则令人悲痛的消息：一名年仅 18 岁的少年自杀了。为什么？究竟是什么事情让一个少年走上了绝路？原因不禁让人唏嘘。

　　李明（化名）是一名应届高中生，自杀前他刚刚参加完高考。

　　考试结束后，李明估算了分数，但没想到他估算的分数和实际分数差了几十分：他估算的是 560 分，而实际成绩是 486 分。李明得知成绩后，并没有出现反常举动，只是变得沉默了。

　　得知成绩的第二天，李明与父亲一起去咨询填志愿的事（以李明的成绩，已经无法填报重点大学）。其中，他们还打听了复习班的事情，然后就回家了。

　　晚上 9 点多，李明回了楼上的房间，没有再出来。10 点多的时候，李明的母亲上楼，才发现李明已经上吊自杀，家人将他紧急送往医院，但已经无力回天……

　　李明的自杀让其父母伤心不已，他们在悲伤的同时也很疑惑，想不通儿子为什么会自杀。之后，李明的父母在他房间发现了 4 封遗书，其中 3 封是写给同学的，内容主要是鼓励同学好好学习，做对社会有用的人。一封是写给父母的："亲爱的爸爸妈妈，这次高考考得这么差，你们这几年花这么多钱培养我，我实在对不起你们，也对不起对我寄予厚望的老师和同学们……我实在感到太累了，我想休息……我不是不想读书，我在阴间还要好好学习，争取考个好成绩……"

至此真相大白，因为高考失利，李明选择了死亡。

其实，因为高考失利而自杀的现象屡见不鲜。悲痛之余，我们不得不反思：为什么这些十几岁孩子的心理承受能力如此之差？

高考是人生的一个重要转折点，重视高考没有错，但因为考试失利就放弃生命，这是完全错误的做法。在人的一生当中，会遇到各种各样的磨难，只有勇于面对，才能克服困难，走向成功。李明的悲剧就在于他没有勇气面对失败，在挫折面前胆怯了，懦弱了，选择了不负责任地逃避。

要想避免李明的悲剧再次发生，父母就要懂得加强孩子的"耐挫教育"，教会孩子坚强地面对人生的挫折，笑对人生的风雨，敢于承担，敢于面对，做最坚强的人。

那么，应该如何从小培养孩子的耐挫能力，塑造其乐观的心态呢？父母们可以从以下几方面去尝试：

（1）培养孩子积极乐观的心态

父母要努力让孩子成为一个乐观的人，乐观是一种十分重要的精神力量。在面对困难时，只有保持乐观的心态，不消极，不怯懦，才能积极思考解决问题的办法。

乐观的人能将困难缩小，而消极的人却会将困难放大，所以有些拦路虎可能只是"纸老虎"，面对挫折，不逃避，勇敢面对，才是上策。

（2）父母要以乐观的精神感染孩子

当孩子在学习和生活中遇到困难时，父母要保持乐观的情绪，鼓励孩子去面对，必要时也可以和孩子一起去解决困难。

这里需要注意的是，父母不能替代孩子去解决孩子遇到的难题，可以参与其中，但决不能让孩子置身事外，否则孩子就不可能拥有正视困难及解决困难的能力。许多现实案例告诫父母，不要将孩子变成"温室里的花朵",什么都替孩子解决,不忍心看孩子受一点儿苦,这样的孩子注定难以面对人生的风雨。

（3）让孩子学会把不利条件转化为有利条件

思维的转变,可能会影响整个结局。父母要教导孩子学会转换思维,随机应变。事实上,孩子在成长过程中会遇到各种各样的情况,要善于把不利条件转化为有利条件,让困难变成成功的垫脚石。

（4）让孩子学会正确面对挫折

当今社会是信息多元化的社会,竞争越来越激烈,生活和工作中的压力也越来越大,家长不要一看到孩子遇到困难就马上去帮忙。当孩子遇到自己能克服的困难时,家长要让孩子自己想办法克服。如果孩子从小娇生惯养,或因为其他因素而没有在心理上得到锻炼,那么孩子一旦离开父母走上社会,遇到阻碍时就会容易垂头丧气,停滞不前,也更容易产生心理疾病。

周末,璇璇和爸爸一起去公园玩。

走着走着,璇璇突然提出想和爸爸比赛看谁先跑到不远处的一棵大树前。爸爸同意了璇璇的要求,两人分别摆开架式,准备起跑。

璇璇大喊了一声:"开始。"父女两人同时迈出了第一步。为了让璇璇能跑得快一些,爸爸控制着速度,始终比璇璇领先一小步。

当赛程进行到一半时,璇璇突然摔倒了,然后就"哇哇"地大哭了起来。爸爸听到后转身跑到了璇璇身边,但并没有马上把女儿扶起来,而是先看了看璇璇有没有摔伤。当看到璇璇并没有摔伤时,爸爸开始鼓励璇璇自己爬起来。

可是这时璇璇的哭声更响了,她希望爸爸能把她扶起来。但爸爸只是说:"璇璇是勇敢的姑娘,勇敢的人是不哭的,他们会自己爬起来,加油!"

在爸爸的鼓励声中，璇璇终于自己爬起来了。她拍掉了衣服上的尘土，和爸爸一起跑到了终点。

这时，旁边的一位女士问："这位先生，我刚才看到您的女儿摔倒了，可是您为什么不赶紧把她扶起来，而是非让她自己爬起来呢？"

璇璇爸爸想了想，说："我们在生活中会遇到一些挫折、困难，就像刚才我的女儿摔跤一样，我当然可以直接将她抱起来。可是，总有一天，孩子要离开我们的怀抱，投身到社会生活中去。我们都不在她的身边，她又该怎么办呢？所以从小就应该让她尝试勇敢面对困难和挫折。成长过程中的每一次挫折都为她提供了一次难得的锻炼机会，使她学会正确面对挫折，变得更有力量。"

总之，让阳光洒满孩子的心田，孩子就能笑迎生活的"小风雨"；让孩子相信"风雨过后有彩虹"，孩子就能越挫越勇，苦尽甘来。

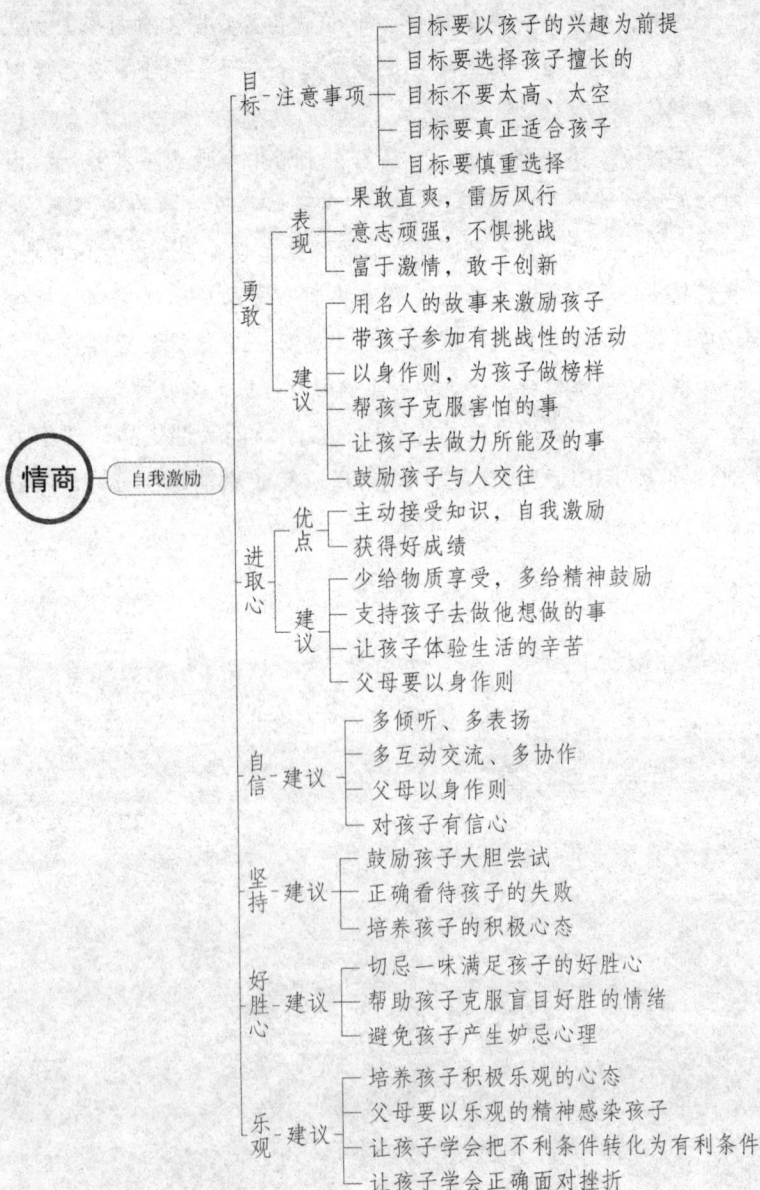

情商 —— 自我激励

- 目标 —— 注意事项
  - 目标要以孩子的兴趣为前提
  - 目标要选择孩子擅长的
  - 目标不要太高、太空
  - 目标要真正适合孩子
  - 目标要慎重选择

- 勇敢
  - 表现
    - 果敢直爽，雷厉风行
    - 意志顽强，不惧挑战
    - 富于激情，敢于创新
  - 建议
    - 用名人的故事来激励孩子
    - 带孩子参加有挑战性的活动
    - 以身作则，为孩子做榜样
    - 帮孩子克服害怕的事
    - 让孩子去做力所能及的事
    - 鼓励孩子与人交往

- 进取心
  - 优点
    - 主动接受知识，自我激励
    - 获得好成绩
  - 建议
    - 少给物质享受，多给精神鼓励
    - 支持孩子去做他想做的事
    - 让孩子体验生活的辛苦
    - 父母要以身作则

- 自信 —— 建议
  - 多倾听、多表扬
  - 多互动交流、多协作
  - 父母以身作则
  - 对孩子有信心

- 坚持 —— 建议
  - 鼓励孩子大胆尝试
  - 正确看待孩子的失败
  - 培养孩子的积极心态

- 好胜心 —— 建议
  - 切忌一味满足孩子的好胜心
  - 帮助孩子克服盲目好胜的情绪
  - 避免孩子产生妒忌心理

- 乐观 —— 建议
  - 培养孩子积极乐观的心态
  - 父母要以乐观的精神感染孩子
  - 让孩子学会把不利条件转化为有利条件
  - 让孩子学会正确面对挫折

第四章

认知他人的能力：
孩子高情商的重要标志

了解他人的情感需求，并尽己所能地满足他人的需求，是孩子高情商的表现。

第 25 课 培养孩子记忆别人名字的习惯

人际交往中，最能拉近人与人之间的距离的举动便是准确地叫出对方的名字，这样可以迅速让双方进行深入交谈。对名字的呼唤，会让对方产生这样的认知：你对他有很深的印象，在你心中他是很重要的，他能够让别人记住自己。这样你的形象在对方心目中自然就好了起来，无形中建立起了一架沟通的桥梁。

美国曾有一位人气超高的总统，无论是政客还是身边的仆人都很喜欢他，他就是罗斯福。很多人会问，为什么罗斯福总统那么受人欢迎呢？这就要说说他擅长记别人名字的事情了。

一天，已经卸任的罗斯福去白宫找新任总统商议事情，不料新任总统一家刚好出门了，他就在花园里逛了一圈，和所有遇到的白宫仆人、园丁打招呼，叫出他们的名字，并简单聊了聊近况。他向厨房的亚丽丝问道："亲爱的亚丽丝女士，您现在还烘制玉米面包吗？"亚丽丝听到罗斯福还对自己的厨艺有所怀念，立马包了一袋玉米面包给他。于是罗斯福一边吃一边去会客室等新总统归来。

我们不得不佩服罗斯福总统，他与仆人等人见面时像许久未见的朋友一样打招呼，让对方心里感到十分温暖，也难怪大家这么喜欢他。

罗斯福的例子告诉我们，人际交往中，能清楚地记住别人的名字，无疑会对我们的成功大有裨益。

无独有偶，我们的周恩来总理在这方面也做得非常好，他可以在见一个人的第二面时说出对方的名字并且与之亲切交谈。无论对方身份高低，他都能做到这一点。

其实，我们和一个人的第一次交谈中，大脑会接收到很多信息，却往往会忽略对方的名字，而能在第二次见面时准确叫出对方的名字，无疑会令对方好感倍增，愿意和你一起共事。

所以，明白了以上这些道理，家长们就应该格外重视培养孩子记忆朋友名字的习惯，这样有益于孩子交际空间的拓展。家长可以帮助孩子在脑中建立一个经常打交道的朋友的姓名档案，不断地在老朋友的名字中加入新的名字，这样孩子的朋友就会逐渐增多，孩子的交际范围也会越来越广，也相当于积累财富，因为朋友就是人生最大的财富。

那么家长要怎样教孩子熟记朋友的名字呢？家长可以参考以下三个建议：

（1）多次重复对方的名字

让孩子在听到朋友的名字之后，在心中默念几遍，并在之后的交谈中尽量多地重复用到这个名字，即可在脑海中加深印象。

（2）建立有意义的联想

假如孩子的朋友叫"黄子星"，颠倒顺序就是"杏子黄"，这样便将朋友的名字记住了。

（3）运用谐音记忆

例如，孩子新朋友的名字是"卓佳"，那么孩子可以马上联想到："哦，这个朋友将来是个'作家'"。

除以上三个建议外，还有许多的熟记朋友名字的方法，试着找到属于自己的方法，拉近你与朋友之间的距离。

第26课　教会孩子洞察他人心里的秘密

岩岩是一个心思细腻、善解人意的孩子。有一次，妈妈带着她去姑妈家做客。刚开始的时候，她和自己的表弟玩得很高兴，可是玩着玩着，表弟就哈欠连天，神情变得呆滞了很多。姑妈看着表弟的模样，欲言又止，一方面她觉得表弟的午睡时间到了，该上床休息了，一方面她又不忍心打断玩得正尽兴的岩岩。

后来，姑妈佯装平静地走到他们跟前，说："岩岩，现在已经是中午十二点了，玩得肚子饿了吧？"

岩岩听了姑妈的话，顿了一下，随后说道："姑姑，我们已经做好吃饭的准备了，吃完饭，我就陪着弟弟一起睡觉。"

姑妈见岩岩这样乖巧懂事，不禁点头称赞。后来，在回家的路上，妈妈问岩岩："姑妈明明只是询问你饿不饿，你为什么还说要陪弟弟一起睡觉呢？"岩岩答道："因为我从弟弟的神态，以及姑妈的表现当中推断出姑妈一定很想让弟弟休息。"妈妈听了岩岩的话欣慰地笑了。

一个人内心的想法是可以通过其言语音调和动作神态传递出来的，而一个高情商的孩子往往能通过这些细枝末节洞察他人心里的秘密。作为家长，要想让孩子掌握认知他人的能力，变得和事例中的岩岩一样懂事，不妨从以下三个方面加以引导：

（1）语音语调

按照常理，如果一个人处于愤怒的状态，他的声音会呈现出声大、音高、音质粗哑、音调变化快的特质；如果一个人处于焦急的状态，那么他的声音则会变得短促，神情也会变得局促不安。由此可见，一个人的音调是其情绪的晴雨表。作为家长，可以教孩子通过他人的音调、音高、语速来判断其心理状态。

（2）动作神态

一个人的动作神态最能反映其内心的活动。可以说，人的神态、语言、动作是其心理的外在表现形式。因此，父母可以告诉孩子，如果一个人双眉紧蹙、目露凶光，那么表示这个人内心一定很愤怒；如果一个人眉开眼笑，嘴里哼着小曲，且步伐轻松，则表明他心里一定藏着令其高兴的事情；如果一个人脸色苍白、说话哆哆嗦嗦，那么他很有可能受到了惊吓。

（3）语言措辞

语言是心灵的一面镜子。父母可以从以下几个方面指导孩子学会倾听他人的弦外之音：

①话里话外谈论自己。一个人经常把自己的经历、看法、态度、个性等挂在嘴边，则说明这个人常常以自我为中心，喜欢炫耀、爱慕虚荣。

②言论暗示了当前的处境。如果一个人表现得心灰意懒、情绪不佳，且言辞尖刻，表达了诸多的不满，则说明这个人当前的处境很不好；如果一个人所谈的话题比较轻松，则表明这个人内心乐观，近况较好，且心情比较愉悦。

③常谈论的话题是兴趣所在。一个人若是心里对某件事情感兴趣，那么他的嘴里势必会不自觉地提及此事。与人相处久了就会发现，人们最爱谈、最常谈论的往往是其兴趣所在。

总之，家长可以从以上三个方面帮助孩子提高识人、察人的能力，引导他们了解他人内心的活动。

第27课 "情商小达人"的重要标配：理解他人

有一把非常结实的铁锁牢牢锁住了一间屋子，铁棒就算使出浑身力气也不能撬动铁锁一丝一毫，不一会儿，钥匙轻盈地钻进锁芯里，轻轻翻了一个身，"啪"的一声，铁锁应声而开。铁棒不解地问："为什么我这么强壮，却打不开这把锁呢？"钥匙骄傲地说："因为我最理解它的'心'。"

的确，理解他人可以很容易地打破交际的坚冰。

家长应该告诉孩子，人无完人，人人都有缺点，人人都会犯错误，孩子应该用平常心来看待这些不足和错误。而且，只要不是特别难以容忍的错误，就应该试着去宽容对方，真正地包容别人的错误，也就是真正地理解他人，这样孩子才能明白心胸宽广的真谛。

此外，我们每个人都有不同的生活环境，思考问题的角度也不尽相同，所以对同样的事情的认知也不同，如此，自然很容易造成误会。既然误会常常产生，那么我们就应该用理解的心态去对待，用宽容之心处理事情，眼界才会变得开阔。

如此，家长们也应该教育孩子学会理解他人，但要注意的是，这里的理解他人是宽容，是不计较，并不是迁就别人。

那么家长应该如何教会孩子理解他人呢？

家长可以从身边的点滴小事做起，在日常交往中教会孩子理解他人。朋友之间应该是平等的，在没有外力的约束下，朋友之间应该更能产生情感共鸣，更容易相互理解。家长可以试着带孩子想象自己的朋友产生一些情绪时的心理感受和原因，比如高兴、害怕、恐惧、生气等。如果你的孩子和另一个小朋友一起玩一个小玩具，你的孩子长时间霸占这个玩具，而另一个孩子已经在旁边等了很久，这时，家长就可以引导孩子："你的小伙伴在一边只看着你玩儿，自己却玩不到，会不会不高兴啊？如果让你一直在旁边等着，你会不会开心呢？"这样从角色交换的角度去引导孩子理解他人。

引导孩子在假设的情境下，多表达自己的情绪和想法。例如，家长可以问孩子："妈妈周末带你去公园玩儿，你会高兴吗？""你如果不听话就不让你吃最喜欢的蛋糕了，你还开心吗？"这样的假设场景可以锻炼孩子的想象能力，更有益于帮助他们理解他人。

家长可以多和孩子交流感受和想法。比如，爸爸妈妈吵架了，两人都非常不高兴，孩子会非常恐惧，他会问："爸爸妈妈难道讨厌我了吗？"孩子的心思很敏感，他们会对一些事情自行进行理解，此时，父母可以主动帮孩子分析，纠正他们有偏差的地方，带着孩子理解成人的思维。

教会孩子换位思考。美国"汽车大王"亨利·福特曾说："如果成功有任何秘诀的话，就是了解对方的观点，并从他的角度和你的角度来看待事情。"如果孩子能够站在对方的角度来思考问题，那么他的生活中就不会再有那么多的不满和挑剔，和朋友之间交往的氛围也会更加轻松愉悦。

有个男孩脾气非常不好，他经常对周围的人随便发脾气。父亲看在眼里，急在心里。后来父亲想到了一个办法，他拿来一麻袋钉子，让孩子发一次脾气就在花园的木栏上钉一颗钉子。

男孩接过钉子，照着父亲的吩咐去做，一天下来，在木栏上钉了 37 根钉子，钉得男孩手疼。后来他为了少钉钉子就减少发脾气的次数，到最后终于不再钉钉子了。

父亲知道后，又让他在每一个不发脾气的日子里拔掉一根钉子，不久后，所有钉子都拔光了，他高兴地告诉了父亲。

父亲带他去看木栏，说："孩子，恭喜你可以控制自己的脾气了。但是你看木栏上的钉子孔，它们永远不会消失。同理，你发脾气时对身边人造成的伤害，也会像这些孔一样永远无法消除。如果换作你，你肯定也不想做那个受伤的人吧。"

上面例子中的父亲用换位思考的教育方式教会了孩子理解他人，家长们也应该做这样一个引导人。

孩子社会经验少，父母应该做好那个引路人，教会孩子理解他人，让孩子在人际交往中获得快乐，也让他们更好地在这个社会中生活。

第28课 为他人着想是孩子最高级的善良

　　点点今年4岁了，长得十分可爱，但是有点霸道。妈妈出差买了一些饵块、鲜花饼之类的小吃回来，本来是想和全家人分享的，但是点点吃了一块之后，觉得很好吃，就把所有小吃护在了身后，说："不让你们吃！"家里人都非常疼爱点点，大家没觉得孩子这样做有什么问题，只想着孩子爱吃就让他吃，好东西给孩子没什么。

　　一次，妈妈陪点点去公园玩，公园里的刘奶奶非常慈爱地将手里的葡萄给了点点一串，点点非常开心，拎着葡萄吃了两颗。

　　这时，点点的好朋友林林过来了，林林看到点点的葡萄就伸手摘了一颗，点点看到后就不乐意了，一把将林林推倒在地，妈妈见情况不对赶紧拉住点点，说："点点，林林是你的好朋友，要懂得和好朋友分享呀！"

　　点点全当没听见，举起手里的一串葡萄全都砸到了地上。

　　回家后，妈妈将这件事情告诉了爸爸，两个人开始重视点点的性格问题。如果点点再这样的话，恐怕没有小朋友愿意和他玩儿了。于是，爸爸妈妈引导点点主动邀请小朋友来家里做客，让他把好吃的、好玩的拿出来招待好朋友。

　　一天，妈妈洗了好多荸荠，让点点拿去学校分给小朋友们。

点点给小朋友们分了之后，大家都非常开心，纷纷道谢，好多小朋友都愿意和他玩了。点点回家后眉飞色舞地和爸爸妈妈讲这件事情，看起来非常开心，妈妈趁机说道："看吧，心里想着别人，有好东西和朋友一起分享，你会收获得更多。好孩子就应该这样，点点已经成了好孩子了。"

在这之后，点点的性格变了很多，不再像以前那么霸道了，有好东西会主动和好朋友分享，他的朋友也渐渐多了起来。

"为他人着想"就是要让孩子学会平等待人、尊重他人。家长要让孩子从小养成良好的礼仪习惯。

"为他人着想"其实也是对传统美德的宣扬，因为这要求孩子尊老爱幼、尊敬师长。但是不得不承认，现在的孩子越来越不尊重长辈，从小养成了唯我独尊、骄纵任性的性格。妈妈辛苦一天回到家，孩子只顾自己肚子饿，没等妈妈休息一会儿，就催着妈妈做饭，嚷着要吃这吃那。有的孩子喜欢在爸爸妈妈谈正事的时候过去捣乱。家里的好吃的，有的孩子从来都是只顾自己吃，不懂得先让爸爸妈妈品尝，也不懂得分享。家里来了客人，孩子也不知道问好，只顾自己玩……这些小事情就足以体现出孩子在日常生活和学习中的性格习惯，家长如果不加以约束，孩子的性格只会越来越差。

想要让孩子学会为他人着想，家长就应该让孩子养成信守承诺的品质。也就是要求孩子严格执行自己答应小伙伴的事情，并且要按照约定的时间做到。这样的孩子才受人欢迎。这种守时守信的做法充分体现了对对方的尊重，也有利于孩子培养约束自己的习惯，成为一个有礼貌、有修养的人。

让孩子学会为他人着想，就要让孩子养成遵守纪律和秩序的习惯。孩子心中有遵守秩序的原则，就会成长为一个讲文明的人。

从小懂得"无规矩不成方圆"的道理，孩子就会主动去约束自己，不去妨碍别人的自由，主动为他人着想，时常反省自己的所作所为有没有给他人带来不便。

第 29 课　让孩子拥有一双会倾听的耳朵

经常会听到一些家长抱怨:"我家孩子听力是不是不好? 他总是听不到我讲话。"这样的情况,即使去医院检查也不会有什么结果的,因为孩子仅仅是表面上"听不到",这究竟是为什么呢?

一种情况是孩子的耳朵没有"长"在家长这边,而是"长"在他们喜欢的动画片、连环画、游戏机上。孩子的注意力高度集中在他们所痴迷的东西上,以至于会自动忽视外界的一切动静,包括父母的讲话声。

另一种情况则是孩子还没有反应过来。孩子的心思很奇特,对外界投来的指令或者疑问,他们心中会有一个思考过程。超出孩子理解范围的事情,或者不完全清晰的指令,都会令孩子不能及时做出回应。例如,妈妈在厨房说:"宝贝,帮妈妈拿几个红薯来好不好?"孩子会想:"我要拿几个呢? 红薯放在哪里呢?"孩子站在那里思考,没有及时回应妈妈,往往就容易让家长以为孩子没有听到。

还有一种情况是孩子的叛逆心理在作祟。孩子到了一定年龄就会想要寻求独立,父母讲的他不爱听,让他往东,他就偏要往西,有的时候还会假装没听见。

这样看来,孩子似乎很难静心听别人讲话。

不过,出于对他人的尊重,让孩子学会倾听是非常重要的。

根据心理学研究结果，善于倾听的人往往会收获更多朋友。因为他们能静下心来倾听，就是对说话者的非常好的鼓励，这相当于给说话者一个信号：你讲得非常令人感兴趣，你是值得我倾听的人。

晶晶是个非常乖巧的小姑娘，从小就是个"小大人"，别人跟她讲话时，她会非常认真地听着，还会适时做出回应："哦，是这样没错。""嗯嗯，然后呢？""哇，好棒啊！"这样对方就会非常有兴趣继续说下去。

其实，在交谈过程中，谁都不可能一直是说话的一方，要想谈话顺畅地继续下去，就要有一个善于倾听的人。善于倾听的人，往往会聚精会神地听对方谈话，并仔细思考对方的话语中有哪些对自己有用，考虑自己能从中学到什么。这样既能完善自己，又能令对方感受到被尊重，更容易加深彼此的感情，有利于人际交往。

所以，倾听应该是孩子成长过程中的一个必备技能。若想让孩子拥有和谐、融洽的人际关系，就必须要先让他们学会倾听。但是家长们往往会发现，自己的孩子很擅长表达自己，却独独不善于倾听，不接受别人给的建议或意见，从而给人留下不真诚的印象。此时，会倾听就显得尤为重要。

好习惯的培养要"从娃娃抓起"，家长培养孩子的倾听习惯也要从孩子小时候开始。那么家长应该怎样帮助孩子养成一个善于倾听的好习惯呢？

（1）父母要给孩子做出善于倾听的榜样

假如父母对孩子所说的话表现出一副不耐烦的样子，孩子也不会愿意听父母讲话。但是如果父母愿意停下眼前的事情，耐心听孩子想说什么，那么孩子在和别人交谈时，也会做一个非常好的倾听者。

认真倾听他人讲话，是尊重对方的表现。家长不仅要要求孩子认真倾听，自己也要认真倾听孩子的心声，否则就是不尊重孩子。心理学家表示，父母是孩子的榜样，要认真倾听孩子的心声，既是在了解孩子的心理动向，也是在以身作则，教孩子如何倾听。

所以，不管孩子提出的问题重要与否，家长都应该尽量抽出时间去倾听，不要以没有时间为由拒绝孩子。认真倾听孩子的话，有助于建立家长与孩子之间的信任，也能更好地培养孩子倾听的好习惯。

（2）父母要调整说话的方式

处于叛逆期的孩子本来就非常反感父母的命令，而如果此时父母和孩子说话时还是用高高在上的命令语气的话，孩子会更加反感，直接假装没听见。相反的，若父母以平等的口吻，以朋友的语气和孩子交流的话，孩子会更容易接受一些，这样他们也就会认真去听父母讲的话了。

比如，家长不要对孩子说："说了让你写完作业再看电视，你怎么就是不听呢？"而应该说："写完作业再去痛痛快快地玩，这样不是更好吗？"

家长不要对孩子说："你到底有没有在听我说话啊，不要玩手机了！"而应该说："好孩子应该尊重和你讲话的人，妈妈有重要的事情跟你讲，你可不可以放下手机认真听妈妈讲呢？"

家长不要对孩子说："我说的话你是不是左耳朵进右耳朵出！要我重复多少遍？"而应该说："你是不是没有休息好啊，看起来精神不太好，那我再说一遍，这次你认真地听一下。"

家长调整对孩子的说话方式，孩子会更容易倾听家长的话，还可能会开心地接受家长的建议。这样，时间长了，孩子自然会养成倾听的好习惯。

（3）表扬孩子认真倾听的那一瞬间

眼神游离、抖腿、手中小动作不断、打断别人的讲话等等，这都是孩子没有认真倾听别人讲话的表现，这样很容易让讲话的一方感到自己没有受到尊重，从而影响双方的关系。这种情况下，家长要告诉孩子他这样做是不对的，然后提出正确做法，引导孩子改正。

小远是个不善于倾听的孩子，后来在妈妈的引导下改了过来。一天，妈妈的好姐妹带着自己的孩子来家里做客，两个孩子年龄相仿，很快就玩在了一起。但是小远总是不理会阿姨的问话，不是和新伙伴说悄悄话，就是跑去拿自己的玩具。等到大人们不和孩子说话了，小远却时不时过去插嘴……

当天晚上，妈妈叫小远过来，小远很是忐忑，以为妈妈要批评他。但让他难以置信的是，妈妈竟然表扬了他。妈妈说："小远，你阿姨说你今天有认真在听她讲话，妈妈知道她给你介绍她的孩子的时候，你很认真地在听。儿子，你很棒！"妈妈竖起了大拇指。

小远有些羞愧，但还是有点小得意。后来，妈妈经常夸奖小远："小远今天又有进步了呢！你听出来叔叔鼻音浓重，还表示了关心！""小远今天真棒，从小朋友的话里听到了自己可以学习的地方。"小远就在这些表扬的话里面逐渐进步，养成了倾听他人的好习惯。

家长要善于发现孩子认真倾听的那一瞬间，并且不吝啬赞美之辞，及时表扬孩子，孩子就会因此产生成就感，也更加愿意朝好的方向表现。这样一来，孩子便会逐渐养成倾听的好习惯。

（4）教孩子一些倾听他人的礼仪

孩子有时是因为不懂得如何去听别人讲话才会显得自己没有认真听。作为家长，应该教孩子一些基本的倾听礼仪，这对他养成良好的倾听习惯是非常有帮助的。家长可以参考下面的五点方法，教孩子倾听礼仪：

①倾听者面带微笑注视说话者，让对方在你耐心的倾听下逐渐放松下来，和你进行愉快的交谈。

②倾听者搭话要委婉，最好不要当面批评别人，也不应当面直接否定别人的话，诸如"不可能""不行""我不认为是这样的"之类的话，都尽量少说。应该仔细聆听对方所讲的话，试着站到对方的角度去理解。

③倾听者要做好"听"的本分，少说多听，不要随意打断他人的讲话。

④倾听者应当向说话者传递你在认真倾听的信号。眼神、表情都要专注柔和，或用点头、微笑示意自己在认真听，还可以用语言直接表达，适时说一句"是的""然后怎样了""对"之类的话，表示自己在认真倾听。

⑤倾听者要用委婉的方式转换话题。如果对眼下的话题不是很感兴趣，倾听者可以委婉地引导对方转换话题，而不是生硬地打断。

第30课　帮助孩子切换到"照顾他人"的模式

很多孩子习惯自己是被照顾的那一方，心安理得地享受这种优待，但是家长应该让孩子知道，照顾他人也是一件快乐的事情。家长应该帮助孩子完成从"被照顾者"到"照顾者"的角色转换。

李女士的儿子名叫张严，今年上五年级了。李女士和老公平时很注重对孩子的爱心教育，自己关爱孩子的同时，也引导孩子去主动帮助照顾他人。

张严的学校有一个希望工程项目，张严主动申请了一个一对一支援的名额，他平时会省下自己的零花钱，给远在千里之外的小伙伴买纸笔、书包、衣服，还将自己觉得有价值的书寄给小伙伴，父母非常支持张严的做法。到现在，张严已经坚持了两年了。

除了这个一对一的活动，张严还参加了很多公益活动，老师和同学们都非常喜欢他。他的学习也没有落下，多次获得了"三好学生"的称号。

由此可见，父母的一言一行深刻地影响着孩子的成长，孩子的品行如何，与父母有着直接的关系。所以，父母要首先做一个热心帮助他人的人，然后潜移默化地去影响自己的孩子。

那么除此之外，父母要怎样去教会孩子"照顾他人"呢？可以从以下三点入手：

（1）从体贴家人做起

孩子不该理所应当地享受着父母的关心和疼爱，而应在享受的同时向父母回以关心。让孩子接触父母的工作，体会父母支撑家庭的辛苦，这样孩子就会理解父母，并发自内心地想要为父母分忧。不要像有些家庭，当孩子主动想要帮父母分担一些家务时，父母赶忙拦下，说一句"赶紧去学习，你提高学习成绩就是对我们最好的报答"。天下父母望子成龙、望女成凤没有错，错就错在只是在片面地教育孩子，使孩子理所当然成了家里的特权者，好像家里所有人都要事事以他为先，而他要做的仅仅是学习。这样的孩子可能会不懂得感恩，凡事以自己为中心，之后有很大可能会发展出冷漠、自私的性格，无视他人的想法和感受。

（2）对邻居友好

和睦的邻里关系对孩子非常重要。经常与邻居往来，互帮互助，相处融洽，要比老死不相往来的关系对孩子的教育更有利。

（3）要从细小处入手

培养孩子关心他人、帮助他人的品质，不是夸张地扬言做拯救世界的大英雄，而是要从小事入手。例如，进直梯的时候帮身边行动不便的人按一下开关；公共汽车上看到不方便的人主动让座；在扶梯上靠右站，不要妨碍赶时间的人通过；乘坐火车、地铁、飞机等公共交通工具时，不要高声喧哗，影响他人等。

第31课　在孩子心中播下同情的种子

德国著名哲学家叔本华说过:"对于一切有生命之物的同情,是对品行端正的最牢固和最可靠的保证。谁满怀这种同情,谁就肯定不会伤害人、损害人、使人痛苦,如果能宽容地对待他人,宽恕他人,帮助他人,那么他的行动将会带有公正和博爱的印证。"

然而,在崇尚个性、追求自由发展的今天,很多成年人的同情心却在急速淡化,而且他们在家庭教育的过程中,也很少提及同情心这个话题。

其实,家长这样做是不对的。培养孩子的同情心不仅能帮助其避免任性、自私、冷漠等不良个性的形成,更重要的是它可以使孩子拥有一颗温暖的心灵。

众所周知,富有同情心的孩子,能设身处地地为他人着想,有助于他在成年后更好地融入社会,建立良好的人际关系。

很多聪明的家长正是因为认识到同情心在孩子成长中所起的重要作用,所以他们才在紧抓孩子智力发展的同时,更加重视孩子的同情心的培养。那么,作为家长,应该如何教育和引导孩子的这一社会行为呢?

(1) 抓住培养孩子同情心的关键时期

据儿童专家介绍,0~3岁是培养孩子同情心的关键年龄。孩子在婴幼儿时期，还没有形成自我意识，当他们看见别的小朋友摔了一跤，哇哇大哭，他们也会跟着哭起来。尽管他们因为年龄太小而不能明确区分自我感觉和他人的感觉，但是家长不能取笑和责怪孩子的这种行为，因为这是他们日后产生同情心的重要心理基础。

等到孩子稍微长大懂事的时候，家长应该鼓励孩子多跟同龄人接触，在与他人接触的过程中，如果看到别的小朋友遇到困难，家长还应该鼓励孩子多多予以帮助。

如果孩子在大人的引导下做了一些乐于助人的事情，家长应该及时给予表扬，比如"宝宝你的表现真的很棒！"这样的赞美之言可以帮助孩子强化这种帮助他人的行为。反之，如果孩子不按照大人的引导给予他人必要的帮助，家长不妨制定一些惩罚性的措施，比如，不给他买想要的玩具，或者让孩子在惩罚椅上反思一会儿。总之，家长应该想方设法扼制孩子的不当行为。

（2）教育孩子爱护动植物及物品

在小孩子的眼里，世界上的一切都是有生命的。因此，家长可以利用孩子的这一心理特点，培养孩子的同情心。比如当孩子在路边看到一只受伤的小鸟，家长不妨以小鸟的口吻跟孩子对话："我受伤了，很难过、很孤单，你们可以把我的伤口包扎好，然后帮助我找到我的妈妈吗？"家长这样说很容易让孩子在情感上产生共鸣，从而更好地帮助其体会他人的内心感受。

（3）教育孩子要多关心体贴长辈

梦琪是一个很懂事、很体贴的小女孩。在她很小的时候，爸爸妈妈就教育她怎样关心长辈。因此，小梦琪在2岁的时候，就可以帮爸爸递拖鞋、帮妈妈扔垃圾、把大的水果让给爷爷奶奶吃等等。

等到梦琪上了小学，她看爸爸妈妈上班非常累，主动承担起了倒垃圾的任务。有一回，爸爸加班到很晚才回来，为了让爸爸吃上热乎乎的饭菜，她踩着凳子，艰难地把饭放在微波炉里提前热好。爸爸看着女儿的用心，感动地流下了眼泪。

引导孩子多关心体贴长辈，把孩子培养成一个富有爱心和同情心的人，这对他以后的人生大有裨益。

（4）在游戏中培养孩子的同情心

著名儿童教育家陈鹤琴曾说过："游戏是培养儿童高级情感的最好途径。"家长可以借助孩子喜欢的游戏促进其情感发展，培养其同情心。

比如，家长可以和孩子玩角色互换的游戏。由孩子扮演下班归来后的妈妈，享受做大人的"特权"。孩子在打扫卫生、做饭、刷碗、收拾家务等过程中就能体会到妈妈到底有多辛苦，从而理解、体谅自己的妈妈。

另外，父母也可以通过其他的情景游戏来培养孩子的同情心。比如，在拥挤的公交车上给孕妇让座，在人行道上搀扶老奶奶过马路等。这些都是培养孩子关爱、同情、帮助他人的良好契机。

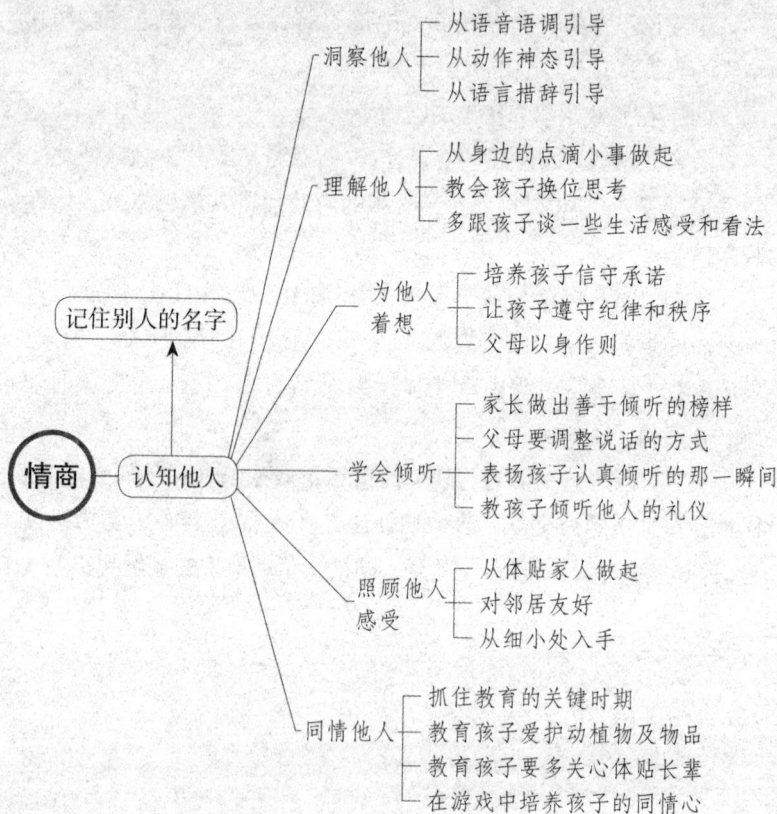

情商
　认知他人
　　记住别人的名字
　　洞察他人
　　　从语音语调引导
　　　从动作神态引导
　　　从语言措辞引导
　　理解他人
　　　从身边的点滴小事做起
　　　教会孩子换位思考
　　　多跟孩子谈一些生活感受和看法
　　为他人着想
　　　培养孩子信守承诺
　　　让孩子遵守纪律和秩序
　　　父母以身作则
　　学会倾听
　　　家长做出善于倾听的榜样
　　　父母要调整说话的方式
　　　表扬孩子认真倾听的那一瞬间
　　　教孩子倾听他人的礼仪
　　照顾他人感受
　　　从体贴家人做起
　　　对邻居友好
　　　从细小处入手
　　同情他人
　　　抓住教育的关键时期
　　　教育孩子爱护动植物及物品
　　　教育孩子要多关心体贴长辈
　　　在游戏中培养孩子的同情心

第五章

人际交往的基本素养：孩子成长路上的必修课

培养孩子人际交往的基本素养是孩子实现社会化的必经过程，也是孩子实现高情商的重要保障。

第32课　礼仪是孩子人际交往中的一张名片

　　张彬今年上小学二年级了，他学习成绩好，父母每次带他见亲戚朋友的时候都会收获一片夸奖，这让父母觉得十分骄傲。

　　这一天，父母带他去了一个比较正式的场合，晚上吃饭时，张彬的缺点一下子就暴露了出来。别人都还没入席，张彬就先跑到餐桌前坐了下来，还大摇大摆地让服务生给他拿橙汁。等待服务生给他拿橙汁的这段时间，他还一直动来动去；菜上桌后他就赶紧去夹，不停地翻找自己喜欢吃的东西，尤其是上油焖大虾时，他就像在家里一样，竟然把大虾整盘端走了。虽然其他人都连连表示"没关系，孩子爱吃就给他吃吧"，但父母还是感受到了他人的鄙夷，简直如芒刺在背，一刻也待不下去了。

　　每个人都会在心底对接触过的人默默评价一番："这个人风度翩翩，跟他接触真是令人心神愉快！""这个人真有涵养，懂的又多，以后最好能多跟他往来。""这个人真差劲，帮了忙连句客气话都没有，以后不管他了！""这个人粗俗不堪，嘴里还一直挂着脏话，还是离他远点儿吧。"……从这些评价里可以明显看出，人的礼仪与教养是影响人际交往的重要因素，因此，父母应当教会孩子文明懂礼。

　　那么应当怎样培养孩子的礼仪呢？下面提出了几点建议以供家长们参考：

（1）在日常生活中加以培养

孩子学习礼仪不可能一蹴而就，而是循序渐进的，因此需要父母在日常生活中从点滴小事加以培养。

①纠正坐姿。坐姿不好的孩子会显得很没有气质，父母应当进行纠正。具体来说，通过游戏纠正是最好的方式。父母可以将椅子搬到较为宽敞的地方，如客厅，先给孩子做示范，然后再和孩子比赛谁的坐姿更标准。当孩子的坐姿很标准时，父母应当给予鼓励和表扬。

②教导孩子的用餐礼节。用餐礼节是孩子面对外人时的一张名片，能让别人对孩子产生良好的印象。首先，在生活中每一次用餐时，父母可以指出孩子不恰当的行为，帮助其改正。另外，父母可以在家中和孩子模拟与其他人一起用餐时的场景，如果是西餐还可以布置好相应的摆设，传授给孩子正确的用餐礼节。孩子肯定会觉得新鲜、有意思，愿意去感受、体会，享受不同的氛围，这样逐渐就会养成良好的用餐礼节。

③教导孩子接电话的礼仪。在培养孩子接电话的礼仪时，应当首先告诉孩子正确的做法，如先问好、使用礼貌用语等，然后再使用玩具电话与孩子一起玩打电话的游戏，帮助孩子练习。

③让孩子养成使用礼貌用语的习惯。礼貌用语的使用能够直接体现孩子的礼仪与教养，因此父母应当培养孩子说"请""谢谢""对不起"等礼貌用语的习惯。想要养成这一习惯，首先要让孩子树立正确的观念。父母可以通过一些小故事来帮助孩子理解，让孩子知道这些礼貌用语应当在哪些情况下使用。在真正遇到应当使用礼貌用语的情况时，父母也要适时提醒孩子。

（2）在待客与做客中传授孩子礼仪

待客和做客是传授孩子礼仪的好机会，父母应当把握好这个机会，告诉孩子应当怎样去做，自己也按照所说的要求做，给孩子树立一个模仿和学习的好榜样。

①将孩子介绍给客人。当家里有客上门，而且孩子又是第一次见到这位客人时，家长一定要记得将孩子郑重地介绍给客人。如果孩子之前已经认识这位客人了，也要让孩子认真地与对方打招呼，给予孩子一定的关注。

接待客人是培养孩子自信心、锻炼孩子人际交往能力的好机会，可有些父母的错误做法却导致机会白白溜走。家里来了客人时，很多父母都会忙于招待客人，只让孩子露个面便放他自己去玩，这样会让孩子觉得自己不重要，便不会有待客的意识，也就无法培养他的礼仪。更有甚者，孩子会觉得自己被忽视了，于是各种胡闹、撒娇，目的就是为了引起父母和客人的注意，这反而令孩子更加没有礼貌。

②文明做客。父母要告诉孩子去做客时应当怎样去做：提前打理好穿戴，做到干净、整洁；带些小礼品上门，以示尊重主人；在主人家里要谈吐文明，不能大声喧哗；没有经过主人的同意，不能随意翻动主人家的东西，就算对方跟自己非常要好也不行；如果要留在对方家里用餐，要注意用餐礼仪；离开时，要对主人表示感谢，如"今天很开心""欢迎以后来我家玩"等。

③礼貌待客。家中要来客人时，父母要让孩子一起进行前期准备，比如整理房间，以干净、整洁的状态待客。父母还要教导孩子，让孩子也要以主人身份来接待客人。如，客人进门时要前去迎接，帮助客人放置衣物，引导客人就座；主动询问客人需要喝些什么，并帮其拿来；呈、接物品时要用双手，以示尊重；主动、大方地和客人交谈；客人要离开时要礼貌挽留，说"再坐一会儿吧"等；要将客人送出一段距离，并欢迎对方再次上门。

（3）纠正孩子的无礼行为

社会上常能见到一些孩子的无礼表现，如在非常安静的地方大声喧哗，在人来人往的商场横冲直撞等，而且无论父母怎么制止，孩子也不收敛自己的行为。发生这种情形时，想必父母都会觉得十分困扰，感到有些难堪。那么，应当怎样纠正孩子的这些无礼行为呢？

①孩子见人不知打招呼时。其实，孩子不与别人打招呼可能只是因为不知道应该怎样称呼对方，因此在与人见面之前，父母应当提前告诉孩子一会儿要见的人是谁、应该怎样称呼等，甚至可以先进行练习。见面后，要留给孩子一些时间，而不是先忙着和对方说话，过一会儿发现孩子还没有与对方问好就又急着催孩子，这样只能越催越糟。如果孩子真的非常害羞，一时间有些怯场，那么让孩子对对方微笑，或是点点头其实也没问题。

另外，如果孩子能够主动问好，父母应当予以一定的鼓励和赞扬，当孩子发现自己"嘴甜"能够哄得大家开心，自己也能得到奖励的时候，孩子也会很愿意去做的。

②孩子在公共场合不停吵闹时。这个问题的关键在于事先预防。父母应当在外出之前先告诉孩子这次外出是为了什么，让孩子有个大致的概念。另外，还要跟孩子约定好哪些事情不能做，并确认他已经听懂，询问他能否遵守。

到了目的地后，孩子有可能忘记事前的约定，打破约定，这时，家长应当压制心中的烦躁，耐心地予以提醒和纠正，让孩子按照约定行动。但如果孩子屡劝不改，家长在条件允许时，应当停止此次活动，带孩子回家，让孩子知道，不遵守约定、不能在公共场合有得体的表现，家长就不会再带他出去，并切实地实行，这样孩子慢慢就会学会控制自己。

③孩子口出恶言时。"你是猪吗，怎么这么笨啊？""叔叔，你的身上真脏。""妈妈，这个新娘太丑了。"……当这些难听的话从孩子的嘴巴里突然冒出来时，父母肯定会觉得非常窘迫。

其实，孩子说出这样的话可能并不是故意想要侮辱或伤害对方，只是想把自己的想法告诉大人。但这样的话是非常不合时宜、不礼貌的，父母应当告诉孩子哪些话是能说的，教导孩子以正确的态度来处理和成人的关系。

第 33 课　培养孩子的正义感

　　一位孩子的父亲到幼儿园接孩子时见到了这样一件事：儿子看到班里一个身体强壮的孩子在欺负另一个比较弱小的孩子，于是主动上前阻止那个强壮的孩子，帮助弱小的孩子脱离了困境。于是这天回到家之后，父亲夸赞了儿子的行为，并告诉儿子，只要是正确的事情，无论其他小朋友是怎样的态度，自己都应该勇敢地坚持。另外，想要指出其他小朋友的缺点或错误时，不能太过直接，而是应当运用一些方法。假如自己犯了错，则应当主动担负起相应的责任，然后尽力改正。

　　这位父亲对儿子坚持正义的行为进行了鼓励和表扬，孩子接受表扬后肯定会十分高兴，遇到类似的情况肯定还会上前。这样就形成了一个良性循环，逐渐培养出孩子的正义感。

　　想要培养孩子的正义感，父母还可以尝试下列几种方式：

　　（1）让孩子懂得关心和体贴他人

　　关心与体贴是培养孩子正义感的情感基础。具体则体现在责任心上。

　　在果果小的时候，妈妈一直对她有着严格的要求，尤其是在责任心上。下面这件事就充分地体现了这一点：有一天吃晚饭的时候，果果突然想起自己借了同学的课堂笔记没有还，便跟妈妈聊起了这件事。谁知妈妈刚听果果说完，就让果果放下刚刚拿起的筷子，并立即去把笔记送还给同学。妈妈告诉果果，如果没能及时送还笔记可能会影响同学的复习，所以必须马上送回去，这既是对同学负责，也是对自己的行为负责。果果一直将这件事情记在心中，因此慢慢养成了负责任的优秀品格。

拥有同情心，能够助人为乐、见义勇为，也是关心和体贴他人的表现。现在许多家长都特别宠爱孩子，恨不得将所有好东西都给孩子，再加上孩子的同龄伙伴又不多，因此很容易使孩子养成霸道、自私、以自我为中心的性格。因此，父母应当避免溺爱孩子，注意培养孩子的同情心，让孩子从关心体贴他人的过程中感受到成为一个正直的人的快乐。

（2）父母应当以身作则，树立良好的榜样

身教比言教更有效，父母是陪伴孩子时间最长的人，父母的言行举止对孩子有非常大的影响。如果父母能够以身作则，给孩子树立起良好的榜样，那么孩子自然也能成为品性优秀的人。因此想要让孩子诚实，父母就应当诚实；想要让孩子正直，父母首先要正直。但实际情况却是，许多家长都没能做到，却一味地要求孩子去做，这样孩子怎么可能做到呢？例如，有些家长明明看到是自己的孩子先挑起争端的，却反过来说是另一个孩子先惹的麻烦，这实际上就会让孩子误以为撒谎是很正常的，导致孩子走上歧途。因此，父母要用自己身上的优良品质来影响孩子，将孩子培养成一个诚实、正直的人。

另外，强调身教并不意味着可以忽略言教，只有身教与言教紧密结合，才能达到最好的教育效果。

（3）找出孩子不正直、不诚实的真正原因

这天，王博向妈妈要了20元钱，去买老师要求买的圆规。小卖部里面的商品真多呀，王博找到了圆规之后又注意到了旁边的冰柜，看到了里面装着的各式各样的冷饮。他犹豫再三，最终还是没忍住，用剩下的钱买了一根冰棍。

回到家后，妈妈向王博要找回的钱，王博当然没办法交出来。但他并没有把实情告诉妈妈，只是说："售货员阿姨没有找给我钱。"王博的妈妈一下子就察觉到这其中有问题，但她没有气急败坏地打骂孩子来逼迫孩子讲出实情，而是冷静地说道："王博，你好好回想一下，你是不是还买了其他东西却一时忘记了？否则钱肯定会有剩余的。"妈妈的话其实就是在暗示王博，她已经猜到了实情，但希望王博能够主动坦白。后来，王博羞愧地向妈妈承认了错误，还保证以后再也不会做这样的事了。

事后，王博妈妈也反省了自己，她察觉到自己在教育孩子时有些严厉，对孩子的要求有很多都超出了孩子的心智水平，导致孩子压力太大了，不敢直接将他的欲望告诉自己，这才想到用撒谎的方式来解决问题。

导致孩子不诚实、不正直的原因有很多，父母一旦发现孩子有这方面的倾向，就要寻根究底，找到其中的原因，并督促孩子经常对自己的言行进行检查与反思，这样才能让孩子养成诚实、正直的行为习惯。如果孩子已经习惯于说谎，父母应当让孩子意识到说谎的人无法得到大家的信任，别人也会因此远离自己。知道了说谎的严重性，孩子就会慢慢改掉说谎的习惯。

第34课 尊重他人，是孩子最高级别的修养

　　李阳阳发现自己刚满5岁的儿子完全不懂得尊重别人，这让她非常伤心。事情是这样的：周六，李阳阳本打算去参加姐妹们的聚会，让丈夫在家带孩子，可丈夫临时有事出去了，她只能带着孩子一起去参加聚会。刚到咖啡厅，李阳阳还没跟姐妹们打招呼，儿子就已经放开了她的手，快速跑到柜台前大声喊道："我要喝可乐！"李阳阳赶紧上前想要拉走他，先去打招呼，没想到儿子却用力打了一下她的手，喊道："妈妈，你给我放开！"

　　儿子这样的表现让李阳阳觉得又惊讶、又伤心，她猛然意识到，儿子这次的行为并不是偶然，类似的事发生过很多次了。虽然他在家里有时候也会有一些对自己不尊重的言行，可如果不是这次的事情，李阳阳还不知道什么时候才能意识到这一点。她怎么也想不明白，自己到底忽视了什么，才让孩子变成了这样……

　　其实，孩子之所以会做出这种不尊重大人的举动，父母是要负很大责任的。随着时代观念的改变，"父母的权威不可动摇"等"老套"的教育思想已经被很多年轻的父母摒弃，他们崇尚与孩子成为朋友。于是，这些父母过多地对孩子强调父母与孩子是朋友，有时还毫不避讳地在孩子在场的情况下就抱怨老师或是其他孩子的家长，这些言行其实相当于在告诉孩子："不尊重长辈也没关系，没有权威不可动摇！"于是，孩子的心目中没有了"权威"的

概念，"尊重"这个词语也几乎消失了。

尊重是人际交往过程中非常基础且非常重要的条件，能够尊重别人的人，才能得到别人的尊重。而只有所有人都能够懂得尊重他人，整个民族的自尊感才会得到显著提升。所以，父母应当关注孩子尊重意识的培养，让孩子成为一个懂得尊重他人的人。

那么，父母具体应该怎样培养孩子的尊重意识呢？

（1）父母要尊重孩子

孩子没有体会过被尊重的感觉，就不会知道尊重是一件多么美好的事情，也就不能理解父母为什么要要求自己尊重别人。因此，父母首先应当尊重孩子，让孩子知道什么是尊重。例如，让孩子帮忙做一些事情时，父母不要使用生硬的祈使句来命令孩子，而是要说"帮妈妈……好吗"一类较为柔和的语句；如果孩子帮忙完成了某件事，父母要说一声"谢谢"；一些小事可以和孩子商量着办，像是借用孩子的东西、周末出游的目的地等。

（2）教会孩子尊重他人

教会孩子尊重他人是父母们应该做到的事情。一个不懂得尊重他人的孩子，在进入社会后想必也难以赢得众人的好感，极端的人甚至会丧失自尊以及对宝贵生命的尊重。与人见面时问一声好、握一个手，在他人遭遇不幸时表示同情与怜悯，在自己取得成功时能想到这其中也有他人的努力……这些其实并不难，且都表现出了对他人、对他人劳动成果的尊重。

（3）为孩子树立好榜样

父母在人际交往中的行为举止、态度方法，多多少少都影响着孩子的思想与言行。如果父母能有良好的行为举止，那么不用父母费太多口舌，孩子自然会模仿父母的行为，走上正确的道路。如，在家里，父母能否尊重、孝敬自己的长辈，是否用尊称与长辈交谈；与他人交流时，能否全神贯注，并微笑地看着对方，认真倾听，不随意插话；是否会在背后非议别人；能否在公共场合遵守秩序等。倘若父母在日常生活中能时刻注意自己的行为，为孩子做出表率，那么孩子就会在潜移默化中受到影响，自觉做好自己应当做的事。

（4）教会孩子尊重他人的所有权

父母应当帮助孩子分清什么东西是属于他的，什么东西是属于别人的，并教会孩子尊重他人的所有权，还要让孩子初步了解这样做的原因。父母还要告诉孩子，随便取用别人的物品、抢占或破坏别人的东西等行为都是错误的，应当学会控制自己的行为。

（5）教育孩子与人交谈时要使用尊重的语气

父母应当教育孩子用尊重的语气与人交谈。有些父母觉得，孩子有比较强的自我表达意识是一件好事，因此哪怕孩子以大哭大闹的方式来表达自己的想法，父母也不予以阻止。事实上，大部分孩子在顶撞了父母后都会觉得愧疚或者害怕，此时倘若父母纵容了孩子这样任性、无礼的行为，孩子慢慢也就不再在乎自己的言行会不会给他人造成伤害了。因此，父母要态度鲜明地阻止孩子任性无礼的行为，告诉孩子"我不喜欢你用语言去伤害别人""你要为你说的那些伤人的话道歉"等，表达出要用尊重的语气和人交谈的要求。

（6）让孩子换位思考

除了父母的言传身教外，孩子也可能会通过网络、小伙伴甚至大多数人的做法而学会不尊重别人的举动。例如给别人起含有贬义的外号，见到残疾人会大惊小怪、指指点点，嘲笑陷入困难的人，对倒霉的人幸灾乐祸等等。起初，孩子有这样的行为可能只是出于好奇，或是想开个玩笑，又或者只是盲目地跟着其他人做，他们并没有意识到这些行为是对他人的不尊重，没有察觉到这些行为会给别人的心灵造成多大的伤害。

但是父母不能放任孩子一直这样下去，否则长此以往，孩子就会养成习惯，哪怕今后意识到自己的行为有问题，也很难改正了。父母应当告诉孩子尊重别人就等于尊重自己，还要有针对性地告诉孩子这些行为的坏处，让孩子学会换位思考，设身处地地感受不被尊重的感觉，劝导孩子去同情、帮助他人。相信只要父母一点点将这些道理讲给孩子听，孩子就能慢慢接受，改变自己的行为。

（7）让孩子知道不尊重人的恶劣结果

通常而言，如果能够在孩子做出对他人不尊重的行为时，及时制止并予以适当的惩罚，倘若当时的情况不合适也可以将惩罚延后，并告诉孩子他是因为什么受到惩罚的，那么孩子就会知道不尊重人会给自己带来恶劣的影响，今后也就会避免做出这样的行为。

在具体的惩罚措施上，父母可以选择让孩子在一定时间内不能玩手机、看动画片，或某样他特别喜欢的菜一段时间内都不会再出现在餐桌上，又或者没收一个他十分喜欢的小物件。总之，惩罚措施应当在不伤害孩子身心的前提下，要能给孩子留下深刻的印象，而且一定要保证这项惩罚措施的严格施行。

第35课　合作，孩子社交必备的能力素养

一个人想要不断进步，获得成功，除了自己不断努力外，与他人的交流合作、切磋互助也是必不可少的。

合作，是置身社会所不可或缺的基本技能，也是孩子今后在社会中立足与发展的必备能力。纵览人类历史，从烽火传信到手机联络，从纵马巡游列国到前往太空探索，都脱离不开合作的力量。

在生育率逐渐下跌的今天，让孩子学会接触其他孩子、学会与他人合作就显得更为重要。因此，父母应当在生活中加强培养孩子的合作意识与能力。

爸爸是个篮球迷，总是关注各种篮球比赛，他每次看比赛时儿子童童都在旁边，于是童童也逐渐喜欢上了篮球。

这天，爸爸又跟童童一起看比赛。这场比赛的两支队伍乍一看实力是存在一定差距的，红队中的每个队员都实力强劲，蓝队中的队员则要弱一些。

"你觉得哪队能赢啊？"爸爸问童童。

"这还用想吗？"童童似乎对这个问题有些嗤之以鼻，"肯定是红队啊。他们每个人都那么厉害。"

"那这样吧，咱们打个赌，"爸爸提议道，"我觉得获胜的会是蓝队。输的人今天晚上要负责刷碗。"童童没有多想便同意了。

这场比赛打得十分激烈，双方你争我夺，互不相让。起初，红队明显占有优势，分数领先了不少，可渐渐地，队员们配合上的问题暴露了出来，失误频发，蓝队抓住时机一鼓作气地赶了上来，并成功反超。最终，蓝队取得了胜利。童童愤愤不平地接下了刷碗的任务。

爸爸问童童："你知道红队为什么会输吗？"童童说："他们不能很好地配合。"爸爸告诉他："你看，合作就是这么重要。力量强大的人联合在一起，并不一定能收获成功，实力欠佳的人一起努力，只要合作得当，也能够发挥出巨大的力量。"

童童将这句话牢牢地记在了心里，并尽力去做。之后，他和所有同学都相处得很好。

社会纷繁复杂，想要让孩子将来能够在社会中游刃有余地生存，合作能力的培养是必不可少的，只有这样，孩子才能找准自己在集体中的位置，融入集体当中，从而取得成功。

成功的合作可以给孩子带来良好的体验，这种良好体验能让孩子感受到乐趣，反过来加深孩子的合作意识。

一位老师在讲《竞争与合作》这一课时，准备了一个小游戏，希望同学们能够有切身的体验。

老师将3个口小肚大的瓶子整齐地摆在讲台上，每个瓶子里都有两个用绳子拴住的小球，这些小球都只比瓶口稍微小一些，而且一样大。

随后，老师找了6名同学上讲台来一起进行游戏。他将这6名同学分成了三组，每组两个人，每人都拿着一条拴住小球的绳子。游戏规则是，老师说完开始之后，6名同学必须用最快的速度把小球拉出瓶子。

老师的"开始"刚一出口，三组同学都迫不及待地行动了起来。但是，这三组同学却得到了不一样的结果。

第一组，两名同学急不可耐地使劲拉起了绳子，他们都想让自己的小球先被拉出来，结果他们用的力气太大了，绳子都被拉断了，于是两个小球都被留在了瓶子里。

第二组，这两名同学跟第一组同学的想法一样，也争先恐后地拉起了小球，不过他们没有像第一组同学那样用力，结果就是两个小球卡在了瓶口，动弹不得。

第三组是唯一成功的一组，两名同学先后将小球拉出了瓶子，整个过程大概连两秒钟都没有。老师问他们是怎样做到的。其中一位同学回答说："我觉得小球只比瓶口小了一点点，假如两人一起拉的话，肯定会卡在瓶口出不来。所以我就想着先让对方拉出来，我之后再拉，这样才能快速地拉出小球。"

显然，这位同学知道合作的重要性，也在游戏中感受到了合作的乐趣与好处，相信在接下来的学习与生活中，他都能更加注重与他人的合作。

现在的孩子都很受家人的宠爱，于是产生了较为强烈的自我意识。倘若这种自我意识一直强化，便可能会发展为自私、霸道、固执等不良品格，这些不良品格对孩子的成长十分不利。而且，社会上投放的一些作品，如幼儿画刊、动画等，时常会有意无意地渲染个人英雄主义，家长也极力强调"不能输在起跑线上""取得第一名"等，这就导致如今的孩子越来越注重个人的表现，缺少合作精神。比如，有的孩子不让别人碰自己的玩具，有的孩子因为自己家境好而一直以鄙夷的眼光看待别人，有的孩子会因为忌妒而攻击他人等，这都明显地暴露出孩子的严重问题。倘若这样持续下去，必然会导致孩子在人际交往中陷入困境，这对孩子的健康成长非常不利。所以，父母应当加强引导，从小培养孩子的合作意识，帮助孩子提升合作能力。

人不能脱离社会生存，那么合作就成了每个人必备的素质。合作精神，就是为了达到共同的目的而团结一致、互帮互助、坚毅奋斗的精神。倘若孩子不知道怎样与人合作，那么无论他多么有才华，也只能是闭门造车，无法取得多大的成就。

那么，父母应当怎样对孩子的合作能力进行培养呢？

（1）让孩子意识到合作的重要性

只有孩子意识到了合作的重要性，他才会愿意去学习如何合作。父母可以给孩子讲一些古今中外的历史名人故事，让孩子明白这些名人是与人合作才取得了成功的，并告诉孩子这些名人具体是怎样做的，由此帮助孩子树立正确的合作意识。

（2）让孩子懂得"悦纳"别人

"悦纳"别人其实就是从心底认同别人、愿意接受别人，欣赏对方的优点，包容对方的缺点。这样，合作就有了动力与基础。因此，父母要告诉孩子，所有人都会有不足，但所有人也都会有他的闪光点，要全面地观察别人，发现对方的优点。比如，有的孩子虽然学习成绩不出众，但对班集活动从不推辞；有的孩子虽然不善言辞，但能够积极参加劳动；有的孩子说话过于直接，但对每个同学都很好……只要全面观察，就能找出别人的优点，只有发现并欣赏别人的优点，才能促成合作。

（3）让孩子学会分享

倘若孩子自私、强横、锱铢必较，那么他就很难跟别人和睦相处，也就更说不上进行合作。所以，父母要让孩子学会分享，愿意分享，并体会到分享的快乐。当然，教导孩子学习分享时，也要讲究原则和方法，不能太过生硬。例如，想让孩子将他喜欢的玩具分享给别的孩子时，一定不能强迫孩子，也不要对他讲那些空洞的、已经听厌了的大道理，而是用温和的语言引导孩子，多鼓励他："你玩一会儿，让他玩一会儿，或者你们俩一起玩。两个人一起玩不是更有趣吗？"这样，孩子就会觉得分享不是夺走了他的玩具，而是给他带来了更多乐趣。如果孩子的年龄较小，父母可以这样来进行"分享训练"：当孩子拿着一个很喜欢的东西时，父母可以拿着另一个孩子很喜欢的东西，并温柔地、缓缓地将其递给孩子，然后从孩子手里拿走原本的东西。通过这样的反复练习，孩子就会信任父母、学会分享。

（4）让孩子多参与活动，体会合作的快乐

父母可以陪孩子玩一些需要合作完成的小游戏，像是一起搭积木、拼图等，还可以鼓励孩子多去参加足球、篮球、排球等体育活动。这类活动既存在着团队之间的对抗和竞争，又必须使团队内部保持协调和一致，对合作精神的培养很有帮助。

（5）让孩子遵守集体规则

每个人都要在一定的规则范围内做事，孩子们在进行交往活动时也是这样，如果有人破坏了这些规则，那么其他人肯定会排斥他，如果能够按照集体规则行事，那么别人就会对他产生良好的印象。

陶行知先生曾说："教育的责任不是教，而是教学生学。"孩子如同一块海绵，只要父母能够把孩子放置到恰当的氛围中，并予以一定的指导，那么他就会将合作刻入心底，让自己更好地成长起来。

第 36 课　培养孩子的高级智慧：幽默

　　幽默，是调节生活的佐料，更是一种生活的智慧。让孩子学会幽默，也就是让他掌握了自我调节的本领和人际交往的能力。

　　这天，女儿不小心犯了个小错误，而且她已经多次犯同样的错误了，这让妈妈很生气，于是妈妈气冲冲地对女儿说："看来不打你你就记不住，今天我一定打得你屁股开花。"

　　女儿瞪着那双乌黑的大眼睛看了看妈妈，然后突然笑了起来："真的吗？那我的屁股会开出哪种花呢？妈妈你快点儿打我吧。"听了女儿天真的话，妈妈也忍不住笑了起来，怒火瞬间消失不见了。

　　对成年人来说，"打得屁股开花"只是一句很常见的俗语，没有什么趣味，但女儿却从这句话中感受到了趣味，制造出了幽默的效果，妈妈的怒火也随之化解了。

　　通常而言，孩子的心理承受能力还不太高，也不能很好地把控自己的情绪，因此很容易陷入烦躁、不安等负面情绪的泥沼当中。而倘若孩子具有一定的幽默感，那么他就能够尽快调节好自己的情绪，用乐观、幽默的态度来应对那些不开心的事情，在一个比较平和的心情中解决问题。而且孩子通过这样调节自己的心理状态，也间接提高了自己的意志力和心理承受能力，这些都能帮助孩子更好地成长。

另外，幽默是智慧与高情商的体现，它能够帮助人们融洽人际关系、化解矛盾，在人际交往中有着重要的作用。人们一般都不喜欢冷漠，想要远离忧伤，但必定不会讨厌一个能带来欢笑的人。因此，具有幽默感的孩子会更容易得到大家的喜爱与欢迎，孩子也就能得到更好的发展。

所有父母都想要让自己的孩子健康、快乐地成长。于是父母们用各式各样的方法来满足孩子的生理需求、安全需求，还带着孩子上各种兴趣班、补习课。但是，这些行为给孩子带来了一定的压力，而父母们又忽视了对孩子快乐心态的培养，因此有很多孩子都无法真正快乐地成长。所以父母们应该加强对培养孩子快乐心态的重视，其中非常重要的一点就是培养孩子的幽默感。

研究表明，不是每个孩子都具备幽默感。30%的人的幽默感是天生的，更多的则是需要后天培养。因此，为孩子营造一个愉快的氛围，让孩子感受到幽默带来的乐趣是十分重要的。那么父母应当怎样培养孩子的幽默感呢？以下几个角度供父母们参考：

（1）以父母的幽默熏陶孩子

父母可以先让自己变得幽默起来。如果父母具备幽默感，那么孩子就会在潜移默化中受到影响，也逐渐成长为乐观、幽默的人。比如，父母在平时可以用夸张的动作和表情同孩子交流，在与孩子玩捉迷藏时突然出现在孩子面前等，这些都会让孩子十分兴奋。

（2）营造幽默的氛围，让生活充满欢声笑语

爱笑的孩子往往都具备一定的幽默感，他们擅长发现幽默、制造幽默，让生活变得更加轻松。因此，父母可以为孩子营造幽默的氛围，让生活充满欢声笑语。具体来说，父母可以多与孩子进行一些有意思的情境游戏，如捉迷藏、扮鬼脸、找宝藏等，让孩子开怀大笑。其实，沉闷的家庭氛围往往只需要一句幽默的话、一声轻松愉悦的笑声就能打破，幽默会带给孩子欢乐的童年，填

补亲子之间的代沟。

（3）培养孩子的想象力和语言表达能力

如果孩子没有足够的想象力，也没有足够的语言表达能力，就无法表达出自己的幽默，因此，父母在培养孩子的幽默感时，要注意想象力和语言表达能力的培养。具体来说，父母可以引导孩子去阅读，背诵儿歌、古诗。另外，父母也可以给孩子讲一些对心智有益的小故事，尽力挖掘故事中的幽默元素，或是让孩子发挥想象，自己编一些小故事讲给父母听。

（4）让孩子保持愉悦、宽容的心态

愉悦、宽容的心态是幽默的心理基础，父母应该引导孩子愉快地与人相处，宽容待人，有了矛盾要用幽默的语言调解，提出批评建议时也要尽量在幽默的氛围中进行。

（5）让孩子多看一些幽默的作品

高水准的幽默作品可以帮助孩子拓宽视野，挖掘孩子幽默的潜质，让孩子对幽默的领悟能力得到提高。

（6）父母要放低身份

在与孩子交流时，父母要放低身份，以孩子的角度、孩子能理解的方式来展现幽默、表达趣味，如侧重体态表现，减少逻辑幽默。父母既不能用居高临下的态度去表达孩子无法听懂的幽默，也不能嘲笑孩子的纯真。父母要让孩子尽可能多地绽放出发自内心的笑容，这会给孩子的童年带来愉快的体验。

（7）鼓励孩子表现幽默

当孩子表现出幽默时，父母应当予以鼓励和赞扬，允许孩子在家中开玩笑、讲笑话，让孩子可以在家中尽情地展现自我、表达幽默。

（8）摒除社会中对孩子幽默行为的阻碍

在许多中国人的观念里，成年人必须在孩子面前表现出严肃、端庄的样子，孩子则不能与大人开玩笑或是打闹，不然就是对长辈的不尊重。在学校里，大部分老师都偏爱所谓的乖孩子，他们最好一直老老实实地坐在那里，不让老师操心。所以，孩子幽默感的培养更多的是依靠家庭的引导和教育，父母要摒除社会中对孩子幽默行为的阻碍，引导、鼓励孩子勇敢地表达自己的幽默，让孩子以幽默的态度来观察周边的事物。

（9）塑造孩子的幽默行为

塑造孩子的幽默行为，就是无论孩子的幽默是多么的幼稚或无趣，都要对孩子为幽默所付出的努力表示鼓励和称赞。鼓励的方式多种多样，可以是语言上的表扬，也可以在行动上捧场，或者给孩子的玩笑开发出更多笑料。

另外，父母也要告诉孩子幽默感也有一定的禁忌与原则：

①不能伤害到他人。

②对人要有最基本的礼貌。

③不能进行危险动作。

总之，孩子的幽默感大多是经过学习得来的。在这一过程中，父母的作用不可小觑。父母应当珍惜与孩子相处时的每分每秒，营造轻松幽默的环境氛围，注重对孩子幽默感的培养。

第 37 课　教出勇于认错的好孩子

　　每个人都犯过大大小小的错误，孩子更是在不断犯错的过程中成长起来的。孩子的心理和生理都还比较稚嫩，思维方式也更为简单，因此，孩子比成年人更容易犯错。

　　大部分孩子在犯错之后都会惊慌失措，甚至感到恐惧，然后就可能会想到应当怎样隐瞒这个错误。孩子犯错误其实并不可怕，可怕的是犯错之后不敢承认，不去尽力改正、弥补，反而想尽办法遮掩，让犯错误没有丝毫价值可言。

　　如果孩子犯了一个无伤大雅的小错，但不能尽快改正，不能勇于承认，不能得到教训、吸取经验，只是慌慌张张地想要隐瞒下去，那么这个孩子今后必然会犯更大的错误，也会因为不敢认错而错失一些良机。

　　勇于认错并进行改正，是维持良好人际关系的重要因素，也是事业发展的重要品质。如果孩子能具备这一品质，那么他就可能得到更多的发展机会。

　　孩子还不够成熟，世界观、人生观、道德观还没有完全建立起来，所以难免会有触碰道德界限的时候，比如耍赖、顺手拿走别人的一支铅笔或一块橡皮、与人打架等。如果父母此时没有以正确的态度处理孩子的错误，引导其承认、改正，而是放任自流，那么，孩子就可能走上歧途。

因此，在孩子还无法以正确的观念进行自我引导之前，父母应当运用恰当的教育方法来教导孩子正确面对自己的错误。

玛格丽特·撒切尔是英国第一位女首相，她很受英国人民的爱戴。这位鼎鼎有名的"铁娘子"之所以能取得如此巨大的成就，跟她自小受到的教育有很大关系。

玛格丽特非常喜欢小动物，在她7岁的时候，邻居家养了一条活泼可爱的斑点狗，小玛格丽特经常跟它一起玩。有一天，小玛格丽特不知道从哪里弄来了一块咸肉，便马上跟斑点狗一起将咸肉全都吃掉了。可是，不幸的是，一天之后斑点狗由于消化不良而死了。小玛格丽特知道后哭得伤心极了。看着一直哭个不停的女儿，母亲说道："斑点狗因为你的失误而病死了，你知道自己现在应该做什么吗？"小玛格丽特马上将眼泪擦干，跑到邻居家承认了自己的错误。

这件事本来应该就此宣告终结，可父亲知道后，认为女儿除了勇于承认错误之外，还需要承担一定的责任。于是他又告诉女儿："你是一个能够勇于认错的孩子，这一点值得表扬。但是除了语言上认错之外，你还应该用实际行动来表示你认错的态度。"小玛格丽特仔细思考了一会儿，然后掏空了自己的存钱罐，想要再去买一只斑点狗送给邻居。可要买一只斑点狗至少需要60英镑，小玛格丽特的存款根本不够。父母虽然非常疼爱她，但也决定放手让女儿得到锻炼。于是，妈妈就跟小玛格丽特的姑妈商量，让女儿为家里养了4条狗的姑妈遛狗，每月支付她15英镑，几个月之后，小玛格丽特终于将这笔"狗债"还清了。

所有父母都希望自己的孩子能够勇于认错，但究竟应该怎样教育孩子，才能让孩子拥有这项良好的品质呢？

（1）父母要以身作则，鼓励孩子主动认错

在与孩子相处的过程中，父母也会犯错，虽然人人都知道犯了错误应当承认，但有相当一部分父母在犯了错后不愿意承认，觉得认错会让自己丢了面子、失去威信，尤其是错误地批评了孩子。但这样就会带来恶劣的后果：孩子也会觉得承认错误是件非常丢脸的事，犯了错之后也不认错。

其实，父母根本不必担心向孩子承认错误会丧失威信，孩子反而会因为父母开明的态度更加尊重父母，这对教育孩子很有好处。比如，当孩子惹了麻烦后，有些父母可能会因为一时情绪失控，而对孩子做出过重的惩罚，等到心情平静后又觉得很后悔。此时，倘若父母能够勇敢地向孩子承认错误，不仅及时改正了自己的过失，完善了自我，也用实际行动教导了孩子犯错后的处理方法。

（2）让孩子认识到犯错的后果

比如，孩子跟其他小朋友发生争执时，打了同伴。父母知道后应当告诉孩子："打人是一种错误的行为，被你打的小朋友会很疼的，比你摔了一跤还要疼很多。"如果孩子能明白自己的行为会让别人感到痛苦或带去不良影响，那么孩子以后就会收敛自己的行为。等孩子明白自己的问题后，要让孩子主动前去道歉，并承担相应的责任。

（3）适度惩罚孩子

有些孩子一直被父母捧在手心上长大，即使犯了错父母也舍不得惩罚孩子。但事实上，对犯错的孩子进行适度的惩罚是十分有必要的。有时候仅靠说教无法取得良好的效果，适度惩罚孩子则能让他切身体验到犯错的后果。

第 38 课　宽容是孩子人际交往的法宝

　　岳明和子良是从小到大的好朋友。因为两家人住得很近，而且年纪又相仿，因此二人关系非常亲密。可是有一天，子良放学后却哭着跑回了家，妈妈问他怎么回事，子良难过地说："岳明踢了我一脚。"但是另外一边的岳明也一脸委屈地告诉自己的妈妈，子良今天摔了他心爱的铅笔盒。

　　两家大人细问之下才知道，原来两人当天在学校里发生了一件不愉快的事情：课间休息的时候，班里有名的"调皮大王"不小心推了子良一把，而子良一个趔趄正好踩到了掉在地上的一个铅笔盒。子良一回头，发现那个被踩扁的铅笔盒正好是岳明的。

　　后来，回到座位的岳明发现自己的铅笔盒坏了，气得咬牙切齿，还没等子良仔细给他解释，就朝着子良的屁股狠狠地踢了一脚。此后的很多天，两个人都气鼓鼓的，一个觉得自己打人没错，一个觉得自己很委屈，所以彼此都不愿意搭理对方。

　　岳明的妈妈了解了事情的前因后果，觉得孩子间的矛盾应该让他们学着自己解决，于是她找到儿子，语重心长地说："孩子，你比子良年长一岁，你作为哥哥是不是应该懂事一点儿，学着包容弟弟的错误呢？另外，试想一下，假如你今天不小心弄坏了妈妈的发箍，你希望妈妈怎么对待你？"岳明歪着脑袋想了想，说："我希望妈妈原谅我，因为我真的不是有意的。如果妈妈不原谅我，打了我，我会觉得很难过。"

妈妈听完笑呵呵地说："同样的道理，你因为一个铅笔盒而打了子良，那他就不难过、不伤心吗？要知道，他也不是有意要踩你的铅笔盒，而是有人不小心碰了他，他支撑不住自己的身体才踩到你的铅笔盒的。"

岳明听了妈妈的话，觉得自己也有做得不对的地方，自己应该原谅子良的小失误。于是他主动到子良家给他道了歉。而子良也感受到岳明的宽容，暗自下决心以后一定小心一些，此后两个小伙伴又一起愉快地玩了。

雨果说："世界上最宽阔的是海洋，比海洋更宽阔的是天空，比天空更宽阔的是人的胸怀。"宽容是孩子在人际交往中的一大法宝，如果孩子在与人交往的过程中，能做到宽容，那么他一定能团结同学，结交更多的朋友，为自己营造出愉快的生活和学习氛围。

但是，要做到宽容并不是一件很容易的事情，我们要求一个小小的孩子包容自己的同学、朋友和身边的人，甚至包容那些伤害自己的人，这确实有点难。可反过来说，如果孩子真的能练就这样的勇气，拥有这样宽厚的胸襟，那么这对他以后的人生将会有很大的帮助。因此，家长应该从小教育孩子学会宽容。

（1）父母要做好孩子的榜样

孩子可以说是父母的复制品。如果父母在生活中心胸狭窄、斤斤计较，那么孩子也很难养成宽容的品格。因此，要想培养孩子的宽容之心，父母首先要遵守对他人的关爱、平等、谦虚等处世原则；其次，父母还要以一颗宽容之心给孩子以直观而生动的行动引导，这样孩子在耳濡目染之中才会拥有一颗宽容之心。

（2）及时纠正孩子的霸道行为

孩子的霸道行为也是阻碍其形成宽容性格的一大障碍。想要逐步改善孩子的霸道行为，家长可以通过以下两种方式实现：

①让孩子认识到个体的差异性。每个孩子都是一个独立的个体，他们有自己的特征，比如，有的小朋友身材矮小，有的小朋友偏胖，有的小朋友不擅长体育运动等。家长应该通过对比分析，让孩子认识到这样一个事实：每个人都有自己的特征，我们不能因为别人的这些差异而看不起他。

②借助具体事例教育孩子。在生活中，我们每天会碰到很多和宽容有关的事情，家长可以借此机会让孩子认识到缺乏包容会有哪些危害。当然，父母也可以通过电影或电视剧中描述的某个场景进行一次关于宽容的亲子教育。

第39课　孩子爱当"小喇叭"，父母该如何引导

　　每个人都有属于自己的秘密，孩子成长到一定阶段也会开始有自己的秘密，不愿意与大人分享。但有意思的是，孩子们很多时候却愿意将秘密分享给亲密的朋友，当然，前提条件是对方能够保守秘密。如果对方有意或无意地将秘密泄露了出去，那么这个人就失去了他人对自己的信任，也就不会有人再与他分享秘密了。

　　所以，父母应当教导孩子，在人际交往中永远要遵守"诚信为本"的原则。如果答应替别人保密，或是知道某件事是对方的秘密，就应当切切实实地做到保密。爱当"小喇叭"、到处宣扬他人秘密的人，必然会遭到大家的厌弃。

　　很久以前，有个小国的使者朝见邻国的国王时，献上了三个几乎一模一样的金人。这三个金人价值连城，皇帝见了非常高兴。但与此同时，这个小国的使者提出了一个问题："您知道哪个金人最具价值吗？"皇帝让珠宝匠去仔细查看。珠宝匠称重量、看做工、看纯度，试过了各种各样的办法，都看不出任何区别。这可如何是好？使者还在等着回复，如果连这个小事都弄不明白，岂不是丢了国家的面子？这时，一位老大臣站了出来，称他有办法

鉴别。

只见老大臣胸有成竹地拿出三根稻草，依次插进了三个金人的耳朵里。第一根稻草插进去后从另一侧的耳朵里出来了；第二根稻草从金人的嘴巴里掉了出来；而第三根稻草则直接掉进了金人的肚子里。见此情景，老臣说："最有价值的是第三个金人！"使者回答："您的答案是正确的。"

稻草从另一侧耳朵里出来表示这个金人虽然听了却记不住；稻草从嘴巴里掉出来表示这个金人会随意传播听到的消息；而稻草进了肚子则表明第三个金人能够记住事情且不会随意宣扬。做人应当像第三个金人那样，少说多做，能够为别人保密，这样才能赢得更多人的欢迎。

父母可以借由这样的故事引导孩子改掉爱当"小喇叭"的坏习惯，并让孩子知道：朋友愿意将秘密告诉自己是出于对自己的信任，所以哪怕对方没有说要保密，自己也应当自觉保密。如果孩子泄露了秘密，不管是故意为之还是一时大意，都是对朋友的失信。

父母应当怎样纠正孩子爱当"小喇叭"的行为呢？以下几点建议供各位父母参考：

（1）培养孩子的同理心，不讨论他人的缺陷

在日常生活中，偶尔会碰到一些身有残疾的人，孩子看到了肯定会觉得诧异、惊奇。要知道，孩子的好奇心都是非常旺盛的，只要见到了新奇的事物，他们马上就会提出疑问。其实，孩子对此并未抱有丝毫的恶意，但如果对方听到了，还是会觉得是对自己的冒犯。面对这种情况，父母尽量不要一直向对方道歉，因为这样可能反而会加重对方的心理负担，甚至造成围观。明智的做法是，简明迅速地向对方表示歉意，然后带孩子离开现场。在远离对方之后，父母再对孩子的疑问进行解答："有些人遭遇了不幸，导致他们失去了身体上宝贵的一部分，这是很令人伤心的事

情。假如我们在他们面前谈论这些话题，他们肯定会感到难过的，这是一种不礼貌的行为。"

（2）让孩子学会分清界限，保护隐私

孩子总是会"实话实说"，可能在不知不觉间就泄露了家里的秘密。会造成这种情况是因为孩子还不能把握好家人、朋友与陌生人之间的界限。当孩子开始跟陌生人透露家中的状况时，父母可以带着孩子与对方告别，并在离开后告诉孩子："我们不能把什么事都告诉别人，尤其是陌生人，因为这些都是我们自己家里的事，跟对方没有关系。"在日常生活中，父母也要告诉孩子哪些事只能跟家里人讨论，哪些事可以告诉朋友，而对陌生人很多事情都不能说，并一定要让孩子知道，假如将太多的信息透露给陌生人，可能会造成什么样的危险。

（3）提醒孩子注意礼仪

有时候，孩子可能会在众人面前口无遮拦地评价别人。其实这只是孩子无意识的行为，但确实会让父母感到尴尬。发生这种情况时，父母千万不能一气之下就开始责骂孩子，而是应该以温和的态度对孩子进行正面的引导，告诉孩子如果在外面看到了不合时宜的行为，最好不要对其大声指责或大声宣扬，这是一种最基本的礼仪。父母也可以提前与孩子约定好一个独属于父母与孩子的秘密动作，比如挠一挠他的手心，只要做出这个动作，就表示孩子要停下当前的话题或行为，这样就可以有效地阻止孩子当众做出失礼的行为或说出不合时宜的话。

第40课 诚实守信：孩子一生最好的通行证

上了初中之后，皓皓的成绩就不断下降，妈妈为此劝说了很多次都没有什么效果，最后只能用他一直以来的心愿激励他："皓皓，假如你这次期中考试能考进年级前20名，那妈妈就请假带你去泰山玩。"听了妈妈的话后，皓皓兴奋极了，他动力满满地努力学习，成绩提升得很快，真的考到了年级前20名。皓皓欢天喜地地把成绩展示给妈妈看，妈妈看到之后也十分高兴，但她只字不提当初的承诺。几天后，皓皓终于忍不住要求妈妈兑现承诺。

这天，妈妈刚回家，皓皓就赶紧跑到妈妈身旁问道："妈妈，咱们什么时候去泰山呀？"妈妈告诉他："我最近很忙，请不了假，不去了！"皓皓听完马上就急了，气呼呼地问道："怎么又请不了假？你已经答应我了，不能言而无信！"皓皓这一嚷嚷，妈妈顿时烦躁了起来："你怎么这么不懂事！我说去不了就是去不了，还用得着你准许？"皓皓气得大哭了起来："我都跟同学们说我要去泰山了，还要给他们看照片、带礼物。要是不去我可怎么跟同学们交代呀！他们肯定觉得我是在吹牛！"妈妈大声责备皓皓说："你的同学能跟妈妈的工作比吗？说不去就不去！"

皓皓难过极了，妈妈在他心中彻底失去了信用，他也没有动力去学习了。后来，老师看到皓皓的成绩下降得很厉害，去了解了情况，并将这件事告诉了妈妈，妈妈这才反应过来，后悔当初不该违背对孩子做出的承诺。

其实，这个事例中的情况在我们的身边也时有发生。很多父母为了让孩子去做某件事，往往会轻易做出承诺，事后却又推三阻四，找各种理由不去兑现。这些"空头支票"会让孩子对父母产生不信任感，既伤害了孩子的自尊心，又会让孩子产生不必遵守诺言的错误观念。

诚实守信对每个人而言都十分重要。在人际交往的过程中，诚信是最基本的准则。这个素养需要从小培养。

许多父母都觉得，孩子还小，对很多事情转眼就忘记了，所以没有遵守与孩子之间的约定也没什么大不了的。但事实并非如此，孩子是很看重承诺的，如果承诺的事情是孩子心心念念的，那他们就更不可能忘记了。孩子们总是喜欢拉钩，这其实就是希望双方能够坦诚以待、遵守承诺的表现。

在合作当中，重信守诺是一个非常重要的原则。重信守诺，会让合作者对你给予充分的信任，也愿意与你合作。倘若轻视承诺，那么人们就会不愿与你合作，即使必须合作，也会考虑到有失信的风险，从而提高合作的费用，防患于未然。因此，父母一定要注重培养孩子诚实守信的品德。

在培养孩子诚实守信的品德时，父母可以参考以下几点：

（1）以身作则，做出表率

想要引导孩子讲诚信，父母首先应做到诚信，否则孩子也不会重视诚信。一项调查显示，超过80%的父母觉得自己是遵守对孩子的承诺的，可孩子的想法却与之相反，有95%以上的孩子觉得父母总是不遵守约定，常常失信。

父母们经常有这样的行为：孩子提前完成了父母布置的任务，但父母看时间还没有到，就又给孩子布置了额外的任务。这样的行为其实是有问题的，它一方面会让孩子慢慢习惯于拖延、磨蹭，以此逃避额外的任务，另一方面也会让孩子不再信任父母。原本约定好的任务，孩子遵守承诺地完成了，可父母却破坏了约定，虽然孩子通常无法反抗，但这会导致父母的信誉度在孩子心中逐渐降低，也就慢慢地不愿意听父母的话了。

如果孩子的年龄还小，父母们就更不在乎与孩子之间的承诺了。他们将这些承诺当作哄孩子的方式，只要说说就行，可正是这些"说说就行"的事情积累起来，导致大多数孩子觉得父母常常失信。

父母与孩子之间的承诺应该被认真对待，这既是一种正确的交流形式，也是一种良好的教育手段。父母应该让孩子意识到承诺过的事情必须完成，这样孩子才会产生责任感，从而形成良好的道德观念。

（2）不能随意做出承诺

承诺不能随意给出，关于承诺方面父母应当注意以下几个问题：

①尊重孩子。父母要尊重孩子、重视对孩子的承诺，不能以孩子年龄小、不懂事为借口，不去兑现承诺。在孩子的眼里，守信用是一件非常重要的事情。当听到孩子抱怨大人说话不算数时，父母就应该要自我反省了。

②掌握好许诺的频率与次数。随着孩子慢慢长大，父母对孩子许诺的频率与次数应该逐渐减少。因为当孩子的年龄较小时，他还不能很好地控制自己，父母可以通过许诺来帮助他自控，许诺也就可以适当多些；但当孩子慢慢长大，孩子已经能比较好地控制自己了，就不必再做出过多的许诺，否则反而对孩子的成长不利。

③不能胡乱许诺。父母的承诺应当对孩子的成长起到正面的促进作用，而胡乱许诺只会阻碍孩子的成长。因此父母不能在孩子面前随意夸口、胡乱许诺。如果做出了许多承诺却无法实现，就会大大降低父母在孩子心目中的地位，进而失去威信。

另外，如果孩子提出的要求有些任性或难以实现，父母应当坚持自己的原则和底线，明确地告诉孩子，这件事是不可以的。慢慢地，孩子就会明白事情是有可以与不可以之分的，懂得"不许""应该"等概念，也就能够学会把握尺度，明辨是非。

④偏重精神许诺。许诺分为物质许诺和精神许诺两种。如果父母总是进行物质上的承诺，那么孩子的虚荣心、自私欲就会膨胀。所以父母的物质许诺一定要适度，并且尽可能更多地承诺一些有意义的活动，如承诺买书给孩子，带孩子去博物馆、看展览、旅游等，精神许诺既可以将孩子的积极性充分调动起来，又能使孩子的精神世界得到丰富，拓宽孩子的视野。

⑤妥善处理失约的结果。当父母没有兑现自己的承诺时，千万不能一味地找借口，因为即使原因再怎么充足，承诺无法兑现的结果也已经造成了，孩子已经感到了失望和委屈。这时，父母不能强迫孩子去接受这件事，而应该主动诚恳地向孩子表达歉意，将无法兑现承诺的原因原原本本地告诉孩子，争取孩子的理解与体谅，并尽快找到合适的时机将这一诺言兑现。这样可以帮助孩子建立自尊，也教导了孩子面对这种情况时应当如何处理。如果孩子一时间无法体谅，父母也不能以呵斥、教训的手段来处理这件事，而是要允许孩子发泄自己心中的不满。

父母在与孩子相处时应当以诚相待、言出必行，这样，孩子才能充分信任父母，也才愿意与父母分享自己的感受。

第41课　教孩子学会主动分享

在人际交往中，分享是一种不可或缺的品质。每个人都要与他人产生交往，早上与父母一起享受早餐，白天和老师、同学一起学习、玩耍，周末到爷爷奶奶家看望他们，还有在一个兴趣班上课的小伙伴、周围的邻居……每个孩子都不可能脱离人群生活，而分享就是这些交往过程中的一条纽带。如果没有这条纽带的维系，人与人之间的关系将会变得十分冷漠，也就更谈不上互帮互助了。而一个人一旦失去了别人的帮助，就必须独自面对诸多的困难，陷入迷茫。因此，教孩子学会主动分享就变得非常重要。

现在许多家庭都选择只要一个孩子，对这个孩子自然非常疼爱，这就使得孩子的"自我"意识比较强烈，"他人"意识比较淡薄，而父母也就应该尤其注重孩子分享意识的培养。在进行分享教育时，父母应该采用"生活化"的方式来进行，即抓住生活中的事件进行教育。这种"生活化"教育方式的效果要比干巴巴的说教好得多，也清晰、直接得多。

相信大家对"孔融让梨"的故事都耳熟能详，这则故事告诉人们应当学会分享。下面就是一位妈妈借"孔融让梨"的故事来教育儿子懂得分享的事例。

这位妈妈只有一个孩子，平时家里的大人都非常疼爱他，因此他也养成了有些"自我"的性格。儿子非常喜欢吃溏心的太阳蛋，妈妈也经常做给他吃。

这天早上，妈妈煮了两碗面条，一碗上面端端正正地盖着一颗太阳蛋，另一碗则只有一些蔬菜。两碗面条端上桌，妈妈问儿子："你想吃哪个？"

"有蛋的！"儿子指了指盖着太阳蛋的那碗。

"孔融7岁就能让梨，你已经9岁了，让妈妈吃那碗有蛋的吧！"妈妈说。

"孔融是孔融，我是我，我才不让！"儿子的态度非常坚定。

"确定不让？"妈妈又问。

"确定不让！"儿子像生怕妈妈抢走似的，赶紧端过了碗，一口咬掉了一半的太阳蛋。

"不反悔？"妈妈问。

"不反悔！"儿子接着又是一口，另一半的太阳蛋也被吃掉了。

等儿子吃完，妈妈不紧不慢地开始吃了。儿子清清楚楚地看到，面条的下面卧了两颗太阳蛋。

妈妈指着碗里的两颗太阳蛋教育儿子说："记住，想占便宜的人，通常占不到便宜！"

儿子耍赖想要吃太阳蛋，妈妈没同意。

下一个星期六的早上，妈妈又煮两碗面条。同样是一碗上面盖着太阳蛋，另一碗没有。端上桌后，妈妈问了儿子同样的问题："你想吃哪个？"

"孔融让梨，我让蛋！"儿子一边说一边将那碗没有蛋的面条拉到了自己面前。

"不反悔？"妈妈问。

"不反悔！"儿子的态度同样坚定。

儿子将碗里翻了个遍也没找到一个蛋，却清清楚楚地看到妈妈的碗里上面盖着一个，下面卧着一个。

妈妈再次指着两颗蛋教育儿子说："记住，想占便宜的人，往往会吃亏！"

儿子知道耍赖也没有用，只能眼巴巴地看着妈妈将两颗蛋都吃掉了。

又过了一个星期，妈妈再次做了两碗面条，样子依旧与上一次相同。

面条上桌，妈妈又一次问了那个问题："你想吃哪个？"

"孔融让梨，我让面，您是长辈您先挑！"儿子终于学"聪明"了。

"那我就先挑了！"妈妈拿过上面盖着蛋的那碗，儿子端走了上面没有蛋的那碗，这次，儿子在碗里发现了两颗太阳蛋。

妈妈教育他说："不想占便宜的人，生活也不会让他吃亏！"儿子点了点头，似乎明白了什么，想必他一定会牢牢记住这三次吃太阳蛋的教训。

在生命之初，孩子的心灵犹如一张白纸，没有爱恶，不分黑白，所有的污迹都是后天染上的，会养成蛮横霸道、自私自利的性格都是溺爱的结果。许多父母无条件地宠爱着孩子，家里所有好吃的、好玩的都让孩子独享，生怕孩子哪里不合心意。久而久之，孩子自然会形成独占的意识，理所当然地忽视父母的需要，将自己的需要排在首位，养成以自我为中心的心理，不懂得分享。

因此，父母应当注重孩子分享意识的培养，鼓励孩子将自己的玩具、食物等送给需要的人。孩子帮助他人之后会产生满足感，体会到帮助他人的乐趣，也就会将这种行为一直持续下去，从而学会付出与分享，形成乐于助人、慷慨待人的美好品德。

第42课　谦虚，孩子人际交往中的"潜规则"

　　达尔文是世界闻名的生物学家，他在生物进化方面上取得了举世瞩目的成就，但他从始至终都保持着谦虚的品格。他在与人交谈时，总能够耐心地倾听对方说话，无论对方的资历是深还是浅，年龄是长还是幼，他都会以谦虚的姿态面对对方，就如同对方是他的老师，而他是个虚心的学生。1877年，德国和荷兰的一些科学家为达尔文庆祝生日，达尔文在感谢信中这样回复道："我非常清楚，如果没有这么多可敬的观察家辛苦搜集到的丰富素材，我就根本不可能完成我的作品，哪怕勉强写完了也不可能让人们记住，因此我觉得荣誉主要应归功于他们。"

　　谦虚是一种美德，没有一个人有资本骄傲，因为任何一门学问都如同广阔无际的海洋、浩瀚无垠的天空，没有一个人能做到极致，达到了最高境界，或将某些问题彻底研究透了。如果有人因为自己取得的成就沾沾自喜、故步自封，那么很快就会被人迎头赶上。

　　因此，为了让孩子能够更加顺利、健康地成长与进步，更受到别人的欢迎，父母应当教会孩子谦虚。那么具体应该怎样做呢？

　　（1）帮助孩子正确、全面地认识自己

　　孩子看待自己的时候经常会有所偏颇，可能会只看到自己的长处。因此父母应当帮助孩子正确、全面地认识自己，既要看到自己优秀的地方，也要看到自己做得不好的地方，严格要求自己。雷锋就是一个谦虚的人，他在日记中这样写道："我要永远戒骄戒躁，不断前进。""一滴水只有放进大海才能永不干枯，一个人只有和集体事业融为一体才更有力量。"只有全面认识自己，孩子才能取长补短，才能得到更好的发展。

（2）教育孩子学会感恩

父母应当告诉孩子，他的成绩离不开自己的努力与奋斗，但他人的努力也起到了必要的辅助作用。父母的培养、老师的教导、同学的帮助，这些都是他取得良好成绩的推动力，孩子应当心怀感恩，不能忽视这些。

（3）开阔孩子的眼界

父母应当开阔孩子的眼界，让孩子拥有广阔的胸襟。在集体生活中，孩子可能在不知不觉间就开始与人进行比较。如果孩子只用自己的长处来比较别人的短处，就会误以为自己在各方面都比别人强，也就开始自大起来。因此，父母应该引导孩子走出那个狭小的圈子，让他们见识到更广阔的世界，孩子自然会拥有一颗谦虚的心。

（4）有技巧地进行夸奖

"优秀的孩子是夸奖出来的"，这句话是很有道理的，但真要想把孩子夸好，还需要一定的技巧，否则容易让孩子骄傲自满，不懂得谦虚。

①表扬孩子应当掌握尺度。有些父母深知夸奖带来的好处，于是孩子只要有一点点进步就滔滔不绝地称赞，时间长了，孩子就可能开始骄傲起来。因此父母应该保持适度的夸奖，在孩子取得小进步时以轻轻一个微笑、几句表扬来表示对孩子的关注，取得较大的进步时给予充分的表扬，尽量保证"浓淡"适度。

②保持积极的态度。父母们要清楚，夸孩子的目的是希望孩子能够养成良好的品德，促进孩子的发展，而不是满足大人的某

种心理需要。有些家长由于工作、家务上的繁忙和劳累，所以每当与孩子交流时都会表现出一副不耐烦的样子，随便说几句孩子爱听的话来应付，希望以此摆脱孩子的纠缠。但如果父母没有仔细听孩子的话语，是无法充分了解事情的来龙去脉的，这样就可能无意中肯定了孩子某些错误的言行，误导孩子；也可能忽视了那些本该进行充分肯定的优秀言行，让孩子的积极性遭受很大的打击。因此，在夸孩子前应当先去仔细观察孩子的表现，并理解孩子的想法，然后再进行适度的表扬或引导。

③夸与奖相结合。父母适度地表扬孩子，能够让孩子得到精神上的鼓舞，促使孩子朝着正确的方向发展。但如果孩子一直都只接受口头表扬，时间长了动力也会减弱，而如果能将表扬和奖励相结合，就能得到更好的教育效果。

在进行奖励时应当以精神奖励为主，如带孩子去看展览等，同时配合一定的物质奖励。

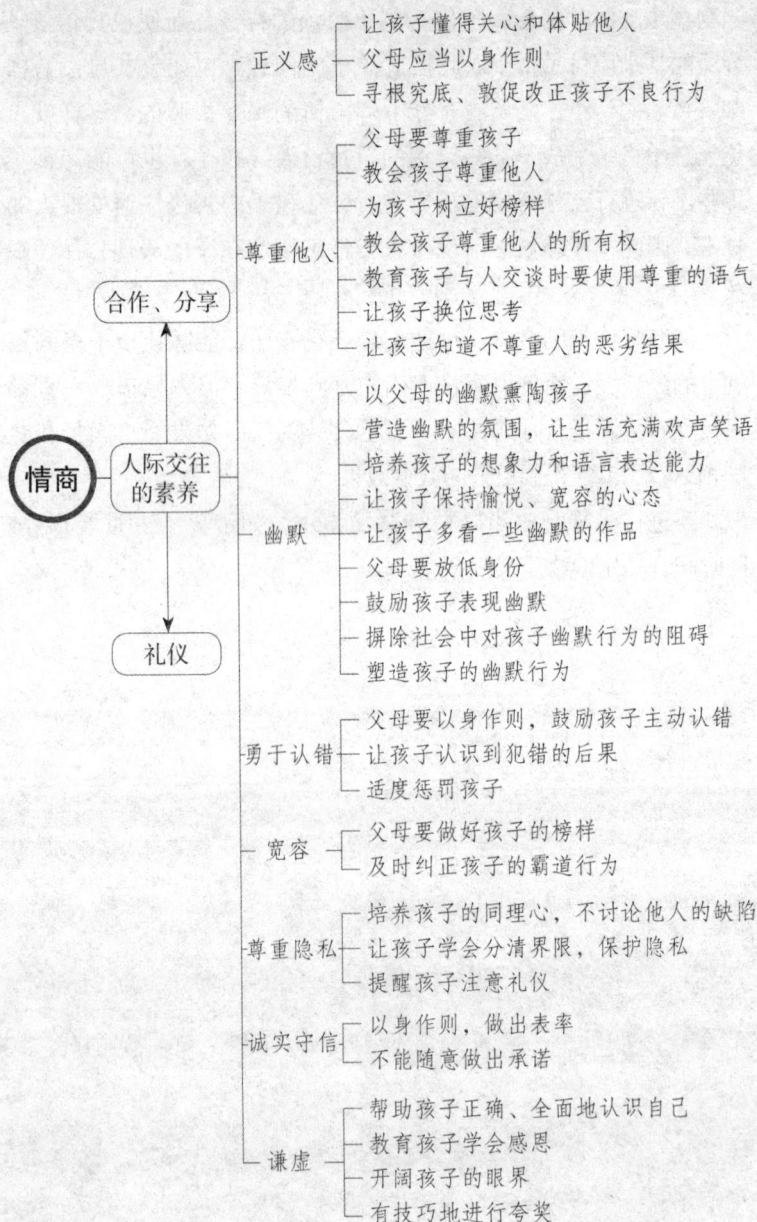

正义感
- 让孩子懂得关心和体贴他人
- 父母应当以身作则
- 寻根究底、敦促改正孩子不良行为

尊重他人
- 父母要尊重孩子
- 教会孩子尊重他人
- 为孩子树立好榜样
- 教会孩子尊重他人的所有权
- 教育孩子与人交谈时要使用尊重的语气
- 让孩子换位思考
- 让孩子知道不尊重人的恶劣结果

合作、分享

情商 — 人际交往的素养

幽默
- 以父母的幽默熏陶孩子
- 营造幽默的氛围，让生活充满欢声笑语
- 培养孩子的想象力和语言表达能力
- 让孩子保持愉悦、宽容的心态
- 让孩子多看一些幽默的作品
- 父母要放低身份
- 鼓励孩子表现幽默
- 摒除社会中对孩子幽默行为的阻碍
- 塑造孩子的幽默行为

礼仪

勇于认错
- 父母要以身作则，鼓励孩子主动认错
- 让孩子认识到犯错的后果
- 适度惩罚孩子

宽容
- 父母要做好孩子的榜样
- 及时纠正孩子的霸道行为

尊重隐私
- 培养孩子的同理心，不讨论他人的缺陷
- 让孩子学会分清界限，保护隐私
- 提醒孩子注意礼仪

诚实守信
- 以身作则，做出表率
- 不能随意做出承诺

谦虚
- 帮助孩子正确、全面地认识自己
- 教育孩子学会感恩
- 开阔孩子的眼界
- 有技巧地进行夸奖

第六章

高效沟通能力：每个孩子都不是一座孤岛

沟通能力是打开成功大门的钥匙，一个高情商的孩子需要具备高效沟通的能力。

第43课　帮孩子迈出从"个体"到
"社会人"的第一步

每个人都想要拥有良好的社会关系，孩子也不例外。他们希望自己可以有许多小伙伴，能够跟更多人建立良好的关系。但他们身上的某些不足或是某些不恰当的人际交往方式，可能会导致他们无法实现这个愿望。

父母当然希望自己的孩子能够与小伙伴一起友好地学习、玩耍，建立属于他自己的人际关系，而不要总是独自一个人。父母要达到这个目的，就需要在日常生活中多加注意。

事实上，想要让孩子彻底融入集体，与其他孩子愉快地交流，让孩子合群是非常关键的一点。合群是与他人进行有效沟通的前提条件，合群的人才能够真正融入集体当中，才有与他人建立良好人际关系的可能。

在这方面，沈女士有着很深刻的体会：

我的女儿样貌可爱，聪明伶俐，学习成绩出众，我一直觉得她非常出色。但是有一天，老师告诉我，女儿很不合群，她不能跟班里的其他小朋友玩在一起，课间总是一个人坐着发呆。

对此，我感到非常惊讶，也非常不安，我知道不合群会给孩子带来一定的危害。我开始思考，怎样才能改变女儿这种不合群的状态呢？我偶然间跟朋友谈到了这件事，朋友觉得不合群也没什么，正好不会因为跟小朋友一起玩而松懈了学习。于是，我便告诉女儿："你要好好学习，老师都喜欢成绩好的小朋友，妈妈也是，所以小朋友肯定也喜欢，成绩好了小朋友自然就会愿意跟你一起玩。"女儿的确是个听话的孩子，在那之后，她就更加努力学习了。她的辛苦也没有白费，期中考试的时候，她得了年级第一。可是女儿却哭着跑来问我说："妈妈，为什么我明明都考了第一名，同学们还是不愿意跟我一起玩呢？"我不知道该说什么好。

我愧疚不已。作为妈妈，我没有对女儿的问题给予足够的重视，没有对症下药，而是为了让她能够好好学习而搪塞了她。从女儿那双噙着泪水的眼睛里，我看到了女儿想要和同龄的小朋友一起玩耍的渴望，于是我下定决心帮孩子解决这个问题。但是，人际关系必须自己去经营，所有人都无法直接帮别人建立良好的人际关系，我开始认识到，要想让女儿变得合群，只能让女儿多与其他小朋友接触，亲自去进行实践，不断调整自己的人际交往方式。于是我开始有意识地让女儿邀请其他小朋友到家里来玩，为他们准备好零食和玩具，给女儿提供更多与小朋友相处的机会。

但是，我又看到了这样的一幕：当孩子们玩厌了玩具、吃够了零食的时候，他们就想马上离开，此时女儿就会拦在门前，一边哭一边说："你们玩了我的玩具、吃了我的东西，不准离开，你们必须跟我玩。"看到这样的情景，我觉得非常难过，但又无从下手，只能一直安慰她。

我究竟应该怎么做才能帮助女儿呢？带着这个问题，我开始认真反思。纵观女儿的成长过程，我发现从小到大，家中所有大人都围着她转，无论大事小情，只要她需要，总会有人第一时间为她处理好，家中的很多事情也都会以她的意愿为主，因此女儿在面对问题、处理问题时总是以自我为中心。但是其他小朋友也都是被家长宠爱着长大的，自然不肯听从她的指令。

由此我意识到，想要让女儿合群，必须改变她以自我为中心的心态，让她学会听取他人的意见，培养她的合作意识。于是，我尝试着"放开"女儿。

　　在之后的每个周末，女儿写完作业后，我都会带她找其他小朋友玩。我会提前叮嘱她要多听听其他小朋友的意见与想法，并给予充分的尊重，但在女儿与其他小朋友开始接触后，我便不会再插手。女儿会和其他小朋友一起选择喜欢的游戏，理解游戏规则，也逐渐放下了"小公主"的架子。在孩子们正玩得兴高采烈的时候，我会找借口离开，让女儿独立去解决和小伙伴之间的各种突发事件或矛盾。回家之后，我会询问女儿玩得是不是开心，让她说说她和小伙伴做游戏时发生了哪些事，对她做得正确的事情进行鼓励和表扬，对她不恰当的行为进行纠正，并鼓励她下次再去找小朋友玩。

　　我还告诉女儿，想要与其他小朋友保持良好的关系，就应该在见到小伙伴时主动上前打招呼，这是最基本的礼貌；倘若对方不小心犯了错，应当去理解与谅解；倘若小伙伴遇到了困难，应当去帮助对方。

　　慢慢地，女儿知道了应该怎样和同龄人相处，学会了调节自己的情绪，避免和小伙伴发生冲突。现在，她每天放学后都会去同学家写作业，然后再跟朋友玩一会儿才回家。

　　在长时间的摸索后，沈女士终于找到了最适合女儿的方法，帮助女儿解决了不合群的问题。在成长过程中，每个孩子都需要伙伴，没有伙伴的孩子必定不会快乐。如果发现孩子不合群，父母应当认真对孩子加以分析，找到问题所在，对症下药，帮孩子迈出从"个体"到"社会人"的第一步。

　　那么，如果发现孩子不合群，父母应当怎样帮助他呢？

　　①给孩子提供交往的机会。父母可以邀请其他孩子到家里做客，为孩子们提供玩具和零食，给孩子们一个交流的机会。

②鼓励孩子参与各种活动。父母应当多多留意孩子的行动，只要孩子主动接触别人，父母就要及时进行鼓励。

③让孩子学会必要的社会技能。父母应当教会孩子一些待人处世的方法，如主动问好、谦让与分享等，并让孩子去实践与练习。

第44课　这样教孩子，他才会在人际交往中受欢迎

"人是社会性动物，所以人不可能不依靠于社会而存在。一个人必须在与人们的交往中完成社会化过程，这样才能让自己走向成熟。"这是古希腊著名哲学家亚里士多德的名言。由这句话我们能够了解到：交往是人生存与发展的必需品。但是孩子往往不知道正确的交往方式是怎样的，不知道什么事情会触犯别人的禁忌，不知道做哪些事情会受到他人的欢迎，所以父母应当及时进行引导。

下面有几点建议供家长们参考：

（1）让孩子对朋友真诚相待

孩子的年龄比较小，还没有树立正确的世界观、人生观、价值观，也对"人人生而平等"这件事没有清晰的概念。在他们接触到的世界里，父母会一直娇惯着他们，很多人会夸赞他们，因此孩子会在不知不觉中产生这样一种意识：自己是比别人都高级的。父母一定要对此多加留意，如果孩子总是以"高人一等"的姿态来与他人交往，就肯定无法维持良好的人际关系。

小烈的性格十分高傲，他一直觉得自己的成绩非常好，别的

小朋友都比不上他，也不屑于跟别人玩。父母知道，如果孩子一直这样下去，一定会产生很大的问题，但是给他讲大道理，他听不明白，而就这样放置不管又肯定不行，正当父母焦急得不知道怎么办才好时，发生了这样一件事：

这天，爸爸和一个朋友打算带着孩子们一起去野炊，由于朋友的小表弟暂时来他家住，所以这次的活动一共有4个小朋友参加。孩子比较多，大人却只有两个，如果就这么去肯定会弄得手忙脚乱，所以爸爸和朋友商量后，决定放手给孩子们。他们告诉孩子，在这次的野炊活动中，大人只负责将他们带过去、带回来，以及照看火，其他所有事项都需要孩子们商量着办，比如应该带哪些东西、每个人负责哪些事情等。

孩子们都很兴奋，自己建立了一个微信群，在里面商量个不停。但是小烈却明显不能融入进去，不是嫌弃这个安排不好，就是嫌弃别人想带的东西根本用不上。小伙伴们让他来安排，他又说不出什么更好的安排，别人也就都不愿意再听他的意见了。别的小朋友安排结束后，小烈没有被分到任何任务，于是满脸失落地找到爸爸，说自己不想去野炊了。

爸爸在征得了小烈同意后，从头到尾仔细浏览了他们的聊天记录，弄清了事情的来龙去脉，他点明了小烈的问题，并根据这件事给小烈上了一堂"社交课"，让小烈意识到了自己的问题。这次事件之后，小烈收敛了自己高傲的心态，跟其他小朋友的相处和谐了很多。

由此可见，父母的教育对孩子的性格有着很大影响，教育方法得当的父母能够抓住机会，及时纠正孩子的问题，绝对不会让孩子不好的心态一直持续下去。

（2）教会孩子赞美别人

有些孩子可能总觉得别人比不上自己，他们只能看到别人的缺点，而看不到别人的优点，看待自己时则正好相反。如果父母发现孩子有这样的表现，就一定要及时给予正确的指导，纠正孩子的错误观念，让孩子能够赞美别人，与他人和谐交往。

第45课　与他人融洽沟通是孩子
必不可少的社交课

　　在社会生活中，竞争与合作同样重要，但是现在很多父母在教育孩子时，总是强调竞争，让孩子"不要输在起跑线""不能比别的孩子差"，却忘记告诉孩子合作的重要性，这就导致孩子们越来越不会与他人沟通，越来越孤独。因此，让孩子知道如何与他人融洽沟通就成了一个重要课题。

　　那么，父母应当怎样引导孩子呢？

　　（1）教育孩子要心中有他人

　　比如，吃东西时要让孩子想想长辈或是朋友，与他们一起分享；看视频时，要让孩子想想是不是会打扰到别人等等。总之，要让孩子在做事之前先去考虑他人的感受，不能只考虑到自己。

　　（2）教育孩子要尊重他人

　　尊重是与人相处的基本原则。父母要告诉孩子，只有尊重他人，尤其是要尊重他人的劳动成果，才能获得他人的尊重。父母应该要求孩子在日常生活中和气待人，遇事谦让。这样孩子才能成为一个善于沟通的人。

　　（3）培养孩子的同情心

　　父母应当注意培养孩子的同情心，如教育孩子应当主动帮助有困难的人，同学生病时应当主动关心、看望等。

（4）让孩子学会宽容与真诚

"得理不饶人"是与人沟通的大忌，有这种行为的孩子不会受到大家的喜爱。父母应当让孩子学会宽容与真诚，能够礼让他人，看到其他人身上的优点，真诚待人。

在具体的教育方式上，父母可以以自己的亲身经历向孩子解释与伙伴合作、融洽相处的重要性，让孩子明白友谊的价值，珍惜友谊。千万不能把成年人间的钩心斗角当作有意思的事讲给孩子听，也不能给孩子灌输"人不为己，天诛地灭"之类的处世哲学，避免孩子受到不良影响。

第46课 孩子怕生胆小?
这几招让他变身小小"外交家"

一位心理学家指出:"倘若孩子不能经常与朋友聚在一起,那么友谊就无法得到充分的发展。"然而大多家庭都是只有一个孩子,孩子没有了兄弟姐妹,亲戚锐减,同龄的伙伴也在不断减少,再加上电脑、手机的普及与网络的发展,孩子越来越不愿意出门,不善与人交流,从而使许多孩子变得胆小怕生。这时,父母应当对其进行引导,鼓励孩子积极参与社会实践和集体的活动。

参加社会实践活动有以下几个好处:

首先,无论孩子是组织者还是参与者,参加这些活动都能够更多地与人接触、交流、合作,都会让孩子积累经验、开阔眼界、锻炼能力,从而提升孩子的胆量和信心,让其孤僻、内向的性格得到锻炼并逐渐改变。

其次,只有在与人接触、交谈并互相了解过后,孩子才可能与他人建立起友谊,找到真正的朋友。

最后,当孩子将自己完全融入集体活动中后,同伴的友谊、集体的温暖、活动的氛围,会让孩子暂时忘却烦恼、丢掉压力,摆脱不安感和孤独感,对孩子的身心发展产生积极的影响,这样一来就建立了良性循环,促使孩子走出自己的封闭圈。

想要让怕生胆小的孩子与其他人进行友好交往，父母可以从以下几个方面入手：

（1）培养孩子的兴趣和信心

如果孩子对某件事情非常着迷，其实就说明他在这件事上已经确立了一定的信心，这也为他提供了一个接触他人的途径。孩子们选择玩伴时通常会选择那些与自己有着相同兴趣爱好或是在某方面非常优秀的人。根据调查显示，学习成绩好、担任班干部或有特长的孩子，与同伴接触的次数会明显比一般孩子多一些，而且这些孩子大多会成为活动中的中心人物。所以，倘若孩子胆小怕生、朋友不多，父母可以选择培养孩子某方面的兴趣，不能因为觉得怕耽误学习而阻止孩子兴趣的发展。

另外，父母也要积极给孩子创造机会，帮助孩子寻找他的兴趣所在，不要觉得孩子现在没有什么爱好，以后肯定也不会有。孩子没有尝试过，没有接触的机会，怎么会知道自己对什么感兴趣呢？

下面是一位家长的做法，也许会对你有所启发。

小木头从小就比其他同龄孩子瘦小，他自己也不喜欢进行体育锻炼，对所有需要体力的活动都退避三舍。父母觉得这样下去对孩子不好，就想培养他对体育的兴趣。于是，父母就经常带他去看足球、篮球等各种体育比赛，并给他进行详细讲解。没过多久，小木头就发现自己喜欢上了网球，他觉得那个黄绿色的小球在球场跳动的样子，真是美极了。于是，父母就带他去了网球馆，支持他学习网球，参与训练。训练虽然有些枯燥，但小木头对网球的热爱却丝毫不减，一直坚持了下去。几个月之后，小木头的身体明显强壮了一些，同时，他也在这里结识了很多朋友。

"学习网球让我的身体素质有了很大的提升，也让我有了更多的信心和勇气去和他人接触。"多年后，小木头告诉朋友，"有了爱好便有了打开通往友谊之路大门的钥匙。"

（2）因地制宜，给孩子创造机会

家庭是社会的组成部分，它与社会有着千丝万缕的联系。所以，父母完全可以因地制宜地给孩子创造锻炼交往能力的机会。

当家中有客人上门时，可以让孩子开门，学会接待客人；闲暇时，可以举办"家庭故事会""家庭联欢会"之类的活动，让孩子能够在人前表现自己；需要决定不是特别重大的家庭事项时，不妨也让孩子来发表一下意见；当孩子兴致盎然地对父母讲述他觉得有意思的事情时，可以乘机传授他讲故事的技巧，如最好按照时间顺序，交代清楚时间、地点、人物、起因、经过、结果等。这些锻炼的机会在每个家庭中都可以找到。

（3）端正教育态度

如今，很多父母仍然觉得只有"听话"的孩子才是好孩子。于是，父母教育孩子时经常说："乖，听话！爸爸回来的时候给你买好吃的！""听妈妈的话，这才是妈妈的好孩子。""在学校里要好好学习，听老师的话。"……久而久之，孩子就会觉得只要听话就是正确的，变得总是服从别人，缺乏创造性和独立性。这样的孩子一旦单独与同伴交流，就会觉得不知道如何是好，不知道如何表达自己、说服别人，于是不停退缩，然后变得害怕交往。因此，父母应当端正自己的教育态度，不能过分强调孩子听话，而是要让孩子自己发挥。

第47课 四个小技巧，
教你提高孩子口语表达能力

心理学家大卫·格利蒙特进行了一项研究，由此他发现患有注意力涣散症的孩子虽然总喜欢说个不停，但都无法找准话题，也不能尽快对其他人的话做出反应。由于说话技巧等社会技能的欠缺，有50%~60%的注意力涣散症患儿都曾被同伴厌弃。在这些被厌弃的儿童中，大部分都会因此变得更加悲观或霸道，更加以自我为中心，进而引发更严重的问题。

格利蒙特发现，在这些孩子尝试着去认识新朋友时，他们的缺点就表现得尤为明显。他们想要加入其他孩子的活动，却用错了方法。通常来说，孩子们如果想要加入陌生的小伙伴的游戏时，会先在这些小伙伴身边徘徊，装作是因为别的事情才注意到他们的样子，然后用提问或评价的方式来打开话题，比如"你们在玩什么？看上去很有意思""哇！你怎么这么厉害"等。而患有注意力涣散症的孩子却与此不同，他们的言行举止往往是突兀、以自我为中心、让人产生反感的，他们可能会说"这个游戏应该这么玩""我玩得比你强多了"等。游戏中的孩子们听到这样的话，一般都会不予理睬或者反驳回去，他们不喜欢这样的语气。由此不难看出，缺乏表达技巧的孩子大多无法赢得他人的喜爱。因此，父母应当注意培养孩子的口语表达能力。

想要让孩子拥有良好的口语表达能力，需要对孩子进行训练，与家人对话则是最好、最便捷的训练方式。但是，许多家长觉得自己无暇与孩子们交谈。其实，父母们工作虽然忙碌，但想要抽出一段时间与孩子进行交流并不难。有的父母会选择在睡前与孩子交心，有的父母会在吃饭时与孩子聊聊最近的情况，还有的父母会在周末时与孩子一起去散步，一对一地交流。

对于那些口语表达能力欠佳、不擅长与人交往的孩子，父母应该更有针对性地进行指导与沟通，比如孩子感兴趣的玩具、电视节目等，让孩子根据这些事物展开话题，并引导孩子尽量延长谈话时间。

倘若孩子非常抵触进行谈话方面的训练，父母可以换个角度，选择和孩子讨论他感兴趣的事情，并让孩子根据表现来给自己打分，父母最后做出总结。另外，父母要起到榜样作用，引导孩子说出自己的想法，勇于与家长交换意见。

一般来说，倘若孩子在众人面前发言时表现得思路清晰、从容不迫、口齿清楚，一定更会赢得大家的喝彩。但是也存在这样一类孩子：他们在和同学交流时表现得很自然，可是一到课堂上需要回答问题时就畏畏缩缩，更不要说上台讲话了。不仅如此，他们还可能不愿意见陌生人，家里一来客人就会立即躲回房间……这样的孩子是迫切需要进行表达能力的锻炼的。

那么父母应当如何培养孩子的口头表达能力呢？

（1）教育孩子说话应当条理清晰，不要颠三倒四

说话的目的就是让对方知道自己的想法，倘若话语颠三倒四、东扯一句西扯一句，不知所云，那么对方怎么能知道你要表达什么呢？因此，说话时能做到条理清晰，就能更容易让对方听明白，达到交流的目的。

怎样才能逻辑清晰、条理有序呢？家长可以让孩子按照事情发展的先后顺序来描述整件事，如果描述的是孩子自己做过的一件事，就可以让孩子按照首先做了什么，其次做了什么，后来做了什么，最后有了怎样的结果的顺序说。除此之外，还可以按照方位、空间的转换顺序说，或是按照先总后分的顺序说。总之，说话要有一定的顺序，要条理清晰。

（2）教育孩子说话应当言之有物，不要过于空洞

"言之有物"的意思是指语言表达要有实际内容、较为具体，少说空话、废话。

那么，怎样说话才能言之有物呢？

例如："我今天特别开心。"不如将原因一起说出来："我这次考试取得了年纪第十名的好成绩，觉得开心极了！"

这天，亮亮放学一回到家就对着妈妈大声喊道："妈妈，我今天可高兴了，咱们晚上吃可乐鸡翅庆祝一下吧！"

妈妈被亮亮的话弄得一头雾水，这两件事有什么必然联系吗？是孩子自己想吃，随便找了个理由吧。于是妈妈问道："亮亮，你要庆祝什么事啊？"

妈妈这一问可打开了亮亮的话匣子："今天我们班同学都可高兴了，李明还兴奋地围着教室跑了好几圈，不过幸好老师没看到，不然准得说他……"

亮亮说了五六分钟也没说出到底发生了什么事，妈妈只能在他滔滔不绝的话语中赶紧插了一句："亮亮，你还没告诉妈妈，究竟是什么事让你这么高兴呢。"

亮亮根本没意识到自己一直没有说出重点，还反问说："我没说吗？这次我们班在'全校创意大赛'中得了第一名呢！六年级的大哥哥、大姐姐们也比不过我们，哈哈！"

其实交代清楚这件事只需要短短的一句话，几秒钟而已，可

亮亮却用了足足五六分钟，这五六分钟的话语虽然不全是废话，但也让听的人觉得很茫然。

（3）教育孩子说话应当言之有理，具有说服力

"言之有理"的意思是说话时要突出中心思想，有自己的见解与主张。尤其是在与他人辩论时，这一点就更为重要。

另外，若是回答问题，就要听清楚问题的内容，然后用精练的语言进行回答，不能驴唇不对马嘴，弄得所有人都糊里糊涂。

（4）让孩子练习在众人面前发言，不要怯场

在众人面前发言是需要一定的胆量的，所以如果孩子不敢当众发言，应当鼓励、安慰孩子，帮助孩子树立起自信，让其有勇气面对观众，千万不能过于急躁。

良好的口才是当众发言的必备条件，反过来，让孩子练习当众发言，也是在锻炼他的口才，因此，父母可以多多让孩子尝试当众发言。

在具体要求上，父母可以要求孩子在当众发言时做到清晰、明确地表达自己的见解，声音洪亮，吐字清晰，语速适中，语调有适当的变化，避免过于口语化。

另外，仪态要落落大方，要减少小动作，要与观众有情感、眼神的交流，不能浑身僵硬。

总之，在日常生活中，父母应当鼓励孩子多表达、多说话，让孩子能够独立思考，这样才能让孩子的口语表达能力得到提高。良好的口语表达能力是孩子今后解决众多难题的有力武器。

第48课　家有"插话王"该怎么办

爱插话是许多孩子的通病，他们插话大多是想吸引别人的注意力或是表现自己。

但是，爱插话并不是一个好的习惯，它会让孩子显得很没礼貌，而且也会让孩子的注意力越来越涣散。因此，如果孩子爱插话，父母就应当及时纠正，千万不能误以为爱插话代表着孩子机灵、聪明，因而以肯定、欣赏的态度应对。

王聪是一个心直口快的孩子，他上课时总是喜欢"接下茬"，课下与别的同学说话时也经常插话。而且，王聪完全不觉得自己的这些行为有什么问题，反而觉得自己的话给了对方引导，对方才能打开思路。

起初，同学们不好意思批评他，也没有太过介意他的这种行为，可是时间久了，同学们就越来越忍受不了了，有的同学甚至慢慢疏远了他。王聪感到很奇怪，他失落地想："同学们为什么都不愿意和我说话了呢？"

王聪想要表达自己的想法，这点没有任何问题，但他用错了方法。他不能耐心倾听，总是随意插话，打断对方的思路，这种行为让别人觉得他没有对人的基本尊重。时间长了，别人自然会对他产生反感。

在处理孩子插话的问题时，一位妈妈是这样做的：

一次，朋友到我家来玩，在我们正聊得高兴时，4岁的李亚明跑过来说："妈妈，我的画笔滚到床底下了。"此时，我并没有立即帮他拿出画笔，而是告诉他："妈妈正在与客人谈话。谈话结束之后，我就会帮你。"朋友走后，我告诉孩子，随意插话是一种十分不礼貌的行为，好孩子是不会随意插话的。如果遇到紧急情况不得不马上说的，插话之前一定要先说一句"不好意思，打断一下"。

想要纠正孩子爱插话的坏习惯，可以参考下面几种方法：

（1）以身作则

有些父母是急性子，尤其是在跟孩子交谈时，往往很难听完孩子的话，而是经常说："好了，我知道了，你不用说了。"这种行为会让孩子误以为插话并不是不好的事情，而是非常正常的事。所以，父母应当以身作则，尤其是在听孩子说话时，一定要有耐心，减少插话的频率。

（2）让孩子学会倾听

亚伯拉罕·林肯曾说："首先学会做一个良好的倾听者，之后你才能变成生活中的主角。"倾听是一件十分重要的事，父母应当让孩子知道，倾听是一种有教养、有风度的表现，而无视他人的存在，随意插话则是一种无礼的行为。要让孩子懂得尊重他人，知道在与他人交流时，应当先安静地听对方的话语，等到听明白对方的想法后，再表达自己的看法。这样既表现了对他人的尊重，又能了解对方的想法，形成良好的交流氛围。

（3）及时表扬

鼓励与表扬是教育孩子的有效手段，孩子插话的目的大多是想吸引别人的注意力，如果父母让孩子知道，不插话也能获得足够的关注，还能得到鼓励和表扬，慢慢地，孩子自然就不会随意插话了。

第49课 真正的情商教育，
是教会孩子敢于说"不"

"先进带后进"是很多老师常用的教育方法，最近，林林的班主任也有这样的打算。他把学习成绩优异的林林安排在了"学困生"小天旁边。就这样，林林和小天的接触便多了起来。最开始，林林一直带着小天学习，可是没过多久，林林便加入到了小天的游戏当中。短短两周，林林和小天就从接触不是很多的同学变成了"铁哥们儿"。

有一天，小天实在不想被盯着写作业了，就央求林林帮忙完成。一开始，林林当然不同意，但小天说："咱们这么要好，应该互帮互助才对。再说了，你学习那么好，肯定费不了什么事。"林林就默许了。

这种事情一旦开了头，就会一直持续下去，之后小天的很多作业都是林林帮忙完成的。更夸张的是，一次，小天跟一名同学发生了冲突，他竟然还让林林跟他一起去打架。班主任得知这件事后非常生气，他严厉地批评了林林小天，还让他们反省3天。

其实整件事，最根本的原因在于林林不好意思，才没有拒绝小天的要求。对很多人来说，拒绝别人是一道非常棘手的难题。无论是同事、朋友还是亲戚，只要对方提出了要求，他们哪怕自己吃点儿亏，也会努力去完成，有时候甚至连陌生人的要求也难以拒绝。但是，如果一直这样不懂拒绝，不断违背自己的想法做事，最后受伤的只会是自己。

在人际交往的过程中，拒绝与接受同样重要，父母要让孩子学会勇敢拒绝。

当遭遇不合理的请求时，孩子应该分清其中的是非曲直，敢于说"不"，而不是一味地接受，更不能出于害怕等原因而任人摆布。

家长要让孩子知道，当出现下面几种情况时，就可以表示拒绝。

（1）别人邀请自己做危险的事情时

如果别人邀请孩子到危险的地方玩，或是做一些很冒险的事情时，例如到水深的河里游泳、玩火等，孩子应当意识到其中的危险，并勇敢说"不"。

（2）违背自己的想法时

如果别人请求孩子帮忙做令其反感的事情时，比如传纸条、抄作业、模仿家长的笔迹签字等，孩子可以明确地表示拒绝。

另外，对于那些觉得不能做的事情，孩子应当表示拒绝，比如帮对方撒谎、从自己家拿钱借给对方买玩具等。

（3）事情超出自己能力范围时

如果别人的请求已经超出了孩子的能力范围，那么孩子就应当委婉而明确地拒绝对方，不能因为面子而勉强答应下来。

（4）别人邀请自己做不道德或违法的事情时

当别人邀请孩子做不道德甚至违法的事情时，比如插队、偷东西、打架等，孩子应当果断表示拒绝，并竭尽全力劝阻对方。

（5）遇到陌生人的求助时

如果遇到了陌生人的求助，孩子应当学会分辨，因为在正常情况下，成年人的求助对象应该是成年人，而不是孩子。因此，在有陌生人向孩子求助时，孩子应当能够进行分辨，如果实在无法分辨，一定要果断拒绝。

拒绝他人是一件很正常的事情，但父母除了让孩子懂得拒绝外，也要让其懂得一些拒绝的技巧，学会委婉地拒绝。比如，语气尽量委婉；告诉对方自己是对事不对人，今后如果自己能在某事上帮忙，一定会尽力帮助；说明自己的实际情况等。这样一来，既表达了对对方的尊重，也让自己摆脱了尴尬的处境。

另外，父母也应当告诉孩子，如果别人拒绝了自己，那么肯定有对方的考量，应当尊重对方，不能强求。

第50课　让孩子尽早掌握 "说服力"

　　索尼是日本的一家著名的跨国企业，它的创立者之一盛田昭夫是一位传奇性人物，有着很高明的说服手段，索尼公司的成功与此有很大关系。

　　每一项新产品的研发都是艰难的，没有人知道它是否能成功。面对这种风险，很多员工都不愿意冒险，但盛田昭夫总能通过各种办法说服员工跟他一起进行研发。例如，在1979年，盛田昭夫打算研发一种便携式收放机，但是工程师们进行了一番市场调查后得出结论：不会有人去买一个只能播放却不能录音的电子产品。盛田昭夫也仔细考虑过工程师们的建议，但最后还是坚持了自己的想法。为了让这个项目能顺利进行下去，盛田昭夫想了许多办法来说服员工，最后甚至用辞职来威胁。他是这样说的："假如到了年底还没有卖到10万件，那么我就辞去现在的职务。"要知道，当时的索尼已经是一家发展得很好的大公司了，作为公司的领导者，他完全可以躺在功劳簿上坐享其成，但他哪怕辞职也要推进这个项目，可见他的决心与压力。员工们都被他的态度说服了。

　　最终，这批收放机变成了之后的随身听、MP3，发展出了75个型号，在全世界进行销售，掀起了一股潮流，这个产品也成了索尼最著名的产品之一。

　　在人际交往中，想要达成某个目的，很多情况下都要得到别人的理解与认同，甚至让对方跟自己一起行动，这就不得不提到说服的力量。可以说，说服是处理人际关系的必备技能。因此，父母应当培养孩子的说服能力，让孩子成为一个擅长说服他人的人，这样孩子才能够更好地与人进行交往、更容易取得他人的信任，让生活变得更加顺遂。

那么，父母具体应该怎样做呢？

（1）让孩子重视说服力

父母可以通过一些小故事告诉孩子说服力具有怎样的力量，让孩子对培养说服力产生足够的重视，这样孩子才会渴望学到这方面的本领，也就能更快地学会了。

（2）教会孩子说服的技巧与办法

拥有一定的技巧与方法是说服成功的保障，父母可以将下面这些技巧与方法传授给孩子：

①态度要亲切、和蔼。如果用不满、愤怒等不良态度面对需要说服的对象，对方当然不愿意帮助你、听从你的意见，没有人想费力不讨好。而如果你用亲切、和蔼的态度面对需要说服的对象，以温和且友善的方式来劝说、引导对方，那么就有可能取得良好的效果。

②寻找双方的共同语言。单刀直入地说服别人是不可取的，这样对方会觉得你有些唐突，对你的好感就会降低，说服成功的概率也会随之降低。因此，当你想要说服对方的时候，可以从对方感兴趣、双方意见相同的话题入手，拉近双方的关系，让对方心情愉悦、放松戒备，之后再进行说服就会轻松很多了。另外，在说服对方时，最好能让对方产生自己能从中受益的感觉，这样事情就会进行得更加顺利。

③尊重对方的意见，不能一直指责或反驳对方。在说服时，指责与反驳都会给说服之路增加障碍，因为这样会打击对方的判断力和自尊心，必然会令对方产生反感甚至敌意，导致最终说服

失败。在与对方持有不同意见时，如果你能委婉地劝说，如"可能是我弄错了，我们再来看看这个问题吧，假如是我出错了的话，我很愿意及时改正"，这样肯定会减少双方的对抗感，取得更好的效果。

④给对方说话的机会。很多人在进行说服的时候，总是只关注自己要说的话，想要一次性将自己全部的想法都灌输给对方。这就造成自己说得太多，而对方可能早已不耐烦，当然也就谈不上说服了。反之，如果能让对方畅快地表达出他的观点，自己则耐心倾听，然后根据对方的想法对自己的观点进行修正，或进行有针对性的辩驳，这样更容易让对方接受，也提高了说服的效率。

⑤让对方放弃成见。美国著名人际关系大师卡耐基曾说："在说服某人时，不能将对方当作理性动物，而应该将对方当作感性动物，他们是带着偏见与人相处的。"正因为出于某种感情，所以，无论你觉得对方的成见是多么的荒诞，也不能直接进行批判，而是要让他意识到自己的问题。你可以这样说："我觉得您说的确实有道理，不过如果从另一角度来说……"这样委婉的话语可以帮助对方意识到问题所在，又不至于驳了对方的面子。

⑥让对方发泄负面情绪。说服时可能遇到的最困难的情况是，对方不仅不赞同你的想法，反而充满了怒气。在面对这种情况时，要想说服对方，就要先让对方将所有的情绪都发泄出来，才能让说服继续进行。如果对方将负面情绪发泄在了你身上也不用在意，因为事后对方通常都会产生愧疚情绪，这样说服就会更加顺利了。

（3）让孩子知道说服时的禁忌

孩子掌握了说服技巧之后，父母还要告诉孩子说服时的禁忌，否则也有可能无法达到目的。具体来说，说服时的禁忌有以下几点：

①态度盛气凌人。有些人觉得自己的想法非常巧妙，对方肯定会赞同，因此在说服对方时，态度上就不免带上了居高临下的

意思。这样一来，哪怕对方确实对你的想法很感兴趣，也肯定不会同意。

②过分精于言辞。有些人非常精于言辞，总能把话说得头头是道、条条在理，但是太过完美的描述反而会让人觉得不真实、不可信，不会同意。

另外，在使用说服的技巧时，一定不能太过明显，否则就会引起对方的警觉，给说服增加难度。

③一直围绕着对方不想谈论的话题讨论。有些事情在别人看起来是很正常的，但在说服的对象眼中就是一个不可触碰的雷区，因此，在进行说服时一定要避免触碰雷区，即使一不小心触碰了，也要尽快转移话题。

【课堂笔记】

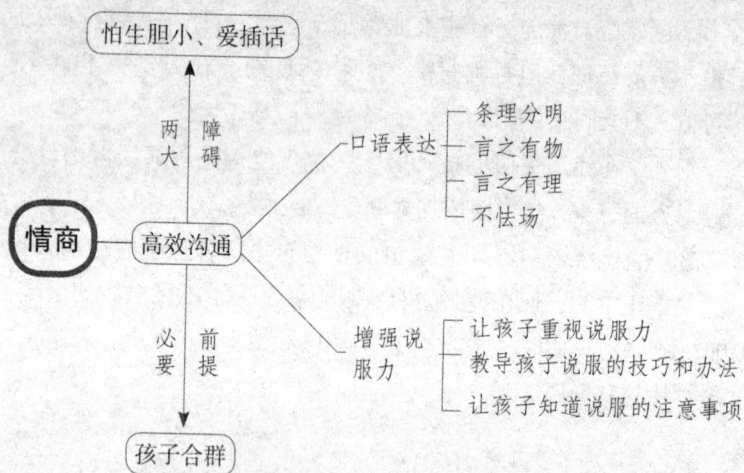

教出好孩子

正面管教

文贤阁◎主编

江苏凤凰美术出版社

图书在版编目（CIP）数据

正面管教 / 文贤阁主编 . –– 南京：江苏凤凰美术

出版社，2020.11

（教出好孩子）

ISBN 978-7-5580-7715-9

Ⅰ . ①正… Ⅱ . ①文… Ⅲ . ①家庭教育 Ⅳ . ① G78

中国版本图书馆 CIP 数据核字（2020）第 137989 号

责任编辑	郝旭辉	
封面设计	陈玉军	
责任监印	唐　虎	

丛 书 名	教出好孩子
本册书名	正面管教
主　　编	文贤阁
出版发行	江苏凤凰美术出版社（南京市湖南路 1 号　邮编：210009）
	北京凤凰千高原文化传播有限公司
出版社网址	http://www.jsmscbs.com.cn
排版制作	文贤阁
印　　刷	阳信龙跃印务有限公司
开　　本	880mm × 1230mm　1/32
总 印 张	36
版　　次	2020 年 11 月第 1 版　2020 年 11 月第 1 次印刷
标准书号	ISBN 978-7-5580-7715-9
总 定 价	192.00 元（全 6 册）

营销部电话　025-68155790　营销部地址　南京市湖南路 1 号

江苏凤凰美术出版社图书凡印装错误可向承印厂调换

前言
preface

　　孩子的未来命运取决于父母今天的教育方式。没有教不好的孩子，只有不会教的父母。要想教出好孩子，父母就要懂得教子的智慧。无论是对孩子过于严厉、非打即骂，还是对孩子过于溺爱、百依百顺，都不是明智的教子方法。智慧的父母应该懂得，只有自己达到一定的高度，努力成为孩子的好榜样，再辅以科学的方法，孩子才可以变得更优秀。

　　然而教育出优秀的子女绝非易事。在孩子成长的过程中，父母会遇到各种各样的挑战，诸如，孩子和父母对着干，孩子身上坏毛病不断，孩子不愿意和父母沟通，孩子出现心理上的问题等。父母也会犯各种各样的错误，诸如，过于专制，不讲民主，不尊重孩子的人格，不尊重孩子的喜好，压制孩子的天性，无意中伤害孩子的心灵等。这一切导致亲子关系紧张。父母着急上火，教育方式难免变得极端，孩子反而越发叛逆，与父母的期望背道而驰，如此恶性循环。为了解决父母的难题，让父母学会科学地教育子女，我们精心编著了本套丛书。

　　《教出好孩子》丛书采用理论与实践相结合的方式，甄选了大量我们身边的真实案例，为家长总结和提炼出了许多实用的教子方法，一步步引导家长成为高段位的父母，培养出人格

健全、品德优秀、素质完善的孩子，并提出了如何在孩子的不同年龄阶段，根据实际情况做出正向引导，帮助家长构建良性的亲子关系。

没有父母不希望自己的子女品德高尚、学有所成，希望通过阅读本书，天下的父母可以得偿所愿，真正成为孩子的引路人，成为孩子的好老师、好朋友。

目录
contents

第三章 爱而有度，给孩子一些自由

第四章 父母放手，孩子走得更远

第一章

抛弃"棍棒教育"，温柔管出好孩子

"棍棒底下出孝子"的时代一去不复返，当代父母需要的是更有智慧的教子方式，那就是温柔应对孩子的错误，用包容的态度给孩子一个更好的未来。

打骂孩子是最愚蠢的教育

　　生活中，有不少父母在孩子犯错时，会压抑不住自己的情绪，采取打骂孩子的方式进行教育，希望孩子能记住教训，引以为戒。而且，这样的父母从来不觉得自己的做法有错，因为他们也经历过上一辈的打骂，何况，中国自古就有"棍棒底下出孝子"的说法。既然打骂孩子是很多父母的经验之谈，那自己打骂孩子也似乎变得合情合理。

　　但是，这种教育方法真的能起到理想效果吗？其实，这种教育方法只是满足了父母的心理，对于孩子来说是没有任何帮助的，而且，很多孩子为了逃避打骂，往往会在父母面前对自己的错误进行掩饰，很容易养成撒谎的习惯，甚至有些孩子因为胆怯，会做出诸如离家出走一类的事。无论对孩子本身，还是对整个家庭而言，这种方式都是有害而无利的。

　　小越在家里和爸爸就好像一对仇家，每天见面没什么话说，一说话就开始吵架。小越喜欢玩游戏，爸爸总觉得他玩物丧志，影响学习，只要看到小越坐在电脑前就开始气不打一处来，不是骂小越不思进取，就是说他将来没出息，有的时候还会动手打小越。小越已经是初中生了，对爸爸的这种管教方式表现出强烈的反抗，有的时候妈妈夹在中间也不知道如何是好，想要调解父子两人之间的矛盾也有心无力。

后来，小越中考失利，爸爸更是言语粗暴，一直责备小越，说他以后也成不了什么大事，以后再也不管他了。小越本来就心情低落，听爸爸这么一说更是郁闷不已，干脆沉迷在游戏中，每天昏昏沉沉，才十几岁的年龄，看上去毫无活力可言，更是跟青春向上扯不上关系。

在这个故事中，小越的错误是不可以忽略的，但是爸爸对小越的教育方式更要天下父母引以为戒。有多少家长像小越爸爸这样，在没有真正了解孩子心理的基础上，对孩子妄下结论，为了让孩子符合自己要求，动辄打骂，却把孩子推得离自己越来越远。真正聪明的父母，从来不会在孩子面前展示他们的"霸权"，他们会关注孩子的问题，了解问题背后的原因，然后有的放矢地教育孩子，不仅告诉孩子哪里犯了错，还会引导孩子分析和反思自己的错误，并让孩子从中吸取教训，避免今后出现相同的问题。

那么，那些习惯于以蛮横的态度对待孩子的家长，应该如何改变现状，杜绝原本的教育方式呢？可以参考以下几点：

（1）要求要合理，拒绝急功近利

生活中不少父母总是对孩子表达失望，觉得孩子什么都做不好，达不到自己的要求，但是他们却很少想到，自己对孩子的要求是否合理，是否符合孩子的身心发展水平和成长规律。不同的孩子在学习能力、理解能力等方面各有差别，孩子在成长的不同阶段，接受知识的难易度和能力也不同。所以，父母应该根据孩子的实际情况进行客观的判断，对孩子提出相对合理的要求。

父母在要求孩子的过程中，一定不能以自己的最终目的为导向，对孩子过于苛责，尤其不要在孩子没有达到父母要求的理想程度时，对孩子暴力相向。我们要遵循孩子的成长特点和学习规律，让孩子循序渐进，学有所成。

（2）保持良好的心态，正视孩子的问题

俗话说"人非圣贤孰能无过"，任何一个人都会犯错，孩子当然也一样。很多父母难以容忍孩子犯错，总是在发现孩子错误的第一时间表达自己的失望、愤怒，不仅让自己的情绪更消极，还会让孩子因为害怕犯错而变得战战兢兢、胆小怕事。

每个孩子都不是完美的，作为父母，我们要明白，孩子犯错是正常的，哪怕犯的是一些大人看来很低级的错误，那也是和他们的年龄、阅历，以及成长阶段有关系的，我们不能用大人的标准去要求孩子。父母在关注孩子为什么犯错的时候，首先应该从自身找原因，思考一下，是不是自己的教育方式出了问题才造成这样的结果。

另外，如果在父母与孩子沟通的过程中，孩子对父母的说法或做法提出了异议甚至是有反抗的表现，父母一定不能情绪失控，更不能对着孩子吼叫或使用暴力，应该给孩子发表看法的机会，让他们说出自己的感受，在平和的状态和轻松的氛围中与孩子进行进一步沟通。如果发现孩子的说法有一定的道理，父母应给予认可和鼓励，即便孩子的想法过于片面，我们也应该友好地提出，跟孩子进行探讨，而不是一票否决。

如果父母在孩子面前总是情绪失控，久而久之，会让孩子觉得与父母在一起是有压力的，与父母的沟通是不顺畅的，他们会选择疏远父母，甚至是逃避家庭，这样的结果，相信是所有父母都不愿意面对和接受的。

　　总之，无论孩子做错了什么，父母都是可以通过和平友好的方式与孩子沟通解决的。如果遇到比较棘手的问题，就需要父母耐心和包容，一定要切记：打骂绝对不是教育孩子的好方法，它只会让问题恶化，让亲子关系最终走向僵化。

责骂孩子，后患无穷

　　很多成年人与朋友、同事相处和谐融洽，在职场上也能左右逢源，但是一回到家里，面对孩子，就变得束手束脚，尤其是当孩子出现问题或者犯错的时候，更是一筹莫展。在教育孩子方面，他们最常用的方法就是"唠叨"，当唠叨的时间长了，起不到理想的效果时，就会采用责骂的方式。责骂可以说是唠叨的升级版，短期内看，它似乎对教育孩子可以起到一定的效果，但是从长远来看却是不明智的，因为责骂孩子会伤害孩子的自尊心和自信心，还会让孩子对父母产生反感情绪，更有甚者，会进行激烈的反抗，比如与父母吵架、离家出走，甚至更极端的事情。

　　当然，面对孩子的问题，家长不能置之不理。他们很多时候需要家长的严厉管教，适当的言语提醒和教训也是可以的，但是家长一定要把握好度，不能过度严厉，否则不仅起不到教育孩子的作用，还会让孩子慢慢失去改正错误的动力。

　　昊昊的妈妈是一位高中老师，她对学生的管理非常严格，班上的纪律严明，学生们的学习成绩也不错，因此昊昊妈妈也把管理学生的那一套方法用在昊昊身上，对昊昊提出了一系列严格的要求，比如：写作业的时候必须在规定时间内写完，写不完不能从书房出来；每天按时吃饭，不能剩饭，而且在吃饭过程中尽量避免发出声音；在家看电视的时间必须严格控制，超过一分钟就要抄写英语单词……昊昊不敢反抗妈妈一系列的"专制"行为，因为妈妈动不动就会对昊昊大声吼叫、责骂，一直骂到昊昊低头不说话为止。

有一次，妈妈加班回来得晚，等到妈妈回家的时候，昊昊依然饿着肚子，妈妈知道昊昊不会做饭，但是至少可以泡面吃，就问昊昊为什么不知道泡面吃，要饿到这么晚，昊昊捂着饥肠辘辘的肚子说："我不敢，你平常不是说不让我吃泡面吗？"昊昊在妈妈的严厉管教下，成了别人口中的"好孩子"，但是他却变得没有一点儿主见，做事也不敢有自己的想法。我们很难想象，这样的孩子长大以后，如何适应千变万化的社会，如何立足。

当一个孩子因为大人的责骂而变得唯唯诺诺，只能依赖大人的时候，当大人的管教变成孩子独立思考和独立解决问题的绊脚石的时候，我们是否应该反思一下，到底是让孩子听话重要，还是保护孩子思维的自主性和创造性更重要？

责骂带给孩子的远远不只是心理上的伤害，作为父母，要意识到，责骂孩子的弊端远远大过益处。那么，责骂到底会带给孩子什么更严重的不良影响呢？

（1）责骂孩子可能让孩子犯下更大的错误

经常责骂孩子，往往容易让孩子产生反抗情绪，尤其是对一些比较有主见、自尊心比较强的孩子来说，他们很难接受这种教育方式，但是又没有好的办法去改变，所以，他们的反抗往往表现为更严重的逆反行为，比如，家长责骂孩子沉迷于网络游戏，孩子就比之前表现得更严重；家长责骂孩子成绩差，不求上进，孩子在学习上就更加懈怠，让家长一次比一次失望。而对于一些性格比较内向的孩子，他们往往不会直接表现出对父母的反抗情绪，但是他们的心里是不服气的、不愿意接受的，所以，他们往往会产生不满和怨恨情绪而又无法发泄，时间长了，就容易造成性格上的阴郁，不愿意与人分享自己的喜怒哀乐，甚至变得自闭，无法与人进行正常的沟通。

（2）责骂失当可能影响孩子的成长

有一位老师带着班上的孩子们去春游，大家都兴致勃勃。老师带着孩子们在郊外野餐、做游戏，玩得不亦乐乎。几乎所有的孩子都尽兴地玩闹，老师决定让孩子们单独行动一会儿，他告诉孩子们，只要在规定的范围内活动，大家可以自由地做自己想做的事情。大多数孩子都像出笼的小鸟一样四散开去，寻找自己的乐趣，但有几个孩子却待在原地不动，老师问他们为什么不去玩，他们却说希望老师告诉他们要玩什么，老师吃了一惊，难道拥有选择的自由，可以自在地玩耍不是一件很开心的事吗？为什么反而成了这些孩子的负担？

在生活中确实有这样的孩子，他们没有自己的想法，只会听从别人的意见。其实，这样的结果与父母的教育是分不开的。毫无主见的孩子，他们的父母不是一样毫无主见，就是对孩子的管教过于严格。他们总是要求孩子按照自己的想法做事，只要不顺从他们的心意，就会对孩子进行训斥。很多孩子在这种家庭中，渐渐地失去独立思考的能力，只会依赖他人为自己做决定。面对这样的孩子，也就不难理解，他们会在自由行动的时候无所适从。

那么怎么责备孩子才是正确的做法呢？

①要学会尊重孩子，虽然孩子小，但是他们也有自尊心，父母在责备孩子的时候一定要尊重孩子的人格。

②父母在责备孩子的时候，一定要向孩子说明，为什么会责备他，让孩子真正从内心深处检讨自己。父母要明确责备的最终目的是为了帮助孩子。

③帮助孩子分析问题，找到孩子犯错误的根本原因，并且给孩子提出合理的、可行的建议。另外也可以帮助孩子制定规则，防止下次犯同样的错误。

总而言之，无论在什么情况下，对孩子大声斥责都是不可取的方法。要让孩子从根本上解决问题，父母首先要尊重孩子，在不伤害孩子自尊心的前提下，晓之以理，动之以情，不仅要让孩子明白自己的错误和改进错误的方法，还要让孩子感受到父母对孩子的关注和爱。

就事论事，不轻易否定孩子

当孩子犯错的时候，家长要扮演的重要角色就是错误的纠正者，只有给孩子及时指出并帮助孩子改正错误，孩子才能获得进步。但是，在给孩子纠错的过程中要关注错误本身，而不是全盘否定孩子，否则，孩子就可能因为犯下的一个小错误而对自己产生怀疑，甚至产生自卑心理。

父母在批评孩子的时候，要始终牢记一点：对孩子的批评是促进孩子成长的一种方式，而不是为了批评而批评。要明白，批评的前提是不伤害孩子的自尊心和自信心。

小凌写作业总是容易走神，有的时候写了半个小时，作业上却没写几个字，甚至还会在作业本上乱涂乱画。爸爸对小凌的这种习惯很是不满，经常在辅导小凌写作业的时候怒不可遏地训斥孩子。一天晚上，小凌在写作业，爸爸在旁边看着的时候他就像模像样地写作业，爸爸稍微不注意，他就又走神了。爸爸实在忍无可忍，对着孩子咆哮道："真是烂泥扶不上墙！我看你这毛病一辈子也改不了了，懒得管你这样的！"说完就气呼呼地走开了，留下小凌无所适从。小凌呆呆地看着被爸爸摔得山响的门，掉下了眼泪。

虽然小凌不听话，但是当听到爸爸的否定时，他还是没有办法分辨出到底爸爸说的是气话还是爸爸真的认为自己很没用，那个小小的心灵就因为大人的一句话受到了伤害。很多孩子的自卑心理都是在这种情况下产生的，试想一下，连最亲近的父母都否定自己，还有谁能肯定自己呢？

所以，父母批评孩子的时候，要就事论事，不要上升到对孩子的智力、进取心或者人格方面的贬低和侮辱。比如，当孩子不愿意做作业的时候，父母可以告诉孩子，不做作业的行为是错的，而且他们要为这个错误付出一定的代价，比如熬夜完成或者受到老师的批评等。

小冀从小学习就很好，妈妈对他的管束也十分严格，妈妈相信，正是因为自己的高标准、严要求，孩子才能有这样的好成绩。但是，小冀自从上了初中以后，学习态度就不像之前那么好了，他总是跟着班上的几个"坏小子"泡网吧、打架，有时候还会逃课。妈妈跟小冀沟通后，情况却没有什么改善。恨铁不成钢的妈妈对小冀脱口而出："你这个样子，永远都别想有什么出息！"小冀并非不知道自己做错了事，但是他很难控制自己，他难以抵制生活中的种种诱惑，他被网络游戏吸引了，他还要讲究"哥们儿义气"，他也很想逃脱这种状态，但是对他来说太难了。而且，妈妈说他永远都不会有出息，既然妈妈已经给自己的未来下了结论，又有什么好争取的呢？小冀变本加厉，成绩更是一落千丈。

孩子的未来是由他们自己决定的，父母应该做的是引导孩子认真地对待自己的学习和生活，对孩子的错误给予纠正和鼓励，而不是一味否定孩子，因为否定孩子不仅不能让孩子改变现状，反而可能让孩子陷入消极的状态当中，出现更严重的问题。那么，在批评孩子的时候应该注意什么呢？

①首先要让孩子冷静下来，如果孩子当时比较冲动，甚至是表现出了暴躁情绪，那这个时候就不是合适的时机。

②父母要有足够的耐心倾听孩子的心声。即便孩子犯了错，也要给孩子解释的机会，在孩子倾诉的过程中，父母要耐心地倾听，不要急于发表意见，更不要急着反驳。

③在孩子倾诉完之后，柔和地向孩子表达自己的看法。这个时候应该做到条理清晰，让孩子确切地知道错在哪里。

④再次询问孩子的意见和看法。如果孩子对于父母的批评并不接受，可以再次给他讲道理，慢慢地引导孩子认识到错误，如果孩子愿意承认自己的错误，并且有勇气改正，父母一定要给予鼓励和赞美。

⑤父母要参与到孩子改正错误的过程当中，可以帮助孩子制定一些规则或者是提出惩罚的措施，当然，父母要对惩罚的措施把握合理的度。

⑥在孩子改正错误的过程中，父母要随时监督孩子，并且对孩子进行提醒，如果孩子有进步，一定要鼓励和赞美孩子，或者根据情况给予一定的奖励。如果孩子重复犯了之前犯过的错误，甚至是故意为之，父母也不要心软，一定要让孩子知道，承诺过的事情一定要做到，知错就改才是正确的态度。

当然，在整个教育过程当中，最重要的是父母不要急着批评孩子，而且与孩子的沟通一定要提前准备，要做到有理有据，以理服人，这样才能起到良好的教育效果。

科学地责备孩子

体罚孩子是一种极其错误的教育方法，相信这是很多父母都已经认识到的问题，而且在生活当中会尽量避免，因为他们知道，体罚会对孩子的身体和心理产生大的负面影响。但是，人们却很少知道，责骂孩子这种看似比体罚更"温和"的教育方法，却可能有着比体罚更大的杀伤力。

如果一个孩子经常被责骂，他的耳边总是充斥着对他的不满、训斥，长期积累下来，这个孩子的大脑会对这种信息习以为常，让孩子自然而然地认为自己就是那么"差劲"，从而丧失了自信心。而且，很多孩子会因为被辱骂而导致大脑受到刺激，严重的甚至会出现精神问题。

涛涛在家里练习画画的时候，妈妈总是在一旁看着，而且时不时地要评价几句。涛涛画得很入神，妈妈却不满意，责备涛涛："你看看你画的什么东西？为什么要这样搭配颜色？老师告诉你花朵能画成绿色吗？一看你上课的时候就没有仔细听！说了多少遍了，要认真听讲，认真听讲，总是把大人的话当耳旁风……"

涛涛不说话，只是默默地把那张画撕下来重新开始，妈妈却更生气了，觉得涛涛是在用这样的方式表达抗议，又开始嘟囔："说都不能说，什么脾气！算了，你自己画吧，反正将来也画不出什么成就来……"说罢拂袖而去。

暂且不说涛涛把花朵画成绿色到底是对是错，妈妈教育涛涛的时候所采取的方法就是典型的错误方法。我们想要帮助孩子改正错误，也要讲究教育的方法。

（1）指责孩子要抓住时机，适可而止

父母一定要及时指出孩子的错误，不要拖得太久，以便达到最好的效果。而且在指责孩子的时候一定要适可而止，不能伤害到孩子的自尊心。

（2）告诉孩子要对自己的错误负责

教育孩子的最终目的是让孩子反思自己的行为，在以后的生活中不再犯同样的错误。所以，在教育孩子的时候，一定要让孩子知道，做错了事情需要自己承担后果，甚至要付出比较大的代价，而不是一味责骂，甚至是使用暴力，那样只会让孩子更加逃避错误，甚至与父母产生对立情绪。

（3）语气柔和，就事论事

在指责孩子的错误时，父母要做到心情平和，否则在激动的状态下，很有可能说出一些伤害孩子的话，而且在那种情绪下，孩子除了害怕以外，往往很难真正地理解父母的真实用心。所以父母要保持情绪的稳定，就事论事，不过分激动、口不择言。

（4）向孩子传达爱意

很多父母像连珠炮一样批评完了孩子，就拂袖而去，却忽略了对孩子情绪的关注。很多孩子可能在父母的指责下已经认识到了错误，甚至出现了羞愧的表现，还有可能想要向父母认错，检讨自己的错误。这个时候，父母一定要在孩子身边，用语言或者拥抱的方式告诉孩子，即使犯了错，父母对孩子的爱是不会改变的，给孩子承认错误的勇气。

多些建议，少些批评

教育专家总是告诫父母，一定要用温和的方式教育孩子，少些批评，多些建议，以减少对孩子的伤害，究其原因，大概有以下几种：

（1）温和的建议更容易让孩子接受

"趋利避害"是人的本能，孩子犯错的时候，最担心的就是父母的责备，甚至是打骂。所以，如果父母的教育方式不够温和，肯定会让孩子产生逃避的想法，不仅不能从心里接受父母的教育，甚至会产生逃避错误、规避惩罚的想法。

只有父母用温和的方式教育孩子，适当地给孩子合理的建议，孩子才更容易接受，教育才能真正地取得效果。

（2）温和的建议有助于缓解孩子的逆反心理

孩子是不愿意接近经常责骂孩子的父母的，甚至是想要远离的，更严重者，会让孩子产生反抗和逆反心理。温和的建议可以让孩子与父母之间的关系更亲近，缓解对立状态，缓解孩子的逆反心理。

总之，温和地提出建议是拉近亲子关系的好方法之一，它能够让父母与子女建立比较和谐的关系，让孩子更愿意听从父母的建议，从而在成长的道路上有更多的收获，犯了错误也能够改正并不断吸取教训，积累更多的人生经验。

当我们总是用强硬的态度对待孩子的时候，他们听到的总是"你不懂别插话""这样的错误下次还敢再犯吗"这样的话，孩子自然而然会产生抗拒心理，甚至会以同样强硬的态度反抗父母。

但是，如果父母换一种温和的方式，对孩子多用商量的语气和提建议的口吻，问题就会变得容易很多。比如，我们在指出了孩子的错误之后，可以认真而温和地对孩子说"对这件事你是什么样的看法呢""爸爸妈妈想听听你的意见""你可以有自己的想法，我们尊重你"这样的话，让孩子感觉到，尽管自己做了错事，但还是被尊重的。

有一次，爸爸带着小川到一个亲戚家做客，小川特别高兴，表现得也十分乖巧，和亲戚家的孩子玩得不亦乐乎。可是到下午的时候，小川就待不住了，拉着爸爸非要走，爸爸正在和亲戚喝下午茶，对小川的请求充耳不闻，小川就拼命拉拽爸爸的衣服，爸爸一生气，对着他喊了一声："走开，别在这儿胡闹！"听到爸爸的怒吼，小川居然就地躺了下来，在地板上滚来滚去，非要爸爸带他走不可。面对哭闹不止的小川，爸爸和亲戚都十分尴尬，只好提前结束了这一次聚会。

导致这个小插曲的只是爸爸无心的一句话，由此也可以看出，父母的教育方式对孩子的行为影响是很大的。那么，如何温和地对待孩子，让孩子更好地听取父母的教育，使教育取得更好的效果呢？以下是给父母的几点建议：

（1）体谅孩子是一切的前提

"人非圣贤孰能无过"，很多父母对孩子的要求过于苛刻，面对孩子的错误往往容易情绪失控。其实，我们应该体谅孩子，明白孩子犯错是一件很正常的事，在这样的心态支持下，才有可能采取正确的做法。

（2）给孩子提出切实可行的建议

父母不要直接要求孩子，或者逼迫孩子改正错误，而是要在了解孩子犯错原因的基础上，引导孩子分析问题，并针对孩子的情况，给孩子提出切实可行的建议，孩子在了解了自己的错误的基础上，又有可以作为参考的建议，自然会愿意接受，并试着按照父母的建议去修正错误，完善自我。

（3）给孩子选择的权利

很多时候，孩子不一定愿意接受父母的建议，这个时候父母一定不能粗暴地强制孩子接受，而是要尊重他们的意愿，晓之以理，给孩子时间去思考，让他们自己决定是否接受。

（4）教育的同时传递亲情

父母在给孩子建议的时候不能只是冷冰冰地提出来，而是要饱含着对孩子的期待，只有让孩子感受到父母的期待和关怀，动之以情，孩子才更愿意接受父母的建议。

总之，批评和建议都是教育孩子的方式，但是从孩子的角度来看，他们更愿意接受建议而不是批评，所以，父母也应该站在孩子的立场，设身处地为孩子着想，多一些温和的建议，少一些冰冷的批评。

在适当的场合批评孩子

很多父母喜欢批评孩子，是因为批评在很多时候确实能起到很好的教育效果。但是，不合理的批评也容易适得其反，很容易让孩子走向家长的对立面。批评孩子的时候，场合就是一个非常重要的因素，我们不可以忽略。如果在批评孩子的过程中，不注意场合是否合适，就容易给孩子的内心造成严重的打击。

正正上小学的时候是一个比较乖巧的小朋友，但是自从上了初中以后就变得吊儿郎当，不仅上课经常迟到早退，还总是喜欢在课堂上做出一些奇奇怪怪的动作，发出怪异的声音，老师为此感到十分头疼。

有一次，妈妈带着正正去舅舅家做客，正正玩得很开心，也很听话，舅舅和舅妈一直夸正正听话懂事。但是，就在一家人热热闹闹地吃饭的时候，妈妈突然接了一个电话，接完电话再回到饭桌上的时候，妈妈就完全变了一副表情，她绷着脸，没好气地对正正喊："吃吃吃，就知道吃，给我站起来！"正正一脸蒙，只好站了起来，舅舅舅妈也是一脸疑惑，妈妈看着正正，说道："每次老师给我打电话，不是你扰乱课堂，就是成绩又下滑，之前还来我们家家访，这次更好了，让妈妈到学校里谈话，妈妈的脸往哪里放？你除了给我惹祸添堵还会干什么？"舅舅和舅妈一看妈妈真的生气了，赶忙劝解："有话好好说，正正会改正的，对吧，正正？"说完拍着正正的肩膀，示意正正认错。正正却一言不发，沉默了好一会儿才含着眼泪说："我在你的眼里就是什么都不好，就像你经常骂我的一样，我就是个不中用的坏孩子！"说完哭着跑了出去。

孩子犯了错，妈妈批评孩子是正常的，但是正正的妈妈错就错在过于冲动，除了口不择言，说话伤了孩子的自尊心外，也没有考虑到批评的场合是否合适。有别人在场的情况下，妈妈毫不避讳的批评是对孩子自尊心的漠视，这样的批评不仅不能起到良好的效果，反而会让孩子反感，甚至是像正正一样，产生严重的自我否定。

很多家长觉得孩子并不需要"面子"，因而常常会忽略孩子被当众批评时的心理感受。也许，一次两次不会产生非常严重的影响，但如果这样的情况总是出现，孩子的心理就有可能不断地受到伤害，渐渐地失去斗志，甚至会出现"破罐子破摔"的自我放弃心理，这无疑对孩子的成长和一个家庭的幸福都是十分不利的。

那么，家长应该如何注意场合，让批评起到更大的正面作用呢？首先，家长一定要注意，批评孩子的时候要尽量避开公共场合或有他人在场的场合，最好选择在一个环境比较安静、气氛比较轻松的地方。其次，心平气和地跟孩子进行对话，由浅入深地帮助孩子分析他们出错的原因，让孩子勇敢地表达出自己的看法。然后，一步步引导孩子认识到自己的错误，为孩子提出合理的建议。当孩子在批评中感受到了父母的关爱，他们就更容易体会到父母的用心良苦，也更容易为此而做出改变，教育的目的也就达到了。

正确看待过失，把握教育良机

　　很多孩子都会因为性格冒失或者对自己的能力高估而做错事，孩子出发点是好的，只是难免有过失罢了。很多父母面对孩子的过失都会反应过激，不仅会斥责孩子，甚至还会因为一点儿小事对孩子使用暴力。其实，当孩子出现过失的时候，他们的内心也是紧张和害怕的，如果这时候父母的反应过激，就只会加重孩子的恐惧心理。

　　那么，父母应该如何正确地对待孩子的过失呢？其实，孩子有过失的时候，正是父母教育孩子的良机。父母应该抓住机会，一方面要以包容的心态对待孩子的过失，让孩子明白，这样的过失并不会让父母减少对他们的关爱；另一方面，父母也要帮助孩子分析产生过失的原因，教给孩子正确的做事方法，让孩子在这个过程中汲取经验教训，促进孩子心智上的成熟。

　　很多情况下，尽管孩子出现了过失，想做的事情没有做好，甚至是给父母造成了一定的麻烦或者伤害，但孩子可能是出于好意。这个时候，就更不能对孩子的过失紧抓不放，而是要赞美孩子的初心，告诉孩子，父母已经明白了他们的出发点是好的，不用因为出现了过失而有心理负担，然后再教育孩子，帮助孩子总结经验教训。

如果孩子是因为不小心而做错事，比如打翻了餐具、弄坏了家具，或者给父母造成了其他损失，父母也要告诉孩子，自己知道孩子不是故意的，但是以后要吸取教训，争取不再出现这样的问题。

如果孩子总是生活在父母的包容和理解中，那么他们即使有了过失也不会害怕在父母面前承认，更不会战战兢兢地隐藏自己的过失，他们的成长过程是轻松快乐的，对父母也是信任依赖的，这样的孩子当然也会是幸福的。

菲菲是一个性格开朗的人，朋友们都说她最大的优点就是不怕困难、不怕出错。菲菲说，她从小就觉得犯错误不是什么了不起的事，因为妈妈从小就告诉她，犯了错并不重要，重要的是面对错误的态度。

菲菲讲过一件小时候的事。菲菲从小就很喜欢和妈妈一起做家务，她觉得自己能从中得到快乐。有一天早上，妈妈正在厨房忙碌，菲菲便主动帮妈妈倒牛奶，但是因为菲菲的个子比较矮，力气也不够，在倒牛奶的时候不小心打翻了牛奶瓶，牛奶洒了一地，一片狼藉。菲菲有一点儿害怕，站在桌子旁边一动不动，不敢说话。这个时候妈妈走了过来，她在菲菲的旁边蹲下来，轻轻地抚摸着她的头对她说："宝贝，谢谢你帮妈妈做家务，你是一个勤劳的好孩子，妈妈觉得你特别棒。把牛奶瓶打翻了，这并不是你有意为之，只是一个小失误而已，妈妈不会责怪你的。但是你看，你用一只手去端牛奶瓶，是不是很危险？那下次我们可以尝试用两只手，这样就不容易打翻了，对

22

不对?"菲菲看着妈妈慈祥的脸,对妈妈笑了一下。妈妈继续说:"但是现在我们的地板上一片狼藉,是不是要打扫一下呢?你自己来选一个工具吧!拖把、抹布,或者你自己觉得用什么比较好,听你的,我们一起来收拾,好吗?"菲菲懂事地拿过了抹布,和妈妈一起在地上打扫起来,很快,地板就变得光亮如新了。

孩子做错了事情,内心自然会害怕和担忧,此时他们很希望父母能协助自己解决眼前的麻烦,或者至少给一点儿指导和建议。父母如果能在这时候让孩子意识到自己的问题所在,并且帮助孩子总结经验教训,孩子就可能对这件事记忆更加深刻,也就能从过失中学习到更多的知识,为将来的人生打下更好的基础。

作为父母,我们应该有这样的意识:孩子犯错是正常的,过失更是可以被原谅的。父母面对孩子的过失时,要保持心平气和的态度,切忌对孩子大喊大叫甚至是拳脚相加。因为那样不仅不能让孩子意识到问题所在,不能从中吸取经验教训,更甚者,可能对孩子的心理产生负面影响,让孩子形成自卑、怯懦的心理,或者对父母产生厌恶、疏离的想法。

很多父母在面对孩子的过失时,往往很难做到包容,即便想要耐心地解决问题,也总是控制不住自己的情绪,以下是几点建议,可供参考:

(1)以平常心对待孩子的过失

我们都知道"己所不欲勿施于人"的道理,当我们犯错的时候,也会有愧疚感、紧张感,不希望别人对自己过于苛责。所以我们也要理解,孩子有了过失的时候,跟我们的内心是相似的，也不希望父母用严苛的态度对待他们，给他们更多的压力。

如果父母能真正认识到这一点，就能做到以平常心对待孩子的过失，把这种事当成生活中再正常不过的小事，帮助孩子一起解决问题，并从中吸取经验教训。

（2）分析孩子的过失类型，区别处理

孩子的有些过失并不是故意的，往往是因为他们不小心，或者是无意中犯下的，这种类型的过失属于偶然性过失。如果孩子的过失是偶然性过失，毫无疑问，父母要包容孩子，原谅孩子，引导他们正确地看待生活或学习中的过失，培养孩子面对过失的勇气和解决问题的能力。

还有一些过失并非偶然，而是孩子刻意为之，这些孩子的做法往往是为了引起别人的注意，或者叫"刷存在感"，这种过失属于主观性过失。父母一定要严肃地跟孩子说清楚这种过失的危害性，让孩子意识到这种心理的问题所在，并督促和帮助孩子走出这种心理，改正主观性过失。

（3）给孩子机会解释

很多父母面对孩子的过失的时候，往往会气急败坏，采用不合适的手段教育孩子，甚至有些父母会用打骂孩子的方式让孩子记住教训。但是他们从来没有认真地反思过，自己的教育方式是否正确，而且也不愿意花时间探究孩子行为背后的原因。当孩子犯的是偶然性过失的时候，他们往往会因为父母偏激的对待方式而在心理上受到打击，不愿意再与父母多沟通，甚至在生活、学习中产生怠惰心理。所以，父母应该给孩子解释的机会，多了解孩子过失背后的原因，从而帮助孩子更好地改正过失。

（4）引导孩子进行自我反思

大多数孩子有了过失以后，内心都会产生愧疚感、紧张感，他们都会反思自己。所以，父母完全没有必要对孩子的过失太过紧张，只要耐心地引导孩子，让他们反思自己的行为，从中有所收获就可以了。

总之，孩子的过失不可避免，父母要准确地把握这一教育良机，让孩子在过失中获得人生的宝贵经验教训，为孩子的未来保驾护航。

【 三个方法，让孩子更"听话" 】

零用钱激励法

平常给孩子准备一些零用钱，可以由他自由支配，但是如果孩子犯错了，父母有权利在零用钱中做相应的扣除，甚至可以要求孩子用心爱的玩具抵押。当然，这些都要在父母和孩子意见达成一致的前提下进行。

"吓唬"法

很多孩子吃饭比较挑食，家长怎么劝怎么哄都没有用，相反，也有一些孩子，吃饭没有节制，甚至嗜吃各种高热量食物，家长也很难阻止。这个时候，就可以采用"吓唬"法，让孩子看厌食者或者肥胖者的图片，告诫孩子不要成为图片中那样的人。

"失去"法

很多孩子喜欢在家里乱丢东西，尤其是把玩具弄得到处都是，很多家长都束手无策，只能一遍一遍地收拾。其实，可以试一下给孩子规定好时间，让其在规定时间内完成清理工作，如果不能完成，就要失去那些玩具的方法。这样，一来可以激励孩子保管好自己的东西，二来也可以帮助孩子养成做家务的好习惯。当然，父母一定要说到做到，不要只是吓唬一下而已。

第二章

放弃溺爱，
给孩子更好的未来

很多父母和长辈对孩子的爱已经到了没有原则和底线的程度。其实，这样的爱对孩子来说，是一种不幸，孩子因为溺爱变得骄纵狂妄、唯我是从，对孩子的一生都会造成很大的危害。

走出溺爱的旋涡

父母爱孩子是人之常情，但是有些父母对孩子的爱已经超出了正常范围，比如，孩子自己能做的家务，家长也一定要代劳，久而久之，孩子就变成了"衣来伸手饭来张口"的"小皇帝""小公主"。孩子在这种溺爱的环境中，也变得越来越没有主动做家务或者承担其他责任的意识，甚至会觉得所有人都应该以自己为中心，容易养成自私自利的性格。

从家长的角度来说，虽然对孩子的溺爱是父母表现爱的一种方式，但是当孩子自我意识渐强，他们往往会逃避父母的这种无微不至的"爱"，父母也常常会因此产生失落感，觉得自己的付出没有得到相应的回报。

从孩子的角度来说，长期被溺爱，很容易凡事都对父母形成依赖，变得没有独立性，不能很好地独自解决生活或学习上的一些问题。而且，很多孩子被溺爱惯了，很难接受别人不关注自己或不顺从自己，这对一个孩子的成长也是十分不利的。

既然溺爱有害无利，那么家长该如何走出溺爱的旋涡，给孩子更健康的爱呢？

（1）转变身份，不做孩子的"佣人"

父母与孩子之间是亲子关系，但是很多充满了溺爱的家庭，这种亲子关系就变了性质，当父母事无巨细地帮助孩子做事，不给孩子一点儿独立承担责任的机会的时候，其实就是在培养孩子的惰性，也是在纵容孩子不负责任。孩子在这种环境中，会越来越多地依赖父母、要求父母，甚至是无限制地索取，父母就会由家长转变为随叫随到的"佣人"，而这种身份在家庭中是要不得的。

小贝是家里的独生子，从小就娇生惯养，是典型的"小皇帝"。无论小贝提出什么样的要求，父母和长辈都会尽己所能地满足他，只要小贝不开心，就是家里的大事。

小贝已经上小学五年级了，但是平时从来不会整理房间，衣服、书本、玩具乱丢一气，父母都习惯了给小贝善后，妈妈每天都要帮小贝整理乱糟糟的房间。至于力所能及的洗衣服、扫地之类的事，小贝更是丝毫不做，他甚至从小就没怎么摸过扫帚，父母也从来不会要求小贝。有一次，学校要求学生回家帮助爸爸妈妈做家务，小贝回家想要帮妈妈擦桌子，妈妈却说："太脏了太脏了，你不用管，好好学习就行了，这些事妈妈来做！"就把小贝赶走了。几次这样之后，小贝也就不再主动帮妈妈做家务了。

平常小贝做作业的时候，父母也忙得不行，一会儿切好水果端到小贝跟前，一会儿又倒了牛奶嘱咐小贝喝了补身体，甚至有的时候准备好洗脚水，让小贝一边写作业一边泡脚。久而久之，小贝就把这些都当成了理所当然的事，只要父母有一点儿做得不合他的心意就会闹脾气。

生活中像小贝这样的孩子还有很多，他们已经习惯了父母的溺爱，将来走上社会也很容易以自我为中心，承受不了任何打击。这样的孩子，正是因为童年被父母溺爱，所以未来的生活会变得更加艰难。所以父母一定不要做孩子的"佣人"，要用平等的态度对待孩子，给孩子良好的教育。

（2）在孩子面前放弃低姿态

很多父母在面对孩子的时候，总是保持低姿态。比如，当孩子不写作业的时候，父母会求孩子写作业，并承诺如果他把作业做完，就奖励他玩具、零食之类。又比如孩子不听话的时候，父母会求孩子体谅父母。好像在孩子面前，父母没有任何威信和尊严，只要孩子听话，父母就可以随时摆出低姿态。这样一来孩子就会认为，自己是家庭的中心，父母是没有办法离开自己的，所以孩子的行为也会越来越乖张难缠。

（3）引导孩子发现生活的丰富内容和意义

在很多父母的心里，孩子的唯一任务就是学习，只要把学习搞好了，其他的都不重要。所以我们经常会遇到这样的孩子，他们虽然学习成绩很好，但是生活自理能力很差，与人交流的能力也很差。如果这些孩子学习也没有搞好，他们就会变得自卑，找不到自己存在的价值，甚至会觉得自己只是一个学习的机器。其实作为父母应该明白，生活的意义不是单方面的，孩子除了学习之外也应该有更丰富的生活内容。所以为了让孩子更健康地成长，我们应该引导孩子去发现生活的多面性，不要剥夺孩子寻找生活的多种意义的权利和自由。一个孩子只有真正地发现了生活的多种意义，才能更好成长和成才。

（4）帮助孩子摆脱依赖心理，增强独立意识

很多在父母或长辈的溺爱下长大的孩子，他们习惯了遇到问题由父母帮助解决，所以，他们很容易失去面对问题的勇气，更难以提高解决问题的能力。孩子虽然年龄小，但是他们应该对自己该做的事负起责任，父母不能完全包办。所以父母在教育孩子的过程中，一定要帮助孩子培养独立意识，鼓励孩子遇到问题独立解决，实在解决不了的情况下，再寻求父母或其他人的帮助。

（5）培养孩子的责任感

如果父母只是一味溺爱孩子，孩子就很容易没有责任感。在生活中，父母可以有意识地培养孩子的责任感。比如，孩子的房间怎么布置，可以让他们提出自己的意见；一家人外出度假的时候也可以征询孩子的意见，比如去什么地方，用什么样的交通工具等。只有在生活的方方面面，让孩子参与进来，孩子才能从中发现自己的价值，也更容易体会到自己肩上的责任，从而成长为一个具有责任心的人。

总之，溺爱不是爱，或者说是一种畸形的爱，当父母对孩子的爱超出了正常的限度，这种爱可能就会成为一种伤害。为了保护孩子，不伤害他们，父母一定要引以为戒，把握爱的合理度。

溺爱，让孩子更软弱

每一对父母都希望自己的孩子成才，也都知道家庭教育对孩子成长的重要性，几乎没有父母会忽视孩子的教育问题。但是，如何教育孩子却是自古以来对父母的一种严苛考验。不同的父母会培养出不同的孩子，不同家庭环境下成长的孩子也会走向不同的人生。

作为父母，爱孩子是人之常情，但是如何爱孩子，不同的人有不同的理解，也有不同的做法。想要让孩子成长为一个有责任感、意志坚强、经受得了磨难的人，就要"狠心"地让孩子吃苦，在逆境中磨炼。而不是把孩子捧在手心，养在温室，虽然短暂地给了他们安逸的生活，却剪掉了孩子独自飞翔的翅膀，让他们变成脆弱自卑的人，经受不住生活的考验。我想，这是所有父母都不愿意看到的结果。溺爱，不一定能让孩子快乐，但一定会让孩子养成依赖别人的性格，养成逃避责任的习惯，形成脆弱的心理。

由于蕾蕾的爸爸妈妈平常工作比较忙，所以蕾蕾从几个月大的时候就由奶奶照顾。但是随着蕾蕾一天天长大，爸爸妈妈和奶奶之间却因为蔷蔷的教育问题出现了很多矛盾。很多育儿观念上的差别都是爸爸妈妈和奶奶之间的矛盾点，最集中的还是奶奶对蔷蔷过度宠爱的态度，爸爸妈妈很难接受。奶奶是个非常细心的人，对蔷蔷的照顾更是无微不至，甚至经常被蔷蔷欺负得哭笑不得，也从来不说一句重话，年纪尚小的蔷蔷，已经出现了"唯我独尊"的苗头。

蔷蔷的奶奶最怕的就是蔷蔷哭，委屈巴巴的样子让奶奶无比心疼，所以，只要蔷蔷一哭，奶奶就会满足她所有的要求，无论合理还是不合理。蔷蔷不小心摔倒的时候，奶奶总是急匆匆地跑过去，一边扶起蔷蔷一边"心肝宝贝"地安慰着，蔷蔷的爸爸妈妈希望孩子能在遇到这种事情的时候自己勇敢地站起来，养成良好的性格。但是每次与奶奶沟通这些问题，奶奶总是说："孩子还小，做大人的怎么可以这么狠心呢？你不帮她就算了，还让她自己站起来，不觉得对孩子来说太残忍了吗？"因此，每一次关于孩子的争吵都会在不愉快的氛围中结束。而蔷蔷也因为奶奶这样的溺爱，变得越来越没有独立性，越来越骄纵，甚至学会了用哭闹的方式威胁大人。

有一次，幼儿园里组织演出，蔷蔷要跟其他的同学配合进行童声合唱。原本排练的时候表现很好，但是要进行演出的前一天，蔷蔷却在家发起了脾气，说讨厌合唱的同学，她不想唱了。爸爸妈妈都劝蔷蔷，既然已经排练了那么久，一定要克服困难完成这个任务，但是蔷蔷说什么都不同意，就是不想唱。后来奶奶看蔷蔷实在不愿意，眼看着都要哭了，便拦在爸爸妈妈的面前说："既然孩子不愿意就不要勉强她了，不唱就不唱嘛，一个活动而已，有什么大不了的！"说完就抱着蔷蔷去房间了，爸爸妈妈只能无奈地叹息。

其实，这个故事中的蔷蔷并没有遇到什么实质性的困难，只是因为一点儿小事就想要逃避，这是任性的表现，也是一种没有责任心、心理脆弱的表现。虽然蔷蔷的爸爸妈妈对孩子的期许是好的，希望她更坚强勇敢一点儿，但是他们对孩子的教育时间太少，所以蔷蔷基本上一直处在被奶奶溺爱的环境之中，养成这样的性格也在所难免，爸爸妈妈也无所适从。

长期被溺爱的孩子，在家里往往会表现得嚣张跋扈，走上社会以后，也会出现很多问题。比如与他人沟通不畅，缺乏自信心和自制力，甚至会出现胆小怕事、唯唯诺诺的情况，这些都是溺爱带来的负面影响。也许，溺爱已经渗透到了家庭的方方面面，对很多家长来说都是习以为常的小事，但它带来的不利影响却是难以估量的，甚至会影响到孩子的一生。所有的家长都应该意识到，溺爱孩子就是伤害孩子，溺爱只会让孩子变得更加软弱，把他们推向人生困境。

把握爱的分寸

给予孩子爱，这是任何父母都可以做到的。正如苏联大文豪高尔基所说："爱孩子，这是母鸡也会的事情，可是要善于教育他们，却是一桩大事，需要有教育的才能和生活知识。"父母对于孩子的教育方法，会直接影响到孩子人格的成长和性格的养成。

很多父母抱怨孩子不好管教，甚至有些父母认为孩子性格不好，比如自私自利，或者是不独立，但是他们往往忽略了，孩子成为这样，很大程度上可能是父母溺爱的原因。太多父母喜欢为孩子包办一切，不忍心让孩子受到一点儿伤害，久而久之就给自己埋下了很多教育孩子的隐患。

星星的妈妈每次在星星过生日的时候，都会给他准备很多礼物，蛋糕美食自不必说，还会给星星买很多他喜欢的玩具、衣服、鞋子，甚至是星星要求的贵重的东西。每年星星的生日都过得无比隆重，星星也已经对此习以为常。可是，有一次，星星的爸爸买了一个大蛋糕回家，星星很纳闷地问："今天不是我生日啊，爸爸怎么买蛋糕了？"爸爸笑着说："这是给妈妈买的，妈妈今天过生日！"谁知星星一把抢过蛋糕，说了句："不是只给我过生日吗？妈妈生日有什么好过的！"听到这句话的妈妈，几乎要流下泪。为什么孩子对自己的感情会如此淡漠？为什么付出和得到不成正比呢？妈妈百思不得其解，心里更是五味杂陈。

还有一位妈妈，因为家里经济条件不是很好，平常总是省吃俭用，无论自己过得怎么样，都会不停地变着花样给儿子做各种好吃的，平常做菜的时候，都会把鱼虾让给孩子吃，自己只吃一点儿简单的青菜，孩子对这一切都全盘接受，毫不在意。有一次，妈妈刚把做好的红烧排骨端上桌，孩子夹了一块放到嘴里尝了下就吐了出来，用力地拍打桌子："这是什么啊？你要鲥死人吗？"然后把盘子一推就气呼呼地走开了，留下妈妈一个人坐在桌子旁边愣住了。妈妈好一阵才回过神来，心里很不是滋味，她不明白，为什么自己省吃俭用，把所有好的都给了儿子，儿子却仍然这么吹毛求疵，丝毫不体谅自己。

还有一位妈妈，自从有了孩子以后，就辞职在家做全职太太，每天照顾孩子和老人，穿得十分朴素，却也因为这样的朴素外表，遭到了孩子的嫌弃。有一次开家长会，儿子特意嘱咐要爸爸去参加，可是当天爸爸因为工作忙没有时间，就由妈妈代替了，当孩子看着妈妈走进教室的时候，顿时涨红了脸，一场家长会开下来，儿子始终都没有跟妈妈说过一句话。回家的时候，妈妈和儿子走在路上，儿子一路不语，后来实在忍不住愤愤地对妈妈说："不是说好了让爸爸来吗？为什么是你来？你看看别人家的妈妈穿得多漂亮，你看看你！你不知道我们这里是贵族学校吗？为什么不让爸爸来？你在家里待着做饭就好了啊!"儿子似乎满心委屈,妈妈更是痛心不已。她不明白,为什么自己付出了那么多,为这个家无尽操劳,换来的竟然是孩子的嫌弃!

当然,我们不能说所有的孩子都是这样,但是现实生活中,这样缺乏对爱的感知和理解的孩子不在少数,从表面上看是他们不懂事、不孝顺,但其实更深层的原因是父母的宠溺。正是因为毫无底线的宠溺,才会让孩子成长为以自我为中心,对他人漠不关心,甚至伤害别人而不自知的人。

"母亲的心总是仁慈的,但是仁慈的心要用得好。如果用不好的话,结果就会适得其反。"这是邓颖超说过的话,她的话其实就在告诫天下父母,爱孩子一定要讲究方法,如果父母无底线地付出,孩子就会无底线地索取,而不懂得付出和分享,这样的孩子不仅不会懂得回报父母,甚至会因为父母不能满足自己的所有要求而生出恨意,这是多么可悲可叹的事!

孩子表现出来的任性、自私、不讲道理、不听话等缺点,很有可能都是父母的溺爱所导致的,那么,父母到底应该如何爱孩子,才能让孩子身心健康地成长呢?下面是几点建议:

(1)对孩子的爱要理智

很多情况下,溺爱并不是孩子对父母索求的爱太多,而是父母向孩子表达爱的时候没有节制和底线。当然,如果一个孩子不能得到充分的父爱和母爱,一定不会幸福的,但是一个孩子被爱得超越了底线,也很容易在爱里迷失自己,变成一个自私自利而不懂得为他人着想的人。很多父母对孩子的要求从不拒绝,甚至当孩子犯错的时候都会包庇孩子,这是一种很危险,也很盲目的爱。

（2）严慈相济，有张有弛

生活中有"严父慈母"的说法，也有"虎妈猫爸"的说法，相信大多数的孩子都希望父母是慈祥的、温和的。但是，一味包容孩子、迁就孩子，并不见得就是"好父母"。真正合格的父母应该懂得严慈相济，除了给孩子应有的关心和爱之外，一定要给孩子制定一定的规则，让孩子知道生活中有很多事是不能完全按照自己的意志进行的，做错了事情是要承担责任的。很多家长觉得，对孩子要求严格是一种"狠心"，其实恰恰不然，只有对孩子严格要求，他们才能拥有是非善恶的评判标准和界限，也才会知道什么事可以做，什么事不可以做，一个年幼的孩子是很难对自己的行为对错做出准确判断的，也很难控制自己的行为，所以，父母的严格要求对孩子一生的成长都是非常有益的。

当然，我们所说的严格要求并非指用语言或暴力来控制孩子、压制孩子，而是在合理的范围内给孩子以指导和限制，引导孩子走上正路。

如何培养出优秀的孩子？爱是必不可少的，严格要求也是必需的，只有两者结合，才能让孩子健康成长，越来越优秀。所以，父母都要在爱孩子的过程中把握分寸，掌握好合理的度，在孩子的成长过程中为他们保驾护航。

正确面对孩子的缺点

古人有云："蝼蚁之穴，溃千里之堤；一趾之疾，丧数尺之躯。"每种事物都有两面性，人也是一样的，都有优点和缺点。不存在十全十美的人，也不存在只有缺点的人。我们应该认识到自己是优点与缺点的结合体，在生活中扬长避短，不因为优点而沾沾自喜，也不因为缺点而自怨自艾。

大人是这样的，孩子也是如此。孩子的优点我们要看到，缺点也要正确地对待。有些家长不允许孩子犯错，那是不可取的，但是也有些家长对孩子的缺点选择视而不见，甚至不允许任何人否定孩子，这种做法也是错误的，对孩子的成长是极为不利的。面对孩子的缺点，父母应该正确对待，切忌遮遮掩掩。

腾腾是家里的独生子，从小就是爸爸妈妈和爷爷奶奶的心肝宝贝，一家人对腾腾可以说是言听计从，在家人的眼里，腾腾是一个可爱、帅气的宝贝，似乎没有一点儿缺点。

有一个周末，爸爸带腾腾到好朋友家做客，腾腾非常兴奋，在爸爸朋友家跑来跑去，惹得大家开怀大笑，爸爸的朋友也对这个小男孩特别喜欢，给他吃各种零食，还特意给腾腾准备了玩具，腾腾玩得不亦乐乎。

吃饭的时候，爸爸的朋友主动给腾腾夹菜，腾腾吃得津津有味，可是当爸爸的朋友把一块红烧肉夹到腾腾碗里的时候，腾腾却突然发起火来，一把把碗推到了桌边，把筷子一扔，说了一声：“我不吃红烧肉，不吃红烧肉，干吗要给我夹红烧肉！”爸爸的朋友开玩笑地说：“腾腾不吃可以跟叔叔说，叔叔再帮你夹别的菜，但是腾腾不该推碗哦，万一掉到地上摔碎了割伤你就不好啦！”腾腾一噘嘴，竟然哭了起来，然后躲到了爸爸的怀里。爸爸心疼地抱着腾腾，对朋友说：“孩子还小，别这么凶他，会吓到他的，以后长大了不就懂事了吗？”爸爸这么一说，朋友也只好一言不发，本来愉快的聚会变得尴尬收场。

腾腾的爸爸对孩子的爱是可以理解的，但是对孩子缺点的维护就有点过度了。父母面对孩子优点的时候要采取表扬和鼓励的态度，让孩子继续保持，但当发现孩子缺点的时候，不能听之任之，而是应该给孩子正确的引导和教育，帮助孩子改正。如果对孩子的缺点放任不管，甚至是帮助孩子遮掩，其实就是让孩子忽略自己的缺点，逃避问题，将来这些缺点就会对孩子的一生都会造成不利影响。

有些时候，父母会觉得自己孩子的缺点被人指出是一件丢面子的事，所以会采取遮掩的方式。但是，这种遮掩只是满足了父母自己的虚荣心，却放弃了一个帮助孩子认识自己、改正错误的机会，同时父母也失去了一个认识自己的错误并改正的机会，因为孩子的缺点往往跟父母不当的教育方式有关。当别人指出孩子缺点的时候，父母应该正确地面对，和孩子一起分析问题，检讨自己，从而与孩子共同改正，变得越来越好。一味逃避只会让孩子的缺点越来越大，问题越来越严重。

　　现在很多学校里的老师都不愿意批评学生，或者说不敢批评学生，因为很多家长对老师对自己孩子的批评并不认可。不管孩子做了什么，他们总是觉得自家的孩子是没有错的、没有缺点的。其实，父母应该明白，教育孩子不只有父母，社会、学校都可以是教育孩子的辅助者，当父母能够正视他人对孩子的批评，能从他人的评价里发现孩子的另一面，帮助孩子改进，孩子就会成长得越来越好。

　　总而言之，父母应该正确对待孩子的缺点，不遮掩不包庇，帮助孩子发现缺点，引导孩子改正缺点，让他们的人生更加美好。

谨慎对待孩子的"坏"脾气

很多孩子在成长过程中都会经历一个乱发脾气的阶段，父母对待孩子"坏"脾气的方式对孩子来说是十分重要的，不同的方式会对孩子造成不同的影响。无论孩子"坏"脾气的根源是什么，父母都要做到尊重孩子，不要表现得过于激烈。

很多孩子在一岁左右的时候，就会产生一定的自主意识。他们希望可以甩开大人的手自己走路，希望自己用餐具吃喜欢的食物，虽然在这个过程中他们可能会摔倒哭泣，或者是把饭弄得到处都是，但这是他们探索世界的一种方式。很多家长面对孩子执拗地想要自己做事的时候，往往会用一句"不行"阻止孩子，甚至有些家长会责骂孩子不听话、脾气坏。其实，面对这种"坏"脾气的孩子，父母只要在一旁做好保护工作和善后工作就可以了，孩子的成长需要经历这样的阶段，应该尊重他们的成长规律，让他们快乐地长大。对这些"坏"脾气，父母一定要用温和、包容的心态去面对。

当然，还有些孩子的"坏"脾气并不是这样的。他们常常是用哭闹的方式向父母或其他长辈示威，以求用这种方式满足自己的某种需求，达到自己的目的。还有的孩子会刻意选在人多的地方哭闹，因为他们知道越是人多的地方，爸爸妈妈越不容易拒绝自己的要求，爸爸妈妈会顾及面子，会为了让自己安静下来而选择妥协。

我们经常会看到这样的情景：在超市里，孩子站在某一个货架前，非要买某种食品或玩具，父母不给买，孩子就拽着大人的衣角大哭，甚至会躺在地上打滚；还有的孩子，在人来人往的大街上大声哭闹，只是因为父母没有买到他们喜欢吃的蛋糕……为什么孩子会用这样的方式去威胁、逼迫父母呢？主要是因为他们尝过甜头，他们知道，这样的方法是管用的，父母怕的就是这个。其实，从这些现象中我们就能发现，孩子这样的"坏"脾气是不能惯的，应该用适当的方式进行疏解，帮助孩子改正这样的坏习惯，不要让孩子有恃无恐，情况愈演愈烈。

小齐的女儿已经五岁了，很多地方都讨人喜欢，但是令小齐夫妇最头疼的就是孩子爱哭，稍微遇到点儿问题就哭，不能满足她的要求或者只是对她稍微语气不好，眼泪马上就来，这让小齐夫妇无所适从，他们见不得孩子哭哭啼啼的样子，只好勉为其难地接受孩子的索求，尽全力地满足她。随着女儿慢慢地长大，小齐夫妇发现这样下去是不行的，因为女儿已经把哭闹当成了对付父母的"杀手锏"，她哭闹的次数越来越多，理由也越来越简单，小齐夫妇最终决定要帮助孩子改变这个坏习惯。

有一天晚上，小齐正在辅导女儿写作业，女儿却突然把书本一扔，要去玩她的布娃娃，小齐不允许，女儿便开始哭。小齐告诉女儿："该写作业的时候就要写作业，咱们说好了写完作业再玩，你要遵守自己的承诺。"女儿依然不听，小齐便告诉女儿："如果你用这样的方式换来玩玩具的机会，那明天就禁止玩玩具一天，作为对你的惩罚。"第二天，小齐真的说到做到，虽然女儿还是哭闹，但是小齐仍然"狠心"地遵守了承诺。这件事发生以后，小齐的女儿发现，哭闹对爸爸并没有什么效果，甚至还会给自己带来一些损失，此后便哭闹得少了。

孩子的"坏"脾气是分情况的，父母要根据孩子当时的情况来判断，到底是探索世界的一种方式，还是刻意刁难父母满足自己的要求，对前者应该有足够的尊重和包容，对后者要学会拒绝，甚至是采取一定的惩罚措施。

当孩子"坏"脾气发作的时候，父母一定要用心对待，不要一概而论，帮助孩子更好地度过人生的每一个阶段。

父母越"惯"，孩子越"霸道"

生活中，有很多孩子都很霸道，主要表现为凡事都以自我为中心，为了满足自己的需求会排挤甚至是伤害别人。这种不好的习惯其实很大程度上源于父母对孩子的娇惯，父母对孩子越"惯"，孩子就会越"霸道"。

有一次，爸爸妈妈趁着轩轩周末休息，带他到动物园玩。轩轩一会儿逗逗猴子，一会儿喂喂长颈鹿，玩得不亦乐乎，但是没过一会儿，就听到轩轩大声喊道："给我，给我，你把它给我！"爸爸妈妈一看，原来轩轩跟一个小女孩发生了争执，轩轩正在抢小女孩手里的玩具，小女孩不给他，轩轩竟然用力地推了小女孩一把，眼看着小女孩坐在地上要哭出来了，爸爸妈妈赶紧过去把小女孩扶起来，并让轩轩给小女孩道歉，可是轩轩根本不为所动，反而大声喊："我就要！"爸爸妈妈无奈又生气，只好强行把玩具抢过来还给了小女孩。

生活中像轩轩这样的孩子不在少数，他们的霸道在各个方面都十分明显，尤其是与人说话时常用命令式的语气。他们会霸道地说"这是我的""谁也不许动""谁也不能抢"，面对这样的孩子，父母也往往是束手无策。既想让孩子改正，又不知道从何入手。其实，面对孩子的霸道，家长首先要明确的就是，千万不能凡事都顺从孩子，要学会拒绝孩子，否则孩子的霸道行为会越来越严重。

孩子形成这种霸道的行为，原因大概有以下几种：

（1）个人气质差别

不同气质的人性格特点也会有相应的差异。生活中常见的霸道的孩子往往属于"胆汁质"气质类型，这些孩子本身的特点就是冲动易怒，遇事容易控制不住自己，这样的特点是产生霸道行为的原因之一。

（2）父母、长辈的溺爱

有些父母、长辈对孩子的爱没有原则，对孩子有求必应，这种表现在隔代教养的孩子中体现得更为明显。这样的溺爱，时间长了容易造成孩子的错觉，他们会认为，自己想要的就该得到，即使这件物品是别人的，也会理所当然地据为己有。所以，父母、长辈的溺爱也是让孩子产生霸道行为的一个重要原因。

（3）不懂得何为尊重他人

孩子表现出霸道行为，其实是不尊重他人的一种表现，这些孩子对"尊重他人"是没有概念的，因为他们生活在一个没有"尊重"的环境中。比如，孩子本身在家里就被父母呼来喝去得不到尊重，或者是周围的环境没能让孩子感受到尊重的重要性。

那么，孩子的霸道行为是如何体现出来的呢？主要有以下几种表现：

（1）自私、不讲理

霸道的孩子常常会没有理由地霸占别人的玩具或其他东西，得不到的时候甚至会采用抢夺的手段来达到目的，自己的却不肯分享给别人。

（2）不允许别人拒绝自己

例如，孩子想去玩的时候，无论家长在忙什么，都必须答应他们的要求才行，他们不会考虑他人的感受。

（3）偏执，易发脾气

当霸道的孩子有希望得到的东西或希望被满足的要求时，一旦得不到或不被满足就反应激烈，一般会表现为大哭大闹。

霸道的孩子不会一直霸道，随着他们年龄的增长，阅历的增加，他们会渐渐明白，他们不是世界的中心，也能接受一定的拒绝和打击。但是如果父母不能在孩子小的时候对孩子的霸道行为进行适当的引导，也很容易对孩子将来的成长造成不利影响。那么，父母可以用哪些方法来调整孩子的状态，抑制他们的霸道行为呢？

（1）冷处理

"冰冻三尺非一日之寒"，孩子的霸道行为不是短期内形成的，所以抑制霸道行为的过程也是一个循序渐进的过程，切不可操之过急。在生活中，如果遇到孩子有霸道行为，父母可以采用冷处理的方式，在能够保证孩子安全的前提下忽略孩子的行为，即使孩子哭闹不止也要"狠心"地置之不理。等孩子的情绪平复以后，再耐心地给孩子讲道理，告诉他们霸道行为错误的原因，并安抚孩子的情绪。

当然，这种方法不可能立竿见影，需要父母长期的坚持，只有不断地强化孩子的意识，让他们知道霸道行为并不能给他们带来想要的东西，才能起到良好的效果。

（2）带孩子走向户外

有些孩子本身气质类型属于"胆汁质"，如果让他们生活在孤独、单一的环境中，冲动霸道的行为就可能加重。所以父母要重视后天环境对这种孩子的影响。父母可以带孩子多去户外，让孩子多参与户外游戏，通过户外的一些运动来转移孩子的注意力，发泄孩子的情绪。

（3）帮助孩子建立良好的人际关系

霸道的孩子往往只考虑自己，不考虑别人，在人际交往中其实是不懂得如何正确与人沟通的，因此，父母要帮助孩子学习与人交流。比如，带孩子参加朋友聚会，鼓励孩子多参与学校的集体活动，如比赛或游戏等。孩子在这个过程中，会认识到自己与他人之间的关系，会明白得到与付出之间的关系，进而慢慢地建立良好的人际关系。

（4）以身作则，影响孩子

想要避免孩子产生霸道行为，父母首先应以身作则，在生活中尊重别人，理解他人的感受，让孩子看到自己的处事方式，在潜移默化的影响中，孩子就会渐渐学会照顾他人，不再以自我为中心。

（5）强化孩子的良好行为

除了想办法抑制孩子的霸道行为外，父母还可以通过强化孩子的良好行为的方式，让孩子出现更多正面的行为。比如，当孩子帮助了别人、礼让了别人的时候，夸张一点儿地赞美孩子，鼓励孩子，让他们明白，温和善良的行为是更受人喜欢和尊重的。得到赞美和鼓励的孩子就会记住这种感觉，从而在今后的生活中继续保持良好的行为。

（6）关注孩子的精神需求

有些孩子出现霸道行为，可能并没有太多的恶意，尤其是当他们霸道地要求父母陪自己做什么事或要求父母给自己什么东西的时候，可能只是想要获得父母的陪伴与关注，这种情况下，父母就要深入地了解孩子的内心，多关心他们，给他们心灵上的温暖。

在孩子的成长过程中，可能会出现各种各样的问题，父母不能逃避，也不能表现得过于激烈，应该用自己的耐心和智慧了解孩子、帮助孩子。

聪明"对付"任性的孩子

心理学家认为,所谓"任性",其实就是孩子在成长过程中,接触到的新鲜事物越来越多,随着他们强烈的好奇心和多变的情绪发展,他们更容易按照自己的喜好说话、做事,而很少关注自己的说法、做法是否合理。"任性"这种表现是很多孩子身上都会出现的,也是让很多父母头痛不已的。

小徽从小就喜欢看电视,小时候,爸爸妈妈会有意识地控制小徽看电视的时间,小徽也算听话,看完自己喜欢的动画节目就会乖乖睡觉。但是越长大反而越任性了,小徽不仅看电视的时间不受控制,甚至喜欢上了玩手机。小徽每天晚上都要拿手机玩游戏、看视频,爸爸妈妈多次劝阻也起不到什么效果,后来,小徽的眼睛近视了。

近视了以后,妈妈对小徽接触电子产品的问题更加关注,但是小徽却不以为意,甚至对妈妈说:"班上那么多近视的同学,也没见他们怎么样啊!"妈妈给他讲了近视的种种危害,但是小徽仍然不为所动,妈妈只能感叹一句"太任性了",拿他毫无办法。

不同年龄段的孩子，任性的表现不同，父母处理的方式也应该有所差别，整体来说，可以参考以下几点建议：

（1）转移孩子的注意力

幼儿的注意力一般较分散，很容易被其他有趣的事情所吸引，所以，当他们出现任性行为时，父母可以利用他们的这一特点来转移他们的注意力。

（2）狠心拒绝

很多父母对孩子的要求难以拒绝，总是狠不下心来，尤其是当孩子哭闹的时候，其实这样对孩子的成长是十分不利的。当孩子提出一些不合理的要求时，父母应该狠下心来拒绝，比如，孩子一定要在吃饭的时间出去玩，父母可以先给孩子讲道理，如果讲不通就应该拒绝孩子，让孩子知道，一味任性是起不到什么作用的。虽然在当时可能会对孩子造成一定的打击，但是从长远来看，是利大于弊的。

（3）探寻孩子任性的根源

很多时候，父母只会看到孩子任性的表象，却不了解孩子任性的真实原因是什么，在教育孩子的时候往往不得其法。其实，当孩子出现任性行为的时候，父母应该通过多种方式去了解孩子的真实想法，让他们说出自己的"道理"。比如，孩子非要买某件衣服，父母通过了解发现，这是因为孩子和几个要好的同学都约定好了穿同款，这似乎是一种"哥们儿义气"的表现。这个时候父母就可以给孩子做思想工作，让孩子明白，真正的好朋友不在于衣服穿得是否相同，而在于能不能互相帮助和鼓励，一起成长进步。

（4）在任性行为发生前做好预防

父母与孩子朝夕相处，对孩子的性情非常了解，也常常能够判断出孩子在什么情况下可能出现任性行为，就可以有针对性地对这些行为做好预防工作。比如，孩子喜欢在外人面前表现自己，一旦得不到相应的关注就会发脾气，父母就可以提前给孩子做好心理工作，比如，有人来家里做客之前，先跟孩子约好什么事可以做，什么事不可以做，或者希望孩子在客人面前怎么表现等。提前采取一些预防措施，可以有效降低孩子任性行为的发生频率。

（5）树立家长的威信

很多父母在孩子眼里都是保姆一样的存在，因为孩子可以随意要求父母做什么，甚至是命令父母做什么。这样的家长就不是有威信的家长，没有威信就管不住孩子，管不住孩子，孩子的任性行为就会越来越严重。所以，父母在平常的教育过程中，既要关心孩子，与孩子保持朋友式的交流，也要在孩子犯错的时候严肃地指正，这样才能树立家长的威信，而有了威信的父母，就更容易用自己的行为影响孩子，更好地帮助孩子抑制任性行为。

养成任性习惯的孩子，不仅在学校的日常生活中不会受到欢迎，而且很容易受到孤立和排挤。父母如果听之任之，甚至继续娇惯，这种不良品质就可能影响到孩子的未来发展。所以，父母一定要从自身做起，不娇惯孩子，并用科学的教育方法帮助孩子改正任性的缺点。

【杜绝溺爱的三个方法】⋯⋯⋯⋯⋯⋯⋯⋯⋯⋯⋯⋯⋯⋯⋯⋯⋯⋯

制定规矩

父母对孩子的要求不能全盘接受，而是要给他们制定适当的规矩。比如，孩子要看电视，而且看起来没有节制，这个时候，父母就可以给孩子制定规矩，如每天看半个小时自己喜欢的节目，到了时间就要关掉电视。

给孩子合理安排家务

很多父母对孩子过于疼爱，从来都舍不得让孩子做家务，其实这种做法会让孩子意识不到自己在家庭中的责任，对他们的未来发展是不利的。所以，父母可以给孩子安排一定的家务，让他们既锻炼身体，又能培养责任感。

培养孩子为目标努力争取的习惯

如果孩子的要求都能轻易地在父母那里得到满足，久而久之，孩子就会形成依赖，不会主动通过自己的努力去争取。所以，父母不要完全满足孩子的要求，不要让孩子觉得得到他们想要的东西很容易，而是要让他们通过一定的努力去得到，这样，孩子就会慢慢学会为自己的目标而付出努力，从而养成良好的习惯。

第三章

爱而有度，
给孩子一些自由

　　对孩子的爱过多，并不见得是件好事，这种爱甚至会成为困扰孩子成长的羁绊，让孩子失去自由成长的机会。

把时间交给孩子，让孩子自由支配

很多父母不敢让孩子自由支配时间，更不允许他们安排自己的事情，因为父母会担心和焦虑，他们更愿意将孩子放在自己身边，或者带着孩子做什么事。其实，这种捆绑孩子的教育方式对孩子来说，带给他们更多的不是关爱，而是束缚。

刘云的孩子已经读初中了，她对孩子还是十分不放心，除了在学校里上学之外，无论干什么刘云都要跟着，甚至不允许孩子单独出门，和同学见面也不可以。虽然孩子多次提出想要自己出去玩，而且会在约定的时间回来，刘云还是没有同意。

有一天，孩子带了一个同学到家里做客，刘云给他们做了饭，孩子和同学吃完饭之后就到书房里写作业了，两个人安安静静的，十分认真。刘云看着墙上的时钟，眼看着就要晚上九点了，最终忍不住打断了他们，刘云问孩子的同学："你这么晚了不回家，爸爸妈妈会不会担心啊？我们要不要给爸爸妈妈打个电话？或者他们不能来接你的话，一会儿阿姨送你回家也可以。"孩子的同学却笑笑说："没关系，我经常自己出来玩，我跟爸爸妈妈说好了，九点之前会回家的，我家离这里就四五个路口，很快就回去了……"

那天之后，孩子的同学又来家里玩过几次，刘云发现那孩子确实每次都按时回家，家长也从来没有来找过他。刘云不禁对比了一下自己，是别人的家长太放心，还是自己杞人忧天了呢？

有一天晚上，刘云的孩子说想要跟同学一起出去玩一会儿，半个小时就会回来，刘云想了想，点点头同意了。孩子很开心地出去了，虽然刘云很担心，但是二十分钟后，孩子真的回来了。这个时候刘云突然觉得，一直以来都是自己想太多了，应该给孩子自由，让他自由支配自己的时间，孩子大了，总要离开父母的保护的。

像刘云这样的父母不在少数，他们控制了孩子的时间，让孩子失去了很多快乐，其实，父母可以给孩子自由支配时间的权利，到底应该怎么做呢？以下是几点建议：

（1）给孩子充足的课余时间

很多父母抱着"望子成龙，望女成凤"的想法，总是想让孩子掌握更多的技能，所以，很多孩子在繁重的课业负担之外，还要被父母逼着去参加各种兴趣班、补习班学习。孩子完全失去了自己的课余时间，变得忙忙碌碌，自然不会快乐。父母应该给孩子合理地规划时间，给孩子充足的课余时间，让孩子自由支配。

（2）合理规划学习和休息时间

很多学生都有写作业拖拉磨蹭的习惯，父母对孩子也束手无策，其实这样的坏习惯并不是孩子本来就有的，而是他们不懂得合理规划时间造成的。父母可以帮助孩子规划好时间，比如，在某个时间段内完成某一个科目的作业，等孩子完成之后可以有充足的时间自己安排，看电视或者出去玩。这样更能调动孩子的学习积极性，也更容易养成良好的作息习惯。

（3）自由也要有限度

孩子是需要自由的，但这份自由一定不是毫无条件的，父母应该给孩子的自由加上一定的制约，告诉孩子什么事可以做，什么事不可以做，让孩子在安全的限度内活动。

当孩子有了自由支配的时间，他们能发现生活中的更多乐趣，做事也会更有积极性。所以，父母一定要关注孩子的心理状态，给孩子合理地规划时间，让孩子在自由支配时间的情况下获得更多的快乐，更好地成长。

多一点儿空间，多一分成长

很多父母在孩子的成长过程中都会发现，曾经与自己亲密无间的孩子，随着年龄的增长，似乎与自己有了越来越多的距离感。他们的东西不允许父母乱碰，房间也不愿意让父母随时进，其实这并不是孩子与父母的感情疏远的表现，而是孩子长大了，他们需要一个独立的空间，父母应该学会尊重他们。

吃过晚饭以后，绣绣正在自己房间里写作业，突然，门开了，妈妈走了进来，还没等妈妈开口，绣绣就气急败坏地对妈妈吼道："你干吗？为什么进别人的房间不敲门呢?"妈妈一听顿时火冒三丈："我就是想来问你要不要吃水果，难道我关心你还有错了？再说了，我是你妈，进你的房间还要敲门吗?"绣绣站起来，把妈妈推出了门，"嘭"的一声把门关上了。妈妈在门外既生气，又委屈。妈妈始终都不明白，自己为孩子做了那么多事，时时处处关心她，可是现在连她的房间都不能进了，这才多大的孩子，再长大一点儿还了得，岂不是要跟父母反目成仇吗？妈妈越想越生气，一晚上都没有睡好觉。

绣绣在自己的房间里也郁闷得不行，她知道妈妈是为自己好，也知道自己那样说话是不对的，可是她不知道用什么方式告诉妈妈，她需要自己的独立空间，不想时时刻刻都生活在父母的"监视"之下，她希望自己能好好地跟父母沟通，希望他们能尊重自己。以前绣绣做作业的时候从来不关门，很多次她正在认真地做作业时，背后却突然传来一个声音："这道题做得对吗？做得一点儿也不认真！"绣绣这才发现妈妈站在自己的身后。妈妈经常这样站在她的身后监督她写作业，但越是这样，绣绣就越不能静下心来写作业，后来她就开始关门了。对绣绣来说，这一次的爆发其实是之前很多小事情的积累造成的，虽然她知道伤害了妈妈，但是说出那句话，心里莫名地轻松了一点儿。

其实生活中很多家长都会遇到这种困扰，孩子试图与家长建立空间上的距离，但这并不是因为他们与父母的感情有所疏远，而是因为他们希望得到足够的尊重。明白了这一点，家长就应该知道，适当地与孩子保持距离，对大人和孩子都是有好处的。主要应该从以下几个方面注意：

（1）空间规避

随着孩子年龄的增长，他们需要拥有自己的空间，所以父母不用执着于给孩子亲密无间的保护，让他们独立的解决问题，有助于培养孩子的生活独立性。

（2）隐私空间

父母会发现，随着孩子年龄的增长，他们开始有了秘密，比如说日记，他们不希望父母看到，父母就应该学会尊重。

（3）性别空间

当孩子对性别的认知有所提高的时候，父母应该注意与孩子之间的距离，女孩与父亲、男孩与母亲之间应该有一定的性别空间。

（4）情感规避

有些孩子在情绪低落，或者心情不好的时候，往往会躲到一个角落里默默地哭泣，或者是喜欢独自消化这种坏情绪。这个时候，父母应该注意适当地给孩子空间让他们自己恢复，不要时时刻刻跟在孩子身后，一副"你的小心思不可能逃过我的眼睛"的样子，这样会让孩子觉得自己的情感世界不被尊重。

（5）个人需要规避

父母作为孩子的监护人，应该对孩子起到监护作用，如果孩子提出独自解决问题的要求，父母也应该做到尊重他们。

父母应该给孩子一个相对温馨的家庭环境，为他布置一个独立的空间，这是培养孩子独立能力的一个重要因素。当孩子拥有了一个属于他们自己的隐私的空间，他就可以不必考虑父母的期待，而是按照自己的内心想法处理一些事情，或者是对自己的空间进行布置，这些都可以让孩子有一定的成就感。当孩子得到父母足够的尊重，他们反而更愿意将自己的想法与父母分享，亲子之间的关系也会变得更加和谐。

当然，给孩子独立的空间，并不是对孩子不管不问，我们应该对孩子的情绪有足够的关注，同时又给他们自己解决问题的机会。那么作为父母应该如何尊重孩子，给他们一个独立的空间呢？

首先，我们要设身处地地理解孩子，体会孩子的感受。很多父母喜欢以长辈的身份，对孩子进行所谓的指导和教育。但是，在孩子的眼中，这很有可能是一种颐指气使的态度，反而是不受孩子喜欢的。随着孩子年龄的增长，他们的独立意识越来越强，自我感知外部世界的能力也越来越强，这个时候父母就不能再像小时候一样对待孩子，而是应该站在孩子的立场上，体会他们的感受。

其次，父母不能过多地干涉孩子。对于一些思想比较独立的孩子，如果父母仍然过多地干涉他们的一言一行，往往会让孩子觉得没有得到足够的尊重，不能在独立的空间中自由地呼吸。

总之，孩子不是父母的附属品，父母不能时时刻刻监视孩子、掌控孩子，而应该给孩子独立的空间，让他们拥有一定的自由。

降低期望值，接受孩子的"平凡"

　　望子成龙是人之常情，大多数的父母都希望自己的孩子有一个辉煌的前途，所以，他们愿意为孩子提供一切条件，帮助孩子成长和成才。但是，在实际生活当中，并不是所有的孩子都有这方面或那方面的天赋，更多的情况是，父母以自己的期望为导向，将孩子往自己所希望的方向培养，至于孩子是否喜欢，或者是否适合，却并不是家长真正关注的问题。也正是因为对孩子有这样或那样过高的期望，很多父母在无形之中给孩子增加了很多压力，而当孩子没有达到自己期望值的时候，父母也会不自觉地增加很多烦恼。由此可见，父母对孩子的期望值过高，无论是对孩子还是对父母，都不是一件好事。

　　其实，对孩子有所期待是正常的，当父母对孩子的期待以正面的形式体现出来的时候，往往会激发孩子的进取心。当孩子接受这种期望的时候，他们也愿意付出行动，用自己的努力去实现，既能让父母满意，也能让自己有更多成功的体验。然而，实际上并不是所有的期望都是恰到好处的。有很多家长对孩子的期望值远远超过了孩子的承受能力或者学习能力，孩子不能达到家长的期望值，势必会对家长造成打击，也会对孩子的自信心造成打击。换句话说，这样的期望不仅起不到良好的促进作用，反而会对孩子的成长产生消极的影响。孩子会在父母的期待下，发现自己并不是那么优秀，很容易产生对不起父母或者自己能力不足、没有天赋等负面的想法，从而影响到他们的心理成长和各个方面的发展。如果孩子的这种压力在其心里长期积累，他们就很容易与父母产生矛盾，孩子会觉得父母不体谅他们，父母也会对孩子恨铁不成钢，亲子之间的关系会变得越来越差，甚至有可能引发一系列更严重的问题。

平平上小学的时候，是一个学习成绩特别优秀的孩子，爸爸妈妈对他的要求也很高，总是希望他能有更大的突破。但是自从平平上了初中以后，他发现自己的成绩慢慢地有点下滑，而每次成绩单出来的时候，面对父母的眼光，总是想要找个地洞钻进去，他第一次感觉到失败是那么可怕，心里对父母的愧疚越来越深。

有一次期中考试以后，成绩刚刚出来，平平的成绩并不是很理想，他希望自己回到家以后，能够得到父母的关心，而不只是父母对成绩的关注。同时他也很害怕自己这样的成绩没有办法让父母满意，他很害怕看到父母失望的表情。但是平平不得不面对这一切，从他敲开门的那一刻开始，妈妈就一直追在平平的身后询问成绩，平平知道，每一次考试之后，如果自己的成绩好，妈妈都会给自己做一顿好吃的，如果没有考好，虽然妈妈不会当面批评他，但妈妈脸上落寞的神情和沉默的样子总会让平平心里不自在。

这一次，妈妈仍然没有批评平平，只是沉默地走向厨房去做饭。他们吃完饭后，妈妈还是忍不住和平平聊了起来，妈妈说："你是一个学生，学生就应该好好学习，成绩好就是你能力的证明，如果你的学习搞不好，那么无论是同学还是老师，都会瞧不起你，爸爸妈妈在别人面前也会没有面子。为了你自己，也为了爸爸妈妈，你一定要努力。"妈妈的话非常平和，但是平平的内心却思潮起伏。他难过的是，妈妈只关注他的成绩，却不关注他的内心感受。当他因为成绩不好而情绪低落的时候，妈妈只有漠视，这让他非常伤心。

父母对孩子有所期望是可以理解的，但是，当这种期望对孩子造成了过多压力的时候，父母就要注意随时关注孩子的情绪。很多孩子会因为不能满足父母的要求而自卑，甚至会因为成绩不好，或者某个方面没有做好而失去对学习的信心，这样的结果是很可怕的。父母对孩子的期望值过高，往往会造成很多严重的危害。

（1）无效学习

当孩子处在巨大的学习压力下时，他们往往很难体会到学习的乐趣，也就很难真正地掌握知识。

（2）情绪障碍

当孩子在父母的期望下努力地学习，承受的学习压力过大时，他们往往会出现情绪上的不稳定，容易患得患失、紧张焦虑。

（3）危害人格形成

如果孩子在过大的压力下，很难达到既定的学习目标，他们就可能产生自卑心理，甚至会变得胆小懦弱。还有一些孩子会觉得，自己难以胜任当下的学习任务，从而产生逃避的心理。这些都会危害孩子健康人格的形成。

（4）危害亲子关系

当孩子实际达到的效果与父母的要求不相符的时候，无论是对父母还是对孩子，都是一种打击，在这种打击下，父母和孩子之间的关系就可能变得越来越僵。

总之，无论父母希望孩子成长为怎样的人，都应该从孩子的实际情况出发，不要对孩子有过高的期望，以免给孩子心理造成过重的负担。只有顺势而为、量力而行，才能成就美好的人生。

父母的过度干涉，都要由孩子承担恶果

很多父母喜欢过度干涉孩子的自由，这种对孩子的过度干涉，一般分为两种情况，第一种是强制孩子按照自己的意愿做事，不尊重孩子的选择；第二种是帮助孩子处理问题，不给孩子独立面对困难、解决问题的机会。无论是哪一种干涉，对孩子来讲都是有害而无利的。

当父母强制孩子按照自己的意愿做事的时候，往往是出于对孩子的关爱，但是这种强制性的干涉，容易让孩子产生反感的情绪，而且，父母的这种干涉，其实压制了孩子的天性，也不容易激发孩子的潜能。当孩子遇到困难向父母倾诉的时候，父母应该帮助孩子分析问题，提出建议，协助孩子解决，而不应该直接干预。很多父母在孩子遇到困难，或受到委屈的时候，插手孩子的事情，帮助孩子处理问题。这样一来，虽然问题暂时得到了解决，但是对孩子独立解决问题的能力培养是没有帮助的，时间长了，孩子会越来越依赖父母，更加缺乏独立面对困难、解决问题的勇气。

小允在一次夏令营活动中被老师选中为助手。小允平常就是一个特别积极阳光的孩子，所以老师和同学们都很喜欢他，这一次被选为助手也是众望所归。小允自己也特别有信心能够做好。但是在夏令营的过程中却发生了一件让小允并不愉快的事情。

有一次，老师安排小允早晨在规定的时间集合同学们开会，小允没有及时召集同学们，所以被老师责备了。小允越想越伤心，越想越生气，觉得自己这几天勤勤恳恳的付出没有得到老师的鼓励和认可，心里非常委屈。晚上，小允给妈妈打了一个电话，跟妈妈谈起这件事情，还是唉声叹气的，妈妈十分心疼小允，一听说小允受了委屈，顿时火冒三丈，对小允说："干脆咱们不干了，吃力不讨好，这个助手也没什么好当的，妈妈去给你跟老师请假，咱们以后不受这样的委屈！"第二天小允就被妈妈接回了家。

这件事情之后，小允在同学们眼中的印象发生了变化，大家都觉得小允太小题大做了，不够坚强，也不够勇敢。所以，都开始慢慢地疏远他。老师也因为小允妈妈给的压力，在平常的学习当中，不敢对小允过于严厉。感受到这一切变化的小允，内心也十分难过，但是又不知道怎么办。随着时间越来越长，小允的成绩开始慢慢下滑，朋友越来越少，他在班上也变得越来越沉默寡言。

在很多情况下，并不是孩子本身不独立，而是父母对孩子的事情进行了过多的干涉。尤其是当孩子遇到问题的时候，父母往往急于帮助孩子解决，这样其实就剥夺了孩子独立面对困难、解决问题的机会，他们很难在解决问题的过程中发挥自己的聪明才智，总结经验教训。也正是因为父母的过度干涉，孩子往往会对父母形成依赖，养成懦弱胆小的性格。

其实孩子到了一定的成长阶段，他们也希望能够独立地解决问题，父母应该对孩子减少干涉，让他们充分展示自己的聪明才智，通过自己的努力解决问题，这能让他们获得成就感。在这个过程中形成的良好习惯，也能够帮助孩子成就更好的人生。

那么父母应该如何把握合理的度，给孩子充分的尊重和自由，让孩子更加独立呢？以下是几条给父母的建议：

(1) 让孩子放手去做"自己的事"

随着孩子年龄的增长，他们会有越来越多的属于自己的小秘密，也会有很多事不愿意让父母帮助他们做决定，这些事就是他们"自己的事"。父母常常会听到孩子说"这是我自己的事，你不要管"这类的语言，在面对孩子"自己的事"的时候，父母应该学会适时地放手，给他们一定的自由。比如，孩子想要跟朋友去公园，父母不要第一时间就提出反对意见，即使是有所担心，也要明白，孩子已经长大了，这种程度的外出是没有问题的，相信他们可以照顾好自己。所以，一定不要固执地把孩子拴在身边，要给孩子交朋友和玩乐的自由，表达对孩子的尊重。当孩子能够决定自己的事情的时候，他们会在这些事情当中体会到更多的快乐。

(2) 鼓励孩子独立解决问题

父母总会听到孩子的抱怨，诸如"谁谁谁抢了我的玩具""谁谁谁撕坏了我的书""谁谁谁不愿意和我玩"等，而且他们在抱怨的时候常常会请求爸爸妈妈的帮助，希望爸爸帮他出气，妈妈帮他把玩具抢回来，甚至是让爸爸妈妈去跟老师告状等。

其实，这些事情都是孩子日常生活中的小事，也是他们可以独立解决的问题，所以，父母千万不要插手孩子的事情。父母帮得太多，孩子的依赖心理就越强，他们会越来越多地纠结于这些鸡毛蒜皮的小事，也会把自己遇到的困难无限放大，这对孩子来说是有害无利的。

（3）教会孩子勇敢地承担责任

无论是日常的家务，还是在学校里遇到的学习问题或师生相处、同学相处的问题，父母都应该努力让孩子参与进来，让孩子独立解决。父母要学会鼓励孩子，告诉他们无论做得好坏，都要自己承担后果。当孩子习惯了负责起自己该负责的事情，并且敢于承担后果，那就容易成长为一个有责任感的人。

（4）允许孩子出错

很多父母过多干涉孩子的原因是认为孩子"做不好"。人大多数的能力都不是与生俱来的，都需要在后天的经历和成长中慢慢学习，犯错的过程从另一个角度来说，也是一个成长的过程。所以，父母要放手让孩子去试错，只有经历了错误，总结了教训，孩子才能在将来遇到同样问题的时候减少犯错的概率。

总之，孩子是一个独立的个体，不是父母的附属品，我们应该学会尊重孩子，给他们适度的自由，不过度干涉孩子，让孩子在自由的环境中快乐地成长。

【 爱孩子的"三不"原则 】

不过度干涉

父母爱孩子是天经地义的,但是爱不等于控制,父母不能把孩子当成自己的附属品,对孩子过度干涉。那些丝毫不顾及孩子的感受、完全占据孩子的时间、限制孩子的自由的做法是不明智的,对孩子的性格和人格的发展也是有害无利的。父母要给孩子一定的自由时间和空间,让他们亲自感受和体验这个世界,也让他们自己面对和解决问题。

不过度保护

每个孩子在学习走路的过程中都难免磕磕碰碰,孩子也许会疼,但是他们在这种磕磕碰碰中积累的经验教训,会成为今后走得更稳的基石。所以,父母对于孩子切忌过度保护,生怕孩子遇到一点儿危险,把他们养在温室里的做法,无疑是剥夺了孩子独立成长的机会,对孩子也是没有好处的。

不过度关心

随着孩子慢慢地长大,他们有了自己的小世界,也有了自己的小秘密,父母应该懂得与孩子保持一定的距离,不要过度关心,侵犯他们的隐私,以免孩子出现厌恶父母,与父母闹矛盾的情况。

第四章

父母放手，
孩子走得更远

　　被紧紧握在手里的风筝，是不能见到广阔天空的，被父母紧紧抓住的孩子，也是很难走出精彩人生的。父母要学会适时放手，让孩子接受坎坷荆棘，这样才能走得更远更好。

给孩子独立思考的机会

很多人发现，身边的不少父母都给孩子报了各种脑力开发的课外班，但是收效甚微。其实，很多父母求助别人，倒不如从自身做起。不少父母喜欢帮助孩子做决定和解决问题，实际上这限制了孩子的独立思考，一个从来不会独立思考的孩子，又能有多少创造力呢？

电视上播过一档少儿节目，节目中有一个八九岁的小男孩上台演讲。小男孩打扮得十分得体，看上去为这次演讲做了不少准备，但是刚开场就能看出小男孩十分紧张，他一边演讲，一边不停地挠头发、拽衣角，甚至还在中间好几次忘词。

小男孩的演讲结束以后，脸上略显失望，主持人问他："你觉得自己今天表现得怎么样？"

小男孩迟疑了一下说："我觉得不太好，我忘词了，也很紧张。"

也许是为了安慰小男孩，主持人抚摸着他的肩膀说："你已经很棒了！在我们心里，你是最棒的！"

台下的观众也不约而同地鼓起了掌，给小男孩以鼓励。

小男孩开心地看着台下的观众，笑着说："谢谢。但是我知道你们不是因为我演讲得好才给我鼓掌。这次我确实表现得不好，我还会努力的。"

主持人和现场的观众都对这个小男孩投来赞许的目光，掌声再一次响起。

也许，小男孩会因为大家的鼓励而得到暂时的安慰，但是他对自己的表现认识得十分清楚，无论大人们给他的评价是怎样的，他始终有着自己独立的思考，这对于一个孩子来说，是非常难得的，也是很令人钦佩的。只有保持自己的个性，对事物有自己的看法，才能不被周围的事物左右，才能有自己的创造力，也才能有一个不一样的未来。

独立思考的能力和沟通能力一样，也是一个人走上社会必不可少的能力，它能为一个人的工作和生活增添很多力量。著名的科学家、物理学家爱因斯坦曾经有一段名言："学会独立思考和独立判断比获得知识更重要。不下决心培养思考习惯的人，便失去了生活的最大乐趣。思考、思考，我就是靠这个学习方法成为科学家的。"由此可见，培养独立思考的习惯对一个人来说多么重要。

但是，在现实生活中，很多孩子越来越没有机会独立思考，更不能为自己做什么决定，因为父母会为孩子处理好一切，他们会帮助孩子安排好所有事情，从生活到学习的方方面面，可谓事无巨细。这样真的好吗？我们经常会听到有些孩子说："我妈妈说不让出去玩……""我爸爸不同意……""妈妈说，这样不是好孩子……"似乎对所有的事情孩子都没有独立思考和判断的能力，只能听父母的，其实这正是父母包办一切的结果。

孩子在这种过度关怀之下，渐渐地就失去了独立思考的能力。

既然独立思考对孩子来说很重要，那么，作为父母，我们应该如何帮助孩子培养他们独立思考的能力呢？

（1）为孩子创造乐于思考的家庭气氛

家庭是孩子最主要的活动场所，也是培养孩子性格和人格最重要的地方，父母在这个环境中对孩子的影响是最大的。所以，能不能培养孩子独立思考的能力，很大程度上要看父母能不能以身作则，让孩子耳濡目染，在日常生活中养成乐于思考的好习惯。

在家庭中，父母要多站在孩子的立场上思考问题，做孩子的朋友，用平等的心态和温和的态度对待孩子，遇到问题的时候，尤其是孩子的问题，一定要多问孩子的想法，鼓励孩子提出自己的建议，哪怕是不可行的，也要和孩子讨论一下问题出在什么地方。平常也要抓住一切机会，让孩子思考周围的事物，比如，为什么下过雨之后会出现彩虹，小鸡为什么要吃小石子，刚从冰箱里拿出来的汽水瓶表面为什么有一层"汗"等。

经常问孩子一些问题，让孩子多开口表达他们的思想，久而久之，孩子就会愿意思考问题，头脑变得更灵活聪明，更富有创造性。

（2）启发诱导

我国古代著名的教育家孔子说过"不愤不启，不悱不发"的至理名言，这句名言是站在教师的立场上，告诉教师在教学过程中要注意启发诱导，让学生自己发现问题。其实，这一教育思想在当代社会仍然通用，对于老师或父母都是很有参考价值的。很多父母在辅导孩子写作业的时候，一旦发现孩子出现了问题，就急不可待地给孩子指出来，有时候态度也不够温和，其实父母可以尝试给孩子一定的提示，引导孩子自己发现问题，这样他们在努力思考的前提下发现问题，印象会更深刻。孩子遇到难题的时候，父母也不要急着给孩子讲解，要给他们留出足够的思考时间，让他们充分调动自己的聪明智慧，一旦解决了问题产生了成就感，他们以后就会更愿意多动脑筋。

（3）认真对待孩子的提问

很多父母在面对孩子各种奇奇怪怪的提问时，会表现出不耐烦。其实他们往往忽略了，这些在大人看来奇怪的问题，正是孩子好奇心的表现，也是孩子努力思考、探索世界的过程。所以，无论父母有多不耐烦，也一定要控制自己的情绪，耐心地回答孩子的问题，如果问到的是父母也无法解释清楚的问题，那么可以和孩子一起查阅资料，共同解决问题。

选择，让孩子来做

一个人在成长过程中，不可避免地要面临无数次选择，只有在经历一次次选择之后才能一步步走向人生的顶峰。

在教育中，让孩子自己做选择，相对消除了家长对孩子的"思维控制"，孩子可展开想象的翅膀在广阔的时空中任意翱翔，孩子的创新精神和创造性思维能力在选择中得到培养和提高。培养孩子自主选择的好习惯，就等于给孩子创造了"思维的自由"。

比尔·盖茨这位全球电脑大王所取得的成就，关键就在于他自己正确而果决的选择。小时候，外祖母用游戏的方法锻炼他的选择能力；稍大后父母根据他的爱好帮他选择更能激发其潜能的学校；当他成年后，在律师界声望很高的父母也曾希望他子承父业。当他们发现儿子对律师这一行业毫无兴趣时，意识到如果强迫他学法律，只会扼杀他在计算机方面的特殊天赋，那样将对儿子极不公平。于是父母在比尔·盖茨选择专业的问题上由其自由选择，任其自由发展。最让他们意想不到的是，在一年以后比尔·盖茨提出离开学校——离开哈佛。能够在哈佛求学对一个人来说是多么的重要，而儿子却在此时决定辍学，实在让父母觉得可惜。在父母及亲人的几经劝说之后，比尔·盖茨仍未改变自己的选择，于是父母便听之任之了。

也正是这一次选择，创造了人类史上的一个神话。也正是比尔·盖茨经历了祖母的培养选择能力时期——父母的帮助选择时期——自我选择时期的渐进过程，才使比尔·盖茨的坚毅的选择更具说服力，使他为自己的天赋、兴趣与选择找到了一个恰当的结合点，使其发出了耀眼的光芒。

一次选择决定一种命运，希望天下的父母在培养孩子的选择能力的同时，更要尊重孩子的选择。

小炜上了小学五年级，即将面临中考。他特别喜欢踢足球，最近市里在举办"少年足球培训班"，经过三个月的训练，如果表现好的话可以参加市里的少年足球队。小炜当然跃跃欲试，可是中考在即，虽然他学习成绩一直不错，但为了考重点中学，学习不能有丝毫放松。小炜担心爸爸妈妈不同意他参加培训，考虑良久，决定和爸爸妈妈好好商量一下。

一天吃晚饭的时候，小炜说："爸爸妈妈，市里在举办足球培训班，表现好的话能进市少年队。你们知道我一直爱好踢足球，我想经过培训我一定能顺利被录取。所以，我想报名参加。你们同意吗？"

爸爸妈妈对视了一下，妈妈说："小炜，你今年就要中考了，虽然你成绩不错，但是你知道考重点初中竞争很激烈，你报那个培训班难免要耽误学习时间。我和你爸爸好好研究一下再说吧。"

晚上休息时爸爸对妈妈说："儿子大了，能自己拿主意这是好事。男孩子嘛，自己做的决定自己能负责，这样才有自信，才是真正的男子汉。我看咱们别过分干涉了，小炜一直挺懂事，这也是锻炼他的一个机会。"

第二天早上，妈妈对小炜说："儿子，你既然决定了，我和爸爸都支持你这么做，不过你要做好心理准备，方方面面每种可能都要想到，要为自己的想法和决定负责，明白吗？"

在后来的选拔赛上小炜落选了，没能进入市里的足球队。不过他顺利考上了重点初中。小炜没有灰心丧气，也没怨天尤人。爸爸妈妈看到他这样很欣慰。

教育的一个重要目的，就是教育孩子以后怎样去独立选择。在培养孩子自主选择的好习惯的同时，应坚持必要的原则。

（1）培养孩子的自主能力

在现代教育过程中，家长与孩子的关系正趋于民主的关系。有一句名言是：授之鱼，不如授之渔。即父母帮助孩子安排好一切，只能解决孩子一时之忧；如果培养孩子自主选择和安排的能力，将会解决孩子一世之忧。因此，给孩子一点儿自由，并不意味着对孩子一味放任，而是在培养他们选择和判断的能力。

如果让一个个性倔强的孩子做符合他自己心意的决定，可能父母就会省很多工夫。要尽量避免让他为有关对错的问题做决定，把范围界定到纯属个人好恶的事上，比如让他自己选择玩具、衣服款式及颜色等，做自己能做的事，做自己能做的主。

当然，孩子也可能做不好，此时父母可以借机以讨论的口吻指点他们怎样才能做好决定，并帮助他们提高在更重要的事上做决定的能力，让他们列出每一种可能发生的正反面结果，仔细考虑一切可能的选择，并予以评估。

（2）引导孩子独立做选择

父母在培养孩子的选择能力时，应从最初的引导选择开始。不要为孩子安排好一切，而是应该把"原料"给孩子，让他们自己去选择安排。比如告诉孩子：今天可以跟爷爷去儿童乐园，也可以跟妈妈去海洋馆，或者是在家看《星球大战》。父母可以看看孩子会怎样选择，了解孩子如此选择的动机，从而发现孩子的兴趣，引导孩子进行选择。

在引导孩子自主选择的基础上，让孩子学会安排自己的时间也是锻炼孩子养成自我选择的好习惯的基石。

作为家长不必帮助孩子制订每天的活动计划，可以将这个活动计划表交给孩子自己去做，家长只需对孩子的计划安排表起到参谋的作用，以建议的方式向孩子提出计划表的不妥之处，从而以委婉的方式使孩子领悟到计划表不合理的原因。如此，不仅让孩子逐渐懂得如何安排时间，而且能学会在有限的时间内选择做恰当的事。

选择、安排既是一种能力，又是主体精神，要坚持让孩子对自己的行为做出选择和安排，养成独立选择的好习惯。

（3）在困难中得到锻炼

父母要有意识地给孩子设置一些困难，让孩子去解决，从而培养孩子的选择能力。比如说，孩子走路时不小心摔倒了，请妈妈们莫急于扶起，而是鼓励孩子自己爬起来，对他们说"我相信宝贝是一个勇敢的孩子，一定能自己站立起来"。于是孩子眼含泪花嘴带笑地站起来，并说："妈妈，我是一个勇敢的孩子。"所以，遭遇一些困难，会使孩子更有勇气和主见。

（4）尊重孩子的选择

从孩提时代开始，父母和教师就应该尊重孩子的选择。只有让孩子自己选择要做的事情，遇到困难后他们才能去忍耐、努力，成功的时候他们才能真正享受到明智选择的喜悦。在进行选择的同时，父母应该指出那些明显有利的或不利的因素，并告诉孩子："你自己做的选择，就应该自己去承担这种选择给你带来的一切。"

我们的教育要少一些顺从，多一点儿自由、宽容，不要对孩子的权利完全漠视，让他们只是盲目地服从，这对孩子是极其不公平且有害的。古今中外，但凡有所成就的人，都是在其感兴趣的事情上做出卓越的成就。我想这个道理足以警示每一位家长，在培养孩子善于自主选择的习惯的同时，一定要尊重他们的选择。

自立的孩子更优秀

　　很多孩子在生活中很难独立完成一些事情，因为他们已经习惯了父母的搀扶和陪伴，很难主动挣脱父母的手，父母此时应该主动放开孩子，让孩子自立，或者说"逼"孩子自立。因为，只有真正自立的孩子，才能在面临人生各种困难的时候更积极地想办法解决，才能成长得更优秀。

　　晓晓即将成为一名高中生，但还是很多事情都依赖妈妈，不愿意自己独立完成。有一次，妈妈答应晓晓，周日的时候带晓晓到商场买衣服，但是因为妈妈单位里临时有事要加班，不能陪晓晓去，便让晓晓自己去。可是，晓晓纠结来纠结去，还是没法自己去，她缠着妈妈撒娇："妈妈，妈妈，你陪我嘛！我不想自己去。"妈妈说："可是你已经要上高中了，你买衣服也会有自己的眼光吧，而且那个商场你又不是第一次去，妈妈真的是有事要忙，这一次你自己去好不好？妈妈可以先把你送过去。"虽然妈妈耐心地劝晓晓，但是晓晓最终还是没有自己去，在家里闷闷不乐了一整天。

　　其实，晓晓依赖妈妈的问题不仅体现在这件事上，很多时候，晓晓都愿意让妈妈帮她做决定，妈妈想给晓晓报辅导班，问晓晓的意见，晓晓说"都可以"。晓晓的班主任安排同学们完成一次街头采访活动，晓晓也要拉着妈妈去，妈妈说这是她自己的事要独立完成，晓晓却央求妈妈在路边看着才行……

其实，晓晓就是一个典型的不能自立的孩子，在她的意识里，似乎一个人是没办法完成什么任务的，只有妈妈在身边，她才觉得有安全感。有这种心态的孩子，在将来的生活中也很容易去依赖别人，难以独立地解决生活上或工作上的难题。

章烨是一家家居公司的老板，已经在行业内做得风生水起的他，有一个聪明上进的儿子。身边的人都说，章烨培养了一个优秀的儿子，以后不愁没有接班人，但是章烨却不是这种想法，他说："虽然我希望他能继承家族企业，但是，一我要看孩子是否愿意，他的志向是不是在这儿；二就算他喜欢，他愿意，我也不可能一开始就让他到这儿来，他需要的是磨炼，年轻人只有自己吃够了苦头，才知道自己奋斗的重要性，如果一开始就待在我身边，很难说他不会一味依赖我，那他就永远成长不起来。"

章烨是这么说的，也是这么做的。儿子大学毕业之后，他丝毫没有插手儿子的工作问题，而是让儿子自己去找实习单位，从最基层的工作干起，他看着儿子在职场跌倒、受伤，一点点地成长。章烨说，他也会心疼，但是他不想让自己的庇护和扶持成为儿子成长道路上的绊脚石。他知道，只有这样，儿子才能拥有独立的人格，将来才能有更大的作为。

在现实生活中，有很多孩子什么都依赖父母，完全不懂得自立的意义。在家庭中，不做家务的孩子比比皆是，他们甚至连自己的衣服、袜子都不会洗，更有甚者，上学起床都要爸爸妈妈叫很多遍才肯起来，没有一点儿独立承担责任的意识和能力。当然，这种现象与孩子所受到的家庭教育有着直接的关系，正是因为父母事无巨细的关心和没有原则的庇护，才会让孩子没有底线地索取，不负责任地做事。

那些过于依赖父母的孩子，将来离开了父母的怀抱，势必还会依赖别人，一旦脱离了他人的庇护和帮助，往往会变得不自信、没主见，甚至表现出胆小怕事的特点，遇到问题的时候唯唯诺诺，甚至会在面临人生的重要选择时彷徨失措，止步不前。

过于依赖父母的孩子，还很容易没有安全感，他们虽然希望别人给予一定的帮助，或者提供一些意见，但是又不能真正地对别人敞开心扉，很难交到真正的朋友，因此内心也常常容易感受到孤独。这样的孩子，很难自己对某些事物做出准确的判断，也很难在社会生活中表现出一个人格健全的人该有的创造力。

那么，到底应该怎样帮助孩子摆脱对父母或他人的依赖，成为一个足够自立的人呢？以下是几点建议：

（1）帮助孩子摆脱依赖心理

在生活中，如果父母发现孩子有依赖心理，一定要严肃对待，必要的时候态度可以强硬一点儿，用强制性的手段帮助孩子进行纠正。比如，孩子做作业的时候，总是丢三落四，不是这里落一个字母，就是那里少一个汉字，但是每次爸爸妈妈帮助孩子纠正了，他也不以为意，下次依然会错，因为他知道反正爸爸妈妈会帮他找出来改正。这个时候，爸爸妈妈就可以告诉孩子:"作业是你的,检查作业也是你的任务,不要想着所有的事都由爸爸妈妈代劳,不然你下次就带着你的错误去交给老师吧!"孩子既能明白这是父母为他好,也能明白自己的事情应该自己做,在一次次的改正中,慢慢地就会摆脱原来那种依赖的心理。

(2)适当地对孩子提要求

随着孩子年龄的增长,他们的自主意识和独立意识也在增强,父母要根据孩子的情况,适当地给孩子提出一些要求,比如,帮助父母做一定量的家务,完成作业之后自检,或者是鼓励孩子参加一次目的地较远的郊游等……当孩子完成了父母提出的要求,他们会在心理上得到满足感和成就感,下一次就更愿意独立完成任务。

当然,不同年龄段的孩子,父母对其提出的要求应该是不一样的。如果对孩子提出的要求过于简单,对他们来说没有什么意义,也就很难起到良好的效果,如果提出的要求太难,就可能打击到孩子的自信心。一般来说,2~3岁的孩子可以要求他们自己穿衣吃饭、上洗手间等;3~5岁的孩子,可以要求他们在大人的协助下一起收拾房间,或者吃饭的时候帮助大人分发餐具等;6~10岁的孩子则可以要求他们洗衣服,或者做简单的饭菜等,当然,也可以协助孩子一起做一些手工作业。

无论要求孩子做什么,父母都应该坚持一个原则,那就是多鼓励,少批评。哪怕孩子做得不是很好,只要孩子认真做了,父母就应该由衷地赞美孩子,让孩子有信心继续努力下去。

(3)鼓励孩子多动手动脑

有些孩子已经养成了依赖他人的习惯,这个时候父母就要注意培养孩子多自己动手动脑。比如，孩子作业难题做不出的时候，不要急着给孩子讲解，而是要鼓励孩子换一种思路再思考一下；孩子非要妈妈帮忙洗衣服时，妈妈可以明确地表示拒绝，并且告诉孩子，每个人都应该完成属于自己的任务，妈妈要洗妈妈的衣服，孩子也应该洗孩子的衣服。

　　总之，一个孩子只有足够自立，才能从小培养良好的人格，这样既能得到身边人的认可，又能为将来的个人成长打下牢固的基础。所以，如果父母是包办型的父母，就一定要学会大胆放手，让孩子自己去探索世界、掌握技能，相信孩子会做得很好。

教孩子学会"自我管理"

一个懂得自我管理的孩子，做事往往有条理，能把自己要做的事安排得井井有条，哪怕遇到了困难，也能稳住心态，积极地面对，想办法解决。这样的孩子，也懂得照顾他人的情绪和感受，不会凡事都以自我为中心，他们在生活中往往是主导者，而不是被动的接受者，他们不会随波逐流，也不会刚愎自用。自我管理能力的习得让孩子更自信、更从容，生活更快乐。

肖文的妈妈一直很担心肖文的学习问题，不是因为她成绩上不去，而是因为她压根不知道怎么学习。上课的时候完全没有上课的样子，看到窗外面飞舞的一只蝴蝶，或者是听到有任何动静，她的注意力马上就分散了。后来，妈妈也给肖文报了辅导班，但是肖文早上总是起不来，要妈妈叫很久才磨磨蹭蹭地出门，而且辅导班里的老师也一样拿肖文没有办法，作业不能按时按量地完成，跟身边的其他同学相处也不和谐，上了没多久就不去了。

不仅学习不认真，肖文还受不了一点儿别人否定她的话。肖文在练习弹钢琴的时候，音弹错了被老师纠正，她会忍不住偷偷抹眼泪，觉得老师针对自己；刚喜欢上画画，没画几天，就因为老师说她的颜色搭配有点问题而放弃了；练字就更不用说，根本坚持不到一个星期……诸如此类的事情还有很多，妈妈鼓励过肖文，也批评过她，但是都没有什么作用。

肖文平常也是一个很懒的孩子，衣服袜子都是妈妈洗，作业也是妈妈帮忙检查，连自己腿磕破流血了也要等着妈妈来上药才行。肖文的房间里更是乱糟糟的，妈妈怎么都改变不了肖文，只好不辞辛苦地帮她打理一切，时间长了，肖文的情况愈演愈烈。

其实，肖文就是一个典型的不懂得自我管理的孩子。她的自我管理能力的缺失体现在生活和学习的方方面面。一个不懂得自我管理的孩子，性格往往很难和"能坚持""有毅力"等词语挂钩，这些良好性格因素的缺失，也导致了孩子做什么事都不能有始有终，也就很难谈得上进步和成功。

一个没有自我管理能力的孩子，长大以后，也只能成为一个懒散怠惰、没有目标和志向的人。培养孩子的自我管理能力迫在眉睫，父母可以为他们做些什么呢？以下是给父母的几点建议：

（1）引导孩子确定学习目标

很多父母抱怨孩子学习成绩差，学习的时候不能做到专心致志，好像根本没把学习当回事。其实，这些不一定是孩子学习能力差的问题，很有可能是孩子没有确立合理的学习目标。没有学习目标，就不能明确自己下一步要做什么，不知道完成这个学习任务之后接下来的任务又是什么，一直处于迷茫的学习状态当中，当然很难产生好好学习的动力。父母应该引导孩子，认识到学习是一件需要长期坚持的事，帮助孩子确立短期目标，并引导孩子针对这个目标制订相应的计划，让孩子在既定的计划内一步步完成任务，离目标越来越近，孩子也会觉得越来越有希望。当一个短期目标完成，父母也可以帮助孩子确立相对长远的目标，让孩子一直有事做，有想要达到的终点，这样，既培养了孩子的耐心，也可以增强孩子的意志力。

（2）教育孩子明辨是非好坏

大多数孩子年龄小、阅历少、自制力比较差，而且很难分辨是非黑白，所以很容易犯错。因此，父母应该教会孩子分辨，在孩子小的时候就要有意识地告诉孩子什么是善恶美丑，什么是是非曲直，让孩子明白，有些事可以做，有些人可以向他学习，但是还有很多事是不能做的，有些人是不能向他学习的。当孩子对做人做事有了一个相对明确的标准，他们就能够用这个标准去衡量自己做得是否正确，也才能更清晰地认识自我，对于那些不合理、不正确的事也才能自我控制。

（3）教会孩子控制情绪

孩子自控能力弱的表现还有一个，就是他们在面对一些突发事件的时候，很容易表现出情绪不稳定、不知所措，甚至有些孩子会出现打骂别人、乱摔东西等表现。如果孩子出现了这种情况，父母就要教会孩子如何更好地管理自己的情绪。

首先，作为父母，面对孩子情绪失控的时候，自己的情绪不能被影响，要做到心平气和地跟孩子沟通，了解孩子的想法，并进行一定的引导。另外，要告诉孩子，有情绪的波动是很正常的，自己要通过转移注意力或者冷处理的方式对自己的情绪进行管理，等自己的情绪平复下来之后再去想办法处理问题。

当然，如果孩子的情绪比较激动，则必须通过一定的方法帮助孩子排解，比如，可以带孩子去看电影、去游乐场，或者带孩子参与一些体育锻炼，引导孩子读书等，暂时缓解其情绪。

自我管理不是一时的事，应该是人一辈子的功课。从孩子小的时候开始，父母就要有意识地培养孩子的自我管理能力，让孩子在良好的自我管理中更好地成长，他们将来的路才会更加通畅平坦。

培养孩子的责任感

有些父母对责任心存在错误的认识，他们认为，责任心是大人的事，孩子的世界比较简单，父母也不应该给孩子太多的压力，让他们过早地承担责任，等他们长大以后自然而然会懂得什么是责任。其实，这是一种完全错误的想法。责任感是要从小培养的，一个从小就有责任感的人，才能终其一生，对自己，也对身边的人和事负责任。

彤彤刚上幼儿园，原本妈妈还担心彤彤会不适应，没想到的是，彤彤不仅很快交到了新朋友，每天回家以后还会跟妈妈分享很多在幼儿园发生的趣事，甚至有的时候边讲边手舞足蹈，开心得不得了。

有一次，幼儿园要召开家长会，妈妈想，这是第一次参加彤彤的家长会，一定要好好收拾一下，免得孩子觉得没面子，没想到彤彤却说："妈妈，你参加我的家长会，不停地打扮，难道你是因为第一次参加家长会有点儿紧张吗？"妈妈一听，不觉有些好笑，便顺着彤彤的话说："对啊，妈妈从来没有跟你的老师们、同学们相处，跟其他家长也不是很熟悉，妈妈确实有点儿紧张呢!"彤彤跑到妈妈身边,拍了拍妈妈的肩膀说:"你放心,幼儿园我熟,我会帮助你的,不要担心哦!"说完又信心十足地拍了拍自己的胸脯。

到了开家长会的那一天,彤彤的妈妈准时到场,彤彤拉着妈妈的手,大方地向老师介绍妈妈,又向妈妈介绍自己的老师和同学,介绍完以后,又带妈妈到指定的位置坐下,并对妈妈说:"妈妈,现在你都认识了吧,不要紧张了,好吗?"妈妈微笑着点点头。彤彤又说:"妈妈,你先坐在这里不要到处乱跑,我去给你倒杯水,不要让我回来找不到你哦!"说完就独自走开了。看着彤彤小小的背影,妈妈很满足,也有点感动。没想到,孩子小小年纪,已经知道照顾父母了,在幼儿园里,她一定也是一个经常照顾别人的孩子。这样的孩子多让人欣慰啊!

拥有责任感的孩子,知道自己要做什么,能把自己肩上的责任勇敢地挑起来,也会主动去关心照顾别人。那么,既然责任感对孩子来说这么重要,父母应该怎么做才能帮助孩子培养责任感呢?以下是几点建议:

(1)给孩子建立规范意识

每个人在社会上都有独属于自己的角色定位,无论"父亲""母亲""医生""教师""学生""儿子",都应该承担起自己的角色所应承担的责任,这是对自己的负责,也是对身边的人和整个社会的负责。一个人拥有责任感,首先要遵守一定的社会规范,因此,父母要给孩子建立一定的规范意识,大到遵守法律和交通规则,小到不乱动别人的东西等。

当然,规范意识不是只靠父母口头说说就可以的,而是要渗入到孩子生活的方方面面,父母要以身作则,同时要让孩子在实践中不断体验和认识规范的重要性。

（2）告诉孩子"自己的事情自己做"

想要培养孩子的责任感，父母一定要学会适当地放手，不能事事包办，把孩子培养成"甩手掌柜"。应该孩子做的事情，父母要毫不犹豫地交给孩子做，而且要跟孩子约定好，多长时间内完成，完成到什么程度等。另外，需要父母协助做的事情，父母也要与孩子约定好协助的范围，切忌本末倒置，替孩子解决问题。

当然，无论是家庭还是学校中，孩子"自己的事情"往往是和身边的人相关的，也就是"自己的事情"会与"集体的事情"相交叉。孩子既是一个独立的个体，也是集体中的一员，在完成"自己的事情"的同时，也应该学会与他人合作，为他人着想。比如，在家庭中，孩子除了自己洗袜子以外，也可以帮助父母做摘菜洗菜或者铺床晾衣服等简单的家务。在学校，除了管理好自己的学习，还要与同学互帮互助，学会与同学、老师合作完成一定的任务等。

（3）教育孩子为自己的行为承担后果

当孩子独立做事的时候，父母要对孩子提出表扬和鼓励。无论结果好坏，父母都要教育孩子，让他们学会承担后果。尤其是当事情的结局不是特别圆满的时候，父母要鼓励孩子勇敢地接受，该受责罚的要接受责罚，该向他人道歉的也要真诚地道歉，只有这样，孩子才不会在将来遇到挫折的时候逃避责任。

（4）告诉孩子诚信的重要性

"人无信不立"，一个讲诚信的人，也是一个值得依赖的人，这样的人，社会关系会更融洽，做事会得到更多人的支持和帮助。因此，父母要从小培养孩子诚实守信的品质。如果已经答应了别人，只要这件事不触及原则，不特别为难，就要认认真真地完成，履行对别人的承诺。当然，父母也要在孩子面前以身作则，让孩子切实地理解诚信的重要性。

总之，责任感的培养要从小抓起，父母要注意从方方面面关注孩子对自己、对他人、对社会的认知，帮助他们培养责任感，学会对自己、对他人、对社会负起责任。

坚强，是最结实的盾牌

人的一生不可能顺风顺水，我们会遭遇各种各样的困难，面对这些困难的态度就决定了我们的人生走向。有些人选择逃避，换取一时的安逸，也有人选择面对，在狂风暴雨的洗礼中成长。怎样才能变得坚强勇敢，从容面对生活中的洪流呢？一个人应该从小就培养面对困难的勇气，坚强，永远都是人生中最结实的盾牌。

多多是一名一年级的小学生，因为看到小区里的小朋友骑自行车，觉得很神气，就央求爸爸给他买一辆自行车。爸爸见多多特别兴奋，便答应了他。拥有了一辆新自行车的多多特别激动，周末就让爸爸带着他去公园学骑自行车。

可是，多多看别人骑自行车似乎很简单，自己骑起来却不是很容易，爸爸在后面扶着，多多刚一上去，车子就开始摇摇晃晃，吓得多多直喊"爸爸别放手"。后来，爸爸继续扶着，鼓励多多继续骑，但是多多很害怕，不敢再骑了，爸爸又劝了一会儿，多多才勉强上了车。练了一会儿，多多似乎掌握了一点儿技巧，骑得越来越好了，爸爸便试着放开手让多多自己骑，谁知道多多刚骑出去几米就一下子摔倒了，膝盖磕了一个口子，多多"哇"的一声哭了出来。

爸爸带多多回了家，细心地给多多处理伤口，对多多说："骑自行车会摔跤是很正常的，摔跤了疼也是正常的。人生还有很多事就像骑自行车一样，本以为很简单，可是做起来会遇到很多困难，甚至会像你今天一样摔得很疼。但是，爸爸想问你，是不是因为骑自行车摔跤咱们以后就再也不骑了呢？是不是遇到了难题咱们就逃避呢？"多多认真地思考了一会儿，说："我知道了，爸爸，虽然很疼，但是我会学会的，学会了以后就不会再摔跤了。"

第二个周末，爸爸又带着多多来到公园，多多跟上次一样，又摔了几个跟头，但是多多这一次没有哭，他忍着痛继续学，爸爸最终放开手，多多自己骑了很远的距离，他从自行车上下来，开心得手舞足蹈。

当孩子遇到困难的时候，会产生畏惧心理，甚至想要退缩、放弃，这个时候，很多父母会因为心疼孩子而帮助孩子摆脱当时的困境，或者顺从孩子的想法同意放弃，但是这样只会让孩子将来更习惯逃避问题，遇到困难首先想到的不是如何克服，而是沮丧、失落和逃避。

很多时候，我们认为孩子会受到严重的伤害，眼前的这个困难是他们克服不了的，但那可能只是大人的主观臆测，其实对孩子来说，也许眼前的困难并没有想象的那么严重，咬咬牙也就坚持过去了。而经历了这样的困难磨炼之后，孩子会变得更加坚强，不会再被类似的困难吓倒。

很多父母不是不明白，要让孩子经历一些磕磕碰碰才能成长。其实，真正正确的态度，就是狠下心来，让孩子自己从跌倒的地方站起来，哪怕接下来还会跌倒第二次第三次，父母可以安慰，可以鼓励，但是绝对不能帮助孩子逃避困境。

当你看到孩子摔倒在地上，用期待的眼神看着你，你是不是会马上冲过去把孩子扶起来？当孩子小小的身影蹲在地上仔细地搓着盆里的衣服，你是不是会忍不住想要帮忙？当孩子练琴练得手指酸痛，你是不是会比孩子先一步放弃，让孩子马上休息……

作为父母，在上述各种情况下，有那样的想法无可厚非，但是我们要考虑，我们对孩子的保护和关注是不是真的利于孩子以后的成长。如果这种关爱只是让孩子获得了短暂的轻松愉快，却不能收获更多的知识和能力，那我们到底是在爱孩子还是在害孩子呢？如果你发现，孩子正是因为你所谓的"爱"，丢失了对各种事情的坚持，对痛苦的承受能力越来越差，你还会觉得那是为孩子好吗？当孩子变得唯唯诺诺，不肯为了自己的目标或任务付出努力，不懂得付出毅力的时候，你是否会惭愧，觉得正是父母给孩子做了不好的示范呢？

琴琴的妈妈就是一个特别注重培养孩子苦难承受力的母亲。虽然琴琴是个女孩，但是妈妈并不认为她就应该养尊处优，认为面对困难能够坚强面对是一种很难得的品质。妈妈会在平常的点滴小事中注重对琴琴的性格品质的培养。

琴琴刚上小学的第一天，在教室外的走廊上被同学不小心撞到摔在了地上，手上破了一个口子。琴琴还没适应小学的生活，又遇到了这样的事情，顿时不知道怎么办，心里一阵委屈，便哭了起来，虽然老师对琴琴十分照顾，耐心地安慰琴琴，也给她包扎了伤口，但琴琴还是哭个不停。后来，老师实在没有办法，只好把琴琴送回了家。

妈妈看到琴琴回来了，便问琴琴怎么回事，琴琴便一边哭一边把学校里发生的事情跟妈妈说了。妈妈知道，并没有发生什么大事，只是琴琴第一天上学有点儿紧张，遇到这种事又没有妈妈在身边，一时间没有安全感罢了。但是妈妈想，如果就这样让孩子在家待一天，说不定明天孩子也会找理由不去学校，一定不能在上学的第一天就埋下这个隐患。

妈妈用力地抱了抱琴琴，安慰她说："妈妈知道你今天第一天上学有点儿紧张，摔倒了也很疼，妈妈很心疼你。但是你看，老师和同学们都很关心你，你的伤口现在也包扎好了对不对？今天可是第一天哦，你想给老师和同学们留下一个爱哭鬼的印象吗？"琴琴抽了抽鼻子摇了摇头。妈妈又说："妈妈知道，你是个坚强的孩子，这么一点儿小事一定难不倒你的。那现在，妈妈让你自己来选择，你是想在家玩一天养一下那个小小的伤口，还是要做个坚强的孩子，重新回到课堂，去认识你的老师和小伙伴呢？"琴琴斩钉截铁地说："我才不是爱哭鬼呢！我的伤口都好了，我要去上学！"妈妈很开心地把琴琴又送回了学校。

像琴琴妈妈这样的父母就是聪明的父母，他们不会在孩子遇到的困难上纠结，而是告诉孩子，困难是可以被克服的。这样的父母并非不心疼孩子，他们和所有父母一样，也对孩子怀着满满的爱，但是他们更懂得怎么对待孩子才是明智的。

爱孩子的最高境界是什么呢？并不是张开自己的翅膀，把孩子护佑在翅膀之下，保证他们永远不受伤害，而是让他们自己闯荡，让他们经历伤痛，引导他们在伤痛到来时坚强地挺过，等孩子的翅膀渐渐丰腴，看着他们勇敢地向远方飞去。放孩子离开，而且放心孩子离开，这才是教育孩子的最终目标。

舍不得孩子受一点儿伤害的父母啊，勇敢地放手吧，那个看上去娇弱可怜的孩子，比你想象的坚强勇敢得多，不要用你的爱束缚了孩子，让他们以坚强为盾牌，抵挡人生的流矢吧！

给孩子吃苦的机会

　　随着社会经济水平的发展，"吃苦"这个词对于人来说越来越陌生，对于从小生活在父母长辈臂膀下的孩子来说更是难得。但是，认真思考一下就会发现，其实吃苦真的是人生必不可少的功课，只有吃过苦的人，才能磨炼出坚强的意志，才能以更积极勇敢的心态面对困难重重的生活。

　　小霞已经高二了，上的是寄宿学校，每个月可以回家两次。每次回家的时候，小霞总是大包小包地拎着很多东西回去。有一次，老师看到了小霞的行李，便疑惑地问她："咱们放假一次，也就能在家待两天，你带那么多行李回去干吗？不觉得很麻烦吗？"小霞说："我带的是衣服。""衣服也不用带那么多啊，你带几件换洗的不就可以了吗？"老师又问。小霞有点儿不好意思地回答说："我带的都是脏衣服，回去以后妈妈会给我洗。"老师一听，顿时哑口无言。

　　后来，老师又找小霞谈话，告诉她，她已经快成年了，很多事自己都可以做了，不能什么事都依赖父母，但是小霞却说："我习惯了。而且妈妈说了，我是个孩子，不用吃那么多苦，在这里又没有洗衣机，我自己手洗衣服，多累呀！"老师也只能无奈地摇摇头，看来这孩子完全没有吃苦的意识。老师忍不住追问："如果以后你上大学要去很远的地方，寒暑假放假才能回家，那你的衣服怎么办呢？""我妈说了，我可以出去找洗衣店，给人家钱让他们帮我洗！"小霞说得理直气壮，老师也不好再说什么，只是心里对她的未来有一丝担忧。

也许很多人会觉得诧异，小霞好歹是个女孩子，怎么会那么懒？其实，小霞的懒正是她不想吃苦的一种表现，因为身后有替她做事的人。也因为从小接触到的是那样的教育观念，所以并不觉得吃苦对自身有好处，甚至一直是逃避的态度。现实生活中，像小霞这样的孩子不在少数，他们习惯了养尊处优，不愿意吃一点儿生活的苦，而且习惯了让别人替自己承担那份辛苦。这样的孩子长大以后，往往也会变得懒惰成性，而且不懂得关心体贴他人，将来走上社会也很难立足。

金金从小就是个娇生惯养的孩子，从出生开始，几乎是要什么给什么，从来没有吃过什么苦头。所以，这样的金金渐渐养成了"唯我独尊"的性格，做事完全不考虑别人的感受，只关注自己是否开心。

有一次，学校组织郊游，老师带着孩子们来到郊外，要他们各自到附近的村民家里借米借菜，借回来以后一起生火做饭，老师的初衷其实是想考验孩子们的生活适应能力和交际能力，孩子们都兴致勃勃、三五成群地行动，只有金金待在原地不动。老师问金金为什么不去，金金说："米和菜可以花钱买，为什么要去借？而且在这里做饭很难，我也没有做过，为什么不能点外卖呢？"老师听了啼笑皆非。

等孩子们都纷纷借米借菜回来的时候，金金依然坐在原地。大家七手八脚地忙起来，帮着老师生火做饭的时候，金金还是只在一边看着。等饭菜都出锅了，金金却大喇喇地一坐，自顾自地吃起来，完全不管别人。

还有一次，金金放学后等爸爸来接，却恰巧下起了雨。每次爸爸都会提前到，今天却迟到了，这让金金心里十分不高兴。终于等到爸爸来了，金金仍然不高兴，因为爸爸没有带雨衣，只有一把伞。爸爸头发上还滴着水，对金金说："今天爸爸出门也没有看天气预报，没想到会下雨，爸爸没有带雨具，这把伞还是从同事那里借的，可能不如雨衣好用，你坐到车后座打着，不用管爸爸。"金金噘着嘴上了车后座，一脸不情愿地将那把伞撑在自己头顶，全然不顾爸爸在雨中骑车的艰辛。

现在很多孩子从小娇生惯养，根本不知道"苦"是什么滋味，他们甚至会觉得父母长辈的付出是天经地义的，身边人对自己的迁就也是理所当然的，这样的孩子很容易养成自私自利的性格。很多父母抱怨孩子，自己明明已经为孩子做了那么多，他们却还是不懂得感恩，还是不能体谅自己的良苦用心，甚至跟自己产生敌对心理，亲子关系剑拔弩张。其实，想要让孩子体会到父母在孩子成长过程中受的苦，首先要让孩子明白"苦"的滋味。因此，抓住机会磨炼孩子，让孩子学会"吃苦"是非常重要的。

父母应该意识到，让孩子"吃苦"并不是惩罚他们，而是给孩子一个磨炼的机会，让孩子在"吃苦"的过程中体会人生，让他们懂得，要为自己做的事情负责任，要为了达到某一个目标而坚持努力。一个肯吃苦的孩子，在遇到困难的时候就不会轻易放弃，会比那些不肯吃苦的人更容易接近成功。

小华的爸爸从小就教育孩子要不怕吃苦，他在小华小时候就开始带着他每天晨跑。夏天的时候还无所谓，小华一是觉得新鲜好玩，二是夏天的早晨比较凉爽，所以很容易从床上起来。但是一到了冬天，起床就变成一件极其困难的事，小华甚至会用肚子疼、头疼等各种各样的理由拒绝爸爸，不愿意出门。无论小华怎么样，爸爸都一定会把他从被窝里拖出来，迎着寒风晨跑。有时候天气实在太冷，妈妈有点心疼孩子，也会觉得爸爸的做法有些残忍，但是爸爸仍然雷打不动地坚持着，小华也渐渐不反抗了，有时候早上甚至比爸爸起得还早。看着父子俩一起说说笑笑地出门，妈妈觉得很开心。

有一次，小华感冒了，好几天都一直流鼻涕、头痛，吃了感冒药也一直不见好。妈妈劝爸爸："孩子感冒了，那么难受，要不这几天早上让他好好休息一下吧，不要带他出去跑步了！"爸爸却说："越是感冒才越要运动，运动一下能提高身体的抵抗力。而且，感冒又不是什么大病，男子汉大丈夫，不要给他那么多的特殊照顾！要不你问一下咱们家的小男人，他要不要出去跑步？"听到爸爸妈妈对话的小华，还没等妈妈开口，就主动说："我没事的妈妈，这点小感冒对我来说小意思，我要跟爸爸去跑步！"妈妈一听，只好任由孩子去了。

没有人愿意主动吃苦，但是并不代表吃苦是一件坏事。尤其是对孩子来说，从小有这样的经历，可以锻炼他们的意志力，让他们性情变得更加坚韧，遇事更容易坚持下去，不会逃避问题。

俄国作家屠格涅夫曾经有一句名言："想成为幸福的人吗？

那么首先要学会吃苦。能吃苦的人，一切不幸都可以忍受，天下没有跳不出的困境。"谁都不能避免人生旅途上的坎坷，父母也不可能帮助孩子摆脱生活中的所有困境，真正能够帮助孩子将人生之路走得更加顺遂的方法只有一个，那就是帮助孩子锻炼自身的承受能力和吃苦耐劳的能力，等他们自己变强大了，父母就算不能时时刻刻照顾他们，也能放心地任孩子高飞。

中国古人说："宝剑锋从磨砺出，梅花香自苦寒来。"只有经历一番苦难的磨炼，孩子才能成就更坚韧的性格，让人生之路开满鲜艳的花朵。

【让孩子更独立的三要诀】 ··

培养孩子的自信力

家长对待孩子要善用表扬和鼓励的教育方法。当孩子在家长面前表现出自己的优点时，一定要毫不吝啬地夸赞孩子，让孩子知道，自己是值得被认可和肯定的。如果孩子做错了事，或者暴露出了缺点，也不要替孩子隐瞒，或者为孩子觉得不好意思，而是要帮助孩子分析做错的原因和改正错误的方法，让孩子有信心战胜缺点，变得越来越好。

培养孩子的坚韧性

父母在孩子遇到困难时，一定要及时鼓励孩子，告诉他们，困难只是暂时的，只要能坚持下去，事情一定会朝着好的方向发展，哪怕失败了九十九次，第一百次很有可能就会成功。父母先坚定立场不放弃，孩子也就不会轻易地放弃。

增强孩子独立解决问题的意识

很多孩子在遇到问题时，喜欢寻求父母的帮助，其实这就表现出了对父母的依赖。父母首先要明确一点，那就是孩子的问题可以自己解决的，尽量不要插手。比如，孩子的课本没带，寻求父母的帮助，这个时候父母不要马上想到去给孩子送，而是要鼓励孩子自己先想想办法，看能不能独立解决。如果孩子想不出来，父母也可以提供一些思路，比如，让孩子找比较熟悉的隔壁班同学借一本，或者拜托老师帮忙将要讲的部分进行复印，或者在上课前，先借其他同学的看一下，做好预习笔记等。当孩子有了这个独立思考的过程，他们往往会自己做出决定，哪怕这个决定不一定是最佳方案，但至少孩子在这个过程中学会了冷静分析问题、处理问题，以后遇到类似的情况就会有经验，不至于乱了阵脚。

第五章

用聪明的方法，
解决孩子的小毛病

很多孩子都会表现出很多"小毛病"，父母管也管了，说也说了，就是纠正不了。其实，这是没有找到解决问题的方法。只要方法得当，每个孩子都能成为"好孩子"。

排除焦虑情绪，拒绝吃手指

在日常生活中经常会有小孩子把手指伸进嘴巴里，有时候还会吃得津津有味。很多父母觉得这样不卫生，会不停地打断或阻止孩子。但其实小孩子吃手指是一种正常的生理行为，他们是从吃手指的行为中获得安全感。但是，有些孩子已经十几岁了，仍然有吃手指的现象，这个年龄段的孩子吃手指，和小孩子吃手指的情况有所差别，心理学家认为他们的这种行为主要是自身的焦虑情绪所导致的。

硕硕是一名初二的男生，他的学习成绩很好，也很懂事。但是，有一天妈妈发现，硕硕的手指总是通红的，而且有两根手指还破了皮，看上去鲜红的样子有点儿吓人。妈妈以为硕硕受了伤，也担心他在学校受欺负，便问硕硕是怎么回事，硕硕却支支吾吾说不出个所以然，后来妈妈便暗中观察硕硕。直到有一天，妈妈发现硕硕居然在偷偷地吃手指，这是她第一次发现儿子这么大了还在吃手指。

妈妈想到硕硕小时候就很喜欢把手指放到嘴里吮吸，有时候也会咬指尖，但是妈妈都慢慢地帮他纠正了，为什么孩子这么大了还吃手指呢？而且他躲躲闪闪的样子更让人纳闷和担心。

在经历了几次交谈之后，硕硕仍然没有说出个所以然。于是妈妈带硕硕去看外科医生，外科医生说，硕硕身上其他地方并没有伤，只是手指受伤，那些伤明显是长时间的吮吸造成的。至于硕硕为什么要这样做，妈妈百思不得其解，之后又带硕硕去看了心理医生。经过心理医生与硕硕的单独交谈之后，妈妈才知道，原来硕硕的内心深处一直有阴影，吮吸手指只是他缓解自己紧张焦虑情绪的一种方式。

原来，硕硕是一个单亲家庭的孩子，在他很小的时候，就经常目睹爸爸妈妈吵架，他们之间剑拔弩张的样子让硕硕感到害怕。虽然那个时候爸爸妈妈还没有分开，但是硕硕总是没有安全感，因为那个原本应该温馨和睦的家里随时都有可能爆发战争。后来，硕硕的爸爸妈妈离婚了，但是硕硕却没有从那种长期的焦虑情绪中走出来，因此一直偷偷保留着吮吸手指的习惯。通过这样的方式，他可以暂时缓解自己的情绪，不至于那么焦虑。妈妈知道原因后，对硕硕无比心疼。

孩子长大以后仍然吮吸手指的原因可能是多种多样的，如何才能缓解他们的这种行为呢？首先应该明白，这种习惯并不是马上就能解决的，不能操之过急，而且不能对孩子的这一行为给予过多的关注，这样更容易强化孩子的行为。父母可以尝试以下的做法：

（1）多跟孩子沟通

给孩子足够的关怀，当发现孩子有吃手指的习惯时，要深入了解孩子的内心，弄清楚孩子吃手指的真正原因，然后有的放矢地制订解决方案。比如，孩子缺乏安全感，那就多给予孩子陪伴，多与他们沟通，增强孩子的安全感。

（2）转移孩子的注意力

父母可以多带孩子接触一些新鲜事物，参加各种户外活动，让孩子的注意力从吃手指上得到转移。另外，在行为上，可以轻轻地对孩子的吃手指行为进行干预，一定要注意态度不能粗暴。当孩子吃手指的行为减少的时候，父母要及时地给予表扬，强化孩子的正面行为。

（3）鼓励孩子表达内心的情绪

大多数孩子吃手指都有一定的心理因素，父母要多关注孩子的内心，鼓励孩子多表达，将内心的复杂情绪表达出来。当孩子的情绪通过语言的方式得到疏解的时候，就会相应地减少吃手指的行为。

搞定乱扔东西的"小恶魔"

有些孩子从小养成了好习惯，他们会把自己的东西收拾得整整齐齐，房间也打扫得很干净整洁。但是也不乏这样的孩子，他们的房间乱得几乎无法下脚，衣服、书本之类的到处乱扔，而每天负责善后的却是父母。家里有一个乱扔东西的"小恶魔"，确实很让人头痛，但这样的"小恶魔"也不是天生的，他们的习惯也并非一天两天养成的。

图图是一个读六年级的小学生，每天放学一进门，图图的第一件事就是脱鞋子。鞋带一解，两只脚前后一甩，两只鞋子就潇洒地飞了出去。接下来就是把身后的书包拿下来，往地板上随便一扔，然后自顾自地玩起来。

每次妈妈看到图图这样都会叮嘱他："图图，你都多大了，还到处乱扔东西，快点儿捡起来放好！"图图充耳不闻，妈妈就开始提高分贝，大声训斥。虽然有时候图图也会听妈妈的话，草草地收拾一下，但大多数时候还是我行我素，毫无改进。

有一天，图图独自在家，他突然想到那天是妈妈的生日，想了半天也没有想好要送妈妈一件什么样的生日礼物。后来，图图决定，他要好好收拾一下家里，这样，妈妈下班回来就会很高兴，这个生日就算过好了。说干就干，图图又是扫，又是拖，还整理了衣服、鞋子和书本。

妈妈下班回家一开门，满脸难以置信的表情，图图抱着胳膊，一脸骄傲地看着妈妈，妈妈走上来抱住图图说："儿子，你真是太棒了！妈妈从来不知道，你能把房间收拾得这么好！"图图一听更高兴了，心里想："这点儿事还能难住我吗？以后我一定要把房间收拾得更好，让妈妈对我刮目相看。"后来，图图真的不乱扔东西了，而且会经常帮助妈妈做一些简单的家务，妈妈也十分满足。

很多父母发现孩子乱扔东西的时候，往往会采取大声呵斥的态度，或者是强制孩子把东西收拾好。其实这样的方法只能治标不能治本，打骂、体罚等粗暴阻止的方法更是会在孩子心里留下阴影。那么，作为父母，我们应该如何纠正孩子乱扔东西的坏习惯呢？首先，在纠正之前，父母要弄清楚孩子乱扔东西的原因是什么。

一般来说，乱扔东西的原因主要有三个：一是，他们通过听到扔东西发出的声音，或者看到东西变形，心理上得到了反馈，有一种满足感；二是，他们想通过扔东西的方式吸引身边的人的注意，尤其是父母的注意，这些孩子由于常常得不到关注，更喜欢用这样的方式找到存在感；三是，他们所成长的环境没有教会他整理东西，或者关注身处的空间是否整洁。换句话说，父母没有起到良好的榜样作用。

那么，要纠正这一坏习惯，父母应该怎么做呢？

（1）让孩子自己承担后果

当发现孩子乱扔东西的时候，可以采用忽略的态度。当孩子想要找他需要的东西时，也不要给任何提示。当孩子发现乱扔东西会给自己带来很多麻烦时，父母再帮助孩子一起整理。让孩子看到仔细整理带来的好处和到处乱扔的坏处。

（2）帮助孩子形成良好行为

当发现孩子乱扔东西的时候，可以帮孩子准备纸箱或收纳袋，让孩子把东西扔到固定的地方，从而把不好的行为变为良好的整理行为。

（3）耐心教导

针对已经上学的孩子，他们已经可以听懂父母讲的道理，父母就可以告诉孩子，什么东西应该放在什么位置，用过的东西要放回原处，给孩子制定规则，在反复强调下，孩子自然就会形成好习惯。

（4）帮助孩子一起整理

很多孩子把整理房间当成一种负担，父母可以帮助孩子一起整理。给孩子树立榜样作用，一方面减轻孩子的负担，另一方面也是以身作则，让孩子在耳濡目染中形成好习惯。

（5）当孩子乱扔东西的行为消退时给予鼓励和表扬

经常乱扔东西的孩子，一旦出现主动收拾东西的情况，父母一定要抓住机会对孩子进行鼓励和表扬，对这种行为进行强化。

培养"大口吃饭"的好孩子

孩子挑食是很多父母都非常头痛的一个问题，很多孩子都不把吃饭当回事儿，他们往往只挑自己喜欢的食物吃，对于营养是否均衡毫无概念。长期挑食，是一种不利于孩子身体发育的坏习惯。

娇娇是一个吃饭特别让人省心的孩子。一日三餐，父母都会变着花样地给娇娇做饭，无论是水果、蔬菜，还是肉类，娇娇都非常喜欢。除了三顿正餐之外，每天上午和下午，娇娇还各有一次吃点心或水果的时间，但是爸爸妈妈对娇娇的水果和点心的摄入量有所控制，不会让娇娇吃得太多，以免影响到正餐。虽然娇娇是个女孩子，但是身体却长得非常结实，也特别喜欢户外运动，经常和男孩一块儿跑跑跳跳。

娇娇的小区里有很多小朋友，其中有一个她的好朋友，那是一个叫坤坤的男孩。坤坤比娇娇大一岁，却跟娇娇的个头差不多，而且非常瘦弱。每天坤坤吃饭的时候，基本上都是妈妈或者奶奶追着他喂饭。坤坤最喜欢吃的就是零食，无论是饼干、蛋糕、冰激凌，还是薯片、虾条，坤坤的零食柜里从来都是满的。家里人都觉得，一个男孩子多吃点是好事，而且自己家境不错，也不是给孩子提供不了这些东西。所以，他们对坤坤基本上是有求必应。从小养成这种习惯的坤坤，基本上吃零食吃到饱，到吃正餐的时候，反而吃得更少。而且由于长期吃很多甜食，坤坤的牙齿也开始出现问题。

孩子挑食的坏毛病往往不是偶然发生的，而是从小形成的，这一问题长期积累下来，往往会对孩子的身体发育带来非常严重的影响，而且，很多孩子会因为父母对自己挑食现象的关注，而与父母产生矛盾。

要想解决孩子挑食的问题，首先要弄明白挑食现象出现的原因，常见的原因主要有以下几种：

（1）孩子本身消化能力比较弱，食欲不振

这种情况下父母无须太过担心，只要多关注孩子的身体状况，引导孩子规律进食，时间长了就能够调养过来。

（2）因个人原因对某种食物反感

如果孩子只是对某种食物反感，而且态度非常坚决，父母不一定要强制孩子接纳这种食物，可以循序渐进地让孩子接受。比如换一种做法，或者少量地掺在其他食物当中。

（3）父母的影响

如果父母本身挑食，孩子就很容易受到父母的影响。往往父母不爱吃的东西，孩子也会不爱吃，而且，这样的父母往往也会忽略对孩子良好饮食习惯的培养。

（4）饭菜味道不合孩子的胃口

父母或其他长辈在给孩子做饭的时候，要考虑到孩子的胃口问题。在食物的色彩搭配上下些功夫，让孩子有新鲜感，激发孩子对食物的兴趣。

既然挑食对孩子的不利影响那么大，那么，父母应该如何帮助孩子改掉这个坏毛病呢？

（1）营造良好的家庭氛围，尤其是用餐氛围

很多父母在餐桌上看到孩子挑食时，往往会忍不住对孩子发脾气，甚至会采用威胁的方式强迫孩子进餐。但是孩子越是在这种紧张的气氛下，就越难心甘情愿地吃饭。因此，父母应该注意，吃饭的时候给孩子营造一个轻松愉快的氛围。

（2）不要对孩子的吃饭问题过于迁就

很多父母总是担心孩子吃不饱，所以当孩子表示不愿吃鸡蛋的时候，父母就会马上为孩子换成其他食物，当孩子对这种食物也表示不满意的时候，父母可能还会给孩子换第三种食物。长期这样迁就孩子，就容易让孩子认为他可以随意选择食物，从而养成挑食的坏毛病，所以父母一定不要迁就孩子的吃饭问题。

（3）将挑食的萌芽扼杀在摇篮里

很多父母喜欢问孩子是否喜欢眼前的食物或对妈妈做的食物是否满意，其实这样的问题就等于给了孩子一种暗示：我可以不喜欢这种食物。为了避免孩子挑食的萌芽出现，父母就要规避此类提问。

（4）父母要以身作则

父母在进餐时首先要做到的是，对所有的食物一视同仁，而且要表现出对食物的浓厚兴趣。可以常常用一些比较夸张的语言来赞美食物的味道，孩子听得多了，自然也会效仿父母的行为。

（5）为孩子进餐找一个"隔壁家的孩子"

孩子小的时候，非常渴望父母的夸奖，所以父母可以有意无意地在孩子面前夸奖"隔壁家"爱吃饭的孩子，时间久了，这个"隔壁家的孩子"就会成为孩子学习的榜样，孩子也会有意识地认真对待吃饭。

（6）适当地"骗"孩子

如果孩子只是单纯地不喜欢某种食物，父母可以尝试把这种食物偷偷地藏在她喜欢的食物当中，当孩子慢慢地习惯这种食物的味道时，再一点一点地加量。直到孩子真正地接受这种食物的时候，父母再告诉孩子，其实她是喜欢吃这种食物的。

（7）帮助孩子戒掉吃零食的习惯

如果孩子长期吃零食，势必会影响到正餐的摄入，所以父母平常应多注意，尽量让孩子少吃零食，给孩子进行定量，不能放任不管。

总之，孩子的挑食问题不是一天两天形成的，要改掉这个坏毛病也不可能一蹴而就。因此，父母要有足够的耐心，平常多关注孩子的饮食状况，仔细探寻孩子挑食的真正原因，然后根据不同情况找出不同的应对方法。当然，如果孩子的挑食问题已经严重影响到孩子的生长发育，一定要对孩子所缺失的营养成分进行补充。

培养孩子成为不说脏话的文明人

　　浩浩正在专心致志地玩玩具，妈妈在一边做家务，也不打扰他。浩浩玩着玩着，突然来了一句："你大爷的，这什么鬼玩具，一摔就碎！"妈妈以为自己听错了，继续竖起耳朵听着。过了一会儿，浩浩又来了那么一句。原来才五岁的浩浩已经开始说脏话了。后来妈妈就非常注意这个问题。有一次，浩浩正在看电视，电视上播的是动画片《喜羊羊与灰太狼》，妈妈想找点话题跟浩浩聊聊天，就问他："喜羊羊和灰太狼到底谁厉害呀？"没想到，浩浩连看都没看妈妈一眼，脱口而出一句："连喜羊羊和灰太狼谁厉害你都不知道，真是个蠢货！"妈妈一下子愣住了，她没想到，小小年纪的浩浩居然已经这么习惯说脏话了，她不知道孩子是什么时候学会的，又是从哪里学会的。

　　孩子在四五岁的时候，是模仿能力最强的时候，也是他们好奇心大发的时候。大多数的孩子，都会有意无意地观察身边人的语言和行为，然后进行模仿。但是这个阶段的孩子基本上还没有明辨是非的能力，他们不能判断别人的语言是否得当，别人的行为是否合理，所以他们只会一味模仿。因此，学会说脏话，就是很自然的事了。

面对孩子说脏话的行为，不同的家长有不同的态度。有些家长并不认为这件事有什么严重之处，他们往往会觉得"童言无忌"，甚至会把孩子说脏话的行为当成孩子天真烂漫的个性的表现。其实，这种想法是完全错误的。当然，也有一些家长，过度在意孩子说脏话的行为，似乎说脏话是一件十恶不赦的坏事。他们常常为孩子说脏话感到恼火，甚至会采用打骂的方式来惩罚孩子。虽然有些孩子在父母的严格管教下会有所改观，但是，他们内心深处并不认同父母的看法和行为，所以这种变化只是表面，而没有解决根本问题。

所有的家长都明白，孩子说脏话是一种不文明的行为。说脏话，无论是对孩子还是对大人来讲，都是一个人素质低下的表现。而且，说脏话的人往往不懂得什么叫尊重，他们在社会上也很难得到别人的尊重。对父母来说，正确的做法应该是和孩子面对面地沟通，心平气和地告诉孩子：说脏话是一种不礼貌的行为，也是不尊重他人的行为。让孩子知道说脏话的人不仅不会受到别人的喜欢，也会让父母感到失望。而且父母要抓住机会，最好是第一次发现孩子说脏话的时候就予以纠正，这样对孩子来说更容易接受。很多家长在发现孩子第一次讲脏话的时候，不仅没有及时制止，告诉孩子这种行为是错误的，而且还觉得好玩，认为孩子天真可爱。在这种情况下，孩子会认为父母认可甚至赞同他们讲脏话的行为，所以只会变本加厉。等到孩子讲脏话的行为越来越严重时，父母再想进行管教就变得十分困难了。

那么作为父母，怎样才能帮助孩子改掉讲脏话的坏习惯呢？

其实说脏话和其他坏习惯的形成都是一样的，不是一天两天形成的，因此父母也要有足够的耐心，一点点地引导和帮助孩子改正。

（1）冷静处理，不要反应过激

当父母发现孩子说脏话的时候，首先要保持冷静的态度。在平和的状态下与孩子进行沟通，因为虽然孩子说脏话，但他们可能并不知道这句脏话的真正含义，他们想要表达的也不一定是脏话当中的意思。因此，父母要与孩子好好沟通，引导孩子说出他讲脏话的原因是什么，他真正想表达的是什么。父母需要帮助孩子，引导孩子换一种更文明的表达方式，让孩子感觉到他只是用语不恰当，并不是犯了什么严重的错误，父母切忌疾言厉色，让孩子感到惧怕。

（2）晓之以理

大多数能够说出脏话的孩子，基本上已经可以听得懂父母讲的道理。所以，我们在纠正孩子讲脏话行为的时候，可以采用讲道理的方式。在跟孩子沟通的过程中，要循循善诱，告诉孩子这种话对于别人来讲是一种心灵的伤害，是不尊重他人的行为。如果自己被别人说脏话，心情也会不愉快，也会觉得受到了侮辱。父母要引导孩子站在他人的立场上思考问题，这样孩子就能够明白，讲脏话的行为是错误的，是需要改正的。

（3）引导孩子找到替代脏话的语言

如果父母发现孩子说脏话，一定要搞清楚孩子说脏话的原因。比如说，孩子有可能是想要表达愤怒的情绪，或者只是觉得好玩。无论是表达情绪，还是单纯地觉得好玩，或者是模仿他人，父母都可以告诉孩子，说脏话是不受他人欢迎的，正确的做法是用其他的语言代替脏话。比如，我们想要表达自己的愤怒，可以与对方沟通，告诉对方他的行为对我们的心灵产生了伤害，从而化解矛盾。父母也可以鼓励孩子，在想要讲脏话的时候努力克制，用其他的语言代替，如果孩子做到了，可以给孩子适当的奖励，强化孩子的正面行为。

当然，我们纠正有些孩子讲脏话的行为并不是那么简单。当父母进行了引导教育仍然没有起到良好效果的时候，可以有意识地对孩子进行冷处理，也就是刻意地疏远孩子。当孩子讲脏话的时候让他感受到，父母或家庭的其他成员是不喜欢他这种行为的，孩子感受到自己被疏远，感受到自己被人反感，就会慢慢地有所收敛。

（4）为孩子树立良好的榜样

孩子除了在学校里接触老师和同学之外，最多的就是与家人在一起，所以父母有责任为孩子创造一个文明的环境。父母首先要以身作则，在家庭中无论遇到什么情况，都尽量平心静气地解决，尤其不要语带脏字。中国古人说："近朱者赤，近墨者黑。"在孩子讲脏话的问题上，这句话也是说得通的。

总之，孩子说脏话的行为并非与生俱来，大多是在不良的环境影响下形成的，所以父母要注意给孩子营造一个良好的交流环境，同时在日常生活中加强对孩子语言表达方面的教育，循序渐进地帮助孩子改掉这一缺点。

培养良好的作息习惯，做一个按时睡觉的好孩子

　　众所周知，睡眠对于孩子来说是非常重要的，睡眠不仅影响到他们身体的生长发育，而且对他们的精神状态也会产生一定的影响。对于父母来说，孩子能够按时睡觉，既能对孩子的身心健康放心，又能为自己留出一部分的自由时间来支配。

　　但是在现实生活中，很多孩子都会出现睡眠时间过短、入睡困难的现象。睡眠过程中伴有说梦话、磨牙、尿床、做噩梦等各种不良行为。孩子的这些睡眠问题严重困扰着父母，也影响着孩子的睡眠质量，是很多家庭都正面临的问题。

　　小五从小就是人们所说的"睡渣"，每到晚上，爸爸妈妈想要哄小五睡觉的时候都要经历一场"战争"。一开始，爸爸妈妈会抱着、摇着，或者用让小五喝奶的方式哄睡。但是经常出现的情况是，小五在爸爸妈妈的怀中迷迷糊糊地闭上了眼睛，刚往床上一放，就又睁大了眼睛，还对着爸爸妈妈笑。爸爸妈妈看到小五的样子，既生气又好笑，还有些无奈。后来等小五长大一些，他的睡觉情况并没有什么好转，每次要上床睡觉的时候，总是要哭闹好一阵。有时候爸爸妈妈实在生气，就把小五

往床上一放，把灯一关，吓唬小五说如果再不睡觉就会有大灰狼把他叼走。这样一来小五就哭得更凶了，很多个晚上小五都是在哭闹中疲惫地睡去，父母对小五的这种情况，既没有办法又很心疼。

后来，爸爸妈妈决定换一种方式。他们先跟小五商量好，晚上睡觉的时间是9：00，那么在晚上8：50的时候就要上床，因此他们定了一个晚上8：50的闹钟。在这之前，父母预留出了半个小时的时间，让小五做自己喜欢的事情，而且还给小五洗澡、换衣服。他们把睡前要做的事情一项一项地列出来，并且告诉小五，每完成一项就代表他长大了一点儿，很快他就会成为真正的男子汉了。小五对这个游戏似乎很感兴趣。爸爸妈妈给小五洗完澡换好衣服之后，小五突然说："接下来的一项是不是要给我讲故事了？"语气中带着一些兴奋和期待。妈妈很高兴地说："对，妈妈今天要给你讲阿里巴巴的故事。"妈妈躺在小五的身边，一边给小五讲故事，一边抚摩着小五的头发，小五渐渐地安静了下来。讲完故事后，小五轻轻地问："妈妈，我是不是可以抱着我的玩具熊睡呢？"妈妈说："当然可以啦！"然后把玩具熊拿过来，放到小五的被窝里，小五乖乖地搂着玩具熊，呼吸越来越均匀，还没等闹钟响，就慢慢地睡去了。

很多情况下，孩子的睡眠之所以存在问题，是因为他们没有形成良好的习惯，也是因为家长在这个方面没有给予足够的引导。让孩子养成良好的作息习惯是非常重要的，那么具体怎么做才能提高孩子的睡眠质量呢？下面是几点给家长的建议：

（1）给孩子足够的安全感

很多孩子入睡困难，是因为他们讨厌黑漆漆的环境。所以，父母在哄睡的时候，不要把灯完全关掉，可以给孩子留一盏小灯或者光线较暗的灯，也可以给孩子选择一个安抚物，比如说一只玩具狗熊，或者是一只抱枕。

（2）不要让环境太过安静

很多父母发现孩子在睡觉过程中特别怕吵，稍微有一点儿动静马上就会惊醒。其实这是因为父母在哄睡的时候，过于在意环境的影响。他们认为只有绝对的安静才能给孩子营造良好的睡眠环境。其实这种想法是错误的，相对来说，有一定"白噪音"的环境，反而更容易培养孩子的抗干扰能力，提高他们的睡眠质量。

（3）房间不要太亮

很多父母习惯让孩子在光线比较亮的房间睡觉，方便自己随时照顾孩子，但是这样一来容易让孩子分不清楚黑夜白天，他们的生物钟也可能受到影响，进而影响到他们的睡眠质量。

（4）给孩子准备舒适的床上用品

孩子的睡眠质量在很大程度上会受到床上用品的影响。因此父母要注意给孩子选择面料舒适的床上用品，而且被子不宜过厚或过薄，不要让孩子感觉到压迫，或者是过冷过热。

（5）白天多带孩子进行户外活动

父母或其他长辈可以在白天多带孩子进行户外运动，让孩子尽情地玩耍，这样，孩子在晚上就能更容易地进入睡眠状态。

（6）尽量培养孩子午休的习惯

无论对大人还是对小孩来说，午休都是一个良好的习惯。中午小睡一会儿，可以有效地缓解身体的疲劳，使人的精神状态得到良好的恢复。因此，父母可以从小培养孩子午休的习惯，让孩子在饭后安静下来，慢慢地进入睡眠状态。当然，睡眠的时间不宜过长，只要起到缓解疲劳状态的作用即可。

（7）注意孩子的睡姿

很多孩子睡觉的时候，不注意调整自己的睡姿。其实，正确的睡姿对于睡眠质量也是有一定影响的。因此父母可以有意识地让孩子进行侧卧位或仰卧位的睡眠，尽量不要让孩子俯卧。

（8）尽量让孩子独自睡觉

很多父母喜欢和孩子在一张床上睡觉，以保证孩子的安全。但其实这样对孩子来说并不是一件好事，因为孩子长期与父母一起睡，很容易对父母形成依赖，更不容易培养独立睡眠的习惯，也不利于孩子独立性格的培养。

（9）在睡前进行交谈

父母与孩子在睡前交谈可以给孩子一定的安全感，也有助于增进亲子关系。交谈的内容可以自由选择，比如跟孩子讲故事或者是背诵诗歌等。

（10）帮助孩子建立规律的作息时间表

父母可以对孩子的睡眠情况进行观察，比如孩子几点起几点睡，午休的时间有多长等，根据这些数据帮助孩子建立一个科学的睡眠时间表，尽量让孩子按照这个时间表进行作息。当然，如果遇到特殊情况，就需要做适当的调整。

拒绝撒谎，做诚实的好孩子

在日常生活中，讲诚信的人很容易被身边的人认可，而撒谎成性的人往往会受到身边人的疏远甚至排挤，人生的道路也变得更加曲折。但是，很多父母在孩子小的时候并不注重对孩子进行诚信这一优良品质的培养。他们总是认为孩子偶尔撒一个小谎，并不是什么罪大恶极的事。其实这样的想法对孩子来说是很危险的。中国古人说："勿以恶小而为之，勿以善小而不为。"撒谎虽然看起来并不是一件大事，但是很容易让孩子形成习惯，长大以后也可能演变成更加严重的问题，甚至诱发违法犯罪。

小泉的学习成绩不是很理想，但是，他从来不会说老师讲的知识点有哪里不懂，妈妈问作业有没有完成，他也永远都会说完成了，问他跟老师和同学们相处得怎么样，他也总是回答相处得很好。有一次，小泉回到家跟妈妈说，老师今天表扬了几位作文写得好的同学，他的作文还被老师当成范文来读了。妈妈感到很开心，因为小泉的作文一直写得不是很好，就问小泉老师是怎么夸奖他的，小泉思考了一会儿说："老师说我写的作文简直能比得上大作家了，全校都没几个人能比得上我！"妈妈觉得这样的说法有点儿夸张，就向老师求证了一下。结果老师却说，确实读了小泉的文章，但是，是作为反面教材来读的，因为小泉的文章根本就没有写完，而且态度非常恶劣，字写得歪歪扭扭，内容更是杂乱无章，老师希望通过这一次，能够让小泉记住教训。妈妈不明白小泉为什么要撒这样的谎，但是为了照顾孩子的面子，并没有当场就提出来。

有一天晚上，小泉正在做作业，妈妈问他英语作业做完了没有，小泉说做完了，妈妈又要求小泉把作业拿过来，要帮他检查一下对错，小泉有点儿紧张地说："我都已经收起来了，再拿出来很麻烦，而且，我自己都检查过了，没有错的。"妈妈只好说："那妈妈看一下你学到了哪里，检查一下你的英语单词拼写怎么样总可以吧！"小泉这一次有点儿急了，说："英语你又不懂，还是不要看了！"说完就跑到自己房间，然后关上门，不再出来了。

后来妈妈发现，小泉撒谎的问题似乎已经有些严重了，无论是比赛成绩还是考试的名次，或者是跟同学和老师之间相处的点滴，都会不自觉地撒谎，似乎对小泉来说，撒谎已经成为他的一种习惯性的行为。认识到这一点很危险的妈妈，跟小泉做了一次长谈。妈妈语重心长地说："无论什么事，做得不好也没有关系，但是要勇于承认自己的问题，只有这样才能知道在什么地方可以进步。"小泉觉得很惭愧，面对妈妈流下了泪水，他向妈妈道歉说，以后不撒谎了。

小泉的故事告诫我们，撒谎行为一旦形成习惯，自己是很难控制的，它会变成一种下意识的行为，而到这个时候再去帮助孩子改正，就会变得难上加难。

三四岁的孩子，对于大人的做事态度是非常看重的。他们希望在和父母长辈交往的过程中，父母长辈能够说话算话，兑现承诺，也希望他们能对自己坦诚相待，而不是糊弄欺骗。如果他们发现家人或者朋友对他们撒谎，他们的表现往往是非常愤怒的。也就是说，几岁的孩子就已经清楚地知道，诚实是好的，撒谎是坏的。所以，可以想象，对一个孩子来说，接受别人的谎言都十分困难，他们自己撒谎也一定是一种不好的体验。但是孩子年龄小，没有良好的自控能力，没有办法自己纠正撒谎的习惯，因此更需要父母的引导和教育。

我们不能否认，在每个人的成长过程中，撒谎是一件非常正常的事，偶尔撒谎似乎也无伤大雅。但是，如果撒谎已经成为一个人的常态，或者谎言总是发生在比较重大的问题上，甚至是关乎一个人的学习和成长的问题时，就要引起足够的重视了。撒谎会使人和人之间的关系变得有隔阂，甚至会产生很多矛盾。

总之，无论谎言是善意的还是恶意的，对孩子来说，撒谎都是一种坏习惯，所以父母应该重点关注孩子的撒谎问题。很多研究表明，常常撒谎的孩子，他们的父母也往往不是诚实守信的。这类父母在孩子的撒谎习惯形成过程中，一定是起到了负面影响。因此，父母的以身作则对培养孩子的诚实品质也是非常重要的。

那么，作为父母，我们应该以什么样的态度对待孩子的撒谎问题呢？首先，父母应该明白，撒谎是一个正常的现象，不要无限放大这个问题，给孩子造成过大的心理压力。其次，更不能不管不问，要有足够的心理准备和足够的耐心，毕竟培养孩子诚实守信的品质，并非那么简单。

那么，具体来说，可以通过哪些方法来纠正孩子撒谎的习惯，培养他们的诚信品质呢？以下是几点建议：

（1）告诉孩子谎言与想象之间的区别

很多孩子喜欢撒谎，是因为他们在平时的生活当中，总是喜欢发挥自己的想象力。想象力丰富的孩子似乎总是能够编造出光怪陆离的故事，大人又非常喜欢孩子的这种表现，所以他们往往会给予孩子过度的赞美和表扬，孩子得到了表扬之后，自然就会更加天马行空地进行想象。分不清想象与现实的孩子，他们往往在现实生活中也会通过想象，努力地让故事变得曲折离奇，以求得到父母的关注和表扬。这个时候，父母就应该告诉孩子，想象与谎言之间，只有一步之遥，想象是一种难得的能力，但是如果总是把它掺杂在现实生活当中，就会让人产生误解，而想象本身也就失去了魅力。

（2）探寻孩子撒谎的根源

孩子撒谎的原因可能有很多，针对不同的情况，父母可以采用不同的方法。因此，面对孩子撒谎问题的时候，我们首先要找出孩子撒谎的真正原因，具体的原因主要有以下几种：

①为了免受惩罚。很多孩子选择撒谎是因为，他们认为，如果说了实话，极有可能受到父母的责备，甚至是处罚。这样的孩子往往都有过因为说实话而遭到打骂的经历，因此他们只能在撒谎和受惩罚之间，选择一个相对来说付出代价小一点儿的选项。对于这种情况，父母要告诉孩子，犯错没有关系，知错就改、勇于承认就是好孩子。当然也要在日常生活中避免对

孩子进行打骂，给孩子造成过大的心理压力。

②为了让父母高兴。比如，孩子知道父母期待他们考一个好成绩，因此在考得不好的情况下，为了让父母高兴，他们可能也会采用撒谎的方式。这种情况下，父母应该告诉孩子，诚信比好成绩更重要。

③迫于无奈。很多孩子都有属于自己的小秘密，他们不愿意在父母面前全部表现出来，但是如果父母一直追问，而孩子内心深处又不愿意与父母进行坦诚的交流，他们往往就会采取撒谎的办法来逃避这个问题。所以，父母对孩子不愿意说出来的问题，一定要保持足够的尊重，不要逼迫孩子。

（3）以身作则

父母是孩子最好的老师，在家庭生活中，父母首先要保持诚实的态度，无论对孩子，还是对他人，都不能撒谎。只有自己做到诚实的父母，才有资格要求孩子诚实。

（4）鼓励孩子说实话

父母在教育孩子的过程中，要经常对孩子强调诚实这一品质的重要性。即使发现孩子表现不好，但是他敢于承认，也要给予孩子一定的奖励，告诉孩子："虽然你做得不够好，但是你能诚实地面对，这是最珍贵的，爸爸妈妈为你感到骄傲。"当孩子发现，诚实可以给自己带来认可和赞美的时候，他们往往就能够更加理性地对待自己的问题，无论是优点还是缺点都能够坦然面对。

（5）不要强化孩子的负面行为

有些父母发现孩子撒谎的时候，总是气急败坏，甚至否定孩子，比如"你就是一个爱撒谎的孩子，这一辈子也改不了了"，这样的语言暗示对孩子来说影响是巨大的，他们在受到了父母的否定和打击之后，心灵一定会受到很大的伤害，而且往往会朝着父母说的方向去想："既然你们说我爱撒谎，那我索性就做一个'放羊的孩子'。"因此，父母一定要注意这一点，即使孩子爱撒谎也要告诉他："只要努力，你一定可以改变，爸爸妈妈相信你能成为一个诚实的人。"

（6）用宽容之心对待孩子

有些孩子撒谎是因为父母给了太多的压力。比如，成绩考得不好，如果不撒谎就可能受到惩罚；做不到爸爸妈妈期望的那样，爸爸妈妈就会失望等等。当孩子内心总有这样的压力的时候，他们为了缓解或转移这种压力，往往就会采用撒谎的方式，既欺骗父母，也欺骗自己。

总之，想要解决孩子撒谎的问题，父母一定不能操之过急，应该理性地分析孩子撒谎的真正原因，并对症下药，对孩子进行正面的引导和教育。相信在父母的帮助下，孩子一定能够纠正撒谎的坏习惯，成为一个拥有诚实守信品质的好孩子。

改掉孩子乱花钱的毛病

于卓是家里的独生子，所以父母对他非常宠爱。

在于卓四五岁的时候，无论他要什么玩具，父母都有求必应，觉得给孩子买几个玩具没什么。上小学后，父母开始给于卓零花钱，刚开始一天是五块，后来于卓要的越来越多。于卓父母问他为什么要那么多钱，他说要请同学，因为其他同学也总请他。于卓父母就没再过问，他要多少就给多少，不过当时最多也没超过五十。

到初中后，于卓开始和父母几十几十的要零花钱，于卓父母问了几次他要做什么，他说了一些理由，如买参考书之类，他们就给他了。但没过多久，于卓又和他们要钱，开口就是二三百，这引起了于卓父母的重视。经过观察，他们发现于卓花钱大手大脚，很多东西都只挑贵的买，一点儿都不知道节省，而且买的很多东西都不实用，是一时心血来潮买的，他自己也承认买后很快就不想要了。

于卓妈妈说："我们家也不是特别富裕，只能算小康家庭，小时候觉得不能苦了孩子，所以对他有求必应，要什么买什么。但没想到孩子都上初中了，花钱却没有节制。我们很担心他，但又不知道该怎么教育他。"

孩子花钱不知节制，可能有这样两种情况：一是买不应该买的东西，如花样百出的玩具、化妆品、用不到的电子产品等。二是进行不适合他们年龄段的消费，如出入网吧、营业性的歌舞厅、电子游戏室等消费场所。

孩子花钱大手大脚的这种不良习惯，究其原因，很大一部分和父母有关。现实中很多父母都过分溺爱孩子，甚至觉得满足孩子的所有需求就是爱孩子。当孩子要玩具时，父母也不管家里已经堆了多少玩具，孩子要就给买，如果别人劝阻，甚至会说："玩具又花不了多少钱，孩子要就给买呗！"当孩子想要电子手表，或者想要手机、iPad 时，也都会毫不吝啬地给孩子买。尽管有的家庭经济并不宽裕，也省吃俭用而满足孩子的过度需求。这里提到的"过度需求"正是问题所在，孩子要的东西其实并不一定是他们需要的，这就需要父母理性地对孩子的需求做出分析，然后决定要不要满足。

事实上，父母的金钱观会对孩子形成潜移默化的影响，父母的溺爱和有求必应，必然会助长孩子乱花钱的习惯。所以，想要帮孩子纠正乱花钱的不良习惯，父母首先要改变自己的金钱观和教育方式。

（1）严格控制孩子的消费

作为父母，不管经济基础如何，都不应该对孩子有求必应，也不要给孩子太多零花钱。父母首先要让孩子知道，他们在家庭中的消费份额。家庭条件一般的，可以告诉孩子家庭的真实经济状况，家庭富裕的可以为孩子讲一讲当年创业的艰辛，让孩子学会挣钱的不易，从而学会节俭。

（2）针对孩子的年龄，进行经济意识教育

根据西方教育专家的研究，从孩子三岁开始，父母就可以对孩子进行简单的经济意识教育了。总结来看，针对各年龄阶段，可以进行以下教育计划：

三岁：教孩子辨认纸币，认识币值。四岁：教孩子用钱买小东西，如笔、糖、小玩具和小食品等。但买东西的过程，父母必须在场，以防孩子受到哄骗。五岁：让孩子明白钱是劳动的报酬，并能进行钱货交换活动。六岁：教孩子数较大数目的钱，并给孩子准备攒钱器具，让孩子学会自己挣钱（比如通过帮父母做事，得到相应的报酬）和攒钱，培养孩子"自己的钱"的意识。七岁：教孩子看商品价格标签，并让孩子自己确定他是否有购买能力（即他"自己的钱"是否能购买此商品）。八岁：教孩子在银行开户存钱的知识，并鼓励他去挣零用钱，如捡一些水瓶卖钱等。九岁：让孩子自己制订用钱计划，并试着和小贩进行讨价还价的交易。十岁：培养孩子节约用钱的习惯，告诫他购买较贵重的商品时须慎重，如自行车、溜冰鞋等。十一岁：让孩子尝试去评价商业广告，关注价廉物美的商品，建立打折、优惠的概念。十二岁以后：让孩子参与成人社会的商业活动，即理财、交易等。

不过，上述只是西方的标准，因为国情不同，我们可以参考，但要根据自己的实际情况进行取舍。

（1）零花钱的使用

如果孩子在零花钱的使用上习惯大手大脚，父母就需要针对这一点进行合理控制。其中一个有效的方法就是培养孩子记账的好习惯。先和孩子一起设计一份简单的收支表，让孩子记录每天的收支。当发现支出过度，或有不合理支出时，及时对孩子进行教育，也让孩子学着自己定期检讨，明白哪些消费是过度消费，应该克制。

此外，要协助孩子养成好的消费态度，引导孩子建立"分享"的理财观，对贫困儿童、自然灾害等需要帮助的情况，引导孩子伸出援手，将零花钱无私给予需要帮助的人。

（2）钱的存和取

理财专家建议，父母到银行或柜员机取钱时，可以带孩子一起。在取钱时，耐心地告诉孩子："爸爸妈妈从这里取出的钱，都是爸爸妈妈辛苦赚的钱，这里的钱是有数的，并不是想要多少就有多少，咱们只能在有需要时才取。"

这个行为主要是让孩子明白，父母拥有的钱都是自己挣的，而且数额有限，并不是取之不尽的，只有需要时才能取。这样一来，孩子就能在一定程度上控制自己的欲望，克制消费。

（3）培养孩子的金钱观

培养孩子的金钱观这点十分重要，要让孩子知道钱是生活的必需品，但不能过分而盲目地追求金钱。金钱要靠劳动去获得，要合法地获得，不能想歪门邪道，不能去触犯法律。如果触犯法律去获得金钱，那么最终会受到严厉的惩罚。

（4）父母要为孩子树立榜样

生活中，父母要自觉合理消费，不要在孩子面前表现出消费无度、不知节约的态度，否则就很难引导孩子养成理性消费的习惯。

和孩子一起购物时，父母可以提前对孩子说明今天要买些什么东西，对计划外的东西，没必要买的东西，父母自己要摆正态度，坚决不买，给孩子做出榜样。

家长对孩子的金钱方面的教育应该从小开始，言传身教，潜移默化地影响孩子，让孩子树立正确的金钱观。

用对方法，孩子不再乱涂乱画

很多父母发现，孩子在一两岁的时候，就已经开始有乱涂乱画的行为，他们用各种颜色的笔在客厅、厨房、卧室等各个地方留下他们的"作品"。父母只能跟在后面，不停地给孩子擦屁股。但是，今天刚刚清扫完毕，第二天可能又是一团乱。仔细观察的话，不难发现孩子也有他们天真可爱的想象力，但这也不妨碍乱涂乱画成为一个让广大父母非常头痛的问题。

其实从人的发展阶段来看，孩子这个阶段的乱涂乱画行为，并不是故意使坏，而是他们表达自我的一种方式。在孩子挥笔"创作"的过程中，他们会画出各种各样的图形，他们通过这些图形初步表达自己所看到的世界，而且不同颜色的组合也会让孩子感到非常兴奋。他们在自己的"画作"中释放情绪，表达自己的喜怒哀乐。除了对孩子的情绪疏散有良好的帮助外，画画还可以让孩子充分发挥他们的想象力，而且对于他们的手部和腕部的肌肉发育也是有好处的，因此家长要辩证地看待这种乱涂乱画的行为，而不能一味阻止，或表现出对这种行为的反感。

当然，让父母真正头痛的其实并非孩子的涂画行为本身，而是他们在涂画的时候，不会考虑时间、地点是否合适。在他们的意识里也没有干净整洁这样的概念，更不会考虑自己的行为是否会给他人造成困扰。他们看着雪白的墙壁变得五颜六色反而会得到一种满足的快乐，甚至在公共场合，或者是他人的家里，也会自顾自地释放自己的"绘画冲动"，这个时候就需要父母对孩子的涂画行为进行适当的引导。

　　小萌今年已经三岁了，她最大的爱好就是画画，几乎每天妈妈下班回家的时候，都能看到小萌的新作品，而这些新作品往往会出现在墙壁上，或者是地板上，甚至会出现在妈妈的衣服上。看着那些五颜六色的线条和图形，妈妈既生气又无奈。妈妈也曾试着跟小萌交谈，不让她在房间里乱涂乱画，虽然孩子当时答应得好好的，但是基本上保持不了三天，又会不定期的有"大作"出现在各种不该出现的地方。

　　后来妈妈想了一个办法，为了不让小萌把家里搞得又脏又乱，她专门给孩子买了一本大大的画本。妈妈告诉小萌，这是她专属的创作空间，可以自由自在、天马行空地在这个画本上留下自己的作品。但是，小萌刚新鲜了两天，就把画本一扔，照旧在墙壁上、家具上"挥毫泼墨"。妈妈问小萌为什么要丢掉画本，小萌说因为画本太小了，妈妈听了之后，既好气又好笑，于是又给小萌买来了可擦的贴纸。妈妈把大大的贴纸贴在墙壁上，告诉小萌："现在，你的创作空间已经变成整面墙壁这么大了，你可以自由自在地发挥了！"小萌一听，高兴得直拍手。后来，每当小萌想要往家具上或者妈妈的衣服上乱涂乱画的时候，家人就会告诉她，墙壁才是她发挥的空间，而且要遵守和妈妈的约定。小萌想一想之后，就会乖乖地去墙壁的贴纸上画，画满了之后，家人就帮小萌把贴纸擦得干干净净的，小萌就又拥有了新贴纸。就这样，小萌的乱涂乱画问题彻底被解决了。

那么，父母到底应该如何正确地引导孩子，帮助他们改掉乱涂乱画的坏习惯呢？以下是给父母的几点建议：

（1）给孩子立规矩

想让孩子不乱涂乱画，首先就要给孩子立好规矩，告诉孩子，什么地方可以画，什么地方不可以画。为了让孩子明确可以自由涂画的地方，父母可以在这些地方贴上一些儿童画作，一方面可以激发孩子的兴趣，让孩子进行模仿。另一方面可以告诉孩子，如果在规定的地方画出了漂亮的作品，就可以把它张贴在墙上。有了这样的激励，孩子既能认真地作画，又能保证不把家里弄得乱七八糟。

（2）让孩子自己清理被弄脏的地方

父母如果发现孩子在不该涂画的地方留下了"作品"，就要告诉孩子："是你弄脏的你就要负责清理。"父母可以带着孩子一起，用各种工具把弄脏的地方进行清扫，不要担心孩子会累，要让孩子真正地体会到，他们的一时痛快会给别人带来很大的困扰，而且要严肃地警告孩子，以后一旦出现了这样的问题，父母就不再帮助他们处理，而需要他们独立完成。感觉到一定压力的孩子，就会认识到，乱涂乱画实在不可取，从而改掉这一坏习惯。

（3）在墙壁上贴上贴纸

为了激发孩子的想象力和创作能力，父母可以给孩子准备各种各样的画材或者工具，一定要确保安全性。在这个基础上，想要保持室内的整洁，父母可以选择大的贴纸，或者是生活中常见的报纸、挂历纸等贴在墙上，让孩子进行自由的创作。在这个过程中，父母可以和孩子一起参与，让孩子体验到更多绘画的乐趣。

不做小小 "电视迷"

现在很多孩子的生活中已经缺少不了电视，看电视似乎已经成为他们每天的必修课。但是，年龄小的孩子，他们的视网膜发育还不成熟，长时间看电视会给他们的视力带来比较严重的负面影响。对于上学的孩子来说，看电视往往会分散他们的注意力，时间长了很容易影响到孩子的学习。

其实仔细分析一下，孩子喜欢看电视的原因无非有两个，第一是电视本身，现在的很多电视节目做得很精致，趣味性比较强，尤其是一些动画片，迎合了孩子的观感需求，确实能够吸引孩子的注意力，而且看电视的过程基本上不需要思考，对孩子来说，比学习、读书要轻松得多。第二个原因就是，父母平常工作比较忙，可能没有太多的时间陪伴孩子，很少能带孩子外出，孩子自己在家待的时间比较长，难免会觉得孤独，他们就会寻找一种方式改变这种孤独的状态，往往就会把这种陪伴寄托在电视节目上，久而久之就迷恋上了电视，成为小小"电视迷"。

有的父母不仅对于这种迷恋电视的孩子不管不顾，甚至会在觉得孩子不听话的时候主动让孩子看电视，以获得片刻的安静和轻松，其实这种做法是完全不可取的。因为孩子现在的年龄小，自制能力比较差，长期看电视，很容易形成依赖性，影响到他们的学习成绩，也会影响到他们与人交往的能力。

燕燕是个名副其实的"电视迷"，每天放学一回到家，第一件事就是把书包往沙发上一扔，自己往沙发上一躺，打开电视，抱着薯片，一边吃一边看。妈妈每次看到燕燕这个样子，就气不打一处来，总是叮嘱她先写作业，写完作业之后吃饭，然后再看电视，但是燕燕从来没有把妈妈的话放在心上，仍然我行我素。

燕燕对电视的痴迷已经达到了废寝忘食的程度，她在追电视剧的时候，可以不吃饭不睡觉，有的时候能够看到半夜一两点，小小年纪却常常顶着两个黑眼圈去上学。每次燕燕熬夜看电视的时候，妈妈都会不停催促她上床睡觉，有时候实在受不了妈妈的唠叨，燕燕就回到卧室躺在床上装睡，等妈妈那边没有了动静，燕燕又会悄悄地溜出来，来到客厅，打开电视，把声音调得小一点儿，一个人津津有味地看起来。

妈妈实在管不了燕燕，逼急了只能采取比较粗暴的方式，把电视关掉，让燕燕去吃饭或者写作业，燕燕嘴上不说，却会用行动来反抗妈妈。比如，吃饭的时候，故意把饭粒弄得桌子上到处都是，或者是写作业的时候潦潦草草，随便写了交差。有的时候，燕燕觉得在家里看电视不自由，甚至会跑到邻居家或者是同学家看电视，等看够了才会回来。当然，燕燕的成绩也的确不让人满意，这似乎也是意料之中的事情。

当然，我们不可否认电视的出现有它的合理之处，而且它给人们的生活带来了非常巨大的改变。看电视对于孩子来说也是有一定好处的，比如，在看电视的过程中，孩子可以学习一些知识，获得某些信息，满足了孩子娱乐或教育的部分需求。但是，对于一些孩子来说，看电视太多，尤其是沉迷其中的话，难免会对孩子造成不良的影响，比如造成孩子视力的减退、学习兴趣的降低，还有人际交往的障碍等。而且孩子在看电视的过程中，不懂得主动筛选适合他们的电视节目，如果在不经意间接触到了电视节目中的一些不良信息，有可能影响到孩子正确的价值观、人生观的形成。

让孩子与电视完全隔绝，这是很难做到的，也是不现实的，所以父母想要降低长期看电视对孩子造成的不利影响，就要想办法，引导孩子转移注意力，从电视上转移到其他事物上。比如，父母可以尽量多地带孩子出去参与户外活动，让孩子体验生活的多姿多彩，或者是培养孩子的其他兴趣爱好，比如阅读、看电影、画画等，让孩子除了看电视之外还能有事可做。

那么，为了不让孩子沉迷于电视，父母应该如何起到一定的监督和引导作用呢？以下是给父母的几点建议：

（1）调整电视的位置

不要把电视放在孩子很容易就看到的地方，比如客厅里，尤其是孩子在客厅吃饭的时候，一定不要让孩子看到电视是开着的。因为一旦形成一边看电视一边吃饭的习惯，一方面会影响到孩子的注意力，使孩子注意力不集中，另一方面也会影响孩子的进食，进而影响到他们的生长发育。

（2）不要长期保持电视开机的状态

在很多家庭中，电视机不一定是有人看才会打开，好像开电视已经成为一种习惯，一定要在有电视机发出声音的情况下，家庭氛围才算正常。其实如果家人的关注点没有在电视上，完全可以关掉电视机。

（3）给孩子规定合理的看电视时间

孩子可以通过电视获得一些生活乐趣，增长知识，是完全合理的，所以父母可以允许孩子看电视，但是在看电视的时长问题上，应该与孩子进行良好的沟通，达成共识。比如，规定每天在具体的某个时间段之内看多长时间的电视。这样养成习惯以后，孩子就不会对电视上瘾而无法自拔。

（4）和孩子一起享受看电视的时光

很多父母把孩子放到电视机前，孩子安静下来了，父母就会去做其他的事情。其实这样不利于亲子关系的融洽，父母可以单独抽出时间来，陪伴孩子看一段时间的电视，在这个过程中也可以与孩子交谈，增强与孩子之间的关系。

（5）关注孩子看电视时的反应

如果发现孩子在看电视的过程中出现了过于兴奋，或者是害怕、紧张等不同寻常的情绪时，父母一定要看一下，是电视上的什么内容引发了孩子这样的情绪转变。如果确定是电视上的内容让孩子产生了不良的心理反应，父母则一定要及时制止孩子继续观看，并对孩子进行心理上的疏导，不要让电视上的内容在孩子心理上留下阴影。

（6）把看电视当成教育孩子的一种方式

比如孩子在看电视的过程中，父母可以就电视上出现的一些动物或者植物对孩子进行提问，与孩子讨论动物的习性、植物的生长环境等问题。也可以在孩子看辩论类的节目时，跟孩子就某一问题展开讨论，让孩子表达自己的观点和看法，这样既能锻炼孩子的语言表达能力、思维能力，同时也能增强亲子关系。

(7) 对电视节目进行适当的筛选

为了避免一些不适合孩子看的电视节目对孩子产生不良的影响，父母就要把好关，在看电视之前进行节目筛选，选出适合孩子年龄段的和符合孩子成长发育规律的，以及能够提升孩子的各种能力，培养孩子正确的价值观念的节目。

总之，电视不是洪水猛兽，父母一定不能对看电视问题过于紧张和焦虑，但是在日常生活中，一定要给孩子定好规矩，让孩子既能通过电视节目拓宽视野，增长知识，又不耽误生活和学习。

【解决孩子问题的"五妙招"】

抓住教育的时机

父母在帮孩子纠正一些生活中的坏习惯时,应该抓住教育的时机。比如,当孩子乱丢东西的时候,父母第一次发现就应该及时制止这种行为,并且告诉孩子乱丢东西带来的后果是什么,甚至可以要求孩子马上进行收拾整理。这样一来,等孩子下一次想乱丢东西的时候,就会想起父母的教训。如果等这件事情过去很久,父母才给孩子讲道理,起到的效果肯定是不够理想的。

为孩子树立榜样

有的时候,对于父母干巴巴地讲道理,孩子可能不容易接受。但是他们会模仿身边人的做法,因此,父母可以为孩子找一个榜样,比如,孩子的哥哥姐姐,或者同学朋友。当然,如果父母本身各个方面做得都很好,也可以成为孩子学习的好榜样。

小故事中蕴藏大道理

很多父母在面对孩子的坏习惯的时候,习惯于用批评甚至是打骂等粗暴的方式去解决。但是,孩子的年龄小,对于错误的认知水平不够,所以往往不能心甘情愿地接受,甚至会产生反抗心理。因此,父母可以采用讲故事的方式,让孩子在轻松的小故事中自己体会其中的道理。当孩子发现故事中的某一个角色犯了跟自己同样的错误时,他们也会反思自己,从而进行改正。

给孩子时间，让孩子成长

孩子的好习惯不是一蹴而就的，同样的道理，他们的坏习惯也不是一天两天养成的。因此，父母想要帮助孩子改掉坏习惯，一定不能操之过急，要有足够的耐心。对孩子的一些表现，要抱着宽容的态度，多给孩子一些时间。父母在纠正孩子坏习惯的过程中，孩子在短期内会有变化，但是坏习惯也极有可能会反复，父母要认识到这是一种正常的现象，不要对孩子过于失望，给孩子太大的压力。

转移孩子的注意力

孩子的坏习惯总是反反复复，甚至在父母帮助他们纠正之后，依然再犯，父母此时切忌对孩子失去耐心。因为孩子年龄小，自制力比较弱，所以，很多问题他们是意识不到的。父母要学会在孩子犯错的时候转移孩子的注意力，让他们从坏习惯中慢慢挣脱出来。

第六章

巧妙夸出好孩子

中国的很多父母都信奉"棍棒教育"，认为只有对孩子严格，才能培养出好孩子。其实，真正优秀的教育一定是让孩子感到自信的，赏识与鼓励才是培养好孩子的真正法宝。

巧用鼓励，让孩子在自信中走向成功

著名心理学家鲁道夫·德雷克斯曾经有一句名言："孩子需要鼓励，就像植物需要水。"可见，正面评价对一个孩子成长的重要性。很多父母在教育孩子的时候，总是想要获得立竿见影的效果，所以他们往往会采取看上去效果更好、更直接的教育方式，比如训斥、打骂等。长期被父母用这样的方式对待的孩子，会逐渐失去自信，他们会认为自己什么都做不好，就是应该受到这样的对待。相反，如果一个孩子生长在比较民主的家庭中，总是受到父母的赞赏和鼓励，则更容易收获自信，也更容易为了某个目标而不懈努力，不会惧怕这个过程中遇到的困难和挫折。不同的家庭氛围，不同的父母，可以造就性格完全不同的孩子。

大多数的孩子心理都是极其敏感的，他们都渴望获得他人的认可。而父母作为孩子最亲近的人，一言一行更是容易对孩子产生重要的影响。每一对父母都会对孩子有所期许，但不是所有的孩子都能如父母期待的那样完美。这个时候，父母就要以宽容的心态对待孩子，努力挖掘孩子身上的闪光点，对他们进行鼓励。

每个人都有犯错的时候，孩子也一样，过度的苛求对孩子来说是一种重压。当孩子做错事的时候，或者失败的时候，很多父母都忍不住批评孩子，给孩子本就无助的心理增添了更多压力，孩子只能接受"我不行""我做不到""我还不够努力"这样的标签。但是，如果在相同情况下，父母能够鼓励孩子说"你已经做得很好了""我们相信你下次一定会成功"，结果会截然相反，至少能够让孩子从自责、内疚甚至是自卑的情绪中走出来，重新建立自信心，失败的经历也会成为孩子不断努力向上的垫脚石。

在很大程度上，孩子的心态取决于父母的态度，父母对孩子是宽容的、赞赏的，孩子就更容易变得积极阳光。相反，父母如果是苛刻的、严厉的，那孩子就有可能越来越自卑和胆小。

缘缘是个六岁的小姑娘，长得白白净净的，非常漂亮，但是让妈妈头痛的是，缘缘在家里实在是一个不让人省心的孩子。每天晚上妈妈下班回家，看到的几乎都是"案发现场"，缘缘的洋娃娃、衣服、鞋子、文具丢得满房间都是不说，她还会用各种水彩笔画得家里乱七八糟。最让妈妈生气的是，她的化妆品总是被缘缘摧残，不是撒了一地，就是瓶子直接被摔碎。缘缘是个女孩，妈妈总觉得，打她也不太好，而且家里人都宠着缘缘，孩子基本上可以说是无法无天。妈妈很无奈，也只能天天跟在缘缘后面收拾残局，边收拾边嘟囔，自己生一肚子气。

有一次，妈妈的一个好朋友要来家里做客。妈妈看缘缘那天心情似乎也不错，便跟缘缘商量，妈妈把家里打扫干净之后，只要缘缘保证不破坏，等客人走了之后，妈妈就奖励缘缘一个巨大的洋娃娃，缘缘开心地答应了。可是，当妈妈从车站接来了朋友，开门的一瞬间就惊呆了，妈妈的朋友也一脸讶异，一时说不出话来。只见地板上妈妈的高跟鞋扔得到处都是，餐桌旁边还洒了一瓶牛奶，碎掉的玻璃瓶躺在地上，缘缘正坐在电视机前"创作"呢，只是这一次，缘缘用的不是水彩笔，而是爸爸用来练字的毛笔和墨水。听到开门声，缘缘一回头，满脸满手都是黑色的墨汁，电视机前的地板上更是一片狼藉。妈妈顿时气不打一处来，恨不得上去揪住缘缘打一顿。妈妈的朋友一看情况不妙，赶紧解围："小孩子都这样，你没见我家的那个调皮鬼，比缘缘还淘气呢！来吧来吧，我来你家就得帮你干点啥，哈哈……"说完撸起袖子就要帮忙收拾房间，缘缘妈妈赶紧拉住朋友，让朋友先坐下，自己动手收拾起来。她生气地瞪了缘缘两眼，缘缘似乎也意识到自己闯了祸，赶紧灰溜溜地跑回自己房间了。

等妈妈把卫生收拾好，饭也做好之后，去房间叫缘缘吃饭，却意外地发现，缘缘正在自己整理书桌上的书。缘缘歪过头看看妈妈，有点儿不好意思的样子，妈妈明白，孩子意识到自己错了。想了一下，妈妈对缘缘说："缘缘，你太棒了，没想到你知道自己整理房间了，妈妈相信以后你会越来越懂事的，妈妈真为你感到骄傲，你是妈妈最棒的孩子！"听完妈妈的话，缘缘很高兴，收拾得更加起劲了，随后妈妈带缘缘到客厅跟客人一起吃饭，缘缘表现得也很乖。

晚上等客人走后，妈妈又跟缘缘坐在一起聊天，妈妈再一次夸奖了缘缘今天自己整理房间的事，夸得缘缘都有点儿不好意思了。从那天以后，缘缘每天都会自己整理房间，也不再乱扔东西了，看着缘缘一点一滴的变化，妈妈感到很欣慰，原来想要改变孩子，只要换一种方式，多鼓励孩子就可以了。

聪明的父母都应该明白，在孩子犯错的时候，应有的态度不是指责或教训，而是安慰和鼓励，激发孩子改正错误的信心和勇气。无论孩子表现得怎么样，父母都应该给予肯定。没有一个孩子天生就是失败者，所以父母要给孩子足够的信任，也要给孩子足够的赞美，只有这样，孩子才能从父母那里汲取力量，变得更加自信，在人生的道路上走得更加踏实稳健。

学会欣赏孩子，激发孩子的潜能

美国著名心理学家威廉·杰姆斯有过这样一句名言：人性最深层的需要是渴望别人的赞赏，这是人类之所以有别于动物的地方。由此可见，赞赏对于一个人的重要性，懂得欣赏他人的人往往是宽容善良的人。对于大人是如此，对于孩子也是同样的道理。每个孩子都并非生来就是成功者或失败者，在很大程度上，孩子的潜能能否被激发，取决于他们的第一任教育者——父母，要看父母是否能发现他们的优点，欣赏他们的长处。

李老师班上有一个残疾孩子，他在班上总是很沉默，课下也很少和同学们交往，他长相平平，成绩也不是特别好，正是这样一个毫无存在感的孩子，李老师上课的时候却非常关注他。有一次上课，李老师提问这个孩子，孩子站起来之后沉默了很久也没有说话。后来李老师鼓励孩子说："没关系，试一下，不尝试怎么知道自己说的对不对呢？我相信你一定有自己的看法。"教室里静悄悄的，所有的同学都歪着头看着这个孩子，在大多数同学的眼里，他似乎确实是一个透明的存在，大家此刻才意识到好像从来没有看到他在课堂上发言过。那孩子低着头，不停地揪着自己的衣角，迟迟不开口。李老师走到他面前，拍了拍他的肩膀，耐心地对他说："虽然你平常说话不多，但是老师已经观察过你，发现你是一个特别有思想的孩子。"那孩子听到这句话，眼里闪过一丝光芒，终于鼓起勇气，支支吾吾地说了几句，虽然那并不能算是理想的答案，但李老师还是非常认可地又拍了拍他的肩膀，对他说："你答得很棒。你看，只要有勇气，你就会变得越来越好的。"

虽然只是一件很小的事，但是从这节课之后，那个残疾孩子似乎变了一个人。下课的时候，他会主动跟其他的同学一起玩，还会在其他课上主动举手回答问题，作业也完成得非常好，成绩也慢慢地有了进步。老师们都对他刮目相看。

我国著名教育家陶行知先生曾有一句名言：教育孩子的全部秘密在于相信孩子和解放孩子。相信孩子，解放孩子，首先要赏识孩子。赏识的重要性不言而喻。当我们获得别人的赏识时，会不由得对对方产生好感，甚至会因此而一整天心情大好。这是因为，赏识能够给人自信，给人力量，对于一个孩子来说也是同样的道理。孩子的自信心来源于什么？有一部分来源于其自身的性格或者实力，但是很大程度上来源于周围人对他们的态度，尤其是关系最亲密的父母。好的父母，总是能给孩子带来春风化雨般的赏识教育，让孩子在温暖快乐的家庭环境中努力追求成功，永远保持积极向上的生活态度。这样的孩子在取得成功时，会愉悦，但不会骄傲；在遇到挫折时，也能重整旗鼓，在失败中吸取教训，越挫越勇。

很多父母总是抱怨自己家的孩子胆小懦弱，而羡慕"别人家的孩子"，但是他们从来没有思考过，别人家的孩子受到的是怎样的教育。一个自信乐观的孩子往往有着懂得赏识他们的父母。同样，一个胆小懦弱的孩子，身后站着的往往是刻薄严厉的父母。

那么，我们应该如何发挥赏识的重要作用，让孩子在赏识中增强自信心，不断挑战自己、超越自己呢？这是需要一定的教育方法的，只有用对了方法，才能取得事半功倍的效果。以下是教育专家给父母的几点建议：

（1）赏识应因人而异，切忌敷衍搪塞

在很多父母眼里，赏识就等于说好话，所以，他们总是不分情况而不假思索地对孩子说"你真棒""你真好"。殊不知，这样的赏识对孩子来讲并没有什么大的意义。偶尔一两次孩子可能会觉得珍贵，也会因此而获得自信，但是时间长了，敏感的孩子只会觉得父母的赏识是一种敷衍搪塞，并非发自内心。每个孩子的优点和长处不同，父母应该努力发现他们身上的闪光之处，发自内心地赏识孩子，只有这样，孩子才会真正觉得自己被认可。如果孩子取得了不错的成绩，我们可以具体地夸奖孩子"你长时间的努力没有白费，努力就会取得成功"。如果孩子没有得到理想的结果，甚至情绪有些沮丧，我们可以夸奖孩子"你已经尽力了，只是欠缺了一点儿运气而已，下一次一定会好起来"。有些孩子不喜欢尝试新鲜事物，不敢冒险，我们可以夸奖孩子"你非常谨慎小心，做事前会做好万全的准备，是一个稳重踏实的孩子，非常可靠"。

（2）赏识的前提是明辨是非

真正的赏识并非一味夸赞孩子，很多父母会走入一个误区，他们认为，想让孩子有自信，就完全不能批评孩子，甚至在孩子犯错的时候，也会采取包庇的态度，这是相当危险的一种教育方式。真正的赏识应该是奖惩结合，在孩子做得好的时候，要对孩子进行表扬，当孩子犯错的时候，也必须进行一定的惩处。只有明辨是非的父母，才能教出明辨是非的孩子，当一个孩子有了是非对错的观念和评价标准，他们就更容易取得成功。

（3）对孩子的赏识不要带有功利性

很多父母对孩子的赏识并非发自内心，而是带有一定的功利性。他们把赏识当成一种手段，希望通过这样的手段，达到某种目的。比如，当孩子马上要考试的时候，父母往往就对孩子多一些赏识，拼命地夸奖孩子，背后的目的其实是让孩子认真学习，争取考个好成绩。但是，当孩子的考试结果不够理想的时候，很多父母就轻易暴露了自己的真面目，变得急功近利、焦躁不安，甚至对孩子采取辱骂指责的态度。孩子面对这样善变的父母，其实是很无所适从的。所以对孩子真正的赏识，应该渗透在日常生活的点点滴滴中，父母应该对孩子多一些宽容和耐心，不停地发掘孩子的优点，并对其进行赏识，这样的过程也有利于孩子建立良好的亲子关系，让孩子与自己更亲近。

（4）用长远的目光看待孩子

每个孩子在同样的成长阶段表现出来的能力和潜力可能会有所差别，因此，即便我们用赏识的态度对待孩子，想要短期内让孩子有一个质的改变也并不容易。父母应该做好长期的心理准备，要有足够的耐心，相信孩子终究会产生好的改变，而不能要求孩子"一口吃成个胖子"，只有用长远的目光看待孩子的发展，才能培养出更优秀的孩子。

（5）雪中送炭的赏识最珍贵

什么样的孩子更容易受到父母的赏识呢？一个孩子在什么时候更容易受到父母的赏识呢？仔细思考一下就会发现，父母的赏识更多的往往是锦上添花，而非雪中送炭，比如，一个成绩优秀的孩子和一个成绩比较差的孩子，受赏识更多的，一定是优秀的孩子。一个孩子取得成功的时候，一定要比他获得失败的时候获得的赏识多。但是，无论是优秀者，还是一个孩子比较上进的阶段，这时候的赏识，往往对孩子起不到决定性的作用，反而对于一些不够优秀的孩子，或者是孩子在遭遇挫折时，赏识就显得格外重要，在那种处境下的孩子也更容易在赏识中获得前进的动力。

（6）形成共识，通力合作

赏识孩子一定不单单是父母的事，还是家中其他成员的事。因此我们在赏识孩子的时候，要把这种观念进行统一，让所有的家庭成员联合起来，这样才能起到事半功倍的效果。如果一个孩子总是受到爷爷奶奶的夸奖，但是在爸爸妈妈那里却总是遭受冷遇，这样一来，孩子就容易无所适从，他不知道自己到底做得好还是差，也不知道自己到底该听谁的。只有全家人形成赏识孩子的共识，通力合作，才能将赏识的作用发挥到最大。

总之，赏识是一种美德，赏识自己的孩子，也是为人父母的一种智慧。希望所有的父母都能看到，每个孩子都有自己的闪光点，只要善于观察，用赏识的眼光去看待，你会发现，那个原本看起来令人失望的孩子原来是如此完美！

表扬有度，避免孩子得意忘形

　　自信的孩子仿佛全身都闪着光芒，让人忍不住愿意与之接近，但是自信过度的孩子，就是自负，往往容易惹人反感。自负其实就是盲目的自信。自负的孩子看到了自己的优点，会将这一优点无限放大，却看不到甚至是无视自己的缺点。为什么孩子会产生自负的心理？其实归根结底，与父母的过度表扬有关系，当我们的表扬没有限度的时候，孩子就容易迷失自我，得意忘形。

　　浩宇是个特别聪明的孩子，从上学的时候开始，他就对数学十分有兴趣。他除了在学校里接受老师的教育之外，还会主动地预习，常常是一个学期刚过了一半，他就已经把整本书的内容预习完了，甚至开始主动要求妈妈帮忙找一些拓展课外知识的高难度题目。对于浩宇来说，解数学题的过程是一个非常享受的过程，他能够从中得到很多快乐。浩宇还参加过全国性的数学考试、数学比赛，拿到了非常不错的名次，因此浩宇在学校里非常出名，也是老师的宠儿。

有一次，浩宇的爸爸带他去朋友家做客。爸爸的朋友是研究生毕业，早就听说了浩宇的光荣事迹，所以想要给浩宇出几道题考考他。一般来说，爸爸面对这种情况都会毫不犹豫地拒绝，但是这一次是自己的朋友，而且对方看起来很有兴致的样子，孩子也没有拒绝的意思，爸爸只好同意。但是在这之前，爸爸先跟朋友做了一个约定，可以让孩子参与这个游戏和考验，如果孩子表现得很好，希望朋友尽量不要或者尽量少地表扬他，朋友非常开心地答应了。

爸爸的朋友给浩宇出了几道题，前面的还比较简单，后面的几道题就需要孩子认真思考了，而且有几道题是非常有难度的。但是，让爸爸的朋友没想到的是，浩宇不仅解出了前面简单的数学题，后面的几道难题，他也在规定的时间里快速地做出来了，而且结果正确无误。爸爸的朋友似乎惊呆了，对浩宇爸爸说："真有你的！你怎么能培养出这么优秀的儿子！"然后又转过头，对浩宇说："小伙子真棒啊，叔叔可不如你，你让我看到了一个未来的大数学家……"朋友正眉飞色舞、滔滔不绝地表达着对浩宇的赞赏甚至是崇拜之情，浩宇爸爸却在身后悄悄地戳了一下朋友，朋友突然想了起来，原来这种表扬在浩宇爸爸看来是过度的。

大多数的父母面对别人夸奖自己家孩子的时候，往往会表现出得意之情，但是浩宇爸爸没有这样做，他反而是提醒他人不要对自己的孩子过度表扬。他的做法是非常理智的，并非是反对赏识教育的表现。相反，他是一个理智的赏识教育观点的支持者，他始终认为对孩子的赏识不应该过度，而应该实事求是。如果一个孩子总是被过度赞美，就很容易在内心深处产生"我比谁都强"的错觉，这样的孩子往往会变得自负、目中无人。而且，他们享受惯了别人的赞美，往往对一点儿小小的挫折和打击都难以承受。

一个孩子如果在经常受责备的家庭环境中长大，他的性格一定会受到不利影响。但是，如果他们总是被包裹在他人过度的赏识里，也很容易迷失自我。聪明的父母会在孩子做得不错的情况下，鼓励孩子，让孩子感受到父母对他的认可，但是这种赏识一定是有限度的，对孩子的奖励或者满足孩子的要求也不会毫无底线，更不会对孩子说一些让他们得意忘形的话。

中国人都知道"伤仲永"的故事，仲永就是一个聪慧、有天赋的孩子，如果好好培养一定能够成为对社会有用的栋梁之材。但是，正是因为父母和身边的人对仲永的过度赏识，让他早早地迷失了自我，他也像父母和其他人认为的那样，觉得自己是最优秀的天之骄子，所以才开始不思进取，最后"泯然众人"。

我们都知道，当我们偶尔得到一颗糖的时候，会觉得糖果的滋味特别好，让我们久久难忘，总是会回忆这一颗糖的味道。但是如果每天都吃很多糖，我们就会觉得糖的味道变得不那么甜美了。对于孩子的赏识，也像给孩子吃糖一样，如果每天都给孩子各种各样的赞美，嘴巴上永远挂着对孩子的夸奖，孩子也很容易变得不再珍惜这种感觉，他们会认为这是一种日常的交流，会觉得自己就是别人夸奖的那样，从而产生自负的心理，赏识教育的真正意义也就随之失去。

因此，所有的父母都应该明白，赏识孩子的时候一定要实事求是，我们在赞美孩子的同时，也应该注意不要过于夸大，也不要让赏识沦为泛滥的语言。要知道，赏识教育的最终目的是帮助孩子认识到自己的优点，增强孩子的自信心，为他们未来的道路奠定更好的基础，而不是让孩子养成自负的性格，变得目中无人、骄傲自满。

【赏识孩子的"四技巧"】

对孩子的表扬具体化

不要总是用"你真棒""你真好"这样空泛的语言来表扬孩子，要尽量把表扬的内容具体化，让孩子感受到父母认可自己的具体信息。这有利于孩子继续保持良好的状态，并在原来的基础上再接再厉。如可以表扬孩子"你地板擦得可真干净，都能照出人影来了!""今天是你自己穿的衣服，太厉害了!""你弹琴的样子真认真，妈妈要向你学习!"等。

重过程而轻结果

很多父母都会选择在孩子取得了一定成绩的情况下进行表扬，当孩子表现得不够好的时候，父母不批评就不错了，更不用谈表扬。其实，父母这样的做法不仅会打击孩子做事的积极性和主动性，还会让孩子变得急功近利，只关注结果而忽略努力的过程。其实，父母应该调整心态，多表扬孩子为达到目标而做出的努力，告诉孩子，辛苦付出的过程最重要，哪怕结果不理想也不用后悔。这样，孩子就会认识到，自己的努力是有意义的，以后也会继续为了某个目标而不断努力。这才是表扬真正的目的。

通过表扬让孩子找到自己的价值感

生活中有很多孩子会有不自信的表现，父母可以通过表扬的方式让孩子重拾自信。比如孩子帮助了别人，父母就可以告诉孩子，他是善良的，他帮助了别人，别人的问题得到了解决而很感激他。这样孩子就能够体会到自身价值所在。

总结孩子具备的美德

我们常常说，做人应该讲诚信，对人要温和宽容，做事要有理有据，但是这些词汇对孩子来说是比较难理解的。所以，父母可以抓住机会，告诉孩子这些美德的具体表现是什么。比如，孩子主动承认自己打碎了花瓶，我们就可以告诉孩子，他做到了"诚实"。如果孩子对身处困境中的人伸出了援助之手，就可以告诉孩子这叫"热心"。如果孩子在喜欢的糖果面前做到了控制自己，没有吃太多，就可以告诉孩子，这样的行为叫"自律"。当孩子明白这些美德的具体表现是什么，而且知道这样的行为是会得到他人认可和表扬的，他们就会按照之前的做法继续努力下去。

第七章

尊重孩子，做孩子的朋友

尊重是一种修养，也是人与人之间交往必不可少的品德。父母与孩子之间也需要尊重，只有彼此之间足够尊重，才能营造良好的亲子关系，孩子才能无忧无虑地成长。

允许孩子有秘密

　　不少父母在亲子教育上会走入一个误区，他们认为父母和孩子之间应当是完全亲密无间的，不应该存在任何秘密，当他们发现自己的孩子有了秘密不愿意向自己透露的时候，往往会接受不了，甚至会采用各种各样的方式偷窥孩子的秘密。他们认为这样是为了了解孩子，出发点仍然是爱孩子，但其实这是侵犯孩子的隐私，对孩子毫无尊重的一种表现。

　　有一次，学校里搞一个活动，班主任让每个孩子写一写自己心中的烦恼，向班主任倾吐。其中有一名十四五岁的女孩，就给班主任写下了这样的话：

　　对别人来说，妈妈可能是最亲近的人，可是现在我的妈妈却成了我最想逃避的人，我觉得我和妈妈之间的距离越来越远，这件事让我非常苦恼。

　　其实，造成这个问题的原因我很清楚，那就是妈妈总是偷看我的信。我不明白妈妈为什么要那样做，因为我从来没有偷偷做什么不应该做的事情，只是我和同学之间、朋友之间会有一些小秘密，这些小秘密我们不想让父母知道和参与，可是妈妈就是不懂。我曾经跟妈妈沟通过这个问题，妈妈嘴上答应得很好，可还是会趁我不在家的时候偷偷地打开我的抽屉，私拆我的信件，我觉得这是十分不尊重我的表现。

有一次，我跟妈妈大吵了一架，我对她吼道："我的事情不用你管，我的信你也不能随便乱看，否则你就是犯法！"没想到妈妈一生气，竟然当着我的面把我的信给撕碎了，还对我吼道："我是你妈，我想怎样就怎样，你在我面前能有什么秘密！"那一次我哭得很伤心，有的时候我忍不住想：为什么我会有这样的一个妈妈？我不知道别人家的妈妈什么样，但真的很讨厌自己的妈妈。

读了这个女孩的文字之后，班主任感到很揪心。

其实很多家庭当中都会存在这样的问题，尤其是青春期的孩子，他们和父母之间总是会存在这样那样的矛盾，尤其是像这个女孩一样，关于秘密的问题，常常是亲子矛盾的触发点。

孩子为什么不希望父母偷看他们的信或者日记呢？其实并不是很难理解，因为他们不想要自己的秘密被人偷窥。就像一个成年人一样，有很多事情我们是不愿意拿出来与人分享的，但是如果有人执意要了解，甚至要参与，不顾及我们的态度，势必会引起我们的反感。当孩子渐渐有了独立意识，他们会希望有自己独立的空间和时间，希望拥有自由。他们在慢慢趋向成人化的过程中，心理会产生一些变化，而且他们接触的人越来越多，朋友圈子越来越复杂，他们的情感也会产生一定的变化，在这个过程中，可能有很多新鲜的想法或者纠结的想法是不愿意让别人知道的，尤其是父母。因此，他们往往会选择用文字记录这样的方式来排解心中的情绪，不一定是藏了什么不可见人的秘密。如果父母能够理解，孩子有了自己的秘密，并不代表他们要与家长疏远，而是他们自我意识觉醒的一种表现，也是他们成长的一个必经阶段，就不会执意要参与到孩子生活的点点滴滴中来，也不会给孩子造成很大的心理压力。

总有一天孩子会长大，他们会走上社会，也会独立地面对困难和解决问题，如果父母时时刻刻都要插手孩子的生活，那孩子又怎么独立呢？不允许孩子有秘密，换一个角度来说，其实就是阻碍孩子的成长。

明明和爸爸一直是无话不谈的好朋友。

有一天，明明放学回到家，对在沙发上看报纸的爸爸说："老爸，告诉你一件事，我谈恋爱了。"爸爸没有过于惊讶，只是淡淡地问了一句："是你喜欢上了人家，还是你们两个互相喜欢呢？"明明说："我喜欢她，嗯……我觉得她应该也会喜欢我。"爸爸笑了笑，问道："那你喜欢她什么？""她漂亮、学习好，又有爱心。"明明似乎很骄傲地说。爸爸点点头，赞赏地说："我儿子长大了，你能够看到她身上那么多的优点，说明你是一个非常有眼光的人，这个女孩一定特别优秀，那爸爸想再问问你，她喜欢上你什么了呢？"明明挠了挠头，半晌才说道："这个我也不知道，大概是喜欢我帅吧。"爸爸哈哈一笑："既然你喜欢的女孩那么优秀，你就应该像她一样优秀才可以。但是你们现在在同一所学校上学，你没有看到其他学校里的女生是不是会比她更优秀；你没有出过省，你不知道省外的女生是不是更优秀；你也没有出过国，你不知道国外的女生是不是更优秀。如果你想要跟优秀的人在一起，至少要变得跟她一样优秀才行。"

儿子沉默了好大一会儿，说："我明白了，我一定会好好学习，变得更好，我也要到外面的世界去看看，认识更多的人。当然啦，她也是一个很优秀的女生，如果将来她能跟我一样努力，一起去外面的世界看看，我想我们那个时候再谈恋爱也不迟。"

　　很多父母只要一发现孩子有早恋的迹象，就会反应过激，这个时候往往就会采取偷看日记、翻孩子的手机，甚至是跟踪调查、询问孩子的同学等方式调查真相。其实这么做是非常不明智的，故事当中的父亲就是一个聪明的人，他在听到孩子早恋的事后，没有暴跳如雷，而是与孩子进行良好的沟通，以朋友的立场和友好的态度阐述自己的看法，给孩子提出一些建议，当我们站在孩子的角度上为他着想，与孩子平等沟通的时候，孩子会感觉到自己获得了尊重，也会更容易听取父母的意见。

　　也许孩子藏在心里的秘密，并非全部正确，但是，父母应该对这些秘密给予足够的尊重，不要在孩子本就敏感的心理上再给他们增加压力。有些父母会说，他们偷看孩子的日记或信件并非是为了偷窥孩子，而是因为他们的孩子不愿意与之进行沟通。这个时候父母需要做的就是反思自己，孩子不愿意跟父母沟通的原因，无非是他们对父母有不信任感。父母应该做的不是想方设法地偷窥隐私，而是多陪伴孩子，多带孩子进行户外活动，与孩子进行朋友式的交流和对话，慢慢地打开孩子的心扉，走进孩子的内心世界，这样也就不用再担心孩子有更多的秘密瞒着自己。

　　总之，父母应该意识到，孩子有秘密是一种正常的现象，也是他们成长的一种标志，我们不能强行参与孩子生活的每一个点滴，也不能偷窥孩子的秘密，应该给他们足够的尊重。

给孩子表达观点的权利

随着孩子慢慢长大，他们逐渐有了独立意识，这种独立意识不仅体现在他们渴望有属于自己时间和空间的自由上，也体现在他们有表达自己观点的欲望上。他们对身边的人和事物慢慢产生了自己的看法，想要表达自己的观点。但是，面对孩子这种表达观点的欲望，父母的态度却各有差异。

很多家长认为，孩子还小，他们的想法也大多不够成熟，甚至听起来很可笑，所以他们不愿意听孩子的表达，也不希望孩子自顾自地在他人面前发表观点，以免"丢人"。这一部分父母忽略了一点，他们总是从大人的角度去思考问题，没有考虑孩子的世界是怎样的，他们不知道孩子也有倾诉的欲望，也希望自己的想法得到他人的认同。父母应该尊重孩子的想法，当孩子对一些人和事提出自己的看法时，应该耐心地倾听。在倾听过程中，还需要跟孩子进行良好的沟通，只有这样，才能纠正孩子的一些错误认识，与孩子进一步增进感情。当孩子发表了一些不符合成人世界规则的言论时，父母更不要苛求孩子按照成人的规则思考和行动。

一个想法总是受到父母的尊重，可以自由发表观点的孩子往往比较自信。而且他们会在长大以后，变得更有主见，能够独立地面对和解决一些问题。所以，允许孩子有自己的观点，对孩子的一生都是非常有利的。

叶子从小就生活在一个非常民主的家庭。从叶子记事的时候开始，爸爸妈妈就从来没有勉强过她做自己不喜欢的事情，虽然爸爸妈妈对叶子也有要求，给她制定了一些规矩，但是都是在叶子可以接受的范围之内。当叶子对某件事情发表自己观点的时候，爸爸妈妈总是耐心地倾听，并且以朋友的身份与她进行讨论。所以对叶子来说，根本不存在与父母之间产生隔阂这回事，叶子长大了以后，也很愿意把自己的想法告诉父母，与他们进行坦诚的沟通。

小的时候，叶子是一个皮肤雪白，眼睛又黑又亮的漂亮女孩，家里人都非常喜欢她，邻居也说，如果叶子能够把头发养长，扎一个羊角辫儿，一定像洋娃娃一样可爱。妈妈也很喜欢叶子柔软黑亮的头发，想让她养长扎起来，但是叶子却不喜欢，她反而喜欢短发。

就在叶子终于养长了头发，刚刚扎起羊角辫的时候，叶子突然对妈妈说："妈妈，我想要剪短发，我喜欢短发。"妈妈没有跟叶子过多地纠缠这件事，也不询问叶子原因，而是直接带她去了理发店。看着一头长发落下来，镜子里的女孩变得那么俏皮可爱，叶子调皮地冲着妈妈笑了，妈妈也非常开心。虽然别人都说，女孩还是留起长发好看，更淑女，但是妈妈从来没有把他们的话放在心上，也没有再对叶子提出养长头发的要求。除了头发以外，叶子的穿着打扮也和别人不一样，当别的小女孩都穿漂亮的公主裙的时候，叶子却喜欢穿运动装，像个假小子一样上蹿下跳。妈妈同样没有强逼着叶子穿裙子，而是由她自己决定。

叶子七岁的时候，妈妈给叶子报了一个绘画兴趣班，叶子对画画有着浓厚的兴趣，十分勤勉。但是，练了半年以后，叶子突然有一天对妈妈说，她不想去了。妈妈询问叶子原因，叶子只说自己的功课繁重，绘画的内容也越来越复杂，自己学起来很吃力，而且每周都要安排那么多的课，她觉得自己没有足够的自由支配的时间，她讨厌这种不自由的感觉，她想要无忧无虑地生活。妈妈说："如果你不后悔，妈妈就帮你停掉兴趣班。"叶子犹豫了一会儿，还是点了点头，后来妈妈就真的没有让叶子去上绘画课，而且也不过问叶子每天去哪里玩，给她真正的自由。

有一天，叶子从外边跟小朋友玩耍回来，主动跟妈妈说，她还是想要去画画，因为她喜欢画画，虽然之前那段时间情绪上有起伏，但是，她现在觉得这种绝对的自由不是她想要的，她宁可去画画，也不要这种绝对的自由。妈妈当然二话不说地答应了，叶子又开始了紧张而忙碌的生活。

之后的很多事情，叶子都可以自由地发表自己的主张，爸爸妈妈也会尊重她的想法，不过多地进行干涉，所以叶子在这个家庭中真的像一片叶子一样，一直自由舒展地生长。

能够像叶子一样生长在这样民主的家庭中的孩子无疑是幸福的。但在现实生活中，有不少父母却很难做到尊重孩子的观点，他们总是本着让孩子少吃亏的原则，打着为孩子好的旗号，阻止孩子发表自己的观点。这些父母常常挂在嘴边的话就是

"爸爸妈妈是为了你好""不听老人言，吃亏在眼前"。他们更多的是想把自己的想法直接加诸在孩子身上，让孩子照做，仿佛孩子只是他们的附属品，是没有思想的芦苇。这样的父母培养出的孩子，往往依赖性比较强，没有独立思考的意识，也不具备独立解决问题的能力。

作为父母，如何才能做到尊重孩子的观点呢？以下是几点建议：

（1）尊重孩子的意愿，让孩子参与决策

在父母做决定的时候，尤其是做与孩子有关的决定的时候，一定要尊重孩子的意愿，先征求孩子的同意，也就是让孩子明白他有参与决策的权利，而且他的观点对父母来说非常重要。

（2）孩子明确否定的事情不要强求

很多父母觉得自己的做法都是为了孩子好，是正确的，所以当孩子明确表示否定的时候，他们也会采用比较强硬的态度和方法，让孩子乖乖听话。虽然父母的目的达到了，但是孩子的心里很可能已经产生了抵触情绪。比如，父母想要给孩子报兴趣班，但是孩子明确表示，自己对这个不感兴趣，如果父母生拉硬拽，给孩子报上名，后期孩子在学习上也一定是敷衍了事，不会取得好的成绩。

总之，要尊重孩子的意见，给孩子表达的自由，无论他们的观点正确与否，父母都要耐心地倾听，多与孩子进行沟通，也能更好地了解孩子的内心世界，与他们更亲近，从而进一步增强亲子关系。

给孩子一份信任

　　每个人都渴望得到他人的尊重和信任，尊重和信任别人是一种优秀的品质，这种品质也能促进他人更好地发挥自己的才能，更容易促使他们获得成功。在家庭教育中，父母对孩子的尊重和信任，对孩子的身心健康成长也尤为重要。

　　大多数的孩子，对父母都是十分尊重和信任的，他们最依赖的人就是父母。父母不仅是生养他们的最亲密的人，也是他们的启蒙老师和道德上的榜样，在很多情况下，更是他们倾吐烦恼和忧愁的最信赖的朋友。因此，父母也应该有这种意识，做孩子最坚强的后盾，给予孩子百分百的尊重和信任，让孩子无论做什么事，都有十足的底气。

　　如果父母做不到尊重和信任孩子，就很难真正地对孩子放心，也不会轻易地放手让孩子独立地面对这个纷繁的世界。一直被限制和保护的孩子，就很难有机会获得生活的磨炼，也很难快速地成长，这对他们今后的人生，都是有害而无利的。

　　一鸣是一名初三的学生，对于马上快要迎来中考的他却从来没有自己的计划，什么事情都是妈妈帮他计划。

一鸣的个子很高，但是身材偏胖，为了更健康，妈妈让他每天晚上写完作业、复习完功课之后，要进行半个小时的健身训练，从周一到周日，雷打不动。一鸣也很听妈妈的话，每天坚持。每天要做的作业，妈妈会帮一鸣提前整理好，给他规定好什么时间段做什么作业，做完之后休息多长时间，休息的时候需要吃什么水果、喝什么茶……但是这样的一鸣却有一个困扰，他经不起计划的一点点改变，因为只要计划的一环发生了变化，整个的计划就要全盘改变，他不愿意接受这样的变化，他喜欢所有的事情按照预想当中的进行，按部就班，任何差池都有可能让他乱了阵脚。

除了这一点，一鸣还有一件不想面对的事，那就是班上同学的挖苦。因为班上的很多男同学都是自己上学，但是一鸣一直都是由妈妈接送。其实，一鸣的内心深处也很想像其他同学一样，三五成群地骑着自行车在路上说说笑笑。可是他又不知道怎么改变这种现状，即使他提出要自己上学，妈妈也肯定不会同意。有时候，一鸣会觉得自己似乎已经成了一个木偶，就像其他同学说的那样，也许自己永远都长不大，老是需要在妈妈的怀抱里才能生存下去。这让一鸣苦恼极了。

其实，故事中的一鸣并非没有自己的想法，但是他面对的是一个比较强势的妈妈，妈妈对一鸣的照顾可以说是无微不至，但是这种照顾是建立在剥夺孩子自由的基础上，妈妈不懂得尊重一鸣，也不信任一鸣，不相信他能自己处理好学习和生活上的问题。妈妈对一鸣的每一件事情都操碎了心，这样做的最终结果又会是怎样的呢？无非就像一鸣感觉到的那样，他被妈妈培养成了一个听话的木偶而已。这样的孩子将来走上社会，也是没有主见和自信的，更是无法独立的。

也许孩子在成长的路上会犯很多错，摔很多跤，有很多狼狈的时刻，但是，父母不能因为这些就认为孩子不行，只有坚信孩子能行，才能放心地让孩子展翅高飞，哪怕他们会遇到暴风雨。父母要对他们有足够的信任，相信他们有能力在挫折中磨砺自己，让自己的翅膀越来越坚硬有力，一点点更稳健地飞向远方。如果父母不相信孩子，不尊重孩子的成长规律，不让孩子接受他们要面对的各种挑战，而是一直把孩子护佑在自己的翅膀之下，短时间内看，孩子是省去了很多辛苦和奋斗的过程，但从长远来看，对孩子的发展是毫无益处的。

那么，我们应该怎样去尊重和信任孩子呢，下面是几点建议：

（1）站在孩子的立场上思考问题

孩子在成长的过程中难免会遭遇挫折，这个时候父母的作用就显得尤为重要，我们应该站在孩子的立场上思考问题，理解孩子遭受挫折时的失落。但是一定要引导孩子走出这种不良情绪，帮助孩子分析失败的原因，引导孩子勇敢面对挫折，并激发他们再次前进。

（2）不要用语言打击孩子的自信心

父母的阅历丰富，有很多成功的经验，可以借鉴给孩子。当孩子出错的时候，父母一定不要打击孩子，尤其是不要说一些伤害孩子自尊心的话，比如"我就知道你肯定做不好"，或者是"你什么都不懂，还逞强"之类的语言。虽然是看似无心的言语，但对孩子来讲，却是一种沉重的打击，他们会认为自己就像父母说的那样，什么事都做不好，甚至会觉得连父母都不信任自己，还有谁能相信自己呢？自己已经差到了何等地步！这样想，孩子就很容易产生自暴自弃的念头。

（3）严慈相济

父母既要对孩子抱有宽容的态度，做他们的良师益友，引导孩子直面问题，勇于承担责任。同时也要严格要求孩子，在生活中或学习上对孩子严格要求，让他们养成良好的习惯，为他们今后的成长奠定坚实的基础。

总之，尊重和信任孩子不是一句空话，它要求父母落实到教育孩子的点点滴滴当中，所以父母要从根本上意识到孩子是值得尊重和信任的，并且付诸实践，让孩子健康快乐地成长。

少一些命令，多一些商量

人与人之间相互尊重是非常重要的，只有尊重他人，才能得到他人的尊重。成人之间如此，对待孩子也应如此，父母与孩子相处的过程中也应该充分地尊重孩子，多一些商量，少一些命令。

很多父母在孩子面前总是高高在上的态度，他们很喜欢以居高临下的姿态对孩子进行命令。比如父母在做决定的时候，如果孩子表现出抗拒或否定的态度，很多父母往往会说："小孩子什么都不懂，这件事爸爸妈妈说了算，就这么决定了。"当孩子想要独立地去做某件事或提出某个想法的时候，父母如果不同意，就会对孩子说："这件事不能做，爸爸妈妈不同意，不行就是不行。"从而直截了当地否定孩子。这种强硬的下命令的方式对孩子来说，是很难接受的，但是大多数的孩子处于这种家庭氛围当中，已经习惯了这种相处模式，所以他们不会反抗，只会在心里默默地积累情绪，等积累到一定的程度，就可能以某种形式爆发，比如与父母发生严重的正面冲突，或者选择不与父母沟通，更严重者可能选择离家出走等极端的方式。

但是还有一部分父母，他们就不会采用这种强硬的语气跟孩子沟通，他们更多的是与孩子进行商量。想到周末去哪里玩，他们会问孩子："你是想去游乐场，还是想要去亲近大自然？"想要给孩子报辅导班的时候，也会征求孩子的意见："你是喜欢学舞蹈，还是喜欢学画画？"总之，在这样的家庭氛围中，孩子能够时时刻刻感觉到被尊重，他们不是被动的接受者，而是家庭事务的参与者和决策者之一。

　　宁宁的爸爸就是一个凡事喜欢跟宁宁商量的父亲。无论做什么事情，都不会强迫宁宁，所以他们之间的关系也非常融洽，就好像亲密无间的朋友。在家里，宁宁和爸爸总是玩得很开心，宁宁有的时候管爸爸叫"爸爸"，有的时候还会心血来潮给爸爸起一个可爱的昵称，无论是"大石头"，还是"笨笨熊"，爸爸都欣然接受。宁宁"大石头""笨笨熊"地叫着，爸爸就开开心心地答应着。

　　宁宁基本上不会撒谎，因为她用不着撒谎。在家里，她可以无话不说，不必对父母有所隐瞒，做错了事情，父母虽然会批评她，但是一定不会毫无顾忌地训斥，或者强制性地对她提出什么要求，他们总是会心平气和地给宁宁讲道理，宁宁从来不用担心自己会因为做错事而受到冷遇。

　　家里的很多事情宁宁都可以参与进来，而且她的发言往往有着举足轻重的地位，完全可能影响到父母的决定。比如，家里要换电视机了，爸爸妈妈会问宁宁想要什么牌子的电视机，想要多大的，电视机放在家里的什么位置宁宁觉得最合适。当宁宁有了喜欢的玩具，但是家里已经有很多同样类型的玩具时，爸爸妈妈也会跟她商量，可不可以回家以后检查自己有多少玩具，再讨论买这个玩具到底有没有意义。因为从小养成了"万事好商量"的习惯，宁宁对爸爸妈妈的话也都能听得进去。

宁宁上初一的时候，第一次收到了一个男生的情书。她把情书带回家，问爸爸妈妈要不要看，爸爸妈妈摇头表示不看，他们很想知道宁宁的想法。宁宁向他们介绍这个男生在班里的成绩如何，性格怎么样，还说了很多班上的八卦，以及自己与其他同学之间的关系怎么样，最后她说她知道这个时候不该谈恋爱，但是她不知道自己应该怎么回复对方，才既能保证他们能继续做好朋友又不伤害到对方，所以想要和爸爸妈妈商量，听听他们的意见。

宁宁的房间从来不上锁，她的抽屉也经常是开着的，她没有任何秘密想要瞒着爸爸妈妈，因为爸爸妈妈也从来不会对宁宁隐瞒什么事情。他们就是这样一个民主的家庭，每个人都是这个家的主人，每个人都同样重要。

像宁宁与父母这样融洽的亲子关系，是很多人都特别羡慕的，因为在宁宁的家庭里，看不到剑拔弩张的氛围，没有高高在上的父母，也没有咄咄逼人的孩子，有的是一片祥和，互相尊重，用心沟通。想要营造这样的家庭氛围，所有的父母都应该向宁宁的父母学习，对孩子多一些商量，少一些命令，让孩子成为父母的朋友。

尊重孩子的爱好

随着现代社会的飞速发展，人与人之间的竞争越来越激烈，很多父母为了让孩子在未来的社会中立于不败之地，在孩子很小的时候就开始给他们规划未来的人生。但是，在父母给孩子规划人生的时候，他们往往忽略了一点，那就是孩子喜欢什么，他们给孩子规划的人生是不是孩子想要的。在很多情况下，父母对孩子未来美好生活的描绘，其实是自己的一种愿景，是为了满足自己的欲望，比如，父母年轻时候没有实现的梦想寄托到孩子的身上，父母小时候的遗憾让孩子帮助弥补，其实这是一种非常自私的做法。

除了不关注孩子的喜好之外，很多父母都急于求成。当发现孩子没有办法达到自己理想的目标时，就会觉得孩子没有能力，会对孩子感到失望，甚至会通过辱骂、责打孩子的方式逼迫孩子不断努力，给孩子造成了巨大的心理压力，也影响到孩子的身心健康成长。

小语从小就喜欢唱唱跳跳，在幼儿园的时候父母就给她报了舞蹈班，小语也很喜欢辅导班里的老师，每次去上课的时候都是开开心心的，而且晚上回来会跟爸爸妈妈讲很多舞蹈班里的趣事。

但是事情在小语上六年级的时候发生了改变。因为面对小升初考试，爸爸妈妈觉得小语的成绩不是特别理想，担心小语不能考到一个好的初中，将来更不容易进入好的高中，甚至会影响到孩子考大学和工作，所以就停掉了小语的舞蹈班，给孩子报了各种文化课的辅导班。小语很懂事，她知道父母的担心，但是她真的热爱舞蹈，所以跟父母进行沟通，告诉他们就算给她报文化课的辅导班，她也可以继续学习舞蹈，两者并不冲突，她自己会好好平衡。但是爸爸妈妈始终觉得，学舞蹈对于孩子的未来发展用处不大，对眼下的小升初考试更没有任何帮助，还是毅然决然地给孩子停了舞蹈课。

小语似乎被泼了一瓢冷水，虽然她也听爸爸妈妈的话，每周都去上辅导班，但是心里始终觉得委屈和不满，上课也变得心不甘情不愿，作业也常常完不成，最后的小升初考试结果还是不理想。

故事中的小语就是典型的不被尊重的孩子，父母明明知道孩子的爱好是什么，但是依然要把自己的想法强加在孩子的身上，虽然表面上孩子听话，但是内心深处却对父母非常不满，因此学习的结果也不理想。

生活中像小语父母一样的有很多，他们只关心自己所关心的，他们为孩子设计好一切，好像只要孩子按照他们设定的路线去走，就一定能拥有美好的人生，其实这是一种自作聪明的做法。真正聪明的父母，会认真地观察自己的孩子，了解孩子哪些方面有天赋，然后因势利导，引导孩子走上最适合他们的发展道路，而不会逼迫孩子接受自己对孩子的设定，按部就班地照着自己的想法做事。真正聪明的父母，会把孩子培养成一个独立自主的学习者，而不是被动的接受者和没有思想的学习机器。

父母应该正视并尊重孩子的爱好，给孩子选择的权利，做一个通情达理的引导者。那么，具体应该怎么做呢？以下是几点建议：

（1）不要给孩子的人生设限

每个孩子都有自己的天赋，他们不是父母的附属品，更不是父母的复印件，父母认为好的发展方向，对孩子来说不一定就是适合的。孩子的人生还很长，他们在成长的过程中也许会慢慢发现自己喜欢干什么，适合干什么，想要干什么，这些都不应该被父母划定范围。很多父母为了弥补自己年轻时的遗憾，自私地给孩子框定了人生走向，他们的内心得到了满足，但是孩子很可能在多年后对此感到后悔，甚至会跟父母一样留下遗憾，将来也很有可能继续框定自己孩子的人生。父母应该给孩子自由发展、自由定位的权利，让他们创造属于自己的美好人生。

（2）让孩子自己做决定

孩子在慢慢长大的过程中，会树立自己的理想。他们的理想也许千奇百怪，甚至让父母难以理解。但是，只要他们的理想是正能量的，我们就应该给予充分的尊重。如果父母认为孩子的理想是不可行的，甚至是无法实现的，父母可以和孩子探讨这个理想的合理性，在与孩子沟通的过程中，心平气和地表达自己的想法，让孩子理解父母的用心。当父母的态度是可商量的，孩子便会明白，他们有最终的决定权，这样就不会觉得得不到尊重，反而容易接受父母的意见。

（3）量力而行，不要对孩子期望过高

很多父母觉得自己的孩子是"天之骄子"，只要努力，什么都能做得到。他们常常鼓励孩子"你是最棒的""你是不会失败的"，短期来看，可能给了孩子一定的信心，但是这种过高的期望对孩子来说是弊大于利的。一是当孩子没有达到父母理想的程度时，父母会感到失望和沮丧，而这种失望和沮丧会不自觉地传递给孩子，孩子的情绪也会因此受到影响；二是受到过高期望的孩子都不敢失败，如果失败了，他们的自信心就会受到严重的打击，甚至有可能影响到他们的价值观的形成，认为人生只能成功不能失败。因此，父母一定要根据孩子的实际情况，对他们提出合理的期待，而不应该期望过高，让孩子压力太大。

（4）给孩子充分的认可和鼓励

当孩子对自己的人生有了规划的时候，父母一定要对孩子进行充分的认可和鼓励。无论孩子遇到什么样的问题，都不能打击孩子的自信心，当然也不能盲目地吹捧，要实事求是地表扬，适当地给予鼓励，让孩子知道，在成长的道路上，父母一直是他们的精神领袖和坚实的后盾。

巧妙应对"叛逆期"的孩子

有很多父母反映，孩子到了青春期，就仿佛变了一个人。原本与父母无话不谈，现在什么事都不愿意和父母说，更不用说与父母商量事情或谈心了。以前对父母言听计从，现在什么事都有自己的主意，而且非常执拗；以前跟父母的关系亲密无间，现在什么事都跟父母对着干，好像父母越生气他们越满意一样。

其实，这是一种很正常的现象。青春期是孩子成长发育的一个重要阶段，也是孩子的生理和心理走向成熟的一个关键阶段。这个阶段最主要的表现就是"叛逆"。随着孩子的自我意识和独立意识越来越强，会更渴望自己做决定，因此，为了表明他们已经是独立的个体，往往不愿意听取他人的意见，尤其是父母的。他们也渴望获得更多的关注，因此常常会用一些不寻常的方法来引起别人的注意，甚至会做出一些比较偏激的行为。

京京是一名初二的女孩，以前她是大家公认的"乖乖女"，但是自从上了初中之后就变得越来越叛逆，京京的妈妈对此感到十分困扰。

京京每天晚上吃完饭以后，就跑到自己的房间里，关上门上网。妈妈总是以给京京倒水或切水果为由，到京京的房间里，想要跟她聊一下学校发生的事情，了解一下孩子的心理，但是得到的常常是女儿的冷遇。面对妈妈的询问，京京总是有一搭没一搭地回答，脸上一副不耐烦的表情。到后来，京京干脆只用"嗯""啊""哦"来回应妈妈，甚至一边听着妈妈说话一边移动着鼠标玩电脑游戏。

后来，妈妈决定跟京京开诚布公地谈一谈，但是妈妈还没讲到正题，京京就发起了脾气："我知道你要跟我说什么！不就是说我不听话吗？说我叛逆，说我不懂得你们做父母的苦心，是不是？"几句话说得妈妈哑口无言。京京又继续说道："你看看我都多大了，我凭什么要什么事都让你们知道啊？我就不能有自己的生活吗？你们管那么多累不累啊？"说完就把妈妈推了出去，"嘭"的一声关上门，不再出来了。

像京京这样叛逆的青春期孩子不在少数，这个阶段是孩子长大成人的一个重要过渡阶段，孩子出现各种反常的行为都是很正常的。他们的情绪变化与生理和心理的变化都很大，父母作为孩子的监护人，有责任也有义务帮助孩子平稳地度过青春期，父母应该讲究方法，对这个特殊阶段的孩子加以引导和教育。但是，所有的教育都应该建立在父母正确认识的基础上。父母要从根本上意识到，孩子的"叛逆"行为只是一个表象，真正的内在根源是他们一时无法适应从少年到成人的转变过程，他们内心深处渴望被认可，但是能力又很难达到成人的水平，所以内心往往是纠结和矛盾的。因此，父母能否做好疏导工作，对青春期的孩子的成长具有至关重要的作用。

那么，应该如何应对青春期孩子的种种叛逆行为，帮他们更好地度过青春期呢？

（1）父母要心态平和，做好榜样

青春期的孩子情绪起伏较大，容易激动，父母在面对他们的时候就要做到心态平和、情绪稳定，控制住自己的情绪，给孩子做好榜样，让孩子知道，有些情绪是不能乱发作的，需要自己克制。

（2）不强求孩子

一些父母在发现自己对孩子的管教已经不像以前那样奏效的时候，往往会习惯性地变得更严厉一些，试图用更激烈的手段逼迫孩子还像以前一样"听话"。但是，青春期的孩子，逆反心理强，这样的做法只会加重孩子和父母之间的矛盾，也许孩子短期内不会表现出来，但是不满的情绪日益积累，很有可能造成孩子心理上的巨大变化，日后可能做出更偏激的事情。

（3）与孩子保持平等的沟通

青春期孩子的种种叛逆行为，在很多父母看来都是"离经叛道"的，他们除了对孩子表示无奈之外，往往还会批评孩子，更有甚者会训斥、打骂孩子，这样的教育方式对本就脆弱敏感的青春期孩子来说无异于雪上加霜。父母应该放下姿态，以孩子朋友的身份与之进行平等的沟通，告诉他们，自己非常关注他们的喜怒哀乐，让孩子体验到被尊重的感觉，他们自然就愿意对父母敞开心扉。

（4）不要总是拿孩子和他人进行比较

很多父母为了给孩子树立榜样，往往会跟孩子说"你看别人家的孩子学习多认真""别人家的孩子多上进"，孩子听多了这种话，会从潜意识里认为，自己在父母的心里是一无是处的，任何一个"别人家的孩子"都比自己好，孩子的自信心和自尊心会受到很大的打击。还有些父母喜欢拿孩子和以前的自己相比，比如自己以前多么热爱学习，在什么年纪已经有了怎样的成就等等。这种比较是完全没有意义的。因为不同的时代，人们的思想和面对的问题都有很大的差别，如果父母总是这样和孩子进行比较，会让孩子觉得自己满身都是缺点，很难有信心做好什么事。

【尊重孩子的"六表现"】

少说多听

孩子小的时候，可能表达能力没有那么强，但是他们有很强的倾诉欲望。无论父母有多忙，一定要耐心地倾听孩子的想法，而且在这个过程中尽可能少插嘴，要给孩子充分的时间去表达自己。

不随意否定孩子

从大人的角度去思考，孩子的很多想法都是幼稚可笑的，但是那也正好符合孩子的发展阶段和心理特点，父母应该给予足够的尊重，而不应该否定孩子，对他们的心灵造成打击。

给孩子足够的信任

如果孩子表现出想要脱离父母的帮助，自己独立完成某项任务的时候，父母在确定没有危险性的前提下，一定要充分地信任孩子，让孩子充分施展自己的能力。

对孩子也要讲礼貌

当孩子做得好的时候，要不吝赞美之词；当孩子帮助我们的时候，要向孩子说"谢谢"。如果自己做了伤害孩子的事，也要向孩子道歉。要让孩子知道，父母是非常重视他们的感受的。

倾听孩子的意见

孩子很重视父母对他们意见的态度，父母有什么想法的时候，可以主动问一下孩子的意见，如果孩子也表示赞同，就可以愉快地决定下来。如果孩子明确表示反对，则要听一下孩子的理由，如果孩子说的有道理，则完全可以采纳孩子的想法，如果太过片面，则需要适当引导孩子按照父母的想法去做。

少命令孩子

不要命令孩子做什么事，而要选择与孩子商量，让孩子感受到他有选择的权利，也有拒绝的自由。

教出好孩子

没有教不好的孩子，只有不会教的父母

文贤阁◎主编

江苏凤凰美术出版社

图书在版编目（CIP）数据

没有教不好的孩子，只有不会教的父母 / 文贤阁主

编 . -- 南京：江苏凤凰美术出版社，2020.11

（教出好孩子）

ISBN 978-7-5580-7715-9

Ⅰ.①没… Ⅱ.①文… Ⅲ.①家庭教育 Ⅳ.① G78

中国版本图书馆 CIP 数据核字（2020）第 137986 号

责任编辑	郝旭辉
封面设计	陈玉军
责任监印	唐 虎

丛 书 名	教出好孩子
本册书名	没有教不好的孩子，只有不会教的父母
主 编	文贤阁
出版发行	江苏凤凰美术出版社（南京市湖南路 1 号 邮编：210009）
	北京凤凰千高原文化传播有限公司
出版社网址	http://www.jsmscbs.com.cn
排版制作	文贤阁
印 刷	阳信龙跃印务有限公司
开 本	880mm×1230mm 1/32
总 印 张	36
版 次	2020 年 11 月第 1 版 2020 年 11 月第 1 次印刷
标准书号	ISBN 978-7-5580-7715-9
总 定 价	192.00 元（全 6 册）

营销部电话 025-68155790 **营销部地址** 南京市湖南路 1 号

江苏凤凰美术出版社图书凡印装错误可向承印厂调换

前言
preface

　　孩子的未来命运取决于父母今天的教育方式。没有教不好的孩子，只有不会教的父母。要想教出好孩子，父母就要懂得教子的智慧。无论是对孩子过于严厉、非打即骂，还是对孩子过于溺爱、百依百顺，都不是明智的教子方法。智慧的父母应该懂得，只有自己达到一定的高度，努力成为孩子的好榜样，再辅以科学的方法，孩子才可以变得更优秀。

　　然而教育出优秀的子女绝非易事。在孩子成长的过程中，父母会遇到各种各样的挑战，诸如，孩子和父母对着干，孩子身上坏毛病不断，孩子不愿意和父母沟通，孩子出现心理上的问题等。父母也会犯各种各样的错误，诸如，过于专制，不讲民主，不尊重孩子的人格，不尊重孩子的喜好，压制孩子的天性，无意中伤害孩子的心灵等。这一切导致亲子关系紧张。父母着急上火，教育方式难免变得极端，孩子反而越发叛逆，与父母的期望背道而驰，如此恶性循环。为了解决父母的难题，让父母学会科学地教育子女，我们精心编著了本套丛书。

　　《教出好孩子》丛书采用理论与实践相结合的方式，甄选了大量我们身边的真实案例，为家长总结和提炼出了许多实用的教子方法，一步步引导家长成为高段位的父母，培养出人格

健全、品德优秀、素质完善的孩子，并提出了如何在孩子的不同年龄阶段，根据实际情况做出正向引导，帮助家长构建良性的亲子关系。

没有父母不希望自己的子女品德高尚、学有所成，希望通过阅读本书，天下的父母可以得偿所愿，真正成为孩子的引路人，成为孩子的好老师、好朋友。

目录
contents

第一章

教育从尊重开始

尊重被教育的对象，是教育的实质和精华。

——苏霍姆林斯基

棍棒教育，毁掉孩子的未来

"棍棒底下出孝子"是中国父母历来信奉的一种教育理念。实际上，这种粗暴的教育手段除了摧残孩子的心灵之外，别无好处。

教育孩子应该用说服代替压制，应该用信任和爱换来信任和爱。

教育专家认为：打骂的教育方法是不明智的，这其实是用强制的方式让孩子服从父母的意志，必然会对孩子的身心健康造成伤害。

初中生王洋出生在一个普通家庭，母亲是下岗工人，父亲是一名出租车司机。王洋的父母饱尝生活的艰辛，他们殷切地希望王洋将来能够出人头地，改变自己的命运。在教育孩子上，王父一直坚持"棍棒底下出孝子"的家教方式，而王母则是一味地哄劝，夫妻二人经常为此争吵不休。

在这样的家庭氛围中，王洋性格内向，成绩平平。在一次期末考试中，王洋的学习成绩在班里排了倒数。王父知道后大发雷霆，对王洋一番痛骂后又棍棒相加。每当王洋被父亲打骂后，王母总会偷偷塞给他一些零花钱，并哄劝他好好学习，不要惹父亲生气。然而这一切都是徒劳无益的，王洋的成绩依旧不断下滑。

一天傍晚，王父提前收工回家，在街上走着走着偶然间发现几个流里流气的小青年正在殴打一名小学生，他的儿子王洋居然也在其中。王父上前将王洋强行带回家后，又将其暴打了一顿。

王父停手之后，王母心疼地抱住儿子，一边哭一边哀求他听父母的话，不要学坏。

第二天早晨，王洋离家出走了，只留下了一封信。信中说："我以后不会惹你们伤心生气了，我走了。"看完了信，王母立马慌了神，而王父则大骂："有种走了就别回来，不准你去找他！"

一个星期后，王家来了几名公安人员，王洋的父母被告知，王洋因参与一起抢劫案件被拘留了，而这件事发生的第二天就是王洋的 16 岁生日。

上面的案例中，王父对孩子采用"棍棒"教育，非打即骂，行为粗野。因此孩子在离开父母时产生一种轻松感和自由感。久而久之，孩子的恶劣习气不断滋长。长期遭受打骂的孩子，对别人也随意打骂，举止粗俗，很容易走上违法犯罪的道路。

孩子一犯错，父母就对其拳脚相加，其实是在向孩子表示：当别人与你产生矛盾时，武力（或权力）就是解决问题的唯一办法。随着孩子慢慢长大，他极有可能在与别人发生矛盾时也用武力让对方屈服，最终导致自身受到伤害，人际关系越来越糟糕。

另外，这种强制性的管教对孩子自律的形成毫无帮助。当受管束时，孩子往往不敢表达自己的想法，但不受管束时便为所欲为。这种教育方式极有可能会让孩子形成双面人格。

在棍棒下长大的孩子，虽然他们身体上的伤痕会随着岁月的流逝而不复存在，但他们的内心仍然保留着幼年时留下的阴影，从而失去信心，习惯性自责。这种自责会表现在不同方面：性格有攻击性，与人交往出现障碍，或工作不负责任等等。

因幼年遭受打骂而产生的不自信，除了会对孩子的身心健康造成危害，还会导致孩子的个性发展扭曲，特长难以发挥，对孩子未来的事业造成严重影响。

父母应该无条件地尊重孩子，这份尊重不取决于孩子的行为，而是对孩子的整体接纳，特别是对暂时后进的孩子，更要给予尊重，让他们知道自己有无限的价值和潜能。

总而言之，打骂只能摧残孩子的心灵，使孩子丧失自信，而唯有尊重，才能让孩子扬起自信的风帆。所以，为人父母，一定要防止家庭中出现打骂教育。

世界著名教育家爱德华教授认为：父母的手要充满关怀与温暖，而不是让孩子感到陌生和畏惧。一个在打骂中成长的孩子，他的言行举止会受到负面影响，例如：因不敢表达自己真实的想法而说谎，有需求不敢说就偷窃等。不过，一些父母有时也感到很无奈，因为他们好像怎么也找不到比打骂更有效的教育方法。

但是时代在进步，教育理念也在更新，父母管教孩子的方法自然也要变通。这时，父母可能会有这样的疑虑：如果真的收起了手中的棍子，那孩子会不会被宠坏呢？实际上，当孩子做了错事，父母以尊重的态度让孩子自己负责，反而有利于培养孩子独立而理性的人格。家长一定要相信，不打不骂照样能教出优秀的孩子。

不要忽视语言暴力的"威力"

语言暴力和体罚一样，属于一种粗暴的教子方式。有的家长对孩子语言暴力往往是因为他们被一种"恨铁不成钢"的心态所主导。有些家长会觉得，孩子太淘气、爱闯祸，训斥他几句没什么大不了。然而他们不曾意识到，语言上的暴力对孩子的心理伤害并不亚于体罚，尤为重要的是，这对孩子的自尊心和自信造成的伤害是无法弥补的。

生活中，不少家长在批评教育孩子时总是不加思考地加上一些歧视性字眼，他们自以为这样做是为孩子好，是负责任的表现。殊不知，他们是在刺伤孩子的心灵，是在对孩子施加语言暴力。有教育专家指出，对孩子施加语言暴力是中国家教中十分常见而又不被重视的问题之一。中国家庭中的很多父母都曾以各种形式向孩子施加过语言暴力，致使孩子处于深深的自卑和焦虑之中。

据心理专家介绍，语言暴力对孩子的伤害相比体罚有过之而无不及，从某种意义上说，它是更具摧残性的，可谓"杀人于无形"。

第一，某些孩子可能会因为一直无法排解语言暴力对其造成的精神负担，心理和身体受到巨大摧残而心智失常、丧失生活的勇气，甚至自杀。

第二，家长们的语言暴力会对孩子的自尊、自信造成严重伤害，长此以往，他们很容易丧失对自尊的需求和认同，从而彻底抛却自尊自信，不断沉沦下去。

第三，不少家长经常在人前挖苦、斥责自己的孩子，这等于在持续刺激孩子。与此同时，被斥责的孩子的心理也会发生一些微妙的变化，比如看到同学们交谈就会认为是在嘲讽自己，产生对同学和老师的畏惧心理，孤僻、自卑由此生根发芽。

第四，孩子在受到家长的辱骂和伤害后，往往无从发泄，只得将这些负面情绪积压在心中，而在某个时刻，巨大的精神压力可能演变为由内向外的复仇冲动，使他们对他人和社会采取过激行为，直接影响和危害社会，走上害人又害己的歧途。

玲玲的妈妈从小就梦想成为一名舞蹈演员，但是阴差阳错，她最终未能实现自己的梦想，于是生下玲玲以后就把自己的舞蹈梦托付给了女儿。即使生活条件不是很好，玲玲的妈妈也毫不犹豫地给女儿报了市里最有名的舞蹈学校，让玲玲去学舞蹈，并且，每天在玲玲耳边重复一句话："妈妈将全部希望都放在了你身上，你一定要好好练。"

玲玲很懂事，每天放学回到家，第一时间就练习舞蹈，但是成效却不太好，因为学舞蹈除了要刻苦努力，还要有天赋。

一天，玲玲的妈妈要她跳一支天鹅舞。可是，玲玲出现了很多失误，不是动作不协调，就是没跟上节奏，断断续续才勉强把这支舞跳完。

看到玲玲丝毫没有进步，玲玲的妈妈十分失望，脱口而出："你怎么这么笨，也不知像谁，练习了这么多次还是跳不好，你还能干点什么！"

听完妈妈的一番斥责后，玲玲的眼泪瞬时流出了眼眶，她稚嫩的心灵被深深地刺痛了。她很想告诉妈妈:"我已经付出全部的努力了,可还是学不好啊,我有什么办法呢?"可这话她始终没有勇气说出口。

类似的事情多次发生之后,玲玲的性格逐渐从活泼开朗转变为内向自卑,而且也越来越不愿与妈妈说话了。

半年后,玲玲的妈妈认识到了问题的严重性,将玲玲送去了医院,经医生诊断,玲玲患上了自闭症。

在现实生活中,这样的悲剧还在不断上演。其实,像玲玲妈妈这样的家长大都是非常爱孩子的,爱之深,也责之切,可是他们却从未想过语言暴力正来自他们有口无心的责骂。语言暴力就像一把利剑,能够给人以致命一击。孩子的心智尚未成熟,其承受能力也比较差。为人父母,应当采用科学、正确的教育方法,否则,很容易把孩子推向绝望的深渊,让一个原本积极乐观的好孩子毁于无形。

那么,父母怎样才能避免对孩子实施语言暴力呢?

(1)对孩子的期望值不要过高

不少家长对孩子抱有过高的期望,如果孩子不能达到自己预设的目标,他们就会失望透顶,于是口不择言,说出不理智的话,伤了孩子的心。其实,真正的天才毕竟占少数,大部分孩子都很普通,作为父母应该时刻保持一颗平常心,失望自然就会减少。

(2)家长应该把姿态尽量放低一点,放到和孩子平等的地位

需要家长警惕的是,千万不要让自身权威凌驾于孩子之上,而忘记了孩子也有自己的内心世界,也有自尊和自信。孩子得不到应有的尊重,心灵很容易因此变得扭曲。他们不是产生逆反心理,站到家长期望的对立面,就是脆弱的心灵不堪重负,从而封闭自己,最后走向自卑。所以,家长在对孩子进行说服教育的时

候，应试着放低姿态，平等地和孩子交流，如此才能真正打开孩子的心扉。

（3）冷静对待孩子的错误，控制自己的情绪

当家长在大发雷霆的时候，很容易出口伤人，甚至会说出让自己后悔一生的气话。这时，家长就要学会强迫自己换个环境，走到外面看看风景、散散心。其实当你的情绪冷静下来，就会发现事情并非自己想象的那么糟糕，孩子也并非一无是处。多想想孩子好的一面，怒火就会逐渐消散。这个时候再去教育和纠正孩子，就能避免说出过激的话。实际上，孩子也有辨别是非的能力，通常情况下，他们能够认识到自己的错误，如果父母过多地追究，就很容易打击到孩子的自信心。

不过，拒绝语言暴力并不等于放弃教育原则。孩子的自律意识比较淡薄，如果家长不追究他的过错，孩子很可能一犯再犯，所以教育原则是不可以动摇的，要引导孩子分清是非对错。拒绝语言暴力的关键在于掌握分寸和方式。家长在开口指责孩子之前，务必要思考一下这样说是否妥当，是否会对孩子的心灵造成伤害。要知道，言语的伤害远远大于肉体的伤害。因为肉体的伤害是短暂的，而语言暴力的伤害却是长久的，它甚至永远也无法消除。所以，家长在教育孩子时，一定要谨言慎行，无论在何种情况下，都不要轻易做出"你真没用"之类的负面评价，也不能随便给孩子贴上"坏孩子""笨蛋"之类的标签。因为孩子的自信心和自尊心敏感而脆弱，家长的讽刺、风凉话等极易对其造成巨大的伤害。

孩子是独立的个体

孩子是独立的个体，尽管他现在还离不开父母的扶持和帮助，但这并不代表他不需要独立的个人空间。在这片空间里，孩子通常具有高度的自我意识和自主意识，这片空间一旦被剥夺，孩子就会渐渐失去自我，变得怯懦、胆小，更无法建立自信。父母的怀抱是孩子遮风避雨的"港湾"，而不应该是禁锢孩子的"囚笼"。

不少家长过分地保护孩子，甚至把孩子当成自己的附属品，强迫孩子去做他不喜欢的事，支配一切、指挥一切，让孩子从小没有独立空间，没有自由选择的余地。这种教育方式会使孩子的个性难以得到发展，他们只知道听从大人的意愿，缺乏独立生活、学习的信心和能力，阻碍孩子的成长。

事实上，孩子在家庭中最需要的就是自由、信任和平等。父母包办代替的行为不仅会影响孩子健康发展，还会引起孩子的反感，伤害亲子间的感情。一项调查显示，翻看子女的私人物品、不尊重子女、过多干涉子女行为已经成为孩子"反感父母"的三大理由。

这几天京京总是闷闷不乐，沉默寡言。妈妈看出了她的反常，问其缘由，京京却闪烁其词，避而不谈。但是妈妈非常担心京京，并对京京的表现感到不解。

京京有一个日记本，上面记录着她每一天的心情。她很认真地保管着日记本，并将它放置在枕头下面。

　　这天上午，妈妈在收拾京京的房间时，无意间看到了她的日记本。这让妈妈突然想起京京这几天一直有事瞒着自己，而且她知道京京一定把这件事写在日记里了。虽然偷看孩子日记的做法是不对的，但是出于对孩子的关心，妈妈还是打开日记一页页翻看了起来。妈妈一边看还一边感慨孩子长大了，有很多想法没有告诉自己。在日记的最后几页，妈妈得知了京京表现反常的原因。前几天京京和好朋友小红发生了冲突，原因是两人同时看中了一个米奇玩偶，可这个玩偶只剩下最后一个，被小红抢着买下了，所以京京很气恼也很伤心。妈妈恍然大悟后笑了笑，原来孩子就因为这么点儿小事不开心。妈妈看得入神，不小心忘记了时间，这时京京已经放学回来了。

　　京京打开自己的房间门后看到妈妈手里正拿着她的日记本，一时间定住了。妈妈立即向京京解释说这么做只是出于对她的关心。不料，这苍白的解释并不能挽救什么，京京大哭着说："偷看我的隐私就是关心我？我已经长大了，就不能给我点儿自由空间吗？你这是不尊重我！"妈妈尴尬地说："母女之间哪里有什么隐私，我只是担心你出什么事。再说你才多大，要什么自由空间，凡事都要和妈妈说，妈妈都会替你处理好。"京京听了妈妈的话哭着跑出了门。

　　很多家长自以为孩子什么都不懂，为他们处理好一切就是爱他们。其实不然，孩子应该拥有自由，应该有一个独立的空间。如果将孩子变成一枚任由父母摆布的棋子，那么孩子又如何养成独立的习惯、建立起自信呢？

　　实践证明，相比全权负责孩子的一切事情，尊重孩子的自我意识和自主意识是一种更好的家庭教育方式。家长应当把孩子视为家庭中的普通一员，对待他们既不特殊，也不忽视。尽可能地配合他们提出的合理要求，让他们自己动手去做，充分发挥他们的想象力、创造力和动手能力。如果他们在初次尝试时，出现了一些错误，也不要大惊小怪，而要耐心地教导，使其掌握要领。要想培养孩子的独立性和创造性，让孩子拥有自信，就必须要让孩子根据自身的兴趣爱好和内心真正所需要的东西进行自主选择，让孩子拥有独立的自由空间，按照自己的意志去行动。

家长过分干预孩子的行为，不单单会抑制孩子的求知欲，还会挫伤孩子的自信心，极不利于其智力的发展和人格的形成。如果你想把孩子培养成一飞冲天的雄鹰，而不是嗷嗷待哺的雏燕，那就应该放开手让其到更为广阔的天空中翱翔，让孩子在自由的天空中乘风而上。

随着不断成长，孩子的独立意识会越来越强，其主要表现为对事物产生了主观认识以及开始有意识地进行选择。或许孩子的选择尚未成熟，但对他而言，这份选择的得出与一个成人所做出选择的过程没有什么不同。因此要想培养孩子的自信心，首先要做到尊重孩子的选择。

父母为孩子做了很多，付出了很多，无非是想利用自身的经验、阅历来帮助孩子选择一条更为光明平坦的道路，但是在做选择时往往忘记了听取并尊重孩子的意见。这条路毕竟要孩子自己来走，他们理应参与其中。

中国教育不同于西方教育，在西方，不管是家庭还是学校，都以尊重孩子的自主选择为主要的教育理念。中国孩子和西方孩子相比，最缺乏的就是对自己的信任。家长习惯于剥夺孩子的选择权是中国传统教育中最大的弊端。在这样的教育环境下，很多孩子从小自主学习的意识就很淡薄，再加上缺乏自我信任，于是就成了一个只知道学习的"机器"。这样的孩子虽然能够取得一个不错的成绩，但是适应社会的能力却比较弱。缺少自我信任的孩子，将来很难有出息。缺少独立自主的意志的孩子，随着不断成长，反而会变得越来越幼稚和缺乏自信。

从人格角度来讲，孩子和大人都具有自主意识。当然，孩子的认知能力还有待提高，作为监护人，家长有责任对孩子尚未成熟的处事方式加以干预。但不要忘记我们教育孩子的初衷是让其拥有健全的人格和优良的品质，由此出发，家长要明白，性格与能力的养成是要循序渐进的，是要从孩子小时候就开始的。家长要让孩子自主进行选择，给孩子历练的机会和属于自己的自由空间。

让孩子变得独立而自信并非难事，首先要做的就是发挥孩子的主观能动性。家长尊重孩子的自主选择，并不是推卸责任，而是让孩子更好地健康成长和发展。

孩子的兴趣应当被尊重

著名的心理学家皮亚杰曾经说过："强迫工作是与心理学原则相悖的，而且所有具备成效的活动，都必须以某种兴趣为先决条件。"

我国素有"童话大王"之称的郑渊洁也曾这样说："不要在孩子不感兴趣、还没有能力理解的时候，让他做任何不感兴趣的事情。"孩子往往在对待自己感兴趣的事情时能够竭尽全力，相反，倘若父母要孩子舍弃他极感兴趣的事情，去做一些他讨厌做的事情，双方之间必然会起冲突。

每个人都有自己的兴趣爱好，其他人不能勉强，也不应当勉强。俗话说："萝卜白菜，各有所爱。"有些人爱吃萝卜，有些人爱吃白菜，互相不要勉强。

对于大人而言，这一点大家都能够达成共识。在闲暇时光里，有些人喜欢唱唱歌或者跳跳舞，有些人则喜欢下下棋或看看书等。这些都是客观上存在的，也是为大家所认同的。但是对于孩子，有的父母在这一点上的认识就较为模糊。他们在面对孩子独特的兴趣与爱好时，往往不予接受和支持。

有的孩子活泼好动，喜欢攀岩、游泳等运动，可父母偏偏要强迫他们安静地坐下来弹琴，完全不顾孩子的抗议，结果可想而知，不仅事倍功半，还阻碍了孩子的发展。

一个人对感兴趣的事情往往最能够全力以赴，也最易见成绩；反之，就难以有所成就。人最可悲的就是没有任何兴趣和爱好，孩子最大的不幸就是自己的兴趣爱好被父母抹杀。

然而，在生活中，父母扼杀孩子的兴趣爱好的现象层出不穷，其结果往往是引发孩子的逆反心理，并使孩子得不到应有的发展。下面的案例就能够说明这一点。

小豪非常喜欢体育运动，尤其热爱篮球，从小就对篮球非常痴迷。上了初中后，小豪幸运地加入了校篮球队，于是经常要参加各种比赛。爸爸担心小豪因为篮球而耽误了学业，于是要求小豪放弃打篮球，将心思全部用在学习上。爸爸的反对并未浇灭小豪对篮球的热情，他决心要说服爸爸，让自己的兴趣得以发展下去。

"以后篮球队的活动一概不许参加！"爸爸对正准备去打篮球的小豪喊道。小豪听了爸爸的命令，瞬间变得垂头丧气。他委屈地趴在写字桌前，看着眼前堆成小山的各种试卷和书本，真想大喊："什么博览群书，什么科学真理，这些都不是我想要的！我真正喜欢的是篮球！"接着，小豪拿起脚下的篮球，在房间里练习了起来。

妈妈听到小豪打篮球的响声，匆匆赶来，说道："小豪，你这孩子怎么不想想，爸爸这么做也是为了你好呀，如果你把学业耽误了，以后怎么能考上好大学，怎么能找到好工作……"小豪激动地回答道："妈妈，谁说只有考上好大学将来才能有出息，成功的路不止这一条。况且，我的学习成绩也不差呀。一周我只拿出 3 个小时的时间来练习打球，难道这也不行吗？"这时爸爸的声音从屋外传来："一周 3 个小时，一个学年下来是多少小时啊！"

小豪终于忍不住了，委屈的泪水夺眶而出，他用沙哑的嗓音对爸妈说："你们一点儿也不理解我，自从上了初中，我就再也没打过游戏、看过电视，篮球是我唯一的爱好，现在也被你们阻拦，我的近视眼就是这样一天一天学出来的！"

　　爸妈似乎被小豪的心里话打动了，没有再说什么。小豪则趁机继续说道："就算我将来考上大学，招聘单位要的也是全面发展的人才，人家怎么会要我们这些戴着深度近视眼镜、只知道死啃书本的'书呆子'呀！何况，只有身体素质过硬，才能更好、更快地适应竞争激烈的学习和生活。"爸爸思考了片刻，终于松口说："好吧！以后每个周六你都可以去打篮球，但是不能超过3个小时。"

　　小豪终于说服了爸爸，他心里想：对于父母之前那些善意的约束，我要感谢，但不能接受，因为，我的生活由我自己做主，我的兴趣爱好应该被尊重。现在的我才是最幸福的，因为我拥有了自己的生活。

　　实际生活中，大多数父母都会为孩子的未来做规划。从孩子踏入校门的那天起，这种规划就开始了，甚至连孩子将来学什么专业、从事什么工作都想好了。为此，有些父母丝毫不在乎孩子的爱好和理想，强迫孩子按照自己为其规划好的道路前行，结果让孩子的身体和心灵受到严重束缚而走向极端，令人扼腕叹息。

　　父母千万要记住，孩子一旦对事物产生了浓厚的兴趣，就一定要支持和鼓励他发展下去，而不要加以干涉，更不要强制他放弃。"兴趣是最好的老师"，兴趣能够最大限度、最持久地激发孩子的智力和潜能。

　　只有父母做到尊重孩子的兴趣，征求孩子的意见，才能理解孩子的真正需求，让孩子健康快乐地成长。因此，父母在培养孩子时，首先要注意发现孩子的兴趣爱好，不要让孩子成为"学习机器"，而要让孩子得到全面的发展。

那么如何做才算尊重孩子的兴趣呢？以下几方面可供参考：

（1）承认孩子拥有爱好的权利

当孩子有了自己的爱好，父母要予以支持和接受，承认各人有权利拥有各自的兴趣和爱好，他人不应随意干涉。

（2）尊重孩子的喜爱和兴趣

如今的社会生活丰富多彩，每个人的个性和兴趣都有机会得到充分的发展，只要它是健康、文明的，就应当被尊重，应当允许孩子自主选择。当然，在认同与尊重的同时，父母可以加以适当的引导，培养孩子高尚的趣味和情操。

孩子的话你认真倾听了吗

在家庭教育中，很多家长在孩子和自己说话时都会不自觉地走神，或有选择地听，能够认真倾听孩子的话的父母少之又少。他们完全没有意识到倾听也是一种教育，忽视了孩子的心声。要知道，认真倾听孩子的话能够加强孩子对自我的肯定，从而培养孩子的自信心。

随着孩子一天天长大，很多父母都抱怨孩子不愿意和自己交流。孩子心里到底在想什么，父母很难得知。殊不知，孩子起初都是很有表达的欲望的，之所以变得不再愿意和父母沟通，往往是父母的家庭教育出现了问题。孩子在年幼的时候，往往说话语无伦次，让人听了云里雾里。家长一天忙里忙外已经很疲惫了，哪里还有心情去听孩子没完没了的"唠叨"，于是强打着精神心不在焉地听孩子说话，或者直接打断孩子的话。有的家长还会在孩子说话时妄加评论。极少有家长能在孩子说话时放下正在做的事去注视孩子的眼睛，全神贯注地听孩子诉说。殊不知，这将会极大地损伤孩子的自信。

毋庸置疑，每个人都希望自己的话能够被重视，当然，孩子也不例外。当孩子觉得自己的话没有受到重视时，必然会感到失望、灰心，长此以往，也就丧失了自信。

林洁今年8岁了，性格外向，是一个十分活泼开朗的小女孩儿。升入小学以后，林洁对一切都是那么好奇，每天放学回来都要给妈妈讲当天学校里发生了什么事，谁得到了老师的表扬或者批评，学了哪些知识或者儿歌等。林洁的妈妈工作十分忙碌，每天下班回到家都筋疲力尽。起初她不想令孩子扫兴，就强忍着听林洁诉说她与小朋友们之间鸡毛蒜皮的小事，后来她真的感觉很无聊，就干脆一边看电视一边听孩子说，女儿对此有很大意见。

　　一次晚饭过后，林洁坐在妈妈的旁边，兴高采烈地说："妈妈，今天老师奖励了我一朵小红花，还表扬我了。"妈妈说："是嘛！你可真棒呀！那老师为什么表扬你呢？"林洁情不自禁地打开了话匣子："妈妈，你说主动帮助同学算不算得上小雷锋呀？"妈妈眼睛盯着电视节目，说："当然算了。"女儿接着说："今天我们上课的时候，小薇忘记带作业本了，我就主动拿出自己多余的本子借给了她。老师知道后就表扬了我，还给我加了一朵小红花。妈妈，我开心极了，你是不是也很开心呢？"此时妈妈已经把注意力全都放在了电视节目上，对孩子的话完全没听进去。林洁抬头一看妈妈正在盯着电视笑，根本没有理睬自己，便拍了妈妈一下，然后气冲冲地说："妈妈不关心我！我再也不要和你说话了！"

　　妈妈见孩子生气了，立刻站起身来哄女儿："抱歉宝贝，妈妈刚才不是故意的。以后妈妈一定认真听你说话，原谅妈妈这次好不好？"孩子毕竟是孩子，经妈妈一哄，情绪立马就重新高涨起来，又开始对着妈妈讲了起来。妈妈有了刚才的"教训"，就一边听一边附和，并不时插嘴评价一下。可是林洁又不高兴了，她说："妈妈，我的话还没说完呢，不要随便打断我说话。要是在我们学校，老师肯定会扣除你的礼貌分。"妈妈看着孩子一本正经的样子，若有所思地点了点头。

成为孩子忠实的倾听者，父母付出时间，并给予耐心和包容，收获的就是孩子的自信、自尊和成长。作为孩子的父母，只有做到换位思考，才能听得进去孩子的诉说；反之，很容易就会变得不耐烦，从而挫伤孩子的自信心。所以为了避免这一严重后果的产生，父母要学会并乐于认真倾听，从孩子的言语中感受和把握孩子的情绪，了解孩子的想法、需求和愿望，或对孩子的进步予以夸奖，或对孩子的难题予以指导。唯有如此，我们才能在做孩子的思想工作时对症下药，不断提升教育的质量和水平。

家长能够认真地听完孩子的话，就相当于进行了一次鼓励孩子自信、自尊的教育。当孩子和你交谈时，你要专心地倾听，让孩子能够感受到你很重视他、尊重他，并且想要了解他。这样一来，一种自我认同感就会在孩子心底油然而生，孩子的自信心也能够随之建立起来。

和孩子沟通要以尊重为基础

父母经常会在与孩子对话后感到失望，因为这场对话毫无意义。比如："你今天都干什么了？""出去了。""去做什么了？""没做什么。"那些很想和孩子讲道理的父母很快发现这样会让人疲乏不堪，正如一个母亲所说："我很努力地和孩子讲道理，讲到口干舌燥，但他依然听不进去，只有我在提高嗓门时，他才有点儿反应。"

孩子通常不愿意和父母交流，他们讨厌斥责，讨厌唠叨，讨厌没完没了的说教，他们觉得父母的话实在太多了。9岁的小晨对他的妈妈说："为什么每当我向你问问题时，你都要对我讲话讲上半个小时？"他对朋友倾诉说："我什么事都不想对我妈妈说，要是跟她说了，我就没有休息时间了。"

一位研究者曾对一对母子间的谈话内容而感到惊奇，因为他们两个人从头到尾都没有听对方说话，他们的谈话更像两段独白，一段全是指责和命令，另一段则满是否认和辩白。造成这种结果的原因不是他们之间缺乏爱，而是缺乏尊重；不是他们缺乏智慧，而是缺乏沟通的技巧。

父母要想和孩子进行有意义的沟通，就必须学会以尊重为前提来和孩子对话。

另外，一定要有技巧地沟通：要同时照顾双方的自尊；谈话的内容从表达理解开始，之后再提出恰当并比较容易被孩子接受的建议或意见。

8岁的小泽满含怨气地冲进了家门，今天本来是全班外出春游的日子，结果因为下雨不得不取消了。他的父亲知道这件事后，打算换一种方式应对。以前他常常会说一些让事情变得更加糟糕的话，例如："天气不会因为你的气恼而转晴的。""又不是我让老天下雨的，你为什么冲我发脾气？"

但是，小泽的父亲这次并没有那样说，他暗自思忖：儿子春游的愿望落空，因此很失望，并用怒气向我表现他的这种失望，只要让他感受到我很理解和尊重他的感受，我就能缓解他的情绪。于是他对小泽说："看得出来你很失望。"

小泽："我当然很失望了。"

父亲："你已经将一切都准备就绪，然而天公不作美。"

小泽："没错，正是如此。"

这时，两人都沉默了片刻，接着小泽说："不过，以后还有机会的。"他的情绪看上去好多了，在后来的时间里，他都十分平和。从前，只要小泽怒气冲天地回到家，全家人都会心烦，因为他会将怒气发泄到所有人身上，直到他睡着了，家里才能太平。

这个方法有什么独特的地方呢？它在何处发挥了作用呢？

当孩子的情绪过激时，任何人的话他们都听不进去。他们不会接受任何意见或安慰，也无法接受任何建设性的批评。此时此刻他们想要的是自己的想法和心情能够被理解，而且他们希望自己的遭遇或情绪在不完全透露的情况下，也能被理解或推测出来。

如果一个孩子向我们诉说委屈："老师冤枉我了。"我们无须过问缘由，也不必说："如果老师冤枉了你，那你肯定干了什么。

所以你到底干了什么?"我们要做的是让他感受到,我们很理解他的伤心、沮丧和气恼。

9岁的安娜放学回到家后,气冲冲地对妈妈说:"明天我不去上学了!"

妈妈:"你看上去很生气,能告诉我发生什么事了吗?"

安娜:"老师批评我了,但这件事并不是我的错,她一点儿也不了解情况,就批评了我。"

妈妈:"没有问你事情的前因后果吗?难怪你这么生气呢!"

安娜的妈妈并未对此妄下评论。因为她明白,让女儿怒气全消的最好办法就是带着理解和同情跟她说话。

还有一个例子:

10岁的陈杰愁眉苦脸地从学校回来,他抱怨说:"今天老师惩罚了我们所有人。"

妈妈:"为什么呢?"

陈杰:"有一个调皮的学生把老师的书撕了,老师不知道是谁干的,于是就罚全班人抄写。"

妈妈:"没做错事也要跟着受罚,难怪你这么难过。"

陈杰:"但是我跟老师说:'老师,我相信你能找到那个做错事的学生,所以你不必惩罚全班的人。'"

妈妈:"天哪,一个10岁的孩子竟然能够向老师提出,由于极少部分人的违纪行为而惩罚所有人是不公平的!"

陈杰:"我的话并没有起到什么作用,但至少她看起来没那么气愤了。"

妈妈:"哦,你没能改变她的决定,不过你确实改变了她的情绪。"

由此可见,陈杰的妈妈是通过认真地聆听并尊重儿子的想法,认同他的想法，对他试图解决问题的行为表示赞赏，一步步帮助儿子平息怒气的。

我们要如何了解孩子的心情呢？首先我们应当重视他们，倾听他们的想法，还要将心比心。我们要体会孩子所遭遇的这件事带给他失望、难过，并且要让孩子知道我们理解他的感受。以下表达均可发挥一定的作用：

"那确实很令人尴尬。"

"那一定让你很愤怒。"

"那时你对老师一定很气恼。"

"那一定让你很伤心。"

"对你来说今天过得真不愉快。"

可惜的是，当面对孩子不当的行为时，大多数家长意识不到这是情绪不安所造成的，纠正他们行为的前提是缓解他们的情绪。

一天，小林的妈妈下班回到家，还没来得及换鞋，小林就从卧室冲了出来，开始向妈妈抱怨他的老师："语文老师对我真是太苛刻了，她竟然要求我在明天早晨之前，背诵两首诗歌，写完一篇400字的作文，这怎么可能呢？我还有其他作业没有完成呢。她明天一定会当众大声批评我，她一定讨厌死我了！"

工作一天后已经身心俱疲的妈妈听到儿子的抱怨，立马失去了冷静，冲小林喊道："我的老板和你的老师一样可恶，但是我有抱怨过吗？怪不得老师对你这么严厉，因为你总是不能按时交作业，你就是不把心思用在学习上，不要再抱怨了，立刻去做作业，否则你永远也写不完。"

妈妈冲小林发完火后，小林愤愤不平地跑回自己的房间，锁上了房门。妈妈看到小林的反应突然清醒过来，感到有些懊悔。可是孩子的抱怨实在令她不堪忍受，此时的她不知该如何是好。

如果小林没有抱怨，而是心平气和地向妈妈诉说自己的真实感受，那么就不会发生这件不愉快的事了。他原本可以这样说："妈妈，我很害怕完不成作业，我必须背诵两首诗歌并完成一篇400字的作文，但是我很心烦，精神也不能集中。"而如果他的妈妈能对儿子表示理解和同情，承认他的困境，情况也会好很多，比如她可以这么说："原来你担心自己完不成作业，难怪你这么着急呢。"

然而，大多数情况下，无论是父母还是孩子，都没能放平心态向对方倾诉衷肠。

当孩子身处困境时，他们往往会发怒，并迁怒于他人，而这也是父母向孩子发火的起因。父母对孩子一番责备后，又会后悔自己脱口而出的话，而问题依旧没有得到解决。

如果让孩子说出自己的感受很困难，那么父母应当主动努力理解他们负面情绪背后所隐藏的伤心、失落和无助。父母不应只对孩子的举动予以回应，而应将更多的注意力放在他们的情绪上，帮助他们脱离困境。只有当孩子冷静下来时，他们才能正确地思考，做出正确的举动。

"你的想法是错误的"，这句话并不能使孩子的情绪得到缓解，父母试图说服他们"你没有理由这么做"也是毫无作用的。强行制止并不能减弱或平息他们的负面情绪，父母应当理解和同情自己的孩子，并接受他们的想法。

语言的力量是强大的，它既可以制造麻烦，也可以制造快乐。如果父母希望和孩子和谐共处，就要尊重孩子，且注意说话的方式。

允许孩子犯错，给孩子改正的机会

徐然是一个活泼好动的小男孩，他很喜欢画画。

有一次，他在画画时不小心将颜料甩在了家里白色的墙壁上，他主动向爸爸承认了错误，不料竟挨了爸爸一顿暴揍和一顿臭骂。

没过几天，徐然又失手打碎了爸爸心爱的花瓶，他想起上次被爸爸打骂的教训，在爸爸回来后，就向爸爸撒了谎："花瓶是被邻居家的小花猫碰倒的。"

爸爸相信了徐然的话，这件事就被这么糊弄过去了。

于是徐然学会了犯错后用谎话来推卸责任，孩子由诚实变为不诚实这一切都是爸爸教育不当造成的。

有的父母对孩子的错误丝毫不能容忍。但实际上，孩子犯错是再正常不过的事。孩子正是在不断犯错的过程中慢慢进步、慢慢成长的。

所以，父母要允许孩子犯错。在对待孩子的错误或过失时，务必不要过于紧张和气恼，更不要在没有弄清是非曲直之前就对孩子横加指责或者施加体罚。尤其是孩子主动承认错误后，父母应给予鼓励，然后指出错误的危害性，让孩子在鼓励声中知错改错。

孩子犯错后，心里一定会产生愧疚感，这时正是父母对孩子进行正面教育的最佳时机，借机教育能够引起孩子情感上的重视，也更易被孩子接受。当然，父母在教育孩子时要动之以情、晓之以理，重视情感的沟通，切不可讲大道理、空洞说教，令孩子产生抵触心理。"感化→说服→感化"，才是更为高明的教育方法。比如，父母可以先对孩子进行表扬："你做得很好！""你是我们的骄傲！"这就是前段的感化，因为这些语言较易被孩子接受；然后父母再指出孩子犯错的原因，让孩子不断改进，这才是教育的目的所在；最后父母再适时地鼓励孩子："如果你再认真点儿，肯定能做得更好！"这样的正面教育能够促使孩子主动反思失败的原因，降低重复犯错的概率。

上小学三年级的小燕在和妈妈聊天时说过这样一件事：一次班会上，老师让同学们说说自己都犯过什么错误，比如有没有私自拿过别人的物品等。小燕很自豪地对妈妈说，她曾拿过班长的一支铅笔，因为觉得上面的图案漂亮极了，但她在班会上把这支笔还给了班长，老师还当场表扬了她。

妈妈心里很疑惑：孩子从来没有缺过什么东西，怎么会去做这样的事？在班会上主动承认了错误，还以受到老师的表扬而感到自豪，这件事说明了什么？在和孩子爸爸讨论后，两人达成了共识：孩子尚未明白私自拿他人的物品是一种坏习惯，是不应该做的；在班会上，主动承认错误，这个举动本身是正确的，但前提是自己做了不该做的事，不应该因为承认错误受到表扬而感到自豪。小燕的父母并没有严厉地教训孩子，也没有表扬孩子，而是通过在之后日常生活中发生的一些事，让孩子懂得了这些道理。

绝大多数教育专家都持有这样的观点：父母应当允许孩子犯

错。那么对父母而言，应当怎样看待孩子的过失和错误呢？

美国宾夕法尼亚州的心理学家莱顿说："向孩子讲述你自己曾经犯过的错误，承认错误，向其解释犯错的原因，并告诉他们，你会通过何种方式避免下次再犯。"

心理学家塞奇斯对父母们说："从犯错的痛苦中走出来，不要总揪着孩子的把柄不放，应该对孩子拥有改正错误的信心和勇气表示赞赏。"

在允许孩子犯错的前提下，父母还要给予其改正错误的机会。父母要静下心来倾听孩子的内心，和孩子一起找出错误的根源。

倘若孩子是在尝试新事物的过程中出现了错误而导致失败，父母应该根据出错的具体原因帮助孩子找到克服的方法，并鼓励孩子重新来过，在不断尝试中培养并增强孩子的自信心。比如，孩子想要帮妈妈洗盘子，却失手打碎了盘子。遇到这种情况时，父母切不可打骂孩子，而应该告诉孩子怎样做才能将盘子洗干净而不会将其摔破，接着鼓励孩子"这次做得很好"或者"不要气馁，再认真一点儿就好了"。

父母在鼓励孩子时，言辞要得当，态度要真诚，切不可对孩子抱有怀疑或者不认可的态度。有的妈妈说："我尝试过给孩子鼓励，可孩子却把我对他的鼓励当作哄骗。"这其中的原因不难猜出，这位妈妈可能平时总是批评、否定孩子，所以在鼓励孩子时也习惯性地带着否定的眼光，孩子自然觉得妈妈并不是真心鼓励自己，这样的鼓励也就无法发挥作用。

在日常家庭教育中，父母要用全面的、发展的眼光去看待孩子，时刻秉持着此种教育观念，就不会因孩子一时的失误或行为不当而火冒三丈了。

父母在面对孩子的错误时，不要一味地埋怨和奚落孩子，要反思自己犯错误时的情形，平心静气地对孩子说："我也犯过类似的错误，让我来告诉你解决这个问题的方法。"然后让孩子从失败和错误的痛苦中走出来，从而帮助他们建立战胜困难的自信。

孩子的朋友同样珍贵

每个人的童年都是美好的，为人父母的我们也不时会回忆起童年的趣事以及儿时的朋友。童年时期的朋友让我们收获了最纯真的友谊，即使长大后我们也依旧将其视为自己最宝贵的财富。父母自身的经历足以证明：孩子需要朋友，孩童时代的友谊同样珍贵。缺失朋友的童年是孤独的，缺失朋友不利于孩子的身心发展。

因此，父母应当珍视、赏识和尊重孩子的朋友，让孩子在收获友谊的同时养成团结友爱以及互帮互助的美好品质。

有这样一个案例：

倩倩的好朋友王萍常常来倩倩家玩。可是，每次王萍走后，家里都会变得十分杂乱，玩具摆得到处都是。一次，爸爸对倩倩说："王萍每次来家里，都会把屋子弄得乱糟糟的，这种孩子太不讨人喜爱了，你千万不要跟着她学。"爸爸的这番话令倩倩很不高兴，她皱着眉头对爸爸说："你不可以这样说我的朋友！"说完就满脸愠色地走出了房间。

过了两天，王萍又来找倩倩玩，爸爸立即喝令倩倩不许开门，门外的王萍隐约听见了屋内的对话，委屈地走了，从此再也不来找倩倩玩了。

倩倩为此伤心了很久，还好长时间不理爸爸。

还有一个案例：

楠楠有个坏习惯，就是总把自己的物品胡乱摆放，结果到用的时候就很难找到。后来，他认识了小区里一个叫琪琪的小女孩，两个人在一起玩得很开心。楠楠的妈妈发现琪琪很爱整洁，总是将自己的物品摆放得整整齐齐。

一次，妈妈问楠楠："你和琪琪是好朋友吗？"楠楠回答："是啊！""好朋友之间应当互相学习，你看琪琪多么爱整洁，她的物品从来都是井井有条的，你能做到吗？如果你做不到，以后琪琪可能就不再和你做好朋友喽。"

没过多久，楠楠果然将乱摆乱放的坏习惯改掉了，把自己的物品收拾得整整齐齐。

由以上两个案例可以看出：父母赏识和尊重孩子的朋友，支持孩子的社会交往，不仅能够让孩子感受到父母对他的尊重而更加信赖父母，还能促使孩子与朋友和谐交往，促进他们互相学习，共同进步。

尊重孩子的朋友对孩子的成长还有很多好处：

第一，通过对孩子朋友的优点表示赏识，促使孩子主动向朋友学习，不断完善自己。

第二，孩子能够在与朋友交往的过程中增强社交能力。

孩子们在玩游戏时，通常用出手心或手背的方式来决定"警察""小偷"等的人选。这是一种简单的机会均等的民主手段，可以让孩子建立基本的公平意识。孩子们经常玩"过家家"的游戏，每个孩子分角色演绎家庭生活中的点滴小事，比如买菜、煮饭、睡觉、串门、走亲戚等。这是成人社会现象在孩子社会中的折射，"过家家"的游戏能让孩子增加社会知识，锻炼孩子的社交能力。

第三，孩子能够通过与其他孩子的交往培养出群体意识，从而克服自身过强的个体意识。朋友之间的群体活动能够使孩子改掉自私自利的坏毛病，促使其遵从群体活动规则，认识到人人都是平等的。如果只为自己考虑，就会遭到朋友的排斥，不会再有人和他交往，这会促使孩子最终向群体规范"举白旗"。"合群"是孩子应该具备的一项重要的品质和能力，这不是父母能够以口相授的。

因此，父母应当支持孩子多交朋友，并对孩子的朋友表示赏识和尊重，促进孩子友谊的发展。

当孩子交到朋友时，父母要及时发表正面的评价，比如："真高兴你交到了新朋友，你的朋友看起来很优秀，你们要互相关心，互相学习。""听说你最近交了一个很出色的朋友，她都有哪些优点呢？"

如果孩子尚未交友，则应为孩子寻找交友渠道。比如鼓励孩子和小区里的小朋友一起玩，教会孩子与新朋友分享玩具等，并适时地了解孩子与其他小朋友交往的情况，帮助孩子分析并做出选择。

除此之外，要热情邀请孩子的朋友到家里来，并把孩子的朋友当作自己的朋友来对待。当孩子的朋友来到家里时，父母应该说："我们的好朋友来啦，欢迎欢迎。"或者"我的孩子能交上你们这样的朋友，我真是太高兴了！"鼓励孩子热情接待他们，同时把你对孩子朋友的支持和赏识在他们面前表现出来。

【自查反思】

请根据目前您和孩子的关系对以下所述各项情况进行判断，并根据与实际情况的符合程度在星星中涂上阴影，一颗星表示"完全不符合"，两颗星表示"不太符合"，三颗星表示"一般"，四颗星表示"比较符合"，五颗星表示"完全符合"。

1. 孩子似乎总是跟我对抗。

☆ ☆ ☆ ☆ ☆

2. 在需要帮助时，孩子不愿意向我求助。

☆ ☆ ☆ ☆ ☆

3. 孩子在其实并不需要帮助的时候也会向我求助。

☆ ☆ ☆ ☆ ☆

4. 孩子会经常将周围发生的事情讲给我听。

☆ ☆ ☆ ☆ ☆

5. 我很容易就能察觉到孩子的感受。

☆ ☆ ☆ ☆ ☆

6. 当我与孩子有肢体接触时，孩子会觉得不自在。

☆ ☆ ☆ ☆ ☆

7. 我很少打孩子。

☆ ☆ ☆ ☆ ☆

8. 我经常用"笨""懒""丑"之类的词语批评孩子。

☆ ☆ ☆ ☆ ☆

9. 在决定与孩子相关的事情前，我会询问并尊重孩子的意见。

☆ ☆ ☆ ☆ ☆

10. 我经常会对孩子说："爸爸（妈妈）都是为你好。"

☆ ☆ ☆ ☆ ☆

第二章

品德教育是孩子为人的根本

善良与品德兼备，犹如宝石之于金属，两者互为衬托，益增光彩。

——萧伯纳

环境造就品德

著名教育实践家苏霍姆林斯基说过："家庭是孩子的第一所学校，父母是孩子的第一任老师。"为了让孩子从小拥有良好的品德，父母应该给孩子提供一个良好的学习环境。

良好的家庭环境，主要是指优良的家庭风气，会对孩子的成长产生积极的影响。要想形成优良的家庭风气，每一位家庭成员都要有良好的道德观念，具备团结互助、诚实守信、尊老爱幼、勤奋好学、谦虚礼让等品质。

中国有句俗话叫"三岁定终生"。它的意思是说，早在生命初期，人的认知能力就在逐渐形成，会对我们未来的学习、事业和健康产生重大影响。虽然科学家们还在争议，决定人性格的究竟是基因还是环境，但不可否认，环境对人的成长产生了巨大影响。

哈佛大学的社会学家们做了一项长达 7 年的研究，研究对象是芝加哥郊区的 2000 名儿童，他们的年龄为 6~12 岁。社会学家们总结了一些影响孩子智商的因素，包括家庭收入、种族成分、福利状况等，通过调查研究发现，那些学习成绩好、智商高的孩子往往是在良好的环境中长大的。这种良好的环境主要指家庭环境，包括较高的物质生活水平、父母的和睦相处等。

由此可见，要想让孩子拥有美好的未来，只靠良好的物质基础是不够的，还要给他们营造一个和谐的环境。环境会直接影响孩子的个性形成和发展，这里的环境指的是家庭环境和地区环境。

一个人未来的命运如何，家庭环境起到决定性作用，这是人们达成的共识。但是地区环境的作用也不可小觑，它对孩子的健康成长有着重大的意义，会影响孩子的性格形成和行为习惯。

有一点必须强调，这里提到的地区环境并不是指高原或盆地这样的地理环境，也不是指阳光、雨露、寒风、雷电等自然现象构成的自然环境。地区环境指的是社会角度的地区社会或共同社会，它和家庭、孩子之间结成了特殊的关系。

当孩子和周围的孩子或者和学校的同学玩耍时，他的活动范围便会扩大。随着活动范围的扩大，孩子接触的人和事也会逐渐增多，从而影响孩子的成长。

而且，当孩子和邻居的孩子玩耍时，父母自然就要多和邻居接触。从这个角度来说，孩子充当了家庭和社会连接的桥梁。

另外，对生活在农村的家庭来说，大人和街坊邻居的关系本来就很好，孩子和邻居的孩子之间更是亲密无间。

总而言之，地区环境或多或少都会影响家庭和社会的关系，这种关系的好坏程度，也将影响孩子的人格形成。换句话说，孩子一生下来就和社会环境形成了一定的关系，他不会像鲁滨孙那样独自生活。

因此，孩子的家庭处于怎样的地区环境，孩子就会有怎样的生活。也就是说，地区环境对孩子的成长意义重大。

父母是选择地区环境的主要决策者，由于女性往往比较细心且有耐心，母亲通常决定了地区环境的选择。在选择地区环境时，通常要遵循以下原则：

（1）地区环境中人的选择

人的选择可以分为两种情况，一种是选择孩子接触的同龄人，另一种是选择孩子接触的不同龄人。

除了父母之外，孩子和同学或朋友相处的时间最长。因此，孩子接触的同龄人会不可避免地影响孩子的性格、习惯。例如，一些关系亲密的朋友往往拥有相似的性格和观念。因此，父母在选择地区环境时，要给孩子选择品德高尚的接触对象。相对来说，那些和孩子不同龄的人对孩子的影响就小多了。但是父母不可掉以轻心，因为孩子喜欢模仿大人做事。如果大人的品德高尚，就会引导孩子朝好的方向发展；如果孩子身边的长辈没有高尚的品德，就会对孩子的个性发展产生不利的影响。

（2）地区环境中非人因素的选择

地区环境中的非人因素主要指社会风气、文化氛围等。良好的社会风气有利于培养孩子的优秀品质，优秀的文化氛围则能提高孩子的思想文化修养。

需要注意的是，地区环境中的非人因素往往不易被人察觉，因为它对孩子的影响是潜移默化的。这就需要父母细心观察，充分借助周围环境的有利因素，让孩子健康快乐地成长。孟子是我国古代著名的思想家、教育家和政治家，他能取得如此巨大的成就离不开母亲的悉心教导。为了给孟子寻找好的地区环境，孟母不厌其烦地搬了三次家。

孟子很小的时候，父亲就去世了，他和母亲相依为命。起初，他们住的地方离墓地很近。孟子看到别人办理丧事，觉得很有趣，就跑去看热闹，甚至和邻居家的孩子玩起了办丧事的游戏。孟子的母亲看见了，觉得这个地方不利于孩子成长，就将家搬到了集市旁。

这回，孟子又跑到了集市上玩耍，还和邻居家的孩子玩起了做生意的游戏。孟子常常玩到很晚才回家，母亲多次劝说都不管用，他还是一吃完饭就往集市跑。孟子的母亲没有别的办法，为了让儿子有一个好的成长环境，她又搬了一次家。

这一回，孟子的母亲把家搬到了学堂附近。孟子每天都能在家里听到朗朗的读书声，他非常好奇，就偷偷跑到学堂去看。学堂里的先生经常讲一些孟子不知道的事情，孟子非常感兴趣，于是，去得越来越勤。没过多久，孟子的母亲发现儿子有了变化，他不仅对大人有礼貌，而且举止文明，她觉得这次的家搬得非常正确。如果孟母一开始就对儿子所处的地区环境放任不管，孟子很可能会一直改不掉贪玩的个性，也无法成为伟大的思想家、教育家和政治家。

正如贝多芬所说："我们应该记住这一点：给孩子提供一个充满美德和善行的成长环境，把美德、善行推荐给你的孩子们，能给人们带来幸福的只有它，而不是财富。"

礼貌是一个人的基本素养

父母们都知道一个道理，礼貌是人与人沟通的前提。那么，你的孩子是不是一个人见人爱的小宝贝呢？你有没有教会孩子礼貌待人呢？

一个懂礼貌的孩子更容易被大家接受和欢迎。为了让孩子成为讨人喜爱的"小天使"，能够更好地融入集体和社会，父母应该从小就培养孩子礼貌待人的好习惯。懂礼貌不仅能让孩子和他人和睦相处，也是父母进行家庭教育的基础。

下面是一个有关礼貌的小故事，我们通过阅读了解一下，礼貌到底对孩子有多重要。

俊俊今年6岁了，是一个活泼好动的小男孩，但他有一个问题让妈妈很头疼，那就是不懂礼貌。于是，妈妈下定决心要在日常生活的琐事中教会俊俊懂礼貌。

一天，俊俊想喝可乐了，就冲着妈妈大喊大叫："我想喝可乐，快给我拿可乐！"

妈妈假装没听见，希望俊俊懂得礼貌用语。

俊俊喊了好几遍，但是妈妈根本不搭理他，就跑到妈妈身边问："妈妈，你没听到我想喝可乐吗？"

妈妈说："我听到你喊了，但是我不清楚你究竟在喊谁，我还以为你在喊爸爸呢!"

俊俊拽着妈妈的手说:"妈妈,给我拿可乐。"

"你这样说不对。"

"为什么不对呢?"

"你应该说:'妈妈,您可以帮我拿可乐吗?'"

俊俊重复了这句话,妈妈微笑着帮他拿来了可乐。

俊俊很快就喝光了一杯可乐,他把杯子随手放在桌子上,然后转身要出去玩。可是妈妈拦住了他,指着杯子说:"还没完呢!"

俊俊看了一眼杯子,眼睛瞪得大大的,说:"我已经喝光了,一滴不剩。"

妈妈说:"我知道你喝光了,但是还没和妈妈说'谢谢'呢。"

"为什么我要说谢谢呢?"

"别人帮助了你,你就应该说一声'谢谢',这才是有礼貌的好孩子!"

俊俊妈妈就是这样在日常生活中教儿子礼貌待人的。

像俊俊一样不懂礼貌的孩子还有很多,他们的父母肯定非常头疼。例如,家里来了客人,孩子不知道和客人打招呼,爸爸便带着不满的口吻对孩子说:"怎么不知道和叔叔问好呢?没礼貌!"儿子扭头看了客人一眼,什么都没有说,低着头跑进了自己房间,让爸爸和客人十分尴尬。

这样的教育范例实在太失败了。

对于知识的教育,孩子大一些再教也不迟,然而对文明礼貌的教育,却是越早越好。一旦孩子在幼年时代没有形成讲礼貌的好习惯,长大后再纠正就会很难。孩子的行为和品德塑造主要应该在幼年时进行,因此父母应该尽早培养孩子文明礼貌的习惯。

那么,父母应该怎样让孩子学会讲文明、懂礼貌呢?不妨参考下面这些建议：

（1）树立榜样

任何人都不可能一生下来就懂礼貌，孩子的为人处世之道都是后天学会的。因此，父母是否善于教育孩子，从孩子的礼貌程度就能看出来。

模仿身边的事物是孩子与生俱来的能力，父母便是孩子最早的模仿对象。要想让孩子拥有礼貌待人的品质，父母应该从自身做起，从身边的小事做起，把讲礼貌落实到行动中，给孩子树立一个好榜样。

（2）不要打发孩子

当家里来了客人时，有些家长认为孩子年龄小，待在大人中间太碍事，就让孩子回到自己房间或者出去玩，其实这种做法是错误的。

孩子拥有参与社会交际的权利，他们虽然年龄小，但是也渴望和亲朋好友接触、交流。如果父母经常不理会孩子，既会伤害他们的自尊心，又可能让孩子习惯于对客人不闻不问，难以养成讲文明、懂礼貌的习惯。

（3）不要教条主义

父母总是不厌其烦地劝导孩子要礼貌待人，可是简单的说教很难让孩子牢记在心。即便孩子真的记住了，在需要礼貌说话时，他也可能因为胆怯、羞涩等原因说不出口。

因此，父母不要一味地口头要求孩子讲文明、懂礼貌，应该多设置一些真实场景，多带孩子和他人接触，引导孩子主动说话。这样做可以将理论和实践相结合，让孩子懂得讲文明、懂礼貌的重要性。

（4）不要强迫孩子

父母不能因为孩子年龄小，就忽略其独立思考的空间，试图掌控孩子的一切。

很多父母会强迫孩子礼貌待人，这样的方式非但不能达到目的，反而容易使孩子产生逆反心理。例如，父母在街上偶遇多年未见的朋友，便强迫孩子跟朋友打招呼。如果孩子拒绝了，父母就生气地指责孩子不懂事。

这种教育方式显然是错误的。父母要从小培养孩子懂礼貌的好习惯，但是不能心急，因为任何习惯的形成都需要漫长的过程。如果你的孩子现在依然很腼腆，应该明白这是正常现象，不要强迫孩子做自己不喜欢做的事，应该动之以情、晓之以理，让孩子逐渐明白懂礼貌的意义。

教育孩子一定要有足够的耐心，当孩子做不到文明礼貌时，父母不要一味地呵斥和强迫，应该学会因势利导，和孩子共同努力。只要教育方法得当，孩子早晚会成为人见人爱的"小天使"。

勤俭节约并不是应该被淘汰的品德

　　勤俭节约有利于提高孩子独立生活的能力，还可以充分发挥家里各种东西的价值，它既是对父母劳动的尊敬，又是对创造财富的劳动者的尊重。

　　爱默生曾经说过："节俭是你一生中享用不完的美丽宴席。"这句话告诉我们，勤俭节约可以让人受益终身。可是，现如今，很多孩子却都存在花钱大手大脚的问题，他们对勤俭节约嗤之以鼻。在这个物质丰富的时代，如何让孩子抵制各种诱惑，树立正确的消费观和价值观，是所有父母都要重视的问题。

　　一个女孩跟着父母走进一家服装店，她看到一套某明星代言的运动衣，迫不及待地跑到试衣间试穿。几分钟过后，她从试衣间出来，要求父母给她买下这套衣服。母亲皱着眉说："你自己的这身衣服不是上周刚买的吗？"女孩却说："我那套衣服已经落伍了，同学们现在都喜欢这一套。"父亲摇了摇头，拿出银行卡买下了女儿手中的运动衣，然后对妻子说："现在的孩子根本不懂得节俭，我前几天批评她花钱如流水，她却理直气壮地说'不花钱怎么能学会赚钱'。"

　　一位正在读高二的男生说："我家的经济状况一般，虽然父母收入微薄，但是他们在我身上花钱却很大方。我穿的这双鞋，竟然花了爸爸一个月的工资！"对于主动为自己高消费的父母，儿子竟然心存不满，他说："爸爸妈妈平时在自己身上花钱非常节俭，但是到了我身上却经常'打肿脸充胖子'，明明几十元就能买一双差不多的鞋，非要拉着我到专卖店买名牌球鞋，让我觉得非常尴尬。"

社会主义荣辱观告诉我们："以艰苦奋斗为荣，以骄奢淫逸为耻。"这句话指出了艰苦奋斗、勤俭节约的重要性，它不仅是全社会必须重视的品德锤炼和价值构建，更是中华民族的传统美德和民族精神的精髓。在生存环境比较恶劣的过去，人们非常重视艰苦奋斗的精神；在生活日益改善的现在，艰苦奋斗的教育却常常被忽视。尤其是在一些经济状况比较好的家庭中，父母往往对孩子有求必应，艰苦奋斗的教育常常被抛之脑后。

毛泽东就非常重视对孩子的勤俭教育。据载，如果子女将饭粒掉在了桌子上，他会要求孩子将饭粒拾起来吃掉。为了让孩子懂得农民耕种的辛苦，从小养成勤俭节约的好习惯，他会在孩子面前背诵"锄禾日当午，汗滴禾下土。谁知盘中餐，粒粒皆辛苦"的诗句。

我们再来看下面的一个小故事：

一对年轻夫妇带着刚上小学的女儿逛街，在街上遇到一位卖鲜花的老奶奶。父亲给了女儿一些钱，让她买20枝鲜花。女儿虽然不理解父亲为什么要买这么多鲜花，但还是照做了。当她把20枝鲜花拿回来时，父亲给她出了一个难题：按原价把这20枝鲜花卖出去。在父母的帮助下，女儿花了很长时间才将鲜花卖完。此时女儿感觉自己口干舌燥、筋疲力尽。接着，父亲让女儿去问卖鲜花的老奶奶，卖一枝鲜花可以赚多少钱。原来卖花的利润并不高，女儿算了算，卖20枝也赚不了多少钱，而且既费时间又费口舌。于是，女儿抬起头说："爸爸、妈妈，原来赚钱这么难啊，我以后再也不乱花钱了！"母亲轻轻将女儿抱起来，称赞她是个聪明懂事的好孩子。后来，这个女孩就养成了节俭的好习惯。

这个故事是真实的，那位父亲经过认真思考，给女儿创造了亲自赚钱的机会，让女儿明白了节俭的原因，达到了很好的教育效果。要想培养孩子勤俭节约的好习惯，父母可以试一试下面几种方法：

（1）让孩子自己的事情自己做

有些家长奉行"再穷也不能穷孩子"的育儿原则，这种教育观念不利于培养孩子勤俭节约的习惯。孩子成长的关键是学会认识生活的本来面目，逐渐适应外面的世界，而不是整天待在父母营造的舒适环境中，只知道享受和挥霍。

对于那些孩子能够自己完成的事情，父母不要一味地包办代劳，而应该放手让孩子独立完成。即使是比较有挑战性的事情，父母也不要因为担心累坏孩子而不让他尝试。多给孩子一些锻炼自己、体验生活艰辛的机会，有利于孩子独立自主能力的培养，这样才能更好地应对未来的挑战，享受美好的生活。

（2）不可忽视劳动环节

劳动是培养孩子艰苦奋斗精神的最好切入点。一些发达国家的生活条件比我们优越，但是他们仍然很重视培养孩子的劳动意识。在西方国家，很多家庭非常富裕，父母依然常常安排孩子体验父辈们做过的苦活累活，例如，从井里挑水、用石磨磨豆子、用木柴生火等。在日本，家长在孩子外出旅行前，总是让孩子自备帐篷和行李，便于孩子在野外宿营。这些家长不只是为了提高孩子的劳动能力，还为了让他们从原始的劳动中受到启发，培养孩子艰苦奋斗、勤俭节约的美德。这些父母的教育理念和方式值得我们借鉴和学习。

为了提高孩子的劳动意识，培养孩子吃苦耐劳的精神，父母还可以让孩子经常参加一些社会公益活动，比如陪孤寡老人聊天、主动打扫社区卫生等。

（3）要重视消费教育

随着人们生活水平的提高，追求生活品质已成为一种风尚，父母给孩子花的钱也越来越多。很多孩子是纯粹的消费者，没有体验过赚钱的不易，需要钱时就向父母索取，养成了花钱大手大脚的坏习惯，再加上和同龄人的盲目攀比，对名牌、时尚的过度追求，奢侈浪费现象层出不穷。

因此，父母不能过分宠爱孩子，应尽早对孩子进行消费教育，帮助孩子培养正确的消费意识和理财观念。

（4）家长要做到言传身教

有的家长常常教育孩子要勤俭节约，自己却大手大脚地花钱；有的家长要求孩子艰苦奋斗，自己却贪图安逸、追求享乐。父母如果自己都做不到勤俭节约，怎么能让孩子做到呢？父母总是口头上说要节俭，可是实际表现出来的却很奢侈，这会让孩子对父母的话产生怀疑，产生"勤俭节约只是做样子"的误解。

在日常生活中，父母的观念和行为很容易被孩子效仿。因此，抵制奢侈生活的巨大诱惑，树立良好的消费观念，养成理性消费的习惯，需要家长和孩子共同努力。当孩子消费时，父母应该给出合理的建议，比如孩子想买某件衣服，父母可以给孩子提供合适的款式、品牌，让孩子学会在自己经济承受范围内适度消费。另外，父母在为自己选购衣服时，也要做到理性消费，起到良好的示范作用。

　　每一位家长都应该意识到，艰苦奋斗精神永远都不会过时，让孩子学会勤俭节约是世界性的共识，也是孩子成就非凡事业的必备品德。

感恩——孩子成长的必修课

感恩是一种生活态度，也是让人与人之间能够充满凝聚力的内在力量；感恩是一种世界观，也是人与人友好相处的准则。既然感恩如此重要，父母就应该从小培养孩子的感恩意识，教孩子学会感恩国家、感恩父母、感恩老师、感恩朋友。人类之所以能很好地在地球上生存，离不开彼此的帮助和支持，我们有必要对他人和社会心怀感恩。

有些父母总是对孩子说："长大后要好好报答爸爸妈妈。"孩子听后会错误地认为，感恩是未来的事情，和现在没有任何关系。其实，教育孩子感恩应该从身边的小事做起。在家庭生活中，父母可以有意识地教孩子做一些表达感恩的事情，例如：父母过生日时，让孩子准备一张生日贺卡，表达对父母的祝福；父母帮助孩子解决了问题，要让孩子学会表达感谢等。懂得感恩的孩子知道关心父母，能够在感恩的过程中体验生活的快乐。

让我们先来听一个故事：

老刘是三个孩子的父亲，他家只有小儿子刘灿明考上了大学。为了给小儿子赚学费和生活费，老刘辛苦赚钱，刘灿明知道父亲赚钱不容易，却还是没有好好学习。他整日泡在网吧，大学三年挂了12科，最后被学校强制退学了。这三年刘灿明没回过一次家，最后，老刘在电视台记者的陪同下找到了小儿子，他热泪盈眶地呼唤儿子的小名，周围的记者都情不自禁地落泪了，可是小儿子一点儿反应都没有，反而和记者说："我爸居然打电话说再也不给我生活费了，他真是一个无情的人……"

很多家长听了这个故事都会无比震惊，觉得这样的事情跟自己没有关系，自己的孩子虽然有时也不听话，但是绝不会表现得这么极端。其实，类似的事情就发生在我们身边，而且极端的情况也是从不起眼的小事发展起来的，希望各位家长能从这个故事中体会到感恩教育的重要性。

孩子上学的时候，多少父母省吃俭用，只为了让孩子在学校吃好、穿好。可是父母有没有想过，孩子拿着父母的血汗钱做了什么？当父母不在身边时，很多孩子偷偷溜进了网吧、歌舞厅、游戏厅。当父母好言相劝时，他们往往表现得毫不在乎，甚至和父母顶嘴，根本认识不到自己的错误。

遇到类似的情况，很多父母会对孩子很失望，然后因为抑制不住怒火而责骂、打罚孩子，却很少会去思考自己教育方式的正确与否。

父母对孩子的爱是出自本能的，不需要子女的任何回报。为了让孩子过上幸福的生活，他们可以倾尽一切。现在的孩子大多是独生子女，父母舍不得让他们受苦受累，即使遇到再大的困难，父母也要替孩子解决，保证孩子吃得好、穿得好。孩子从小生活在舒服的环境中，很少分担家庭责任，会认为父母做这一切都是理所应当。其中一些孩子，只要遇到困难就会觉得世界对自己不公平，这都是父母教育不当造成的。孩子从小过着无忧无虑的生活，习惯了无条件地接受父母的爱，长大之后就会认为他人和社会也应该无条件地照顾他。父母不求回报的爱，反而助长了孩子自私自利的心理。

因此，爱孩子要适度。换句话说，在教育孩子的过程中，父母既要让孩子感受到爱，又要让孩子学会感恩，让他们对父母和爱自己的人表示感谢或回报。感恩是孩子健康成长的必修课，也是一种必备的美德。对父母来说，让孩子学会感恩是教育孩子的重要内容，也是爱孩子的一种表现。在日常生活中，多给孩子讲一些有关感恩的故事，引导孩子用实际行动回报父母。教孩子学会感恩也不是一朝一夕就能完成的事，父母必须掌握合适的方法，比如：

（1）从日常小事中给孩子树立榜样

感恩不能只停留在口头上，父母应该为孩子树立好榜样。生活中的小事看起来微不足道，实际上更能影响孩子的成长。在放假期间，父母可以抽空带着孩子去看望爷爷奶奶和姥姥姥爷；在老人过生日时，教孩子给老人准备生日礼物和祝福语；和老人吃饭时，父母要以身作则，让老人先吃；有人给家里送来稀有食物，父母要教导孩子给老人留一份；在外地过节时，要懂得给老人打电话表示慰问等等。"榜样的力量是无穷的"，父母对长辈的态度和言行，会在潜移默化中影响和感染孩子，孩子会思考和效仿对应的言行，并在将来某一天回报在父母身上。

（2）引导孩子感谢帮助和关心自己的人

感恩可以从生活中的小事做起。父母可以给孩子讲一些具体的感恩方法，例如：给忙碌了一天的父母洗脚、给生病的父母递热毛巾、对给自己让座的陌生人表示感谢……

李女士带着儿子小斌到公园练习跳绳，在她的耐心教导下，儿子一分钟可以跳 100 多个。回家之后，儿子对李女士说："妈妈，我现在已经很厉害了，一分钟可以跳 110 个，马上就超过你了。等我超过了你，你要奖励我一个玩具。"李女士想：可不能让孩子得逞，如果以后稍微有点成就就跟我要奖励，那不是惯坏孩子了吗？于是，她摇着头说："不行，妈妈不能答应你，因为你的要求不合理。你仔细想一想，明明是妈妈教会你跳绳，你非但不给妈妈奖励，还反过来让妈妈给你买玩具。"李女士本来只是随口一说，没指望 6 岁的儿子能理解，可是小斌好像听懂了，认真地说了一句："谢谢妈妈！"儿子的一番感谢让李女士感到很幸福，之后便引导儿子感谢每一个关心和帮助过自己的人。比如，告诉儿子这本书是舅舅送给他的生日礼物，要感谢舅舅；这双鞋是爸爸给他买的，要感谢爸爸；他丢失的钢笔是同桌阿诚找到的，要感谢同桌……在李女士的引导下，小斌逐渐学会了感恩。

华罗庚曾经说过："人家帮我，永志不忘；我帮人家，莫记心上。"父母应该教育孩子知恩图报，在感谢他人帮助的过程中提高自己的道德修养。

（3）给孩子"回报"的空间

有些孩子想帮父母做一些事，可是父母却因担心影响孩子学习而拒绝了。父母重视孩子学习可以理解，但是不能忽视孩子的品德教育。因为让孩子学会做人，比让孩子拥有好的学习成绩更加重要。懂得付出和回报的孩子，才懂得珍惜和体谅，才能在人生路上走得更远。

在培养孩子感恩意识时，父母要学会给孩子创造感恩的机会，提供足够的"回报"空间。对于一些力所能及的事情，可以让孩子独立完成。比如，让孩子做一些家务活，整理自己的玩具、清洗自己的手帕、倒垃圾等。父母千万不要担心会使孩子受累，因为这是在帮孩子学会分担责任，懂得理解和体谅父母。如果孩子什么事都不做，整天被人捧在手心，永远不可能具备独立做事的能力，很容易被现实打败。

失去了责任心，就是失去了打开成功大门的钥匙

生活中有一些孩子，他们聪明能干、机智过人，可是学习成绩很一般，常常因为做事出现纰漏而失败。事实上，缺乏责任心是导致他们做事出现纰漏的主要原因。

小石和小木在学校很有名，被称为"木石天才"，他们一起发明了很多小玩具，例如飞机模型、巨型机器人、螺旋飞镖等。有一回，学校举办了一场创意大赛，旨在提高孩子们的动手能力和想象力。这次比赛允许学生寻找一名搭档，只要参赛作品能够入选，两个人都可以获得奖品。

看了比赛规则后，小石和小木非常开心，他们坚信自己一定能做出让评委满意的作品，将冠军奖励带回家。

两个人认真讨论了一段时间，打算做一个"微型鸟巢"。这个"微型鸟巢"的外形酷似真实的"鸟巢"，里面有一个小小的音乐盒。按动按钮后，盒子里面的国旗就会伴随着国歌冉冉升起，令人感到震撼。

半个月之后，小石和小木完成了作品，只要在第二天交给老师就可以进行评选了。小石本以为他们的作品能够获得冠军，却没想到小木第二天早上迟到了，因为他前一天晚上玩游戏玩得太晚。等到小木带着"微型鸟巢"来到学校时，比赛已经结束了。

就这样，小石和小木半个月的心血白费了，只能眼看着别人领走大奖。小石因此非常生气，决定以后再也不跟小木合作了。

这个事例告诉我们，一个人想要成功就必须具有责任心，否则很容易在关键时刻掉链子，把本属于自己的成功拱手让给别人。

在孩子小的时候，父母就应该有意识地让他多承担责任，把自己应该做的事情做好，从而培养孩子的责任心。责任心是一个人在社会上立足不可或缺的东西，也是他成就非凡事业的必要条件。可是很多父母对此掉以轻心，只是过分关注孩子的智力培养。

孩子因为年龄小、缺乏经验，经常会犯一些错误。比如，因为粗心大意而做错了题、一时冲动伤害了别人、不小心弄坏了别人的东西等。遇到类似情况，很多父母会生气地责备孩子："你怎么这么不小心？还不快给人家道歉！"孩子被父母批评之后以为什么事都没有了，既没有认识到自己的错误，又不用承担任何责任，该玩就玩，该吃饭就吃饭。父母反而像是犯了错误的人，留在那里给对方赔礼道歉。父母的做法看似是在为孩子解决问题，实际上是把孩子履行责任的机会剥夺了，从而导致孩子缺乏责任意识。

一个小男孩在踢足球时把邻居家的玻璃踢碎了，邻居让他赔偿12美元。小男孩主动向父亲承认了错误，希望父亲帮他赔偿那12美元。父亲对他说："我可以帮你先垫付12美元，但是一年之后你必须还我。"于是，小男孩走上了艰苦打工的道路。半年之后，他赚够了12美元，把这笔钱交到了父亲手上。

这个小男孩当时只有11岁，后来却成了美国第40任总统，他就是里根。他通过自己的劳动承担了打碎玻璃的过失，因此明白了什么是责任。

但是，还有这样一位父亲：

他的儿子由于聚众斗殴被警察拘留，需要赔偿伤者一万元医疗费。可是家里根本拿不出这么多钱，他只好跟亲戚朋友借，给儿子补上了这个窟窿。但是儿子没有迷途知返，后来又因抢劫杀人罪锒铛入狱。

让11岁的儿子打工偿还借款，里根父亲的做法看起来有些不近人情，实际上却是爱孩子的表现。当孩子犯了错误的时候，其实也是父母教育孩子的一个好机会。只要孩子有能力，父母就应该让他承担责任，不要什么事都由父母包揽。否则，孩子不会认识到自己的错误，还可能继续犯错。

从表面上看，后面那位父亲也在爱自己的儿子，但是这种爱却葬送了儿子的未来，甚至使其付出了生命的代价。儿子犯了错误，本该为自己的过失负责，父亲反而要承担责任，无形中剥夺了儿子履行责任的机会。久而久之，儿子会对自己的错误视而不见，误以为父亲会为他解决一切问题。

因此，每一位家长都应该意识到，培养孩子的责任心格外重要。为此，父母可以从身边的小事做起，从生活和学习两方面着手。

（1）让孩子明白什么是责任

孩子没有责任感让很多家长十分发愁，聪明的家长不会一直抱怨，而是积极想办法培养孩子的责任心，其中一个办法是：对孩子负责任的行为给予鼓励。

灵儿6岁时，忽然对扫地非常感兴趣，只要看到家里的地板上有垃圾，她就拎起扫帚扫地。每次爸爸都夸她能干，还在街坊邻居面前称赞她，鼓励她积极参与家务劳动。灵儿因为自己扫地受到称赞而感到自豪，于是更加积极主动地承担力所能及的家务。到现在，灵儿充当家里的"清洁小卫士"已经6年了。

其实每一个孩子都具有一定的责任意识，他们会在某些时候表现出来。如果父母足够重视，就会培养孩子的责任意识，鼓励孩子勇于承担责任，让孩子明白负责任是值得赞赏的品质。时间久了，孩子就会将负责的行为延续下去，形成良好的习惯。

（2）给孩子树立一个好榜样

有些家长工作一天后很累，回家之后就不想和孩子沟通了，只顾看电视、玩手机；有些家长觉得照顾小孩子太辛苦，以工作忙为借口，让爷爷奶奶照顾孩子，半年才见孩子一次；有些家长对自己的父母不孝顺，老人生病住院了既不出医药费也不去探望；有些家长没有责任感，不论遇到大事小事，总是推三阻四……父母的这些行为会影响孩子对事情的认知和态度，父母起不到带头作用，孩子也不会有责任感。如果这时父母强求孩子承担责任，他会不服气，以父母都做不到为借口再三推脱。因此，家长要在日常生活中严格要求自己，只有自己拥有强烈的责任意识，才能更好地教育孩子，让孩子明白负责任的原因和意义。

（3）不要帮孩子转嫁责任

在孩子小的时候，很多家长会经常用到转嫁责任的方法，帮助孩子逃脱责任。例如，当孩子被鞋子绊倒时，家长会说："都是鞋子不好，把小宝贝绊倒了，我这就帮你拿开它。"当孩子因为挑逗街上的小狗而被咬伤时，家长会把所有责任归结到小狗身上，对孩子的挑逗行为视而不见……类似的事情很常见，很多家长会将孩子的责任转嫁到其他人或物上面，使孩子不用承担自己的责任。

家长这样做其实就是想安慰孩子，却在无形中削弱了孩子的责任意识。

小敏在公园里愉快地奔跑，她时而用双手摆出飞翔的姿态，像鸟儿一样左右摇摆；时而将双手作兔耳状摆在头上，像兔子一样蹦蹦跳跳；时而蹲在地上，像青蛙一样跳来跳去……当她模仿兔子在草丛里跳跃时，不小心被脚下的树枝绊倒了，便伤心地哭了起来。

妈妈急忙从椅子上站起来，走到女儿身边，一边给女儿擦眼泪一边说："小敏乖，树枝坏，都是它不长眼害你摔倒了，妈妈帮你教训它！"然后，妈妈站起来使劲踩了树枝几下。小敏随即停止哭泣，模仿妈妈的动作朝着地上的树枝用力踩了几下。

小敏妈妈的做法就是转嫁责任的一种表现，她没有让女儿明白摔倒的根本原因是自己不小心，而是将本该女儿承担的责任转嫁给没有意识的树枝。妈妈今天可以将女儿的责任转嫁给树枝，明天就可能转嫁给其他人。因此，家长一定要注意这一点，不要为了哄孩子开心而忽略了对孩子责任意识的培养，应该让孩子学会为自己的错误承担责任。

面对同样的情况，下面这位家长的做法就比较好：

一位英国妈妈正在沙发上看电视，4岁的儿子查理从茶几旁经过，不小心将茶几边上的遥控器碰掉，砸到了右脚，他立刻大声哭喊起来。这位妈妈将儿子抱起来，一边帮他擦眼泪一边郑重其事地说："妈妈把遥控器重新摆好了，你再从这里走一次。"查理便从茶几旁又走了一次，这次没有碰掉遥控器。妈妈对儿子说："查理，你走路会碰掉遥控器，有三种可能，一是你走路不看前面的东西，二是因为你走得太快了，三是你经过茶几时在想别的事情。你不妨仔细想一想，刚才为什么会碰掉遥控器。"

责任心是一项重要品德，家长应当帮助孩子树立责任意识。

爱心十分珍贵，怎舍得轻易丢弃

爱是一种美妙的感受，当你关心、爱护别人的时候，能够体会到无限欢乐。家长应该让孩子在生活和学习中心存爱，他可以用爱心给别人带来温暖，也能从中感受到自己的价值，即便遇到挫折，也能乐观、宽容地面对。

一天晚上，小荷妈妈买菜回来，发现小荷爸爸正苦恼地坐在床上，小荷手里抱着一个存钱罐伤心地哭着。

"发生什么事了？"妈妈问。

"都是因为小荷，真让人生气。"爸爸愁眉苦脸地说，"小荷的存钱罐里有几百块钱，她今天竟然悄悄取出来拿到学校去了，说是捐给灾区的孩子了。你说她平时把那个存钱罐当作宝贝，不肯给我们看，今天忽然就把这么多钱都捐给了别人，你说我怎么能不生气呢？"

妈妈笑着说："你应该高兴才对啊，小荷懂得给需要帮助的人捐钱，这说明她有爱心，为什么还要生气呢？"

"可是她应该提前和我们商量一下吧，那可是好几百块钱，我怕她养成乱花钱的坏习惯啊！"

"小荷这样做应该有自己的理由，我来问问孩子。"

妈妈将菜放到地上，坐在小荷身边问："乖女儿，你告诉妈妈，为什么今天捐款的事没有和爸爸妈妈商量呢？"

"灾区的孩子太可怜了，我想早点儿给他们捐款，这样他们就能快点儿去上学了。中午回家后，爸爸在睡午觉，我打算下午放学后就告诉爸爸。可是爸爸下午就发现了，我刚进家门，他就大声骂我乱花钱，不让我好好地解释。"小荷委屈地说。

妈妈微笑着说："不管怎么说，存钱罐里的钱不是小数目，你应该跟爸爸说一声才对。"

小荷对爸爸说："爸爸，您别生气了，我已经知道自己错了。"

听了小荷的解释，爸爸没刚才那么生气了，他将小荷抱在怀中，为她擦着眼泪说："爸爸不生气了，小荷是个有爱心的好孩子，以后再遇到这样的情况记得先和爸爸妈妈商量一下。只要你的决定是正确的，我们一定会支持你。"

即便是科技发达、物质丰足的现代社会，也需要人与人之间的关爱与同情，这样才能将大家团结起来，解决更多困扰人类的问题。教孩子学会生活和学习是家长应该做的事情，同时也要培养孩子的爱心。个体和社会得以不断发展，离不开与爱心有关的优秀品质，比如友善、同情、关爱等。

为了培养孩子的爱心，让孩子更好地融入社会大家庭中，家长可以从下面这些方面开始努力：

（1）给孩子一个"爱"的环境

子女跟家长的关系是最基本的社会关系，因此，家长要给孩子树立好榜样，将爱心落实到日常生活中。例如，家长要懂得善待老人、爱护公共设施、关心和帮助身边的人等。这些行为虽然看似微不足道，却能对孩子产生潜移默化的影响。此外，家长可以有意识地激发孩子的爱心行为，比如给孩子讲一些有爱心行为的故事，让孩子看一些有爱心行为的电视节目、网络节目等。

环境对一个人的成长至关重要，父母给孩子提供一个充满爱的生活环境，能够让孩子在亲情的感染下成长为健康、有爱心的人。

（2）给孩子爱的机会

很多孩子从小就被各式各样的爱包围着，他们也想要去爱别人，却得不到这样的机会。尤其是独生子女家庭，父母对孩子过度的爱剥夺了孩子爱别人的机会。例如：妈妈下班回家，孩子主动倒了一杯热水，递到妈妈面前说："妈妈，您辛苦了，请喝水！"妈妈和蔼可亲地说："乖孩子，妈妈不需要你倒水，赶快去写作业吧！"妈妈用简单的一句话将孩子处于萌芽状态的爱心挡了回去，让孩子觉得有没有爱心不重要，也就不再关心和爱护别人了。因此，如果你真的爱自己的孩子，就应该多给他一些机会去展现自己的爱心。

培养孩子爱心的机会有很多，例如：当孩子和大人分享自己的美食和玩具时，大人接受了孩子分享的东西而且对孩子表示感谢和赞赏，这会让孩子非常高兴。大人的肯定和赞赏可以强化孩子的爱心，有利于孩子早日树立关爱他人的意识。

（3）让孩子看到爱所带来的结果

有些孩子本来非常有爱心，他们与人和睦相处，有好吃的、好玩的都会先让给别人，只要发现别人有困难就主动帮忙……他们一直在付出，但是换来的结果并不好，可能对方并不知足，或是自己因此受了很多委屈等。久而久之，孩子会产生"我吃亏了""我很窝囊""好心没好报"等想法，以后不愿意再关心和帮助别人了。

这时，父母应该对孩子的行为表示肯定，告诉孩子关爱别人有精神上的收获，例如：父母、老师都喜欢有爱心的孩子；关爱别人会使别人快乐，也能在付出爱心的过程中感受到自己的价值。当孩子在情感上得到满足之后，就能看到爱所带来的积极结果，从而关心和同情别人。

诚实守信是为人处世的基本原则

诚实守信是中华民族的传统美德，也是一个人和他人交往、取得成功的基本条件。那些言而无信的人，总有一天会自食恶果。

守信是与人合作的第一原则，人们都会对守信之人充满敬意，也都愿意和守信之人交往、合作。

多年前的一个周末，宋耀如打算带着家人到朋友家做客。其他孩子都穿好了礼服，只有宋庆龄还在弹奏钢琴。宋庆龄的妈妈说："伯伯正在等我们呢，大家快走吧。"宋庆龄听到了妈妈的呼喊，立刻将琴盖合上，然后拉着妈妈的手准备出发。她刚走出大门，忽然又停了下来。宋耀如不解地问："怎么了？"宋庆龄急切地说："我今天不能去伯伯家了！""孩子，你为什么不能去了？""爸爸，妈妈，昨天我和小珍约好了，她今天要来我们家。""我还以为你有什么更重要的事情呢，以后再约她不就好了？"宋耀如说完，就要拉着宋庆龄走。"不行！万一小珍一会儿来了怎么办？她会扑空的，那多不好啊！"宋庆龄一边说一边从父亲手里抽回了小手。"我已经和别人约好了，怎么能轻易改变呢？"宋庆龄不断地摇着头说。"我们的孩子很守信用，不想自食其言对吗？"妈妈对宋庆龄笑了笑，然后说，"好吧，那就让孩子留下来吧。"宋耀如夫妇在朋友家吃过午饭，然后匆匆赶回家中，因为他们放心不下家里的小庆龄。刚回到家里，宋耀如就大声问道："亲爱的，小珍在哪儿呢？"宋庆龄说："小珍可能临时有事，所以没有来。""那你一个人在家多无聊啊！""不，虽然只有我一个人在家，但是我遵守了自己的诺言，所以我觉得很开心。"宋庆龄回答。听了女儿的话后，宋耀如夫妇非常满意地点了点头。

在人际交往过程中，如果答应了别人某件事，就应该说到做到。对别人讲信用其实就是对自己负责。假如经过多次努力也没做到，应该向对方表示歉意，然后耐心、诚恳地道明原因。事实上，在答应别人之前就应该慎重考虑，自己有没有能力完成。如果没有把握，千万不要随意许诺；如果把握比较大，也别把话说得太满，给自己留有余地。

孟子说："人而无信，不知其可也。"一个不守信用的人很难交到可信赖的朋友，也会为人所不齿，无法在社会上立足。"言必信，行必果。"守信既是对别人的尊重，也是对自己的尊重。

在中国朋友的邀请下，一位外国妈妈带着7岁的女儿来中国做客。女主人对外国女孩说："我今天给你们做西餐，来尝一尝中国人做的西餐味道怎么样，好不好？"

外国女孩想："中国人做西餐绝对不好吃。"于是，她说她不吃。当女主人做好西餐后，外国女孩却后悔了，她看到了桌上色泽亮丽的冰激凌，眼睛都亮起来了。于是，她改口对妈妈说："妈妈，我想吃冰激凌。"外国妈妈却说："不，你刚才已经说过不吃，你要说到做到。"外国女孩着急地说："我现在特别想吃冰激凌，求你了，让我吃一些吧！"可是外国妈妈仍然不同意，小女孩急哭了。女主人对外国妈妈说："孩子刚才不想吃，现在又想吃了，就给她吃吧。"可是外国妈妈态度非常坚决，不允许孩子吃冰激凌，没有任何回旋的余地。

外国妈妈的做法也许有些无情，却是为了让孩子养成守信的美德。每个孩子都应该努力修正自我，做一个诚实守信的好孩子。

一些年轻人走向社会后，为了获取金钱和地位，走入了坑、蒙、拐、骗、偷的歪门邪道。很多家长对此无法理解，他们认为是复杂的社会带坏了孩子。其实这些孩子并非是在步入社会后学坏的，而是因为从小没有受到良好的教育。只要能赚到钱，这些人就可以肆意地去欺骗他人。正是因为他们怀有这种错误的观念，才走上了错误的道路。

为了让孩子健康成长，家长应该在孩子小的时候就培养其诚实守信的好习惯，这样孩子才能成为一个道德高尚的人。

那么，在日常生活中，家长应该如何做呢？

（1）父母要以身作则

有些家长为了引导孩子做事，经常随意承诺："你把这碗饭吃完，妈妈就带你去公园玩。""只要你今天把作业写完，我就给你买一辆自行车。"……孩子听了父母的话后兴奋地去做事，可是当孩子完成之后，父母却往往没有履行诺言。长此以往，孩子会觉得父母没有可信度，也不会要求自己诚实守信了。孩子拥有很强的模仿能力，如果父母经常不履行自己的承诺，孩子就会模仿，逐渐变成一个言而无信的人。

因此，父母必须努力做到言行一致。倘若因为某些原因不能实现自己的诺言，应该诚恳地跟孩子解释，别让孩子觉得受到了父母的欺骗。

父母不仅是孩子的老师，也是孩子的榜样。如果父母能做到诚实守信，教育孩子时就更有说服力。

（2）告诫孩子失信的后果

在教育孩子时，不少家长遇到过下面这种情况：孩子对父母的说教置若罔闻。换句话说，父母已经在孩子心中失去了威信。有些父母经常对孩子说要做一个言而有信的人，但是孩子仍然不停地撒谎。

如果遇到类似的情况，父母应该如何处理呢？方法其实很简单：父母可以将错就错，让孩子承担失信的后果。当他亲自尝到失信的苦果之后，下次再遇到同类情况就不会轻易再犯了。

孙鑫有一个坏习惯，那就是喜欢赖床。早上闹钟响了很长时间，父母都被吵醒了，可是他依然不肯起床。关于这件事，父母不知道说过孙鑫多少次，他每次都是口头答应得好好的，第二天依然我行我素。为了帮儿子改掉赖床的坏习惯，母亲给他拟了一份起床协议，协议的内容如下：起床闹钟响后五分钟内，如果孙鑫没能起床穿好衣服，父母就不再给他准备早餐，而且这一天也得不到任何零花钱。如果他能在五分钟内起床穿好衣服，不仅可以享用热腾腾的早餐，还能得到五块钱的零花钱。

孙鑫感觉这份协议很有意思，就和母亲在协议上签了字。

但是第二天早上，孙鑫就失信了。起床铃声照常响起，他迅速关掉铃声，躺在床上继续睡觉。两分钟后，母亲喊他起床，可是他装作没听见，继续睡觉。

半个小时后，孙鑫懒洋洋地起床了。他匆匆洗漱一番来到餐桌前，可是桌子上什么吃的都没有，只有一张小纸条，上面写着："儿子，根据昨晚你签订的协议，你的早餐被取消了，你今天的零花钱也没有了，赶快上学去吧！"

孙鑫以为母亲在和他开玩笑，来到厨房寻找早餐，可是什么都没有找到。他虽然很委屈，但是一想到昨晚签订的协议，只好不情愿地背着书包去上学。在上学的路上，他还不时地回头，盼望着母亲给他送来早餐，可是母亲没有这样做。于是，他饿着肚子上了一上午的课。

第三天早上，起床闹钟响了，孙鑫在两分钟内就穿好了衣服，洗漱之后来到餐桌前享用热腾腾的早餐。母亲看到儿子的反应开心地笑了，按照协议给了他五块零花钱。

就这样，孙鑫改掉了赖床的坏习惯。

父母能做到言行一致，会对孩子守信品德的形成产生示范和督促作用。如果已经跟孩子确立了某些制度或规则，父母应该做到赏罚分明。当孩子违反了制度或规则，应该让他尝一尝相应的苦果，就像孙鑫的妈妈一样。这样做虽然会让孩子受一些苦，却能让他明白，随意破坏协议，不遵守承诺是行不通的。

计较伤人，宽容暖心

　　家庭教育对人的成长具有深远的影响，是一个人接受的最早的教育形式。对懵懂、天真的孩子来说，父母就是他们模仿、学习的对象，父母的言行举止会潜移默化地影响孩子。如果父母经常宽以待人，孩子就会学着宽容大度；如果父母总是斤斤计较，孩子就会变得心胸狭窄。因此，要想让孩子学会宽容，父母应该以身作则，在日常生活中宽以待人，使孩子感受到宽容是一种美德。孩子能不能学会宽容，关键在于父母。

　　一位年轻的女老师被安排到一所幼儿园担任班主任，由于粗心大意，她经常在工作中犯错误，没少被领导批评。

　　一天下午，学校进行大扫除。她给班里的小朋友分配了任务，每个人都积极劳动，很快就将教室打扫干净了。她检查了大家的工作，给那些表现好的小朋友每人奖励了一朵小红花。

　　放学后，她让孩子们排好队，在学校门口等待自己的父母来接。没过多久，萧竹的爸爸来接萧竹了，可是女老师发现萧竹不在队伍中，这可把萧竹的爸爸急坏了。女老师赶紧在学校里寻找，最后在教室里找到了萧竹。她刚打开教室门，就看到了在讲台上大哭的萧竹。原来在她锁门时，萧竹刚好蹲在地上捡东西，等孩子收拾好书包走到教室门口时，才发现自己被锁在了教室里。

萧竹看到爸爸来接她，感觉更加委屈，抱着爸爸哭得更厉害了。女老师非常恐慌地站在一旁，望着可怜兮兮的萧竹，她担心萧竹的爸爸会严厉斥责她，然后再向校领导反映她的过失。

出人意料的是，萧竹的爸爸并没有为此生气，而是蹲下来给孩子擦干眼泪，小声在孩子耳边说："老师不是故意将你锁在教室的，她一发现你不在队伍中，就立刻到学校里面寻找，不但吓了一大跳，还累得满头大汗。既然爸爸找到了你，你是不是也应该安慰一下老师。"

萧竹听了爸爸的话后，牵起老师的手说："老师，您不要担心，我没事的。"

我们必须承认，萧竹的爸爸很会教育自己的孩子。对于女老师的粗心大意，他不仅没有责备，反而让孩子去安慰老师，足以看出他是一位宽容大度的家长。在那些不懂宽容的父母眼里，老师误把孩子锁在教室，这是不能轻易饶恕的，至少也要痛骂一顿。可是萧竹的爸爸非常理性，他知道女老师因为年轻而经验不足，所以才会犯一些错误。如果他怪罪和责备老师，只会让老师更加难过。而且他很清楚，自己的言行会影响孩子的成长。要是他责骂和批评老师，孩子会看在眼里、记在心里，以后再遇到同类事情，孩子也很可能对别人的无心之过斤斤计较。

在没有步入学校之前，孩子待人接物的方式主要是和父母学习的。父母能够跟周围人友好相处，不对一些小事斤斤计较，孩子就会随着父母的脚步跟他人相处，并逐渐学会宽容、大度、友善、乐观。父母应该通过言传身教让孩子明白，每个人都有自己的优点和缺点，谁都不是完美的。所以要学会宽容地和他人相处，不要得理不饶人，这样自己也能活得更轻松。

那么，家长应该怎样做才能给孩子树立宽容的好榜样呢？

（1）不过高地要求孩子

降低要求也是一种宽容。父母要根据孩子的能力要求孩子，别让孩子做那些难度太大的事。对孩子要求过高会使孩子产生巨大的心理压力，也容易让孩子学着过高地要求别人，和宽容之道相悖。

（2）不一味地指责孩子的过错和不足

"人非圣贤，孰能无过？"成年人犯错误尚且不可避免，更何况是孩子呢？父母发现孩子犯错之后，不要一味地批评、指责，而应该引导孩子认识到自己的错误、发现自己的不足，耐心地帮助孩子改正错误。在父母的宽容和耐心之下，孩子也能逐渐学会宽容。

（3）父母对人要宽容

既然是给孩子做榜样，父母应该先学会宽容待人，不仅要对家人宽容，还应该对邻里、朋友宽容。在和他人产生矛盾时，如果对方犯了错误，父母不要得理不饶人，应该学着淡化自己的得失，包容对方的错误，孩子也能在潜移默化中学会宽以待人。

（4）给孩子足够的空间

孩子的健康成长需要一定的自由，父母应该给予孩子足够的身体和心灵空间，使孩子在相对宽松的氛围下生活，这样有助于孩子形成宽容的品质。在日常生活中，父母不要给孩子制定太多规则，过多限制孩子的自由，只要孩子的言行符合道德、法律，可以让他适度地表现自己。在相对自由的空间下成长的孩子，能够将父母的这种宽容用到人际交往中，更容易接纳别人的观点和行为。

为了让孩子形成宽容的好品质，父母的言传身教是必须的，同时也要让孩子明白什么是真正的宽容。宽容不是胆小和懦弱，也不是无原则地逃避和忍让，更不是盲目顺从和人云亦云。父母应该让孩子明白，宽容也要分清对象。对那些坏人坏事，绝对不能妥协和退让，否则只会让其得寸进尺。

　　请根据目前您和孩子的关系对以下所述各项情况进行判断，并根据与实际情况的符合程度在星星中涂上阴影，一颗星表示"完全不符合"，两颗星表示"不太符合"，三颗星表示"一般"，四颗星表示"比较符合"，五颗星表示"完全符合"。

　　1. 我会当着孩子的面说别人的坏话，或对别人指指点点。
　　☆ ☆ ☆ ☆ ☆

　　2. 在孩子将喜爱的零食、玩具等分享给其他人时，我会表扬他。
　　☆ ☆ ☆ ☆ ☆

　　3. 我经常不遵守与孩子之间的约定。
　　☆ ☆ ☆ ☆ ☆

　　4. 由于孩子的哭闹，我会频繁给孩子买玩具、零食等。
　　☆ ☆ ☆ ☆ ☆

　　5. 在孩子进行捐款等爱心活动时，我会表示支持。
　　☆ ☆ ☆ ☆ ☆

　　6. 我被孩子支使得团团转，孩子却觉得理所当然。
　　☆ ☆ ☆ ☆ ☆

　　7. 在孩子犯错后，我总是帮孩子开脱。
　　☆ ☆ ☆ ☆ ☆

　　8. 孩子犯了错后，我不会指责、惩罚。
　　☆ ☆ ☆ ☆ ☆

　　9. 孩子不尊重别人时，我不会去制止。
　　☆ ☆ ☆ ☆ ☆

　　10. 我会有意识地教导孩子要团结集体、尊老爱幼等。
　　☆ ☆ ☆ ☆ ☆

第三章

心态教育是孩子处世的基础

我要微笑着面对整个世界，当我微笑的时候全世界都在对我笑。

——乔·吉拉德

赶走自卑的阴霾

孩子的自卑需要父母用爱和鼓励来驱赶。父母温柔有耐心的引导会让孩子在自卑中感受到温暖，获得前行的力量，逐渐走出自卑的阴霾。

自卑和自信是对立的。一旦孩子开始自卑，那么晦暗的情绪就会像决堤的洪水一样倾泻而下，淹没自信，这会让孩子没有前进的勇气，甚至使孩子自暴自弃。父母发现孩子自卑时，应该立即采取措施，帮助孩子找回自信，走出自卑的困扰。

娇娇是个文静漂亮的小姑娘，分外惹人喜爱，可是妈妈却发现娇娇有很强烈的自卑感。在幼儿园里，小朋友们经常一起唱歌，娇娇不敢张口；做手工课的时候，娇娇明明做得很好，却不敢拿给老师看；老师教小朋友们跳舞的时候，娇娇总是在最不起眼的边上站着……

一次妈妈去幼儿园接娇娇放学，到学校的时候孩子们还没有放学，妈妈就想在窗外看看孩子，可是，她看见的却是娇娇缩在角落里呆呆地看着其他小朋友做游戏，眼神里充满了羡慕。妈妈眼里立马氤氲出一层水雾。等幼儿园放学后，妈妈赶紧将娇娇抱在了怀里，问："我的娇娇为什么不过去跟小朋友们一起玩呢？"

娇娇把脸埋在妈妈的怀里，小声问："妈妈，我是不是很笨？

班里的小朋友不喜欢和笨孩子玩。"

妈妈脸色一变，严肃道："当然不是，娇娇很聪明。"

娇娇不肯相信："是吗？我不信，为什么我跳舞跳不好？为什么其他小朋友不跟我玩？"

妈妈觉得这件事情很严重，必须重视起来，于是，回到家之后，耐心地和娇娇聊了聊，结合娇娇的话以及妈妈平日里的观察，妈妈发现导致娇娇越来越自卑的原因是跳舞。原来，老师经常带着小朋友们学一些简单的舞蹈，跳舞时小朋友们会排成两排跟着老师跳，而娇娇每次不是跟不上节奏，就是踩到周围的小朋友，甚至会将动作做反，惹得小朋友们笑话。这样次数多了，娇娇就不愿意站在中间跳舞了，她向老师要求在边上跳，也因此不想和其他小朋友做游戏，怕万一自己又有做错的地方被他们笑话。

了解了事情的原委，妈妈决定帮娇娇重新培养自信心。第二天妈妈就带着娇娇在家里练习起了跳舞。妈妈先选了一些简单的舞蹈，然后陪着娇娇一起跟着视频跳，妈妈会时不时地夸奖娇娇，也会奖励娇娇小礼物。这样过了一段时间，娇娇对跳舞的热情越来越浓，妈妈就请了专业的舞蹈老师教娇娇跳舞。现在，娇娇已经是幼儿园跳舞最好的小朋友了。就这样，娇娇走出了自卑的阴霾，变得自信开朗起来。

自卑是一种心理缺陷，父母在教育孩子时应该格外注意。有的孩子的自卑心理会随着年龄的增长而逐渐减轻或消失，但还有很多孩子的自卑心理是需要父母调控和引导的，否则会对孩子的成长造成极大的危害。所以在孩子的成长过程中，家长应格外注意他们的心理问题，若发现孩子自卑，应该及早调整孩子的心理，帮孩子建立自信。

那么该如何辨别孩子是否有自卑心理呢？一般有自卑心理的

孩子往往有以下表现：

（1）容易否定自己

孩子自卑，容易没有主见，经常否定自己。这样的孩子经常说"我不知道""我不会""我不懂"等，让他做选择的时候更是犹豫不决。如果孩子出现这种情况，父母就应该重视起来了。

（2）回避竞争，不敢表现自己

孩子自卑的话，就会时常感到害羞，在人前感到很无力，觉得自己比别人差很多。所以，这样的孩子往往会刻意回避竞争，害怕和别人一起展示自己，他们极度不自信，害怕被别人发现自己的不足之处而引来嘲笑。

（3）不敢与人交流

自卑的孩子，通常害怕和别人交流，不喜欢结交朋友，甚至将与别人交流看作"洪水猛兽"。这样的孩子缺乏交际能力，对人际关系往来的事情知之甚少，无论是在学校、家庭还是社会中，朋友都非常少。除此之外，他们也很难融入集体活动。

（4）情绪敏感

自卑的孩子对别人给自己的评价非常敏感，对方的一个眼神、一个表情或是一句不经意的玩笑话，都会让他们的心思百转千回，怀疑对方是不是讨厌自己。

（5）自暴自弃

有很多自卑的孩子容易对自己"放弃治疗"，自暴自弃，甚至会自虐，比如深夜独自在大街上游荡，做一些冒险的事情等。

如果孩子有上面这些表现的话，就是一种危险信号了，父母就一定要引起高度注意，如果确定孩子有自卑心理，父母一定要尽快帮助孩子克服。

关于克服孩子的自卑心理的方法，父母可以参考以下几点：

（1）找出孩子自卑的根源

无论治疗什么病症都要"对症下药"，找出孩子产生自卑心理的最深层次的原因，才能有针对性地从根源解决问题。例如，孩子可能因为在某一方面的能力不足而遭到过嘲笑，从而产生自卑心理，这时父母就应该帮助孩子增强这方面的能力，走出自卑的阴影。

（2）不要经常拿孩子做无谓的比较

有些父母经常会拿自己的孩子和别人家的孩子来做比较，从成绩、才艺、行为等各个方面狠狠地将自己的孩子踩入泥土之中。"你看人家某某，这次成绩又是年级第一，你看看你！""人家某某多会说话啊，你学着点儿。"家长总以为这是在激励自己的孩子，殊不知这种比较已经深深地伤害了自己的孩子，这可能就是孩子产生自卑心理的一个原因。

（3）善于发现孩子的优点

每个孩子都有自己的优点，父母应该善于发现孩子的优点，这样，父母在帮助孩子克服自卑心理的时候，可以逐渐引导他们看到自己的优点。让孩子认识到每个人都有强项和弱项，孩子才会在这个基础上找回自信。

（4）让孩子融入集体之中

自卑的孩子一般不愿意和大家一起玩，显得孤零零的。此时父母应该让孩子多参与集体活动，因为孩子更容易融入同龄人的圈子中，在集体生活中也有利于孩子找到归属感。父母应该教孩子在集体生活中多多表现，这样孩子就会逐渐建立起自信心，从而走出自卑的阴影。

总而言之，让孩子走出自卑心理的最好办法，就是父母的陪伴与爱。让孩子在一件件琐事中认识到自己并非一无是处，而是有能力完成很多事情。

　　孩子的童年时期是性格养成的关键时候，若是在此时产生了自卑心理，那他今后的人生很可能会被孤僻、寡言、缺乏自信等标签困扰一生。因此父母一定要尽全力帮孩子走出自卑的阴霾。

依赖别人不如依赖自己

人活一世，总会对某些人、某些事有所依赖，这就像小草依赖阳光，鱼儿依赖水一样，但是如果这个依赖超过了一个度，那就不好了。过度依赖的例子在现实社会中屡见不鲜，有多少孩子凡事都等着父母去做？有多少孩子成为巨婴，成年了还向家里伸手要钱？而这些现象之所以出现，是因为父母的溺爱还是孩子的无能？

读了下面的故事你就会知道答案：

一处富贵庭院前，站着一个衣衫褴褛的乞丐，他的左袖管是空的。这个乞丐曾是一家工厂的工人，一次不小心，导致左手手臂被机器压断，最后不得不截肢。他的遭遇使他得到了许多人的同情。他敲响庭院的门，乞求这家的主人施舍给自己一些钱。乞丐向来生存在别人的同情中，依赖别人的施舍已经成了习惯，所以此时他理所当然地向这家主人乞讨。

然而，出乎他意料的是，这家主人并没有像其他人一样立刻给他钱，而是指着一堆杂乱的木柴说："你帮我把它们搬到厨房门口吧。"乞丐很生气，说："我只有一只手，怎么搬？不想给就不要给了，何必为难人呢？"主人听了没有反驳他，而是将一只手背到身后，用另一只手去拿了两根木柴运到了厨房门口，他对乞丐说："这不是可以做到吗？"

乞丐先是一怔，后又像是明白了什么，立即学着那个人的样子，花了两个小时将所有的木柴搬到了厨房门口。此时乞丐已经累得瘫坐在地，汗水混着灰尘从他的脸上流过。主人家递过来一块毛巾，乞丐道了声谢，然后接了过来，这时主人家又递过来50元钱，乞丐感激地接过，并连连道谢，这家主人却说："无须谢我，这是你用自己的劳动挣来的，是你应得的。"乞丐的双眼中隐隐有泪光闪动，像是下了什么决心一样，向主人家深深地鞠了一躬，就离开了。

不久，这家庭院又来了一个乞丐，主人家将乞丐带到厨房门口那堆木柴前，要求他将其搬到院子的一个角落里去。这位乞丐双手一背，愤怒地走了。他不是没有能力做这件事情，只是习惯了依赖别人的施舍生活了。

主人家的儿子见了前后两位乞丐的事情，问父亲究竟想将木柴放在哪里。父亲摸摸儿子的头说："儿子，木柴放在哪里不重要，重要的是对方肯不肯放弃自己一贯依靠别人施舍过日子的习惯，接受我所提出的以劳换酬的方法。"从这以后，院子里又陆续来过几个乞丐，那堆木柴有时放在原地不动，有时被搬来搬去。

时光匆匆，多年过去了。一天，院子里突然来了一位西装革履、器宇轩昂的先生，这位先生脸上挂着自信的笑容，唯一美中不足的是他左手有残疾。他踏进院子的第一件事情就是紧张地询问这家的主人在不在，当他看到阳台下坐着的那位满头银发的老人时，激动地快步走上前，向老人鞠躬致谢，他说道："虽然您说过不需要我的感谢，但是我还是来了，请您原谅。如果不是您当初点醒我，我现在可能还在某个角落等别人施舍我，也可能已经饿死了。而现在，我凭借自己的力量创立了一家公司。"那位主人家虽然已经不记得这是自己帮助过的哪一位乞丐了，但是他真心感到欣慰。这位先生还想要重金报答他，他表示了拒绝，并说道："你如果真的想报答我，就应该去点醒更多像当年的你一样的人。"

的确，如果没有遇到这家主人，那个乞丐也许会永远依赖别人的施舍度日，而忘记了自己具备生存的能力。父母对子女的教育也是一样，如果父母一味地满足孩子的一切要求，替孩子去做所有的事情，那只能让孩子变得依赖性特别强，他们会习惯性地说："我不能，我做不到……"这样是害了孩子。家长应该做的是教育孩子走出依赖他人的舒适圈，对自己说："我能。"

抱怨别人，害了自己

成成今年8岁了，父母在外地工作，他跟着爷爷奶奶一起生活。成成不爱学习，经常偷偷逃学，不服从爷爷奶奶的管教，这样一来，他的学习成绩直线下降。

期末考试结束后，爸爸打来电话。成成一接起来，电话那边就响起了爸爸生气的声音："儿子，你上次考试就没有及格，这次怎么反而比上次更差了？"

成成当即开始抱怨："爸爸，不怪我，都怪我们老师不抓紧给我们修空调，考试那天我热得都快写不了字了。""还怪爷爷没照顾好我，我感冒了，考试的时候没有精神。""也怪我旁边那个同学，他考试期间总咳嗽，吵得我没办法静下心来读题。"……

听着成成的抱怨，爸爸深感无奈。成成总是这样，每次自己的事情没做好，他都把责任推到别人身上，满嘴都是抱怨。他上一次没考好，是这样跟爸爸说的："爸爸，我这次没考好，我特别伤心，都怪我们老师，我考试时写错答案了，想改的时候，发现橡皮忘带了，向老师借，老师居然说没有。害得我一整场考试的心态都被影响了。"

爸爸再也听不下去了，他打断成成，说道："够了，你总要这样埋怨别人吗？不要再找借口了，考试成绩只和你平时的努力程度挂钩。如果你平时踏踏实实学习，认真总结老师讲的知识点，我不相信你的成绩会因为考场上的几个小意外就差成这样。如果不找自己的原因只会埋怨别人，成绩是永远提高不了的。"

"成功的人总在做事，失败的人总在埋怨。"这句话非常有道理。父母一定要注意，一旦发现孩子这样一味只知道抱怨，遇事喜欢在别人身上找原因，一定要及时制止并纠正，否则孩子将做不成任何事。因为孩子遇事不知道从自身找出根本原因，想办法弥补自身的不足，反而喜欢将自己的错推到别人身上，这样只会越来越退步，离成功越来越远。

很多人失败的原因之一就是喜欢发牢骚，喜欢把错误归结在别人身上。这样的人总认为是别人绊住了他成功的脚步，却不去想想自己的问题究竟在哪里。

假如自身真的存在问题，那么埋怨别人是没有用的，应该积极面对问题，分析问题，思考当下局势，保持冷静的心态，才能找到解决问题的办法。总是埋怨别人，会导致一个人失去学习的动力，遇事只会消极对待，事情也只会越来越糟糕。

家长一定要避免让孩子成为这种遇事只会抱怨别人的人。时间久了，大家都会讨厌和这样的人做朋友，因为没有哪个小朋友喜欢无缘无故被人指责。

遇到下面这种情况，家长一定要正确引导。

月月是一位6岁的小朋友。一天晚上，妈妈煮了一锅奶油蘑菇汤，香味从厨房一路飘到在客厅里玩的月月鼻子前。月月跑到厨房问妈妈奶油蘑菇汤好了没有，正在炒菜的妈妈无奈地笑了笑，说："宝贝，稍等一会儿，妈妈炒完菜就给你盛。"月月却说："妈妈，我自己来盛。"说完，她就真的给自己盛了一碗，端到了餐桌上。这时，爸爸从书房出来，看到奶油蘑菇汤好了，食欲大开，对厨房里的妻子喊道："老婆，帮我也盛一碗吧！"

妈妈那边菜马上就要出锅了，应了一声"稍等"。月月听到爸爸的话后，立马自告奋勇地说："爸爸，我来给你盛。"说着飞快地跑到了厨房。

这时妈妈正好端着菜来到餐厅，爸爸高兴地对妈妈说："看到没，女儿真是贴心的小棉袄啊！"

不料，话音刚落，厨房里就传来"啪——哎哟——呜呜——"的声音，爸爸妈妈赶紧奔向厨房，就看到月月两眼泪汪汪地捏着手指，抽抽搭搭地哭着。"怎么了，烫着手了吗？"妈妈急切地问道。

月月十分委屈地说："都怪爸爸让我盛汤，我才被烫着了。"爸爸赶紧过来安慰女儿，妈妈立马去找烫伤药膏了，月月气呼呼地对爸爸大喊："臭爸爸，都怪你！"然后就跑回自己的房间，把门一锁，生闷气去了。

妈妈拿了烫伤药膏，耐心哄月月开门，但是月月就是不开门，里面还不时传来她摔书、扔枕头的声音。

妈妈当即沉下了脸，她刚才看了月月的手，知道她伤得并不重，就是因为埋怨爸爸，才这样小题大做。妈妈觉得女儿这种心理要不得，必须让孩子改正过来。她想拿备用钥匙开门去和月月讲道理，不过被爸爸拦下了，爸爸说："先让孩子冷静一下吧，一会儿再找她谈，我们先回去。"

一个小时以后，妈妈来敲门，月月气呼呼地打开门，说："干吗？"

妈妈态度温和地举了一下手中的药膏说："妈妈来给你擦药膏，还疼不疼？"

月月举着还有点儿红的手一边给妈妈看，一边说："不疼了。"

态度缓和多了。

妈妈拿过她的手给她涂药膏，说："我的月月长大了，能给自己盛汤了，而且做得很好！能告诉妈妈你给自己盛汤的时候是怎么做的吗？"

月月听到被夸奖，就赶紧表现自己，说道："我按照妈妈说的，盛汤的时候要小心汤锅里的热气，不要盛得太满，盛好后立刻端着碗走向餐厅，这样没等碗变烫，就可以把碗放到桌子上了。"

"那为什么给爸爸盛汤的时候烫着自己了呢？是不是忘了这个步骤了？"妈妈问。

"不是。"月月低头否认。

"那因为是爸爸让你盛的，所以你就不好好盛了吗？我想也不是的，你应该非常愿意帮爸爸盛汤吧。"妈妈说。

月月不吭声。

妈妈摆出一副恍然大悟的样子说："那一定是因为勺子有眼睛，认识爸爸的碗，但只肯给你的碗好好盛汤，却不管爸爸的碗了吧！"

月月破涕为笑。

见月月终于笑了，妈妈便严肃且认真地说道："妈妈知道你是会盛汤的，只不过给爸爸盛汤的时候出了一点儿纰漏，我觉得你应该是盛汤的时候有点儿着急了，不想让爸爸等得太久，一不小心就将汤水洒出来了，才烫着手了，你说是不是这个原因呢？"

月月小声说："是的，我就是怕爸爸等太久，所以盛得很急，然后就烫到自己了。"

"你看，是这个原因吧，你自己不小心才被烫伤是不是？能怪爸爸吗？爸爸没有催你快点儿吧？"

月月看着妈妈不说话，其实一脸心虚。

妈妈见状又说道："那你记得上次下雨爸爸接你放学，怕你等太长时间，所以路上很急，骑自行车不小心滑倒了，摔了一身泥。你看爸爸也是很狼狈，但他并没有跟妈妈说'都怪月月让我去接她放学，怕她等久，我才摔倒的'吧？如果他真这样说了，你是不是会很委屈？"

月月猛点头。

"对啊，所以你帮爸爸盛汤，自己着急了，结果烫到手，这应该归结为你不小心，怎么能怪爸爸呢？月月以后如果再遇到问题，要先想想究竟是自己哪里没有做好，哪里出了纰漏，而不是第一时间把过错推到别人身上，好不好？"妈妈语重心长地说。月月认真地点了点头，表示记下了。

很多孩子都有埋怨他人的心理，父母见到孩子这样做，一定要像月月的妈妈一样，及时发现孩子的问题，耐心引导孩子认识到整件事情的错因在哪里，再加以正确引导。否则孩子将永远不会反思自己的不足之处，永远无法进步。

让孩子的心里洒满阳光

只有乐观的孩子才能树立起足够的自信心，去学习、去生活，去坦然面对生活的种种不如意，去勇敢迎接生活中的风风雨雨。所以，父母应多引导孩子传输积极乐观的思想，这样孩子才能更坚定地走向成功。好的心态带给孩子轻松愉悦的心情，凡事都带着乐观的心态，才能做自己命运的主人，才能获得幸福灿烂的人生。

很久以前，一个举人立志要考个状元回来以光耀门楣，却失败了很多次。他经常被邻居、亲戚嘲笑不是读书的料，大家都劝他尽早放弃科举考试，另寻他路。但是他没有被打倒，下一次考试仍然要进京赶考。

这一年科举考试的时间又要到了，这个举人背着行囊赶赴考场，途中在一家客栈休息。当晚他做了两个梦，先是梦到自己爬到墙上去种白菜，然后又梦到自己在下雨天戴着斗笠还打伞。醒来之后，举人越想越觉得考前一梦颇有深意，但是自己想不出所以然来，于是去找了一个算命先生解梦。算命先生连声感叹，说："我劝你赶快回家吧，你想啊，墙上种菜不是白费劲儿吗？戴斗笠打雨伞不是多此一举吗？此去无望啊！"这位举人一听觉得很有道理，虽然自己一向很自信，不管别人说什么都要去考试，但是自己花费了这么多精力在科举考试上，却连年失败，也许自己注定考不上吧。

这个举人便灰心丧气地原路返回，中途碰到一个朋友，朋友见他神色不对，便问他怎么回事。他将自己的梦以及算命先生说的话都对朋友说了，朋友听完之后反而连声恭喜，举人非常不解，问他为何有此一举，朋友说："不要信算命的，在我看来，你这次肯定能考中。你想，墙上种菜不是高种（中）吗？戴斗笠打伞不是双保险吗？你这次肯定没问题了！"

这位举人听了大喜，觉得朋友说的非常有道理，想想自己参加了这么多次考试，怎么说也积累了一些经验，早应该驾轻就熟了，很有可能这次就高中了。于是，他又重拾信心，谢过朋友之后，立刻去赶考了。没想到这次考试他真的中了状元。

悲观的心态会使人垂头丧气，而乐观的心态却能使人信心十足，就像那位举人一样，被算命先生的悲观论调吓得赶紧回乡，又被朋友乐观的态度感染重拾信心，从而考中了状元。作为父母，也要多给孩子积极的心理暗示，给子女正面的引导，让孩子能够乐观地看待问题。乐观开朗的孩子不仅心理健康，而且在将来也更容易取得事业上的成功。若从小培养孩子积极乐观的心态，他们将一生受用不尽。

关于怎样培养孩子积极乐观的心态，美国儿童教育专家塔尼可博士给出了下面几点建议：

（1）不要对孩子控制过严

孩子的天性如果过度被压抑就会感到不快，悲观情绪就会滋生。父母对孩子有所管束是正常的，树木不修剪不成材，父母必定不能对孩子听之任之。但是，这种管束应是有度的，如果太过，对孩子也不好。不妨给孩子一些选择权，孩子有选择的权利才会有安全感，才能获得真正的自信和乐观。父母应该给孩子足够的自由发展空间。

（2）支持孩子扩大朋友圈

如果孩子的朋友圈很窄，那么说明孩子不擅长交际，且大多不开朗，时常感到孤独。他们得不到朋友的肯定，体会不到好朋友一起玩闹时的快乐，这样的孩子自然是不会乐观的。此时父母就应该多多鼓励孩子，支持孩子多交一些朋友，尤其是同龄朋友，这样，内向的孩子才能获得更多交际的机会，逐渐变得开朗、乐观起来。

（3）培养孩子广泛的爱好

爱好也能给人带来快乐，有广泛的爱好，就会有更多的快乐源泉。倘若孩子的爱好范围比较窄，例如只喜欢玩手游，不喜欢别的，那么孩子离了手机，就会觉得枯燥、无聊。因此，父母应该多培养孩子的爱好，比如读书、画画、听音乐、玩轮滑等。

（4）教会孩子摆脱困境

谁都有不如意的时候，没有人能够一辈子快快乐乐，没有烦恼。乐观的人不是没有不顺心的时候，而是能够在困难到来的时候，运用自己的乐观心态去摆脱困境。父母应该在孩子小的时候就有意识地培养孩子应对困境的能力，若是眼前的困境太难突破，还要教孩子学会忍耐，或者学会转移注意力，如多出去运动以及和朋友聊天等。

（5）营造快乐的家庭气氛

家庭是孩子的成长中心，家庭气氛直接影响孩子性格的形成。有研究表示，孩子在未能开口说话之前就能感受到身边的氛围和周围人的情绪波动。由此可见，一个充满压抑、谩骂、暴力的家庭，是无论如何也培养不出开朗、乐观的孩子的。

在孩子成长的道路上，总会有一些时候不清楚自己要走怎样的路，不知道未来的希望在哪里，孩子可能会因此迷茫、徘徊、忧郁。此时父母要适时帮助孩子学会用乐观的生活态度去面对问题，孩子也许就会顺利地渡过难关，并且今后也能够用乐观自信的心态面对一切困境，充满自信地过完自己的一生。

父母应该教育孩子，一件事情的结果并不重要，重要的是在努力完成一件事情的时候享受过程。因为如果孩子大部分时候是不快乐的，那么就算他最后成功了也没有多大意义。没有人的成长是一帆风顺的，一定要让孩子学会为自己的成长增添欢乐的色彩，让孩子知道就算他的生活不是十全十美的，也一样能拥有一个快乐潇洒的人生。

紧张是表现力的天敌

很多时候，家长发现，孩子在亲朋好友面前可以充分地表现自己出色的一面，可以尽情地畅所欲言。但是，一旦到了不是很熟悉的人或是陌生人面前，就暴露出了紧张、胆怯的一面。为了让孩子能够在人前大大方方地展现一个出彩的自己，家长应该教会孩子克服紧张情绪。

文文非常聪明可爱，是全家人的开心果。但是，她在学校里的表现却和在家里时大相径庭。每当老师提问的时候，她总是满脸通红，低着头说不出话来。她不敢看老师的眼睛，本来胸有成竹的问题就是答不上来。有时候她明明在台下准备好了腹稿，但是上了台之后，还是会卡壳儿。

这天，老师通知大家一周后的班会上要重新竞选班干部，要求同学们都要参加竞选，并且准备三分钟的台上发言。同学们都非常兴奋，很多人已经开始准备演讲稿了。不过，胆小的文文却不认为这是一个好消息。

回到家里，文文郁闷地趴在桌子上，妈妈关心地问："文文怎么这么不开心啊？跟妈妈讲一讲，妈妈或许能帮到你哦！"文文委委屈屈地说了老师的要求，抱怨道："当班干部是自愿的事情，老师怎么还强制啊？我最害怕站在讲台上演讲了，我会双腿发抖的。""原来是因为这件事情啊，那你为什么会发抖呢？同学们像魔鬼一样可怕吗？"妈妈笑着问道。"不是，同学们都很可爱的。"文文着急地说道。"既然他们很可爱，那就是因为他们不喜欢你喽？"妈妈故意说歪。

文文当即反驳道："没有呀，同学们平时很喜欢和我玩的，老师还经常夸我成绩好。""那你为什么怕上台呢？"妈妈追问道。"嗯……我也不知道呀。"文文自己也疑惑了。

见状，妈妈抱着文文说："我的好文文，不要害怕上讲台，你不比别人差啊，而且大家都很可爱，没什么可怕的啊。其实，站到讲台上讲话很多人都会紧张，不只是你这样，但我相信，我的文文一定可以克服。你是最勇敢的，大胆地对大家说出你的优点，一定会有更多同学了解你并且喜欢你的。"

文文听了妈妈的话后觉得很有道理，立刻充满了信心，她决定这次竞选一定要好好准备，争取在台上好好表现。

紧张的情绪是非常复杂的，孩子处于紧张状态，意识活动容易受到干扰，以致思绪不清、判断失常，在平时很容易表现出的水准，紧张时却无论如何都达不到。

通常情况下，孩子面对从来没有遇到过的挑战时，面对非常重要的一次考试时，做错事怕老师或家长批评时，就很容易产生紧张情绪。

面对孩子这种紧张情绪，家长一定要尽全力帮助孩子克服，但要注意，不同原因导致的紧张情绪要有不同的措施。

（1）家庭关系不和谐导致的紧张

在不和谐的家庭氛围中长大的孩子，见到的都是父母冷着的脸，听到的是父母互相的谩骂和无休止的争吵，他们会变得敏感、怯弱、胆小，以至于紧张。

所以，若要帮助孩子克服这种紧张情绪，父母就要给孩子创造一个非常舒适、温馨的生活环境，既要孝敬长辈，又要对小辈关爱、友善。在这种和睦、轻松、愉快的氛围中，孩子才能成长得更加健康，孩子也才更加有信心面对一切事情。

（2）要求过于严格导致的紧张

如果父母对孩子的要求过于严格，非常注重孩子的成绩，让孩子的生活中只有学习，干涉他们的课余爱好、娱乐时间等，孩子就会因为这山一般沉重的压力而紧张。

所以，父母应该放宽对孩子的要求，让孩子自己掌握自己的人生，学会有趣地生活，保持乐观的生活态度。父母切忌苛求孩子，切忌将自己未完成的梦想转移到孩子身上，父母应该帮孩子树立自己认为能达到的目标，这样孩子达到了目标后就会树立起信心。

（3）内向导致的紧张

喜欢活在自己一方小天地里的孩子，一旦被推到人前就容易紧张，无法表现出自己本来优秀的一面。这样的孩子过于内向，很容易失去自我展现的机会。

所有的孩子都需要与他人来往，与他人共事，内向的孩子往往容易受别人影响，这样就很容易导致紧张。所以，让孩子建立心理上的防御机制，如回避、否认、识别、转移、理智化等，能很好地帮助孩子克服紧张。

（4）身体弱导致的紧张

遇到紧张，身体强壮的孩子往往能够利用快速的血液循环来驱散紧张的情绪。所以父母应该多多让孩子锻炼身体，让他们参加户外活动，以便在关键时刻抵制紧张的刺激。

除此之外，父母还要教孩子如何转移注意力。假如孩子上考场前紧张不安，父母可以和孩子聊一些其他的话题，帮孩子寻找轻松愉悦的感觉；或者孩子遇到解决不了的难题，可以教孩子暂时放下去做别的事情，或者第二天再去解决，这样或许更有利于缓解紧张；又或者在孩子马上要上台前，让孩子用深呼吸的方式来缓解紧张情绪。

自负的心态会让孩子走入歧途

　　自负是一种较为普遍的心理疾病，很多有特长或者智商较高的孩子，容易存在这种不健康的心理。自负容易招致自满，自满则不思进取。此外，自负的孩子容易意志脆弱，一旦遭受挫折和打击，其心理防线很容易被人击溃，从此一蹶不振。

　　小婵冰雪聪明，是个非常讨人喜欢的小姑娘。她的妈妈是一名律师，爸爸是一位医生，她从小就在这样一个令人羡慕的家庭中长大。在家她是爸妈的掌上明珠，想要什么都会如愿；在学校她是老师眼中的优秀学生，同学眼中多才多艺的人。小婵的爸爸经常在朋友面前夸赞自己的女儿，为女儿的优秀而骄傲；小婵的邻居也经常将小婵作为标杆来要求自己家的孩子。

　　这些来自四面八方的宠爱、赞誉、仰望，再加上小婵自身的良好天赋，让她渐渐膨胀了起来，小婵认为，自己就是比别人优秀，她变得越来越自满和自负。

　　时间长了，小婵就变了。在家她要求爸爸妈妈事事顺着她，否则就大发脾气；在学校她时刻保持着优越感，一旦取得好成绩，就总少不了四处炫耀自己；她还目中无人，喜欢拿自己的长处去和别人的短处比，总是一副高高在上的样子。

房玄龄曾说："谦虚温谨，不以才地矜物。"因为有点儿才能便自负、骄矜的孩子，必定会受其性格所累。这样的孩子将自己安置在周围人碰不到的地方，在自己和他人之间竖起一堵无形的高墙，这必然不会受他人喜爱。而且他们往往自满于现状，虽然现在有一定的成就，却无法取得更大的进步，因为他们目光短浅，没有远大的志向，只会"坐井观天"。

童年时代的狄尔斯虽然内向羞涩，但是善于思考，不懂的问题一定要弄懂。上学以后，他惊人的数学天赋展现了出来，他有非常强的心算能力。在所学科目中，狄尔斯对化学情有独钟，他经常和别人一起做一些小的化学实验，一次次的化学实验，使狄尔斯对化学这个神秘的领域的兴趣逐渐变浓。

带着这样的基础，狄尔斯在大学时代也是名列前茅。这让周围的同学们都很佩服他，老师和父母也以他为傲。在周围人的夸赞中，狄尔斯渐渐变得骄傲自满，感觉自己和别人是不一样的，比任何人都要优秀。在这种心理的驱使下，他开始不屑于和别人一起做实验，逐渐远离了自己原有的圈子，同学们也都不再喜欢他了。

渐渐地，狄尔斯也发现了自己的问题，他也想改变自己，然而坏毛病一旦养成不是那么容易就能改掉的。所以他和别人之间仍然有隔阂。

父母看到这种情况后非常着急，他们意识到狄尔斯如果不改掉这个骄傲自满的坏毛病，很可能会自毁前程。于是他们一方面对狄尔斯讲清楚了自负的危害，一方面寻求外援，请狄尔斯的老师给孩子敲响警钟。

狄尔斯的老师经过深思熟虑后，把狄尔斯叫到了身边，语重心长地对他说："谦虚好学是一个优秀的年轻人所应有的品质，不应该因为一点点成就便骄傲自大，况且你所得到的成就不过是一点点皮毛，这恰恰显出了你的愚蠢和无知。"

狄尔斯听完后立马想反驳，但是及时制止了自己，冷静下来继续听老师的教诲。老师又进一步指出："即使你真的在研究中取得了一些成就，也不要自鸣得意，这样才能在这条道路上走得更远，才能取得更大的成绩。"

狄尔斯老师的教诲，使狄尔斯清醒了，他下定决心要改掉自己骄傲自负的坏毛病。

如果父母和老师没能及时提醒狄尔斯，他或许就不能克服自己自负的缺点，日后也不能成为举世著名的化学家，更不用说将诺贝尔化学奖收入囊中。

事实上，孩子自负是因为经常高估自己，他们认为自己是最强的，没人比得过，他们只看到自己的长处，看不到自己的短处，以己之长攻人之短。久而久之，孩子自然形成了自傲自大、以自我为中心、不为他人着想的性格。

父母若想帮孩子改掉自负的坏毛病，可以参考以下几点：

（1）教孩子正确评价自己

孩子自负，很大一部分原因来自家庭方面。父母望子成龙、望女成凤，为了使孩子保持上进心，他们往往会对孩子全盘肯定。孩子取得了一点点成绩，父母便高兴得不得了，不但表扬不断，甚至还到处炫耀；面对孩子的缺点却自动忽略，甚至自欺欺人地有意掩盖。

父母的这种做法，会让孩子没有辨别是非的能力，他们会学着父母的标准认为自己做什么都是对的，在一切比较中自我感觉良好，久而久之自然形成了自负心理。

所以父母应该教孩子正确评价自己。人无完人，谁都有缺点，父母要让孩子看到自己的缺点，知道"人外有人，天外有天"，认清自己的实力，这样，孩子自负的心理就会逐渐消失。

（2）适当对孩子进行批评教育

父母不应该一味地表扬孩子，也要适当地批评，不能以偏概全，也不能掩耳盗铃，应该客观公允地对孩子进行批评教育。这能让孩子更好地认识到自己的缺点与不足，及时想办法改正。

（3）让孩子经历一点儿挫折

让孩子从小经历一些挫折、磨难，可使孩子健全心理机制，不会过于自负而不知天高地厚，也不至于心理脆弱得经不起一点儿打击。

（4）帮孩子开阔视野

带孩子多多接触社会，走进人群，让孩子知道比自己优秀的人还有很多。这样，孩子就不会只将眼光局限在自己身边的小小世界中，也能正确地定位自己的位置，以免夜郎自大。

总而言之，父母要时刻关注自己孩子的心理状态，一旦发现孩子有自负心理，就要及时想办法帮孩子摆脱自负的束缚，树立正确的心态。

【自查反思】

请根据目前您和孩子的关系对以下所述各项情况进行判断，并根据与实际情况的符合程度在星星中涂上阴影，一颗星表示"完全不符合"，两颗星表示"不太符合"，三颗星表示"一般"，四颗星表示"比较符合"，五颗星表示"完全符合"。

1. 我不怎么关注孩子的心态。

☆ ☆ ☆ ☆ ☆

2. 哪怕是一些非常小的事情，我都要鼓励孩子。

☆ ☆ ☆ ☆ ☆

3. 我对孩子的批评指责多过鼓励表扬。

☆ ☆ ☆ ☆ ☆

4. 我会要求孩子事事都做到最好。

☆ ☆ ☆ ☆ ☆

5. 孩子对我非常依赖，我也享受孩子的依赖。

☆ ☆ ☆ ☆ ☆

6. 我总在孩子面前表现得很消极。

☆ ☆ ☆ ☆ ☆

7. 孩子表现得很紧张时，我不会去管他。

☆ ☆ ☆ ☆ ☆

8. 我发脾气的时候，不在意孩子是否在场。

☆ ☆ ☆ ☆ ☆

9. 我很少和孩子沟通。

☆ ☆ ☆ ☆ ☆

10. 我总是计较一些小事，对孩子也是。

☆ ☆ ☆ ☆ ☆

第四章

性格教育是孩子成长的关键

对一个人来说，真正重要的不是他的背景、他的肤色、他的种族或是他的宗教信仰，而是他的性格。

——尼克松

每个孩子都是独一无二的

　　就如同世界上没有两片相同的树叶一样，每个孩子都是独一无二的存在，他们有着不一样的性格、不一样的爱好、不一样的思维方式。倘若父母将这些与众不同之处当作缺点并要求孩子改变，那么孩子很有可能会找不到自己的定位，开始自我怀疑，逐渐丧失自信。

　　小蕊是刘老师的班里的一个小姑娘，她的性格很内向，非常不爱说话，她的妈妈因此十分担忧，经常跟刘老师沟通这件事情，还想过要带孩子去看心理医生。起初，刘老师并没有将这件事放在心上，后来她发现小蕊的妈妈为此过于焦虑了，所以就跟她好好谈了一次。

　　刘老师先将客观事实摆在了小蕊妈妈面前：小蕊虽然不喜欢说话，但学习成绩名列前茅，跟班里的孩子也相处得很好，因此她劝说小蕊妈妈不必太过担心。刘老师还提到，倘若经常将孩子的这种内向性格当作缺点反复提起，很可能会引起小蕊焦虑、自卑的情绪。

　　之后，刘老师又给小蕊妈妈讲述了自己的真实经历。其实，刘老师也是一个内向的人，不爱说话，尤其是不愿意当着许多人的面发言，只要当众发言就浑身发抖，觉得特别难受。但是，老师和同学都没有因为她内向就不理睬她，事实上当时很多同学都很喜欢她，每次课间休息时她的座位旁边都围着一圈人，现在回想起来刘老师觉得自己当时有点儿像"大姐大"，走到哪里都前呼后拥的。之后读师范的时候，她依然不怎么爱说话，可同学们依然很喜欢她。性格原因并没有导致她的学习成绩下降，反而让她能够更专注于学习。虽然内向的性格有时也会给她带来困难，但她都努力克服了。相应的，她也由此锻炼了自己的意志力，变得越来越坚强、自信！刘老师的父母从没有为她内向的性格而感到担心，反而还觉得她踏实、稳重，并且十分自豪呢！

之后，刘老师对小蕊妈妈反馈了几位任课教师的想法，比如，在英语老师看来，小蕊每次上课都很认真，无论课堂作业还是家庭作业都能在规定的时间范围内保质保量地完成，口语就更没问题了，每次背课文的时候小蕊的表现都是数一数二的，成绩上完全不必担心，获得的那些奖状就很能说明问题了。现在，小蕊和同学们相处融洽，成绩出色，那又何必因为她的内向而担心呢？

每个孩子都或多或少有着与他人不同的特点，每个孩子都是独一无二的。这些不同于他人的特点并没有高下、优劣的区别。倘若父母一味地认为自己的孩子有着很多比不上其他孩子的地方，那只能表明父母的教育心理有些偏差。

许多父母在教育孩子时可能会碰到这样一个问题：自己明明很注重孩子的教育，同一个问题教育了很多次，虽然孩子信誓旦旦地承诺再也不会犯同样的错误，可过不了多久就会犯错。这个问题令父母非常苦恼，但又找不到其中的原因。其实，这很可能是因为所谓的"错误"并不是错误，而是孩子自身的特点，孩子怎么可能改掉呢？而如果总是否定孩子的特点，孩子就无法相信自己，也就慢慢失去了信心。

事实上，父母以下面这样的态度来面对孩子的特点，才是正确的选择。

(1) 承认个体的差异

每个孩子都有不同的性格特点。有些父母总是去拿自己的孩子与其他孩子比较，尤其会拿自己孩子的短处去与其他孩子的长处比较。这种做法忽视了个体的差异，也造成了孩子对"别人家的孩子"的厌烦与对父母的抵触。因此，父母应当接受、承认孩子之间是存在某种差异的，并正确对待这种差异。

(2) 帮助孩子将特点变为特长

父母发现孩子的与众不同之处后，千万不能去打击或压制它们，而是应当对这些特点进行有针对性的引导，让孩子能够发挥自己的特点，鼓励、帮助孩子把这些特点发展为特长，这样可以更好地帮助孩子树立自信。

(3) 多与孩子沟通

父母应当抓住各种机会去深入地与孩子沟通。很多父母其实并不了解自己的孩子，不清楚孩子的想法，不知道孩子喜欢什么、讨厌什么，所以总是想当然地帮孩子做决定或是指责孩子。其实，这些父母眼中的缺点，也许正是孩子感到骄傲的地方，是他自信的资本。所以，父母的这些批评是对孩子这份骄傲的否定，会打击甚至摧毁孩子那份独特的自信。因此，只有父母多与孩子沟通，知道了孩子的真实想法，真正弄清了孩子的喜好，才会对孩子有更加深入的理解，才能以正确的态度认识孩子的特点，做到尊重孩子。

坚忍的性格铸就孩子光明的未来

坚，表示坚毅，坚定不移；持，表示持久，有恒心。能够取得成功的人往往不乏坚定的意志，它已经成了成功、成才者的必备品质。很多孩子都存在着这样一个问题：无法坚持做某件事，稍微有一点儿困难就想着退缩、放弃。父母应当培养孩子坚忍的性格，让孩子在面对困难时能够咬紧牙关、锲而不舍。

子铭就是那种只要稍微遇到一点儿挫折就会选择放弃的人。学骑自行车时摔了一跤，他就马上哭闹着不学了；学弹吉他之初兴致勃勃，可没过一会儿，他就嚷着手指尖疼，不肯再练习；就是玩五子棋，只要输了一盘，他也会立马变得沮丧起来，不肯再玩了……

某天，子铭突然来了兴趣，让爸爸陪他拼拼图。那个拼图足足有500块，爸爸猜以子铭的性格肯定很快就放弃，便想要借机教育一下他。于是爸爸提议说进行一个比赛，看看五分钟内谁拼的拼图多。子铭痛快地答应了，还想着大展身手呢。

爸爸完全没有让着子铭的意思，很快子铭就败下阵来。子铭见自己难以赢得比赛，就像往常那样，不停地嚷着"不拼了，不拼了"。这种情况完全在爸爸的预料之中，于是爸爸笑着说："子铭，原来你喜欢输给爸爸呀！刚拼这么一小会儿就不想拼了，那以后你就在我面前承认你是永远的输家好了。子铭真是胆小鬼，只要遇到一点儿困难就放弃，难怪啊！"听了爸爸的话后子铭很生气，他有些不服气地问："难怪什么？"爸爸笑着说："难怪我听到有人说，咱们子铭应该改名叫'不会'，我看真是特别合适。子铭，你觉得怎么样？""不怎么样！咱们重新比一次，这次我肯定能打败爸爸。"子铭大声喊道。

于是，子铭和爸爸又重新比了一次，这次爸爸故意放水，子铭赢得了比赛。而后，爸爸故意装出一副不服气的样子，要求继续比赛，就这样一次又一次，父子俩将拼图全部拼好了。子铭看着完全拼好的拼图，觉得非常有成就感。

经过这次的事件之后，爸爸明显感觉到子铭"争强好胜"了很多，不再将"不会""不玩""不学"之类的话挂在嘴边了。

法国启蒙思想家伏尔泰曾说："想要在这个世界上获得成功，就必须坚持到底。"一个人想要取得一定的成就，就必须肯坚持，善于为心中的目标累积经验。只有这样，才可能实现理想，人生才能有更加斑斓的色彩。

是否拥有坚忍的性格被认为是一个人是否拥有良好的心理素质、健康的心理状态的一个评判标准，也是影响孩子是否能取得一定成就的一个重要因素。拥有坚忍性格的孩子在学习时会更加认真，他们能够认真面对每一堂课、每一次作业，不断地提高自己，掌握更多的知识。而没有恒心的孩子却总是不能耐心地从头到尾做完一件事。于是，孩子不仅难以取得良好的学习成绩，在生活中也会遇到很多难题。因此，父母一定要注重培养孩子坚忍的性格。具体来说，应注意以下几点：

（1）父母不能无条件地退让

孩子总是没有耐性，做事虎头蛇尾，稍微碰到一些问题就选择半途而废，这其实是一种很常见的现象。当孩子产生不耐烦的情绪、随口就要放弃的时候，父母一定不能放任孩子放弃自己的初衷，而是要让孩子继续坚持下去。

假如每次孩子想要放弃的时候，父母都无条件地退让，那么孩子就会误以为自己说了算，觉得父母都听自己的。这样一来，孩子今后做事必然更耐不住性子，每每碰到困难都会轻易放弃，就这样形成恶性循环。

（2）给予孩子充足的鼓励

当孩子想要放弃的时候，父母应当对其进行鼓励："只要你能坚持下去，这件事情肯定没问题，爸爸妈妈都支持你、相信你。""不要灰心，再去试一试，你肯定能行的。如果本来再试一次就成功了，可你却放弃了，那多可惜!"这类鼓励的话肯定能给与孩子一定的动力，让他能够坚持下去。

（3）及时表扬孩子

表扬是教育的绝佳方式，在培养孩子坚忍性格时同样可以使用。当孩子能够坚持某件事情一段时间时，及时表扬孩子会让孩子更有动力坚持下去。比如，父母可以以家务劳动来锻炼孩子的坚忍性格。父母可以让孩子负责每天扫地或擦桌子等，起初，孩子可能会不停地抱怨，此时父母可以督促孩子认真去做，当孩子圆满完成任务时，父母就要马上予以表扬，这样孩子坚持做事的好习惯就会得到强化。父母的这些表扬能够激起孩子做事的热情，让孩子继续努力。如果孩子产生了坚定的信念，这份信念自然就会支撑着他一步一步地走下去，直到将目标变为现实。

（4）巧设障碍锻炼孩子

坚忍的性格是需要磨炼的，越是艰苦的环境，就越能磨炼出坚强的意志力，也就越能锻炼孩子坚忍的性格。因此，父母还可以故意给孩子设置一些障碍，以此来锻炼孩子。当然，设置障碍也需要把握好尺度，如果难度太大会使孩子产生放弃的想法，如果难度太小又达不到锻炼的目的，所以父母在设置障碍时一定要知道孩子的接受程度，把握好尺度。

（5）写日记是锻炼坚忍性格的好方式

父母可以让孩子每天完成一篇日记。写日记一方面可以提锻炼孩子的写作能力，另一方面，当孩子坚持一段时间之后再翻看之前的日记时也会觉得很有趣，自然就体会到了坚持不懈的乐趣。另外，当孩子需要写作文却一时间想不起来合适的素材，翻翻之前的日记，也许就会得到意外的收获。

孩子脑袋里的 "十万个为什么"

从呱呱坠地那一刻开始，孩子就对万事万物充满了好奇，有着无尽的求知欲。从开始问父母问题的时候起，孩子其实已经蠢蠢欲动地想要探索这个世界了，也已经开始学着去思考了。此时，父母一定不能对孩子的问题爱搭不理，这会打消孩子探索、思考的积极性。

"妈妈，我是从哪里来的？"

"是从妈妈的肚子里来的。"

"妈妈又是从哪里来的呢？"

"当然是从妈妈的妈妈肚子里来的。"

"那么妈妈的妈妈……"

和孩子相处时间比较长的父母一定会发现，孩子的脑袋里似乎有着 "十万个为什么"，总是有千奇百怪的问题要问，弄得很多父母不胜其烦，于是常常会拒绝回答孩子的问题。但提问是孩子观察力、想象力和创造力的体现，父母如果一直粗暴地拒绝回答，便会扼杀孩子的这些能力。

在世界公认的优秀民族中，犹太民族无可争议地位列其一。在对孩子的教育问题上，犹太民族有很多独到之处，鼓励孩子提出问题就是其中之一。一个犹太孩子回家后，父母会问孩子："你今天提问了吗?"可中国的孩子回家后，父母却会问："今天小测你考了多少分? 全班最高分是多少?"

古希腊思想家苏格拉底就是一个喜欢提问的人，他在提问中不断思考，这些问题与思考的答案聚集在一起，就形成了人类文明史上的一座高峰。英国著名的物理学家牛顿也是一个从小就喜欢提问的人，在提问中，他发现了许多常人都会忽略的问题，于是他搞明白了世界的运转规律，总结出了牛顿运动定律。

倘若父母能够保护孩子爱提问的天性，鼓励孩子多提问，孩子的好奇心和想象力就能得到发展，孩子也一定能成长得更加优秀。

桐桐刚能说话时就开始提出各种问题：这个是什么东西? 它是用来干什么的? 那个又是什么? 面对接连不断的问题，妈妈没有丝毫不耐烦，只要桐桐问，妈妈就回答。

在桐桐两岁多的时候，妈妈某天突然发现，桐桐在问完"是什么"之后，开始询问"为什么"了。这就意味着桐桐开始进行思考了，妈妈非常开心。每当桐桐问妈妈"为什么"的时候，妈妈总是尽力以最简单、明了的方式为桐桐进行解答。但妈妈也有不知道的问题，这时她就会说："妈妈也不太清楚，我们去查查看吧!"然后，妈妈就会带着桐桐去电脑上搜索答案，或是查找相关书籍。

父母除了鼓励孩子进行提问外，也要问孩子问题，这样会促使孩子去思考、学习。

在陪桐桐一起玩的时候，妈妈也经常会学着桐桐的语气问道：

"这是为什么啊?"

很多问题桐桐当然答不出来,于是妈妈过一会儿就会帮他解答,然后反问道:"是不是这样?"桐桐就会表示肯定。

问得多了,桐桐慢慢就能回答出一些问题了,这时妈妈就会带着惊喜的语气夸奖桐桐说:"桐桐真厉害!"

在妈妈这种教育方式的培养下,桐桐越来越喜欢提问,好学的心越来越强烈,也变得越来越机灵了。

让孩子多提问、经常问孩子问题可以开阔孩子的眼界,促使孩子思考,培养孩子的创造性。那么,怎样才能让孩子习惯于提问呢?

(1)营造一个丰富多彩的学习环境

外界环境对孩子的成长有很大影响。如果孩子能接触到各种各样的新鲜事物,孩子就会产生无尽的好奇心,各种问题也就随之而来。因此,父母应当给孩子营造一个丰富多彩的学习环境,让孩子自己去看、去听,乃至去摆弄那些新奇的事物,鼓励孩子去探索世界中的奥秘。比如,父母可以给孩子多准备一些像是小汽车、拨浪鼓之类能活动、能发声或是颜色鲜艳的玩具,在孩子最初认识世界时就呈现出世界丰富多彩的样子。另外,父母还可以在闲暇时带孩子到大自然中游览,让孩子感受大自然的魅力与神秘。

(2)通过故事促进孩子的好奇心

故事较为口语化,而且内容新奇,情节连贯,人物生动,孩子通常都很喜欢听。父母可以借由故事来吸引孩子的注意力,让孩子在故事中学习知识、开阔视野、体悟道理,这可以增强孩子的好奇心、丰富孩子的想象力，进而激发孩子的求知欲。甚至有专家建议，只要孩子满6个月，能够在大人的帮助下坐一小会儿的时候，父母就可以讲故事给孩子听。

（3）鼓励孩子的探索行为

孩子的天性便是好奇、好问、好动，父母应当放任孩子的天性自由发展，允许孩子去大胆想象。哪怕孩子的想法有些不着边际，父母也不能急着否定，而是要以孩子能够理解的方式去与孩子讨论，或找出漏洞引导孩子继续思考。同时，父母要善于挖掘孩子这些稀奇古怪想法中值得肯定的部分，这样孩子就会觉得自己被关注、被肯定了，也就更愿意去学习、探索了。

（4）给孩子提供动脑、动手的机会与平台

孩子具有很强的模仿能力，他们喜欢动手动脑，父母可以引导孩子去利用身边的工具、运用自己的感官去观察，然后制作一些东西，比如让孩子自己设计游戏、自己动手制作玩具等，这样孩子就会产生一种成就感，体会到动手动脑的乐趣。由于这是孩子亲自动手做出来的东西，他们肯定会有浓厚的兴趣，所以这类活动能够激发起孩子的好奇心与求知欲，孩子也就逐渐产生了学习的兴趣。

（5）不要打击孩子提问的积极性

孩子对世界上的各种东西都有强烈的求知、探索精神，心中也就会产生各种各样的疑问，父母也就会听到孩子提出的各种稀奇古怪的问题。这时，父母千万不能随意敷衍，否则就会打击孩子提问的积极性。

比如，每个孩子都问过这样一个问题：自己是从哪里来的。

有些家长不好意思回答或是不知道怎样回答，就会搪塞说"从垃圾桶里捡来的""从石缝中跳出来的"等。这样不仅会让孩子产生不安和害怕，也很可能会导致孩子丧失提问题的兴趣。相反，倘若父母能够恰当地回答："是妈妈从肚子里把你生下来的。"那么孩子可能就会产生一连串的思考，例如，"我是怎么跑到妈妈的肚子里的？""妈妈又是从哪里来的呢？""我的肚子里也会有小宝宝吗？"这样，孩子就可能产生对生命、未来的好奇。

父母应当认真对待孩子的提问，用轻松、浅显的语言进行回答。

耐心的力量超过你的想象

耐心是一个人能否等到机遇、度过坎坷的重要因素。但是，现在许多孩子却越来越不会或不愿意去忍耐。例如，有些孩子性格冲动，遇到事情不考虑是非曲直就盲目行动，不懂得谦让；有些孩子做事毛毛躁躁的，怎么也踏实不下来，而且经常三分钟热度；还有些孩子无论做什么都要让父母帮忙，面对困难自己一点儿应对能力都没有，还经常顶撞父母……因此，父母应当从小事抓起，让孩子拥有耐心。

这天，妈妈工作很忙，吃完晚饭就又投入到了工作当中。这时，女儿垚垚走了过来，央求妈妈说："妈妈，陪我出去玩吧。"

妈妈正全身心都扑在工作上，就对垚垚说："妈妈现在正在忙，等妈妈忙完工作咱们再出去。"

没过多久，垚垚又来央求妈妈："妈妈，咱们什么时候才能出去啊？我现在就想走。"

"垚垚，妈妈手里的这项工作很着急，你先自己玩一会儿，妈妈的工作一会儿就做完了。"

垚垚听了妈妈的话有些不高兴，跑到客厅看动画片去了。

妈妈终于将工作完成了，她赶紧去叫垚垚："垚垚，妈妈现在可以带你出去玩了，穿好衣服咱们走吧。"

"不，等一会儿吧，等我看完这个故事咱们再出去。"垚垚模仿着妈妈的语气回答道。

妈妈并没有因为女儿故意模仿她而生气，反而觉得正好可以通过这件事来培养孩子的耐心，而且这份等待也是对女儿的尊重。于是，妈妈坐在旁边耐心地等待女儿。不久之后，垚垚看完了动画片，母女俩一起高高兴兴地出门了。

在生活中，孩子通常是不容易感到满足的。刚吃完一块蛋糕还想再吃，刚买过一个铅笔盒，看见新的了还想再买。无论什么需求，只要孩子想到就要求父母必须立即为自己实现，否则就大哭大闹，弄得周围的人都心力交瘁。

孩子之所以会产生这样的问题，从表面上看好像是孩子的性格过于急躁、霸道，但事实上还是由于父母的教育出现了偏差，是父母对孩子的要求"有求必应"，让孩子产生了这种习惯和心态。

因此，父母要调整自己的行为，延迟满足孩子玩乐、享受方面的需求，最好让孩子通过一定的努力去争取他想要的东西，让孩子习惯于等待，学会等待。比如，倘若孩子想要得到一件新玩具，就要去自己整理玩具、洗刷玩具等。父母也可以运用积分的方式，每当孩子做了一件值得鼓励的事，就累计几分，当这些积分达到一定数量后，就可以让孩子兑换成某种他想要的奖励。

一个人要想取得一定的成功，聪明才智是必不可少的，耐心与毅力也是不可或缺的。但孩子天生就具有强烈的好奇心，一点点的外界刺激都可能吸引他的注意力，导致孩子形成没有耐心的性格。因此，父母要注意对孩子耐心的培养，具体可以参考下列建议。

（1）耐心地引导

孩子很容易被其他事情吸引注意力，这时就需要父母来进行引导。父母可以用亲切的话语重新引回孩子的注意力，让孩子将其正在进行的活动做完。比如，孩子正在画画，但画了一半看到了外面阳光明媚，想要出去玩，这时，父母可以问孩子："你是不是画完了？给我讲讲你的画好吗？"通常来说，孩子听到父母要看画，就会尽快完成的。

（2）培养孩子的耐心不可操之过急

起初，孩子也许过不了多久就会感到烦躁，扔下了手里的事情，这时，父母不能生硬地强迫孩子继续之前的事情，而是应当采用游戏的方式来吸引孩子，促使他一直坚持下去。开始时孩子集中注意力的时间肯定会短一些，父母应当慢慢增加时长，循序渐进地培养孩子的耐心，不可操之过急。

另外，在培养孩子的耐心时，应当选择孩子感兴趣的事情作为契机，父母不能把自己的想法强加给孩子。感兴趣的事情更容易让孩子坚持下来，以便取得成功，成功的喜悦与满足又让孩子有动力继续耐心地坚持。这样就形成了良性循环，才能取得更好的效果。

（3）在日常生活中进行培养

现在人们的生活节奏比较快，无论做什么都追求方便和快捷，方便面、速溶咖啡之类的东西充斥在人们的生活中，似乎无论人们想做什么都可以马上实现，不需要等待。对大人来说，这种不需要等待的快捷生活似乎很幸福，但对孩子而言，这样的生活却是一场灾难，因为他们失去了锻炼耐心的机会。因此，父母要更加注意借助日常生活中的等待来培养孩子的耐心。比如，需要排队等候时应当让孩子一起等候，不要让孩子在队伍外玩耍。

（4）利用玩具来培养，不要轻易打断孩子

玩具是最能吸引孩子注意力的东西，因此父母可以给孩子选择一些能够培养孩子耐心的玩具，如拼图、积木、走迷宫等。除了选择这些玩具外，父母更要监督孩子在玩这些玩具时，不能中途跑去做其他事情，做到有始有终，父母自己更不能轻易打断孩子。例如，当孩子在拼拼图时，不能还没拼完就突然让孩子去吃水果；当孩子积木刚堆了没多久时，不能突然让孩子去收拾书包；当孩子迷宫还没走出来时，不能让孩子去洗澡等等。如果父母总是这样打断孩子，孩子就可能会失去耐心，总是半途而废。

（5）予以鼓励与帮助

对于那些没有耐心的孩子，当他们从头到尾做完一件事情时，父母应当予以一定的鼓励，这样孩子就会产生动力，促使他们今后也尽力做完每件事。倘若孩子无法将一件事彻底完成，或是遇到了困难，或是产生了厌倦，这时父母应当鼓励、暗示和协助孩子完成这件事。让孩子从小就能有始有终地做完一件事，是培养孩子耐心的最好方式。

放手让孩子探索

某本书里记载了这样一个故事：

一个十多岁的孩子站在一个岔路口，他面前有着截然不同的两条路，一条是宽阔平坦的大路，一条是若隐若现的小路。这个孩子似乎听到了小路的召唤，决定走小路。正当他要迈上小路时，他的母亲一下子拦住了他，说："孩子，那条路不能走！"

孩子说："我不信。"

母亲劝道："我之前走过那条路，你为什么不信？想知道路好不好走，应该问过来人。"

孩子问："既然你能走那条路，为什么我不能？"

母亲回答道："我不想你走弯路。"

孩子坚定地说："这条路是我选的，我不怕，我要走！"

母亲看了看孩子，轻轻叹息了一声，然后说："你太固执了，那条路上有很多坎坷，你一定要小心！"

孩子满怀壮志地踏上了小路。慢慢地，孩子发现妈妈说的是真的，这条路确实有很多坎坷。孩子磕磕绊绊地向前走着，碰了壁，也摔了跟头，虽然确实想过停下来，但还是咬牙坚持了下来，最终走了出来。

很多父母总是想给孩子最好的，让孩子少走弯路，于是根据自己的经验来限制孩子的行动，这就导致孩子无法自己去探索、去感悟，无法获得有效的经验，也丧失了诸多能力。但是对于明智的父母来说，经验是需要孩子自己获取的，有智慧的父母应当鼓励孩子亲自去探索、去体验，哪怕结论不一定正确，哪怕途中有很多困难。

事实上，当孩子成长到一定的年龄阶段，孩子就会产生摆脱所有约束和依赖的独立倾向，他们喜欢独自去探索，想要在生活中探寻问题的答案。如果孩子能够一直保持着勇于探索的信念，孩子就能够独立应对更多问题，对孩子的身心发展都有利。

但有的父母舍不得孩子受到一丁点儿的磨难，于是总是限制孩子的活动，孩子也就很少能与同龄的孩子交流，同时，现在楼房独门独户的住宅结构，对孩子的社会活动产生了阻碍。如果一直这样下去，孩子就可能变得越来越孤独、压抑，有损孩子的身心健康。

因此，父母应当鼓励孩子进行探索，培养孩子勇于探索的性格。

诺贝尔化学奖、和平奖得主莱纳斯·鲍林的父亲是一名药剂师，鲍林自小就很喜欢到父亲工作的实验室里玩。看着父亲进行药剂的调配，鲍林也很想亲自尝试一下。

父亲见到儿子似乎对做实验非常感兴趣，便开始教导鲍林去调配药品、做实验等。鲍林一下子就被这件有趣的事情吸引了，他每天都会前往父亲的实验室进行各种尝试。就这样，鲍林从父亲那里学到了不少药品和实验的相关知识，懂得了怎样去探索。

父亲的鼓励与帮助为鲍林打开了探索的大门，正因为如此，鲍林才会走进化学领域，也才会取得令人瞩目的成就。

在探索活动中，孩子不仅仅得到了探索的乐趣，其思维能力、创造力也都得到了发展。探索有着这样大的力量，父母就更应该尝试着让孩子去探索，培养孩子勇于探索的性格。具体有以下几点供各位父母参考。

（1）培养孩子的独立性和主动性

儿童文学作家严文井曾说："人应该有探索、有追求。这些都要从幼儿时期培养孩子的独立性和主动性做起。"因此，父母可以尝试着让孩子独立做一些能力范围内的事情，让孩子接受许多事情需要独立完成这一事实，学会主动做事。

（2）让孩子与自然、社会接触

自然、社会中有各种各样新奇的事物，这些都会引起孩子的好奇心、探索欲。父母应当让孩子多与社会、自然接触，例如节假日时，带孩子踏青、游玩，参加一些社会活动等，让孩子能够在观察事物中发现问题，在接触的事物中诞生奇思妙想。

（3）不要打击孩子探索的积极性

倘若孩子在探索时遇到了挫折，父母不能总是说一些打击的话，如："不听老人言，吃亏在眼前，看你以后还敢不敢胡闹！""我早就告诉你不能这样做了，你偏不听！"如果父母总是这样打击孩子，孩子探索的积极性就会被挫伤。正确的做法是，父母鼓励孩子说:"没关系,失败是成功之母,你第一次能做成这样已经很好了,再来试试看!""咱们来找找失败的原因,下次再做这件事时避开它,你肯定就能成功了!"这样一来,孩子就可以快速调整好自己的心态,将探索活动继续下去,逐渐形成勇于探索的性格。

性格果断，不失良机

每个人都会面临一些十分关键的时刻。有的人性格优柔寡断，遇事时惊慌失措，不知如何是好，最后可能干脆放弃，坐等恶劣结果的到来；有的人性格果断，遇事时能够迅速做出判断，主动出击，将劣势转化为优势，力挽狂澜，迎来新的格局。

果断的性格可以让人在危急时刻，以最快的速度做出准确的判断，无论成败都去尝试、去努力，而不是坐以待毙。而且做出的这个判断通常都能获得良好的结果，让自己从困境中突围出来，让身边的人产生一种希望和安全感。

德怀特·艾森豪威尔是美国第34任总统，世界反法西斯战争中的杰出统帅，他能够在危急时刻冷静分析形势，果断做出判断。

诺曼底登陆战役对第二次世界大战有着重要的意义，艾森豪威尔是这场战役的盟军最高司令，他果敢刚毅的性格在这场战役中起了重要作用。

其实，在这场战役中，盟军并不是一帆风顺的。根据不同兵种的环境的要求，登陆的日期原本定于6月5日，谁知6月4日时，英吉利海峡狂风呼啸，暴雨倾盆，天气十分恶劣，根本无法登陆，于是艾森豪威尔决定推迟登陆。

气象学家的研究显示，6月5日过后会有大约12小时的好天气，但随后又是狂风暴雨。于是艾森豪威尔面临着一项非常艰难的选择：6月6日是否登陆？如果确定登陆，那么后续部队万一由于恶劣的天气而无法登陆，先行部队就会孤立无援，陷入险境。而如果不登陆，那么登陆时间就要推迟到6月18日，可这样一来必定会打击士气，而且间隔时间过长也不利于保密。在众多将军都感到迟疑之时，艾森豪威尔当机立断，决定于6月6日实行登陆计划，并取得了最后的胜利。艾森豪威尔善于分析、敢于果断决定的性格，使诺曼底登陆战役能够顺利进行，从而使法西斯势力受到了沉重的打击。

在发生紧急情况时，苦苦等待比不上当机立断。只有迅速地分析当前的形势，果断地进行调整或做出决定，才能适应不断变化的情况，抢占先机，出奇制胜。

第二次世界大战时发生了这样一件事：

某天晚上，月朗星稀，万籁俱寂，在一处僻静的港湾里停靠着一艘美国驱逐舰。驱逐舰上的一名水兵照例巡视时，突然发现在不远处的水面上浮动着一个乌黑的东西。这名水兵在惊骇中迅速判断出那是一枚触发水雷，退潮正引导着这枚水雷漂向驱逐舰。

士兵赶紧通知了值日官，值日官立即赶来核实，然后以最快的速度报告给了舰长，并且以讯号通知全舰进入警戒，全舰上下立即行动了起来。所有人都十分清楚，灾难马上就要到来。

大家想了许多方法，想要避免惨剧：他们该起锚离开这里吗？不行，水雷已经很近了，开船会影响水的流速，反而会让水雷更快靠近。用枪触发水雷？也不行，水雷漂来的方向正对着驱逐舰的弹药库，一旦触发水雷，弹药库里的弹药也会被引爆。让人坐小艇去用长杆推开水雷？肯定不行，那是一枚触发水雷，一旦接触就会引爆，也根本没有时间拆掉雷管。大家都束手无策，悲剧已经近在眼前。

这时，一名水兵突然大喊道："快拿消防水管来!"大家马上明白了这名士兵的想法，他们迅速找来消防水管向舰艇和水雷之间的海上喷水，于是海面上便形成了一条水流，水雷顺着水流漂向了远方，水兵赶紧用舰炮引爆了水雷。

这艘驱逐舰就这样避免了一场灾难。

在危机之时，水兵果断地做出了判断，他的决定拯救了船上的所有人。事实上，许多生死存亡就在于转眼之间，在这种紧要关头，"时间就是生命"这句话被体现得淋漓尽致。只有拥有果断的性格，能够当机立断地做出决定，才能够走出困境。

孩子虽然以学习作为生活的主旋律，活动的范围通常局限于家与学校之间，但孩子也难免会遇到突发事件，遭遇意料之外的困难。有些孩子在面对这些情况时优柔寡断、顾虑重重，这看上去是在全面地考虑问题，但事实上却分散了精力，消磨了勇气，让势态变得更加难以掌控；有些孩子在面对这些情况时则能够抓紧时间认清形势，抓住时机，果断行动，最终突破难关。

因此，父母应当培养孩子果断的性格，这样孩子就能够把握住良机，让自己的人生变得更加精彩。

原则需要坚持

我们的身边不乏性格怯懦的孩子，虽然这些孩子的各项能力与别的孩子没有什么区别，但由于性格方面的缺陷，他们不敢表现自己，不敢与人竞争，也不敢拒绝别人的不合理要求，他们无法适应竞争激烈的社会环境，难以在社会中找到自己恰当的位置。因此，父母应该教育孩子摒弃怯懦，让孩子懂得坚持自己的原则，学会拒绝别人的不合理要求。

张洋今年刚上初一，是一个很听话的孩子，很少让父母操心。但他就是因为太听话了，所以显得有些懦弱，被人欺负了也不敢告诉父母或是老师，更不敢反抗。老师发现班里有几个淘气的孩子经常支使张洋做事，态度也不太好，于是教育了那几个孩子一番，并反映给了张洋的妈妈。妈妈问张洋原因，张洋回答说："那些人很不好惹，要是不听他们的，他们可能会打我，现在只是跑个腿而已，没什么大不了的。"看到儿子的反应，妈妈觉得有些不舒服。

"原来总是告诉他应该听话，我现在反而认为，过于听话的孩子未来可能不会有什么作为。"在反思了自己之后，张洋妈妈意识到了这一点。

张洋妈妈为人较为缜密，希望孩子能够讲规矩、懂礼貌，不会给别人添麻烦。张洋也确实是按照妈妈的期望成长的，在许多大人眼中，张洋是乖孩子的典范。可是，在跟同龄人交往时，张洋就显得有些软弱了。张洋妈妈觉得，张洋之所以养成这样软弱的性格，可能就是因为她从小对儿子的管教太过严苛了。

父母们总是对孩子进行诸多的限制，并希望自己的孩子乖巧、听话、懂事，能够按照自己的要求成长，但父母们却没有想到，如果孩子真的完全按照家长的指令行事，那么孩子就可能变得没有原则、没有想法，成为一个任人拿捏的"软柿子"。

当他人对孩子提出种种要求时，乖孩子通常会勉强自己答应下来，丝毫不顾及自己的原则，因为他害怕别人对他投来失望的目光，害怕与对方变得疏远；当被他人欺侮时，乖孩子不敢反抗，也不敢寻求父母或老师的庇护，因为他害怕遭到报复。但事实上，如果能够坚持自己的原则，不仅不会被人疏远，反而会得到他人的认同，成为众人心目中有胆量的人。

因此，父母应当让孩子学会坚持自己的原则，摆脱懦弱的性格。

上美术课前，小天对白白说："你的彩色铅笔真漂亮！"于是向她借了一支，下课后也没有还给白白。小天其实不是忘了还，而是自己喜欢，不想还给白白了。白白非常喜欢自己的彩色铅笔，想去找小天要，却又不敢，后来只能跑去向妈妈哭诉。白白妈妈虽然觉得自己插手孩子的事情不太好，但还是找到小天讨要，小天虽然很不情愿，但还是将彩色铅笔还给了白白，他还透露出不只自己一个人向白白借了东西。

经过一番询问，白白妈妈发现类似情况的确发生好几次了。她感到非常困惑，一支彩色铅笔其实没什么大不了的，送给别的小朋友也无妨，但是这些东西明明就是女儿的，她为什么不敢前去讨要呢?

其实,孩子无法坚持原则,不去拒绝是出于不同的原因,因此,父母在引导孩子前,应当先弄清楚其中的缘由,再对症下药。

(1)怕没人跟自己玩

有些孩子是因为害怕寂寞,害怕独处,害怕没人跟自己玩才不愿意拒绝别人的要求的,更有甚者还会主动奉上对方想要的东西,这些都是人际关系依赖症的表现。但是如果一直这样下去,其他孩子就会觉得他"好欺负",强制他同意他们的要求,这时孩子就很难再去拒绝别人了。

在这种情况下,父母可以把教育的重点放在培养孩子的独立性上,鼓励孩子独立完成他能力范围内的事情。教孩子学会独处,能够自主,可以"自己跟自己玩",而不是一心想着跟着其他人。当孩子摆脱了人际关系依赖症,能够独立自主,那么坚守原则就是比较轻松的事情了。

(2)太看重面子,怕被人说小气

很多大人都会十分看重颜面问题,可能会为了保护面子,而做一些不愿意做的事。比如在聚餐时明明说好了 AA 制,自己先垫上了钱,有些人不小心忘记了,或是装作不知道,自己又不肯拉下面子讨要,只好吃了哑巴亏。

如果倘若父母很看重面子,孩子可能就会受到影响,为了保护自己的面子而"不得不"丧失某些权益。

在面对孩子因为太看重面子而不好意思拒绝时,父母应当以身作则,让孩子看到父母拒绝他人不合理要求的场面,并告诉孩子"死要面子"只能"活受罪",这样孩子就知道应当坚持原则,勇敢拒绝了。

（3）怕被人欺负

有些孩子性格较为内向，为人又比较胆小，平时不敢和人说笑、打闹，上课不敢回答问题，更有甚者会遭到其他人的欺负。这样的孩子不敢拒绝他人的不合理要求，可能就是已经习惯于忍气吞声，唯恐拒绝会给自己招致祸患。

对于这种性格软弱的孩子，父母应当先让孩子学着拒绝那些亲近、熟悉的人，之后再去尝试拒绝那些比较好说话的小伙伴，经过多次的锻炼后，孩子就会敢于坚持自己的原则了。

（4）不习惯去拒绝

有些孩子从来没有想到要拒绝别人，他们可能并不缺少拒绝别人的勇气，只是觉得说"不"有些奇怪、别扭，也想不出合适的理由去拒绝，所以就顺着别人的要求去做了。

对于这样的孩子，父母应当教给他们一些委婉拒绝别人的方法。父母可以根据具体情境来教孩子应该怎样应对。比如，小天向白白借彩色铅笔时，白白不想借给小天就可以说："上课的时候我也要用啊，所以没办法借给你。""妈妈说不能把我的东西随便借给别人，如果妈妈知道了肯定会说我。"

父母要让孩子知道，在友谊中，没有谁是高人一等的，也不是一个人必须取悦另一个人才能维持友谊。坚持自己的原则，拒绝他人的不合理要求，反而能让这份友谊变得更加坚固。

认真的性格会让孩子受益一生

　　黄祖洽是我国杰出的理论物理学家，他能取得这样大的成就，与他自小就被培养出来的认真的性格有很大关系。

　　在黄祖洽小的时候，母亲曾带着他在乡下的茅屋里居住了一阵子。乡下的空气非常好，还有涓涓小溪和广阔的田野，黄祖洽在这里生活得很开心。

　　一天，黄祖洽听到妈妈说了一句："有心栽花花不开，无心插柳柳成荫。"他觉得很奇怪，于是问道："妈妈，这句话是什么意思啊？怎么'无心插柳'还能'柳成荫'呢？"妈妈解释说："这是一句谚语，意思是用心去栽种花，花却总是不开，随意折下来一根柳条却成了郁郁葱葱的柳荫。"

　　黄祖洽是一个十分较真的孩子，听了妈妈的解释，他想要亲自去验证一下，看柳条究竟能不能存活。于是他从树上折下了一根还没发芽的绿柳条，将它插进了池塘边松软肥沃的泥土中。之后，黄祖洽每天都兴致勃勃地跑去看柳条，可它一直没有什么变化。

　　过了一阵子，母亲要回城一趟，黄祖洽也必须跟妈妈一起走，可他心里一直惦记着他的柳条，怕它被人拔掉。于是，他就把柳条带着土一起转移到了自家茅屋旁的一个大洞里，这才安心地随着妈妈回了城。

很长一段时间之后，黄祖洽终于有机会跟着妈妈回到乡下。刚到乡下，他马上就跑去看之前栽种的那根柳条了。黄祖洽惊喜地发现，柳条真的发芽了，他开心极了。

正是因为黄祖洽从小就能够认真地对待每一件事，才最终能在科研的道路上走得那么远。

由此可见，让孩子养成认真的性格，对孩子的发展十分重要。

很多父母都会为孩子的不认真而苦恼："我的孩子头脑很灵活，但就是马虎大意，每次考试都会丢很多不应该丢的分，不是看错小数点就是计算粗心，有时候甚至明明已经做出来了，从草稿纸上抄到卷子上的时候却抄错了。真让人头疼。"每次走出考场后，总是有一些学生在后悔自己当时怎么没有认真一些，于是下定决心要改掉粗心的坏习惯，但转眼又把自己的决心抛在了脑后。所以，父母应当予以帮助，引导孩子养成认真对待每件事的性格。

（1）让孩子认真书写

字迹潦草是很多孩子身上都会出现的问题，这体现出了孩子的浮躁、不认真。因此，父母可以让孩子认真书写，以此来磨炼孩子的性格，让孩子沉稳下来，这样孩子对待别的事情也能够慢慢认真起来。

为了让孩子认真书写，父母可以从几个方面入手：一，父母以身作则，进行示范。二，对孩子的书写提出具体、明确的规定，告诉孩子书写时必须做到正确、整洁、美观。三，对孩子的书写进行适当评价，告诉孩子哪里写得好，哪里需要改进。四，进行及时、适当的表扬。

（2）培养孩子认真审题、计算、检查的习惯

孩子计算错误绝大部分不是因为不知道计算的方法，而是因

为审题不仔细、抄错数等导致的。因此，父母应当培养孩子认真审题、认真计算、能够仔细检查的良好习惯。

父母要教育孩子，在解题时不能急于解题，而是应当先仔细审题，弄清数量关系。当孩子计算出错时，父母不要急于问："怎么错的？为什么会错？"而是要让孩子再去读题，重新梳理数量关系。如果孩子还是不明白题意，就让孩子再去读题，直到读懂题意为止。

其实，计算时偶尔大意是在所难免的，这时就体现出了检查的重要作用。父母应当让孩子养成认真检查的好习惯，这样就能够有效避免一些"低级"错误，正确率也会有所提升。

（3）让孩子有条理地做事

如果做事没有条理就很容易手忙脚乱，忙中出错。父母可以观察孩子能否按照一定规律做事，是否知道应当先做什么，后做什么。倘若发现孩子不能有条理地做事，父母应当马上点明，并告诉孩子不管做什么事都应当按步骤进行，做完一步再做另一步。如果要一次性处理多件事情，就要让孩子先规划好顺序。慢慢地，孩子就能够有条理地处理事情了。

（4）让孩子做小事也保持认真

认真的性格会让孩子受益一生，如果总是马虎、大意则会让孩子的路途变得坎坷。因此，父母应当教育孩子，即使事情再小也要认真完成，面对每一件小事都要认真、负责，这样孩子就会慢慢养成认真的性格。

请根据目前您和孩子的关系对以下所述各项情况进行判断，并根据与实际情况的符合程度在星星中涂上阴影，一颗星表示"完全不符合"，两颗星表示"不太符合"，三颗星表示"一般"，四颗星表示"比较符合"，五颗星表示"完全符合"。

1. 孩子在我面前总是畏畏缩缩，但在其他人面前却十分开朗。

☆ ☆ ☆ ☆ ☆

2. 我会对孩子内向、胆小的行为表现得不满。

☆ ☆ ☆ ☆ ☆

3. 我在孩子的不同阶段采取相同的教育方式。

☆ ☆ ☆ ☆ ☆

4. 看到有人摔倒了，我会拉着孩子躲得远远的。

☆ ☆ ☆ ☆ ☆

5. 我很少带孩子出去玩。

☆ ☆ ☆ ☆ ☆

6. 在孩子做事时，我经常打断他。

☆ ☆ ☆ ☆ ☆

7. 对于孩子提出的问题，我经常敷衍。

☆ ☆ ☆ ☆ ☆

8. 在原则问题上，我也会对孩子让步。

☆ ☆ ☆ ☆ ☆

9. 我能够耐心地听完孩子的话，并给予反馈。

☆ ☆ ☆ ☆ ☆

10. 我会因为孩子的顽皮而严厉地指责他。

☆ ☆ ☆ ☆ ☆

第五章

能力教育是孩子立足
的保障

　　对一个能力强劲的人来说，无事
不能为。

　　　　　　　　——海伍德

平安成长首先要学会保护自己

5岁的粤粤非常听妈妈的话，是邻居眼里的"小淑女"。但是，自从上幼儿园之后，原本每天开开心心的粤粤却常常愁眉不展。妈妈追问之下，才知道粤粤在幼儿园常常被其他小朋友欺负。妈妈很心疼，找老师说了几次。老师对小朋友们"三令五申"，不许他们欺负粤粤。但是其他小朋友可能看粤粤太好欺负了，还是常常无缘无故地排挤她，甚至动手打她。妈妈只能安慰粤粤："下次他们打你，你就赶紧跑远点，别跟他们玩。"

这一天，妈妈下班早，提前去接粤粤，看到她正站在滑梯顶上，被一个比她大的女孩子堵在上面。那个女孩子恶狠狠地用手指着粤粤在说着什么，粤粤几次张嘴想说话却没能说出来。那个女孩子开始对粤粤推推搡搡，妈妈担心粤粤掉下来，赶紧叫她下来。粤粤一听到妈妈的声音，就号啕大哭着对妈妈说："她不让我下来。"妈妈赶紧叫来老师，老师命令那个女孩子下来，批评了她，那个女孩子一脸不服气地走了，粤粤这才从滑梯上滑了下来。老师向妈妈道歉，但也解释自己要看顾的孩子太多，真的顾不过来。同时老师也含蓄地说，粤粤被人欺负，连回嘴都不会，所以有些孩子总会逮住机会以欺负她为乐。

妈妈的眼泪在眼眶里打转，她带着粤粤回家了，第二天就办了退学手续，找了一家离家略远的幼儿园。但是，换了新幼儿园粤粤就不会被欺负了吗？妈妈没有信心，但是又不知如何教女儿改变。

在中国人的传统思维里，"吃亏是福"的观念一直被人们信奉，于是，很多父母教育子女时总在强调隐忍，不要惹是生非。这当然没有错，但父母只教给孩子不主动惹是生非，却往往忘了教给孩子如何自我保护。相信很多孩子都有被同龄人欺负的经历，尤其是那些性格内向、腼腆的孩子，最容易遭到其他孩子欺负。就像故事里的粤粤一样，妈妈偶尔提前来一次就能看到女儿被欺负，那在她没有看到的时间里，幼小的粤粤又忍受了多少的委屈和痛苦？这样懦弱的性格一旦定型，她的一生岂不是要生活在无止境的煎熬之中？离开父母，她又能向谁求救呢？

毛主席说过一句至理名言："人不犯我，我不犯人；人若犯我，我必犯人。"父母不光要教育孩子不惹是生非，还要让孩子懂得在遭到欺负时勇敢地保护自己。自保能力，也应该是孩子的基本能力，让孩子提前具备适应这个竞争激烈的社会的能力。

很多父母觉得教孩子自保能力没有什么必要。他们认为在和平年代、法治社会，过分渲染社会的危险对孩子没有好处。孩子遇到的"危险"，忍一忍就过去了。这种想法还是低估了社会的复杂程度。有关部门统计，我国每年有上万名中小学生意外死亡，主要的"凶手"是溺水和交通事故，也就是说，平均每天有一个班（约40人）的孩子会死于非命。这还是可以统计到的，而每天有多少孩子在忍受着校园霸凌却是无法统计的。这些遭受霸凌的孩子，身心都或多或少受到了伤害，甚至出现了许多的悲剧。而如果父母提早教会孩子自我保护，那些悲剧或许是不会发生的。

孩子与社会接触很少，即便如此，依然有不法分子将犯罪之手伸向了孩子。例如，有些不法分子专门骗孩子的钱，例如诱导孩子赌博，向孩子兜售摇头丸等毒品。而在孩子单独行动时，更是容易成为不法分子的目标，他们往往以认识孩子的父母或亲友、带孩子出去玩等借口拐骗孩子。被拐骗的年幼的孩子，会被卖给别人收养。而十余岁的孩子被拐骗后的命运则更为凄惨，他们会沦为苦力、被迫乞讨甚至参与违法犯罪活动。

对于这些社会现象，父母不能视而不见，也不能盲目乐观，觉得这些东西离自己的孩子很远。要培养孩子的防范意识，学会揭穿坏人的真实面目，教育孩子遇到陌生人时一定要开动脑筋甄别其善恶，不要跟陌生人有过多的交流，更不能跟随陌生人到任何地方去；即便碰到认识的人，也不能随便跟对方走，要在咨询爸爸妈妈之后再行动；如果有人强制孩子干什么，要让他学会大声呼救，并找机会往人多的地方跑；脱离陌生人的纠缠后，必须回家告诉父母或者到学校告诉老师，必要的时候可以报警，避免再次被盯上；有的坏人会利用问路、让孩子帮忙找丢失的东西等理由接近孩子，父母要教育孩子遇到类似情况时要保持一定的警惕心理，分辨出一些犯罪分子诱骗孩子的策略。

崔钰是家里的独子，从小爸爸妈妈、爷爷奶奶、姥姥姥爷都围着他转，什么都不让他干，所以娇生惯养的崔钰几乎什么都不会，胆子也特别的小。上了初中之后，家长们觉得他年龄不小了，这才放手让他自己上下学。但是，最近一段日子，妈妈发现崔钰回家后脸色很不好，总是一副心神不宁的样子。在不断追问之下，崔钰才说出事情的原委。

原来，一个月前，崔钰在放学回家的路上被几个社会青年截住了，向他勒索钱财。崔钰立刻将自己的零花钱全都给了对方，那些歹徒威胁他不能告诉父母，还让他拿出更多的钱给他们，否则下次肯定揍他。崔钰无奈，只能省下自己的零花钱给这些人，自己饿着肚子。没想到，那些人见他这么"听话"，胃口越来越大，威胁他偷家里的钱给他们。崔钰害怕挨打，从家里偷了三百块钱给他们，歹徒们还嫌少，让他偷更多的钱。崔钰不敢，一个歹徒狠狠踢了他一脚，恶狠狠地说："下次不拿来上千块钱，就打死你。"因此，崔钰回到家才这么不安。妈妈知道后，立即报了警，警察根据崔钰的描述抓住了那些社会青年。那些人勒索的学生不止崔钰一个，由于涉案金额较大，几名歹徒全都被判了有期徒刑。

经过此事，崔钰的妈妈知道，教孩子学会自我保护已经是刻不容缓的事了。

通过这个案例可以看出，父母必须教育孩子具备自我保护的能力，做到防患于未然。简要地说，要做到以下几点：

（1）让孩子习惯对父母交心

父母要让孩子明白，无论是身体上的不适还是心里的不安，都要及时告诉大人。这样能够让孩子遇到被霸凌等事件时不会一直憋在心里，形成心理问题。

（2）要让孩子学会躲避风险

教孩子在遇到刮风下雨等天气时知道往哪里躲；告诉孩子在不同的地方可能隐藏着哪些危险；让孩子知道出门时要尽量走大路，不要走僻静的小路，必须走小路时，一定要与相熟的人结伴而行；遇到意外情况，例如有人鬼鬼祟祟地跟踪或在前面埋伏时，必须尽快避开，跑向人多的地方，必要时可以大声呼救。

（3）要培养孩子对突发事件的应变能力

父母应该告诉孩子，遇到一些突发事件时，首要的任务就是保证自己的生命安全，此外，还要教给他们一些自救的技能。例如，要让孩子知道在火灾或地震中如何逃生，遇到煤气轻微泄漏或小型火灾等事件时如何控制灾情等。

（4）教给孩子独自在家时的安全常识

现在城市里的孩子假期比父母多，经常出现孩子独自在家的情况。父母出门前，必须指导孩子把防盗门从里反锁上，并告诉孩子有人敲门时不要轻易开门。如果来者是熟悉的亲朋好友，可以开门迎进来；如果敲门的是陌生人，即便能说出父母的名字，也一定不要开门；对于自称是水、电、气的修理工或收费员，或者说自己是快递员、物业管理员等的人，可以告诉对方等自己的父母回来再说。

此外，孩子从高楼坠落的事件屡见报道，多数是孩子独自在家，出于好奇或恐惧攀爬阳台、窗口等导致的。所以，父母必须告诉孩子，阳台是很危险的，一定不要攀爬。另外，还要告诉孩子家里的刀叉、插座、煤气灶等都有危险，不能随意触碰。

孩子年龄还小，遇到一些情况时往往无法独立应对。所以，父母必须让孩子知道：遇到危险打110找警察，遇到火灾、地震时打119求助消防员，出现病情打120向医生求救。父母要让孩子牢记家庭住址、父母的联系方式等，平时要注意树立警察、消防员、医生的正面形象，让孩子在遇到危险时对这些人员充满信任，从而在报警时能相对冷静地讲清自己的位置，配合相关人员的救援等。

提升孩子的行动力很有必要

相信很多父母都听过《寒号鸟》的故事：

秋天来了，渐渐有了一丝凉意。山崖旁的大树上住着一只喜鹊，喜鹊看天气渐冷，就开始辛勤地四处寻找枯草做窝。此时，住在山崖上的石壁里的寒号鸟（我国独有的橙足鼯鼠的俗名）却依然懒洋洋地躺着晒太阳，它对忙碌的喜鹊说："傻喜鹊，天气暖和，正好睡觉，你忙什么呢？"喜鹊无奈地笑着说："现在不忙着搭窝，冬天就要受罪了。"然后又继续去忙碌了。

冬天说来就来了，晚上寒号鸟在刺骨的寒风里颤抖着说："哆啰啰，哆啰啰，寒风冻死我，明天就搭窝。"第二天，风停了，太阳又出来了，寒号鸟在暖暖的阳光下伸着懒腰，又把搭窝的事情抛在了脑后。喜鹊过来劝它，寒号鸟说："天这么暖和，何必自找苦吃，得过且过吧。"天越来越冷了，一天晚上，寒号鸟又在寒风里颤抖着说："哆啰啰，哆啰啰，寒风冻死我，明天就搭窝。"

第二天，喜鹊又来劝它这位邻居搭窝，却发现寒号鸟已经在夜里冻死了。

谁也不愿意自己的孩子像这只得过且过的寒号鸟一样生活吧。要想让孩子取得成功，就一定要培养其行动力，远离拖延、敷衍、懒散等恶习。所有孩子都有对成功的渴望，也会经常制订各种各样的计划，但是其中一部分孩子却会因为行动力的缺失而难以将方案付诸实践，因而成功永远都只存在于他们的幻想之中。但是，父母肯定都清楚，成功不是想出来的，也不是说出来的，而是做出来的。如果孩子从小遇事犹豫，千方百计地逃避责任，寻找借口拖延，那么他的一生很可能会一事无成。

二战时的美国名将巴顿将军，在自己的回忆录里记录了这样一件战场上的小事：

巴顿将军想要在军官中提拔一个人担任某个重要职务，于是将所有候选人叫到一起，告诉他们："伙计们，我需要你们为我在仓库后面挖一条30米长、2.5米宽、15厘米深的战壕。"

随后，他就走进仓库，通过瞭望孔悄悄观察着部下们。只见军官们不过是挥了几下铁锹，就开始互相讨论起来。有个军官说："真不知道将军让挖这么浅的战壕做什么，15厘米连当火炮掩体都不够格。"另一个军官说："是啊，而且这样的活儿交给士兵们干不就行了，我们这些军官为什么被指派干这样的体力活儿。"就这样，几个军官七嘴八舌地抱怨着，谁也不想继续挖。但是，有一个军官却始终没有停下手中的铁锹，他对同僚们说："光抱怨有什么用，赶紧干完离开吧，至于那个老家伙想用这个战壕干什么都跟我们没关系。"大家听了他的话，纷纷继续干起来，很快就把战壕挖好了。

后来，巴顿将军提拔了那个把自己叫成"老家伙"的军官，因为将军觉得他那对命令的执行力和行动力都极为宝贵。

父母要想提升孩子的行动力，先要找到他懒散、拖延的原因。如果父母观察足够细致的话，就可能尴尬地发现，孩子之所以懒散、拖延，父母往往要负很大的责任，甚至是主要责任。当年幼的孩子想做什么事时，父母出于担心，常常以"你还小，做不了"

为由阻止他；当孩子为了完成某件事而努力时，父母却往往嫌他做得太慢或者做得不好，干脆替孩子完成。在父母心目中，这样做是在保护孩子、帮助孩子，但是孩子独立做事的积极性却很可能因此遭到打击，也丧失了体验成功的机会，甚至会觉得自己很没用，失去尝试的信心。同时，孩子做事时父母过多干涉，还会让孩子对他们形成依赖性，觉得自己做不好反正有大人帮忙"擦屁股"，久而久之行动力就越来越低了。

要提升孩子的行动力，以下几种方法可供父母参考：

（1）让孩子有追求、有渴望

现在人们的生活越来越好，孩子的要求父母都会尽量满足，衣来伸手、饭来张口的孩子，渐渐丧失了对更高人生目标的追求和渴望，也就日益懒散、拖延，对任何事都提不起干劲。所以，对于孩子的要求，父母不能无条件地予以满足，让孩子对生活留有追求和渴望。

（2）让孩子具有持久力和忍耐力

当孩子做事遇到瓶颈乃至挫折时，父母不要急着出手帮助，而是让孩子耐心地自己去做。当孩子想要放弃时，父母要及时给予适当的帮助和鼓励，但一定不要完全替代孩子。这样，在不断学习和锻炼的过程中，孩子做事的持久力和忍耐力都能得到提升，下次做事时就不会因为害怕挫折而畏缩不前。

（3）激发孩子的活力

有活力的孩子才有冲劲，遇事才不会由于过度犹豫、瞻前顾后而拖延。要提升孩子的活力，必须多让他与大自然接触。大自然是孩子的良师益友，多亲近大自然，能让孩子学到知识，开阔视野，提高审美能力，更加健康和充满活力。要想让孩子有活力，培养他多样化的兴趣爱好也是一个重要手段。孩子在从事自己感兴趣的事时，能够获得情绪上的愉悦体验。但是要注意，孩子的兴趣和特长各不相同，父母不能要求孩子做他不喜欢、做不到的事，否则孩子就可能产生抵触情绪，活力也会因之衰减。

（4）让孩子保持快乐

孩子只有保持快乐，遇事才能够充满信心、果断行动，即使遇到问题也会想方设法地主动解决，不会半途而废。所以，父母在平时要多给予孩子肯定和鼓励，分享孩子成功的喜悦，让孩子生活在快乐之中。

今天的社会，竞争无比激烈，胜负往往就在一瞬间。当父母的，一定要积极提升孩子的行动力，不让孩子由于懒散、拖延而丧失稍纵即逝的宝贵机会。

交往能力是孩子应该具备的重要技能

刚升入初三的瞳瞳，开始为了中考而努力。她的目标是市里的实验中学。为了实现这个目标，瞳瞳开始每天埋头苦读，天不亮就起床背单词，到了深夜还在攻克难题，真是"两耳不闻窗外事，一心只读圣贤书"。

就在瞳瞳用功苦读的同时，她渐渐发现与自己来往的朋友越来越少了，自己每天都是独来独往。究其原因，是瞳瞳只顾学习，没有时间和精力维护和朋友之间的友谊。瞳瞳自己觉得无所谓，但是妈妈看在眼里，却急在心上。女儿学习这么累，有时候想要跟朋友打打羽毛球，却总是被大家以各种理由拒绝。有时候在公园里，妈妈看到瞳瞳的几个朋友正在开心地谈笑，瞳瞳一过去，气氛很快就冷了下来。妈妈知道，虽然女儿嘴上不说，但是朋友的疏远还是带给了她无法言说的孤独。时间长了，会影响她的学习和生活。怎样让女儿重新得到友谊呢？妈妈伤透了脑筋。

与他人接近、合作并发展友谊，是人类的共同需求，孩子自然也不例外。孩子多与同龄人交往，可以增加对社会的了解，培养团结互助的精神。孩子只有在交往中，才能形成角色认同，才能融入他生活的小集体，促进他的社会化发展。

孩子正处在学习知识、了解社会、探索人生的关键时期，这时候与同龄人的交流尤为重要。一旦孩子的交往需求得不到满足，就容易丧失安全感，逐渐无法适应复杂多变的社会，更有甚者，会让孩子出现孤僻、抑郁、偏执等心理障碍。

既然孩子的人际交往如此重要，一些父母为什么还要阻挠孩子与同龄人交往呢？究其原因，无外乎是认为孩子的主要任务是学习，进行人际交往就是在浪费时间。学习成绩不好，交的往往都是些"狐朋狗友"，对孩子的成长有什么好处呢？事实上，主动、积极的交往对孩子的学习有益无害。拥有良好的人际关系，孩子在学校里与同学之间感情融洽、行动协调，在学习时就会身心愉悦，学习效率会得到提升。此外，孩子和同学既是朋友，又是"竞争对手"，就能够产生良性竞争的关系，增加学习的动力。这一点，是家长和老师的督促无法比拟的。

可见，父母不应该以"耽误学习"为由阻挠孩子的人际交往。恰恰相反，父母应该积极鼓励孩子与同龄人交往。例如，平时可以多问问孩子："你跟你们班谁的关系最好？""能跟我谈谈你的朋友吗？"对于孩子要好的朋友，父母可以鼓励孩子请对方来家里做客。

朱迪从小非常乖巧，无论是生活还是学习，都用不着妈妈操心，邻居都夸他文静得像个女孩。上了初中，朱迪依然不像其他孩子那样"叛逆"，而是整天待在家里，周末也不出去玩。这下，妈妈有点儿担心了，她害怕朱迪找不到朋友，形成孤僻的性格。于是，她跟朱迪的班主任联系，才知道孩子由于性格比较沉默、害羞，在班级里人缘不太好，总是独来独往。妈妈知道，必须让儿子多交几个朋友才行。

于是，妈妈开始有意邀请同事带着孩子来家里玩，并把招待小客人的任务交给朱迪。朱迪一开始还抗拒，后来逐渐乐在其中了，无论小客人比他年龄小还是跟他年龄相当，他都接待得得心应手。看朱迪与那些同事和同事家的孩子混得比较熟了，妈妈又开始带朱迪去同事家做客，还邀请同事带着孩子一起去郊游、野炊等。

渐渐地，朱迪的性格开朗多了，跟同事家的几个孩子都成了朋友。不久后的一天，朱迪对妈妈说："妈妈，今天我的两个同学要来家里玩，你帮我买点儿好吃的招待他们，好不好？"妈妈微笑着点点头，眼眶因为喜悦而湿润了。

正是因为妈妈的努力，让朱迪没有发展成孤僻的性格。每一位父母都应该向这位妈妈学习，不能只盯着孩子的学习。如果孩子从小没有朋友，那么他长大后即使拥有很高的学历和专业技能，也可能因为不善于交流，缺乏团结协作的精神而一事无成。

创意无限，未来无边

在信息化社会，孩子的眼界、知识储备都与父母小时候不一样了。所以，他们往往好奇心更强，容易"异想天开"，做出一些"出格"的事情。如果父母思想传统，就可能觉得这是无法容忍的。但是，教育专家指出，对于孩子的诸多"出格"行为，父母必须仔细甄别、审慎对待，如果"一刀切"地认为孩子是在越轨、破坏纪律从而进行批评和限制，就可能扼杀孩子的主动性和创造性。父母要做的是对孩子进行正确的引导，调动他们的主动性和创造性，让这种"出格"成为培养孩子创造精神和战胜挫折的勇气的绝佳机会。

一家美术培训班里，老师给孩子们出了一个题目：鸭子的故事。老师已经教过孩子们怎样画鸭子了，这次他没有进行任何限制，只是出了一个题目，给了孩子们大大的画纸，让他们自由发挥，画出自己构思的故事。孩子们非常兴奋，互相说笑着开始各自的创作。

6岁的娅娅却没有立刻动笔，她小手托着下巴思考着作品的故事和构图，其他小朋友都画了半幅画了她才信心满满地展开纸画了起来。只见她手持画笔飞快地画着，附近陪着孩子学画的大人们的目光都被吸引过来。片刻之间，娅娅就在纸的一角画出了半只鸭子。这下，大人们七嘴八舌地议论开了："这孩子，考虑半天就画出个鸭屁股呀？好好一张纸不画，非要画在边上……"娅娅的妈妈也说："你看看小朋友们画得多好，你怎么画了半只鸭子？把纸翻过去重画吧！"

老师走过来看了看，对大人们说："不要急，让娅娅画完，她肯定有她自己的想法！"

果然，娅娅胸有成竹地完成了那幅画，原来那半只鸭子刚从池塘里爬出来，池塘中还有一只青蛙和一只乌龟，正在朝着鸭子挥手。大家很好奇她的画讲了一个什么故事，娅娅颇有几分得意地说："鸭妈妈带着孩子们到池塘里游泳，有一只小鸭子游得太远，和妈妈走散了。于是，它就问青蛙妈妈：'您好！您看到我的妈妈了吗？'青蛙妈妈说没看到。小鸭子又问乌龟姐姐：'您看到我的妈妈了吗？'乌龟姐姐指着远处的游乐场说：'我看到你的妈妈和弟弟妹妹都去那个游乐场了。'小鸭子连忙向乌龟姐姐道谢，出了池塘去找妈妈了。"

大家这才恍然大悟，原来那半只鸭子是忙着去找妈妈的小鸭子，它只露出半个身子，让看画的人都仿佛体会到了它寻找家人的急切心情。老师对娅娅的创意非常赞赏，大家也纷纷为她鼓掌。

一个6岁的孩子，却画出这样出乎大人意料的画，她的想象力和创造力都值得赞赏。那么，父母应该如何培养孩子的想象力和创造力呢？

（1）多让孩子编故事、猜谜语

创造力强的孩子，总能够编出天马行空的故事，这是他的形象思维能力和逻辑思维能力起了作用。故事作为一种形象的语言艺术，深受孩子的喜爱。孩子听故事时，既能得到愉悦的感受，又在无形中发展了想象力和创造力，在编故事时效果还会加倍。父母除了让孩子编完整的故事，还可以讲一个故事，让孩子续编故事结尾，例如后来又发生了什么事？主人公怎么样了？……这样就可以引导孩子展开想象，从多角度续编。

经常猜谜语，孩子的语言能力、表达能力、分析判断能力以及想象能力都能得到很好的锻炼。这是因为谜语往往用精练的语言表达出事物的特征，能够引发孩子的想象和观察，从而建立语言和具体事物之间的联系，打开孩子的思维空间，堪称"智力体操"。所以，父母一定要多让孩子猜谜语。

（2）让孩子大量阅读

总听大人讲故事，孩子想象能力的发展会有一定的局限性。因为大人的语气、用词等会带有自己的主观意识，孩子难免受到影响，无须自行发挥想象。如果孩子自己进行阅读，就可以主动地进行再造想象，对孩子想象力的发展具有重要的意义。因此，当孩子开始识字之后，必须尽早指导他开始阅读，阅读量越大，孩子的知识结构就越全面，想象力和创造力就会越高。

（3）对孩子的想象和创造给予赞扬

积极性是孩子发挥想象力和创造力的前提，如果孩子缺乏积极性，仅靠父母单方面的努力是收效颇微的。所以，当孩子有了主动想象和创造的表现时，父母要及时表扬、鼓励，孩子就会在愉悦之中更加喜欢想象和创造。孩子的想象往往是天真、离奇甚至幼稚的，父母千万不要用成人世界的"合理性"来衡量甚至嘲笑孩子。

（4）让孩子多角度地创造性想象

创造性思维的核心，就是发散性思维。所以，父母要引导孩子在想象时不局限于一点，而是多角度、多方向地展开想象。举例来说，孩子说一闪一闪的星星像一盏盏小灯，父母要鼓励孩子想象一下星星还像什么，引导他说出星星像一颗颗珍珠，像一双双明亮的眼睛，像一只只萤火虫等等。

理财能力是孩子生活的保障

不可否认，在当今社会，金钱是衡量一个人是否成功的重要标准，而且这个标准的地位还在逐渐上升。多数父母在追求金钱的同时，又唯恐自己的孩子沾上了"铜臭气"，不想对孩子进行理财教育。事实上，理财教育的目的并不是让孩子变得唯利是图，成为一个个"小财迷"，而是帮助孩子树立经济观念，培养经济自理能力，这对孩子发现个人价值并努力实现个人价值有着积极的促进作用，是不应该被忽略的。

不得不承认，西方家长对孩子的理财能力的培养，是优于中国家长的。其中有一定的国情差异，但更多的是意识上的差别。我们来看这样一个故事：

怀特夫妇有着优越的工作，生活非常富裕。他们有两个儿子：14岁的劳尔和12岁的布莱恩。每个星期，怀特夫妇都会给孩子们一点儿零用钱，多数时候是每人30美元。孩子们拿到钱，当天就会全部花掉，换来各种没有什么用处的小玩意儿，摆得家里到处都是。怀特夫妇知道，孩子们并没有正确理解钱的用途，应该找机会让他们知道金钱来之不易的道理。

机会很快来了。一次，全家一起看电视，两个孩子被一个自行车广告吸引住了，不住赞叹"酷毙了"。于是，他们请求父母给他们一人买一辆。那种自行车的售价是 500 美元，两辆就是 1000 美元。怀特先生郑重地对孩子们说："先生们，这是一笔额外的开支，需要你们自己挣才行。"两个孩子后悔不迭，如果他们过去能将零花钱攒起来，现在就可以骑上车了。他们算了一下账，一人攒下 500 美元需要好几个月，但是他们迫切想在暑假期间骑上那种帅气的自行车去兜风，也就是说他们只剩下不到两个月的时间了。

于是，孩子们决定凭借自己的力量挣钱买车。他们制订了详细的计划，在周末寻找任何力所能及的工作来赚钱，例如帮别人修剪草坪、给花园除草等。劳尔还决定到高尔夫球场去当球童，他觉得背背球棒自己还是干得了的，但是布莱恩年龄太小，没法当球童。

两个孩子说干就干。第一周，劳尔挣到了 50 美元，加上父母给的 30 美元，就有了 80 美元。而布莱恩只挣到了 30 美元，也就有了 60 美元，于是劳尔分给了弟弟 10 美元。后来，两人渐渐得心应手起来，挣的钱也越来越多。一个多月以后，两人都拥有了 500 美元！两人立刻将钱给了父母，请他们帮忙网购两辆自行车。当崭新的自行车送到家里时，两兄弟不由得欢呼雀跃，简直不敢相信自己的眼睛。这么酷的自行车，竟然是他们自己挣来的！这个暑假，劳尔和布莱恩骑着自行车串遍了小镇的每个角落。他们还决定继续工作，因为兄弟俩准备在几年内攒钱买一辆汽车！怀特夫妇看到孩子们的表现，觉得特别欣慰。

父母不想让孩子接触金钱，并不会让孩子变得"高洁"，反而让孩子可能由于缺乏经济意识而盲目消费、不懂理财。其实，孩子的成长过程中怎么可能不与金钱打交道呢？想让孩子的消费环境变成"真空"是不切合实际的。不如让孩子正确看待金钱，形成良好的经济意识和经济头脑，反而对孩子的健康成长有利。

社会飞速发展，信息交流日益快捷、频繁，让孩子拥有一定的经济头脑和理财能力，是适应时代需求的，能够缩短孩子与社会的距离。过去要求孩子"两耳不闻窗外事，一心只读圣贤书"，是信息闭塞时代的产物，显然已经不适合当今时代了。只有从小培养一定的经济头脑和理财能力，才能让孩子不在时代的大潮中落伍，对各种社会现象具有一定的辨别和分析能力，对孩子的逻辑思维能力的发展也能起到一定的促进作用。

那么，父母要怎样培养孩子的经济头脑呢？

（1）要让孩子学会消费，懂得必要的消费规范

要让孩子知道哪些钱该花，哪些钱不该花，并养成花钱后算账的习惯。这样，孩子能够形成良好的金钱观念，逐渐提升理财能力。

（2）要让孩子懂得金钱来之不易

孩子没有自己挣钱的经历，常常误以为父母挣钱非常容易，无法正确认识钱的作用和地位。所以，父母要告诉孩子每一分钱都是用辛勤的劳动换来的，要珍惜劳动成果，养成勤俭节约的好习惯。

（3）引导孩子储蓄存款，增加金融知识

让孩子学习理财，最好的方法莫过于让他学会储蓄。除了送孩子存钱罐之外，还可以给孩子办一张银行卡，让他将自己的压岁钱以及平常攒下来的钱存起来。最好让孩子为了一个目标存钱，这样孩子更能合理分配自己的金钱，提升理财能力。

让孩子自主，放小鸟离巢

在父母眼里，孩子仿佛永远都长不大，父母恨不得时时刻刻陪在孩子身边。但是，这是不现实的，父母无法跟随孩子一生。总有一天，孩子要独自走上社会，过上自立的生活。所以，真正爱孩子的表现不是包办孩子的一切，而是在满足孩子正常需求的同时培养其自主性，不能让孩子成为父母过度保护下失去飞翔能力的小鸟。

13岁的张弛已经是一名初中生了，学校离家只有一公里左右。但是，由于上小学时都是爸爸妈妈接送他上下学，所以现在他还是要求爸爸妈妈接送自己。

最近，爸爸妈妈的工作越来越忙，实在没时间接送孩子，于是妈妈对张弛说："小弛，你已经是初中生了，爸爸妈妈又越来越忙，看来你以后只能自己上下学了。"张弛想了想说："妈妈，我在路上遇到坏人该怎么办？"妈妈一听也慌了，虽然路很近，而且全都是大路，但谁能保证孩子不会遇到坏人？爸爸看妈妈脸色越来越难看，对张弛说："怕什么，我们这里治安很好的。而且，爸爸可以教你一招防身的绝世武功，只要灵活运用，保证让你远离坏人。"

张弛一听，好奇极了，连忙问："什么绝世武功？"

爸爸神秘一笑，说道："那就是——跑。爸爸经常带你练习跑步，以后你看到可疑的人，不要靠近他，撒腿就往人多的地方跑，他肯定追不上你。"

张弛由满脸期待变成了哭笑不得，妈妈也笑了。张弛虽然还是有点儿害怕，但一想到自己还有"绝世武功"可以用，就尝试着自己上下学。没过多久，他还遇到了几个跟自己同路的校友，也就不再害怕了。当然，爸爸教的"绝世武功"一次也没用上。

社会是复杂的，存在各种各样的风险，但是父母不能"因噎废食"，为了逃避这些风险而剥夺孩子的自主性。自主性对孩子智力的发展、性格的形成有着极为重要的影响。从智力方面讲，自主性差的孩子长大之后遇事容易依赖别人，没有自己的主张，也不擅长独立思考，很难取得像样的成就；从性格上来说，自主性差的孩子往往意志软弱，缺乏独立克服困难和吃苦耐劳的能力，碰到困难极易退缩，成功更无从谈起。

学校组织了夏令营，爸爸没有跟妈妈商量，就给7岁的儿子小则报了名。因为爸爸知道商量也没用，妈妈肯定不舍得。果然，得知这个消息后，妈妈就开始杞人忧天起来："孩子要在外边与老师和同学一起生活7天，他才7岁呀，从来没有离开自己身边这么久。儿子吃不惯那里的饭菜怎么办？生病了该怎么办？在野外会不会被蚊虫咬伤啊？活动的地方如果靠近河流，孩子偷偷去玩水可如何是好？"就这样，她越想越怕，冲动之下甚至想打电话给老师，不让小则去参加。但是看着儿子又跳又叫的兴奋劲儿，她又有点儿不忍心。

夏令营的日子终于来了，妈妈仿佛遇到了世界末日一般。她先是给小则的班主任打了电话，一再请求对方多照顾小则，又给小则准备了几套衣服，大夏天的连帽子、手套都给孩子准备上了，怕的是晚上气温低让孩子冻着。除此之外，她又在小则的包里塞了很多吃的，叮嘱小则不要饿着自己。孩子临出门时，她又一遍遍地嘱咐他要注意安全，要这样、不要那样，唠叨个没完，小则逮住妈妈说累了喘口气的机会连忙说："我知道了，妈妈再见。"这才得以脱身。小则走后，妈妈在家一遍遍念叨："一个小孩子怎么照顾自己啊！"爸爸安慰的话她全当了耳旁风。两天后，不放心的妈妈还是开起车直奔夏令营了。

小则的妈妈不算一个合格的妈妈，她对孩子的过度保护其实是对孩子不信任的表现，觉得孩子离开自己就不行。始终抱有这样的心态，孩子又怎么能够掌握独立生活的能力呢？孩子在过度保护下长大，身心都无法得到健康发展，适应社会的能力也会非常差，到时候只怕父母会追悔莫及。

那么，该怎样培养孩子的自主性呢？教育专家给出了几个小建议：

（1）让孩子主动地去发展自己的能力

日常生活中的一些小事，父母要有意识地交给孩子自己来处理。例如，孩子的袜子、小手帕可以让他自己洗，逐渐可以让孩子自己清洗小件衣物；吃饭前，可以让孩子帮助父母拿碗筷，并寻找机会让孩子学会淘米、洗菜等，如果孩子有兴趣，还以教他煮饭、炒菜；家里来客人时，可以将招待同龄人的任务交给孩子，逐渐让他学会彬彬有礼地接待所有客人。做这些事情对锻炼孩子的自主性和独立思考能力都是很有帮助的，还能够提升孩子的自制力和应变能力。

孩子在处理自己的事务时，父母不要当"甩手掌柜"，必须在一旁进行具体的指导，孩子做得好要及时鼓励，错误的地方要及时纠正。这样一来，孩子不会产生自己被"放任自流"的失落感，做事的主动性和自觉性都会得到提升。

（2）不要认为孩子干不了、干不好

很多家长习惯在孩子想帮自己做点儿小事时说"你干不了，玩去吧"，或者说"用不着你，学习去吧"。这样既会让孩子失去宝贵的锻炼机会，还会打击孩子劳动的积极性和探索精神。这样的"软钉子"碰多了，孩子会渐渐形成遇事漠不关心的性格，甚至变得什么事情都不懂、什么事情都不愿意干。

孩子主动要求做事情时，父母的正确反应是对孩子进行鼓励，孩子做得好还要进行表扬和奖励。孩子为了得到父母的奖励，会更主动地帮助父母做事。孩子做得不好，父母也不要随便发火，应该明白孩子的本意是好的，并不是有意捣乱。所以，父母应该安慰孩子，将正确的做法告诉他，千万不能打击孩子的积极性。

（3）适当地找"苦头"给孩子吃

古人云："艰难困苦，玉汝于成。"现在生活日益改善，让孩子"吃得苦中苦"不是简单的事，很多家长也认为根本没必要。但是，青少年时期，孩子的身体、知识、情操、气质都在飞速发生变化，这个时期适当地让孩子吃点儿苦头是很有益处的，能够让孩子产生强烈的危机感，懂得如何勤奋努力、创造未来。适当让孩子参加劳动、徒步远行，让孩子参加夏令营等离开父母较长时间的活动，让孩子在生活中勤俭节约等，对孩子来说都是在吃苦，能够避免孩子染上"富贵病"，磨炼出自主的意识、坚强的意志、实干的本领，还可以培养他们尊重他人、珍惜时间、爱护财物等优良品质，对他们的一生都大有裨益。

孩子是独立的个体，不能永远躲在父母的羽翼之下，到了一定的年龄就要具备自主性和自主权，这样才能适应未来的生活。要让孩子自主，父母就必须收起庇护孩子的羽翼，大胆让孩子自己去飞翔。

【自查反思】

请根据目前您和孩子的关系对以下所述各项情况进行判断，并根据与实际情况的符合程度在星星中涂上阴影，一颗星表示"完全不符合"，两颗星表示"不太符合"，三颗星表示"一般"，四颗星表示"比较符合"，五颗星表示"完全符合"。

1. 我会让孩子做一些力所能及的家务劳动。

☆ ☆ ☆ ☆ ☆

2. 我看不得孩子吃苦。

☆ ☆ ☆ ☆ ☆

3. 我会在很多方面限制孩子。

☆ ☆ ☆ ☆ ☆

4. 我会把孩子的压岁钱全部拿走。

☆ ☆ ☆ ☆ ☆

5. 我会有意识地培养孩子的应变能力。

☆ ☆ ☆ ☆ ☆

6. 我会鼓励孩子多与人交流。

☆ ☆ ☆ ☆ ☆

7. 在处理与孩子相关的问题上，我都有些冲动。

☆ ☆ ☆ ☆ ☆

8. 孩子经常对一件事犹豫很久，我觉得这并不是什么大问题。

☆ ☆ ☆ ☆ ☆

9. 我会让孩子严格按照要求做事，不允许他发散自己的思维。

☆ ☆ ☆ ☆ ☆

10. 我会严格考察孩子的朋友，不让他和我不认同的人交朋友。

☆ ☆ ☆ ☆ ☆

第六章

挫折教育是孩子宝贵的财富

患难困苦，是磨炼人格之最高学校。

——梁启超

孩子最好的老师是挫折

孩子在成长过程中总会遇到数也数不清的困难和挫折，或许孩子会对种种磨难感到焦躁、沮丧，但磨难对于孩子来说终归是好处大于坏处，因为挫折是孩子最好的老师。孩子如果能够用良好的心态去面对并战胜这些困难，就可以逐渐建立起自信心，增长能力。作为父母，我们应该告诉孩子：你一定能行，没有什么困难是解决不了的。

孩子的抗挫折意识表现在看待困难和克服困难这两点上，因而这两点也正是需要家长对孩子进行教育的地方。克服困难是一个漫长的增长能力的过程，这需要孩子在成长中慢慢锻炼，父母首先要做的就是培养孩子看待困难的态度。面对困难，孩子只有毫不惧怕，有良好的心态，才能很好地去克服困难，进而有信心打倒困难。这样，父母在这方面的教育才算成功。

8岁的阳阳已经是小学二年级的学生了，由于爸爸妈妈工作非常忙，阳阳从小跟着爷爷奶奶在农村生活。但是孩子的教育不能耽误，为此阳阳的爸爸妈妈已经换了工作，还帮阳阳转学去了自己工作的城市。

阳阳转学过来一个月就深深体会到了两个学校的巨大差别，之前的学校三年级才开英语课程，但是这个城市的学生们从小就在接触英语了，这对阳阳来说是一个巨大的挑战。阳阳很聪明，在之前的班里成绩名列前茅，但是转学后接触了陌生的英语，根本跟不上进度，成绩自然很差。

回家后，阳阳非常郁闷地把英语试卷拿给爸妈看，35 分！看到妈妈蹙了一下眉头，他当即哭了出来，说："我觉得英语就跟天书一样，我学不会。别的同学很早就开始学英语了，老师讲课的难度和他们是同步的，我差得太远了，根本听不懂。"妈妈听了，赶紧搂过宝贝儿子，说："我们阳阳很聪明的，英语成绩不好只是暂时的，你现在这么着急，就说明你很努力地在学，这已经很好了。其实英语没有多可怕，只要多读、多背、多写，比别人多用功，就一定能学会。从今天开始，爸爸妈妈会带着你学英语，你只要比别人多下功夫，就一定能赶上你的同学们。阳阳已经上小学了，是个小男子汉了，不能因为这点儿小困难哭鼻子，有困难了，我们就迎难而上，妈妈相信阳阳只要付出努力，就一定能战胜这个小困难。"

阳阳听了妈妈的话，又看到爸爸鼓励的眼神，停止了啜泣，坚定地说："我一定可以！"从这天开始，他每天回家都捧着英语书，戴着耳机学英语，有问题就去找爸爸妈妈解答。通过坚持不懈地努力，阳阳在期末考试中英语居然考了 77 分。虽然分数不算高，但是已经让大家刮目相看了，同学们纷纷问阳阳是怎么做到在这么短的时间内提高成绩的，阳阳挺起胸膛，自信地说："只要努力就一定能战胜困难，这是妈妈告诉我的！"

阳阳是个非常棒的孩子，他的妈妈也是一位非常懂得教育孩子的家长。不过，现实生活中与案例相反的事情多如牛毛，有的家长将孩子看成易碎品，从小娇生惯养，要什么给什么，这样的家长让孩子顺风顺水地长大，却忘记了挫折教育。温室里的花朵是经不起外面的风吹雨打的。其实，真正对孩子好的教育是帮孩子更好地积累经验，孩子只有学会自己去面对生命中的各种挫折和困难，并学会去解决困难，才能逐渐建立起自信，成长为优秀的人。

很多时候，孩子不知道怎么去面对和解决眼前棘手的问题，往往习惯性地将头转向父母，求助道："爸爸妈妈，这个要怎么处理啊？我不会！""爸爸你帮我做吧，我不敢！"每当碰到这种情况，父母都会很头疼，犹豫着要不要帮孩子解决问题，要不要下次直接让孩子避开这些困难。

其实，答案应该是否定的。父母要让孩子自己成长，父母要做的是在孩子还不懂得面对困难的时候，鼓励孩子，给孩子信心和勇气，帮孩子端正态度，对孩子说："这些小困难并不可怕，你一定能克服它。"家长不必过于担心，因为孩子在一次次遭遇困难的过程中，自己想办法应对的过程中，会积累属于自己的经验，这都是孩子最宝贵的财富，对他养成坚强的性格和学会处理问题的方式都大有好处。

那么家长应该用怎样的方法才能培养孩子不惧怕困难的品质呢？

（1）多肯定、鼓励孩子

孩子遇到困难，很容易感到害怕无助，这时，父母应该给孩子送去关心和鼓励，并且给予适当的帮助。应对困难的过程中，父母不要因为孩子的失误而愤怒地指责孩子，也不能说一些消极否定的话，应多说一些积极肯定的话，这样孩子就算只做出了一点儿成绩也会信心大增，从而慢慢学会如何去应对未来的各种困难和挫折。

（2）培养孩子对待挫折的正确态度，提供锻炼的机会

一般情况下，孩子在面对挫折和失败时，会出现一些恐惧、

沮丧等消极情绪，往往缺少一个正确的态度。此时，父母应该抓住这个难得的锻炼孩子的机会，培养孩子积极的心态，让孩子敢于大胆面对挑战，同时提高孩子应对困难的能力。面对孩子的退缩，父母不能纵容，更不能一手帮孩子解决所有前进的阻碍。

（3）有意识地让孩子经受一点儿失败

每个人的一生都要经历大大小小的失败，有的父母看不得孩子经历失败，连玩游戏都有意迁就孩子让孩子赢。事实上，这样做对孩子没有什么好处，离开家庭之后是没有什么人会毫无条件地"让"着自己的孩子的。与其让孩子被措手不及的失败打击得晕头转向，不如在可控制的范围内，有意识地让孩子感受到失败的滋味，可以借此机会锻炼孩子的内心。所以，家长让孩子有一些失败的经历，孩子会在困难中逐渐长大。这才是家庭教育的主要任务。

以上这些方法都能够帮助家长锻炼孩子勇敢地应对挫折。其实，父母大可以放心地将孩子交到挫折手中。没有哪一只雄鹰没有经历过幼时的断翅之痛就能翱翔天际，也没有一个孩子能够一生幸运地在温室中成长，不经历风雨的洗礼。父母做不了孩子永远的保护神，但是父母可以成为那个用挫折锻炼孩子成长的人，也可以成为默默鼓励孩子并给孩子提供应对方法的人。挫折是孩子的老师，父母教会孩子懂得这个道理，在挫折面前，孩子才能不被打垮。

足够的心理承受力能让孩子走得更稳

居里夫人曾经说过："我从来不曾有过幸运，将来也永远不指望幸运，我的最高原则是：不论对任何困难都决不屈服！"她是世界上第一个两次获得诺贝尔奖的人，正是她面对挫折和困难时的那种永不服输的精神，帮助她取得了这样伟大的成就。

挫折对于正在成长的孩子来说是一方良药。无论是谁，没有尝过生活中的苦，就永远品尝不到真正的甜；没有经历过坎坷的人，就永远享受不到成功的喜悦。

面对挫折百折不挠、顽强不屈是每一个成功的人都具备的品质。由此可见，培养良好的承受挫折的能力，对孩子来说是极其重要的。

挫折教育成为近几年来众人口中的热门话题。把孩子放在艰苦的环境中，一改娇生惯养的坏习气，逐渐磨炼意志，获得在黑暗中从容漫步的勇气和能力，培养他们的韧性、耐挫力和受挫后的恢复能力，以使他们懂得感恩自己正在拥有的，珍惜别人所给予的，并敢于去争取自己所没有的，从而激发他们寻找幸福的本能。这种教育能使孩子们在挫折和苦难到来时从容面对，扛住压力，迎难而上，这样的教育才是真正对孩子好的。

父母都舍不得让自己的孩子去经历艰难困苦，总想帮孩子扫清前路上的一切障碍。父母应该明确的一点是，现实的人生之路本就是坎坷曲折的，前路上未知的考验数也数不清，孩子自己的人生之路要让他自己去走，父母只能指导，不能代替。

奥斯特洛夫斯基曾经说过："人的生命似洪水奔流，不遇上岛屿和暗礁，难以激起美丽的浪花。"没有经历过风雨洗礼的孩子，难以拥有辉煌的人生。

早在远古时代，挫折教育就已经存在了。在那个人类无法战胜大自然的时代，孩子在成年之前都要经过一次优胜劣汰的考验，他们只有经过了这近乎残酷的考验，才能被部族接受。成年族人会将男孩们放到荒无人烟、野兽出没的深山中，让他们面临巨大的危险，体会孤独的煎熬，迎接生存的挑战，学会在没有父母帮助的情况下战胜各种困难。经过了千百次锤炼，能够在这种恶劣的环境中生存下来的孩子，才被承认已经成长为成年人了，才有资格享有成年人的权利。这种近乎惨无人道的残酷考验就是早期挫折教育的雏形。

到了现代，经济越来越发达，人们的生活条件越来越好，对后代的教育也格外重视起来。

很多发达国家都很重视挫折教育，比如日本，在孩子摇摇晃晃学走路的时候，经常一不小心就摔倒了，这时候他的父母只会看着孩子自己爬起来，而不会上前去扶。相反，有些父母看到孩子摔倒在地，会赶紧上前抱起来安慰一番。为了哄孩子还会对着无辜的地面指责一番。这样的孩子长大后，一旦犯了错就习惯性地把责任推给别人，经受不住任何一点儿挫折。

一个男孩儿，已经9岁了，在家里是老二，爸爸妈妈和姐姐都宠着他。他很聪明，在学校里也是学习成绩比较拔尖的学生，因此非常骄傲。有一次，姐姐得到了一个非常漂亮的飞机模型，男孩儿向姐姐索要，姐姐说这是自己的生日礼物，拒绝给弟弟，男孩儿一气之下竟然上吊自杀了。

是什么原因造成了这种惨痛结局呢？男孩儿的心理何至于脆弱到如此地步？是因为现在的孩子太娇气了，生活太"滋润"了，父母心疼孩子，不肯让孩子受一点儿苦，总是扮演为孩子遮风挡雨的角色。

曾经有过这样一篇报道：

有个女孩儿，生活在偏远地区，家里对她抱有非常大的期望。女孩儿的学习成绩非常好，数理化三科经常满分，人称"三脑袋"。高考报志愿的时候，父母让女儿报一所全国顶尖大学，可是女孩儿不想去。最后女孩儿拧不过父母，被逼着去了那所大学，妈妈作为陪读也跟着来了学校所在的城市。学校里强人云集，她很快就淹没其中，不再受人瞩目。在一次考试中，她仅仅得了第十八名。成绩一直是女孩儿最大的骄傲，她承受不了这样的打击。妈妈陪读了一个月便返家了，不料妈妈前脚刚走，女孩儿后脚就跳楼自杀了。妈妈得知消息后，悔不当初，失声痛哭道："都是我的错啊！我没有教好她，我不该逼她啊！"

请家长们想一想，如果这样的事情发生在自己的孩子身上，你会怎么办？很多父母将自己未完成的心愿压在孩子的头上，竭尽全力为孩子提供好的教育条件，盼望着孩子有一天能出人头地。为了达成心愿，父母事事操心，学习以外的事情全都替孩子打点好，不让孩子费一点儿心，甚至帮孩子考虑好将来的路，将孩子的每一次考试成绩都看作人生头等大事，成绩稍稍有点儿变动就高度敏感。试问，父母能陪孩子走一生吗？这些真的是孩子想要的吗？这样成长起来的孩子健康吗？能面对生活的风风雨雨吗？

作为父母一定要摆正心态，孩子的人生难免会遇到挫折，一定要放手让孩子去经历，父母在一旁协助即可。那么父母具体应该怎么做呢？可以参考以下几点：

（1）抗挫折能力与人的成就成正比

要让孩子知道，人有旦夕祸福，月有阴晴圆缺，一帆风顺的人生是不存在的，总有大大小小的磨难在等着孩子。而凡是有大成就的伟人，无一不是经历了数不清的磨难与考验，他们都有非常强的抗挫折能力。

（2）将考试失利这一挫折看作机遇

考试失利能成为什么机遇呢？这是一次磨炼意志的机遇，是锻炼心理素质的机遇，是增强能力的机遇。

（3）在挫折面前要满怀信心

孩子被挫折压得喘不过气来时，给孩子打气，建议孩子放开自己大声呼喊："我能行！我能行！我能行！"面对一切困难都不要退缩，更不能半途而废，要相信自己有足够的能力找到突破的办法。

（4）培养孩子锻炼身体的习惯

锻炼身体同样能够磨炼孩子的意志。坚持每天早晨或晚间督促孩子去跑步，周末或节假日带孩子去远足、爬山，在一次次的考验中增强增强孩子抗挫折的能力。

让孩子感受挫折

一次茶话会上，三个人围在一起讨论自己知道这个世界有坏人是什么时候，具体是什么情况。

第一个人说："我刚刚参加工作没几年，攒了点儿钱想买房子，一个朋友说他工作调动去外地，将房子卖给我，我凑了40万付了款，还没让他过户，他转头就将房子卖给了别人，带着两份钱跑得无影无踪。我第一次知道坏人是这样的。"

第二个人说："小学的时候邀请朋友到家里玩儿，跟朋友们炫耀自己的玩具收藏，结果大家走后我才发现我最喜欢的一个坦克模型被偷了。我知道是谁，但是又证明不了，只能默默咽下这口气。这是我第一次知道世界上有坏人。"

第三个人听了笑着说："看来还是早点儿遇到坏人好。你们想，小学遇到坏人也许只损失40元，到长大了遇到坏人就要损失40万了。"

看吧，让孩子感受挫折并不是一件坏事。父母应该用一颗平常心去对待，要让孩子提前了解这个苦难的世界，这样，遇到挫折时才有能力自己去解决。

一个小女儿小时候被确诊患有癫痫病。她的父亲非常喜欢晨跑，后来小女儿也迷上了跑步。

女孩儿对父亲说她要打破女子长跑的世界纪录。父亲听了女儿的想法，立刻去查了吉尼斯世界纪录，回来告诉女儿当时的女子长跑纪录是80英里。女孩儿经过仔细考虑，决定在第一年跑400英里，第二年跑1500英里，第三年跑2000英里，第四年跑3000英里，到达最终的目的地——白宫。父亲听后向女儿表示要支持她。

女孩儿虽然患有癫痫，但是她不认为这能影响她的目标，她没有因为自己的病有任何消极退缩的念头。

第一年，女孩儿一路穿着写有"我爱癫痫"的运动衫跑完了400英里。父亲在一旁陪着跑，母亲是一名护士，她就开着车在父女两人身后陪护着。

第二年，女孩儿的同学们纷纷高举海报给她加油，不幸的是，在此次长跑途中女孩儿伤了脚，医生告诫她不能再跑了，她的脚需要赶快打上石膏，但是女孩儿拒绝了，只是暂时处理了伤处。她忍痛跑完了剩下的路程，完成了1500英里的长跑。

最后一年，女孩儿花了四个月，横跨北美大陆，跑完3000英里，到达了白宫，见到了总统，她说："我想让其他人知道，癫痫患者与常人无异，也能过正常人的生活。"

孩子并不是不能承受逆境，上面案例中的女孩儿就能够承受住，并且创造了奇迹。所以父母不必对孩子事事照顾周全，这对孩子的成长没有好处。父母应该从孩子身前的位置转移到孩子身边甚至是身后，让孩子去感受逆境的侵袭，否则他们只会因为一点儿不顺利就一蹶不振。这不能不让我们忧心。

父母应该让孩子充分感知逆境，让他们在困难与挫折面前学会迎难而上，这样才能让孩子茁壮成长，并且毫不畏惧地迎接人生之路上的所有坎坷荆棘。这样看来，父母应该关心的反而是自己的孩子有没有遭受过逆境，如果没有的话，作为父母就要担心了。因为孩子在年龄较小的时候，遇到打击恢复能力很强，等到孩子二三十岁了，个人性格已经定型了，这时再遇到挫折，很可能会脆弱得不堪一击，这样伤害反而会更大。

是鸟儿，终有一日要独自振翅高飞；是雄狮，终有一日要独自面对猎物。父母不可能一直陪着孩子，孩子的一生有多长，有多精彩，有多坎坷，都需要孩子独自去丈量、去感受。机智的父母应该让孩子学会在逆境中成长，学会处理让人头疼的问题。那么，父母该怎么做呢？

（1）对孩子进行提前教育

要让孩子意识到危机。经常提醒孩子，他要面对的道路不是鲜花遍布的康庄大道，这途中很有可能会出现布满荆棘的坎坷之路，要时刻做好遇到挫折的准备。孩子有了遭受挫折的心理准备，才不至于在挫折到来时狼狈逃窜。

（2）为孩子做好榜样

父母的一言一行都在影响着孩子，因此父母在孩子面前要以身作则。遇到困难的事情不能在孩子面前一味抱怨，甚至自暴自弃。父母要做孩子的榜样，用自己积极面对困难，满怀勇气和信心的状态去感染孩子。

（3）利用各种活动加强逆商训练

逆商是可以靠训练逐渐提高的。父母可以让孩子去参加野营、登山、自炊、支农、学工等活动，让孩子在实践中逐渐积累面对挫折的勇气，摸索摆脱逆境、克服困难的方法，最后达到自我锤炼的效果。

（4）启发孩子走出逆境

面对逆境，孩子会本能地退缩，还处在性格未养成阶段，父母应该有足够的耐心，在孩子拒绝去做自己认为做不到的事情时，父母可在一旁鼓励，启发孩子找到解决问题的方法，或者帮孩子拆解目标，一点点尝试着去攻克，孩子会比较容易接受一些，也会更有信心。此外，父母还要允许孩子在此过程中犯错误，在一遍遍的失败中，孩子也会有所收获。这样一来，孩子就会逐渐学会自己面对困难。

让孩子远离"蛋壳心理"

现在，家家户户的孩子少了，孩子从出生起，就受到来自几代人的关注，成长过程中也伴随着身边众位长辈的呵护。现在的经济条件也好了，孩子在物质方面的要求，长辈一般都会毫不犹豫地满足他们，这就让孩子们越来越贪图物质享受，不知道苦和累是什么，不知道如何面对困难和挫折。这样的孩子受不了任何困难的磋磨，遇事就会选择退缩，稍有不如意就会闹脾气，这就是"蛋壳心理"的表现。

"亮亮，你睁开眼睛看看妈妈，告诉妈妈你怎么了?""亮亮……"

亮亮的妈妈边摇晃儿子边拼命地喊着，她不明白为什么自己早上还活蹦乱跳的孩子，现在会自杀。

亮亮是家里的宝贝，从一出生就受到全家人的宠爱，爷爷奶奶将这个唯一的孙子当眼珠子看待，爸爸妈妈对他也是宠爱有加。亮亮家里的经济条件比较好，可以说，亮亮想要什么家里都会尽全力满足。无论什么事情家里人都会依着亮亮，夸奖和赞美更是从来不断，亮亮幸福得像生活在蜜罐里。

小学阶段，亮亮的成绩从来没有出过年级前十，经常得到各种名目的奖状，老师、父母夸奖他，同学们羡慕他，小孩子都喜欢围着他转。亮亮就生活在这种众星捧月般的氛围中。他对自己的要求也很高，次次考试都争先。在某一次考试中，由于他感冒了，在考场上发起了高烧，这样一来最后只考了班里第八名，尽管父母觉得亮亮的成绩已经很好了，亮亮还是为此大哭了一场。小升初的考试时，亮亮由于成绩优异，顺利考入了当地一所很有名的重点中学。

这所学校是亮亮梦寐以求的，这里聚集了众多优秀的学子。军训结束，大家都很快适应了新学校紧张忙碌的节奏，每个同学的优秀就很快显现了出来。可是，亮亮却突然发现自己之前的那种众星捧月的优越感已经不复存在了。所谓"人外有人，天外有天"，亮亮周围优秀的同学多得是，再没有人围绕在他周围了。上课时，亮亮回答不上来的问题，其他同学会很快回答上来，老师赞许的目光会落在别人身上；班里的班干部竞选亮亮也参加了，但是最后落在了能力更强的同学身上；语文课上，老师把另一位同学的作文当作范文，当堂阅读，让大家鉴赏；学校举办英语演讲比赛，老师把名额给了英语口语更加流利的其他同学……

一直备受瞩目的亮亮被这一切打击得体无完肤，他不断怀疑自己，不断想象自己摔下高台的惨状，朋友的唏嘘，亲人的叹气，他责备自己不争气，觉得一生也就这样了。在这样绝望的情绪下，他向那条河跳了下去。

幸亏有人路过，发现并及时救起了亮亮。

亮亮这就是典型的"蛋壳心理"。亮亮从小生活在父母和亲人的精心照料下，一切都是父母帮忙打理好，无论在学校还是亲人和朋友面前，都有极高的优越感，他也养成了处处跟别人比较的性子，受不了有人比他优秀，看不了别人受到夸奖。所以到了能人云集的中学之后，强烈的心理落差，让他难以承受，负面情绪越来越多，最后不堪重负，只有走上了绝路。可以预见的是，亮亮这样薄弱的意志和精神，将来是难以承受来自社会的压力和生活的考验的。

孩子有"蛋壳心理"，一般表现为不能肯定自我，缺少自信，甚至怕被别人看不起。在与人交往中，常常出于保护自己，会退缩、孤僻，容易偏激、敏感，甚至敌对，稍有不顺心，就会采取攻击、报复的等激烈行为去解决问题。

孩子的5~6岁和12~13岁，即小学入学前后和青春期这两个阶段，是心理成熟和发展的关键时期。在这个关键的转折期，孩子会因自身成长的变化变得困扰和混乱，只有在心理上进行"自我统合"后，才能完成其内部心理活动和外部环境的整合与适应。"自我统合"成功完成会使人格得到健全发展，但如果孩子的内部心理活动和外部环境表现为不平衡、不稳定，却又没能在外力帮助下平衡这些不稳定因素，那么他随时会因一根导火索被引燃。由于导火索的不同，孩子秉性不同，事件爆发的时间、内容和方式也会有所不同。一些孩子会采用自我伤害的方式解脱，还有一些孩子会对别的人或物施暴以泄愤。

父母应该格外注意自己的孩子是否有"蛋壳心理"，有这种心理的孩子一般难以正确认识自己，此时就需要父母帮助孩子，找到孩子心灵的突破口，清除"蛋壳心理"这个孩子成长路上的隐患。应该注意的是，被爱包裹和缺失爱都易导致孩子"蛋壳心理"的形成。一些父母将孩子养得无比娇贵，舍不得孩子为了生活费一点儿心力，这样的孩子在有一天要独立面对生活的时候，或遇到打击和挫折时，就会惊慌失措，心理承受不住，也应付不来。一些父母养孩子就是放养，对孩子不闻不问，完全不放在心上。孩子在心理成长的关键阶段，遇到当前阶段难以承受的打击时，没有大人的关心和引导，孩子很可能会被击溃心理防线，造成不可估量的后果。每个孩子的情况不同，但有一点是一样的，只要超过心理承受极限，"蛋壳"一定会被击碎，造成意想不到的惨痛后果。

所以，父母应该从现在做起，让孩子远离"蛋壳心理"。这就需要培养孩子坚强的意志，帮孩子锻炼出一颗强大的心脏，这才是真正地为孩子的一生保驾护航。要做到这一点，就需要父母的引导和孩子自身的努力，万事开头难，孩子可以先从生活小事做起。

（1）让孩子体会生活艰辛

让孩子照料一只小猫咪，每天给小猫喂食，定期清理猫砂，给猫咪洗澡，在孩子的照料下猫咪才能茁壮成长，让孩子明白做什么事情都要付出辛苦和努力。

（2）培养孩子做事有始有终的精神

小孩子经常做事没有目的和计划，随意转变心意，经常中途放弃。因此父母就要鼓励孩子给自己打气，做一件事要有头有尾、有始有终，要有坚持的精神。

（3）父母从旁引导

孩子遇到挫折，无论大小，父母都应该先帮孩子分析遭受挫折的原因，再逐步引导孩子树立面对挫折的正确心态。如"虽然这次成绩不是很理想，但是我最弱的一科比上次有进步了""我体育不好不能参加比赛，但是我可以在主席台做广播员给同学们加油"。孩子通过自己的调节，战胜了困难时，就能体验到成功的喜悦，增强自信心。

（4）父母做好榜样

遇到挫折，每个人都会有想要摆脱困境、排减压力的心理，这时候，父母应该树立正面的榜样。如果父母在面对困难时，表现出乐观、积极的态度，孩子就会受到正面的影响，勇敢面对挫折，寻求解决困难之道，主动化苦难为动力，直到战胜困难。

让孩子勇敢地直面挫折

孩子在成长初期就像稚嫩的幼苗，没有经历风吹雨打是很难成长为参天大树的。从这一方面来讲，挫折是锻炼孩子和让孩子成长的重要一课，只有接受过挫折的教育，才能真正认清生活的本质，只有接受过挫折的教育，才能真正成长起来。娇生惯养的孩子面对挫折时，永远认识不到自己的主观能动性，也没有自信去战胜任何困难，更没有钢铁般的意志力。

"真正的勇士敢于直面惨淡的人生，敢于正视淋漓的鲜血。"每个孩子都应该在挫折与困难来临的时候，拿出勇气来正面应对。因为在挫折面前逃避没有用，反而显得懦弱，这样的孩子长大后多数没有自信、不够坚强。此时父母的教育尤为重要，父母应该教育孩子勇敢地直面挫折。

父母要想使一个孩子成才，能有百折不挠的精神去攻克各种难关，就要求父母必须从眼下开始，有意识地去培养孩子坚强的意志。不要觉得孩子小舍不得，溺爱孩子只能毁了孩子。

刘洋刚刚从小学升到初一，就迎来了一次考验。初中有晚自习，因为爸爸妈妈平时工作很忙，顾不上刘洋的学习，就干脆让刘洋和其他孩子一样在学校住宿。妈妈把刘洋送到学校去，仔细叮嘱了一番，说："洋洋，爸爸妈妈给你找的学校教学质量非常好，爸爸妈妈平时工作忙没空过来看你，你现在已经长大了，一定要在学校好好学习，努力学会照顾自己。"其实，父母也是在有意识地锻炼刘洋的独立能力，他们认为男孩子不能总是依赖父母，有父母时时刻刻在身边，孩子就永远都想依赖父母，不肯主动去面对困难。不受点儿苦，怎么能成长为一个真正的强者呢？

独立生活对一个12岁的小男孩来说确实是一个挑战，学习还是像以前一样紧张充实，但生活却发生了很大的变化。父母不在身边，生活上一切大小事情都要自己打理，要自己洗衣服，自己打热水，自己叠被子，自己去买生活用品，还不能看电视，不能上网，食堂的饭也没有家里的好吃……这样的生活与原来有天壤之别，天大的委屈向刘洋席卷而来，他委屈地给妈妈打电话："妈妈，我在学校里一切都不习惯，我要回家，我不在这里上学了……"刘洋刚说了一个开头就被妈妈打断了，妈妈"严厉"地说："刘洋你已经长大了，怎么这么点儿困难都克服不了？爸爸妈妈还希望你在这个学校提高成绩，结果你现在就要放弃了？你周围的同学能坚持下来，为什么你不行？"

被妈妈教育了一通后，刘洋还是没有调整好心态，他在学校的状态依然很不好，和室友的关系也处理得不好，整天愁眉苦脸，学习状态也受了影响。通常一个人的精神状态不好，身体也就容易出问题，很快刘洋就感冒了。本来生病了就该好好吃药，吃穿也要留心，但是刘洋完全不知道怎么照顾自己，这就导致他晚上发了高烧。他逼着自己爬起来，拖着虚浮的脚步去了校医务室打了针，打了三天针，按时吃了药，感冒才有所好转。医生们都纷纷夸刘洋说："这位同学真坚强，感冒这么严重都没有哭着找家长过来，全靠一个人熬过来了！"刘洋自豪地笑了，从这以后他彻底改变了自己糟糕的住校生活。

如今，刘洋已经自己开公司做了老板，他从小就锻炼孩子的独立能力，让孩子自己面对困难。刘洋常常感谢自己的父母从小就让他独立面对困难，正是这样，他才有勇气面对人生中遇到的其他挫折。

上面案例中的父母非常明智，毫无疑问，他们的教育是成功的。不同于大多数父母溺爱孩子，这对父母让孩子从小体验独立的生活，独自去面对大大小小的难题，体验挫折，这便培养了孩子坚韧的性格和超强的抗击打能力。事实证明，这是一种很好的教育方式。

也许有的父母不认同上面这种教育方式，认为这种教育对孩子太狠了。觉得自己小时候吃苦是因为家里没有条件，现在生活条件好了，为什么还要孩子去吃那些苦？的确，现在的很多父母不管男孩儿女孩儿一律富养，孩子平时零花钱不断，出门家里人前前后后陪着，全方位呵护孩子。但是这样的教育是成功的吗？可以看到，许多孩子明明已经不小了，受了委屈或是遇到困难，首先想到的还是扑到爸爸妈妈的怀里，平时父母有让他们不如意的地方，就大发脾气。这样的情况想必不是家长想看到的。

父母教育孩子的眼光要放长远。美国有一句谚语说"爱孩子是老母鸡都会做的事情"，的确，爱孩子是父母的本能，但教育好孩子却不是人人都能做好的。教育孩子不应该只考虑眼前，更多的应该是为孩子做长远的打算。身为父母要有客观判断的能力，不能因为孩子的撒娇要赖就放弃自己的原则，也不能只根据自己的喜好选择不适合孩子的教育方式。父母需要给孩子的是能令他们长久发展下去的教育，父母应该"狠下心"来，培养孩子直面挫折的勇气，帮孩子寻找突破难关的方法，让孩子树立起勇往直前的信心和决心。这才是真正的爱孩子、教育孩子。

孩子的可塑性很强，父母教育孩子的一个重要的目标应该是将孩子塑造成一个优秀的人，而一个优秀的人一定具备自信、自尊、自强等品质，这些品质的养成离不了与挫折的对抗。因此，让孩子勇敢地直面挫折无疑是最有用的教育。

培养恢复能力，让孩子在失败后重新崛起

挫折教育对孩子的重要性显而易见，要想更好地对孩子进行挫折教育，培养孩子的受挫恢复能力是不可或缺的一环。父母让孩子去经历挫折是磨炼孩子的一种教育方法，但是面对屡次出现的挫折，孩子幼小的心灵难免会受到伤害，他们会对自己产生怀疑，丧失自信心，这时候就需要父母引导孩子端正心态，培养孩子的恢复能力，让孩子在失败后重新崛起。这样，孩子将来面对挫折时才能沉着冷静地处理，永远保持乐观的态度。

杰克·韦尔奇在全球享有盛名，被誉为"全球第一 CEO""最受尊敬的 CEO""美国当代最成功、最伟大的企业家"。他回忆成长中最令他难忘的事情时讲道："1953 年秋天，我在马萨诸塞大学的第一个星期，是我一生中最缺乏信心的时候。环境的改变让我极度的不安，我非常想回家，以至于我的母亲不得不驱车三个小时从远方来看我，就为了给我打气，让我能坚强起来。

"母亲对我说：'当你难过的时候就想想你的同学们，他们和你一样离家来这里上大学，他们怎么就从来没想过要回家。我相信我的儿子比他们更优秀，一定能比他们做得更好。'母亲说的对，我想大概是因为我从没有离开家独自生活过，对家的依赖还是很强，本来觉得自己已经成长为一条硬汉，精通人情又独立坚

强，但是事实上我根本做不到独立坚强。独自离家的大学生活孤单又可怕，我似乎远远没有准备好进入大学生活。我们这一批新生有从新英格兰大学预科班来的，还有从著名的波士顿拉丁学校来的，他们比我强很多，母亲却似乎故意忽略了这些，不过她的话对我很有作用，一星期之后，我便重新找回了自信。

"就这样，我开始了我的大学生活，考试成绩还不错……"

母亲的鼓励和信任，给了韦尔奇不断前进的勇气，让他从打击受挫的状态下爬了起来。

西方教育和心理专家公认：对待挫折的良好心态是从童年和青少年时不断受挫和解决困难的经历中学来的。人的成长之路，就像摇摇晃晃学走路的孩童，跌倒一次爬起来，走几步再跌倒，再爬起，遇到挫折没有关系，爬起来继续前行就一定能得到属于自己的美好前程。

一个孩子的成长一定要经过困难和挫折的打磨，没有困难与挫折，幸福也就变得不再珍贵；没有挫折与困难，就不会锻炼出坚强的意志，就无法取得成功。相信天下的父母都不舍得让自己的孩子吃苦，都希望自己的孩子一生都能够平安顺遂，但生活的暴风雨总是会突然造访，胆小畏缩的人永远得不到幸福。

孙强是所有普通学生眼中的尖子生、佼佼者，从小学到初中，年年拿"三好学生"，还被评为"优秀学生干部"。因此，他从来都是"别人家的孩子"，接受过无数次的赞美，他一直有着极强的优越感，对自己的能力很自信。马上就要到升学的关键时刻，父母都希望他能考上市里的重点高中，所有人包括孙强自己也都认为这是万无一失的事情。但是任何事情都存在着变数，他的中考分数距离分数线整整差了十分，只能去一所普通的学校。老师和同学们都非常惊讶，亲戚朋友见了也是一阵询问打听，父母总是遗憾摇头，孙强觉得自己没脸见人了。长期被赞美包围的孙强接受不了这样的打击，他异常痛苦，整夜失眠，很快就患上了严重的抑郁症。

如果组成一个木桶的木板高低参差不齐，那么桶的盛水量就要由最短的木板决定。孙强的学习成绩就好比木桶最长的木板，他的受挫折恢复能力就像那块最短的木板。中考的挫折如洪水猛兽来临，他受挫折后不但一蹶不振，还被挫折彻底打败了。

孩子还在逐渐成长中，前进路上的一切困难和挫折都避无可避。那么，身为父母，就要在孩子受挫之后，引导孩子从受挫的失落中走出来，这是父母必须要做的事。

孩子受到挫折，父母应该及时开导孩子，站在孩子的角度理解孩子，走进他们的内心，耐心引导。要做到成功开导孩子，让孩子从挫折中解脱出来，父母需要注意下面几点：

（1）引导孩子合理释放坏情绪

有苦闷、压抑的情绪就应该发泄出来。父母发现孩子受挫后，要及时采用适当的方式帮孩子释放情绪。父母可以用面谈或者书信的方式，与孩子进行心与心的交流，父母做好倾听者的角色，让孩子尽情倾诉，吐露心中的压抑和苦闷，对孩子表示理解并尽可能帮助他们，这样可以有效帮孩子缓解心理压力。或者给孩子一个密码本，让他将心中的情绪用文字的方式宣泄到纸上，从而冷静下来，维护心理的健康。

（2）教孩子使用目标转移法

孩子受挫后非常容易钻牛角尖，他们被负面情绪困在挫折的阴影里无法走出来，常常情绪不稳定。这时候，父母可以帮孩子转移注意力，驱散消极的情绪。比如陪着孩子去公园散步，打一场打羽毛球，一起看一场让人开心的电影，陪孩子谈谈感兴趣的明星，一起听听音乐等，这些虽然都是一些日常小事，但是足以帮孩子分散注意力，驱散孩子的挫败感，让孩子尽快恢复过来。

（3）在日常生活中对孩子进行"挫折教育"

有许多父母知道挫折教育对孩子有好处，所以用人为的方法去锻炼孩子，以求培养孩子坚韧不拔的品质和强大的心理素质。比如让孩子参加一些夏令营去"体验生活"，用纪律约束孩子的行为，不时对孩子提出批评。这确实会帮孩子改掉娇生惯养的习气，培养其吃苦耐劳的精神，磨炼出坚强的意志力。不过这些也只是让他们坚强一时，不能解决根本问题。

很多挫折都是在不经意之间突然出现的，没有机会让人准备，也没有后退的机会，这些坎坷都关系着孩子下一步的命运走向。这样的挫折才是真实的挫折，父母应该在日常生活中对孩子进行"挫折教育"，这样，孩子才能在所有困难面前不退缩，不放弃，最终战胜困难，在一次次挫折中总结经验，磨砺心志，英勇无畏地面对人生中更多的艰难险阻。

请根据目前您和孩子的关系对以下所述各项情况进行判断，并根据与实际情况的符合程度在星星中涂上阴影，一颗星表示"完全不符合"，两颗星表示"不太符合"，三颗星表示"一般"，四颗星表示"比较符合"，五颗星表示"完全符合"。

1. 每当孩子犯错，我都会严厉批评孩子。

☆ ☆ ☆ ☆ ☆

2. 我会有意识地让孩子经受一些失败。

☆ ☆ ☆ ☆ ☆

3. 我会鼓励孩子自己探索世界。

☆ ☆ ☆ ☆ ☆

4. 当孩子遇到困难时，我会马上帮他解决。

☆ ☆ ☆ ☆ ☆

5. 虽然孩子失败了，但我会肯定他为此做出的努力。

☆ ☆ ☆ ☆ ☆

6. 我会为了安慰孩子而贬低其他孩子。

☆ ☆ ☆ ☆ ☆

7. 在安慰受挫的孩子时，我会将他失败的原因归结于外部因素。

☆ ☆ ☆ ☆ ☆

8. 当孩子想要逃避时，我会任由他逃避。

☆ ☆ ☆ ☆ ☆

9. 我觉得孩子没有必要接受挫折教育。

☆ ☆ ☆ ☆ ☆

10. 我会让孩子接受严苛的挫折教育，哪怕孩子被折腾得遍体鳞伤。

☆ ☆ ☆ ☆ ☆

教出好孩子

妈妈的情绪
决定孩子的未来

文贤阁◎主编

江苏凤凰美术出版社

图书在版编目（CIP）数据

妈妈的情绪决定孩子的未来 / 文贤阁主编 . -- 南京：
江苏凤凰美术出版社 , 2020.11

（教出好孩子）

ISBN 978-7-5580-7715-9

Ⅰ . ①妈… Ⅱ . ①文… Ⅲ . ①家庭教育 Ⅳ . ① G78

中国版本图书馆 CIP 数据核字（2020）第 137988 号

责任编辑　郝旭辉
封面设计　陈玉军
责任监印　唐　虎

丛 书 名　教出好孩子
本册书名　妈妈的情绪决定孩子的未来
主　　编　文贤阁
出版发行　江苏凤凰美术出版社（南京市湖南路 1 号　邮编：210009）
　　　　　　北京凤凰千高原文化传播有限公司
出版社网址　http://www.jsmscbs.com.cn
排版制作　文贤阁
印　　刷　阳信龙跃印务有限公司
开　　本　880mm × 1230mm　1/32
总 印 张　36
版　　次　2020 年 11 月第 1 版　2020 年 11 月第 1 次印刷
标准书号　ISBN 978-7-5580-7715-9
总 定 价　192.00 元（全 6 册）

营销部电话　025-68155790　营销部地址　南京市湖南路 1 号
江苏凤凰美术出版社图书凡印装错误可向承印厂调换

前言

preface

孩子的未来命运取决于父母今天的教育方式。没有教不好的孩子，只有不会教的父母。要想教出好孩子，父母就要懂得教子的智慧。无论是对孩子过于严厉、非打即骂，还是对孩子过于溺爱、百依百顺，都不是明智的教子方法。智慧的父母应该懂得，只有自己达到一定的高度，努力成为孩子的好榜样，再辅以科学的方法，孩子才可以变得更优秀。

然而教育出优秀的子女绝非易事。在孩子成长的过程中，父母会遇到各种各样的挑战，诸如，孩子和父母对着干，孩子身上坏毛病不断，孩子不愿意和父母沟通，孩子出现心理上的问题等。父母也会犯各种各样的错误，诸如，过于专制，不讲民主，不尊重孩子的人格，不尊重孩子的喜好，压制孩子的天性，无意中伤害孩子的心灵等。这一切导致亲子关系紧张。父母着急上火，教育方式难免变得极端，孩子反而越发叛逆，与父母的期望背道而驰，如此恶性循环。为了解决父母的难题，让父母学会科学地教育子女，我们精心编著了本套丛书。

《教出好孩子》丛书采用理论与实践相结合的方式，甄选了大量我们身边的真实案例，为家长总结和提炼出了许多实用的教子方法，一步步引导家长成为高段位的父母，培养出人格

健全、品德优秀、素质完善的孩子，并提出了如何在孩子的不同年龄阶段，根据实际情况做出正向引导，帮助家长构建良性的亲子关系。

没有父母不希望自己的子女品德高尚、学有所成，希望通过阅读本书，天下的父母可以得偿所愿，真正成为孩子的引路人，成为孩子的好老师、好朋友。

目录
contents

第六章 有一种力量叫赏识

第七章 尊重在前，教育在后

第一章

做个理智妈妈，孩子才能身心健康地成长

妈妈如果非常情绪化，忽冷忽热，时喜时怒，孩子会产生一种混乱感，不知道该怎么做，分不清自己的做法是对是错，长此以往就会影响孩子秩序感的建立。作为妈妈，必须学会保持冷静，控制自己的情绪，这才是对孩子负责的做法。

不要做一个忽冷忽热的情绪化妈妈

　　教育学家尹建莉说："你对孩子发的三分脾气，会对孩子造成七分伤害。"作为孩子的妈妈，应该以尊重、平等的态度对待孩子，以稳定的情绪和心态与孩子相处。你的稳定情绪其实就是对孩子最好的教育。

　　蓓蓓放学回家后，看见妈妈已经在厨房里做好饭了，于是她三步并作两步，跑到妈妈跟前，顺势钻到了妈妈的怀里，撒娇地说道："妈妈，你给我做什么好吃的呀？我都饿得等不及了。"妈妈满脸幸福地盯着自己的女儿，狠狠地在蓓蓓的脸上亲了一口，然后亲昵地问了一大堆问题："宝贝儿，你们学校的午饭怎么样啊？能不能吃得饱呢？""外面冷不冷？有没有冻着我的小心肝儿呀？""学校里有没有人欺负你呀？"

　　12岁的蓓蓓已经不是什么小孩子了，可她的独立性依旧很差，什么事情都想依赖妈妈，上学前水杯需要妈妈提醒带着；写作业不够自觉，需要妈妈监督；闹钟响了，不起床，需要妈妈一遍一遍地叫。而妈妈呢，也就这么一个女儿，所以她觉得自己不管怎么为女儿操心都心甘情愿。亲热够了，妈妈想起了前段时间的期中考试，于是问道："蓓蓓，你们期中考试的成绩公布了吗？你考得怎么样？"蓓蓓答道："出来了，我的语文85，英语90，数学75。"妈妈听到这个分数，再看看蓓蓓一副吊儿郎当的模样，瞬间心里的怒火就蹿了上来。她黑着脸怒斥道："你考成这样，还高兴什么呀？再有半年你就得上初中了，你就这么点儿分数，哪个中学肯要你？你怎么还是一副无所谓的态度呢？到底有没有长点儿心呀！"蓓蓓看着突然变脸的妈妈，吓得不知所措，随后才低声说道："我们班还有考五六十分的呢！"妈妈听蓓蓓这样说，更是气不打一处来，她正襟危坐，满脸不悦地说道："你怎么不想着和那些考满分的同学看齐呀？你这个孩子也真是没出息，我们不要求你非得考进班级前几名，但是你也不能就此松懈呀！你都是快上中学的人了，怎么就不能认真一点儿呢？还什么事情都要我为你操心。"妈妈越说越生气，把平日里觉得无关紧要的问题都拿出来，一一指责着蓓蓓。

蓓蓓并没有意识到自己哪里做得不对，依旧扭着身子，娇嗔地往妈妈身上贴："妈妈，人家今天怎么惹你了？你这么凶！……"此刻的妈妈并不吃蓓蓓这一套，想也不想就把她一把推开，并且绷着脸说道："你给我起开，今后要是不认真学习，你看我怎么收拾你！"蓓蓓看着表情严肃的妈妈，委屈地走回了自己的房间。

在现实生活中，有很多妈妈都会像案例中蓓蓓的妈妈那样随意变脸，前一刻还满脸慈爱，后一刻就怒目相向。这种对孩子忽冷忽热的态度也许是妈妈的教子方法，但是这对孩子而言，不管是情绪还是心态，都是难以接受的。

孩子是有思想、有尊严的独立个体，妈妈们在对待他们的时候切不可随性而为。如果你在照顾孩子的生活起居时过度呵护、无微不至，把孩子娇惯成一个没有独立思想和毫无责任感的"小公主"或者"小少爷"，那你怎么能指望他们在学习上一下子变得自主、自觉呢？如果你接受不了这一点，那么看到孩子糟糕的成绩那一刻，势必会从一个满脸宠爱的慈母瞬间切换成横眉怒目的"泼妇"。这样的情绪转换对一个心理尚未成熟，承受能力较弱的孩子而言，怎么能接受得了呢？

所以，为了避免孩子出现无所适从、诚惶诚恐的紧张情绪，也为了避免让孩子陷入迷茫、紧张、无助的窘境，作为妈妈，一定不要随意切换自己的情绪模式，更不要一会儿"心肝宝贝"，一会儿"笨蛋"来回变换，否则时间久了，孩子的心理健康一定会受到影响。

通常来讲，聪明的妈妈会根据孩子年龄的变化以及心理的成熟程度，调整自己管教的方式和关注的重心，以便让孩子形成良好的习惯。她们不会像蓓蓓妈妈那样，一会儿在母爱的呵护下将孩子视若珍宝，一会儿又因为孩子的一些坏习惯或者成绩差而呵斥孩子，这种不稳定的情绪变化会让孩子的童年生活充满不安，孩子也会因此产生精神错乱。作为孩子的家长，妈妈们一定要管理好自己的情绪，控制好自己的脾气，以一种正确的态度对待孩子的学习和生活，以一种平和稳定的心态培养孩子健康成长。

暴力教育是最无能的体现

有一次，5岁的蓉蓉跑到妈妈身边，问妈妈要一个梨，妈妈问她："你今天吃了几个梨？"蓉蓉不慌不忙地答道："我吃了一个。"妈妈见女儿吃的不是很多，于是转身又给了女儿一个。

其实，蓉蓉在上午的时候不光吃完了自己的梨，而且把哥哥的那个梨也吃掉了。哥哥明知道妹妹在撒谎，但是由于担心戳穿妹妹的谎言后令她受罚，于是什么也没有说。但纸包不住火，没过多久，妈妈就知道了事情的真相。

这个时候，如果你是案例中的妈妈，你会怎么做呢？相信很大一部分暴脾气的人会怒火交加，把孩子臭骂一顿，或者打上几巴掌。但是这样的暴力教育真的能让孩子改掉不良的习惯吗？答案很显然是"不一定"。

现在依然有很多中国家长还信奉着"棍棒底下出孝子""打是亲，骂是爱"这样的教育理念。人们往往通过打骂等暴力行为遏制孩子的错误，也许在短期内会收到一定的效果，但是这种行为给孩子身心带来的伤害却是难以磨灭的。有些孩子由于长期受到家长的暴力教育，导致心灵扭曲，最后走上了人生的不归路。这样的说法绝对不是危言耸听，我们在很多新闻报道中看到过少年弑亲的事件。

著名教育专家尹建莉在《好妈妈胜过好老师》一书中也曾这样写道："暴力教育能让孩子变得顺从，不会让孩子变得聪明和懂事；暴力教育能让孩子变得听话，不会让孩子变得自觉和上进；暴力教育能得到一些暂时、表面的效果，但它是以孩子整体的堕落和消沉为代价的。"

因此，作为孩子的妈妈，应该意识到暴力教育给孩子带来的伤害。切勿做出以下几种带有暴力性质的举动：

（1）体罚孩子

体罚，顾名思义，就是对孩子身体的一种惩罚，比如打屁股、打手心、拧耳朵、罚站、罚跪等。这种暴力教育首先带来的直接影响是，孩子的身体会产生疼痛感，其次，体罚还会给孩子的心理造成一定的创伤。

在现实生活中，很多父母本着不打不成器的教育理念体罚孩子，他们坚信通过体罚，一定能让孩子长记性，从而避免其下次犯同类型的错误。那么这样的观念到底对不对呢？其实关于体罚孩子的这个话题本身就充满了争议，但不管怎么说，这种充满暴力色彩的行为一定会让孩子脆弱的神经受到惊吓，而且如果责罚过重的话，这种恐怖的记忆和心理上的伤痛会伴随孩子的一生。另外，据调查显示，长期遭受体罚的孩子，身体各部分的器官也未能正常发育，他们长大以后会出现神经错乱的现象，还会出现身体机能失调的情况。

因此，作为妈妈，为了避免给孩子以后的生活留下隐患，一定不要轻易体罚孩子。孩子的成长只有一次，妈妈们为什么不能多想一些理智的办法来解决问题呢？

（2）恐吓孩子

恐吓是暴力教育的另外一种表现方式。在很多情况下，妈妈们很喜欢用恐吓的方式让孩子乖乖听话，比如："你不听话，妈妈就把你扔了!" "你再哭闹，外面的大黄狗就会把你抓走!" 当然，这类恐吓还算是轻的，还有一些更为过分的家长会编关于鬼怪、幽灵或其他的恐怖故事来吓唬孩子。曾经有个小孩子偷了妈妈的钱之后，第二天就被妈妈发现了，这位妈妈为了杜绝孩子的偷钱行为，告诫孩子："小偷是会下地狱的，会被鬼怪吃掉。"之后孩子就被巨大的恐惧包围着，过度焦虑，几乎崩溃。

妈妈的这种行为虽然看起来省时省力，可以让孩子乖乖顺服，但是它却会给孩子留下永远的心理阴影。恐吓的语言会过度刺激孩子大脑中的敏感组织，从而使其产生无力感或自卑感，而且一旦孩子长期处于紧张状态，他的安全感也会消失殆尽。尤其面对黑暗或者孤寂一人的时候，孩子会在想象力的作用下，把恐惧感放到最大。那么，作为孩子的妈妈，怎么能忍心让孩子的心灵受到如此虐待呢？

（3）斥责孩子

相比体罚和恐吓，斥责被使用的频率会更高一些。这种教育方式虽然比前两种温和一点儿，但是它多多少少带着一些暴力的倾向，因此我们把它归结于暴力教育的范畴。

当小孩子犯了错之后，妈妈也许想用斥责的方式唤起孩子内心的愧疚感，或者引起孩子心灵的警觉，从而使其纠正自己的行为，避免下次犯类似的错误。妈妈们有这样的想法也无可厚非，但是你也许不知道，对孩子严厉指责会让孩子变得胆小怯懦，做事小心翼翼，没有安全感，而且其沟通能力也会变差。当然，更严重的是，孩子在未来的人际交往中也会"复制、粘贴"你的这种斥责行为，而这些负面影响无疑都是你不想看到的。

所以，作为妈妈，在生气或恼怒的时候，最好不要做一些刺激或搅动孩子敏感神经的事情。为了更好地保护他们的心理情感，妈妈们不妨采取一些小伎俩、小把戏让孩子顺从自己的意愿，或者通过循循善诱，并给予孩子足够的情感关爱等。这种教育方式可以帮助妈妈避开与孩子"正面交锋"，以一种沟通的姿态与孩子对话。在和平解决问题的同时，还不会失了父母的威信。

动不动就数落孩子，
对孩子的自尊心伤害极大

在现实生活中，有些妈妈总是一副唠唠叨叨的样子，动不动就像唐僧念经一样，数落自己的孩子，很多时候就算当着亲友或者同事的面，也会揪着孩子的缺点不放。其实这样的做法对孩子的自尊心是一种极大的伤害。孩子虽然小，但他也是有尊严、好面子的，如果你不管不顾，把他的尊严踩在脚下，那么一定会激发其逆反心理，造成他故意跟父母对着干。这样一来，妈妈的数落不仅没有解决实质性的问题，反而变相地强化了他的缺点和不良行为。

星期天，李萍的一位同事来她家做客，两个人坐在客厅闲聊，李萍10岁的女儿在自己的房间自顾自地玩着。

聊着聊着，她们很自然地就把话题转移到孩子身上。李萍说："我见过你女儿，是个乖巧懂事的孩子，很招人喜欢，哪像我女儿，成天跟个野丫头一样！不叫人省心。"同事说："你女儿也挺好的呀！自己乖乖在房间里玩，不也没给你惹麻烦吗？"李萍摇摇头，说道："唉，她也就乖一小会儿，你是不知道，她平时有多让人操心。"接下来，李萍就开始和同事数落自己女儿的各种小毛病："上课不好好听讲不说，还经常招惹别的同学，为此我都被老师叫过去挨了很多次批评；放学回来不好好写作业，一会儿喝水，一会儿上厕所，就是不把心思用在读书上；爬树、掏鸟窝、打游戏样样在行，就是对弹琴、书法一窍不通……"李萍越说越上瘾，仿佛女儿的"罪行"多得数不清。而她不知道的是，另外一个房间内，女儿的脸色渐渐地阴沉了起来。

过了一小会儿，女儿的房间里传来阵阵震耳欲聋的游戏声。李萍走到房门口，看到女儿正在电脑桌前忘我地打着游戏。碍于客人在，李萍只好压低嗓音对女儿说："你怎么这么不懂事啊！没看见咱们家里还有客人吗？你弄这么大声，我和你阿姨还怎么聊天啊？"但女儿仿佛把李萍当空气一样，根本没有把她的话听进去，反而"biu、biu、biu"地为游戏配起了音。李萍被彻底激怒了，她大声怒斥道："你给我立刻把这破游戏关掉，否则看我怎么收拾你！你不要以为有客人在，我就不敢拿你怎么样。"

女儿听后抬起头，瞥了妈妈一眼，漫不经心地答道："收拾就收拾呗，反正在你眼里，我就是个一无是处的野孩子。"

在日常的亲子教育中，很多妈妈在"恨铁不成钢"的想法的支配下，会选择性地忽略孩子身上的闪光点，而格外注意孩子身上的缺点和不良行为，这样的想法很明显是不对的。

心理学家的实验表明，心理暗示往往会在关键时刻影响一个人某些重要的行为、想法、决定。妈妈们如果心里一味想着孩子的不好，那么在这种心理暗示下，也许就只会揪着孩子的缺点和不良行为反复数落、批评。这在无形中就放大了孩子的问题。

　　而孩子们听到妈妈的这种负面评价，自然会觉得"我是个不乖的、不听话的孩子""妈妈对我很失望""我是改不好了"。这样消极的想法累积多了，孩子自然就会对自己失去信心，而且自尊心也会备受打击。于是他们破罐子破摔，任性而为，从而将自己的缺点和不良行为进一步强化。所以，从这个角度分析，有些"坏孩子"其实是父母逼出来的。

　　孩子在成长的过程中，需要妈妈给予一些肯定、鼓励的语言，以此作为他成长的原动力。所以，明智的妈妈面对孩子的缺点时，不是一味数落，而是努力寻找孩子身上的闪光点或者一些微小的进步，并且给予鼓励和肯定，以此让孩子在父母的期待中一点一点成长为更好的人。

冷静一点儿，别说气话

一天晚上，李楠的妈妈做好晚饭，等了儿子两个多小时都没等到儿子的身影，不放心的她步履匆匆地赶到学校去找。

到了学校才知道，儿子原来被班主任留在学校训话呢。李楠的妈妈一进办公室的门，老师就不由分说地来了一句："你们这些做家长的，怎么能鼓励孩子跟别人打架呢？这不是把孩子往错路上引吗？"妈妈被老师突然的质问弄得晕头转向，连忙问："这到底是怎么回事？"老师顿了顿，然后把事情的前因后果说了一遍。

原来，李楠的同桌在没经过李楠同意的情况下，私自拿了他的篮球，这让李楠很不高兴，而同桌则认为两个人关系这么亲密，私自拿过来用一下也没什么关系。两人因为观念不同就争执起来，争着争着最后竟然动起了手。同桌先推了李楠一把，李楠火冒三丈，直接上去把同桌一脚踹在了地上，同桌在倒下的一瞬间，胳膊被桌子角划了一道口子，鲜血直流。老师说："按理说呀，这个事情本来李楠是占理的一方，同桌私自拿了他的篮球，而且还先推了他一把，是同桌有错在先，但不管怎么样，这个纠纷都应该由我们校方出面调停，李楠不该还手呀！您看看他下手多重，那个同学被摔得青一块紫一块的，胳膊上还冒出了大量的血呢！"妈妈一看孩子闯了这么大的祸，连忙说道："是是是，是李楠的错，他太没轻没重了，把人家伤成这样，真的很抱歉。"老师又说："这不是主要的。李楠妈妈，您今天要是不来呀，我明天也得找您好好聊一聊。您知道吗？当我批评李楠不该还手的时候，他竟然跟我说，上次他被同学打破头时，您告诉他'以后再有人打你，你就给我打回去'这样的话。您说说，您这不是教育孩子以暴制暴吗？"

李楠妈妈这才明白，连忙跟老师解释道："嗐，我那是看见孩子被人打，一时说的气话，没想到被孩子当真了，真是不好意思啊！"

当孩子被他人欺负的时候，做妈妈的心里肯定不好受，但是不能因为一时的气愤就说出让孩子打回去的话。这样的说法很明显不慎重、不妥当，对辨识能力较弱的孩子而言，他们意识不到这句话的问题所在，反而借着妈妈的这剂强心针大胆地跟别人进行暴力对抗，结果到最后弄得两败俱伤。

其实，作为妈妈，害怕自己的孩子被他人欺负，一气之下鼓励孩子还击的想法是可以理解的。但是孩子的理解能力和应变能力毕竟有限，他们领悟不到妈妈说的"你给我打回去"其实是一句气话，他们更加不知道，其实妈妈内心是真的不希望孩子跟人打架的。孩子们接到妈妈"允许动手"的指令后便会信以为真，直接和对方动起手来。然而这样做不仅无法解决双方之间的矛盾，反而会让事态越变越糟糕。

另外，如果妈妈以这样的气话促使孩子养成以暴力解决问题的习惯，那么孩子以后的人际交往能力，以及性格势必会受到很大的影响，这一切并非妈妈们想要看到的。

因此，综合以上种种分析，妈妈们在面对孩子时，一定要保持冷静、慎重的态度，即便自己的孩子受了欺负，也要告诫自己不能让气话脱口而出，避免给孩子传输错误的观念。

理智的妈妈在遇到孩子的东西被他人私自拿走的情况时，通常会告诉孩子这样应对：严肃认真地告诫对方"我不喜欢别人在不经过我允许的情况下，乱动我的东西，如果以后你有需要，可以提前告知我一声"，这样说显然比暴力相向要好得多。它可以让那些习惯随便拿别人东西的人意识到自己存在的问题，从而有利于事情的解决，更重要的是，这种理智的解决方式不会影响孩子与同伴之间的友谊。当然，如果孩子面对的是爱动手打人的同伴，妈妈可以告诉他去求助老师、家长。

最后，妈妈还应该告诉孩子，做事不要过于斤斤计较。也许同伴私拿东西只是一个无心之举，并不是有意冒犯，孩子最好还是以宽容的心态对待他人。遇事多想想对方的优点，以及对自己的帮助，不要因为一点儿芝麻大的小事就和同伴闹别扭，甚至记恨对方。这样，孩子才能结交到更多的朋友，建立更为和谐的人际关系。

孩子发脾气的时候，妈妈也要保持理智

　　每个妈妈都希望自己的孩子秉性善良，性格开朗、温和。但是孩子在成长的过程中，往往会与妈妈的期望背道而驰。他们作为独立的个体，有自己的思想和愿望，在要求无法被满足的时候会哭闹，会发脾气，甚至会暴怒。这个时候，相信很多妈妈会为了清静，直接简单粗暴地压制孩子，而完全忽略孩子此时的心情与情感需求。其实，这种做法是不妥当的。

　　在成年人的世界里，有很多的条条框框规范着大家的行为，什么样的情感表达合乎情理，什么样的情感表达不被认可，大人心里都有数。但孩子尚未形成明确的概念，因此他们想哭就哭，想笑就笑，不受任何约束。尤其对两三岁的孩子来说，哭闹、发脾气是再正常不过的一件事了。因为这个年龄段的孩子对世界的认知能力很差，他们想去天寒地冻的雪地里玩，但是妈妈不允许，至于为什么不允许，他们也搞不明白，于是通过发脾气的方式表达自己的不满。等孩子 4 岁以后，他们就会明白一些简单的道理，此时，自制能力有了一定的提升，情绪也不会那么冲动。但如果这个时候还频频哭闹，且经常发脾气，妈妈就要在自己身上找原因了。

孩子发脾气是其宣泄情绪的一种重要途径，作为一个理智的妈妈，不仅要允许孩子发泄自己的不良情绪，还要找到孩子发脾气的原因，并加以安抚。

牛牛人如其名，是一个脾气倔得像头牛的孩子，他认准的事情就是九头牛也拉不回来。而且，更让妈妈头疼的是，牛牛的脾气也很不好，一有点儿不如意就哭闹，坏脾气随时都有可能爆发。

妈妈为此经常和朋友感慨："我家牛牛的这个名字真是起得恰如其分，别看他平时表现不错，但牛脾气一上来，说破天都不管用，我真是怕了他了。"一天，一位朋友对牛牛妈妈说："孩子不会无缘无故地发脾气，你不如留心观察一下，他为什么会哭闹。"

朋友一句话点醒了妈妈，妈妈认真观察了一段时间，后来她发现只要自己脸色阴沉下来，或者有不耐烦的表情，孩子就会犯毛病。对此，妈妈疑惑不解，后来她读了很多育儿书籍才知道，孩子也是需要归属感的，而妈妈的情绪变化让他感受到了一种危机，因此他才会方寸大乱，乱发脾气。

找到原因后，妈妈心里踏实了很多。有一次，牛牛又发起脾气来，这次妈妈没有训斥他，也没有冷落他，而是蹲下身来，摸着牛牛的小脑袋，温和地说："妈妈知道你心里不高兴，你能跟妈妈说说为什么不高兴吗？"牛牛看到妈妈不同寻常的反应，脸上有些诧异，随后他慢吞吞地说道："我看见你刚刚很不高兴，以为你不喜欢我了。"

"傻孩子，妈妈最爱的就是你了，妈妈刚刚生气是因为别的事情，跟你没有关系。你要相信，不管到什么时候，妈妈最喜欢的就是牛牛了。"牛牛听了妈妈的话，情绪平复了很多。

之后，在妈妈的教育下，牛牛发脾气的频率越来越少了。

坏脾气不仅会影响孩子的心理状态，还对孩子的人际关系有一定的破坏作用。作为孩子的妈妈，应该如何摆平这个棘手的教育问题呢？其实案例中牛牛的妈妈就给大家做了一个很好的示范。妈妈要想纠正孩子的坏脾气，首先要搞清楚孩子发脾气的原因是什么，这样才能对症下药。具体做法可以参考以下几个建议：

（1）给孩子发脾气的权利

在引导孩子之前，妈妈应该明白一件事情：发脾气是孩子们的本能，也是他们的权利，妈妈们应当尊重孩子发脾气的权利。另外，假如孩子正为某事而哭闹，妈妈最好先保持理智，坐下来安静地陪着孩子。这样的行为虽然简单，却可以给孩子这样一种感觉："妈妈在认真地看着我，说明她还是在意我的。"孩子有了一种被关爱的感觉，心里会舒服很多，他与大人对抗的情绪也会得到有效的缓解。

（2）妈妈不能经常发脾气

妈妈要想孩子不发脾气，自己首先要以身作则，不给孩子树立一个坏榜样。如果妈妈动辄火冒三丈，向他人大吼大叫，孩子就会有模有样地学习。因此，控制自己的不良情绪，为孩子营造和谐的家庭氛围是妈妈纠正孩子坏脾气的关键所在。

（3）妈妈和爸爸要保持一致的教育步调

当孩子发脾气时，爸爸妈妈的教育态度一定要保持一致，不能一人卖力哄孩子，另一人却摔门而出。当然，看见孩子哭闹不止，爸爸妈妈更不能为此事心烦意乱，相互责备，互相埋怨，这样孩子会更加哭闹不止。一个成熟理智的妈妈，懂得在孩子发脾气时，和自己的伴侣良好沟通，协商出有效的教育策略。

（4）合理满足孩子的某种需求

通常来说，当一个孩子身体疲惫或者饥肠辘辘的时候，很容易发脾气。所以，妈妈们在碰到孩子暴怒的时候，首先想一想，他是否有用餐或者休息的需求。如果到了饭点，孩子还有成堆的作业没有写完，那么妈妈不妨让孩子把作业放在一旁，先用餐。饱餐一顿后，孩子就不会因为饿肚子而心烦气躁了。

（5）采取一定的措施，转移孩子的注意力

当孩子在气头上的时候，妈妈除了表示必要的关心和理解之外，还可以引导孩子听听音乐、看看电视，或者做做运动，以此转移他的注意力。这样会让孩子身心放松，从而从消极的情绪当中解脱出来。

（6）及早发现孩子发脾气的苗头

孩子发脾气之前会有一定的征兆，比如皱眉头、嘟嘴等。作为妈妈，一定要及时发现这一点，然后鼓励孩子把心中的不快宣泄出来。另外，如果有必要的话，妈妈还可以给孩子提供一些有效的帮助。当困扰孩子的事情解决了，孩子的脾气自然就被消灭在萌芽状态了。

（7）让孩子有适当发泄的机会

当孩子发脾气的时候，妈妈采取冷处理的方式未必是最好的选择。其实孩子发脾气是因为他心里有气，这个时候建议妈妈认真聆听，让孩子的坏情绪有一个发泄的机会。当他把体内的负能量释放出来，心里就会舒服很多。

你的喜怒无常可能会让孩子弄虚作假

作为妈妈，首先要控制住自己的情绪，冷静客观地看待自己的孩子，不能一会儿因为孩子某个好的表现喜上眉梢，一会儿因为孩子的某个失误而怒不可遏。这种喜怒无常的教育方式有可能使孩子养成弄虚作假的习惯，从而严重影响其身心的健康发展。

有一天，达明得意扬扬地带着最新款的苹果手机来到了学校。同学们看着这部低调奢华的土豪手机，眼神里充满了艳羡。大家很好奇，达明并非富裕家庭出身，他是用什么办法得到这样价格昂贵的手机的呢？就在同学们对此事议论纷纷的时候，达明自豪地说出了手机的由来：

"我妈妈有个最大的特点，就是喜欢我看书学习。只要我手里拿着一本书，不管看什么，她都喜滋滋的，用各种好词夸奖我，但只要我不看书、不学习，妈妈立刻就阴沉着脸，不分青红皂白地把我痛批一顿。刚开始的时候，我也没有总结出这个规律来，整天紧张兮兮的，生怕一个不小心就挨骂。后来，我彻底搞清楚了自己在什么情况下会受表扬，什么情况下会挨批评，于是就有了对付她的好办法：只要我想要什么东西，就假装在她面前'表演'一下刻苦用功的样子，这样，我想要的东西就轻轻松松到手了。"

同学们听了达明的话惊呼不已。达明看着大家的反应，继续得意地说道："为了得到这部苹果手机，我可没少吃苦受罪。为了哄我妈妈高兴，我可是整整装了一个星期的好学生啊！我每天很早就起来，手捧一本书，有模有样地看着，晚上写完作业后，我继续手捧一本书，一直看到晚上十点才放下来，手都举酸了。刚开始，妈妈看见我这样，心里很高兴，但当我提到买苹果手机时，她还是有些犹豫，觉得价格太贵了。为了不让自己前功尽弃，我咬了咬牙，买了一大堆数学卷子，然后每天假装埋头苦算，妈妈看见我比以前更努力了，于是心一横，就给我买了这部苹果手机。"达明连说带比画，把自己"英明"的策略好好地宣扬了一番，同学们听后一脸的佩服，还有人当场表示，回家要效仿一番。

孩子长大之后，心理也变得复杂起来。作为妈妈，一定不要像案例中达明的妈妈那样功利、多变和喜怒无常，否则孩子很有可能为了讨好你而做出一些弄虚作假的事情来。

总之，为了避免造成孩子性格上的缺陷，也为了让孩子的身心得到健康的发展，妈妈一定要控制好自己的情绪，以一种客观公正的心态看待孩子的表现，并允许孩子表达自己的所思所想。这样，孩子才不会弄虚作假，欺骗妈妈。

另外，如果妈妈发现了孩子有阳奉阴违、做表面功夫的迹象，一定要及时纠正。在纠正的过程中，妈妈首先应该让孩子意识到弄虚作假是错误的行为，其次还要郑重其事地告诉孩子，任何弄虚作假的行为，都是行不通的，最后都会竹篮打水一场空。同时，妈妈还要反省自身的问题，看看自己是否在平时有不当的言论和行为。如果妈妈不从自己身上找原因，而是一味训斥孩子，很有可能引发孩子的逆反心理。

疏导情绪的小方法

相信所有的妈妈都是爱孩子的，初衷都是好的，只是有些妈妈脾气太暴躁，不理智、不冷静。这样的妈妈可以学一个有效疏导情绪的小方法。那就是当脾气上来的时候，不要急着发火，而是把那些不满和怨怼都写下来。因为气愤你可能会用笔划破了纸，你可能一边写一边喘粗气，或是边写边哭。不要在意，一直写，直到你发泄够了，可以冷静下来为止。然后，将纸撕碎或烧掉。这时候你便可以较为理智地去处理问题了。

第二章

让孩子在良好的家庭氛围中长大

父母对孩子的陪伴和表达出的爱意，对孩子的成长非常重要，甚至会影响孩子人格的发展。在和谐、温暖的家庭氛围中成长起来的孩子更健康。努力为孩子营造一个健康良好的家庭氛围，让孩子感受到爱，是每一位家长应尽的职责。

家庭氛围对孩子的影响至关重要

曾经有个心理学家说过："一个孩子最需要的四种营养就是安全感、存在感、成就感和幸福感。"而孩子要想获得这四种营养，就需要生活在一个有和谐、愉悦、民主的氛围的家庭中。

如果在一个家庭中，妈妈比较强势专制，孩子必须唯母命是从，稍有违抗，就非打即骂的话，孩子不仅会失去存在感，而且也没有幸福感可言。据调查显示，一个在作风民主且尊重孩子感情的家庭环境里长大的孩子比在专制氛围中长大的孩子要更受人欢迎。

另外，也有很多研究表明，处在良好家庭氛围中的孩子，通常会和父母相处得非常融洽，如朋友一般，而且，更重要的是，这些孩子性格非常沉稳，而且适应性和独立性都比较强，能够在社会上很好地生存发展。而那些在纷争不断的家庭氛围中长大的孩子不仅适应性差，还可能会存在性格缺陷，这就导致他们在涉足社会之后经常惹是非、捅娄子。

此外，不同的家庭氛围走出来的孩子，其情感的表达方式、处理问题的方式也不尽相同。

从情感表达的层面来讲，性格暴躁的父母教育出来的孩子往往情绪管理能力差，动辄发火、摔东西，很难用正确的方式表达自己的内心情感；而热情善良的父母教育出来的孩子通常体贴周到，经常会传达自己的善意，表达自己的关爱。从处理问题的层面来讲，父母处理问题的方式直接影响着孩子处理问题的方式，如果父母在遇到一件事情的时候，能用平等沟通的方式解决，那么孩子自然有样学样；如果父母采用吵架对骂的方式来处理问题，那么孩子自然也会选用这种方式来解决他将来遇到的难题。

总而言之，父母的言谈举止决定着家庭的氛围，而孩子又在这既定家庭氛围的影响下呈现出不同的性格特征、兴趣爱好，以及情感的表达方式等。作为妈妈，一定要深刻认识到家庭氛围对孩子的影响，然后尽力避开以下三种不利于孩子健康成长的家庭模式：

（1）嫌弃孩子的家庭

有些孩子的出生并不在父母的计划之内，因此父母往往对孩子并没有过多的好感和疼爱，而且更有甚者直接逃避抚养的责任，将孩子视如弃履。在这种家常氛围中长大的孩子是绝对没有安全感和幸福感可言的。

（2）放养孩子的家庭

有些家庭，夫妻矛盾非常大，彼此之间的关系危机四伏，因此吵架便成了家常便饭。这个时候，爸爸妈妈都无心照料孩子，孩子在这种"兵荒马乱"的家庭氛围中长大，内心一定缺乏安全感，而且他们敏感、孤独，很难建立和谐的人际关系。

（3）一言堂的家庭

有些妈妈的控制欲和支配欲特别强烈，动不动就拿出母亲的架子，要求孩子干这干那，孩子一旦不受支配，妈妈便会火冒三丈，采用暴力或者咒骂的方式迫使孩子屈服。孩子在这种专制氛围浓厚的家庭中成长，往往会变得胆小怯懦，没有主见。

以上几种家庭氛围都对孩子的成长极为不利，作为妈妈一定要引以为戒，努力为孩子创造出民主、和谐的家庭氛围。

让孩子"浸泡"在互相感激的氛围中

莎士比亚在戏剧《李尔王》中写道:"儿女的忘恩,就像你的一只手把食物送进他嘴里,他一张嘴却把你的这一只手咬了下来。"在家庭教育中,让孩子学会感恩是一件至关重要的事。只有让孩子学会感恩,孩子才不会变得冷漠无情。

要想培养一个心存感恩的孩子,妈妈首先要为孩子营造一种情境,在这个情境中,孩子能够时时刻刻体会到他人的付出带给自己的温暖。孩子在这种家庭氛围的长期浸润下,自然也会懂得感恩。

但是在现实生活中,很多妈妈意识不到感恩对孩子成长的重要性,也不会主动营造情境,于是我们常常会看到这样一幕幕充满冷漠的生活场景:

放学后,孩子兴高采烈地跑回家,见没人招呼自己,于是放下书包来到厨房找妈妈,然后一脸兴奋地把今天自己因为上课积极发言而被老师表扬的事情告诉了妈妈。

妈妈正在厨房忙得不可开交,听了孩子的话后,头也不回地说:"这有什么呀?上课本来就应该认真听讲,积极发言,配合老师把知识学好,这有什么值得骄傲的呢?"

妈妈的话犹如一盆凉水，瞬间把孩子的分享热情浇灭了，他闷闷不乐地走出了厨房。

这时，妈妈突然从厨房探出头，着急忙慌地冲孩子喊道："快去楼下的小卖部帮妈妈买点酱油，我着急用。"

孩子躺在自己的床上生着闷气，根本不愿意动一下。

妈妈见孩子迟迟没有动静，就走出厨房，朝着孩子大喊："你耳朵聋了吗？没听见我说咱家没酱油了？让你干点活儿怎么就这么难呢！真是的，养你这么大，什么都指望不上。"

孩子一声不吭地瞪了妈妈一眼，然后不情不愿地拿着钱下了楼。买了酱油之后，孩子又一头钻到自己的房间里不出声了。

妈妈们可以试想一下，如果你处在这样的家庭氛围中，又会有什么样的感受呢？"养你这么大，什么都指望不上"一类的话会给孩子这样的错觉："你养我就是为了让我帮你干活儿，这只是利用的关系，我为什么要感激你呢？"

所以，一个聪明的妈妈绝对不会动不动就训斥自己的孩子，让他时常处于一种可能被训斥的焦虑之中，如果这样他怎么会在内心充满感激呢？其实，妈妈们完全可以采用如下的处理方式，给孩子营造出一种融洽和谐的家庭氛围。

放学后，孩子兴高采烈地跑回家。正在厨房做饭的妈妈听到孩子的动静之后，探出头，高兴地跟孩子打招呼："哎呀，宝贝放学回家了！"

孩子应道："对呀！"然后放下书包，走进厨房，一脸骄傲地告诉妈妈："妈妈，今天我因为上课积极发言，被老师表扬了。"

妈妈听了孩子的好消息，又惊又喜地说："真的吗？那真是太好了！以后也要听老师的话，在课堂上好好表现。妈妈本来还因为一些工作琐事烦心呢，现在你告诉我这么一个好消息，妈妈的心情瞬间就多云转晴了。宝贝，谢谢你让妈妈变得开心起来！"

孩子乐呵呵地看着妈妈。

这时，妈妈发现家里的酱油用完了，而自己又腾不出手来，于是转身对孩子说道："宝贝，你去楼下的超市帮妈妈买瓶酱油吧，妈妈实在是太忙了。"

孩子高高兴兴地拿着钱下了楼，不一会儿就把酱油买回来了。

妈妈看着乖巧懂事的儿子，充满感激地说道："有儿子真好呀！"

孩子一听更高兴了，又顺手帮妈妈剥起了蒜。

在上面的情景之中，妈妈的一言一行都透露着对孩子的感激之情，这给孩子营造了一种"我很重要"的感觉，有了这种感觉，孩子自然身心愉悦，做起事来干劲儿十足。另外，孩子身处其乐融融且充满感激的家庭氛围之中，时间久了，自然也会懂得感恩。

在日常的家庭生活中，妈妈也可以像情景中所讲的那样，多向家人表达一些感激之情。另外，妈妈还可以通过写卡片的形式引导孩子表达对家人的感激。当然，最重要的一点是，妈妈要以身作则，给孩子树立一个好的榜样。比如家里爷爷要过生日，妈妈给予足够的重视，并为老人准备礼物，在送出礼物的同时，再讲一些具体的、感激老人的话。孩子耳濡目染，也会学着心怀感激。等到将来爸爸妈妈过生日时，孩子也会以一颗感激之心，回馈给爸爸妈妈同等的爱。

晨晨今年 8 岁了。从小到大，妈妈对晨晨的学习盯得很紧，并没有特别留意思想品德的教育，这就导致晨晨到现在都不懂什么叫感恩。这一天，晨晨非常开心地找到妈妈，然后认真地说道："妈妈，大后天就是爸爸的生日了！"

妈妈一听孩子还记得爸爸的生日，不由得心花怒放。她认为晨晨是个孝顺的好孩子，于是高兴地夸奖起晨晨来："真是个好孩子，还能记得爸爸的生日呢！你是打算给爸爸一个什么惊喜吗？"

晨晨不好意思地低头笑了笑，然后说："妈妈，爸爸这次过生日，咱们可不可以去肯德基吃一顿呢？上一回过生日，你们非要一起吃火锅，而我非常不喜欢吃火锅，这次要是能换成肯德基，那就太好了。"

妈妈一听晨晨的话，彻底傻眼了，原来晨晨在乎的不是爸爸的生日，而是能在生日之际吃一顿好吃的。妈妈觉得应该趁此机会，培养一下孩子的感恩之心，于是说道："晨晨，爸爸过生日，咱们每个人都应该送给他一份生日礼物，以此感谢他对咱们家辛辛苦苦的付出。"

晨晨一脸为难地说道："可是，我还不会赚钱呀！我也没有钱给他买礼物。"

"礼物不一定非得用钱买啊！你可以自己做一张卡片，然后在上面写一些祝福和感激的话送给爸爸，爸爸一定会非常感动的。正所谓，礼轻情意重嘛！"

晨晨歪着头，想了一下，然后皱着眉头说："可是我想不到写什么话。"

妈妈一看晨晨的表现，心里充满了失望。丈夫平时非常宠爱晨晨，有什么好吃的都留给晨晨吃，而晨晨竟然觉得理所当然，连一点感恩的心都没有。虽然妈妈内心有些失望，但她还是没有斥责晨晨，而是选择慢慢引导。

"我觉得咱们要感谢爸爸的话有很多，首先，他辛辛苦苦地工作，为咱们创造了丰富的物质条件。你想想啊，如果不是爸爸每天努力加班到很晚，赚很多钱，咱们怎么会有这么温暖明亮的房子住？怎么会有电视可以看？怎么会有蔬菜、水果可以吃？而且你也不可能玩到那么好玩的变形金刚，这些都是爸爸辛辛苦苦地用自己的血汗换来的。你说对吗？"

晨晨看着妈妈，低头陷入了沉思。妈妈接着说道："还有，爸爸对咱们娘俩非常好，有一次妈妈做手术，他陪在床头照顾了妈妈整整一个月，那一个月，他几乎没怎么睡觉，眼睛都熬红了。"

晨晨看了看妈妈，毫不犹豫地说道："有一回我半夜发烧，打不到车，爸爸背着我跑了半个小时才到了医院。"

妈妈一看，晨晨还记得爸爸对他的好，心里特别高兴，赶紧趁热打铁地说道："对啊！你还记得有一次咱们到外面聚餐吗？你喜欢吃虾，爸爸也喜欢吃虾，但爸爸为了让你吃到更多的虾，把他的那部分都留给你吃了。"

晨晨点了点头。

"爸爸这么做，我们是不是应该心存感激呢？"

晨晨又用力地点了点头。

就这样，在妈妈的引导下，晨晨回忆起了很多爸爸曾经对他关爱的瞬间。一时间，他的内心充满了对爸爸的感激，而且关于生日贺卡上要写什么，晨晨早就心里有数了。

如果在现实生活中，你发现自己的孩子也缺乏感恩之心，那么不妨和晨晨妈妈一样，通过一个个感动人心的瞬间，来引导孩子学会感恩。这样比强硬地要求他做什么，更有效果。

为孩子营造一个和谐的家庭环境

家庭和谐是孩子成长的重要基石。有了和谐快乐的家庭氛围，孩子才能拥有良好的品质。反之，如果家庭不和谐，爸爸妈妈经常唇枪舌剑或者暴力相向，对于心灵敏感的孩子而言，无疑是一种巨大的伤害。

乐瑶出身于一个不和谐的家庭，自她记事起，爸爸妈妈就经常因为一些琐事吵得不可开交。有一次，乐瑶的成绩突然出现断崖式下滑，爸爸妈妈见此情况，直接劈头盖脸地把乐瑶训斥了一番，随后他们又彼此指责起对方来：

"都怪你，整天在外面鬼混，根本不关心孩子的成绩，现在孩子考得不好了，才记得回来批评教育她。"

"你还好意思说我？孩子的作业你又辅导过几回？一回家就知道抱着手机玩，合着孩子还没有你那破手机重要！"

"怪你！"

"怪你！"

……

父母吵得天昏地暗，最后甚至动起手来，把家里的电视都砸坏了。

乐瑶每天身处这样鸡飞狗跳的生活之中，心中充满了苦楚。慢慢地，她变得少言寡语，不再愿意和别人说话……

不和谐的家庭环境给孩子造成的负面影响是多种多样的。首先，它无法满足孩子对爱的基本需求；其次，硝烟弥漫的争执场面会让孩子失去对感情基本的信任。没有体会过宽容而美好的感情，孩子长大以后也很难以一颗宽容之心与他人相处。

另外，关系僵硬的夫妻双方动不动就用最恶毒的语言攻击彼此，有的甚至拳脚相向，这会让孩子的内心充满恐惧和不适。久而久之，孩子的身体发育和性格发展也会受到极大的影响，就像案例中的乐瑶一样，渐渐地变得性格内向，不善与人交谈。

而与此相反，孩子如果在和谐愉快的家庭环境中长大，他的状况就会截然不同。

紫鹃的妈妈是一个非常疼爱孩子的好妈妈，早在紫鹃还未出生之前，她就收听和观看了大量科学育儿的音频和视频。为了将来让自己的孩子受到更好的教育，她还提前买了大量的家庭教育书籍，每天学习教育理论和教育方法。浏览过无数的育儿宝典之后，紫鹃妈妈得出一个很重要的结论：孩子能否健康成长，与其所处的家庭环境有莫大的关系。

紫鹃妈妈认识到这一点后，就与紫鹃的爸爸约法三章：以后不管发生什么事情，都不在孩子面前吵架。而且他们还约定一定要尽可能给孩子更多的关爱，让孩子在一个充满温馨和关爱的家庭氛围中长大。

有了这样的认知以后，紫鹃的父母果真用爱践行了他们的诺言：他们之间互相关怀，互相体贴，有的时候即便夫妻二人出现矛盾分歧，也会在紫鹃不在的时候沟通解决。而对于紫鹃，他们更是给予了她无微不至的关爱。从小沐浴着爱长大的紫鹃性格开朗、活泼可爱，就像一个小太阳一般，经常给他人以关爱和善意。

　　健康和谐的家庭环境是孩子获得安全感和幸福感的重要保障。如果妈妈们想让自己的孩子健康快乐地长大，那就好好经营自己的夫妻关系，给孩子更多的关爱，为孩子营造一个和谐愉悦的家庭氛围，相信对孩子而言，这比任何一份礼物都来得更有意义。

让孩子在尊老爱幼的氛围中成长

　　一提到尊老爱幼的话题，相信很多人都会不自觉地想起孔融让梨的故事。在亲子教育中，家长的确可以拿这个故事引导孩子学习尊老爱幼的传统美德，但在此过程中，一定要确保孩子真正领悟到了这个故事背后的精神内核，而不是让孩子只是把"让梨"变成一种形式，抑或讨好家长、获得赞扬的一种手段。

　　佩佩是一个7岁的小女孩，家里就她一个孩子。从小，佩佩妈妈就很重视佩佩的精神教育，她经常叮嘱佩佩要懂得尊老爱幼，有什么好东西要先分享给家里的老人。而佩佩每次也都很听话，一拿到最大的苹果，就先把它给奶奶。奶奶见自己的孙女这么孝顺，于是笑眯眯地把佩佩夸奖一番："我们家佩佩最懂事了，真是一个好孩子。不过奶奶牙口不好，吃不了苹果，还是留给我的乖孙女吃吧！"之后，佩佩还会把这个大苹果让给爸爸和妈妈吃，但每次爸爸妈妈总是编各种各样的理由，把苹果又让给了佩佩。最后的结果是，佩佩一个人拿着大苹果吃去了。苹果虽然算不得什么珍贵的东西，但让来让去，家里因为这爱意浓浓的亲情而变得温馨和谐。

　　有一天，佩佩妈妈的领导来家里做客，佩佩马上从果盘里挑出一个最大的苹果，递给了客人。家里人见此情景，高兴地向佩佩投去了赞许的目光。那个领导看见佩佩这样做，也忍不住称赞道："小姑娘真是既漂亮又懂事。"这位领导本来也不太爱吃苹果，但是不吃放在那里，又怕拂了小姑娘的一片好意，于是拿起来咬了一口。谁料，这个时候惊人的一幕发生了：佩佩当即变脸，然后用手指着那位领导，气愤地说道："你这人怎么这样啊！我让你吃你就吃啊！你真是太嘴馋了！"那位领导被佩佩的突然变脸搞得一头雾水，他口里卡着一块苹果，吐也不是，咽也不是，尴尬极了。

一个平时表现得很乖的孩子，为什么突然之间会变得这么不可思议呢？原来，佩佩平时拿大苹果给家人吃的时候只是走个形式，她心里其实是这样想的："奶奶、爸爸、妈妈并不会真的吃这个苹果，那既然如此，我何不假装让一让？这样一来，既不耽误我吃苹果，又能获得大家的一致称赞，我何乐而不为呢？"这次，她没料到客人会做出不同的反应，因此情急之下，就说出了那番话。佩佩的父母见此情况，自然是非常震惊，而且他们尴尬得恨不得找个地缝钻进去。发生了这样的事情，他们慌忙找理由跟那个领导解释，可领导根本没听几句，就匆匆忙忙地找借口走了。

佩佩的故事值得每一位家长深思。为什么一个传统美德的故事会以这样一种尴尬的形式上演于现代家庭当中呢？孩子为什么把"让苹果"变成了一场既可以获得夸奖又可以得到实惠的作秀呢？

究其原因，与现代家庭的独享环境和独享习惯有关。

孔融生活在一个古代多子女的家庭中，他上有哥哥需要谦让，下有弟弟需要关照，因此他需要本着兄友弟恭的精神，把最好的让给哥哥和弟弟，把最差的留给自己。这种关心和谦让是发自真心的。但是在佩佩家里，没有平辈的兄弟姐妹，只有长辈奶奶和爸爸妈妈。而长辈一向心疼晚辈，出于爱的本能，总是把最好的留给孩子。而佩佩接受长辈们的爱久了就认为这是理所当然的，根本没有付出的意识。于是"让苹果"就成了一种有名无实的行为，在此过程中，佩佩既可以独享大苹果，还能借着这种形式博得一番赞誉，这对她来说，简直是一箭双雕。这种"以自我为中心"的独享习惯让她忽略了长辈的需求，让她失去了关爱和回报他人的意识。而孩子的这种独享习惯一旦形成，将来到了社会将寸步难行。因为在人人平等的现实社会中，除了疼爱自己的家人，没有谁能真正容忍一个满脑子只想着自己的人。

所以，妈妈若是想让孩子真正养成尊老爱幼的习惯，那就先让他在平等的家庭氛围中学会尊重和关爱他人。要知道，爷爷奶奶、爸爸妈妈也是家庭中很普通的一分子，他们和孩子一样，都是平等的，他们既有爱家人的责任，同时也有被关爱的需求。所以，妈妈必须让孩子认识到这一点。同时妈妈还要和其他家庭成员达成一致的教育态度：当孩子礼让的时候，家人应该愉快地接受，并且淡化对孩子的赞美，给孩子营造一个真实的尊老爱幼的家庭氛围。只有将孩子独享的习惯打破，他才有可能真正体会到尊老爱幼究竟意味着什么。

当然，妈妈除了要让孩子学会分享，还要让他学会关心他人。比如，爸爸刚刚下班回来，妈妈可以提醒孩子给爸爸递一双拖鞋；奶奶在厨房忙着切菜，妈妈可以提醒孩子帮奶奶剥几瓣蒜；爷爷一遇上阴雨天就腿疼，妈妈可以提醒孩子给爷爷捶捶腿……当然，除了语言的提醒，妈妈还可以采取身体力行的方式，关爱家人，给孩子做一个好的榜样，这样孩子在妈妈的感染下，也会力所能及地做一些帮助和关爱他人的举动。

妈妈可以通过以下几种方式培养孩子尊老爱幼的习惯：

（1）抓住生活中每一个可以教育孩子的机会

和孩子一起过马路的时候，如果碰到步履蹒跚的老奶奶，妈妈可以抓住机会鼓励孩子搀扶老奶奶一起过马路；和孩子一起坐公交的时候，看见有其他更小的孩子上了车，妈妈应及时鼓励孩子给更弱小的弟弟或妹妹让座……只要妈妈抓住每一个可以利用的教育机会，加以适当的引导，孩子就会在不知不觉中慢慢形成尊老爱幼的习惯。

（2）不要错过孩子成长中的每个第一次

在孩子的成长过程中，必然会经历无数个新鲜的初次体验，妈妈应该把握好孩子的每个第一次，让孩子从小养成良好的习惯。例如，孩子出行时，第一次被一个小妹妹不小心撞了一下，这个时候，妈妈应该教孩子用一颗宽容的心原谅小妹妹的过失；孩子第一次当志愿者，去养老院看望老人，妈妈应该教孩子怎么样做才能更好地关爱和帮助老人等。

（3）用亲情和爱来净化孩子的心灵

有人说，家庭是圃，孩子是苗。亲情如雨点，它"随风潜入夜，润物细无声"，小苗只有在雨露的滋润下，才能健康成长。这样的比喻非常形象贴切。作为妈妈，要懂得用亲情和爱来滋养孩子的心田，这样孩子才能成长为一个积极向上和懂得关爱他人的好青年。

俗话说，爱出者爱返，福往者福来。作为妈妈，要教育孩子养成尊老爱幼的良好习惯。相信秉持善举的孩子终有一天会收获更大的福报。

不要把家庭当作学校

有些妈妈秉持着"望子成龙，望女成凤"的想法，早早地就在家里为幼儿期的孩子设立了讲堂，她们以老师的身份一遍遍地教孩子学习简单的拼音和数字。妈妈担心孩子输在起跑线上的心情可以理解，但是这种做法实在不算明智。

幼儿期的孩子，他们还不具备抽象思维的能力，这个时候，把家庭当作学校，一味给孩子们灌输知识，几乎起不到任何效果。妈妈们这种急于求成的做法不仅无法帮助孩子学到任何东西，还有可能使孩子对这套学校的教育方式产生厌恶和反感。

当然，还有一些家长，在孩子正式进入小学之后，会在家里复制学校的那套教育模式，以一种超前的教育方式让孩子提前学习下一阶段的知识，以保证孩子在班里遥遥领先。这种超前的训练和学习可以在短期有一些效果，但是孩子毕竟年龄小，让他提前学习超出其理解范围的知识，很容易给他造成一定的心理压力，从而挫伤孩子的自信心，如果严重的话，孩子有可能产生厌学情绪，不利于他们的持续发展。

这个时候，也许会有妈妈站出来举一些很极端的例子。比如，某某两岁就能认识三千个字，某某三岁就能背几百首古诗，某某四岁就已学会两千个单词……当然，不可否认，这样的神童真的存在于我们的生活中，但这毕竟是少数，我们要承认大部分孩子都天赋平平，即便家长再怎么强行灌输，他们也不可能拥有神童那样的能力。

其实，孩子接受和消化知识的能力是有限的，除了完成学校里当天布置的学习任务，孩子最好在剩余的时间里休息、玩乐，这样更有利于孩子的身心健康。如果妈妈们非要违背孩子成长的自然规律，强行对孩子进行填鸭式教育，到头来恐怕是竹篮打水一场空。

小旭的妈妈是一名老师，多年来她一直坚持严谨、严肃的生活作风，对待孩子的教育更是一丝不苟。

从小旭上小学起，妈妈对儿子的教学安排就提上了日程。小旭在学校学习一天之后，回到家还得按照妈妈的时间表继续学习。

小旭回到家第一件事是写作业，写完作业后一家人才开饭。晚饭结束之后，小旭就开始晚自习。妈妈会根据小旭学习的课程给他出测试题，每周还会抽查小旭的背诵情况。晚自习结束后，基本上就到了该睡觉的时间。

周末和寒暑假，小旭没有一天可以睡懒觉。妈妈会按照相应的时间表，给小旭安排预习、做题、复习的任务。对小旭来说，放假也和在学校里没什么两样。

在妈妈的高压政策下，小旭的学习成绩的确很好，一直保持在前三名，但他基本没有自己的休闲娱乐时间，这让他时常感觉喘不过气来。并且，随着年级的升高，妈妈的管教也越来越严格，他觉得家已经不是家了，没有一点儿轻松温暖的气氛，根本是一座囚禁他的监狱。

后来，小旭患上了焦虑症。他每天都很不开心，还夜夜失眠，最终离家出走了。

读完上述案例，妈妈们要引以为戒。千万不要把家庭当作学校，学校是孩子学习知识的地方，而家庭是让孩子放松身心和感受自由的地方。如果孩子放学回到家里还跟在学校时一样，没有一个轻松愉悦的氛围，孩子就会身心疲惫，从而失去持续学习的精神动力。

聪明的妈妈能够很好地区分学校和家庭的职能。她们会在孩子幼小的时候，和孩子一起玩游戏，开发孩子的智力。另外，她们还会教孩子一些基本的礼貌用语，为孩子将来健康的人格发展打好基础。等孩子上学之后，她们也不会给孩子额外的学业压力，而是遵守教育规律，让孩子快乐学习、健康成长！

家庭氛围对孩子的重要性

（1）良好的家庭氛围是良好的心理素质形成的前提

家庭的氛围是指家庭中占优势的一般感受，它是通过语言和人际关系构成的。这种氛围直接影响着每个家庭成员的心理，尤其对孩子个性的形成特别有意义。

（2）父母良好的教养态度是孩子良好的心理素质形成的关键

父母是孩子的第一任老师，是孩子学习的榜样，父母的教养态度和教育方法会直接影响孩子的行为和心理。孩子良好的行为习惯固然是父母教育的结果，但孩子个性的缺陷和不良的行为习惯也是父母所造成的。

（3）家庭结构的变化是影响孩子良好的心理素质的严重障碍

家庭结构的变化，如父母的离异，孩子的心理必然受到伤害。家庭的破裂使孩子赖以生存的家庭乐园一下子被破坏，家庭给予孩子内心的安全感和归宿感一下子消失，孩子成了父母的争夺对象、出气筒，或父母的倾诉对象和仲裁者，有时又成了双亲遗弃的物品，这些都给孩子心灵以极大的创伤，使孩子容易形成变态心理和怪僻的性格，严重阻碍着孩子心理的健康发展。

第三章

父母是孩子的一面镜子

家庭是孩子的第一所学校，父母是孩子的第一任老师。家庭教育的力量是无形的，父母对孩子的影响是一辈子的。因此，父母一定要认识到言传身教的重要性，要以身作则，为儿女树立好榜样。

一个好母亲胜过一百个老师

著名教育学家苏霍姆林斯基在他的《家庭教育学》这部作品中说过："孩子道德发展的源泉在于母亲的智慧、情感和内心的激情，人在自己的道德发展中变得如何，取决于有什么样的母亲。"

母亲是孩子的第一任老师。母亲给予孩子的爱是世界上最伟大的爱，母爱对孩子的影响是深远的。这种爱是母亲的本能，孩子还在母亲肚子里的时候，母爱就已经产生了。

为了深入研究母亲对孩子的影响，美国一位著名的心理学家做过一个研究。有50位事业有成和50位有犯罪记录的人被他选中作为研究对象，心理学家给他们分别写了信，请他们就母亲对孩子的影响这一主题谈谈自己的经历。

其中有两封回信深深震撼了心理学家。一封是白宫的一位著名人士的回信，一封是监狱的一位服刑犯人的回信。令人惊讶的是，他们写的都是自己的母亲分苹果的故事。

服刑犯人的回信写道：

"在我很小的时候，一次，母亲给我们带来了一盘苹果，红红绿绿，大小不同。我非常想吃中间那一个又大又红的苹果。妈妈把果盘放在桌子上，问我和弟弟：'你们想吃哪个呢？'我刚要张嘴就被弟弟抢了话，他说：'我要中间那个最大最红的！'我感觉那个又大又红的苹果已经从我眼前飞走了，不料妈妈听了，拧起眉头，责备道：'知道把好东西让给别人的孩子才是好孩子，不要这么自私。'

"站在一边的我立马知道怎么回答才能得到想要的那个苹果，我说道：'妈妈，不要怪弟弟了，他还小，我愿意把大的让给他，我吃小的就行了！'

"果然，母亲顿时笑弯了眼，在我的脸颊上奖励一吻，说：'还是大儿子懂事，这个最大最红的苹果奖励给你。'说着把那个最大最红的苹果递给了我。

"最后弟弟只好生气地拿了一个小苹果。

"就是从这一刻，我尝到了撒谎的甜头，而之后每一次有想要的东西，我都靠说谎得到了。再后来，打架、偷盗，我用尽一切手段去得到我想要的东西。可是这样的好事情在我被抓进监狱后全都结束了。"

来自白宫的先生回信写道：

"在我很小的时候，一次，母亲给我们带来了一盘苹果，红红绿绿，大小不同。我非常想吃中间那一个又大又红的苹果。家里三兄弟都想要那个最大最红的苹果。见状，母亲无奈地笑了笑，拿起那个苹果对我们说：'看来我的孩子们都想拿到这个最大最红的苹果，可是只有一个人能得到，这要怎么办呢？我们来比一比，妈妈一会儿将菜园等分成三份，谁能最先拔完杂草谁就能得到它。'

"母亲分好后，我们三人都迅速朝着自己的一块菜园跑去，最后，我得到了那个最大最红的苹果。

"直到今天我都非常感谢我的母亲，是她从小教我明白一个最简单也是最重要的道理：只有努力争得第一，才能得到最好的。妈妈对我们的教育就是这样的，谁想要拿到最好的，就靠自己的努力赢得比赛。只有靠自己努力得来的东西才是最有意义的。也许就是母亲的教育让我取得如今的成就。"

在大部分家庭中，孩子往往是妈妈在教育。孩子想要得到自己想要的必须经过妈妈的同意，孩子一直都在仿效母亲的做事风格，因此母亲的榜样力量是非常大的。

孩子对母亲的模仿影响是潜移默化的。一次两次的模仿没有什么效果，如果不断重复，就会变成根深蒂固的习惯，从而影响孩子的一生。

一个母亲，如果有懒惰、自私、粗鲁等恶习，那么，在她的孩子身上也往往会有这些习惯的影子。诗人拜伦就是一个典型的例子。

目中无人、性情暴躁、睚眦必报、恣意妄为、刚愎自用这些词全都可以用来形容一个诗人——拜伦，他的性格在很大程度上受到他母亲的影响。

拜伦的母亲自以为是、目空一切、脾气火暴而且任性固执，拜伦在成长的过程中，从小心灵就受着母亲的影响。他的母亲经常嘲笑儿子跛足。母子俩经常争吵，拜伦逃离，母亲便生气地将火钳或拨火棍掷向他。这些让人无法理解甚至算是虐待的行为给拜伦的精神世界造成了严重的创伤，也导致了拜伦成年后的精神不健全。他身上自小带着母亲留给他的毒素：体弱多病、焦虑、脾气暴躁。拜伦在《柴尔德·哈洛德》一诗中这样写道：

是的，我的思想应该少一点野性，

我在黑暗中冥思苦想得太久，

大脑已形成了旋转不停的涡流，

就像湾流紧张过度。

当初年幼，心灵未被驯服，

生命的春天已被人毒害。

可以看到，拜伦受母亲的影响有多么深刻。正如乔治·赫伯特所说，一个好的母亲胜过一百个学校的老师。

老卡尔在谈到对卡尔·威特的成功的教育时说道："我觉得我的儿子取得如今的成就，首功是他的母亲的。因为她不仅美丽善良，还博览群书、学识渊博，她是一个好母亲，无论是教育儿子还是生活她都能做得很好，尤其是在教育方面做得更加优秀。"

拿破仑·波拿巴经常这样说："一个孩子行为举止的好坏完全取决于他的母亲。"拿破仑认为自己能有这么大的成就，在于他的母亲对他力量、意志、自制力的锻炼。有传记作家这样写拿破仑："除了母亲以外，几乎没有人能指挥得了他。她总是通过诸如温柔、严厉而又极有分寸的方法，让他热爱、尊敬和服从自己。从她这里，他学到了顺从的美德。"

营造一个学习型家庭氛围

　　孩子从一出生就在家庭中成长，父母是孩子的第一任老师，孩子早期的智力开发主要依靠家庭教育。孩子的智力发展受到家庭精神文化气氛的影响。父母应该从孩子的学习和身心健康出发，创造一个良好的学习环境，让孩子的成长受益。

　　巴金，原名李尧棠，字芾甘，他是中国当代著名的文学巨匠，在文学界有着非常高的声望，在海内外享有广泛的声誉。他的《激流三部曲》（《家》《春》《秋》）、《爱情三部曲》（《雾》《雨》《电》）、《寒夜》《憩园》《第四病室》等文学作品，是中国文学的丰碑。2003 年，他被国务院授予"人民作家"的荣誉称号。

　　巴金在很小的时候就接触到了中国传统文化，而这样的熏陶始于他的母亲。母亲经常把古诗词当儿歌一样背给巴金听："多少恨，昨夜梦魂中。还似旧时游上苑，车如流水马如龙……"巴金在懵懵懂懂的年纪就背诵了无数这样语言优美、意境深刻的诗词，即使他并不明白自己背了什么。

　　母亲每天都为孩子们在白纸装订成的小册子上写一首诗，她的字小巧娟秀，一列列在纸上排列着，让人看着就赏心悦目，孩子们捧着母亲给的小册子有一种非常舒服的感觉。

每到晚上，母亲就会把巴金和他的兄弟姐妹叫到身边，借着昏黄的灯光，一家人围在桌子前，母亲用温柔的声音给孩子们读小册子上的诗词，逐字教孩子们认字，然后连成整句读。母亲会挨个儿检查孩子们读的情况，等孩子们会读了就给那首诗做一个记号，第二天晚上会先复习前一首，然后开始学习新的诗词。

母亲用她自己的教育方法带着孩子们学习，方法也丝毫不见死板，反而非常有新意，孩子们对和颜悦色的母亲的教育也更有亲近感。因此，孩子们对学习这件事情没有多少压力和痛苦，而是轻松愉快地跟着母亲在传统文化的海洋里自由徜徉，领略其中的奥妙和魅力。

通过这样的方法，小小的巴金日日接受诗词的熏陶。也正是母亲这种有趣的读书方法，让巴金从小喜欢读书，逐渐爱上文学，并走出了自己的文学之路，成为 20 世纪中国屈指可数的文学大师之一，并享誉世界。

言传身教中，最重要的是身教，父母在家里是否喜欢读书，家里有多少藏书，培养出的孩子的境界是不一样的。无数事实证明，学习型家庭很容易激发一个孩子学习的自发性，这样的家庭里的孩子会形成一种自觉学习的习惯。

给孩子营造一个学习型家庭氛围，从大局势来说，国家正在推动全社会"形成全民学习、终身学习的学习型社会"，企业正在开展"创建学习型组织，争做知识型职工"活动。孩子是一个家庭的未来，孩子的受教育水平如何也直接决定了我们国家的未来如何。

想要创建一个学习型家庭，全看父母的学习态度如何，这不仅关系到父母能否成为合格的家长，而且关系到孩子能成长为一个学习型的人才。所以父母在家庭中应该做好榜样，养成爱学习的好习惯，在家庭中形成好学家风。有好学家风，才有可能培养出更多的人才。此外，在如今的互联网时代，孩子和父母的起跑线几乎是一样的，因此学习型家庭还倡导父母和孩子一起学习。

同时，终身学习是每个人都应该树立的学习理念，创建学习型家庭更应该明白这个道理。学习不只是少年人的事情，我们每个人都在向前走，这就需要我们在每个人生阶段都不断地去学习，让学习成为一生中不可或缺的一部分，也只有不断学习才能加强自身的能力，才能跟上飞速发展的时代潮流，真正获得生存与发展的空间。

既然营造学习型家庭如此重要，父母应该怎样去做呢？可以注意以下几点：

（1）着力于形成讲民主、求上进的家庭风尚

父母应该寻找一个全家人共同的学习支点，因为家庭成员之间存在着各种差异，如年龄、辈分、文化、受教育程度、从事工作等，个人爱好更是不尽相同。学习型家庭的营造需要父母循序渐进地引导，可以将阅读变成每天的必修课，父母和孩子坐在一起共同分享学习经验，营造一个良好的家庭学习环境。润物细无声，这种教育也许比唠叨和大吼大叫更加适合孩子。在孩子成长过程中，大脑和心灵需要不断丰富，而这离不开丰富的阅读和学习积累。在这个一家人一起学习的过程中，父母和孩子之间了解加深，父母还会发现孩子更多的优点，从而增进亲子关系，融洽家庭氛围，营造更加温馨和睦的家庭生活。

（2）坚持父母引导与孩子自主相结合

父母在学习型家庭的创建上，应该清楚自己所处的位置，孩子永远都应该是学习的主体，这一点关系着学习型家庭能否起到相应效果。一旦孩子被调动起学习的积极性，他学习的自主精神就会增强，不需要外力的干预，就会自动朝着目标前进。与此同时不能忽略父母的主导作用，因为作为发挥主导作用的父母可以把控大方向，有效提高创建学习型家庭的质量。

（3）坚持学习互动与学习互助相结合

家庭是每个人心灵的港湾，是父母的也是孩子的，每个家庭成员都希望能得到自己所想要的温暖，这就需要家里人共同来维持这个"家"。所以家庭要建立起规则，养成良好的学习习惯。父母引导孩子学习，积极调动孩子的学习兴趣，增加亲子间的学习互动。还应该积极组织家庭成员之间的学习互助，互相取长补短，交流学习心得，争取实现共同进步。

孩子的好性格是在潜移默化中塑造的

中国古代思想家孔子曾说："其身正，不令而行；其身不正，虽令不从。"若将这句话运用到教育中去，意思就是：父母教育孩子，要先保证自身人格优秀，用自身的言行在潜移默化中影响孩子，这样不用父母费心思强行教育，孩子就会主动向父母学习优良的品行。

一位年迈的、失去老伴儿的父亲，因为身体很不好，不能照顾自己，于是去和儿子一起住。老父亲之前患过中风，虽然进行了积极治疗，但还是留下了手抖、步伐不稳的后遗症。

吃饭的时候，老父亲、儿子、儿媳和小孙子围在一张桌子上用餐，一开始一家人相处得还不错，不过很快，儿子儿媳就发现老父亲吃饭时手会抖，视力也很衰弱，菜经常从筷子上掉下来，汤勺也拿不稳，不是将汤水洒到桌子上就是洒到自己身上。儿子儿媳开始还能忍，后来偶尔会翻个白眼，最终在老父亲再一次将汤洒到地板上的时候，儿子呵斥了老父亲。

后来，儿子儿媳就在餐厅角落放了一张小桌子、一个小板凳，那里成了老父亲专属的用餐地点。每次吃饭时，老父亲的背影孤独而落寞，家里其他人则围坐在一起有说有笑地吃着饭。再后来，老父亲不小心摔碎了盛菜的碗碟，儿子给老父亲换了一个木碗，菜和饭拌在一起放在桌上。每到饭点，老父亲都双目含泪，浑身散发着晚景凄凉的苦楚味道，然而这一切儿子儿媳视而不见，只会时不时叮嘱老父亲一句"不要把饭碗打翻了"。

儿子儿媳万万没想到，他们的一切行为都被孩子默默地记在了心里。一天晚饭后，夫妻俩在客厅看电视，儿子蹲在旁边拿着一把锉刀挖木板，父亲很奇怪，便问孩子在干什么，孩子抬起头，认真地说道："哦，爸爸，我想做两个木碗，比爷爷那个好看，等将来好给你们用。"孩子说完又低下头认真地摆弄起了他的木板。

夫妻俩顿时遍体生寒，全都呆愣在原地，不一会儿就满脸泪水。夫妻俩对视一眼，什么都没说，第二天他们就把那张小桌子扔了，儿子小心地扶着老父亲的手将他请到了餐桌上。从此以后，夫妻俩都尽心尽力照顾着老父亲，也不再在意老人家将饭菜泼洒出来了。

在心智没有成熟的孩子眼里，父母一直都是自己模仿的对象。父母的价值观、做事原则都会在无形中影响孩子，通过时间的积累，这些会深深根植于孩子的内心，成为孩子的人生态度之一。所以，父母想要成功塑造孩子的人格，就要用自身的人格来感染孩子，在耳濡目染的熏陶中影响孩子养成良好的人格。

美国著名企业家小托马斯·沃森毕业于布朗大学，之后加入空军，成为一名飞行员。退役后，于1956年继承父业，担任国际商用机器公司的总裁。

小托马斯从小家境优渥，一切吃穿用度都是最好的，上学是去私立学校，还做过一次环球旅行，这一切他人无法企及的条件，很有可能让他变成一个骄横无礼、挥霍无度的富家子。但是，在父亲的影响下，他成了一个能力出众又品行优良的人。

父亲在教育过程中，总会有意识地用自身的行为影响小托马斯。父亲有钱有权，却从来没有蛮横不讲理的时候，他对人彬彬有礼，为人心胸宽广，从来不大手大脚地花钱，也不会在人前炫富……父亲用自己的一言一行教育小托马斯做一个绅士，他认为这是最好的社交技巧。

一次，父亲带小托马斯去芝加哥旅行，他竟然出手15美元给行李工做小费，当时的15美元是一笔很可观的钱。

儿子问父亲为什么这样做，父亲说，一是因为这些人非常辛苦，自己很同情；二是因为这些服务人员在社会底层，如果不关心他们的生活，也许有一天他们会让自己名誉扫地。

小托马斯被父亲的话深深震撼，他以前从来没有想过这些。后来小托马斯成为国际商用机器公司的主人之后，一直没忘记父亲的话，他给底层工人良好的福利待遇，并一直对他们以礼相待。

父亲就这样，用自己潜移默化的教育方法，帮孩子塑造了一个非常健全的人格。事实上，这种教育方法是非常有效的，潜移默化的影响比耳提面命的叮嘱要有效很多。

或许一些父母会经常告诉孩子："你要认真听老师讲课，你要尊老爱幼，你要乐于助人，你要……"但是这些父母却从来不按自己说的来做。一旦发现孩子的性格有问题，就会生气地说："孩子都是在外面某某地方学坏了，家里给的都是最好的熏陶。"其实这些父母忽视了一点，潜移默化的熏陶要和言传身教两相配合，只有言传是起不到想要的教育效果的。无论何时何地，父母的一言一行都要考虑到对孩子的影响。尤其在家里，父母谈话时流露出的处事态度、做人原则，虽然没有讲给孩子听，但是说者无意，听者有心，孩子听到了就会无意识地去学，下次他遇到类似事情也会模仿父母的处理方式。

因此，要想在潜移默化的熏陶中塑造孩子的性格，父母应该首先严格要求自己。如果父母要求孩子遵守公共秩序，自己却在排队的时候随便插队；父母要求孩子养成爱读书的习惯，自己却沉迷手机和电脑，说一套做一套，如何让孩子接受？如果父母经常教育孩子尊老爱幼，自己却在公交车上稳坐如山，完全无视孩子提醒旁边有站着的老人，这样，孩子恐怕会自动推翻父母之前说的话，并且有样学样。

所以说，父母想要潜移默化地影响孩子，就一定要严于律己，切勿让自己的不当行为影响到孩子。

想要孩子不说谎，家长说话一定要算话

墨西哥总统福克斯一生遵循一个做人原则：诚实。他的一生因为这个美德受国人尊敬，也正因为有这样的品格，他从一个普通的推销员变成了一个国家的总统。

一天，一所大学邀请福克斯去演讲，其间学生问福克斯："政坛以欺诈闻名，那在您的从政生涯中是不是也有撒谎经历呢？"

福克斯说："不，从来没有。"

学生们都一脸不信，有的在台下悄悄讨论起来，因为几乎所有政客都会这样诚恳地告诉他的听众，自己从来没有撒过谎。

见没有人相信自己，福克斯也不生气，他只对学生们说："或许我很难证明我是诚实的人，但是你们要相信，这个社会上确实有很多诚实的人，而且就在我们身边。下面我给大家讲一个故事，也许大家不甚在意，但这个故事对我却影响深远。"

福克斯讲道：

"有一位农场主，家里的花园中有一座亭子，但是它太破旧了。农场主叫来工人，让他们拆掉亭子。过完假期要去上学的儿子对如何拆亭子很感兴趣，他对父亲说：'爸爸，可不可

以先不要拆这个亭子，我想从寄宿学校回来后看看你们怎样拆掉它，可以吗?'

"父亲觉得这是小事儿，就一口答应了。不料孩子走后，亭子很快被拆了。

"孩子兴冲冲地从学校回来，却发现亭子已经不见了，他去问父亲：'爸爸，您为什么骗我?'

"父亲对儿子的质问感到很疑惑，孩子解释道：'上次回家，您答应过我，等我回来看你们拆亭子的，结果亭子却已经拆掉了。'

"父亲听了之后把工人们叫回来，请他们将旧亭子重新建起来，建成后，叫孩子过来，让工人们又把亭子拆掉了。"

福克斯说："这是一件真实的事情，我认识这位父亲，他并不是很富有，却为了实现对孩子的承诺如此破费。"

学生们纷纷询问："您能告诉我们这位父亲的名字吗?我们想认识他。"福克斯说："可惜这位父亲已经不在了，但是他的儿子还活着。"

"那他的儿子一定是一位诚实的人，请问他的儿子在哪里呢?"福克斯平静地说："那个儿子就站在这里，就是我，墨西哥总统福克斯。"场内顿时一片哗然。

福克斯笑笑说："我讲这个故事只是想告诉大家，我会像我父亲对我一样对待这个国家，诚实地对待这个国家的每一个人。"

台下响起雷鸣般的掌声。

诚实守信是一个人的立身之本，在教育孩子时也应遵守这一点。父母对孩子的教育不能有一丝欺骗，如果你觉得小孩子什么都不懂，随便糊弄一下也没什么，那就大错特错了，他们会将父母的一言一行牢牢记住，还会随时照做。如果有一天父母发现孩子会说谎了，气恼的时候，就该回忆自己的言行是否有问题，这时你会发现，言传身教真的对孩子的行为影响很大。

一个人能否信守承诺，与道德直接挂钩，不管是对大人还是对小孩，都要信守承诺。一对谎话连篇的父母从无可能教育出一个诚实守信的孩子。毕竟，孩子的行为多半是按照父母的行为来模仿的。也许孩子小时候不会显现出什么问题，但若是孩子长大后形成说谎的坏习惯，父母再想纠正就为时已晚了。

在孩子的成长过程中，父母应该注意一系列的问题，例如，父母、师长和社会的价值观念，以及他们教育孩子的态度，都对孩子有很大的影响。

有些父母可能会说，谁会对自己的孩子不讲信用呢？其实这说起来容易做起来难，一些父母对孩子许下很多承诺，但是能实现的却很少。例如，父母答应孩子本周末陪他去游乐园玩，可是到了周末，父母一个说自己太累了要在家休息；一个说朋友邀请出去聚会，就没有一个人理睬曾经答应孩子的事情了。

家长对孩子一定要慎许诺言。诚信是一张通行证，父母与孩子皆是如此，父母答应孩子的事情一定要做到，如果做不到，就很难再和孩子沟通。许诺能起到奖励的作用，可以鼓励孩子，促进对孩子的教育。不过许诺若掌握不好分寸，便会与初衷背道而驰。所以，家长在许诺之前一定要三思而行：考虑是否应该对孩子许诺，如果许诺了自己是否能够办到，这个承诺对孩子是否有利等等。

父母对孩子的许诺如果兑现不了，就要当即给孩子一个合理的解释，向孩子道歉，并且自我检讨，父母要让孩子从内心真正理解自己，事情过后，父母也应想办法弥补自己的过错，设法兑现曾经的许诺。

一些家长总有一种根深蒂固的想法，认为孩子就是孩子，他们什么都不懂，随便哄一哄就过去了，不用有心理压力。事实上，最初一两次，孩子会相信这些不负责任的哄骗，就像"狼来了"的故事，次数多了，孩子就清楚父母的伎俩了。父母骗孩子的次数越多，信誉度就越低。最终，父母的撒谎行为，不但让孩子学会了对别人撒谎，还失去了孩子对自己的信任。

孩子做出讲诚信的言行时父母要及时表扬和鼓励，这是对孩子的诚信行为进行正面肯定。若发现孩子有撒谎的行为，切记不要不问原因就惩罚孩子，这样会适得其反，他们以后会想更加巧妙的办法撒谎，来防止被家长发现。家长经常烦恼孩子言行不一，孩子当面一套，背后一套。这时家长心里要清楚，孩子是喜欢模仿的生物，家长的行为举止，对孩子的影响是非常大的，如果家长自己都言行不一、轻易失信，那么孩子怎么会讲诚信呢？教育孩子最好的办法就是父母以身作则。

对于孩子的撒谎行为，家长切勿急躁，要认真询问并调查事情的真相，根据具体情况处理孩子的说谎问题，若孩子有正当的不得已的理由，父母应温和处理；若是孩子故意说谎骗人，父母应该给予适当的惩罚。慢慢地，孩子就会逐渐养成诚实的好品格。

张女士是位年轻的妈妈，她在怀着宝宝的时候就研究了很多育儿方法，育儿方法中有一点被不断强调，就是不能太娇惯孩子，不能让孩子太任性。

在养育孩子的实际过程中，她便恪守这一法则，无论儿子怎么闹，她都严格要求儿子，但是时间长了就发现儿子变得特别倔。

一次周末，本来张女士答应带孩子去博物馆玩儿，不巧的是，领导临时通知她去出差，她只好告诉孩子不能去了。孩子非常生气，又哭又闹，张女士头疼不已。

她不能理解为什么孩子老是无理取闹。

事实上孩子没有无理取闹，任谁被爽约都会不高兴，何况是一个孩子，这件事主要错在妈妈，失信于人又没有一个能让孩子接受的解释。

父母往往会轻易地向孩子做出承诺，而不考虑万一有不可控因素导致情况有变会如何，于是当突发情况到来时，父母又将孩子的不理解当成任性，却忽略了是自己失信在前。我国古时候不乏父母对孩子信守承诺的故事，为什么到了现代，这种意识反而倒退了呢？现在的父母总是以种种理由失信于自己的孩子。

其实变通一下完全可以对孩子说："乖宝贝，妈妈跟你道歉，今天去不了博物馆了，因为妈妈临时被通知要去出差，你想要妈妈怎么弥补呢？"

这样，孩子就会理解很多，也能接受妈妈的说法，注意力转到如何让妈妈弥补自己这方面去了。

有爱心的家长养育出有爱心的小孩

雪童的父母平日里工作特别忙，对雪童的陪伴很少，他们认为不断赚钱，给孩子优渥的生活，送孩子去最好的学校接受教育就是对孩子好。

可是渐渐地，他们发现不是这样。随着年龄的增长，孩子变得越发冷漠，以自我为中心，只知索取，不知感恩。

有一年春节，雪童妈妈带着雪童坐火车去姥姥家，到了火车站，有一位妇女领着一位小女孩行乞，妈妈说："雪童，妈妈这里没有零钱，你拿一些零钱给她们。"

雪童说："为什么？谁知道她们是不是骗子？"

妈妈说："你看这外面天寒地冻的，她们的脸都干裂了，多可怜啊！"妈妈一边说，一边从雪童的书包里面掏出了一些钱给她们。

雪童说："关我什么事？"然后就不耐烦地往前继续走了。

那一刻，雪童妈妈才发现自己没有教育好孩子。

这时雪童妈妈又回想起，寒假前老师说雪童不喜欢交朋友、不喜欢参加集体活动，也不愿意帮助同学的话，内心五味杂陈。

雪童妈妈记得孩子小时候不是这样的，那时候他也曾爱笑爱闹、关爱他人。到底哪里出了问题呢？雪童妈妈陷入了沉思。

　　她想起一件小事。雪童小时候很喜欢小动物，他数次央求自己，想养一只小狗。可是，自己每次都拒绝，因为觉得养狗太麻烦，自己工作那么忙，哪有时间照顾它。

　　有一次，她接雪童放学回家，路上看见一只小狗被车子轧伤了腿，雪童觉得它好可怜，非要把它带回家去养伤。可是那天，雪童妈妈急着回家开一个视频会议，所以她无论如何也不同意，还对雪童训斥道："妈妈不是说了回家还有工作吗？你捣什么乱啊！你看这只小狗，脏死了，养什么养！"

　　那天，雪童是一路哭着回家的。

　　现在想想，雪童妈妈后悔极了，自己什么时候变得这样急功近利，这样没有恻隐之心，不但伤到了孩子的心，还影响了他的性格。

　　从那以后，雪童妈妈就下定决心，一定要变回曾经那个充满爱心的妈妈，一定要多花时间陪陪孩子。

　　后来的一天，雪童妈妈和雪童在小区里发现了一只流浪狗，雪童看了它一会儿就默默走开了。妈妈叫住雪童说："你看它多可怜啊，我们把它带回家吧！"

　　"真的吗？"雪童的眼里放出了光彩。

　　妈妈笑着点头。然后母子俩把这只小狗带回家，一起给它洗澡，给它东西吃。那一晚，母子俩都觉得很开心。从此以后，母子俩一直耐心地照顾着这只小狗的吃喝拉撒。

　　渐渐地，雪童妈妈发现，雪童的笑容多起来了。那个有爱心的雪童又回来了。

"以自我为中心""自私冷漠"都与爱心站在对立面，但孩子并非天生冷漠，所谓"人之初，性本善"，孩子的心性冷漠，是父母的教育出了问题。为了不让孩子缺失爱心，父母不仅要爱自己的孩子，还要教孩子去爱这个世界。

因此，在家庭教育中，培养孩子的爱心显得特别重要。父母平时在对孩子的教育中一定要非常注意这一方面。首先，要培养孩子对家人的爱，如果孩子连父母和亲人都不爱，也不可能会关爱他人。要让孩子懂得感恩父母，为父母分忧。其次，要让孩子学会关爱他人，事事为别人着想。

父母教育不当，便可能在无意中将孩子的爱心剥夺了，因此，父母的教育方法尤为重要，那么，父母要怎样在生活中培养孩子的爱心呢？

（1）爱心培养从娃娃抓起

孩子各种心理品质形成的关键时期在婴幼儿阶段，爱心的形成自然也在这一时期。所以，要从孩子很小的时候就培养孩子的爱心。在孩子还是婴儿的时期，父母应该经常对孩子微笑，用语言和行动表达对孩子的爱，让孩子感受到自己被爱包围着，这样，孩子的内心就会萌生出爱的嫩芽。随着孩子的长大，父母不能减少对孩子的爱，要站在孩子伙伴的立场上，和孩子一起做游戏、游玩、学习，让孩子体验到父母给的爱，为孩子向别人奉献爱心打下基础。

（2）父母要富有爱心

父母是孩子的镜子，孩子是父母的影子。孩子开始认识世界、学东西的时候就是父母在身边，父母是孩子的第一学习对象，在孩子的眼中，父母的一言一行都是自己要学习的，父母的言传身教就在这里。所以，只有善良有爱心的父母，才能教育出有爱心的孩子。这就需要父母平时注意自己的言行举止，在一点一滴的小事中告诉孩子如何孝敬老人，如何给他人献爱心，如何给需要的人提供帮助，让孩子主动意识到自己也要做一个像父母一样有爱心的人。

（3）让孩子拥有移情能力

移情能力即换位思考，体会他人的感受的能力。例如，当看到别人生病疼痛时，让孩子回想自己生病时的痛苦来理解别人的感受，从而发自内心地想要为他人提供帮助。

家长平时可以让孩子设身处地去感受他人的心情，让孩子学会移情。比如：有小朋友不小心摔倒了，家长可以对孩子说："想一想，你摔倒会不会很痛？小朋友一定快疼哭了，快去扶起他，顺便安慰安慰他。"某希望工程有一个援助项目，家长可以启发孩子："那边的小朋友一定也想学习，但是他们吃穿都成问题，想想如果是你，会是什么感受？我们找一些文具、衣服或者课外书送给他们吧。"

（4）为孩子提供奉献爱心的机会

很多父母平时只知道爱孩子，却忘记了也要给孩子提供奉献爱心的机会。被爱与施爱是相互的，孩子如果只是被爱而没有去爱别人，渐渐地，孩子就只知道享受别人给的爱，而不会爱别人，并认为父母对自己的爱是理所当然的。一些父母觉得自己多对孩子表示自己的爱，等他们长大懂事了，自然会孝敬父母。其实这种想法是错误的，父母没有给孩子学习爱别人的机会，他们又怎会懂得孝敬父母呢？

还有一些父母觉得孩子的任务只有学习，其他都是闲杂事务，只有学习成绩好才能证明一个孩子的优秀和成长。于是，父母什么事情都帮孩子办好了，衣来伸手，饭来张口。学习确实是孩子重要的事情，但是在孩子的成长教育中，性格、品德、心理等的养成也是非常重要的，这些需要在日常生活中逐渐培养，所以父母应该同样重视这些品质的培养。

（5）保护好孩子的爱心

父母可能会因为自己工作或生活上的烦心事，分不出精力来关注孩子的爱心，或对孩子的爱心视而不见，甚至将其扼杀在摇篮中。

例如，妈妈上了一天班累了，回来做完饭还在打扫屋子，小女孩儿赶快跑过来帮忙，妈妈却急忙说道："去写你的作业，这里不用你帮忙。"又如，小男孩儿看到草丛里有一只受伤的猫咪，想让爸爸带回家帮猫咪养伤，爸爸却说："带什么带，这么脏，小心有传染病，它的伤会自己好的，不用我们管。"很多时候，孩子的爱心就在父母这样不经意的举动间被伤害了。

孩子的爱心还是一棵幼苗，你重视它，浇水施肥，它就会成长；你忽视它，剪枝拔苗，它就会死去。倘若你的孩子富有爱心，那就请一定好好呵护孩子的这份爱心。

积水成渊，孩子自小接触同情、怜悯等情感，是在培养他的善良之心、仁爱之情。父母对他人的同情会深深打动孩子的心灵，感染孩子。

例如，在公交车上，遇到一位拄着拐杖的老奶奶上车，家长对孩子说："你看，那位老奶奶站着多累啊，咱们请她过来坐吧。"社区有人呼吁为某灾区捐款，家长便带着孩子去捐款奉献爱心。邻居老爷爷家的水龙头坏了，水流了一地，带着孩子去帮忙收拾……孩子经常看到父母是怎么关心、同情、帮助他人的，孩子也会自觉形成这种良好的品质。

父母要注意日常生活中对孩子爱心的培养，爱心在一点一滴中养成。爱心的种子撒下了，只要用心去浇灌培育，终会长成参天大树。如果每个孩子都有一颗仁爱之心，我们的社会也会变得更加幸福美好。

教育孩子要以身作则

《韩非子·外储说左上》中记载了一个关于曾子的故事：一天，曾子的妻子要去很远的集市上买东西，儿子见了就缠着母亲要一起去，妻子嫌弃儿子去了拖慢脚程，便不同意他去，儿子就又哭又闹。万般无奈之下，妻子只好哄儿子道："儿子，你乖乖在家等着娘，娘去去就回，回来后给你杀猪炖肉吃，好不好？"这个方法果然好用，儿子立刻止住了哭声，不料妻子回来之后，看到曾子提着刀正准备杀猪，忙上前阻止道："我说杀猪只是哄儿子的话，你怎么真的要杀猪啊？家里这几头猪平时怎么舍得吃？"曾子回答道："孩子却把你说的当真了。孩子小不知道是非，一切都向父母学习，一切都听从父母的教诲。如今你欺骗孩子就是在教孩子不诚实，欺骗别人。母亲欺骗孩子，孩子以后就不会再信任母亲了，这不是能教育孩子的好办法。"妻子听了深感后悔，于是夫妻俩把猪杀了，给孩子做了肉吃。

这个故事启示所有父母，教育孩子一定要以身作则，无论何时都要先严于律己，只有父母做到了，树立了威信，才有底气去要求孩子，也能真正起到教育的作用。不要以为孩子什么都不懂，他们正处在摸索着学东西的时候，有很强的模仿能力，父母的任何行为，孩子都看在眼里记在心里，都会不自觉地去模仿。心理专家表示，许多家长觉得孩子不会将父母说的话放在心上，他们转头就忘了。事实上，父母的这种想法大错特错，孩子虽然年纪不大，但是心中已经有了评判问题的标准了。

父母是孩子生命中最早接触的导师，父母从孩子出生到长大成人，陪伴孩子，为孩子付出了无数的艰辛和汗水，这些其实都是想让孩子成为一个优秀的人。所以父母的言行举止对孩子的影响非常大，父母良好的品行会直接影响子女的修养，而父母的不良品行也会直接影响孩子。

每个家长都是望子成龙、望女成凤的，有谁不希望自己的孩子被别人赞不绝口？有谁不希望自己的孩子成长为一个优秀的人？在这个竞争激烈的社会，孩子是否优秀成为影响其能否在社会上立足的重要因素。只是，在现实生活中，我们却经常听到这样的声音："孩子太让人操心了，越来越难管，我说他一句他能理直气壮地顶回来十句，做家长的实在是太难了。"

若兰刚上学的时候，特别爱学习，放学回家很自觉地就去写作业复习功课，成绩在班上也是名列前茅，爸爸妈妈对有这样的女儿感到非常欣慰。可是，最近妈妈发现若兰的学习状态越来越不好，成绩下降了很多，小毛病也越来越多，每次跟她谈话她都默不作声，好像在认真听，其实没有见她有改正的时候。后来父母才发现了问题所在。

原来，若兰的妈妈最近迷上了一款小游戏，每天晚上没事了之后就拿出手机玩得不亦乐乎。哪知，才上二年级的若兰看到妈妈每次都玩得那么开心，就对这款游戏表现出了很大的好奇心。于是，她也在家里的电脑上找到了这款游戏，试着玩了玩，发现的确挺有意思。一开始，若兰放学回家后，只要做完作业就去电脑前玩一会儿。后来回家后第一件事情成了开电脑玩游戏，这时候她已经玩起了其他相关游戏。若兰周末就整天在电脑前敲敲打打，甚至都顾不上吃饭。结果，期末考试之后，爸爸妈妈才意识到事情有多糟糕，因为她的成绩实在太差了，从名列前茅滑到了中下游。爸爸妈妈因为这件事情非常上火，后来，父母商量了一下，决定从控制孩子玩游戏做起，并且他们自己要起带头作用。

从那以后，若兰的父母每天晚上吃过晚饭后，不再玩手机，而是看书、看报，或者做瑜伽，或者去楼下散步，即使有正经事情需要上网也不会当着孩子的面。最初，若兰还是沉浸在自己的游戏世界里，不管父母在做什么，但是渐渐发现父母真的放下了手机，若兰也觉得浑身不舒服，就没那么痴迷游戏了。慢慢地，她自己会找事情做了，玩游戏的时间也就越来越少。再后来她回到了之前放学回家先写作业、复习功课的状态。这样下来，若兰的成绩自然又回到了原来的水平。

若兰的父母用的教育方法非常正确，及时将女儿从游戏的旋涡拉了回来。由此可见，"身教"对孩子的影响非常大。孩子的成长环境对他们非常重要，在家庭的环境中，父母的言行举止就成了孩子的主要观察对象，所以，请父母牢记一句话：教育孩子，要从自身做起。此外，家长还应用平和的态度去对待孩子，不要因为孩子有一点儿不对的地方，就大动肝火，甚至骂"没出息""不争气"之类的话，这样很容易伤害孩子的自尊心，打击孩子的积极性。父母可以跟孩子谈谈心，给孩子吐露心声的机会，父母可以借此机会走进孩子的内心世界，也可以通过引导让孩子自己意识到错在哪里。

古话说："养不教，父之过。"意思是孩子如果没有成才，就一定是父母没有教育好。虽然看起来有些绝对，但是还是有一定道理的，试想，如果孩子生活的家庭"乌烟瘴气"，父母不务正业，孩子想成长为参天大树谈何容易？即使最终成才，那怎么确保不会给孩子留下心理创伤呢？

"言传"教育虽然能起到一定作用，但是它的效力却不能持久，况且这种方法往往更适合听话的孩子，而叛逆的孩子，大概会"左耳朵进，右耳朵出"，因此，对叛逆的孩子用"身教"的方法更为合适，效用也会更持久一些。正所谓："身教重于言传。"

人无完人，大人尚且有缺点，孩子身上有缺点也是不可避免的，不用过于担心，关键要看父母能否发现这些缺点并及时引导孩子逐步改正。假如家长只知道对孩子高标准、严要求，反过来对自己则是马马虎虎无所谓的态度，怎么能教育孩子变得更优秀呢？假如家长只会说教，而不会以自身行动来身教，时间长了，在孩子眼中，父母便不再有威信，他们甚至不再信任父母。例如，有的家长喜欢随便许诺，对孩子说考进班级前五名就带他去海南旅游或者买他喜欢的动漫人物模型，但是孩子达到了这个目标，父母又抵赖："有时间多学习，出去玩了就收不了心了。""整天玩模型有什么用！不给买！"还有些父母教育孩子要友善待人、宽容大度，自己却因为一点儿鸡毛蒜皮的小事和邻居吵得不可开交，这样又怎么会达到良好的教育效果呢？

所以，父母平时无须给孩子讲一些大道理，因为这些道理他们听得够多了，继续说的话反而会被孩子嫌弃太啰唆。相反，如果父母用自身的切实行动给孩子起到表率作用，孩子反而会更加信任父母。

具体来说，父母要注意做到以下几点：

（1）要守信

父母要谨记言出必行，对孩子说出口的承诺，就一定要做到，若是有一定难度就一定要考虑好再许诺。否则父母经常哄骗孩子，在孩子那里就会没有信誉，孩子对父母的信任、敬仰与爱戴也会随着一次次的失信而逐渐减少。更有甚者，孩子会下意识地效仿，学着用这种哄骗方法去骗别人。

明智的父母都会以身作则，给孩子树立好的人生榜样。

（2）要敢于向孩子认错

现实生活中，很多父母喜欢摆"大家长"的架子，平日里教育孩子知错就改，到了自己这里就拉不下面子认错，害怕失去威信，可以说是设了双重标准。这样，孩子会渐渐觉得父母不公平，还会有很大的怨气。实际上，如果父母主动承认错误，不但不会被孩子看不起，反而会让孩子佩服父母公平公正，有人格魅力。

（3）自己做好榜样

父母对孩子提出的要求，要自己做好榜样，如果父母要求孩子不挑食，那自己也要遵守这个要求；如果父母要求孩子不要玩手机，自己也要放下手机。否则，若是父母在一边以监督为名，却不停地玩手机，孩子不但无法将心思放在学习上，还会出现逆反心理，他们会想："凭什么大人可以，我却不可以？"即使被迫写作业，心思也早就跑远了。下次再有类似的事情，他们也不会真心听话，这样的话，父母的要求孩子也难以做到。

古语有云："以教人者教己。"凡是父母要求孩子养成的良好品质，父母都应该自己具备。所以，父母要以身作则，做一个有原则、有能力、诚实守信、勤奋好学的人。

曾国藩的教子论

曾国藩教子有方是远近闻名的。他特别注意以身作则，凡要求子女要遵守的，自己一定会做到。他洁身自好、生活节俭。据说他在吃饭时，如果吃到了谷子，并不是直接吐掉，而是用牙齿把谷子剥开，把谷子里的米吃掉。就连这样一粒米，他都不会浪费。孩子们看在眼里，自然会勤俭节约、约束自身。他虽然日理万机，但还是会抽出时间，给儿子们写信，为他们批改诗文，还常常与他们交流修身养性的心得体会。在教育孩子的过程中，曾国藩既是孩子们的父亲，又是孩子们的老师，还是孩子们的朋友。他深受家中子弟的尊敬和爱戴，他的孩子们都把他视为自己人生的榜样。

第四章

爱也要有尺度，
宽严有度才是好妈妈

　　无论是溺爱孩子，还是对孩子过于严苛，都不利于孩子的成长，真正有智慧的父母，一定是宽严有度的父母。

批评是要讲究艺术的

人生在世，批评几乎无处不在。上学的时候，因为做错题要遭到老师的批评；上班后，因为工作出现纰漏，要挨老板的训；外出应酬，因为做得不到位，别人要在背后偷偷地责怪你……总而言之，谁也不能保证自己永远不犯错，因此，受批评就在所难免了。对于批评，如果你虚心接受，那么就会获得很多进步的可能，如果你本能抗拒，那么你也许会变得故步自封，失去前进的动力。可以说，你对批评的态度决定了自己的人生。

但不管怎么说，成年人历经生活的风霜雨雪，心里早已建立了强大的免疫系统，面对批评，我们还是能自动消化，并且从中汲取对自身有利的元素。可是，少不更事的孩子们能吗？他们年纪尚小，判断是非的能力有限，面对突如其来的批评，很有可能就此滋生自卑心理，从此失去积极的精神牵引。

其实，要想让批评真正起到鞭策孩子的作用，妈妈们一定要避开以下几个雷区：

（1）根据自己的心情，随意向孩子发火

例如，孩子在厨房拿面团捏小乌龟，当你心情愉悦时，就会和蔼可亲地说："宝宝真是心灵手巧，捏得真好看！"但当你心情糟糕的时候，就会朝着孩子大喊："捏什么捏！这样多浪费粮食啊！你怎么这么不懂事呢？"

（2）不问缘由，乱批评孩子

孩子的考试成绩下滑了 20 分，妈妈既不问孩子此次试题的难度是否增强，也不关心孩子考试的时候精神状态是否良好，不分青红皂白地一顿痛批。比如："你怎么这样？考试成绩一次不如一次，真的让我很失望！"

（3）批评不挑时间和场合

孩子因为粗心做错了一道题，妈妈当着客人的面，一通责骂。比如："你到底长没长眼睛？居然能把题目中的已知条件看错，真是没用！"

（4）批评时贴标签、翻旧账

孩子因为一时失误打碎了一个碗，妈妈就骂孩子笨手笨脚，然后还把孩子以前做过的错事一一拿出来数落。

（5）批评中带着威胁

孩子到了该睡的时间，迟迟不闭眼睛。妈妈哄得不耐烦了，就假装要把孩子扔出去的样子，狠狠地说："再不好好睡觉，我就把你扔出去，让狗咬你！"

（6）批评孩子时连打带骂

有些妈妈脾气暴躁，批评孩子一说话三瞪眼。如果自己情绪不佳的时候，有的妈妈还会边打边骂，比如："好你个小兔崽子，竟然敢自己偷偷地下河摸鱼，今天非打断你的腿！"说着就是一顿噼里啪啦的乱揍。

（7）喋喋不休地批评

孩子哭着要穿新衣服，妈妈不允许，然后絮絮叨叨地说道："你这孩子怎么这么不懂事呢？都跟你说了，这衣服是让你过几天到舅舅家做客的时候穿的，你怎么现在就要穿呢？你能不能听听大人的话……"

以上这些批评方式都存在一定的不妥之处。很多妈妈尽管知道这一点，但脾气上来，就是控制不住自己，结果到最后起到了适得其反的效果。

其实，对于孩子所犯的错误，妈妈不必过度焦虑。不断犯错的过程其实就是成长的过程。妈妈只有认识到这一点，才能采用宽容的态度解决孩子的犯错问题。

在孩子犯错误的时候，宽容型的妈妈不会翻旧账，更不会把问题扩大，而是首先弄明白孩子犯错的原因，然后采取心理暗示等方法提醒孩子，从而给孩子一个改过自新的机会。但是，这些做法看起来都很简单，真正要做到并不容易。很多妈妈虽然头脑里保存着一些理智的批评方式，但是一遇到事情，就控制不住自己的情绪，直接破口大骂，比如："你这个笨蛋，怎么这么没用啊！都教了你多少遍了，还是不会算，真不知道你脑子里装的都是什么，难道是糨糊吗？"这样的话很伤孩子的自尊，这不仅不利于问题的解决，而且还会影响孩子健全人格的形成。

综上所述，我们可以得出一个结论：批评孩子也是一门艺术，只有把握好教育与爱的艺术，才能让孩子健康成长。正如我国著名教育家陶行知先生说过的一段话："在教育孩子时，批评比表扬还要高深，因为批评一定要讲究方法，这是一门艺术，你用得好，它就比表扬还有用。"

在经典的教育案例中，《陶行知四块糖》的故事广为流传：

陶行知在育才小学担任校长的时候碰到了这样一件事情：

在校园里，学生王友用泥巴砸同班的一个同学，这时陶行知恰好从此处路过，看到了这一幕，于是他赶紧制止了王友，并令他放学后到校长室去。放学后，王友乖乖地站到了校长室的门口，低着头等着挨训。陶行知走过来后，从口袋里摸出了一块糖递给王友，并且告诉他，这块糖是奖励他按时到达这里的。王友惊讶地接过了糖果，然而让他意外的是，陶行知又递给他一块糖，并且温和地说："这第二块糖果也是奖给你的，因为我当时叫你不再打人，你立即住手了。"王友看着校长，脸上露出了疑惑不解的表情。这时陶行知又拿出了第三块糖果，并且把它塞在了王友的手里。看着王友不解的眼神，陶行知解释道："我调查过了，你用土块砸他，是因为他欺负女生，你砸他说明你很正直，所以应该奖励你。"王友听到这里，感动得泪流满面，随即诚恳地说道："陶校长，你打我吧！我错了，我不该砸自己的同学！"陶行知看着王友的表现，满意地笑了，然后他又拿出了第四块糖果，说："为你能正确地认识错误，我再奖你一块糖果。"

就这样，陶行知既没用喋喋不休的大道理教育王友，也没有用狂风暴雨式的语言痛斥王友，而是采用春风细雨式的引导让王友切切实实地认识了自己的错误。从中我们不难体会陶行知先生的教育艺术。

在上述案例中，陶行知先生把批评的艺术发挥得淋漓尽致。刚开始，他担心当众批评王友会让他失了面子，于是把犯错的王友单独叫到办公室。后来，到了批评的环节，他也不是劈头盖脸地一顿臭骂，而是先采用表扬的方式让王友逐步认识到自己的问题所在。整个批评过程，王友心里没有委屈，更没有愤恨，有的只是做错事的愧疚，以及对校长的感激。这种听上去像表扬的批评，给了王友一种积极的暗示，引导他不断地朝着好的方向发展。这种教育方式值得每一位妈妈学习与借鉴。

一个刚刚初中毕业的男孩刘亮，回忆起自己与老师的相处，心里有说不出的遗憾。因为毕业时，他的班主任兼语文老师告诉他："你为什么语文成绩就是上不去呢？我记得你刚刚升到初中的时候，有一次期末考试，有一道很难的阅读题，全班就你写对了。你的理解能力应该很强啊！"老师一提醒，刘亮突然想起来，当时老师在讲解那道题的时候，还特意让他站起来回答过问题，但是他不知道只有他一个人会做，老师从没有跟他说过这件事情，而他听的最多的就是"你的作业有很多问题"，这样的话让他渐渐对语文失去了兴趣。

相反，他对数学却非常钟爱。一次，他被老师叫到黑板上演算一道题，那天他把结果写错了，心里充满了自责。但是数学老师却在分析他写的算式时，夸奖道："刘亮同学思维很敏捷，每一步写得都很清楚，条理清晰，字迹工整，只不过要是再细心一点，把最后的这个得数计算正确，就更完美了。"

同样是批评，带着表扬的批评不会挫伤孩子对学习的积极性，而单纯的批评则会让孩子误以为自己一无是处，从而失去了改进的动力和信心。作为妈妈，如果能站在孩子的角度上想一想，先肯定孩子的优点，然后再点明孩子的不足，这样他的心里会好受很多。总而言之，批评孩子时若能佐以表扬和奖励，可以起到更好的教育效果。

可以爱孩子，但不能惯孩子

　　每个孩子都是妈妈的心头肉，妈妈对孩子的爱体现在孩子生命的每个阶段。出于母爱的本能，妈妈会在孩子小的时候亲吻、拥抱和抚摸孩子；等到孩子长大之后，又会操心孩子在外面是不是受欺负，功课能不能学得好，老师会不会喜欢自己的孩子，孩子能不能和其他的小朋友相处得来……总而言之，有了孩子之后，妈妈们就会有操不完的心。妈妈们关爱自己的孩子固然没有错，但是如果把握不好度，将关爱变成溺爱，孩子们的身心就会受到一定的负面影响。

　　庞娟在40岁的高龄才艰难地生下了女儿贝贝。为了呵护好这棵来之不易的小幼苗，庞娟心一横，辞去了高薪的工作，做起了家庭主妇。从小，贝贝吃的、穿的、用的都是庞娟在一手打理。为了把女儿的身体养得壮壮的，她特意在网络和书籍上学了很多儿童营养食谱；为了女儿在炎热的夏天不被蚊虫叮咬，她带着女儿外出乘凉的时候，手里不停地对着女儿摇着蒲扇；为了女儿晚上睡得更为舒适，她摒弃了尿不湿，夜里一次次地起来为女儿换尿布……

　　贝贝在妈妈的精心呵护下一天天成长起来了。长大后的贝贝当然和妈妈的关系最亲昵，她整天像个小尾巴一样，跟在妈妈的身后，或者钻到妈妈的怀里，一刻也离不开妈妈。

转眼，贝贝已经长到了 12 岁，身高已经和妈妈不相上下了，但是做事仍然像一个没长大的孩子一样，每天要妈妈帮她盛饭、检查作业、洗澡、梳头。有好心的邻居看见妈妈这样惯着贝贝，忍不住提醒道："孩子长大了，应该让她学会独立了。你再这样惯着她，对她将来没有好处。"庞娟虽然笑呵呵地点头称是，但是心里却气呼呼地想："要你多管闲事！我的女儿我自己疼，碍着你什么事儿了？再说了，女儿就得娇生惯养着，这样长大了才能抵得住外面的诱惑。"

案例中的妈妈异常疼爱自己的孩子，为了孩子的成长，可谓是倾尽了全部的心血。这样细致入微、体贴周到的照顾看起来是伟大的母爱在闪闪发光，但是爱着爱着就变了味道。当宠爱变成了溺爱，孩子也就失去了独立生存和自由飞翔的能力。当将来的某一天，孩子独立生存在社会上时，一定会因为没有能力而吃尽苦头。到那个时候，妈妈再后悔也没有什么用了。

"父母之爱子，则为之计深远。"所以，妈妈们，如果你真的爱自己的孩子，那就请你不要大包大揽，什么事儿都替孩子操心；也请你不要事事迁就孩子的意愿，不能孩子要天上的月亮，你也恨不得摘下来送给他。有道是"惯子如杀子"，娇惯出来的孩子依赖性很强，且缺乏基本的应对挫折的能力。这样的他们根本无法抵抗一点儿现实中的风霜雨雪。

其实，爱孩子有很多种方式，你既可以选择给他一个鼓舞的眼神，也可以给他一个温暖的拥抱，以此增强他对抗困难的勇气。这样做比一味娇惯更容易培养出一个优秀的孩子。

孩子太任性，可能是一味娇惯惹的祸

有人说，养育孩子就像种树。如果你不修剪树的枝丫，小树就会长得歪歪扭扭。在孩子成长的过程中，妈妈如果一味娇惯，孩子出现问题也不纠正，最后一定会像小树一样歪歪扭扭，成不了大气候。这样的比喻非常恰当，它形象生动地向妈妈们阐述了一个道理：娇惯孩子，就会让孩子恣意任性，成长为一棵旁逸斜出的小树苗，从而永远失去了长成参天大树的机会。

小波的妈妈刚下班，就接到了老师的一通紧急电话，她匆匆忙忙地调转车头，赶往学校。来到校长的办公室，她才了解了事情的经过。原来，在当天午休的时候，小波看见同班的一个男生正在玩乐高，于是他也玩心大起，想借来玩玩。可是，那个男生不答应，并且一脸严肃地告诉小波："这个是我妈妈从国外托人给我带回来的，非常珍贵，你要是给我弄坏了，或者不小心丢掉了其中的零件怎么办？"小波看见那个男生态度坚决，丝毫没有商量的余地，于是一冲动一把把那个同学手里的乐高夺了过来。那个男生看见小波竟然硬抢，于是大喊一声"土匪"，随即和小波理论起来。两个人的争论引起了周围同学的围观，小波当众被叫"土匪"，觉得失了面子，于是随手拿起一本书，露出书脊的部分，对着那个男生的脑袋狠狠地砸了下去，随即那个男生的脑袋上就涌出了一大股鲜血。后来，那个男生被送去医院诊治，虽然伤口包扎好了，但是大脑是否受到严重的创伤，还未确定，只得留院观察。那个男生的爸爸也被请到了学校，由学校出面协调，与小波的妈妈一起协商如何解决这个问题。

校长说："小波在学校一向表现不佳，类似的事情也发生过不止一次。据同学们反映，这个孩子一向任性、蛮横，总是想按自己的意愿强迫同学们服从于他。如果别人不乐意，他就破口大骂，而且还出手打人，弄得大家都不愿意和他交朋友。小波妈妈，我觉得你应该好好管管他了，要不然，将来长大指不定会闯出什么祸来呢！"

妈妈听完校长的话，一脸无奈地说道："您说得对，我也觉得小波太任性，是该好好管管了。可是这孩子从小被我们惯坏了，任性妄为，现在要让他变得乖巧懂事，我感觉实在是力不从心，真不知道该怎么管教他了。"

在现代社会，很多家长都因为过分地娇惯、疼爱孩子，把孩子硬生生地宠成了"小公主""小少爷"。这些"小公主""小少爷"做事只想着自己，根本不顾别人的感受，而且一旦不顺从他的心意，就发脾气、哭闹，甚至动手打人。

这样任性的孩子往往随心所欲，很难做出利他的行为，他们不懂得如何和同伴合作、分享、协商，最后只能是被孤立在各个社交圈之外。另外，任性的孩子在哭闹、扔东西的同时会伴随着烦躁、愤怒的情绪，这种消极的情绪如果长期停留在孩子的身上，一定会对他的健康造成不利的影响。

所以，作为妈妈，要想自己的孩子形成良好的个性品质，建立和谐愉快的社交关系，一定不能一味放任、姑息、迁就，更不能无原则地顺从孩子的不合理要求。就算要尊重孩子，也并不意味着父母要对孩子百依百顺。

如果你的孩子已经养成了任性的习惯，那么妈妈们一定要让孩子承担一些因为任性而造成的恶果，比如把本该给他买模型车的钱用来购置因为他任性而打碎的窗户玻璃，或者把孩子攒起来的零用钱扣下来，以此作为他打伤别的孩子的医药费。这样做可以让他认识到任性的危害，从而收敛自己的任性行为。

另外，妈妈也要分析清楚导致孩子任性的原因，然后在批评指正的时候，把他存在的问题详细具体地指出来，而不能泛泛而谈，比如"你不能任性""你那样做是错的"。这种只有结论，没有分析的教育很有可能加重孩子的逆反心理，从而不利于纠正他们的任性行为。

孩子自私，家长有责

　　小慧是一个聪明漂亮的小姑娘，她长着一双扑闪扑闪的大眼睛，看起来非常灵动。而且伶牙俐齿的她经常能讲出一些出人意料的话，惹得家里人疼爱不已。

　　在学习上，小慧也是一个不折不扣的"小学霸"。她每天放学回家，按时完成作业；到了学校，也是积极主动地发言，而且还很听老师的话。这一切表现都让小慧的妈妈很安心，也很满意。

　　这一天，小慧拿着期末考试的卷子蹦蹦跳跳地回到了家。刚到门口，负责接送的妈妈就迫不及待地把家里所有的成员都叫了出来。看着爷爷、奶奶、小姑、妈妈都围过来，小慧得意地从书包里掏出了试卷，高兴地说："我得了第一名！"

　　"哇！我们的小慧真棒，竟然考了双百！"小姑率先看到试卷上的分数，激动得大喊起来。

　　"真是个好孩子！""小慧就是厉害！"爷爷奶奶也忍不住笑着夸奖起来。

　　"咱们今晚就做小慧爱吃的炸海蟹，好好庆祝一下。"妈妈接着补充道。

小慧听着大家你一言我一语的夸奖，神气得像一位打了胜仗的大将军。后来，妈妈走进了厨房，为"大将军"准备起了晚餐，而爷爷、奶奶、小姑则陪着"大将军"在客厅玩起了猜谜语的游戏。

在吃饭时，大家都知道小慧爱吃螃蟹，于是纷纷把自己的那一份夹到了小慧的碗里。妈妈也剥了一个放到小慧的碗里，说道："宝宝，好好吃这个，你最喜欢的，吃了咱们下次还考第一。"

这时，爸爸也下班回来了，饿极了的他，把包往沙发上一扔，匆匆地洗了洗手，就凑到了饭桌前。他看见桌上有剥好的螃蟹，随即夹起来放到了自己的口中。吃得正在兴头上的小慧一看爸爸把奶奶留给她的螃蟹吃掉了，瞬间黑了脸，随即把筷子一扔，转过身生闷气。

见此情景，全家人一起批判起了爸爸：

"你这当的什么爸爸，竟然跟孩子抢东西吃！"

"怎么这么没有眼力见儿呢！你不知道咱们的宝贝闺女最喜欢吃大螃蟹吗？"

"就是，太过分了！"

"这螃蟹是犒赏孩子的，你吃个什么劲儿啊！"

骂完爸爸之后，全家人一起安慰起了小慧。而且爸爸也在众人的"挟持"之下，向小慧道了歉。最后小慧终于不情不愿地拿起筷子，她一边夹着菜，一边用眼睛狠狠地瞪着爸爸。

妈妈见小慧怒气未消，赶紧上前假装打了爸爸两巴掌，说："看，妈妈都亲自收拾爸爸了，我的宝贝闺女不生气了啊！来，快点吃，这些螃蟹都是你的！"

"快来吃吧，今天爸爸嘴馋，把小慧的螃蟹吃了一个，明天罚他给小慧买两个，好不好？"

小慧看见爸爸"挨了打"，受了罚，这才乖乖地重新吃起了饭。

事后，趁小慧不在，爸爸感慨地说道："现在的孩子实在太享福了，被家里所有的人依着、顺着，都活成'小公主'了，根本不知道心疼他人！"

小慧爸爸的话有一定的道理。在现代家庭中，大人围着小孩转的现象屡见不鲜，而孩子普遍过上了"饭来张口，衣来伸手"的日子，而且到了餐桌上，孩子可以随意霸占自己喜欢的食物，根本不懂得什么是分享，结果导致孩子养成了自私的性格。自私的孩子通常优先考虑自身的利益，经常会做一些损人利己的事情，因此很难交到真正的朋友。另外，自私的孩子性格冷漠，且容易计较个人得失，常常会为一些鸡毛蒜皮的小事计较，因此他们的生活会缺少很多快乐。

作为妈妈，为了避免孩子养成自私的性格，一定要适时地与孩子"争"一下，不要有什么好吃的都留给孩子，有什么好用的也尽着孩子，要知道这种过度关爱最后会害了孩子，而且妈妈也会让自己陷入无休止的操劳和辛苦当中。

从前，有这样一位妈妈，每天过得非常辛苦，她极尽所能地关照孩子生活中的每一个小细节，从来不让孩子为自己的事情操半点心。

每天早上，她会准时把8岁的儿子叫醒，然后帮他穿好衣服、叠好被子、系好鞋带，之后把做好的饭端到儿子的面前。吃完饭后，她给儿子收拾好书包，带好水杯，下楼送儿子上学。等到晚上下班之后，又把儿子从学校接回来，然后做好晚饭，照顾儿子吃饱喝足，随后又辅导孩子写完作业，给儿子倒好洗脸水和洗脚水，帮儿子挤好牙膏。待儿子洗刷完毕，妈妈就帮儿子把床铺好，让孩子睡觉。这一切都做下来，她一天中照顾孩子的任务才算全部完成。

这位妈妈就像陀螺一样，每天忙得晕头转向。有一天，妈妈累得病倒了，需要躺在床上静养。而此时，爸爸也在出差，根本分不出身来照顾他们娘俩，儿子只能自己坐公交去上学。等到晚上回家的时候，饿得肚子咕咕叫的儿子发现家里冷锅冷灶，根本没有饭可吃，他看了看躺在床上的妈妈，不由得拉下脸来。他气鼓鼓地把书包扔在床上，然后朝着妈妈大喊："你给我起来做饭，我都快饿死了，你怎么还赖在床上睡觉呀？懒猪！"

躺在床上有气无力的妈妈，听着儿子毫不留情的斥责，当即哭成了泪人儿。她万万没有想到，自己平时辛辛苦苦，无微不至地照顾的孩子竟然这么自私冷漠，只想着自己肚子饿不饿，根本不管妈妈病得重不重。

这样的家庭教育是错误的，这样的亲子关系是可悲的。作为妈妈，如果你也有过类似的教子经历，一定要放弃自己不明智的爱，要知道你的无私正在助长孩子的自私。

另外，如果你的孩子已经养成了自私的习惯，那么妈妈一定要狠下心来，拒绝孩子的无理要求。此外，妈妈还要鼓励孩子多交朋友，鼓励他们与朋友共享自己所喜爱的物品，以此来克服其自私的心理。最后，妈妈们还可以引导孩子多做家务，让孩子在分担家务的过程中，懂得责任和担当。慢慢地，孩子就会从自私自利的桎梏中走出来。

现在很多妈妈都看到了溺爱的危害，所以总是提醒自己，对孩子要狠一点儿。可对孩子的狠可不是简单意义上的非打即骂，这种狠也是要用对地方的。

①当孩子总是很任性，并每次都企图通过哭闹的方式达到自己的目的时，妈妈就要狠心一点儿，可以不理睬孩子的哭闹，让他们明白，要想被满足，不能通过哭闹的方式。

②当孩子衣来伸手饭来张口，什么都不想做，什么都不想承担的时候，妈妈要狠心一点儿，规定每个家庭成员都要自己的事情自己做，要懂得承担责任，学会照顾自己。

③当孩子遇到一点儿困难就止步不前的时候，妈妈要狠心一点儿，要让孩子明白，人生会遇到很多挫折，必须坚强起来，学会战胜挫折。

④当孩子虚荣心强、盲目攀比、铺张浪费的时候，妈妈要狠心一点儿，让孩子明白，想要获得先要付出，培养孩子吃苦耐劳的作风。

第五章

蹲下来，
和孩子平等沟通

在孩子的成长过程中，想了解孩子们心里在想些什么和孩子的发展情况，在家庭教育中就要讲究科学与艺术，做一个肯蹲下来和孩子沟通的现代父母。

与孩子平等交流，才能触及他们的内心

有一个村民将一头大象捕回了家，并将其关在了一个空屋子里。大象属于群居动物，当它与外界隔离之后，就会感到无比的孤独、焦虑和烦闷。村民看到大象如此痛苦，就在夜里把它带到一个大平原上，燃起篝火，让他重回大象的队伍。一看到自己的同胞，这头大象就迅速融入了象群，并开始愿意配合人类。在这点上，我们的孩子和这头大象是相同的，大象需要自己的同类，孩子也需要能跟他们平等交流的父母、朋友或者老师，不然孩子就和那只被孤立的大象一样，被负面情绪所填满。

只有妈妈与孩子平等地交流，才能真正了解孩子想要什么，从而帮助他们克服障碍，快乐成长，这才是真正的爱孩子。

（1）赞美是沟通的关键

妈妈在与孩子沟通时，要做到一边认真倾听一边思考，并且要善于在谈话中捕捉孩子的闪光点。比如，孩子向你展示他会讲故事的特长时，妈妈要抓住时机予以夸奖："你讲得真棒！"孩子初次关心妈妈的健康时，就应该表扬："你可真孝顺，妈妈得到你的关心真的好幸福!"即使妈妈对孩子的表现不满意，也不要一味说教、责备，以免伤害孩子的自尊心。如此一来，不仅能让孩子乐意和你沟通，还能提高沟通的质量。

（2）要童心未泯

家长要拥有一颗童心，用孩子的眼光看待问题，才能充分理解孩子，和孩子成为真正的朋友。当家长与孩子交流时，要放低姿态，用孩子可以理解的语言进行。你可以和孩子一起玩游戏、一起比赛，让孩子把你当成他的朋友和玩伴，两代人之间的沟通障碍便可迎刃而解。为了让亲子间更好地沟通，家长既要"童心未泯"，又要"足智多谋"。前者做不到，家长和孩子就无法平等交流，话不投机半句多；后者做不到，就不能正确地教育和引导孩子。

（3）慎用批评

批评是最直接、最常见的一种教育手段，但如果使用不当，将会对家长与孩子之间的沟通造成巨大影响，甚至扼杀孩子的灵性。心理学研究表明，孩子犯错后，第一反应是担心父母会责备自己，所以家长最好从询问事情的缘由开始，切不可过早地下定论或轻易评判孩子，否则很容易让孩子把心灵的窗户关闭，以致拒绝沟通。如果用"孩子，先让我们分析一下事情发生的原因好吗"之类的语言开始交谈，从孩子这里了解完事情的来龙去脉后，再引导他谈谈自己的想法，然后和他一起分析问题所在，那么孩子不但会主动承认错误，而且会对你更亲近。

（4）要有耐心

家长要想和孩子成为知心朋友，就必须有足够的耐心。有的家长因为过于急躁而口不择言，把话说得太重，殊不知，这会对孩子造成很大的伤害，想与孩子交心更是难上加难。家长与孩子之间的差异体现在年龄、心理和思想感情等多方面，互相理解不是一朝一夕就能做到的。通常情况下，孩子的气质类型有容易型、困难型和迟缓型三种。顾名思义，容易型的孩子较易沟通，而困难型和迟缓型的孩子，由于情绪相对消极，难以接纳父母和老师。对待这样的孩子，切不可一味埋怨、责怪甚至惩罚，更需要家长耐下心来，否则很容易让孩子产生自我否定、畏惧、逃避等不良心理，甚至对父母产生敌意，这会极大地破坏亲子关系。

（5）要讲究一个"信"字

诚信是沟通心灵的桥梁，亲子间的沟通理应讲一个"信"字。言而有信说起来容易，做起来却不易。儿童心理医生林达曾经举过一个例子：一个7岁的小男孩总是不愿和妈妈沟通，妈妈只好带他去咨询心理专家，结果发现原因是妈妈将儿子悄悄告诉她的"秘密"无意中向家里的其他人说起，致使这个小男孩经常被哥哥姐姐们拿这件事取笑，从此他不再信任妈妈，自然也不愿和妈妈说心里话了。可见，对孩子而言，家长的诚信是多么重要。

父母不仅是孩子的人生导师，更是孩子的终身榜样。通常情况下，孩子的优点、缺点都来自父母和周围环境的熏陶。所以父母必须以身作则，发挥榜样的作用。对待孩子的优点要欣赏，对待孩子的缺点要包容。只有父母充分信任孩子，并取得孩子的高度信任，才能与孩子更好地沟通。

做一个善于聆听的妈妈

　　家长要多听听孩子的心里话，走进孩子的内心世界，才能增进亲子间的感情。无论孩子遇到何种烦恼，父母都要给他无限的体谅和支持。这会让孩子有充足的安全感，而这种安全感可以促使孩子更全面地发挥自身的理解力和创造力。

　　家长在与孩子沟通时要多听少说，让孩子得以充分地表达。

　　要想了解孩子无法用言语表达出来的思想感情、内心活动，家长就要建立对孩子的内部情感的直觉，那么怎样才能建立这种直觉呢？最好的办法就是促使孩子表达和聆听孩子说话。

　　心思细腻的家长不难发现孩子心理的微妙变化，弄清孩子的言外之意。这其中的关键就是，要善于抓住孩子隐藏在内心深处的微小线索，如同阅读理解中要注意字里行间的含意一样。

　　12岁的甜甜在和妈妈交谈时总是一副不耐烦的样子，为此妈妈深感苦恼。一次，甜甜放学回到家，妈妈问她："你到哪儿去了？怎么回来得这么晚？"甜甜说："我去同学家了。"接着妈妈就对着女儿一顿训斥："你知不知道我有多担心？以后哪儿都不许去，一放学就回家写作业。你看看你的成绩，还有心思去玩！"甜甜听了心里很委屈，没理妈妈就回房间去了。

起初妈妈觉得是自己说话的方式和语气不好，但后来妈妈发现女儿越来越疏远自己，而且她也担心女儿现在不肯和自己说心里话会给将来埋下隐患，于是妈妈找到家庭教育专家咨询，并在专家那里拿到了能够解除危机的"药方"：多听听孩子的心声。因此，妈妈学到了许多聆听孩子说话的技巧。

自此妈妈不再对女儿的言行做价值判断，当女儿的看法与自己的看法产生分歧时，大方承认女儿有权利坚持自己的想法，并表示愿意做女儿忠实的倾听者。

比如：一天，甜甜放学回来说："妈妈！我好难过，我的考试成绩下降了好多。"这次妈妈听了，没有责怪女儿，而是放下正在做的事，坐下来对女儿说："你愿意和妈妈说说原因吗？"女儿看了看妈妈，把自己考试的情况讲了一遍。妈妈认真听完女儿讲述后，帮助女儿分析了原因以及克服障碍的方法。

母女二人的交流告一段落后，时间已经很晚了。女儿感激地抱着妈妈说："妈妈你真好！"那一刻，妈妈的脸上绽放出了幸福的笑容。

很多时候，过强的自尊心或是自身性格会导致孩子不愿意或认为没有必要说出他们的内心想法，但同时他们又很想让父母理解自己的想法，这时，孩子就会换一种表达方式来暗示父母。

家长要时时注意孩子处于苦恼时所发出的"信号"，大多数孩子在想要父母了解他们的需求时，只是很委婉地道出。如果家长不注意听这种不明显的"信号"，就无法知道孩子真正想要什么。

如果家长对孩子含蓄的语言信号不敏感，可以试着努力去关注孩子异常的、细微的行为信号。比如，孩子不正常的声调、神态、举止等。家长在倾听孩子说话时，除了关注他的行为，还要思考孩子想要告诉我们什么，也可以有针对性地向孩子提问，来鉴别或弄明白孩子的意图或感情。只要家长具备细心和耐心，这些就不难做到。

家长要尤其注意孩子习惯行为的消失，这是我们了解孩子内心世界的有价值的线索。显著表现为孩子不进食、不睡觉、情绪不稳定或精神不集中。找到线索之后，就试着去推测，或者通过直觉感知孩子的心理状态。

聆听是接收孩子语言内涵信息的过程。

经常有人在家庭中抱怨说："没有人在用心听我讲话。"孩子对此情况的感受更为特殊。

要想和孩子进行有效的沟通，家长就要从一直说转变为用心听。

称职的父母，一定是善于聆听孩子说话的，会通过信任、尊重孩子来促使孩子表达，从而与他们进行良好的沟通。在促使和聆听孩子表达时，还要注意以下几点：

（1）要对孩子表现出兴趣

倘若你对孩子及其活动表现出浓厚的兴趣，那么你和孩子之间不仅打开了通路，还会让他们觉得自己在父母心中占有重要的地位。父母通过关心、照顾孩子，让他们畅谈自己的经历和体会，能够让亲子关系变得更加亲密。

（2）要给孩子留出接触的时间

当孩子受到创伤而感到恐慌、失落时，他们更需要温情的安慰；当孩子与父母分享好消息或者分享快乐时，他们也很想知道父母此时的心情如何。所以，父母不应一直忙于处理其他事情，而忽视或者不去倾听孩子的讲话。另外，家长每天都要抽出一些时间与孩子单独接触，即使只有几分钟，也可以对孩子说："我们一起去外面散散步。"或者说："让我们坐下来说会儿话。"从而让孩子有足够的机会诉说和表达。

（3）听孩子讲话要专心

父母在聆听孩子讲话时，一定要注意力集中。为此，父母应尽量选择闲暇的时间和安静的场所和孩子交流。在这段时间里，父母要停下手中的一切工作或者家务事，并排除其他可能会让你分心的物品，比如电视、手机等，并且目光要始终注视着孩子，让孩子感到你非常重视和他的谈话。

（4）耐心地鼓励孩子谈话

在谈话过程中，父母要对孩子说一些鼓励的话，如"是这样没错""我明白你的意思了"，也可以问一些简单的问题进一步引导孩子，这样便能使谈话持续下去。还需注意的是，在孩子讲话时，不要随意插话，更不要直接打断，在孩子陈述某一情景时，尽可能让其将细节表达清楚。

（5）注意自身的行为语言

行为语言是父母向孩子传递信息、表达情意的一种沟通方式。不少父母还不知道如何利用自己的行为向孩子表示"我在很认真地听，我对你说的话很感兴趣，我很认同你的看法"。能够表示对孩子注意的行为主要有五种：一是将头正对着孩子；二是坐在离孩子最近的位置；三是保持正确坐姿或将上身朝孩子倾斜；四是与孩子的眼神对视；五是用慈爱的目光注视着孩子。

（6）表示自己有同感

当父母能够摆脱主观思想和感情，站在孩子的立场看待和思考问题时，就能够对孩子的经历感同身受，进而感知到孩子情绪的波动，然后再将自己对这件事的看法告诉孩子。

（7）帮助孩子弄明白，并说出自己的经验

父母在聆听孩子讲话的过程中，可以通过自己的话对孩子的叙述加以解释和说明，帮助孩子弄清楚其所要表达的意思，让孩子对自己的内心活动和感受有更深入的理解。父母在解释时，要多运用通俗易懂的词汇，尽量将孩子想要说的话，清楚明了地表达出来。

（8）准确反映孩子的情感

成为孩子情感的一面镜子，用语言准确地反映孩子的感受，是一个高超的聆听技巧。如果孩子的情感是正常且合理的，父母则不必评价或压制他的情感，而应帮助他承认并接纳这种情感。当消极的情感得到承认和表达后，就会慢慢消退，为更积极的情感创造空间。因此，父母应当有意识地对孩子的情感做出准确的反映。

沟通是一把开启孩子心灵窗户的"金钥匙"

"现在的孩子简直太难管了，说也不听，骂也不听。"一位家长愁眉苦脸地说。成功心理学专家方晓光当即反驳："孩子不是管出来的，家长不应该按照自己的想法来塑造孩子，让孩子成为完成自己梦想的工具。孩子应该有自己的人生。"

他告诫所有的家长说："现在孩子的物质生活丰富，精神生活却没有跟上，而学习、生活经历又与父辈截然不同，代沟使得孩子的许多事家长管不了，家庭教育中最好的办法是交流，而不是管教。"

此情景就曾发生在北京大学中小学生心理素质训练营的结营仪式上。盖洛普-北京大学成功心理学中心主任方晓光针对一百多名家长的家庭教育困境举行了一次学术讲座，主要是为家长们指点迷津。这场讲座持续了一个半小时，主任方晓光完成了家长们困惑已久的各种问题的解答。"讲座给我的启发很大，没有教不好的孩子，只有不会教的家长，现在已经到了重塑家长的时候了。"一位家长颇有感触地说。

随着社会竞争愈来愈激烈，工作节奏日趋紧张，大多数家长不得不投入大量的精力和时间到工作中去，以至于他们顾不上甚至忽视对孩子特别是青春期孩子的教导，这已经成为一种普遍的社会现象。

尽管有的家长也掌握了一些教育孩子的知识和方法，但是，当真正运用到教育自己孩子的实践中时却常常以失败告终。教育失败的原因是多方面的，其中之一就是很多家长无法与孩子进行心与心之间的沟通，对孩子的了解不够。

有一位妈妈在讲述自己刚刚升入初中的孩子时，忧心忡忡地说："孩子越大和我的关系就越疏远，我的苦和累她从来都视而不见。她有什么事，也从来都不和我说。当我问到在学校里的情况时，不是一言不发，就是用'说了你也不懂，说了也白说'之类的话回应。"

这种情况普遍存在于大多数家庭中。家长在与孩子交往时，总是注意不到孩子正在形成和发展的性格、行为习惯等，仅仅从自己的一贯逻辑出发，同时还会吃惊于孩子的不服从。这背后的原因在于家长忽视了孩子复杂的心理活动，与孩子心灵脱节。

亲子之间的心灵沟通，在家庭教育中发挥着重要作用。首先，家长多与孩子沟通，有助于家庭成员之间的关系更加和谐、亲密。和谐的家庭气氛，能够帮助我们创造一种积极、健康的教育孩子的良好环境。其次，家长多与孩子沟通，能够促进家长对孩子的了解，并及时且有效地因势利导，有的放矢地做好教育孩子的工作。最后，家长多与孩子沟通，能通过对事物的评价，帮助孩子树立正确的人生观与价值观，纠正其不良的思想倾向，促进其身心的健康发展，走好人生的每一步，最终迈向成功。

那么，家长要怎样与孩子沟通呢？

（1）了解孩子

如果家长不能与孩子进行心灵的沟通，那么，即使他有再多的教育知识和方法也无法派上用场。反之，如果家长能真正放低姿态，走进孩子的心灵世界，去了解孩子的心声，那么，家长和孩子之间的沟通自然水到渠成。

作为家长，要尽量抽出一部分时间与孩子亲密接触，这是许多教子有方的家长的经验之谈。孩子和大人一样有自己的喜怒哀乐，通常来讲，他们还有好问、好群、好玩等特征。所以，家长要识得童心，改变之前高高在上的姿态，俯下身来倾听孩子内心的声音，否则将难以了解自己的孩子并与之沟通。

孩子喜欢问问题，你却表现得很不耐烦，让他在一边自己玩；孩子喜欢群体活动，你却把孩子整天关在家里，让他心情很郁闷；孩子喜欢玩游戏，你却剥夺了他玩耍的权利，整天叫他看书、写字，甚至假期也要让他复习功课，就算孩子表面上不反抗，内心也会有所不满。

久而久之，孩子的潜意识里就会认为自己与家长不亲，自然就会离家长越来越远，导致家长和孩子之间产生了隔阂。隔阂一旦产生，再好的教育方法也无济于事。

相反，如果家长能够保持一颗童心，多与孩子进行感情上的沟通，就能够在情感上产生共鸣。如此一来，既能让孩子主动向家长吐露心扉，又能让孩子乐意接受家长的教育。

当然，这里所说的家长要保持童心，不是让家长完全和孩子一样天真，而是让家长能够完全了解孩子的心意，从而对孩子的童心施加影响，在孩子的童年时期结束时，让孩子可以迈出稳定的步伐。

（2）倾听孩子的诉说

你的孩子最爱吃什么？

你的孩子闲暇时最喜欢做什么？

你的孩子告诉你他最近经常和哪个孩子交往了吗？

你的孩子每次犯错后你都会听他申辩吗？

你每天都会抽空听孩子讲他的事情吗？

大部分家长都从未注意过这些问题。

虽然家长们对孩子呕心沥血，但实际上，很多家长都忽视了与孩子的沟通，并且没有给孩子申辩和倾诉的机会。

虽然孩子明辨是非的能力相对较差，但他们也有自己独特的思维方式。他们做的每一件事都有其理由和想法。家长们习惯于用成人的思维方式去评判孩子的行为，不给孩子机会做出解释，甚至以打骂相加。孩子失去话语权或失去父母的信任，以致委屈和不满无从发泄，于是与父母产生对立情绪。

与孩子进行心灵的沟通，倾听孩子的诉说，将话语权还给孩子，并不是对孩子的放纵，而是一种家教艺术。对家长而言，家长能够通过倾听孩子的心声对症下药，从而拉近与孩子之间心灵的距离，建立起一个良好的亲子关系。对孩子而言，当他有了向父母倾诉内心感受的机会，压抑的情绪就会烟消云散，从而克服自卑感，增强自信心。

沟通是一把开启孩子心灵窗户的"金钥匙"。父母要多与孩子进行心灵的沟通，对孩子值得称赞的一面，要及时鼓励并予以支持；对孩子存在错误之处，要循循善诱并启发开导。

充分尊重孩子说话的权利

在日常生活中不难看到这样的情景：当孩子兴高采烈地想要跟父母倾诉时，父母却专心于做其他的事，让孩子等会儿再说，或者当孩子诉说自己的委屈时，父母一听就大发脾气、横加指责，而不先去弄清事情的真正缘由。长此以往，这种相处模式会给亲子间的沟通造成极大的危害。

下面这个事例中的母亲值得家长们学习，因为她及时发现了自己的错误并进行弥补。

一次，女儿放学回到家，我正在修理我的电脑。她跑到我身边吵着要给我讲学校里发生的一些事，我有点儿不耐烦，就让她先去一边玩儿，并告诉她我还有急事。可她非要缠着我，我就冲她发了火。起初女儿只是默默地流泪，见我还是没有理睬她，就大哭了起来，无论我怎么哄也没用，闹腾了好久，最后还是听她将事情全部讲完才罢休。后来经过冷静的思考，我发现这件事的确是我对不住女儿：女儿已经离开妈妈一天了，我怎么就舍不得那点儿时间来满足她的合理要求而非要等她耍脾气呢？从那天起，通常情况下，我都会认真满足她的一些合理要求；实在抽不出时间的时候，就不等女儿提出要求，先对她提出请求。这样一来，女儿就会觉得妈妈很尊重自己，也很少再任性了。

的确如此，父母要想表达对孩子的爱和尊重，就必须给孩子充分的话语权。比如当孩子向你谈起他在学校里与同学、老师之间发生的事时，你一定要认真地倾听，不要三心二意，然后帮助孩子树立正确的思想观念。在沟通的过程中，最好还能以孩子朋友的身份，用孩童式的口吻与之交流、商讨，在建设性的讨论中与孩子共同成长。

王洋是一个活泼淘气的小男孩，他在上课的时候，看到街上有人穿着卡通人物的服装，就探出窗外大喊："你是大耳朵图图吗？你能表演动耳神功吗？"最终王洋因过于自由奔放而被退学。

后来王洋被一所有着独特教育方法的学校所接纳。从来没有人用心听过王洋讲话，可是这所学校的校长却认真地听王洋大谈了好几个小时。可见，这位校长是多么和蔼可亲，又是多么善解人意。

大多数父母拿到孩子期末的通知书时，都会将目光直接放在孩子的考试成绩上，而忽视孩子的日常表现等其他方面的进步。他们还会说："不要把心思放在与学习无关的事情上。""就会在那些没用的地方逞能！""怎么就不知道在学习方面下功夫？"如果孩子在学习上没有进步，那么，就算其他方面表现得再出色，父母也不会给孩子丝毫的表扬和鼓励。而孩子一旦为自己辩解，就会招来父母更多的训斥和责备。孩子天真的心灵就是这样被扼杀的。

做父母的应效仿上例中校长的做法，用心倾听孩子的话语，满足孩子的内心需要，这不仅对增进亲子感情大有帮助，还可以增强孩子的自信心和安全感。相反，如果父母只顾自己的感情需要，而不顾孩子的心理需求，孩子必然会感到十分孤独，情绪得不到排解时就会变得暴躁、有攻击性或愈发消沉。

父母应当付出时间去倾听孩子的诉说，做个忠实的听众，用心观察，捕捉孩子的闪光点，然后真诚地予以夸奖。只要父母尊重、关心孩子，让他有足够多的表达机会，孩子就会觉得和父母在一起很自由、很快乐，从而积极和父母沟通。

对于孩子的问题请认真回答

　　每一个孩子都是充满好奇心的，他们的世界里充满了各种各样的疑问——简单的问题、深奥的问题、有趣的问题，还有奇怪的问题，这些问题有的让我们如坠迷雾，有的让我们开怀大笑，有的让我们大吃一惊。孩子的这些问题，没有我们想象的那么简单。

　　从刚会说话到上小学，孩子们都喜欢问父母某件东西是什么或者某件事的原因等。有的孩子为了将这些问题一一弄明白，经常摆弄、拆散甚至破坏一些玩具和用品。处理这种情况时，很多父母都用了不恰当的态度和方法。比如，有的父母耐心不足，要么置之不理，要么予以斥责或严惩；有的父母因为解答不出孩子提的问题，就随意搪塞过去；有的父母虽然能给孩子解答，但由于讲解方法不当，导致孩子理解不了，事倍功半……

　　孩子一出生就对世界上的各种事物有着浓厚的兴趣，感觉一切都是新鲜的，有强烈的好奇心和求知欲。他们信任父母，认为父母什么都知道，所以会向父母提出各种问题。心理学研究表明，思维活动的起点就是提出问题，好奇心是出于对新鲜事物的注意，是对新异刺激物的探究及反射。在孩子的阅历不断增长和思维能力不断提高的过程中，他们提出的问题也会由简到繁，从个别的现象上升到事物之间的联系。这样，他们的知识就会愈加丰富，直到可以独立解决问题。

孩子为了满足自己的好奇心，会将不明白的问题拿来请教父母。而父母们通常以为他们是在找自己的麻烦，提出的问题实在多余且无聊。有时，父母又因为忙于其他事或者解答不出孩子的问题，便敷衍说"这会儿没时间，忙完再说"，或者说"你先自己想一想吧"，甚至有时父母不耐烦了，冲孩子喊道："你问我，我问谁去？"

这样的态度带来的危害之一就是使孩子的好奇心遭到打击。长此以往，还会让孩子慢慢丧失求知欲，也不爱思考问题，大脑逐渐变得迟钝。另外，还会让孩子觉得父母一点儿也不关心他，从而影响孩子与父母间的亲密关系。

有的家长本来情绪就不好，孩子一问，便气冲冲地说："哪来那么多乱七八糟的问题，一边玩儿去！"或者说："这不是你应该问的事！"他们认为这样的态度是理所当然的。毕竟，大人之间的纠葛，让孩子知道也没好处，况且只言片语也说不清。

这种言辞激烈地将孩子的问题予以驳回的处理方式是不可取的。

有的孩子内心敏感而脆弱，好不容易找到一个向父母请教的机会，却碰了一鼻子灰，他的内心必然会受到打击，还很可能因为这次问问题受到的教训，而再也不向父母发问，甚至疏远父母。长此以往，亲子间的关系会遭到破坏，父母也就无法与孩子进行良好的沟通。

如果孩子提出的问题父母也解答不出，这个时候该如何应对呢？

作为父母，应当积极解答孩子的问题。即便是难以解答的问题，父母也要对其所提出的问题表示重视，并清楚地对他说："等你再大些自然就明白了。"或者说："这个问题难度太大了，等妈妈弄明白，再为你解答好吗？"当然，你要做到言出必行，不可敷衍了事。

其实，有时候孩子提问并非为了要一个准确的答案。他们的快乐来自提问并得到解答的过程，而不是答案本身。所以，父母对孩子的提问要有所交代，让孩子在心理上获得一种被接纳、被重视的满足感，这也有助于发展他的好奇心并加深他对父母的信赖。

需要注意的是，妈妈切不可胡乱编造一个答案应付过去，特别是一些有关科学知识的问题，务必要弄明白了再为孩子讲解。

在面对孩子的提问时，我们可以借鉴塞德兹的做法：

一天，小塞德兹拿出一本达尔文进化论的少儿读本津津有味地看了起来，书中将生物进化的过程描述得十分生动，而且插图也极为有趣。

"爸爸，进化论中说人类是由猴子进化而成的，这是真的吗？"

"这个问题我也不能确定，但达尔文的理论是让人信服的。"

"可是如果人是由猴子变的，那么为什么现在还有猴子这一物种？"儿子问。

"因为猴子中的一部分进化成了人类，而其余部分却没有得到进化，所以它们还是猴子。"

"我觉得这样说不通。"儿子怀疑地说。

"那说说你的看法。"

"既然是进化论，那么所有猴子都应该进化，而不是只有一部分得到进化。"

"为什么这样说?"

"我认为其他猴子也应该得到进化，变成能够上树的人。"

"这种可能是不存在的，因为现实中有的猴子的确没有得到进化……"塞德兹说。

"为什么?"儿子继续追问道。

于是，塞德兹只好竭尽所能地向儿子解释其中的原因："根据我的了解，一部分猴子出于某种缘故必须在地面上生存，它们的攀缘能力不断减退，后来学会了直立行走，经过长时间的进化变成了人类;其余的猴子一直在树上生活，所以没有得到进化。"

"我知道了。可是猴子为什么要进化成人呢?像猴子那样灵活不是更有优势吗?"儿子又换了另一个角度提问。

"虽然猴子的身体比人类灵活，但大脑却不如人类灵活。"塞德兹说道。

"只有一个灵活的大脑有什么用呢?还是不可以像猴子那样从一棵树上跳到另一棵树上。"儿子说。

"但与灵活的身体相比较，灵活的大脑更为重要，也更具备优势。因为只有这样才能创造出文明。"

"为什么要创造文明?"儿子问道。

"因为文明能够推动人类的进步。"塞德兹说道。

就这样，儿子的问题接二连三地如潮水般涌来。他的很多问题在大人看来十分幼稚而毫无根据，但即便如此，塞德兹也尽可能地不让他失望。

回答孩子问题的原则主要有以下几种：

（1）了解孩子提问的动机

妈妈在回答孩子的问题之前，首先要了解清楚孩子提问的动机，是存在疑惑，是为了博得大人的关注，还是出于强烈的好奇心。只有了解孩子的真正意图，才能给他一个满意的答案。为此，妈妈可以先反问孩子一个问题，这是对待孩子提问的一个非常有效的方法。

（2）认真对待孩子的问题

对待孩子五花八门的问题，如果妈妈随意敷衍、粗暴制止或者胡编乱造一个答案应付，不仅会打击孩子提问的积极性，还会阻碍其智力的发展。

（3）答案要简单

回答孩子的问题时要讲究艺术性，要根据孩子的实际情况，比如年龄、理解能力等，尽可能简要而准确、通俗而生动地回答。切忌长篇大论、深奥难懂。如果问题很复杂，怎么讲孩子也无法理解，可以告诉孩子："你现在还小，长大后自然会明白的。"或者用转移注意力的方法把孩子的兴趣引到别的地方去。

（4）尽可能立即回答

孩子的注意力很容易转移，所以妈妈应当尽可能立即解答孩子提出的问题，否则孩子可能就会忘记问题，或者兴趣下降。当然，立即回答并不是要迅速地给出正确答案，而是要迅速受理孩子的问题，并引导孩子对相关问题进行思考。

（5）不要打断孩子的提问

不管多么心烦意乱，都不要说"不要问我"，应当认真回答孩子的问题，因为只有这样，才能保护和提高孩子提问的积极性，使他们的思维更活跃。

（6）认同孩子

无论孩子提出的问题有没有道理，妈妈都应当报以赞赏的态度，和孩子同样感到兴奋、惊奇，让孩子从中得到满足，使他求知的欲望更加强烈。相反，如果妈妈的态度非常不耐烦，嘲笑或讽刺孩子的问题，甚至贬低问题的价值，这无异于给孩子当头浇上一盆冷水，会让孩子提问的热情就此消失。

（7）以答引思

有些问题的答案并不是唯一的，有的妈妈在回答时以偏概全，这是不科学的。遇到这种情况，妈妈应该有目的地向孩子提出问题，通过反问、设问等方式引导孩子认真思考，从多方面看待和分析事物，巧妙启发，循循善诱，点燃孩子的思维火花，培养其发散性思维。

回答孩子问题的方法，概括起来有下面两种：

（1）要有耐心，不要上来就训斥孩子

如果实在没时间，可以对孩子说："过一会儿给你讲。"或者暂停手里正在忙的事，先解答孩子的问题。有的妈妈由于知识面有限，不能立即给予解答，这时就要诚实地告诉孩子："这个问题难住我了，等我查查资料或问问别人再给你讲。"

（2）加强引导和启发

如果孩子提的问题较容易解答，可以一步步引导他们自己去思考和解答。比如孩子问："为什么到了冬天玻璃上会有冰花?"可以引导他思考冬天进到室内眼镜上有水雾的道理。在回答孩子的问题时，有意识地诱导孩子把兴趣和好奇心转变为学习的动力。

让孩子愿意开口说话

在保证锁完好无损的前提下，只有吻合那把锁的钥匙才能将其开启。

孩子的成长离不开沟通。他们非常希望父母能够倾听自己的欢乐、苦恼、看法和意见。对孩子而言，得到父母的倾听和关注，是莫大的安慰。没有一个孩子不存在这种心理需求，然而这种心理需求往往得不到家长的理解。父母对于孩子的倾诉，不是态度冷淡，就是挖苦嘲笑，过后又反过来抱怨孩子不愿意和自己沟通，其实这都是因为自己平时对孩子的忽略造成的。

（1）以朋友的身份与孩子平等交流

孩子不愿意和父母交心，其主要责任在家长。大多数家长恪守以家庭为中心的教育模式，讲究长幼尊卑，于是忽略了以朋友的身份平等地和孩子交流。久而久之，孩子也会对家长产生排斥心理，逐渐关上心灵的大门。

如何让孩子愿意主动和妈妈交流呢？

孩子不愿意说话，是由多方面原因造成的。例如：对话题不感兴趣、对谈话的内容不了解，以及精神或身体状态不好等。另外，有的孩子生性爱与人交流，不管是跟熟人还是跟陌生人，都特别聊得来；可是有的孩子却天生内敛腼腆、不爱讲话，往往需要变着法儿地引逗好长时间，才能让其"金口"一开。

所以，和孩子交谈，不仅要找对时机，还要找个合适的话题，这样才能让孩子积极配合。此外，交谈的技巧也尤为重要，尤其是对那些天生内敛、害羞、不爱讲话的孩子，更需要耐心及巧妙的引导，给予他们更多说话的机会，培养他们表达的勇气以及表达的能力。只有孩子愿意与人交谈，才能更好地与父母以及他人相处，并与之建立亲密友善的关系，这对其日后的人际交往和社会生活意义重大。

上一年级的乐乐是一个天生内向的小女孩。有一天放学回到家，妈妈问："乐乐，你今天在学校开心吗？"父母最关心的就是孩子在学校的表现。

乐乐回答："开心。"

妈妈又问："今天你在课上学习了哪些知识呢？"

乐乐思考了一下，低下头说："我也不知道。"

"今天有没有学儿歌呢？"妈妈把提问的范围缩小，因为问题越具体，越容易让孩子回答。

"没有。"乐乐说。

"那有没有学古诗呢？"

"有，老师今天给我们讲了一首古诗。"

"能不能读给妈妈听呢？"妈妈鼓励她说。

"我不会。"可能是她还没有学会，也可能是勇气欠缺。

"没关系！妈妈想知道这首诗的名字是什么。"

"……"乐乐摇摇头。

"是不是'鹅鹅鹅，曲项向天歌。白毛浮绿水……'？"妈妈看了一年级的课程大纲，知道这周会教这首古诗，便试着朗读给乐乐听。乐乐也跟着朗读了起来，而且读得抑扬顿挫。

"嗯，乐乐读得比妈妈还好听呀！而且，你还加上了手势。"对乐乐的表现，妈妈积极地表扬。

妈妈的赞许十分奏效，乐乐主动说："妈妈，我再朗读一遍给你听。"

妈妈一边听，一边满意地笑着，她知道自己用对了方法。

性格内向的孩子不仅见到人不喜欢打招呼，而且在面对老师的提问时，就算知道答案也不敢举手回答。他们有实力，但成绩并不突出，做任何事情都畏首畏尾的，令父母焦急万分。这时，有些父母为了尽快扭转孩子的个性，就开始训斥或唠叨："你怎么这么不爱说话！""你做事情麻利点儿！""上课要积极回答老师的问题！"然而像这样的催促，并不能让孩子变活泼。因为内向、消极的孩子的内心往往敏感而脆弱，大人的责骂越多，他们就会越畏缩、消极，特别是父母用命令式的口吻强迫孩子，更会带来不良后果。

想要让孩子的性格变得活泼开朗，父母首先要帮助孩子消除不必要的心理压力，鼓励他们与性格相似的小朋友玩儿。因为性格相近的孩子更容易建立起友谊，互相吐露心扉，进而让孩子产生对自己的信心，使其从消极逐渐转变为积极。

也许你会有这样的疑问，为什么不把孩子放到外向的孩子当中呢？有的父母以为内向的孩子和外向的孩子接触多了也会变得活跃起来，可实际上，那样做反而会把事情变得更糟。因为勉强内向的孩子与活泼的孩子共处，只会让他们的心理压力剧增，进而产生防卫心，并不断滋生自卑感，对于改善性格有百害而无一利。

（2）引导孩子进行表达

当父母带孩子外出游玩或到亲戚家做客回来后，可以试着让孩子讲讲游玩或做客的经过，并简单地给予提示，引导其对发生的一些重要的事进行回忆，使他们的讲述具体且生动。当孩子语无伦次时，父母可以针对性地提出问题，让孩子所经历的事情在脑海中情景再现，从而使孩子主动完善其叙述。在此过程中，父母不仅要让孩子将事情的经过讲述清楚，还应引导孩子说出当时的内心感受。这不仅能使孩子讲述的内容充实动人，还可以让父母对孩子有更多的了解，同时有助于孩子进行系统的语言学习。

小童是个肠胃不太好的孩子，妈妈很关心他在学校的用餐情况，便对小童说："小童，今天喝的什么粥？"

小童思考了一下说："不知道。"

妈妈进一步问："今天的粥是甜的还是咸的呢？"

"是甜的。"

"那是什么颜色的呢？"

"黄色和白色。"

"粥里白色的东西是一粒粒且软软的吗？"

"是的。"

"那到底是什么呢？"妈妈还是猜不出来。

"是粥呀！"

"这种甜甜的、有一粒粒且软软的白色东西的粥叫什么名字呢？是不是燕麦小米粥？"

"不是。"小童说。

"这种粥你在家里有没有吃过呢？"

"吃过。啊，我知道了，是大米南瓜粥啦！"在妈妈的引导下，小童终于想起了粥的名字。

在这个问话的过程中，母亲通过给予孩子思考的机会及思考的路线，使孩子从中认识到一种事物的特征。

问话的内容需要根据孩子的年龄而定，向年龄小的孩子问话时，要以简单的问题为主。比如，孩子正处于幼儿园阶段，父母就可以问他："今天在幼儿园学了哪首儿歌？""今天玩了什么游戏？是和谁一起玩的？"如果孩子在小学阶段，父母可以试着让他描述一件他印象最深刻的事情或者喜爱的卡通人物。

为了提高孩子的表达能力，父母还要让孩子多用自己的眼睛看、耳朵听、鼻子嗅、嘴巴尝等。而这些离不开一个健康优美的环境，所以家长要尽力把家里的环境布置得最有利于孩子的成长。

孩子的思维具备形象和认知直观的特点，据此，父母可以引导孩子见到某种物体或某个人时，说出相应的名称。例如，妈妈第一次带孩子去动物园看到了猴子，便可以教他"猴子"这个词。如果是第二次看到猴子的图片时，就要问问他这是什么。当他将名称准确地说出来后，让他仔细观察猴子身后面又细又长的部位，问问他这是猴子的哪个部位，再教他"尾巴"这个词。在引导孩子说话的过程中，要尽量让他运用到多种感官，使孩子将词和词所代表的物体或现象建立联系，不要直接丢给孩子一些词语，让他死记硬背。在让孩子积累词汇量的同时，还要注意将词语的大致意思告诉孩子。例如，妈妈叠被子时可以说："这被子软绵绵的。"然后让孩子也摸摸被子，告诉他："感觉像棉花一样软就是'软绵绵'的。"

孩子学会一些词语后，还要适时地鼓励孩子运用。父母在和孩子交谈时，要多引导孩子把学过的词语运用到口语中。例如，孩子坐在沙发上时说："哎呀！好软呀！"这时父母就可以启发他："像什么一样软？换一种说法怎么说？"使他说出："这沙发软绵绵的。"

　　孩子在谈话中，可能会漏掉一些细节或重点，这时，父母可以向孩子提示一些关键词或一些将事情表达清楚必须要用到的句子。

　　孩子具有很强的模仿能力。父母在和孩子交谈时，可以告诉孩子回答某个问题的方法，并为他做示范，等父母示范完再让孩子重复。如果孩子年幼且有较好的接受能力，可以学会父母的示范，那么，就及时予以表扬。孩子的成长，就是在这样一点一滴的积累中完成的。当然，如果孩子的年龄稍大一些，就应该鼓励他独立发言，以此培养他的创造力。

逆反期的孩子也能沟通

陈鸣今年 13 岁，他与妈妈之间充满了各种矛盾，经常起争执，他甚至几次放话要离家出走，以此来威胁妈妈。最近陈鸣的学习成绩有所下滑，所以妈妈给他报了辅导班，让辅导班老师感到疑惑和惊奇的是，她发现陈鸣头脑十分灵活，一点就通，一学就会，按理来说学习成绩不应该这么差，而且陈鸣的表现完全不像他妈妈所描述的那样叛逆、极端。后来，陈鸣和辅导老师逐渐熟悉了起来，在老师面前他也能够打开自己的心门。在一次和老师的交谈中，他坦言自己之所以"反叛"妈妈，是因为从小妈妈就将所有关注点放在他的学习上，在妈妈的逼迫下，他除了看书，就是做题。在妈妈眼里，他喜欢的漫画和游戏都是不良嗜好。而且，直到现在妈妈还一直把他当成小孩子，包揽他的一切事情，导致他完全没有自主空间，这让他十分不满。

陈鸣如此叛逆的原因，无非就是妈妈对他的爱太过度、太过强硬了，孩子失去了自由，就要窒息了。除了学习什么都不会做的孩子就是好孩子吗？妈妈包办孩子的一切，让孩子没有一点儿生活能力，这也是对孩子的爱吗？

很多父母想让孩子按照自己的意愿成长，当孩子尚未懂事时可能还会顺从，但当孩子进入青春期，有了自己的想法时，就不会再对父母言听计从了，他们就会用自己的方式反抗。面对逆反期的孩子，父母不要只是一味训斥，也要懂得从自身找原因。

（1）保持自己头脑冷静

孩子和父母唱反调，父母往往会心生不满，于是动用监护人的权利来压制孩子。其实，此时的父母应该提醒自己冲动是魔鬼，只有保持冷静，心平气和地与孩子沟通，才能有效地解决问题。孩子在叛逆期的言行举止犹如狂风暴雨，无法自控。而父母作为成年人，应当懂得保持冷静。

（2）平等地和孩子沟通

大多数父母都觉得自己是对的，孩子理应顺从父母，却忘了孩子已经有了独立思考和处理问题的能力。父母应该放低姿态和孩子进行平等的沟通，耐心地倾听孩子内心的想法，与孩子在感情上、具体事件上求同存异，并做一些适当的让步。

（3）反思自己的教育方式

通常情况下，父母都应该跳出自己的角色，站在第三者的立场上看待孩子的叛逆行为。这样父母可能就会意识到，一些事并非全是孩子的问题。所以，为人父母，我们应当时刻反思自己。只有懂得反思自己，才能教育出真正优秀的孩子。

（4）艺术地批评孩子

有的父母一旦发现孩子犯了错就无休止地责骂，殊不知，这样会伤害孩子的自尊心而使其产生逆反心理。如果父母先对孩子表现好的一面给予肯定和赞赏，再指出并纠正其不足，这样一来，孩子的自尊心得到了满足，就会积极地朝父母希望的方向改变自己。

（5）引导孩子理智化

对待孩子所出现的问题，比如早恋，父母应在尊重孩子的感情和人格的前提下，对孩子晓之以理，动之以情地说服、劝导，让孩子认识到问题的危害性。同时，父母可以通过举例子来改变孩子的理想化思维，用自己冷静、理智的态度来引导孩子做出明智的决定。

家长会之后，与孩子进行沟通

大多数学生都十分抵触家长会，只要父母去参加家长会，孩子就会在家里提心吊胆地等待着，猜测父母和老师会怎样评价自己。而且，大多数父母从学校回来后，脸色都是"多云转阴"。

亮亮今年上初二，她的学习成绩一直不太好，不过，她在这次期末考试中取得了很大的进步。即便如此，当妈妈去参加家长会的时候，她依然十分忐忑，心神不宁，脑子里总是萦绕着老师和妈妈对话的情景，猜测老师会和妈妈说些什么，妈妈又会有怎样的反应。

家长会后的结果和亮亮所预料的差不多，妈妈对她的进步只用了一句"这次考试进步了许多"一带而过，接着就开始不停地责备她考试粗心、马虎和听讲不认真、上课开小差。

亮亮无奈地说："我已经付出了努力并取得了进步，可家长会非但没有给我应得的表扬和鼓励，反而给了我更多的批评，我真讨厌家长会，老师和家长见面只会给我带来痛苦。"

据北京市某中学主管德育的副校长介绍，他们做过一次调查，调查结果显示，将近70%的学生在父母开家长会时会忐忑不安，余下的 30% 是那些一直以来成绩居高不下的学生。

该副校长说，出现这种现象的原因有两种：一是从很早开始，家长会的主要内容就是老师与家长谈论孩子的不足之处，甚至有的家长也会遭到老师的指责，导致家长都对家长会有抵触情绪，担心丢面子，而学生也害怕老师会在父母面前揭自己的短；二是就算老师在家长会上以表扬学生为主，对学生表现好的方面加以肯定，大部分家长回家后也很少去鼓励和表扬孩子，更多的还是训斥。学校里进行了一次测试，老师在家长会上对全班同学一一进行了表扬，等到第二天老师问学生，家长会后谁受到了家长的表扬时，仅有两名同学举起了手。

北京市中小学生心理咨询中心主任指出，家庭教育是一种迁移教育，是对学校教育的补充。家长应当将老师的要求带到家庭中引导孩子。比如，在家长会上老师提到孩子答题要有步骤，家长就要在日常生活中适时提醒孩子处理问题要有顺序，从而促使其掌握一个正确的学习方法。然而，在家长会后，大部分家长仅仅是将老师的要求对孩子机械地重复、强调，甚至用强制措施让孩子记住。孩子在学校挨批评，在家里又受指责，必然会产生抵触心理，学习上自然也无法取得进步。此外，有的家长在家长会后进行家庭教育时，往往会将自己的看法与老师的意见相结合，将孩子身上所存在的缺点和问题放大，这会让孩子以为老师向家长说自己的问题的时候夸大其词，以至于对老师产生反感。而老师为了能和孩子更好地沟通，不得不把家长会上说的话反复斟酌，不会把孩子的情况全盘托出。如此一来，家长会就无法促使孩子进步，并且可能引发老师、家长和学生的矛盾。

专家认为家长和老师作为教育主体，他们之间的沟通尤为重要，家长会正是老师与家长沟通的一个很好的渠道，便于老师对学生在家中的学习和生活情况有所了解。然而有不少学校的家长会无异于老师对家长的批评会，既批评学生学习不认真，又批评家长没有与学校积极配合。这使家长在教育上的主体地位不保，甚至让很多家长感到难为情，对家长会产生抵触心理。其实，在家长会上，老师应该做的是和家长平等交流，为家长提供有效信息，客观分析每位学生，肯定学生身上的优点，并指出不足之处以及改正的方法。这样才能真正改变家长会的现状和老师唱独角戏的家长会形式。

家长要明确自己参加家长会是为了从老师那里收集所有和孩子有关的信息。家长会上，有的家长通常在校领导和班主任老师介绍学校近阶段的教学计划和任务、课程改革的内容、老师对学生的具体要求时表现得漠不关心，只有到了班主任对班里学生进行分析、评价时才将注意力集中，听老师有没有提到自己的孩子。家长会结束之后他们会继续向老师追问孩子的学习情况。当老师向其指出孩子的不足时，他们就在老师面前斩钉截铁地保证会对孩子严格要求，并且想好了回家后如何"修理"孩子。这类家长往往有严重的功利思想，他们对将来能从孩子那里得到多少回报的关心远远超过对孩子的未来的关心。

家长会相当于这类家长的情报站，他们选择性地记录下自认为有用的信息，为之后"教育"孩子搜集素材，却忽略了家长会上传达的学校情况、年级情况和学校接下来的整体安排等重要信息。他们所关心的无非是孩子的成绩和排名，表现得十分功利。这种现象在家长会上十分普遍，这也是很多家长认为"大道理都说尽了，可孩子就是不听话"的原因。

还有一类家长根本不拿家长会当回事，他们觉得自己能抽空亲临家长会已经是对孩子和学校的"恩赐"了。这类家长无法与老师进行有效的沟通，更无从得知孩子有哪些问题，也就无法有的放矢地教育孩子。孩子的学习令家长不满意，问题不是在孩子和老师身上，是家长要承担主要责任。坦白说，家长严格教育孩子的前提应该是家长要有正确的教育意识。

当然，也有一小部分家长非常重视家长会上老师以及校领导的发言，并认真记录下关键内容，甚至会列出为达到老师要求将要采取的措施。这类家长的孩子学习成绩通常都不错。在家长会结束后，他们会找机会和班主任进一步沟通，明确孩子现有问题的根源，并商讨相应的解决方法，回家后也能心平气和地与孩子进行沟通。

不言而喻，这类家长比前两类家长更受孩子的爱戴和老师的认可。他们往往在平日里就很注意与孩子沟通，十分清楚孩子的情况，而且跟老师也密切配合，尤为重要的是，他们会经常思考孩子身上所存在的问题，并且为孩子提出具有建设性的意见。在家长会上，这类家长对想要了解的问题和向老师提的建议都十分清晰明了，能够有目的地倾听老师的讲话，当老师指出孩子的不足时，也在其意料之中，而且会和老师共同商量改进的措施。

这类家长用在家长教育理念和方法上的成功促使着孩子成功，用自己的思考引导着孩子的思考，用理性促成老师、家长和孩子的和谐统一。

家长与孩子的交流应该循序渐进。在开家长会时，要提前准备好一个专门的记录本，尽可能完整地记录下老师所传达出的每一句重要信息。从学校回来后，不要立刻和孩子讨论学习的事，而要用亲切的态度让在惶恐不安中等待结果的孩子感到些许安慰，等孩子放松下来后再耐心地和孩子讲述家长会的内容。比如，先向孩子讲一讲家长会上都有谁上台发言以及发言的主要内容，让孩子对家长会的过程有大致了解。然后说一说班主任对哪些同学提出了表扬或批评，如果孩子得到了夸奖，一定要及时予以肯定。客观、真实地向孩子转达班主任及科任老师对他的评价，然后拿出家长会记录本，将这次老师的评价以及成绩与上次的相比较，分析孩子进步的方面或退步的方面以及不足，和孩子共同寻找改正和提升的方法，最后加以总结。

与孩子平等交流的注意事项

（1）避免使用讽刺、挖苦的语言

对于孩子来说，他们不喜欢听家长说一些过于讽刺的话，这些话是很伤孩子自尊心的，家长一定不能说。如果不小心说出口了，一定要及时给孩子道歉，请求孩子的原谅。

（2）不要说出自相矛盾的话

跟孩子沟通时，家长要注意不要自相矛盾，特别是家长之间，不能一个说对一个说错，应该统一起来，家长们应该以相同的态度来对待孩子。

（3）对孩子要求过高

家长在和孩子沟通时，不能说一些不负责任的话，比如对孩子要求过高，想让孩子成为一个著名的钢琴家、科学家等，不要对孩子说让他一定要怎么样，这样会让孩子感觉到压力。家长应该鼓励孩子，尽量让孩子多去努力，不强调结果和成绩，而强调努力的过程。

（4）不要对孩子隐瞒自己的失望

当家长看到孩子做错事情时，不用刻意隐瞒自己的失望，对于孩子来说，这些是他们必须经历的。让他们经历挫折和失败，也是一种磨炼。

第六章

有一种力量叫赏识

赏，含欣赏赞美之意；识，是肯定认可。赏识教育就是通过激励、表扬等手段，肯定孩子的优点、长处，鼓励他不断追求成功。人的天性总是希望得到别人的肯定，喜欢听别人的溢美之词。所以家长要学会发现孩子的闪光点，适时地表扬孩子。

欣赏的力量无穷大

海伦·凯勒在出生十九个月后因病双目失明，但是她后来却成为美国著名的作家、教育家和慈善家。海伦·凯勒能取得惊人的成就，离不开妈妈的鼓励和欣赏。每当她找到了自己需要的东西，妈妈就会慈爱地抚摩她，对她表示鼓励。海伦·凯勒虽然在黑暗中生活，但是仍然过得很快乐，因为她有一位善于鼓励和欣赏自己的妈妈。

无数事例告诉我们，那些取得成功的孩子，往往都拥有懂得欣赏自己的妈妈。欣赏孩子就要肯定孩子的优点，赞扬孩子的长处，给予孩子正面的评价，让孩子在妈妈的肯定下一步步走向成功。每一个孩子都有自己的优点，妈妈只要认真观察就能发现。欣赏孩子的优点可以让孩子树立自信心，获得积极向上的心态，勇敢面对人生的各种挑战。

（1）欣赏孩子真善美的品质

如果妈妈听说或发现孩子做了好事，应该对孩子提出表扬，让孩子收获做好事的精神回报。比如，一位妈妈和自己的孩子逛街，路上遇到一位行乞的老人。妈妈没有把行乞之人放在心上，可是孩子却从自己的钱包里拿出五角钱，轻轻放在老人面前的旧碗里。妈妈看到了这一幕，向孩子竖起了大拇指说："儿子，你做得很好，妈妈应该向你学习。"再比如孩子说了真话，即使观点错误，妈妈也不要急着批评孩子，应该先对孩子的诚实表示赞赏，然后引导孩子发现和改正错误。

（2）欣赏孩子的学习成绩

孩子考试取得了好成绩，妈妈一般都会赞美或嘉奖孩子。但孩子考试如果没考好，妈妈也应该鼓励孩子，而不是一味埋怨或指责。善于教育孩子的妈妈不会只盯着分数看，而是会在试卷中寻找孩子的亮点，例如：孩子的作文比上一次写得好，孩子的汉字写得更漂亮了，孩子的计算题全部算对了……即使孩子只取得了一点儿进步，妈妈也应该给予赞美，用欣赏的眼光鼓励孩子继续努力。

（3）欣赏孩子的兴趣

每个孩子都拥有自己的兴趣爱好，妈妈应该学会欣赏。只要孩子的兴趣爱好是健康向上的，妈妈就不要随意阻挠。孩子喜欢画画，就鼓励他去画；孩子喜欢打篮球，就教他打篮球。如果担心孩子在培养兴趣爱好上花费过多的时间，妈妈可以帮孩子规划好时间，让孩子懂得合理安排时间的重要性。很多文艺明星和体育冠军从小就有相关的爱好，正是因为他们的妈妈懂得欣赏和支持孩子的兴趣，所以他们才有今天的成就。

（4）和孩子做知心朋友

妈妈想和孩子成为知心朋友，说起来很轻松，但做起来却很难。很多妈妈只关心孩子在学校的表现：有没有受到老师表扬、有没有取得好成绩等。如果孩子取得了好成绩，妈妈很乐意跟孩子聊天；当孩子考试没考好时，妈妈就没有心情和孩子聊天了。其实考场如战场，胜败乃兵家常事，妈妈不要把考试成绩当作衡量孩子好坏的唯一标准。比分数重要的东西比比皆是，例如孩子的品质、态度、价值观等。不管孩子考试有没有考好，妈妈都应该让孩子积极进取，争取做到"胜不骄，败不馁"。妈妈要善于站在孩子的角度看待问题，多发现和放大孩子身上的闪光点，不要总拿孩子的缺点和别人的优点做比较。盲目地比较不仅会伤害孩子的自尊心，还很容易引起孩子的反感和叛逆，甚至让孩子失去做事的信心。

想和孩子做朋友，妈妈更要懂得尊重孩子的人生目标和价值观，不要因为自己不喜欢就强迫孩子改变。有些妈妈喜欢唱歌，就非要把孩子培养成一名歌唱家，甚至命令孩子放弃自己的兴趣爱好。

欣赏孩子就要欣赏孩子的全部，而不是局限在某些方面。妈妈可以欣赏孩子读书、欣赏孩子画画、欣赏孩子唱歌、欣赏孩子跳舞，甚至欣赏孩子玩游戏、欣赏孩子说的某一些话、欣赏孩子的某一个动作等。当孩子发现自己被欣赏时，他会觉得自己得到了妈妈的关心和尊重，感受到了妈妈的爱。这种欣赏能鼓励孩子做好自己的事情，有利于孩子形成健全的人格。孩子做一件事成功了，被妈妈表扬和鼓励，就能满怀信心地去做另一件事。孩子把小事做好了，就能自信满满地做大事。

在现实生活中，一些妈妈陷入了教育孩子的误区：只知道指责孩子，却看不到自己身上的缺点；只关注孩子的学习成绩，却忽略了孩子品德的培养；只满足孩子的物质需要，却不和孩子进行情感交流；只懂得训斥孩子，却不会鼓励孩子……如果妈妈一直这样教育孩子，就会对孩子的成长产生不利的影响。虽然妈妈的初心是好的，但是孩子未必能理解。当他们发现妈妈不尊重和不支持自己时，经常会采取对立的态度进行反抗："你不让我做什么，我就偏去做什么。"

　　有一点需要妈妈特别注意，这里所说的欣赏孩子一定要理性和客观，不要无原则地溺爱孩子。发现了孩子的错误要巧妙地指出来，让孩子在感受到妈妈关爱的前提下认识到自己的过错，并能够虚心地接受批评并加以改正。孩子对事物的认识比较感性，妈妈应该多欣赏和鼓励孩子，让孩子自信、乐观地成长。

让孩子知道自己很棒

孩子能把一件事做到什么程度，与父母对孩子有着多大的信心关系密切。在孩子做一件事之前，如果妈妈能够对他说："加油，妈妈相信你能成功！"孩子往往会表现得更好。

可是在现实生活中，孩子独立做事的机会太少了，对成功的感受严重不足。因为妈妈不忍心让孩子受苦、受累，将孩子能独立完成的事情几乎都包揽了。要想让孩子充满自信，妈妈应该适当地给孩子实践的机会，教孩子在做事之前大声喊出："你能行，你最棒！"

自信不是孩子一出生就具备的品质，它无法用金钱买来，必须通过孩子亲身实践才能得到。孩子通过努力克服了重重困难，取得了一定成就，他就会从内心感受到"我能行"的魅力，对妈妈的信赖表示感激。

一位儿童心理学家认为，每一个孩子都是天才，因为每个孩子身上都有独特的闪光点。有些妈妈认为自己的孩子天生平凡，和同龄人相比没有任何优势，这种想法是错误的。其实并非孩子生来平凡，而是妈妈没有用心寻找孩子的闪光点。孩子身上的潜能是巨大的，只要家长善于引导，支持并相信孩子，就能让孩子绽放自己的光芒。

凌峰今年刚上四年级，之前没有当过任何班干部，他非常渴望担任班里的体育委员，但是害怕同学不选他。妈妈了解了他的想法后，鼓励他在竞选大会上勇敢地站到台上，告诉大家自己愿意为班集体服务，用真诚打动大家，实现自己当体育委员的愿望。

在妈妈的鼓励下，凌峰参加了班干部竞选，害羞地登上了讲台，热情而真诚地对大家说："同学们，虽然我学习成绩不太好，但是我非常喜欢体育运动，特别想为大家服务，我相信自己能成为一个好体育委员，请你们投我一票吧！"

台下的同学被凌峰的真诚和自信打动了，给了他热烈的掌声，并且同意让他担任体委。凌峰激动得哭了，他觉得同学们的掌声仿佛在说："凌峰，你能行，你是最棒的！"自从成为体育委员后，凌峰积极组织同学们参加学校的体育活动，赢得了全校师生的一致好评。

身为孩子的妈妈，应该从小给孩子传达自信的信号，让孩子敢于尝试，即使失败了也别丢失做事的勇气和信心。孩子永远不会忘记这些经历，会带着自信面对未来的挑战。在孩子做事之前，妈妈要鼓励孩子，让孩子抱着"我能行"的心态去做事，逐渐培养孩子的自信心。

孩子会在学校参加各种比赛，妈妈应该鼓励他积极参加，并且在比赛前给孩子加油、打气，告诉孩子："妈妈相信你，努力去做吧！"如果孩子没有取得好名次，妈妈不要抱着沮丧、失望的态度面对孩子，应该鼓励孩子说："输赢是常有的事，这一次没成功还有下一次，你敢于参加比赛已经很了不起了！"

有些妈妈不自信，总觉得孩子这也不行、那也不行，不给孩子实践的机会。恰恰是妈妈的不自信，导致孩子逐渐丧失了自信意识，做什么事都消极、懈怠。还有些妈妈经常指责孩子，当孩子没能达到目标时，就大声批评："你怎么这么笨？""真不争气！""我早就知道你不行，果然不出我所料……"孩子的耳边整天萦绕着"不行"，就像套上了无能的枷锁，久而久之他就会觉得自己真的不行。

有时候孩子会说："我想学煮饭。"妈妈却说："不行，你会被烫到手的。"有时候孩子会说："我想学缝衣服。"妈妈却说："不行，你会扎到手的。"有时候孩子会说："我想学游泳。"妈妈却说："不行，你会被淹着的。"……妈妈总是说孩子不行，孩子是不是什么都做不好？

妈妈看起来是在保护孩子，实际上却使孩子缺乏实践能力，给孩子造成了心理压力。如果妈妈经常跟孩子说"你不行"，孩子就会怀疑自己的能力，逐渐变得自卑起来。一旦"我不行"的意识在孩子脑海中壮大，那么他做什么事都会畏首畏尾。

妈妈不要太心急，孩子年龄还小，身心发展都不成熟，即使失败也情有可原。只要妈妈相信孩子，他就有勇气继续奔跑，就会离成功越来越近，早晚会叩开成功的大门。如果孩子现在某一科成绩不好，妈妈不要总是说孩子笨，要相信孩子能把成绩提上来。妈妈将信心传递给孩子，孩子就不会轻易放弃，就会积极探索进步的方法。

月儿画画不好看，老师总是说她"不行"，觉得她没有这方面的天赋。久而久之，月儿对画画失去了信心和耐心，也不想上画画课了。但是妈妈从不觉得她笨，经常鼓励她说："妈妈相信你早晚能画出好看的画。"三年级时，班里换了画画老师。老师拿起了月儿的画，当着全班的面夸她画的兔子很可爱，还在纸上画了一朵小红花表示鼓励。月儿非常高兴，回家在妈妈面前炫耀那朵小红花。妈妈高兴地说："我就知道你能画好，你看这兔子多好看，就像真的一样！"就这样，月儿找回了自信，后来还获得了学校里的画画比赛一等奖。

妈妈应该从小就培养孩子的自信心，告诉孩子："妈妈相信你，只要你努力，就能做成想做的事！"当自信意识在孩子心中生根发芽后，他就不会惧怕失败和挫折，就能积极面对人生的风雨和磨难。

孩子的内心企盼妈妈的赏识

叶子今年7岁，刚上小学一年级。放学回家后，妈妈在厨房做饭，总能听到女儿的读书声，她知道，一会儿又要检查孩子背诵课文了。

晚饭后，妈妈在沙发上织毛衣，叶子捧着语文书走过来说："妈妈，今天我们学了《雪地里的小画家》，我背了好长时间，你来检查一下吧！"

妈妈接过语文书，看了看这篇短小的文章，主要内容是：下雪了，小动物们像画家一样在雪地里"作画"，小鸡画竹叶，小狗画梅花，小鸭画枫叶，小马画月牙……妈妈觉得这篇文章没几句话，而且读起来朗朗上口，女儿刚才背了半个小时，应该早就背熟了。

可是叶子并没有背熟，在个别字词上还结结巴巴的。

前几天，叶子一直在背唐诗，很快就背会了，她兴奋地对妈妈说："妈妈，你看我多聪明。老师上课只读了两遍，回家后我看了五分钟就背会了。"妈妈对她说："嗯，你真聪明，一定要继续努力呀！"

叶子今天虽然背得不熟，但还是完整地背下来了，她像往常一样抱着妈妈的脖子说:"妈妈,我今天表现得怎么样?这篇文章有好几句呢,我只用了半个小时就背会了,我是不是很聪明呢?"

妈妈忙着织毛衣,敷衍地说:"嗯,还可以,很不错。"叶子不肯罢休地问:"还可以是什么意思啊?很不错又是什么意思啊?"

妈妈有些不耐烦了,叶子依然不停地说:"妈妈,你快表扬我呀!"妈妈不愿搭理叶子,让她去找爸爸,她只好悻悻地走开了,嘴里却依然念叨着:"妈妈今天为什么不表扬我呢?"

孩子渴望得到妈妈的赞赏,就像久旱的土地需要甘霖一样。可是我们身边有很多妈妈不会赞赏孩子,甚至经常敷衍孩子。

夸美纽斯是捷克伟大的教育家,也是西方近代教育理论的奠基人,他曾经说:"我们要像尊重上帝一样尊重孩子。"妈妈的赏识和表扬对孩子的成长意义重大,可以培养他们积极向上的心态,能够让孩子获得继续做事的信心和动力。好孩子绝对不是"骂"出来的,而是"夸"出来的。因为孩子努力奋斗的意义是为了让明天更美好,而不是为了整天挨骂。

事实上,不仅孩子渴望得到赏识,妈妈们也渴望得到家人、同事或领导的赞赏。每个人都喜欢跟赏识自己的人一起做事,没有人愿意整天跟一个喜欢挑自己毛病、从来不懂得欣赏自己的人在一起。

妈妈得不到领导赏识,工作干得不顺心可以辞职不干,然后寻找下一家公司。可是孩子得不到妈妈的赏识,他就真的无处可去了,只能带着失望、遗憾、埋怨等消极情绪生活。

孩子和大人是不一样的,他们更需要被妈妈赏识。一位妈妈在努力改变失聪女儿的坎坷命运时说："即使全世界的人都看不起我的孩子，我也要支持她、鼓励她、欣赏她、赞美她。我会教她笑着面对人生的苦难，为她的成长感到自豪。"我们应该向这位妈妈学习，这才是让孩子成才的正确方法。

身为孩子的妈妈，我们应该多关注孩子的长处，及时给予他们鼓励和支持。在遭遇挫折和失败时，孩子非常渴望父母能够关心自己，肯定自己的能力，鼓励自己不要灰心丧气，坦然面对一切。只要拥有了妈妈的赏识，孩子即使摔倒一万次，也会在第一万零一次站起来，因为他们获得了前进的动力。

既然好孩子是"夸"出来的，那么妈妈一定要学会赏识孩子，哪怕是调皮捣蛋、让人头疼的孩子。只要你鼓励他，他就会自信地迎接挑战，也一定会做得更好。即使孩子失败了，你也要学会鼓励他，培养他积极向上的人生态度。从现在开始，努力赏识你的孩子吧！

（1）从内心赞赏孩子

有些妈妈认为，赏识孩子就是向孩子说："你真棒！""你做得真好！"其实并没有这么简单。对那些年龄小的孩子来说，妈妈只要竖起大拇指，他们就会感到开心和骄傲。可是如果孩子再大一些，这种简单的鼓励方式就容易失效了。因为孩子需要妈妈发自内心的赞赏，如果你表现得太简单，会让孩子觉得妈妈在敷衍他。以后妈妈再用同样的方式赞赏孩子，他就会质疑你的态度，甚至认为妈妈很虚伪。

（2）赏识要有针对性

尽量赏识孩子的努力，而不是孩子的外貌。孩子的外貌是先天的，不会随着时间的推移有太大的变化，也算不上能力。赏识孩子的努力能够让他看到自己的进步，让孩子感受到自己的成长。

（3）赏识孩子的奇思妙想

每个孩子都拥有一颗童心，他们可以站在独特的角度观察世界。只要妈妈经常引导、鼓励孩子，他们就能带给你很多惊喜。经常赞赏孩子的奇思妙想，和孩子分享彼此的快乐，可以提高孩子的想象力和创造力。

（4）在别人面前赏识孩子

在和别人谈到自己的孩子时，如果别人说："你的孩子真懂事！"妈妈不应该为了谦虚而说："我儿子就是个捣蛋鬼，哪里懂事了？你的孩子才懂事，懂礼貌又学习好。"因为这样说会让孩子很委屈，产生自己不如别人的想法。聪明的妈妈善于在别人面前赏识自己的孩子，而且不会过分夸大，因为她们知道这样做能够激发孩子的上进心，让孩子更加努力。

用心观察，发现孩子的优点

　　孙云晓教授是著名的教育家，他曾经担任中国青少年研究中心副主任。在一个教育活动现场，他给在场的妈妈们布置了一份"家庭作业"——回去仔细观察自己的孩子，能在孩子身上找出十个或十个以上优点的，是优秀的妈妈；能找出五个优点的，是合格的妈妈；一个优点都找不到的，是不合格的妈妈。

　　孙云晓教授认为，成功的父母能够发现孩子的优点，而失败的父母只能看到孩子的缺点。每个孩子都有自己的优点，学习好只是某些孩子的优点，学习不好的孩子在其他方面一定有过人之处。妈妈们应该用心观察和了解孩子，找到孩子身上的优点，不盲目地和其他孩子相比。

　　事实上，大多数妈妈不善于发现孩子的优点，而是习惯于放大孩子的缺点，用其他孩子的优点和自己孩子做比较。妈妈们总是认为别人家的孩子样样都好，觉得自己的孩子不如他们，甚至给孩子扣上一无是处的帽子。

　　还有一些妈妈爱子心切，迫切希望孩子出人头地，严格要求孩子向好学生看齐，让他们做什么事都要比别的孩子强。正因为如此，这些妈妈会对孩子身上的优点视而不见，反而只看到孩子身上的缺点或犯下的错误。例如，当孩子考试取得高分时，妈妈没有好好表扬孩子，而是对孩子没答对的部分抓住不放，甚至批评、责骂孩子。

拿破仑·希尔是享誉世界的成功学大师，他曾经说：“每个孩子都有自己的优点，可是妈妈总是把目光放在孩子的缺点上。她们认为要让孩子更好地成长，必须改掉孩子的缺点。可是这样做就像蹩脚的工匠，总是埋怨原材料不好一样。”

因此，妈妈们应该学会关注孩子的优点，并及时地赞美和鼓励孩子，让孩子变得自信起来。即使孩子身上有很多缺点，也不要过分放大，应该努力寻找孩子身上的亮点，先真心赞美孩子，然后慢慢地指出孩子的缺点，让孩子愉快地接受批评。

小川是一个非常调皮的男孩，他常常会制造很多麻烦，这让妈妈很头疼。

一天下班，妈妈刚进入家门就听到小川爸爸的斥责声：“你这孩子从来不长记性！我都跟你说了多少遍了，出去玩之前要收拾好自己的东西，别把烂摊子留给别人收拾，为什么总是记不住呢？”

爸爸越说越生气，又想到小川的其他缺点，比如好吃懒做、粗心大意等，一一数落起来。

妈妈看了一眼小川，正不服气地噘着嘴，眼睛直勾勾地盯着爸爸。为了缓和气氛，妈妈开口说道：“小川确实有一些缺点，我相信他明白那样做不好。我们每个人都不是完美的，既有缺点，又有优点。”

爸爸瞬间理解了妈妈的用意，想了想说：“没错，谁都有缺点，只要及时改正就好了。小川其实有很多优点的，比如诚实守信、乐于助人。"

妈妈说："小川还很聪明呢，教给他的东西很快就学会了，比很多小朋友都厉害！"

小川原以为妈妈会和爸爸一起教训他，没想到妈妈竟然赞美他的优点，让他觉得很不好意思。

妈妈接着说："爸爸妈妈为你感到骄傲，因为你身上有很多优点，如果你能把那些缺点也改掉，一定会变得更优秀，老师也会更喜欢你的。"

小川认真地点了点头，后来真的改掉了身上的缺点。

这个事例告诉我们：孩子无法认清自己，需要妈妈的赞赏和鼓励增强自信，以达到全面认识自我。孩子渴望得到赏识就像鱼儿需要水一样。

妈妈要想让孩子变得自信，应该善于发现孩子的优点，用积极的、正面的方法教育孩子。还要适当地放大孩子身上的闪光点，进行赞美或表扬，让孩子感受到妈妈的欣赏，引导孩子正确认识自己身上的缺点，并及时改正。如果妈妈懂得关心孩子，经常称赞孩子是可爱的，孩子就会觉得自己很可爱，他会认为自己就是妈妈的好宝贝，他的存在对父母意义非凡；如果妈妈不理解孩子，经常指责、批评孩子，那他幼小的心灵就会受到伤害，甚至会变得一蹶不振。

很多妈妈也想赞赏孩子，可是苦于找不到孩子身上的优点，那应该怎么做呢？不妨试一试下面这些方法：

（1）用全面的眼光看待孩子

全面认识孩子，不要只盯着孩子的学习成绩。可以从很多方面认识孩子，例如：孩子的兴趣爱好，孩子的文体才能，孩子的学习能力，孩子的劳动表现，孩子的思想品德，孩子的交际能力等等。妈妈观察孩子的角度变多了，就不愁找不到赞赏孩子的内容。

对于孩子的学习，妈妈也要全面认识，不要一味地盯着分数。具体来说，妈妈可以从这些方面寻找孩子的优点：预习功课情况、听课认真程度、会不会用工具书、字迹是否工整、有没有经常向老师提问等。总而言之，妈妈要从多方面观察孩子，以便发现和放大孩子身上的优点。

（2）用发展的眼光看待孩子

不要因为孩子现在不行，就认定孩子的能力永远不会提高。随着不断成长，孩子总会有进步的地方。或许是表达能力的提高，或许是分析能力的增强，或许是学习态度的改善，或许是考试分数的增加，抑或是一次作业的进步……只要妈妈用发展的眼光看待孩子，就能看到孩子的进步。

另外，妈妈不要总是拿自己的孩子跟别人家的孩子相比，应该拿孩子今天的表现和过去相比。只要孩子取得了进步，即便很微小，妈妈也应该及时鼓励和赞赏。不要对孩子要求太高，任何人的进步都是从一点一滴积累起来的，需要一个由量变到质变的过程。

（3）对孩子要具体事情具体分析

很多事情的发生有多个原因，妈妈看待孩子要从多方面观察和分析，不要急着下结论，避免以偏概全、误解孩子。

比如说孩子考试没考好，妈妈就要认真找原因，究竟是因为没有好好复习，还是考试时粗心大意，又或者是孩子听不懂老师讲课，掌握了错误的学习方法。如果孩子听不懂老师讲课，就要弄清楚是因为孩子座位太靠后，还是上课时不认真。

妈妈从不同角度分析问题，做到具体问题具体对待，就会找准孩子身上的不足，从而找到改进的方法。另外，在分析问题时，妈妈根据事实对孩子进行表扬和批评，可以让孩子心服口服。

（4）夸孩子的优点要讲究科学方法

妈妈表扬孩子要掌握好尺度，既不要过分地夸大，也不要刻意地缩小；表扬孩子也要有理有据，让孩子明白自己哪里做得好，为什么会受到妈妈的赞赏；表扬孩子也要分优点的性质，有些优点可以当面表扬，就直接赞美孩子做得好，有些优点应该采用暗示的方式，就不要直接表扬。根据孩子的性格，表扬的频度也要适当。如果孩子带有骄傲自大的情绪，就减少表扬的频度，对孩子提出更高的要求；如果孩子比较自卑，就增加表扬的频度，增强孩子的自信。表扬孩子的方式是多样的，妈妈可以当面表扬、打电话表扬、用手势表扬，也可以写信表扬、给予物质奖励表扬等。根据孩子的性格和优点，妈妈可以采用不同的表扬方式。

总而言之，妈妈要用心观察孩子，客观、全面地认识孩子。当孩子犯了错误令你苦恼时，先让自己静下心来，理性思考孩子为什么会犯错，不要因为生气而夸大孩子的缺点，让孩子变得自卑。孩子身上总有可爱之处，只要你善于观察，或许他的某一个动作就能让你开心起来。

表扬是好性格的催化剂

很多妈妈努力工作满足孩子的物质需要，却忽略了孩子的精神需求。有些时候，营养丰富的山珍海味比不上妈妈一句由衷的赞美，这是因为后者可以让孩子获得无限的快乐。对孩子来说，吃饱穿暖只是有形的物质需要，精神愉悦和满足才是无形的生命需求。满足孩子无形的生命需求很重要，且不是一件易事。

很多妈妈百思不得其解，明明为孩子付出了很多，可是他就是不领情，这是为什么呢？因为妈妈忽视了孩子无形的生命需求，所以才不知道孩子的内心究竟想要什么。

相关研究表明：年龄小的孩子更需要外界的鼓励。低年级的孩子无法全面地认识自己，主要通过别人对自己的评价认识自己。换句话说，外界的评价直接影响孩子性格的形成和行为的表现。

很多妈妈认为，对孩子要求严格才能让孩子成才，因此很少赞赏和表扬孩子，即便他们做得非常好。她们甚至认为严格和表扬是对立的，不仅意识不到表扬的积极作用，还将严格误解为生硬的态度或严厉的训斥。

周弘是赏识教育的提出者，他曾经说："哪怕天下所有人都看不起你的孩子，做父母的也要眼含热泪地欣赏他、拥抱他、赞美他。每个孩子的生命都是为了得到父母的赏识而来到人间的。你的孩子是世界上最好的。"

国外曾经进行过一次调查，向在场的妈妈提出疑问："你的孩子现在面临怎样的问题？"她们的回答是：肥胖、毒品、意志薄弱等。

造成这些问题的原因有很多，但其中一个重要原因就是孩子缺乏自信。一个自信的孩子相信自己会受到大家欢迎，相信自己可以迎接各种挑战。一旦他自信心不足，就会觉得什么事都无法做好，也得不到大家的关心和重视，进而变得胆小怕事。

有人做过一个实验：将两只小狗放在同一个笼子里，对其中一只细心呵护，无微不至地照顾，对另一只冷落、责打，让它觉得不受主人重视。等它们长大后，先后放在同一只狼犬面前，它们的反应截然不同。那只被主人细心呵护的狗对着狼犬高亢地大叫，将狼犬吓退了；那只经常遭受冷落的狗在狼犬面前瑟瑟发抖，没有反抗的勇气。动物尚且如此，更不用说灵气十足的孩子了！

有些妈妈很困惑，类似于"你真棒"的评价为什么对孩子来说魅力那么大呢？答案其实很简单，不管孩子看起来多么勇敢，他的内心都是很脆弱的，经常会担心自己做得不够好。"你真棒"三个字看起来很普通，却能让孩子感受到妈妈的鼓励和赞赏，从而自信地做事。

事实上，一个受到表扬的人会干劲儿十足，能够激发自己的潜能，将事情做得更好。相反，如果一个人努力付出取得了进步却得不到别人的赞赏和表扬，他就会觉得自己没有成就感，接下来做事也没有兴趣和干劲儿，很难激发自己的潜能。

孩子的心智不够成熟，他们在取得一些进步后对自我的认识很浅薄，这跟他取得的进步大小没有直接关系，却和外界的评价关系密切。即使孩子进步非常小，只要妈妈由衷地表扬了他，他就会感到很有成就，也有信心继续努力。

其他方式虽然也能激励孩子热爱生活和获得成功，但是没有真挚的表扬效果好。

在培养孩子的性格时，调动孩子的积极性有着不可替代的作用。那么，妈妈应该如何调动孩子的积极性呢？给予孩子表扬便是最有效的方法之一。例如，孩子在学唱歌的过程中走音了，妈妈可以表扬说："唱得很好啊！要是注意控制换气的时间，克服胆怯心理……"

妈妈应该多鼓励孩子。孩子是比较感性和敏感的，妈妈如果经常指责和批评孩子的缺点，却对孩子的进步连一句赞美之词都没有，甚至不理不睬，他们就会感到失望和挫败，丧失做事的积极性。

在孩子刚刚学说话时，妈妈很难理解孩子含糊不清的声音，却不会因此责备孩子："你这孩子真笨，连一句妈妈都喊不出来！"事实上，只要孩子能喊出第一声"妈妈"，无论发音多么不标准，妈妈也会无比高兴地将孩子又抱又亲。孩子之所以能很好地学会说话，就是因为妈妈不断地鼓励和表扬。如果从孩子说第一个字起，妈妈就无情地指责，孩子不可能快速学会说话，表达能力也会很差。

妈妈不仅要经常表扬孩子，还要注意表扬的质量，即一定要具体可信，这样才能真的让孩子变得积极和兴奋起来。

"你现在的日记写得真好，比过去好多了呀！你看看这一段，都会用修辞手法了，一定会让语文老师夸奖的。"妈妈应该多留意孩子的进步，多用类似的话激励孩子努力。

　　激励孩子是为了充分调动孩子的主观能动性，让孩子从"要我做"向"我要做"转变。因此，妈妈应该多花些时间学习表扬孩子，给孩子信心和希望。"啊，你做得真不错！"如此简单的一句话，可能让孩子高兴一整天，这样容易调动孩子的积极性，再让他做什么事都有热情和信心。

　　卢勤是著名的家庭教育专家，也是很多孩子的"知心姐姐"，她曾经在教育讲座中说："人的一生会听到许多的评价，但是父母的评价是孩子成长的第一块基石。哪怕孩子只有一点儿进步，都要给予鼓励、夸奖。家长尊重和欣赏孩子，孩子就会变得自信，自信才能健康成长。"

　　很多家长教育孩子的方式是错误的，不从正面鼓励孩子，反而经常对孩子的错误抓住不放，不断指责和批评孩子，这样怎么能调动孩子的积极性呢？孩子的心灵非常脆弱，他们可以接受许多赞美和表扬，却很难承受批评和斥责，哪怕只是一点点负面评价，都可能让孩子的信心破灭。妈妈当然可以批评孩子，但是一定要掌握正确的方法，尽量做到既不伤害孩子的自尊心，又能让孩子认识到自己的错误。表扬和批评要巧妙地结合，这是教育孩子的一种艺术。

　　别总盯着孩子的缺点不放，试着多赞美孩子的优点吧，他会变得更加自信和积极！

表扬要及时

人人都想被别人认可，孩子也是如此，他们更加需要得到父母的肯定。当孩子取得好成绩时，他会感到很开心，如果妈妈能够及时赞美和表扬孩子，他一定会更加高兴，做事也会更加努力。表扬孩子要及时，因为事后表扬效果会差很多。

孩子的健康成长离不开表扬，妈妈要掌握好时机。通常情况下，当孩子取得进步或成功后，妈妈应该及时表扬。孩子刚刚收获成功的喜悦，妈妈的赞赏和表扬可以起到锦上添花的效果，容易激发孩子的潜能，让孩子在妈妈的鼓舞下勇往直前。如果过一段时间再表扬，孩子的成就感已经减弱，就会觉得妈妈对自己不够关心，没有及时肯定自己的能力，即使说再漂亮的话也没有好的效果。

某学校做过这样一个试验：期中考试后，老师在同一个班里挑出两组孩子。考试成绩出来后，老师对第一组孩子及时表扬："你们这次考得很不错，上课学习很认真，继续加油吧！"快到期末考试时，老师才表扬了第二组孩子："你们期中考试考得很不错，继续努力吧！"

期末考试成绩出来后，第一组孩子有了明显的进步，学习成绩大幅度提高。这些孩子认为，老师的表扬给了他们前进的动力，所以平时学习也就更用功了。第二组孩子没有明显的进步。老师虽然也表扬了他们，但是时隔已久，他们对期中考试的印象早就模糊了，学习积极性没有提高很多。

所以，当孩子的成绩提高时，妈妈要把握好时机，及时表扬孩子。另外，妈妈表扬孩子时一定要发自内心，表现出你的兴奋，使孩子认为是他的进步让你眉开眼笑。及时表扬孩子其实非常简单，只要妈妈经常去做，就能让孩子更好地成长。

（1）及时赞赏孩子的进步

孩子取得进步后，及时的赞赏可以改变孩子的态度，让他带着妈妈的鼓励去做事，从而把事情做得更好。有些孩子说："我喜欢上数学课，因为妈妈经常给我出算术题，我全部答对后，她总是表扬我。"还有些孩子说："我喜欢打篮球，当我站在远处把篮球投进篮筐时，妈妈就会兴奋地鼓掌，夸我是个'篮球小将'。"很多时候，孩子喜欢做一件事是因为得到了妈妈的肯定或表扬，他们以此为傲。假如妈妈对孩子的进步视而不见，他因为得不到认可，做事时就不积极。

有这样一段话："如果你的孩子无法长成参天大树，就让他做一株嫩绿的小草吧。只要你及时赞赏，他也可以展现春天的生机；如果你的孩子无法成为大海，就让他做一条小河吧。只要你及时赞赏，他也可以展现奔腾的浪花；如果你的孩子无法成为名人，就让他做一个普通人吧。只要你及时赞赏，不管他是工人、农民、商人，还是老师、警察、医生，都能绽放自己的美丽。"

在日常生活中，即使孩子取得了小小的进步，妈妈也要重视起来，对孩子说："你进步真大，比过去好多了，坚持下去，一定会更优秀的!"

如果孩子没有进步,妈妈也不要严厉地指责,打击孩子的积极性,应该鼓励孩子:"这次没做好不要紧,你每天都在进步,将来一定会成功的!"

(2) 随时赞扬孩子的表现

对妈妈来说,讲一句赞扬的话再简单不过了,可是对孩子而言,这句话可能就是妈妈关心和重视自己的表现。如果妈妈对孩子的成绩毫不关心,对孩子的进步毫无表示,就会让孩子感到失望,从而失去努力学习的积极性。

当你发现孩子画了一幅画时,应该赞扬他:"画得真好,想象力很丰富。"当你发现孩子主动打扫了房间时,应该赞扬他:"你真的长大了,懂得为妈妈分担家务活儿了,打扫得真干净!"及时的赞扬会让孩子感受到妈妈的爱,从而也愿意跟妈妈分享自己的进步。

妈妈给孩子设立目标时,周期不要太长。因为孩子的耐心和意志非常有限,如果目标太过遥远,他们很容易中途放弃。因此,多给孩子设立一些短期目标,当他们取得进步或者实现目标时,及时表示由衷的赞扬。

(3) 及时表扬孩子取得的成绩

妈妈发现孩子取得成绩时,要及时表扬,让孩子感受到妈妈的赏识和期望。这样做可以让孩子获得积极向上的精神力量,帮助他自信向前,勇敢面对困难。这样做也有利于孩子的智能发展和身心健康,让孩子感受到表扬的好处,学会欣赏和赞美他人,获得良好的人际关系。

孩子在学习中取得微小的成绩,即使老师没有表扬他,妈妈也不要置之不理,应该及时表示赞赏。比如孩子把数字"5"

写的很漂亮，妈妈可以说："这个'5'真漂亮，比爸爸写的都好看，妈妈相信你能把其他数字也写好。"

遇到孩子主动向你展示成绩时，妈妈应该放下手里的事情，对孩子表示应有的关心和尊重，真诚地表扬孩子："让妈妈看看，考得不错，这次考试进步很大！"

（4）及时表扬孩子的新变化

少羽刚刚上初二，班里要竞选班干部，他虽然以前没有当过班干部，但是这一次很想试一试。在同桌的鼓励下，少羽鼓起勇气登上了讲台，参加了班干部竞选。最后，大家选他担任劳动委员。放学回家后，少羽将这件事告诉了妈妈。妈妈非常惊讶，因为她很了解自己的儿子：从小好吃懒做，衣服脏了很久都不懂得换……这次竟然被选为劳动委员，难道儿子在跟自己开玩笑？可是少羽说，他没有骗妈妈，其实他在竞选前仔细想过："自己学习不好，所以当不了学习委员；不热爱体育运动，也不适合体育委员；字写得不好看，也当不了文艺委员；至于班长一职，根本就不敢妄想……剩下的也只有劳动委员了。"听了少羽的解释，妈妈哭笑不得，嘴上对他说"好好干"，心里却担心他无法胜任劳动委员一职，甚至觉得他会闹出什么笑话。

担任劳动委员刚满一周，少羽放学回家后就累得扑到床上。妈妈问他这一周过得怎么样，他抱怨着说："简直累坏我了！"他将班里的劳动事务分为八项，当天的值日生要完成其中五项，而他要独自承担另外三项。妈妈疑惑地问他："为什么你不把另外三项分给值日生呢？这样你就不用这么累了。"

可是少羽却说："我既然担任了班里的劳动委员，就应该起好带头作用，让同学们信任我，所以才要多劳动一些。虽然有些累，但我一定能坚持下去。"听了少羽的话，妈妈反而惊呆了，她很难理解：从小衣来伸手、饭来张口的儿子，自己扔到地上的香蕉皮都不会捡起来，为什么当上劳动委员之后，好像变了一个人呢？

事实上，少羽的这种变化非常正常。心理学家认为，每个人都有一种本能的需求，那就是期望得到他人的认可。这种需求能够让人们不断完善自我，向着更高的目标前进。对步入青春期的孩子来说，这种需求更加强烈，他们更希望在别人面前表现自己，证明自己的价值。少羽成功被选为劳动委员，他觉得自己得到了老师和同学的认同，因此自愿给自己多安排一些劳动事务。他虽然没有任何工作经验，但是心中充满为大家服务的热情，即使再累也不怕。妈妈应该为少羽的这种变化感到骄傲，而且要及时鼓励和赞扬孩子，让孩子感受到妈妈的支持和重视。

间接赏识更有效

间接赏识就是当着别人的面赞赏孩子，或者通过他人之口赞赏孩子。间接赏识比当面赏识更能令孩子信服，激励孩子拼搏进取。妈妈如果总是当面赞赏孩子，容易被误解为有意讨好，而间接赞赏有其他人在场，会让孩子觉得这种赞赏是真诚可信的，更能让孩子变得自信和积极。

（1）通过别人赏识孩子

一天放学，如雪苦恼地问妈妈："妈妈，你说老师和同学是不是不喜欢我了？"妈妈疑惑地说："乖女儿，你为什么这么想呢？""上学期老师经常在课堂上提问我，可是这学期从来不叫我回答问题，妈妈，老师是不是对我不满意呢？"妈妈又问："那同学们为什么也不喜欢你呢？"如雪难过地说："我周围的同学不喜欢和我说话，下课后我主动找他们玩，可是他们总是躲躲闪闪的，所以我……"妈妈安慰着说："这都是你自己的猜想，老师和同学这样做或许是有原因的，你先安心写作业，妈妈明天就去学校找你的班主任谈一谈。"

第二天中午，妈妈一边给如雪梳头一边和蔼地说："乖女儿，妈妈早上和你的老师聊过了，你猜一猜他们怎么说？"

如雪迅速转过身子问道："妈妈，你快告诉我，他们是不是不喜欢我呢？"

"他们没有不喜欢你，老师上课不提问你是有原因的。班主任跟我说，你是一个勤奋好学的乖孩子，一直是班里的三好学生，觉得没有必要经常提问你。老师还跟我说，你们这学期刚调了座位，你身边那些对你躲躲闪闪的同学都是新来的，他们跟你还不够熟。而且他们知道你是班里的三好学生，担心影响你学习，所以有意和你保持着距离。只要你更主动一些，这些同学一定会喜欢和你玩的。"

在妈妈的解释下，如雪松开了紧皱的眉头，她想："看来真是我胡思乱想。老师虽然上课不提问我，但是每天都不忘在我的作业本上画一朵小红花，放学后还和蔼地和我说'再见'；身边那些新同学好像也没有讨厌我，他们看我的眼神很友善，我应该听妈妈的话，主动跟他们做朋友。"

妈妈鼓励如雪说："阿雪，老师和同学其实对你很好啊！以后不要自己乱想，在学校好好表现，这样才能不辜负大家的期望。"

"嗯，谢谢妈妈，我明白啦！"

人人都渴望得到他人的赞赏，孩子也不例外。他们不仅很在乎父母的赞赏，还渴望得到老师、同学、亲戚、朋友的赞赏。父母比较疼爱孩子，赞赏孩子时经常会带着主观评价，让孩子觉得是在奉承他。可是别人没有故意赞赏孩子的义务，他们在和孩子实际交往的过程中发现了孩子的优点，对孩子的赞赏往往比较真诚和客观。

听到别人赞赏自己的孩子，妈妈会感到很幸福，但是也不要忘了将这种幸福及时传递给孩子。孩子也需要这种幸福，也渴望得到他人的肯定和赞赏，然后把这些当作奋发向上的力量。

他人的赞赏能够帮孩子正确认识自己在别人心中的形象，有利于孩子自信地与人交往。如果孩子无法确定别人对自己的印象，或者孩子和他人交往时产生了障碍，妈妈应该多向孩子传达别人对他的正面看法，让孩子克服怯懦和害羞，自信地和他人交往，健康快乐地学习和生活。

（2）在别人面前赞扬孩子

有一回，少天的妈妈请几位同事到家里吃饭，菜足饭饱之后，几位家长开始闲聊起来。不一会儿，他们把谈论的焦点放在孩子身上。几位同事都在夸自己的孩子，没有一个人赞扬少天。

少天的妈妈忽然兴奋地说："你们就相互吹捧吧，我觉得我家少天最懂事！昨天我在公司加班，回来比较晚，儿子给我准备了洗脚水，还亲自帮我捶背。小拳头敲在我的背上，把我的酸痛都敲没了，别提有多舒服了！"少天当时正在卧室写作业，忽然听到妈妈的话，心里美滋滋的。

妈妈应该尽量做到：当你和别人谈论自己的孩子时，无论他在不在场，都要带着赏识的态度评论他，比如说："我儿子很懂事，我特别爱他！"另外，妈妈可以经常在别人面前谈论孩子的优点，将孩子的优秀作品展示给别人，让孩子感受到妈妈和他人的赏识，从而增强孩子的上进心，比如说："你看我女儿写的字多整齐！""快来看，我儿子得了作文大赛一等奖！"

可是，有些家长做不到这一点。

星期六上午，妈妈带着乐天到商场购物，偶遇邻居家的母子俩。妈妈对乐天说："这是萧阿姨。"乐天大方地说："萧阿姨好！"萧阿姨笑着说："乐天真是个听话的好孩子，不像我家的子美，每天就知道让我买这买那，不给他买就哭个不停，真让人心烦！"

听了妈妈的话，子美握着拳头说："我怎么不听话了？明明是你答应给我买玩具的！"萧阿姨生气地说："你就是不听话，每天就知道玩，还经常和妈妈顶嘴，真讨厌！"子美挣脱了妈妈的手，一个人跑了。

此后，子美好像变了一个人，没有以前那么活泼开朗了。

一天晚上，萧阿姨下班回家，在楼下遇到了子美，就对他说："好孩子，让妈妈抱抱！"没想到子美扭头就走，还生气地说："我不是好孩子，就不让你抱！"

作为孩子的妈妈，必须清楚地意识到，孩子也有自尊心。特别是在公共场合，妈妈更要注意照顾孩子的自尊心。在别人面前指责和批评自己的孩子，不仅会伤害孩子的自尊心，还会让孩子觉得妈妈讨厌他，从而做出一些消极、对立的行为。孩子的认知能力有限，如果妈妈总是批评孩子，认为孩子不如人或者天生愚钝，孩子就会在脑海中产生一种错误的观念："我天生就是一个笨孩子，不受妈妈喜欢。"久而久之，孩子就会变得自卑、堕落，甚至与父母对立、叛逆。

有些妈妈认为，小孩子不需要面子。当孩子受了委屈或者自尊心受损时，妈妈不仅不安慰孩子，还因为生气对孩子加倍责罚。这样做是不明智的，会严重伤害孩子脆弱的心灵，甚至使孩子对妈妈感到厌恶和憎恨，让母子关系变得十分紧张。

妈妈应该多鼓励、赞扬孩子，少责骂、批评孩子，这样做才符合赏识教育的理论。经常鼓励和赞赏孩子，特别是在别人面前赞赏孩子，可以提高孩子的自信和积极性，让孩子感受到强烈的成就感和荣誉感。

妈妈不仅要学会赏识孩子，还要善于借助别人之口赞美孩子或者在别人面前赏识孩子。这样做可以让孩子感觉到妈妈的关心和欣赏，从而获得积极向上的动力。

另外，妈妈在别人面前赏识孩子时，应该注意以下几点：

（1）必须有理有据

妈妈应该根据实际情况赏识孩子，不要凭空捏造事实，让孩子觉得你在弄虚作假。

（2）态度必须真诚

不要因为虚荣心和好胜心，故意在别人面前夸大孩子，也不要因为别人的敷衍或奉承而吹嘘孩子。

（3）要适可而止

赏识的话不是越多越好，说得多了不仅会让别人厌烦，也会让孩子觉得不自在。

如何发现孩子的天赋，是每一个父母都关心的事。美国儿童心理学家制定了一份天赋儿童行为量表，以期通过科学的定量分析来发现孩子的特长，父母可以作为参考。如果孩子符合其中的十项以上，那就具有非凡的天赋，那么父母就要及时采取措施来保护和发展孩子的这些优势。

·   天赋儿童行为量表：

（1）接受新知识的速度快，并能够很好地应用起来

（2）喜欢阅读

（3）有超强的记忆力

（4）注意力高度集中

（5）具有对他人的同情心

（6）正义感十足

（7）总是精力充沛   ·

（8）喜欢需要发挥想象力和创造力的活动

（9）喜欢和比自己年龄大的人相处

（10）有同龄孩子所不具有的常识

（11）爱好广泛或者兴趣专一

（12）热爱探索，遇事总寻求多种解决途径

（13）能够找到事物之间的关联，识别出相同点、不同点及其类型

（14）语言表达能力强

（15）幽默感十足

（16）擅长猜谜语、拼图以及猜数字

（17）心理较为成熟

（18）关注细节

（19）能够很快发现事物之间的规律

（20）敢于质疑权威

（21）对自己感兴趣的东西能锲而不舍地追求

（22）遇事冷静、理智

（23）能迅速领悟抽象的思想，快速理解复杂的概念

（24）具有领导能力，易被身边人信服

（25）表现出情感和体能方面的强烈敏感度

第七章

尊重在前，教育在后

　　每一个人都渴望得到尊重，孩子也是如此。孩子也有自尊心，孩子也是一个独立的个体。如果想和子女融洽相处，如果想让子女成为一个懂得尊重别人的人，父母就要时刻谨记尊重孩子。

爱他，就请尊重他

法国教育家卢梭说："要尊重孩子，不要急于对他做出或好或坏的评判。"

尊重孩子已经成为一种共识，甚至被列入世界学前教育组织的《童年宪章》中：所有孩子的公民权利应该得到尊重；任何成人都不应该剥削孩子，孩子的心、脑和身体属于自己，不能受到侵犯；每个孩子都有权在安全且有激励性的环境下游玩、学习和成长，不受到打扰和伤害……

妈妈应该尊重孩子的想法和意愿，更应该尊重孩子的理想和追求。

祖冲之是南北朝时期杰出的数学家、天文学家，可是他小时候经常被父亲责骂。

祖冲之的父亲名叫祖朔之，是一名小官员。为了让儿子早日成才，在祖冲之不到 9 岁时，父亲就让他背诵晦涩难懂的《论语》。过了两个月，父亲检查祖冲之的背诵情况，结果大失所望，因为他只背会了十几行。父亲非常生气，将书重重地摔在地上，愤怒地骂道："你这个笨蛋！"

过了几天，父亲气消了，严肃地对祖冲之说："只要你用心读经书，以后就能当大官，否则就不会有出息。我再教你读一遍，你要是还不努力，我决不轻饶!"

可是祖冲之对经书不感兴趣，便对父亲说："我说什么也不读经书了。"

父亲因此特别生气，用力打了他两巴掌，祖冲之因此大声哭了起来。

祖冲之的祖父刚好经过，当他了解了情况后对祖冲之的父亲说："假如我们家真的出了一个笨蛋，你一味地打他就有用吗？能让孩子变聪明吗？孩子只会越打越笨，不可能变聪明的。"祖父还说："你经常打孩子，不仅对孩子的学习没有帮助，还会让孩子变得野蛮无礼。"

祖冲之的父亲叹着气说："我这样做也是为了让孩子成才。如果他不好好读经书，将来会有什么出息呢？"

祖冲之的祖父批评道："经书读得少就没出息，读得多就有出息？你说得也太绝对了吧！有人读了不少经书，可是一辈子只懂得之乎者也，能有什么出息呢？"

"他不好好读书该怎么办？"

"就算孩子不好好读书，你也不要硬赶鸭子上架。可以问问孩子有什么理想，引导他做自己喜欢的事，这样才能让孩子成才。"

听了祖冲之祖父的话，祖朔之不再强迫祖冲之背经书，还允许他跟着祖父到建筑工地参观。祖冲之听说不用背经书，还能到外面大开眼界，因此非常高兴。

一天，祖冲之跟祖父说，他很喜欢天文历法，以后想当个天文学家。祖父慈爱地对他说："孩子，如果这是你的理想，我全力支持你！家里有很多与天文有关的书，我先给你找几本，遇到不懂的地方可以来问我。"

于是，祖冲之开始读有关天文历法的书，并且展现出浓厚的兴趣。在祖父的支持下，祖冲之的父亲也改变了态度，逐渐开始支持儿子的理想。最后，祖冲之成为一名伟大的天文学家。

只要孩子的理想是合理的，妈妈就应该努力支持。不过支持孩子也要讲究方法，要充分考虑到孩子的心理承受能力。

每个孩子都有自己的理想，可是理想从树立到实现是一个漫长的过程，需要妈妈用心呵护。当孩子认真地说出自己理想的时候，妈妈应该给予合理的尊重，不要采取不理不睬的态度，也不要揠苗助长。孩子的理想很远大，可是妈妈因为望子成龙心切，给孩子定下一个又一个高要求，这相当于在揠苗助长。要是妈妈一直苛刻地要求孩子，他早晚会被沉重的压力击垮，不能顺利实现自己的理想。

妈妈应该在理解和尊重的基础上支持孩子，从孩子的实际情况出发，进行合理的指导。这种支持不是简单的说教，也不是强制孩子听家长的安排。如果孩子告诉你他长大后想当老师，你可以对他说："这个理想非常好，我支持你！你可以想一想，为了成为一名老师，需要做哪些事呢？"也可以这样说："很多小朋友都想成为一名老师，看来这是一个很受欢迎的理想啊！你告诉妈妈，为什么想成为一名老师呢？为了实现这个理想，你应该在学校怎么做呢？"引导孩子主动思考，让他为自己的理想制订一些计划。

当孩子主动向妈妈表达自己的理想时，不管这个理想是否切合实际，妈妈首先应该肯定孩子，然后引导孩子对理想做规划。在规划的过程中，妈妈要根据孩子的能力衡量这个理想，让孩子自己感受实现理想的可能性。如果实现理想的可能性极低，妈妈可以劝孩子先放弃，但是不要说"你绝对不可能实现"一类态度坚决的话。

　　盼孩子成才是每一位家长的心愿，妈妈应该用涓涓细流慢慢灌溉孩子的理想之苗，而不是倾盆大雨。如果孩子刚刚树立自己的理想之苗，你就想让他长成参天大树，那是不可能的。

对孩子的爱好不要那么功利

低年级的孩子好奇心很强，对周围的一切都很感兴趣，因此会形成各种爱好。对于孩子的爱好，妈妈不要用成人的标准来评判，应该客观、全面地认识。妈妈要告诉孩子这是热爱学习的表现，并且希望他能一直保持积极、自主的精神。

凯瑞今年刚上初二，以前放假时，父母总要将他送到姥姥或奶奶家。因为爸爸妈妈上班很忙，中午通常不回家，没人给他做午饭。今年寒假，妈妈认为凯瑞长大了，应该学着自己做饭。于是，在寒假刚开始的一周，妈妈每天下班都要教凯瑞做饭，让他一个人在家时自己做饭吃。

妈妈之所以要教凯瑞做饭，本来只是为了让他简单地对付中午饭，没想到后来却变成了他的兴趣爱好。当他学会做饭后，不仅中午做给自己吃，甚至在晚上经常和妈妈抢着做饭，让妈妈教他做一些有难度的菜。他还把妈妈以前买的菜谱找了出来，一有空就拿出来翻看。看得差不多了，他就准备好食材和配料，自己尝试着做。

妈妈刚开始认为，孩子不过是一时兴起，没觉得这有什么问题，经常称赞他炒的菜很好吃。但是随着时间的推移，凯瑞做饭的兴趣只增不减，他炒的菜越来越好吃，甚至兴高采烈地对妈妈说："原来做饭这么有趣，长大后我能成为一名厨师也挺好的。"

听了儿子的话，妈妈非常生气。像凯瑞一样大的孩子要么喜欢体育运动，要么喜欢读书画画，要么喜欢唱歌跳舞，可是自己的孩子竟然把做饭当作兴趣爱好，万一耽误了学习怎么办？妈妈非常后悔教凯瑞做饭，爸爸也因此经常埋怨妈妈。后来，爸爸妈妈统一了战线，决定抑制儿子的这个爱好，将凯瑞送到了奶奶家。他们还没收了儿子的菜谱，不允许儿子再到厨房，而且多次强调："做厨师不会有好前途，哪怕做得再好也是伺候人的工作。我们希望你专心学习，将来可以考个好大学，选择一个体面的职业。"

有些妈妈功利心很强，强行干涉孩子的兴趣爱好。只有她觉得高雅的或者和孩子学业有关的兴趣，她才会支持孩子，甚至逼着孩子做他不喜欢做的事。可是对于孩子真正感兴趣的事，妈妈却毫不关心，甚至一味否定。

妈妈常常把人群和职业分为三六九等，还将这种等级观念灌输给孩子，这都是因为妈妈带着强烈的功利心。

孩子有权利选择自己的兴趣爱好，妈妈应该尊重孩子的选择。要是妈妈总是把自己的意志强加给孩子，强迫孩子把不喜欢的事当作兴趣，就会失去兴趣本身的意义。这样做还会让孩子逐渐丧失做事的积极性，变得无聊和空虚，不利于孩子形成健康的性格。

妈妈带着功利心和错误的价值观为孩子选择兴趣爱好，会让孩子认为自己在为家长做事，而不是为了自己的兴趣做事，就会使孩子失去做事的热情，甚至产生逆反心理。受妈妈功利心的影响，孩子也有可能变得爱慕虚荣、急功近利。

如果妈妈总是对孩子选择的兴趣爱好持否定态度，会让孩子觉得自己没有眼光，缺乏正确判断事物的能力，因此变得自卑。

为了让孩子的人生丰富多彩，满怀希望和欢乐地生活，妈妈应该在孩子小的时候，就培养孩子各方面的兴趣爱好。当孩子选择兴趣爱好时，妈妈可以有意识地引导，但是不能替孩子做选择。

只要孩子选择的兴趣爱好不是不良嗜好，即使不是妈妈所期待的，也要懂得尊重孩子。一个人在做自己喜欢做的事情时，可以充分发挥自己的创造力，也能锻炼细心、耐心、专注等做事态度。因此，妈妈要尊重孩子选择兴趣爱好的权利，这有利于孩子的学习和成长。

另外，尊重孩子选择兴趣爱好的权利，并不是说放任孩子做喜欢的事不管。如果孩子在某个兴趣爱好上花费了大量时间，严重影响了生活和学习，妈妈一定要及时干预，引导孩子合理安排自己的时间。但在干预孩子时，妈妈不要简单粗暴地制止，使孩子感到不悦和反感。总之，妈妈不要把自己的价值观和功利心强加给孩子，要尊重孩子选择兴趣爱好的权利。

引导孩子珍惜自己的权利

自尊和尊重他人是拥有健康人格的首要条件。要想让孩子学会尊重他人，应该先使孩子获得他人的尊重，感受到相互尊重的意义。在日常生活中，妈妈应该尊重孩子的权利，并且让孩子懂得珍惜自己的权利，这样的教育方式才是真正有益的。

根据《未成年人权利公约》，未成年人指的是未满18周岁的个体。孩子生来就是一个独立的个体，所以妈妈要尊重他们的权利。孩子的尊严和人格受到地方、国家乃至国际法律法规的保护，妈妈不能把孩子视为自己的附属物。尊重孩子要从小做起，不要等到孩子长大了，或者等到他们有能力了，妈妈才给予尊重。

孩子应该受到保护的权利有很多，其中，孩子的基本权利包括隐私权、生存权、参与权、发展权、受保护权等。

相对来说，妈妈不难接受孩子的生存权和受保护权，认为成年人理应保护孩子。但是如果进一步探讨孩子的权利时，很多妈妈就困惑了，他们很难理解为什么要给孩子隐私权、参与权、发展权等权利。

传统观点认为，孩子本身没有理由索取，他们是妈妈的附属物，妈妈给他们什么，他们就该接受什么。但是事实并非如此，孩子也享有被尊重的权利、受教育的权利，这些是他们应得的东西。

事实上，妈妈可以适当地用处理成人问题的方法和技巧来对待孩子。妈妈能够尊重成人的种种权利，为什么不能尊重孩子的权利呢？因为妈妈经常没有尊重意识。而大多数孩子受到妈妈责备后，也不懂得怎样捍卫自己的正当权利，只会被动地接受妈妈的批评和要求，甚至是一些错误的决定。有些妈妈存在一些顾虑：给孩子太多的权利会不会使孩子无法无天？这样的孩子还能管吗？

实际上，妈妈根本不用担心这些。孩子能懂得珍惜自己的权利说明他正在成长，这要比那些不珍惜自己的权利的孩子更好管。给孩子权利不是为了使他脱离妈妈的帮助和指教，而是为了教育他如何更好地做人。

一天下午，班主任对家长贺彩晴说，寒假期间有一个国际冰雕冬令营活动，每个班只有三个名额，愿意给她女儿一次机会。贺彩晴一听，觉得班主任很重视自己的女儿，千恩万谢地答应了，可是女儿听说后反应很平淡。

两天后，冬令营活动开始办手续。活动一共7天，需要交1500元的费用。贺彩晴虽然感觉有些贵，但她为了让女儿开开眼界，还是乖乖地交了钱。

在冬令营活动开始之前，学校组织了事前培训活动，贺彩晴的女儿参加了，回家后却失望地对妈妈说："这个冬令营活动我不想去了！之前还说是7天，现在忽然变成了5天，而且看不到多少冰雕。"

"这怎么行呢？钱都给你交了。"

"那有什么关系，让学校退钱吧！"女儿坚决地说。

贺彩晴感到很为难，班主任好不容易给了她女儿一次机会，活动都快开始了，怎么好意思退钱呢？就算真的像女儿说的那样，活动少了两天时间，但她认为，只要能让孩子长长见识，终归还是有收获的。

就在她纠结时，她忽然意识到，女儿的态度也有一定的道理。既然孩子无法接受这次冬令营活动，为什么不尊重孩子拒绝的权利呢？

于是，贺彩晴调整了自己的心态，对女儿心平气和地说："虽然妈妈认为这次冬令营活动很有意义，但是如果你不喜欢，妈妈也不会强迫你去。不过你要自己向老师解释原因，并且将退营手续办好。"

退营是一件很麻烦的事情，学校不会轻易让参加者退出，而且这次冬令营活动只有两天就开始了，要想退出必须给班主任一个合理的解释。可是女儿没有犹豫，干脆地答应了。

第二天早上，女儿说服了班主任，要回了1500元的退款。

在幼年时期，孩子的权利意识处于萌芽阶段。妈妈应该引导孩子树立权利意识，告诉孩子："你享有事情的决定权，可以自己决定做不做这件事。"只要妈妈坚持这样做，孩子的权利意识就会逐渐树立起来，慢慢地懂得捍卫自己的权利。

妈妈应该怎样尊重孩子的权利，让孩子健康地成长呢？不妨试一试下面这些做法：

（1）给孩子做主的机会

尊重孩子的选择权，让孩子自己做决定。尊重孩子的权利就要尊重孩子的选择，让孩子有机会自由选择，并且在孩子需要时给予必要的指导。

（2）平等地对待孩子

不管你的孩子具有怎样的性格，你都应该用心去接纳他、宽容他。不要因为孩子身上有某些缺点就歧视孩子，要减少对孩子内心的伤害。

（3）尊重孩子的隐私

每个孩子都拥有自己的秘密，妈妈要尊重孩子的隐私权。很多妈妈的观念比较保守，认为自己是家里的权威，希望控制孩子的一切。这种错误的观念会导致很多不良后果，是不把孩子当作完整权利个体的表现。

尊重孩子的隐私有很多做法，比如：未经孩子同意不要翻看孩子的日记，在进入孩子的房间时应该敲门等。要像尊重成人一样尊重自己的孩子。

（4）唤醒孩子的权利意识

一个懂得捍卫自己正当权益的孩子，首先要明确自己的权利。孩子的权利意识处于萌芽状态，妈妈应该帮孩子唤醒，而不是刻意地扼杀。

总之，妈妈想让孩子健康自由地成长，应该尊重孩子的权利，引导孩子珍惜自己的权利。

帮助孩子改掉盲目模仿偶像的行为

　　很多孩子都有崇拜的偶像，喜欢模仿偶像的某些行为。但是偶像不是圣人，他们存在一些不良习惯，孩子不应该盲目地模仿。例如吸烟的坏习惯，大家都知道吸烟有害健康，可是很多成年人依然改不掉这个坏习惯。对孩子来说，吸烟既不符合校规校纪的要求，又对身心健康危害巨大，妈妈不应该允许孩子吸烟。

　　妈妈坐在沙发上看电视，儿子正在穿衣服打算出去玩。忽然，儿子的上衣兜里掉出了什么东西。儿子刚打算弯腰去捡，没想到妈妈抢先一步，捡起了地上的东西。妈妈一看到手里的东西，立刻皱起了眉头说："你竟然敢吸烟！"

　　儿子没有注意到妈妈的神情，毫不在意地说："这没什么可惊讶的。你没有看最近播出的美国电影，有一个特工每天嘴里都叼着一根雪茄，那样子简直太帅了。我非常崇拜他，他连惩治坏人时都不忘抽雪茄，把坏人治得服服帖帖的。我们班的男生都把他当作偶像。"这时，妈妈的脸色更加难看了，可是儿子依然没有察觉，而是眉飞色舞地说："雪茄那是有钱人享受的东西，我可买不起，只好用香烟来代替。等我以后有了钱，一定买……"

妈妈一巴掌打在儿子的脸上，"啪"的一声打断了儿子的幻想，然后用食指指着儿子怒吼道："什么破特工，分明就是一个臭流氓！给你零花钱让你好好吃饭，你却乱花钱买烟！怪不得老师说你学习成绩下降了，原来每天在学校瞎混！"妈妈说着说着，又一巴掌打在儿子脸上："我看你还敢不敢买烟！你今天要是不认错，保证以后不再吸烟，我非打断你的腿不可！"儿子委屈地摸着滚烫的脸，气冲冲地瞪着妈妈喊道："我就是崇拜那个特工，抽烟怎么了？爸爸还抽烟呢，怎么不打他？"

孩子因为崇拜偶像学会了吸烟，妈妈因此震怒在所难免，但是不应该只用简单、粗暴的方式管教孩子，而不考虑孩子的心理，应该用正确的方式引导孩子改掉坏习惯。

崇拜偶像是正常现象，是孩子成长的一种心理需要。孩子之所以吸烟，只是觉得这样做看起来很帅，是一种基于偶像情结的模仿，他对这种行为没有正确的认识，也不会仔细思考这样做是否适合他。其实这也不能完全怪孩子，他们的认知水平和理解能力有限，对事物的内在特点认识不足，因此更容易被一些表象的东西吸引。妈妈只采用简单、粗暴的方式并不足以使孩子意识到自己的错误，反而容易引起孩子的不满和抵触。

很多时候，孩子模仿一些行为只是一时兴起，可能没几天就忘了。可是父母采取了粗暴的态度，反而加深了孩子对该行为的印象，让他产生故意和父母对着干的想法，结果真的变成了一种坏习惯。

当妈妈发现孩子的坏习惯时，应该先弄清楚孩子这样做的原因，问问他为什么要这样做，让他说一说对偶像的认识。然后妈妈可以跟孩子一起分析偶像的行为，客观地告诉孩子哪些行为是合理的，可以学习和模仿；哪些行为是坏习惯、坏毛病，不应该盲目地学习。同时要让孩子明白，哪怕是再伟大的人，他也不是十全十美的，总会有一些缺点或毛病。而且很多事情成人可以做，但是孩子模仿就是不合适的。另外，如果孩子的坏习惯已经严重影响他的生活和学习，妈妈必须严加管教，让孩子知道哪些事情坚决不能做。妈妈还要举例说明继续这种坏习惯的后果，让孩子在事实面前深刻认识到自己的不良习惯，并能主动改正。

你粗暴地没收过孩子的课外书吗

孩子拥有强烈的求知欲和好奇心，妈妈应该好好利用这一点，为孩子筛选一些既能让他感兴趣，又能让他受益的书籍。这样做一方面可以避免孩子被那些无益的书吸引，另一方面可以满足孩子的成长需要。

儿子上学后，妈妈帮他收拾房间。在儿子的被子下面，妈妈找到一本书，她拿起来一看，原来是一本玄幻小说。

最近几天，妈妈发现儿子经常在床上读这本书，有时候连吃饭都顾不上。儿子甚至把这本书藏在练习题下面，假装在做作业，实际上在看这本书。妈妈发现后批评了他，儿子却理直气壮地说："妈妈，你不懂。现在非常流行这种玄幻小说，里面的故事非常精彩，我们班好多男生都在看。我用这个月的零用钱买了一本书，看完后和同学交换着看，我必须抓紧时间看，后面还有很多同学排队等着呢。"

趁儿子不在家，妈妈打开书看了看。她发现书里的故事完全是虚构的，有许多暴力的情节，她不理解儿子为什么会喜欢看这种书。而且这本书明显是盗版书，纸张质量差，错别字特别多，很多句子都读不通。儿子放学后，妈妈把书扔到他的面前说："以后不要再看这种书了，对你的学习没有任何帮助，不如多花点儿时间看看作文书，多做几道练习题。"儿子听后有些不乐意，但最后还是点头答应了。不过答应归答应，他还是在卧室偷偷地看。

妈妈发现儿子屡教不改，就把这件事告诉了孩子的爸爸，想让他跟孩子聊一聊。爸爸听说儿子在看闲书，生气地说："聊什么聊？他嘴上答应得好，可是根本不听话，背地里继续偷偷地看，你这种教育方法太温柔了。看这些书一点儿好处都没有，很容易让孩子上瘾，影响孩子的学习成绩。我觉得他还是作业太少了，必须多给他找些题做。"于是，爸爸雷厉风行地采取了管理措施：减少儿子的零花钱，让他没有多余的钱买闲书；把儿子房间内和学习无关的书全部没收；到书店给儿子买大量的练习题，用练习题占据孩子的空闲时间。

喜欢刺激和冒险、对未知世界充满好奇心，是青少年普遍存在的心理特点。一些网络作家抓住这个特点，故意设置一些新奇、荒诞的故事情节，所以很吸引孩子。妈妈如果只采用简单、粗暴的方法去制止，容易引起孩子反感的心理，还会打击孩子的好奇心。

妈妈无法一直陪在孩子身边，采取简单的强制措施不能彻底断绝孩子对这些书的渴望。为了满足对未知世界的好奇心，孩子还可以和同学借书，在学校偷偷看书等，这些都是妈妈无法顾及的。

妈妈不让孩子读那些她认为对学习无益的书，只重视对孩子学习有直接帮助的书，这样会使孩子对学习感到厌倦。不让孩子真正理解他应该读什么书，只是一味强制孩子放弃自己的喜好，必然会使孩子产生抵触的心理。另外，用大量的练习题占据孩子的空闲时间也不是好方法。孩子在学校学习已经很劳累，妈妈再在家里增加大量的家庭作业，会让孩子感受到沉重的学习负担，因此变得厌学。有些孩子还会故意拖延、磨蹭，只为少做一些作业，久而久之，就会养成做事拖沓、懈怠的坏习惯。

孩子对事物的认知较浅，一味讲大道理很难让他理解。因此，妈妈要学会采用一些巧妙的方法，给孩子推荐一些有趣而有益的书籍。妈妈可以和孩子一起讨论和选择书籍，也可以在孩子面前读书，告诉孩子这是别的孩子正在读的书，激发孩子的阅读兴趣。

孩子喜欢读书是一件好事，妈妈应该鼓励孩子热爱读书，同时也要规划好学习和读课外书的时间。妈妈也帮孩子制订读书计划，让孩子在繁忙的学习之余享受读书的乐趣。只要孩子读的书对他的身心健康无害，妈妈就可以让孩子适当地读一会儿。当孩子读的书变多了，他的鉴别能力也会提高，就能明白妈妈的一片苦心。

变居高临下为与孩子平等相处

封建社会的等级制度已经被历史淘汰，妈妈应该学会和孩子平等相处，彻底放下板起面孔说教的架子，让孩子快乐地和妈妈交流，促进亲子关系的良好发展。

人和人的关系是复杂多样的，在众多关系中，父母与孩子的关系是最亲密的。但是随着社会的发展，孩子越来越早熟，他们和父母之间的隔阂也变深了。

很多妈妈不能平等地对待自己的孩子，使得亲子关系非常疏远，甚至和孩子形同陌路，这是为什么呢？

主要原因是妈妈和孩子做不到相互理解。在孩子眼里，妈妈就是高高在上的长辈；在妈妈眼里，孩子则是不懂事的小孩子。妈妈经常把自己的观点强加给孩子，很少关心孩子是否真的理解，愿不愿意接受。妈妈无法平等地对待孩子，讲再多的大道理也不会有好的效果。

很多妈妈经常在孩子面前摆出长者的姿态，用过来人的心理教育孩子。可是孩子也有自尊心，他们更希望和妈妈平等相处，成为妈妈的知心朋友，而不仅仅是长辈和晚辈这种关系。

很多孩子之所以出现"对着干""不听话"等现象，就是因为妈妈的教子观念太传统，总是用居高临下的姿态和孩子相处。所以，要想让孩子吐露心声，从"对着干"变为主动配合，从"不听话"变为懂事，妈妈必须用真诚、平等的态度和孩子交流，赢得孩子的尊重和信任。

明月的女儿一岁半了，她的眼睛又圆又大，就像一对璀璨的宝石，她的脸蛋儿红润光滑，让人忍不住想摸一摸。自从女儿出生之后，明月感觉自己比以前更累了，但她无怨无悔，只盼女儿能够健康快乐地长大。日子一天天过去，女儿逐渐学会了笑、翻身、爬、走……明月看在眼里，乐在心里。

明月是一位幼儿园老师，她拥有丰富的教学经验，深知不能对孩子太娇惯，否则会让孩子从小养成坏习惯。可是爸爸认为孩子还小，凡事都顺着孩子。为了让孩子健康成长，明月就在家里做起了"严母"，严格要求孩子的言行举止。可是不久前发生的一件事，让明月的教育态度发生了改变。

一天晚上，已经十二点了，忙碌了一天的明月想马上睡觉，但是女儿还在床上玩洋娃娃。明月哄着她说："好宝贝，洋娃娃要睡觉了，你也该睡觉啦。"女儿摇了摇头，将洋娃娃紧紧抱在怀中。明月不管女儿同不同意，就将洋娃娃抢过来放到柜子上，然后把女儿的衣袜脱掉，让她钻到被子里。可是女儿很快就爬出被子，哭闹着要柜子上的洋娃娃。

看见女儿哭闹，明月心软了，就让女儿再玩一会儿。十分钟后，她觉得这回该让女儿睡觉了。但是女儿仍在生气，把被子踢到地上，哭闹着不肯睡觉。于是，明月生气了，忍不住大声责骂起来，还在女儿的小屁股上打了两下。

女儿因此哭得更厉害了，一只手拉着爸爸的胳膊，示意要去爸爸那边。明月把女儿按倒，心里却在想："小家伙脾气还不小!"这时,女儿从明月的手中挣脱了,坐起来伸出双手拍打着明月,哭喊着表示反抗。

这件事让明月感触很深,她认为孩子虽然很小,只会说简单的几个字,但是也是有思想的。妈妈应该平等地对待孩子,不能简单、粗暴地强迫孩子。

在成长过程中,孩子犯错是在所难免的,妈妈应该采取合理的教育方式,帮助孩子及时改正错误。在教育孩子时,妈妈应该放下架子,像对待成人一样对待孩子,让孩子感受到妈妈的尊重。

(1)尽到做妈妈的责任

作为孩子的妈妈,理应为孩子营造一个和谐、温馨的成长环境,让孩子健康快乐地成长。妈妈要以身作则,用良好的言行给孩子做榜样,多花些时间陪孩子玩耍,跟孩子交流。当孩子犯错时,要认真分析孩子犯错的原因,耐心地告诉他这样做有什么后果以及正确的做法是什么。不要因为自己生气,就一味责骂、打罚孩子,对孩子的身心造成伤害。

(2)做孩子的人生良师

父母是孩子的第一任老师,要正确认识孩子的成长规律,认真观察孩子的言行,仔细分析孩子的想法。孩子的观察力、注意力和自控力比较差,妈妈不能像要求自己一样要求孩子,要学会循循善诱,慢慢引导孩子养成好习惯。

(3)成为孩子的知心朋友

好的妈妈不仅是孩子的良师,更是孩子的益友。妈妈如果能放下自己的架子,从意识到行为把孩子当成平等的个体,就能更好地走进孩子的内心世界。

每个人都有隐私，偷看孩子日记是大忌

处于青春期的孩子具有敏感、叛逆等特点，有些妈妈为了深入了解孩子，抱着不信任的态度去窥视孩子，甚至采取偷看孩子日记等做法，这样做往往会适得其反。人与人之间的信任是相互的，母子间也是如此。要想取得孩子的信任，妈妈就要先信任孩子，用平等的态度跟孩子沟通，尊重孩子的隐私。

一天下午，儿子出去找同学玩，妈妈帮儿子收拾房间。忽然，儿子抱着篮球回来了，一进屋子就大声叫嚷道："谁让你翻我日记的？快还给我！"

在客厅看电视的爸爸听到了儿子的叫嚷，以为发生了什么大事，因为孩子平时一直乖巧懂事，从来没有用这样的语气和家人说过话。爸爸刚走进来，就看到了怒目而视的儿子以及不知所措的妈妈。

"发生什么事了？"爸爸疑惑地问。"她偷看我日记！"爸爸微微皱了皱眉，安抚着说："注意礼貌用语，别急，慢慢说。"妈妈看到爸爸来了，把日记本放到床上说："你至于冲妈妈大喊大叫吗？我又不是故意的，不过是觉得好奇才简单看了一眼。"

"不行！那是我的日记，是我的隐私，没我的允许就是不许看！"妈妈气愤地说："你这孩子还越说越来劲儿了，我又不是外人，跟妈妈还谈什么隐私？"妈妈一边说一边拿起了日记，故意又翻了几页。

儿子看到妈妈的表现，一下子冲到床前，一把抢过妈妈手里的日记本，用力撕成了碎片，说："我说不行就是不行！你非要看，我就把它撕了，以后再也不写日记，看你怎么看！"站在门口的爸爸看到儿子伤心地哭了。

每个青春期的孩子都应该有自己独立的空间，既包括生活空间，又包括心理空间。日记就属于孩子的心理空间，记录着孩子的思想和情感。另外，处于青春期的孩子独立意识比较强，内心敏感而且脆弱，对自己的人格和隐私非常重视。妈妈不应该采取偷看孩子日记的方式了解孩子，这样做会让孩子觉得妈妈不信任自己，同时也侵犯了孩子的隐私，更容易让孩子变得心理封闭，越来越不信任妈妈。长此以往，孩子会对妈妈产生防范意识，不愿意和妈妈交流，更不想让妈妈了解自己的真实想法，甚至做出一些意想不到的事情。

妈妈不尊重孩子的隐私，不在意孩子的抗议，还试图仗着长辈的身份和权威强迫孩子服从，不利于孩子自尊意识的树立。当孩子的自尊心受到伤害后，会变得紧张、多疑和焦虑，对妈妈的信任度也会降低。孩子对妈妈的不信任会影响他的自信心，因此他会对自己的能力感到怀疑，也会变得自卑，甚至会对他的人际交往造成不利影响。

孩子和妈妈之间的信任是相互的，与其让孩子担心自己的日记会被妈妈偷看，不如主动送孩子一个可以上锁的日记本。这样做既能告诉孩子妈妈是信任他的，又能满足孩子保护隐私的需要。只要妈妈能够有意识地尊重孩子的隐私权，不有意窥探孩子的秘密，充分得到孩子的信任，就没必要担心这样的问题。总之，妈妈要学会尊重孩子，给孩子留有自己的心理空间，这样才能使亲子关系更加和睦。

妈妈如何尊重孩子

（1）尊重孩子的决定权

如果是孩子自己的事，父母要和孩子商量，让孩子来决定，有些决定是不能帮助孩子来做的，承认孩子具备自己做决定的权利，这是尊重孩子的重要表现之一。

（2）尊重孩子的秘密

很多家长会认为孩子是自己的，自己有权利知道孩子心中的秘密，孩子不应该对家长隐瞒任何事，这种想法是不对的。孩子也应该有自己的小秘密，有自己的私人空间，家长不应该打破砂锅问到底，这样会引起孩子的反感。

（3）尊重犯错的孩子

家长们有时候比较生气，因为孩子犯错误了，就大吵大闹的，这样会让孩子害怕。家长们应该尊重他们，应该帮助孩子分析为什么犯错误，从而避免以后再犯错误。

（4）引导孩子学会表达

如果孩子表达得比较好，作为家长应该去鼓励；如果表达得不好，也要有耐心，指导孩子如何正确表达，帮助孩子健康成长。